METTRE LES VOILES
avec Antoine

GUIDE DU GLOBE-FLOTTEUR

1 000 Astuces et Conseils pour Mettre les Voiles, le CD-rom

Retrouvez l'essentiel de cet ouvrage, des conseils et astuces complémentaires sous forme de centaines de photographies couleur et de vidéos (dont une visite guidée de *Banana Split*) dans le CD-rom *1 000 Astuces et Conseils pour Mettre les Voiles.*
Offre exceptionnelle : jusqu'au 15 novembre 2001, recevez gratuitement ce CD-rom (contre participation aux frais d'expédition) en vous inscrivant sur le site www.antoineweb.com.

Passionné de navigation autant que d'interactivité, je souhaite faire du site Internet

www.antoineweb.com

un point de rendez-vous des lecteurs de ce livre ; vous y trouverez d'éventuels compléments, corrections, mises à jour, la rectification des erreurs que vous aurez la gentillesse de nous signaler, et je serai heureux d'établir un lien privilégié avec chacun de vous, que vous soyez déjà parti, en train de préparer un grand voyage, ou simplement d'en rêver.

Conception graphique et mise en pages : Chantal Guézet
Corrections : Béatrice Vignals

Toutes les photographies : © Antoine
Photographie de couverture tirée du tournage du films *Îles... était une fois l'Atlantique*, image Antoine/Arnaud de Bélinay ; pp. 14-15 : photos Antoine et D.R.

Photogravure et flashage : APS/Chromostyle, Tours

Achevé d'imprimer en juin 2001 sur les presses de l'imprimerie Mame, Tours
Imprimé en France

Dépôt légal : juin 2001
ISBN : 2-70-031323-2
N° d'édition : FZ004301
N° d'impression : 01042192

METTRE LES VOILES avec Antoine

GUIDE DU GLOBE-FLOTTEUR

Nouvelle édition augmentée

Illustrations techniques de François Chevalier

ARTHAUD

SOMMAIRE

Du même auteur :

Aux éditions Arthaud :
Globe-Flotteur (1977, rééd. 1997) ; *Bord-à-Bord* (1979, rééd. 1997) ; *Solitaire et Compagnie* (1980, rééd. 1997) ; *Cocotiers* (1981, épuisé) ; *Voyage aux Amériques* (1985, épuisé) ; *1965* (1987, épuisé)

Albums photos aux éditions Gallimard :
Îles… était une fois (1989) ; *Amoureux de la Terre* (1991) ; *Sur trois océans* (1993) ; *Fêtes la Cuisine* (1995)

Antoine publie également chez Warner Home Vidéo la série des films « Îles… était une fois », consacrée aux plus belles îles du monde (12 volumes parus, en VHS et en DVD) ; à paraître en novembre 2001 : *Les Caraïbes secrètes d'Antoine*.

On m'a demandé régulièrement de rééditer ce livre, paru en 1983 et qui n'avait pas été réimprimé depuis 1986. Je tardais à le faire car si la mer, le vent, les vagues, somme toute, sont en vingt ans restés les mêmes, nombre d'autres choses ont changé : la révolution essentielle étant celle des aides électroniques à la navigation, dont évidemment le GPS ; révolution aussi dans la technique, dans la manœuvre, avec les dériveurs, les multicoques, les enrouleurs de voiles ; changements enfin dans l'état du monde, dans la façon dont peuvent être accueillis les navigateurs : certains pays jadis peu visités, aux mouillages déserts, ont été rattrapés par le XXIe siècle... mais d'autres régions, jadis interdites aux voyageurs, s'ouvrent lentement, offrant de nouvelles destinations, en nombre presque infini, vers lesquelles tourner nos étraves.

J'ai donc revu chaque page, chaque phrase de ce livre, en m'attachant à garder vivants l'enthousiasme, la conviction, la candeur parfois que j'y avais mis en 1983... et qui encore aujourd'hui, après quelques centaines d'escales de plus, restent mon credo. Puissent ces pages, en ce début de XXIe siècle, remplir la mission que j'avais fixée à ce livre lorsque je l'abordai pour la première fois : rassembler en un seul ouvrage les éléments épars que j'aurais aimé trouver lors de mon départ en solitaire sur *Om*.

Rencontres au bout du monde

Charles frise la cinquantaine... Il a bien servi son pays, travaillé plus de trente ans, produit, construit, investi, donné bien plus de son temps que les trente-cinq heures réglementaires... et tout ce temps-là il savait, pour avoir vécu en Afrique une partie de sa jeunesse, qu'il existait autre chose... Aujourd'hui, Charles a fini par se décider... Il a vendu, donné presque, l'entreprise qu'il avait mis tant d'efforts à édifier ; il ne possède plus rien hormis un bateau à voiles, et même son percepteur ne sait plus où le trouver. Je l'ai rencontré dans un petit lagon bleu des Antilles, encore un peu étonné de sa liberté retrouvée... Bon vivant, bonne bouille, un peu rond, accent de Carcassonne, il est toujours occupé de cuisine, de bons vins, avide de connaître tous les poissons qu'il pêche pour chaque repas. Tout à l'heure, à l'ombre d'un arbuste, au bord de la plage, je l'ai surpris à donner sa recette – poétique, voire épique – de l'ailloli à trois habitants de la Désirade, grands barbus à la peau cuivrée chapeautés de paille, qui, en échange, l'invitaient à goûter le café désiradien, grillé sur du sucre... « Regarde-moi, m'a dit Charles, tranquille, paisible, plus personne pour essayer de m'attraper... je suis lisse comme un galet de Garonne ! »...

Gilles, André et Dick sont trois amis. Ils achevaient leurs études médicales, et avaient peur de l'échéance proche... Un diplôme, un cabinet, une place toute trouvée dans la vie, pas le temps de connaître autre chose avant... Ils ont, un jour, lu une petite annonce : un bateau d'acier de 12 mètres qui avait parcouru la moitié du tour du monde était à vendre, loin, dans un mouillage des Nouvelles-Hébrides... Ils se sont cotisés, ont acheté le bateau et ont gagné lentement la France, en une croisière flâneuse d'un an et demi... Le bateau est vendu, ils ont chacun trouvé un poste, une épouse, mais ils ont au fond du cœur le souvenir d'avoir vécu une merveilleuse aventure... D'ailleurs, l'un d'entre eux, au moins, n'a pas regagné sa Normandie... après avoir à nouveau navigué sur le Pacifique, jusqu'en Nouvelle-Calédonie, il a installé son cabinet médical... à Tahiti, et la jolie maison qu'il s'y est construite est tout au bord de la mer...

Lyn et Larry sont américains. Ils savent bien qu'à l'époque où le voyage d'Alain Gerbault paraissait aux Européens une grande première, les Américains étaient déjà nombreux à sillonner les « mers du Sud »... Ils ont décidé de réaliser très tôt leur rêve... Lui, grand colosse barbu à la blondeur scandinave, a tiré parti de ses talents de charpentier et a construit un merveilleux bateau de bois de moins de 7 mètres, sur lequel ils ont voyagé onze ans... Elle, souriante, accueillante, d'une taille plus appropriée (1,45 mètre !) aux dimensions du bateau, écrit des livres, des articles pour des revues spécialisées dans les voyages. Lui exerce de temps à autre sa profession de charpentier. Je les ai rencontrés il y a longtemps à Gibraltar, ils ont fait le tour du monde et puis ils ont regagné la côte ouest de l'Amérique et s'y sont construit un « grand » bateau... de 9 mètres de long ! De quoi donner des idées à un navigateur français, Franck : sur son « Cognac » (7,35 mètres), il a sillonné huit ans l'Atlantique, de l'Europe au sud de l'Argentine et aux Antilles avec un budget minuscule, trouvant des emplois variés lors de ses escales.

Nadine et Nathalie n'ont pas froid aux yeux... et leur sourire, leur bonne humeur, leur ouvrent bien des portes (ou plutôt des descentes, puisqu'il s'agit de bateaux !). Elles n'ont pas les moyens de se payer un bateau, mais l'univers, pourtant agréable, qu'elles ont choisi (la gestion d'un petit café quelque part en Lozère) les laisse un peu sur leur faim côté soleil, chaleur, grands espaces et poissons tropicaux... Alors un beau jour, elles décident de mettre pour quelques mois la clé sous la porte, et, d'embarquement en embarquement, de bateau en bateau, les voilà aux Antilles. Elles sont marrantes, bonnes équipières... On se les dispute sur les quais de Pointe-à-Pitre... Elles y croisent parfois le voilier de cette famille du Dauphiné qui alterne six mois de croisière aux Antilles et six mois de travail saisonnier en France.

Gaston, d'Avignon et sa femme, suissesse, faisaient le tour du monde en voiture. Ils ont adoré le Moyen-Orient, ont été enchantés par la Sibérie et le nord du Canada. Ils se heurtent à un obstacle insurmontable : pas de route entre Panama et la Colombie, à part une très mauvaise piste rendue dangereuse par les guerilleros en tous genres. Ils regardent avec envie les petits voiliers ancrés à Isla Grande, sur la côte Caraïbe : eux, libres comme l'air, peuvent du jour au lendemain changer de programme, mettre le cap sur l'archipel des San Blas (inaccessible en voiture, évidemment), sur Cartagena, l'Équateur, les Galapagos ou le Costa Rica. Nos amis vont-ils se laisser tenter par un petit bateau de 11 mètres, à vendre dans le coin et dont les propriétaires, après une longue période « bleue » (de navigation sur la mer), entament une période « verte » de leur vie, s'installant à terre dans une petite plantation. Cette installation à terre, n'y voyez pas un échec : ce petit coin de paradis, cette nouvelle aventure, c'est le bateau qui les y a conduits, qui l'a rendu possible. Le bateau, pour beaucoup, plus qu'une fin, c'est un moyen, un merveilleux moyen de découvrir le monde, de rencontrer les gens, de trouver de nouveaux sens à son existence...

D'autres, c'est une tendance plus récente, du moins en France, ont eu envie soit d'une évasion « sabbatique », soit d'un grand départ rendu possible par une réussite financière venue assez tôt. Pour un an, deux ans, trois ans, peut-être plus, ils s'embarquent. Certains emmènent femme et enfants de tous âges, et ça se passe plutôt bien, d'autres refont leur vie une nouvelle compagne, parfois, les accompagne sur la mer...

Combien sont-ils à naviguer sur les océans du monde, sur un petit bateau à voiles, ceux, du moins, qui le font plus de quelques mois ? Aucune statistique, aucun recensement, Dieu merci, n'existe à ce sujet. Quelques centaines, quelques milliers ?... Et combien sont ceux, qui aimeraient en faire autant, qui se demandent s'ils le pourraient eux aussi, s'ils en auraient la force, les moyens, s'ils peuvent acquérir les connaissances nécessaires...

Ce livre n'est pas destiné à ceux qui rêvent de faire des ronds (ou des triangles) dans l'eau devant La Rochelle, à ceux dont la plus grande jouissance est de faire gagner à leur bateau un quart de nœud de vitesse au terme de longs efforts de réglage. Je ne méprise d'ailleurs pas leur passion : il faut de tout pour faire un monde nautique ; de même qu'il y a, en automobile, une place pour la formule 1 comme pour la Land Rover, pour les bolides comme pour les vans flâneurs, de même les océans sont assez vastes pour que s'y propulsent simultanément les monstres arachnéens des courses transocéaniques et les jolis petits voiliers baladeurs conçus pour se déplacer sans fatigue, sans efforts excessifs, avec un risque limité.

Non, ce livre est destiné à ceux qui, comme moi, pensent que le moyen de voyager, d'habiter, de vivre, accordant de nos jours le plus grand degré de liberté, c'est le bateau à voiles. Il permet d'emporter avec soi tout ce qui vous plaît sans avoir à faire de bagages, pour aller voir un peu ce qu'il y a de l'autre côté de l'horizon, sur l'autre rive d'un océan, ou derrière le méandre d'un fleuve, dans les petites îles d'un archipel lointain aux eaux cristallines : Seychelles ou Polynésie, ou bien à l'ombre des constructions d'une ville au nom chargé d'histoire ou de magie : Rio de Janeiro, Panama ou Singapour. Le bateau à voiles vous offre la possibilité de changer à votre guise le paysage derrière vos fenêtres : en novembre, ce sera la plage d'Espalmador, Ibiza, où s'amortissent lentement les vibrations démentes d'un été trop actif... en janvier, ce sera la mer enfin bleue au sud du trentième parallèle ; en avril, vous compterez les poissons volants juste en bordure du pot-au-noir et en juin, vous aurez sous les yeux les immeubles aux tons pastel, l'ascenseur pittoresque et les voiles des grands *saveiros* du port de Bahia. Le bateau à voiles, enfin, vous laisse le loisir de déménager lorsqu'un lieu ou une compagnie a cessé de vous plaire, sans complications, sans formalités excessives, sans *impedimenta*...

Ce livre n'a pas la prétention d'apporter des solutions révolutionnaires, de jeter des lumières inconnues à ce jour sur des problèmes qui se posent aux candidats à la navigation depuis des siècles. Loin de moi, aussi, l'idée de pouvoir pousser à fond l'étude d'un domaine, quel qu'il soit : choix du bateau, navigation astronomique ou entretien du moteur Diesel... Mon but, tout au long des chapitres qui vont suivre, est simplement de vous fournir le livre que j'aurais aimé pouvoir acheter il y a vingt-sept ans, lorsque je quittai la France en solitaire à la barre d'une goélette de 14 mètres. Mon expérience nautique se limitait alors à quelques semaines de croisières sur divers types de bateaux, croisières au cours desquelles je n'avais certainement fait qu'entrevoir l'étendue des connaissances à acquérir dans tant de domaines.

Après vingt-sept ans de voyage et quelque 150 000 milles parcourus en solitaire, parfois à deux, après près de deux tours du monde et demi, mille escales ou plus, 80 pays visités en bateau, après de rares moments difficiles, infiniment plus de moments heureux, qu'en est-il de ces connaissances ? Dans aucun domaine, c'est certain, je n'irais me vanter d'avoir une science achevée... Si la navigation astronomique, par exemple, n'avait plus beaucoup de secrets pour moi, avant d'être soudain rendue moins essentielle par l'avènement du GPS, la connaissance des moteurs et des facéties de l'électricité, l'art de la manœuvre, entre autres, sont encore des disciplines où je fais chaque jour – c'est un des charmes, d'ailleurs, du voyage ! – des découvertes. Dans ces domaines, je me contenterai de vous inviter à faire avec moi un bout de chemin, celui que j'ai parcouru en ces années de cohabitation avec un bateau, un moteur, ou de fréquentation des climats tropicaux, des populations flottantes ou sédentaires, ou de relations généralement souriantes, rarement odieuses, avec les représentants des diverses autorités, douanes, immigration, etc. Quand vous aurez accompli avec moi ce petit bout de chemin, eh bien, ce sera à vous de vous débrouiller, de découvrir d'autres possibilités qui m'ont échappé à ce jour !

C'est une chose bien connue que, sitôt que l'on se débrouille à peu près dans une discipline ou dans un art quelconque, on est pris immédiatement d'une forte envie d'enseigner aux autres, de leur expliquer que c'est comme ça, et pas autrement, que les choses doivent se faire. Pardonnez-moi donc si, de temps en temps, je semble un peu didactique ou doctoral et si je prône sans doute trop les options que j'ai choisies, négligeant de parler d'autres, peut-être fort valables, sans doute parce que, simplement, je les connais moins. Bien sûr, selon l'usage, l'auteur décline toute responsabilité au cas où les choses ne se passeraient pas comme il le décrit, ou ne seraient pas, comme il les a vues : la navigation, Dieu soit loué !, reste un domaine où l'on se dépouille de sa condition d'« assisté ». Que vous suiviez ou non mes suggestions dans le choix d'un bateau, d'un programme, d'un itinéraire, ou d'un procédé de navigation, la décision finale n'engage que vous !

Ce livre, enfin, ne prétend pas remplacer des ouvrages plus complets dans leurs domaines respectifs, tel le *Cours des Glénans*, l'ouvrage n° 1 du Service hydrographique, ou des manuels exposant en détail balisage, régulations, règles de route et autres réglementations de sécurité.

Trop romantique pour un ouvrage pratique ? Le cadre dans lequel j'écrivais, en 1983, la préface de ce livre, l'était sans doute : le minuscule lagon turquoise de Petite Terre, au large de la Guadeloupe, avec ses iguanes songeurs, ses tortues de mer venant enfouir la nuit leurs œufs dans le sable fin, au pied du phare que gardaient deux Désiradiens au délicieux accent chantant, ses plages dorées bordées d'une eau d'une pureté absolue, où s'ébattaient des poissons multicolores… Cette fois-ci, les eaux sont aussi pures, les plages aussi étincelantes et les rencontres aussi attachantes : j'ai fait retraite, pour réécrire ce livre, dans un petit archipel qui porte le nom improbable de Coco Bandero, aux îles San Blas, sur la côte Caraïbe de Panama : 360 îles belles à couper le souffle, plantées de cocotiers, des crabes et des poissons à profusion, un climat tropical délicieux – et qui ignore les cyclones – , et la visite fréquente des Indiens kuna, qui luttent pied à pied pour que leur nation garde son indépendance, son authenticité et qui proposent fièrement leurs extraordinaires broderies multicolores, les Molas, célèbres dans le monde entier. L'alizé baigne de sa douceur quasi permanente les couleurs irréelles du tableau… Un voyage de longue durée autour du monde ne comporte pas que des escales aussi idylliques, il y a aussi des périodes de mauvais temps, des mouillages périlleux, des rencontres désagréables… L'un des buts de ce livre est de tenter de vous aider à réduire ces inconvénients au minimum, à vous tenir à l'écart des régions et saisons dangereuses, à vous faciliter les contacts avec les gens, les choses, les éléments…

Pour vous, le lagon bleu est peut-être encore loin. Alors, écoutez-moi, lâchez un instant la souris de votre ordinateur, votre téléphone, posez aussi un instant l'agrafeuse avec laquelle vous venez de fixer la six cent millième latte de bois moulé de votre coque trop grande et laissez-moi répondre à la question que vous vous posiez tout à l'heure : pourriez-vous, vous aussi, partir vous promener six mois, deux ans, la vie peut-être même, sur les océans ? S'il est en mon pouvoir de vous aider à répondre, partiellement sans doute, mais par l'affirmative, à cette question, eh bien, ce livre ne sera pas inutile !

LIVRE PREMIER

QUI VEUT VOYAGER LOIN...

Le bateau, la manœuvre, la sécurité

VOYAGE
OCEANIS 331
Clipper

CHAPITRE UN

...CHOISIT BIEN SA MONTURE

Le bateau : comment le choisir, le financer ... et pourquoi les croisières réussissent ou échouent

Bateau (n. m.). Un trou dans l'eau
dans lequel on déverse beaucoup d'argent.

Et, pour commencer par le commencement, il vous faut, bien sûr, un bateau... Vous avez sans doute déjà une idée derrière la tête sur le genre de voilier qui vous fait envie. Le problème sera certainement d'adapter vos envies à vos possibilités et surtout aux nécessités liées à votre programme... Si vous rêvez d'une fine goélette élancée de 20 mètres, resplendissante de chromes, vos moyens vous conduiront peut-être à modérer vos élans ; si vous rêvez d'un gréement aurique, d'une construction en bois à l'ancienne, il est temps de réfléchir aux difficultés que ces choix entraîneront pour la manœuvre ou l'entretien du bateau ; si vous avez envie de naviguer dans les eaux tropicales, où il fait rarement mauvais, il n'est probablement pas nécessaire de concevoir votre bateau comme ces espèces de sous-marins faits pour chavirer *n* fois sans problèmes dans les « quarantièmes rugissants ».

CHOISIR ET FINANCER : UN BATEAU POUR VOYAGER

Nous partirons du principe que vous n'achetez pas un bateau pour le laisser au port onze mois par an. Si tel est votre programme, n'en déplaise aux chantiers de construction, je vous déconseille totalement d'en acheter un. Sauf, bien sûr, si le fait de signer un chèque avec un zéro de plus ou de moins ne vous émeut guère (mais, dans ce cas-là, je ne crois pas que vous partiez voyager sur les mers : vous aurez trop à faire à terre pour conserver votre argent !).

Si vous avez besoin d'un bateau un mois par an, il y a maintenant de nombreuses sociétés de location parfaitement au point, qui vous confient, prêt à naviguer, le bateau de vos rêves pour la période souhaitée ; et, même si le loyer vous semble élevé, il vous en coûtera moins que l'amortissement d'un achat (sauf affaire exceptionnelle) et surtout que l'entretien ; l'hivernage, le simple remisage d'un bateau dans un endroit sûr en Europe, de nos jours, coûtent, quelle que soit la façon dont on s'y prend, une petite fortune... Des formules

En Europe comme sous les tropiques (ici à Saint-Martin), de nombreux loueurs proposent monocoques et catamarans.

d'achat en temps partagé se pratiquent également. Elles sont particulièrement intéressantes si vous voulez et pouvez naviguer hors saison, au cours des mois de mai, juin, septembre – les plus agréables à bien des points de vue.

Enfin, ce sont les sociétés de location qui pourront mettre entre vos mains pour quelques jours le type de bateau que vous souhaitez acheter, vous permettant de vérifier que votre option est la bonne. Si vous avez très peu navigué, je ne saurais trop vous conseiller, avant d'engager votre vie entière dans l'aventure, d'effectuer quelques croisières sur des bateaux de location, pour vous assurer que la vie en mer est bien faite pour vous !

N'achetez pas de bateau, donc, pour naviguer un mois par an seulement. L'affaire est différente si, tenu de rester à terre pour travailler encore deux, trois ou cinq ans, vous voulez profiter des loisirs que vous laisse votre emploi pour aménager, terminer, gréer la coque nue que vous avez achetée avec l'intention, au bout de ces quelques années, de partir voyager loin ; un projet précis, pas une simple éventualité.

L'achat d'une coque nue

Cette méthode, moins pratiquée qu'il y a une vingtaine d'années, pour des raisons que j'expose plus loin, reste cependant une bonne manière d'acheter un bateau. Dans le grand rêve des années 60-70, combien ont entrepris la construction à partir de zéro d'une coque entière, en ferro-ciment, en bois moulé, voire en acier ou en polyester. Mais il s'agit là d'une entreprise de grande envergure que je ne recommanderais qu'à ceux qui ont déjà une réelle expérience du travail manuel. J'ai vu des bateaux réussis, fruits de longues années d'efforts d'un constructeur habile parti de zéro et ayant même parfois dessiné lui-même les plans du bateau. Certains d'entre eux ont été des réussites et naviguent avec bonheur sur les océans du monde... Mais combien se sont épuisés, ont abandonné en route : coque rouillée à vendre ou destinée à finir ses jours dans un champ, coque dont on constate avec horreur, à la mise à l'eau, qu'elle ne constituera jamais un bateau sûr et marin ; ou, encore, bateau bien au point, mais dont tout l'équipage a soudain perdu sa motivation, ne se décide plus à partir, se perd éternellement en détails, en fignolages, ou abandonne, dans la zizanie, tout projet de navigation après quelques mois d'essais.

La formule intermédiaire permettant de passer progressivement, mais sans trop s'attarder, du statut de terrien installé à celui d'oiseau du large a pour moi tous les avantages : plus économique que l'achat d'un bateau tout fait ; applicable aussi bien à un bateau d'occasion (voir plus loin) qu'à une coque neuve qu'il vous restera à gréer, à motoriser, à aménager, en quelques mois ou en quelques années, suivant les loisirs dont vous disposez, les moyens et le degré de finition que vous souhaitez obtenir avant de prendre la mer. Vous pourrez sans doute, avec un équipement sommaire, faire vos premiers ronds dans l'eau : en attendant d'avoir le mât, le gréement, les voiles, les cartes, le matériel nautique, pourquoi ne pas passer quelques-uns de vos loisirs à voyager sur les voies fluviales, par exemple ? C'est du temps pris sur celui que vous voulez consacrer au travail d'aménagement, mais ici, comme pour la préparation d'un examen, il faut savoir s'arrêter de temps en temps. Dans la région lyonnaise, j'ai vu deux amis travailler pendant deux ans dix heures par jour, sept jours sur sept, pour aménager une coque d'une façon extraordinaire, avec un degré de finition que je n'avais jamais vu ailleurs… Quand ils se sont retrouvés en mer, au bout de quelques semaines, ils se sont rendus compte un peu tard qu'ils n'étaient pas faits pour s'entendre, en tout cas, pas pour voyager ensemble et leur beau rêve s'est arrêté là.

Les chantiers produisant des bateaux en moyenne ou grande série ne sont plus souvent capables de vous proposer de bateau « coque nue » : dans les excellents catamarans Fountaine-Pajot, par exemple, les contremoulages constituant les aménagements font partie de la structure du bateau et sont intimement liés au processus de construction : même avec la meilleure volonté du monde, le chantier ne pourrait pas vous fournir un bateau non terminé, ni vous laisser modifier les aménagements à votre gré ; des chantiers comme Meta et Prometa, qui ont construit mes bateaux, construisent en petite série et chaque aménagement est différent ; vous trouverez en appendice une liste non exhaustive de petits et moyens chantiers et d'architectes qui me semblent, plus que les grands constructeurs, être aptes à vous fournir un bateau à l'aménagement personnalisé, et que vous réaliserez vous-même pour limiter les coûts. Je ne connais pas personnellement toutes leurs créations, mais ils me semblent pouvoir vous donner satisfaction. Si vous connaissez des chantiers de ce genre que j'aie oubliés, soyez sympa de les faire connaître à notre site Internet www.antoineweb.com, où j'aimerais que les lecteurs de ce livre puissent trouver régulièrement des compléments et mises à jour.

L'achat d'un bateau d'occasion

Le même procédé est applicable à un bateau d'occasion, ancien ou non, nécessitant un travail de remise en état, d'entretien ou de transformation pour s'appliquer à votre programme ; si votre trip, c'est d'éplucher les petites annonces (voir vos revues nautiques habituelles) ou de visiter tous les ports du littoral, vous avez certainement des chances d'y dénicher l'oiseau rare : le marché de l'occasion a explosé ces dernières années, en Europe comme en Amérique ; les pages de « listings » de bateaux de toutes sortes offerts à la vente sont innombrables ; vous en trouverez dans les revues nautiques, et sur de nombreux sites Internet comme : www.seamply.com, www.sail-the-world.com, www.loisirsnautiques.com, www.used-boat.com, www.seayou.com, www.eyb-boats.com, etc.

J'ai vu réaliser ainsi de belles affaires, acheter à des prix minimes des bateaux anciens qu'une bonne dose de travail rendait parfaitement utilisables pour de longs voyages ; j'ai vu aussi acheter des bateaux pratiquement prêts à naviguer, et âgés d'un ou deux ans à peine, vendus à 50 ou 60 % seulement du prix neuf. Une source souvent intéressante de bateaux d'occasion est la défiscalisation : nombre de propriétaires ont acheté des bateaux uniquement pour tirer parti de lois (moins faciles aujourd'hui qu'à certaines époques) leur permettant de défiscaliser leur investissement aux Antilles françaises ; la loi impliquait que ces bateaux soient mis en location (parfois ils ne trouvaient pas de locataire, ce qui ne semblait pas gêner le propriétaire !) ; au terme des x années réglementaires, le bateau est mis à la vente ; les sociétés de charter pratiquent encore des méthodes proches de la défiscalisation, et ont souvent des bateaux à vendre au bout de cinq ans d'usage ; encore faut-il qu'ils n'aient pas vieilli prématurément par des saisons de charter intensif ; quel que soit le matériau dont est construit le bateau d'occasion que vous convoitez, ce ne sera jamais de l'argent jeté par-dessus bord que de faire procéder avant l'achat à une expertise sérieuse.

Amortir le choc financier !

L'achat d'une coque nue représente un investissement plus violent, d'un bloc, que l'achat des matériaux d'une coque en construction amateur. Différentes possibilités s'offrent à vous : certains chantiers étaleront partiellement le choc, en vous demandant d'investir d'abord, par exemple, dans le prix des tôles (s'il s'agit d'une construction métallique) pour ne continuer à payer la coque qu'un an plus tard, quand le chantier (qui a, si c'est un bon chantier, des délais de mise en œuvre de votre coque) attaquera le travail proprement dit. Vous pouvez aussi, puisque vous comptez rester dans le circuit du travail pour quelques années, prendre un crédit de courte durée.

Pour chacun de mes trois bateaux successifs, j'ai toujours jugé que la solidité, la sécurité de la coque et du gréement étaient plus importants que la finition des aménagements intérieurs : *Om* était pratiquement vide lors de mon départ, très sommairement aménagé lors de mon retour ; pour *Voyage* et *Banana Split*, j'ai choisi des aménagements très simples, en matériaux ne demandant ni finition ni entretien, j'ai ainsi pu réduire fortement le prix global du bateau ; mais pour chacun de ces trois bateaux, j'ai commandé à un chantier, Meta puis Prometa, la coque nue.

Paradoxalement, cette obligation de débourser du premier coup une somme importante pour une coque commandée à un chantier vous incitera à éviter la plus répandue des erreurs, responsable de tant d'échecs et de croisières ratées : voir trop grand...

Quelle longueur choisir ?

Quand on prévoit (en sous-évaluant toujours les dépenses !) le prix de revient d'une coque en construction amateur, on se dit qu'une coque de 15 mètres ne coûte qu'un peu plus cher qu'une coque de 12 mètres... et quel confort supplémentaire on aura (rêves de charter, etc.). Seulement, voilà : le prix de la coque n'est qu'une faible partie (30 à 40 %, je pense) du prix de revient total du bateau, et sur le reste, accastillages, gréement, accessoires, vous pouvez plus difficilement faire « tomber » le prix de revient ; vous vous retrouvez soudain avec un budget totalement dépassé, et un bateau que vous n'aurez jamais les moyens d'équiper de façon sûre. J'ai un excellent ami, artiste de son métier, qui avait décidé d'acheter un bateau et de partir, un an ou deux plus tard, naviguer au loin. Le succès l'accompagnant avec ténacité, il n'a pas eu de difficulté à passer commande d'un bateau à l'un des meilleurs chantiers, et puis il est venu me parler de ses projets, me demander mon point de vue sur son choix... La commande étant passée, pas question pour moi de venir entraver par mes appréciations la dynamique déjà engagée de son projet, il est si difficile, dans toutes sortes de situations, d'engager le mouvement. Lui dire exactement ce que je pensais de son choix, c'était semer trop tard le doute dans son esprit – le lancer dans des pas de deux, valses-hésitations, changements de programme qui risquaient tout simplement de réduire à néant le progrès qu'il avait déjà fait, à mon avis, sur la bonne voie. Je me suis donc contenté d'approuver globalement son choix, un bateau trop grand, et muni d'un gréement difficilement maniable, voire pénible, qui le contraindrait à embarquer des équipiers, amis ou autres, pour l'aider, tout en le préparant à la possibilité de découvrir effectivement qu'il s'est trompé et en lui suggérant d'avance discrètement que si sa croisière devait être partiellement un échec, ce ne serait pas la faute de son projet, l'impossibilité de réaliser son rêve, mais une erreur au niveau du choix du moyen. Malheureusement, il est arrivé ce qui devait arriver : l'obligation d'avoir à bord en permanence des copains-équipiers n'a pas plu à sa famille (imaginez-vous vivre avec des copains perpétuellement installés dans votre petit appartement ?) et ses projets de croisière se sont envolés en fumée...

Les deux copains dont je vous parlais plus haut avaient choisi eux aussi un bateau de 15 mètres, avec l'intention de naviguer à deux couples... À première vue, un bateau de 15 mètres doit coûter une fois et demie le prix d'un bateau de 10 mètres : économisons donc en nous associant à deux couples... Hélas ! Le calcul est faux ! Le prix de revient d'un bateau est à peu près proportionnel au cube de sa longueur : c'est-à-dire qu'un bateau de 15 mètres revient à 1,5 x 1,5 x 1,5, soit plus de trois fois plus cher qu'un bateau de 10 mètres... En d'autres termes, pour le prix d'un bateau de 15 mètres, je leur aurais conseillé d'acheter deux bateaux de 12 mètres, qu'ils auraient menés bien plus agréablement, se retrouvant au mouillage ou naviguant de conserve lorsque l'envie leur en aurait pris, mais aussi retrouvant chacun leur intimité lorsque les tensions deviennent un peu fortes... Avez-vous déjà essayé de vivre à deux couples dans un espace restreint ?... Eh bien, lorsque ce dernier est agité par la mer, ça se dégrade plus vite encore !

Le premier commandement : ne pas prendre un bateau trop grand. Si votre programme est celui de la plupart des « globe-flotteurs » partant à l'aventure, de n'avoir besoin de personne pour vous aider à manier le bateau, d'y loger confortablement à deux, en recevant à l'occasion pour une courte période la visite d'un ami ou d'un couple, ou en prévoyant peut-être d'avoir deux enfants. Dans ces conditions, la longueur recommandable est de l'ordre de 11 ou 12 mètres. Avant mon premier départ, je rêvais d'un voilier de 9 à 11 mètres, mais les Damien m'avaient convaincu de me faire construire le même bateau qu'eux, une goélette de 14 mètres qui était à l'époque, grâce à sa quille relevable, le seul voilier de voyage à faible tirant d'eau sur le marché : six ans plus tard, je m'achetais un bateau de 10 mètres, un peu trop petit, celui-là. Mon catamaran, aujourd'hui, mesure 12 mètres, c'est aussi une bonne taille, à mon avis pour un monocoque ; 13 mètres est encore une dimension honnête si vous avez vraiment les moyens d'acheter et d'entretenir une si grande chose et les muscles adéquats pour la faire fonctionner... Mais les dimensions supérieures ne se justifient que si vous avez des raisons précises d'avoir tant de place : projet de vous adonner de façon professionnelle et permanente au charter, besoin irréductible d'avoir à votre bord deux motos, trois planches à voiles, un deltaplane et une montgolfière !

En résumé, si votre bateau est bien choisi, vous pourrez :
- le manier et l'entretenir seul ;
- y habiter confortablement à deux ;
- y coucher à quatre ;
- y manger à huit ;
- et y boire à seize !

Les financements modernes

Outre les différents modes de financements « traditionnels » (comptant, crédit, leasing, achat de la coque nue et implication personnelle dans les travaux d'aménagement et d'équipement), une formule intéressante s'est généralisée : l'achat par l'intermédiaire d'une société de charter d'un bateau dont elle assurera la gestion et l'entretien et dont vous disposerez, à un prix de revient global qui peut avoir été divisé par deux, au bout de x années... de plus, pourquoi ne pas envisager que le bateau soit mis à la location la moitié de l'année et soit à votre disposition l'autre moitié ?

Catégories de navigation

Je sais bien qu'il faut des règlements pour éviter que les gens ne fassent n'importe quoi, mais parfois, vouloir réglementer à l'extrême est un peu sans espoir. Longtemps, nous avons eu en France les « catégories de Navigation », de la 6e (à moins de 2 milles d'un abri) à la 1re (à plus de 200 milles d'un abri) ; déjà, cela aboutissait parfois à quelques aberrations : s'il est bon d'empêcher un bateau homologué en troisième catégorie de traverser directement de la Corse aux Baléares, quand il peut faire le grand tour par le littoral du continent et disposer ainsi d'une série ininterrompue d'abris où il pourra se réfugier en cas de violent coup de tramontane, il n'est pas certain qu'il en soit ainsi dans le golfe de Gascogne, où il est depuis toujours conseillé de prendre le large pour ne pas risquer de se faire jeter au fond du golfe, sans abri, par un coup de vent d'ouest subit ; dans ce cas, le respect de la réglementation obligera un bateau de 3e catégorie à adopter une tactique dangereuse. Par ailleurs, si un bateau et un équipage sont capables de relier la Bretagne aux Canaries, ce qui est pratiquement possible en respectant la limite des 200 milles, donc en « 2e catégorie », on peut se demander si honnêtement le plus dur n'est pas fait et se dire que la navigation sous les latitudes tropicales, hors des saisons des cyclones, est beaucoup plus sûre... On a pu voir ainsi des bateaux homologués en 2e catégorie obtenir une autorisation spéciale de traverser l'océan ; on en a vu beaucoup d'autres la prendre d'eux-mêmes... après tout, des centaines de bateaux de 6,5 mètres ont bien traversé cet océan au cours des mini-transats (quelques-uns, il est vrai, n'en sont pas revenus). Espérons que malgré la généralisation des nouveaux règlements européens, qui compliquent la chose en créant quatre « catégories de conception » (la catégorie A autorise des voyages au cours desquels le vent peut dépasser la force 8 Beaufort, et les vagues une hauteur significative de 4 mètres), espérons qu'on pourra encore obtenir des dérogations, et que des bateaux par ailleurs bien conçus, bien échantillonnés, bien équipés et bien menés par des équipages prudents et soigneux, pourront rester dans la légalité au cours de leurs grandes croisières.

Quel matériau choisir ?

Ayant pratiqué l'acier et l'aluminium, je saurais difficilement revenir à un matériau moins solide, ne garantissant pas une étanchéité aussi absolue. J'ai pris l'habitude de ne pas avoir peur d'un choc sur une porte d'écluse, sur une pile de pont, ou d'un échouage sur un banc de corail mal placé... Mais il y a des milliers de bateaux en fibre de verre qui remplissent parfaitement leur office. Aux États-Unis, par exemple, pratiquement tous les bateaux sont en fibre de verre et les Américains sont surpris de voir tant de bateaux en acier ou en aluminium construits en France. Voici en quelques mots les avantages et les inconvénients, à ma connaissance, des divers matériaux.

Acier

Un peu lourd pour les petits bateaux, mais inattaquable quand il est protégé par peinture au zinc silicate et anodes en zinc sacrificielles. La solidité est à toute épreuve : aux commandes de son second propriétaire, mon ancien bateau *Om* est grimpé à pleine vitesse, vent portant, sur un récif de la mer Rouge, où il a passé huit jours à cogner avant qu'on ne puisse le faire tirer de là par un remorqueur d'une plate-forme pétrolière... La coque était bien un peu cabossée, mais pratiquement pas d'entrée d'eau ! Quelques heures de chaudronnage à La Réunion pour redresser tout ça, et c'est reparti ! Il est essentiel, pour pouvoir surveiller l'état de l'intérieur d'une coque en acier, que les couples et les lisses éventuelles (l'ossature interne de la coque) soient des fers plats et non des cornières, qui créent des coins inaccessibles où la rouille peut s'installer.

Aluminium

Il est plus léger et moins résistant que l'acier lorsqu'il est employé en faibles épaisseurs (3 à 6 millimètres) ; j'ai pourtant vu un bateau d'aluminium talonner sans dégâts une nuit entière sur un récif (il n'y avait que très peu de mer). Utilisée en fortes épaisseurs, comme pour mon bateau (il s'agit d'un procédé breveté par Michel Joubert et les chantiers Meta et Prometa, sous le nom de « Strongall »), l'aluminium est aussi résistant que l'acier : une nuit noire au large de l'île colombienne de Providencia, une stupide faute d'inattention m'a amené à heurter de plein fouet une grosse bouée métallique, qui est restée coincée deux heures entre les coques et le trampoline de mon catamaran avant que je puisse, avec l'aide de garde-côtes locaux, parvenir à me dégager. Je n'ai même pas eu à aller voir si la coque avait souffert, tant est grande la confiance qu'inspire l'aluminium épais. Une des inquiétudes que l'on éprouve en grande traversée, ce sont les objets flottants, genre containers tombés d'un cargo, qui seraient sans pitié pour un voilier à la coque trop fragile. Pour l'aluminium comme pour l'acier, les problèmes d'électrolyse ne sont pas à négliger, mais une protection de l'aluminium par anodes et revêtements un peu semblables à ceux de l'acier résout le problème. L'intérieur d'une coque en Strongall est lisse comme celui d'une cocotte-minute, aucun couple, aucune lisse (renfort longitudinal), il est très facile de le surveiller... et il n'est même pas utile de le peindre. Et si un jour, par accident, la corrosion attaque un point, la forte épaisseur de la tôle (10 à 12 millimètres) donne le temps de voir venir ; il est important cependant de ne pas laisser d'eau de mer s'évaporer dans les fonds, il est si facile de les rincer et de les garder parfaitement propres.

Fibre de verre

Je ne passerai pas en revue les différents procédés, polyesters, époxy, sandwichs à base de balsa ou de matériaux synthétiques légers, je ne les connais pas assez bien ; la technique évolue rapidement, d'ailleurs, et je pense que l'on doit déjà trouver des protections meilleures pour la fibre de verre que les gels-coats fins, qui sont la seule vraie protection de certaines coques. Le choix, dans ces matériaux, pour les bateaux de série, est immense, mais les échantillonnages sont souvent un peu faibles pour les usages intensifs que l'on fait du bateau en longue croisière.

Bois

La construction classique en bois ne se justifie, à mon avis, que si vous avez réalisé une vraie affaire en achetant un bateau ancien. Les risques que court le bois en eaux tropicales, l'entretien, l'impossibilité d'avoir un bateau absolument étanche (et si l'on est prêt à supporter une « goulotte » au-dessus de sa couchette pendant une croisière de quinze jours, le problème devient différent en longue croisière, lorsqu'une saison des pluies transforme votre couchette en marécage, ou quand l'eau qui s'introduit entre les bordés gâte en permanence tout ce qu'on essaie de ranger au fond), toutes ces raisons rendent nécessaire une protection supplémentaire, par plastification généralement (une plastification est difficilement applicable à une coque de construction classique, où les bordés jouent avec la chaleur et les mouvements). Les procédés plus modernes de construction en bois, bois moulé ou « West system », sont plus faciles à protéger. Le volume important de la structure nécessaire dans les constructions en bois est autant de volé aux aménagements et au confort. Évidemment, on a la satisfaction d'avoir un « matériau noble » et d'être dans la tradition de la « marine en bois », mais il y a des satisfactions morales qui coûtent trop cher en effort, risque et inconfort (en particulier quand les « tarets » des eaux tropicales exigent des carénages fréquents, sous peine de voir ces petites bêtes goulues transformer votre coque en gruyère !). Les bateaux en bois vernis, tels les légendaires San Germani, nécessitent un entretien colossal, il faut les poncer entièrement et les revernir au bout de quelques mois ; mon regretté ami le docteur Le Goff, au terme d'un magnifique tour du monde avec sa femme et son gros chien sur son San Germani verni, avait repris la route pour rejoindre à nouveau la Polynésie (où il a paisiblement fini ses jours à la barre de son bateau) mais il avait repeint sa coque, renoncé à la beauté du vernis… et à la galère d'entretien que cela représentait.

Ferrociment

C'était le matériau de rêve des années 70 : imaginez un peu, construire un voilier dans son jardin à partir de quelques rouleaux de grillage à poules et de sacs de ciment ! Son seul avantage serait d'être apparemment facile à mettre en œuvre quand on veut partir de zéro pour construire son bateau… La plupart de ceux qui s'y sont essayés reconnaissent qu'ils auraient sans doute eu moins de difficultés et mis moins de temps à construire un bateau d'acier ou de fibre de verre ! Je n'ai pas souvent vu de coque bien réussie en ferrociment, et celles que j'ai vues après qu'elles eurent flirté avec un caillou, en mer Rouge ou aux Maldives, faisaient grand-peine à voir !

Inox

Les rares tentatives faites à ce jour ont été, semble-t-il, des échecs, ou bien se sont révélées extrêmement coûteuses. D'après mes renseignements, l'inox n'est pas, d'ailleurs, un métal qui résiste bien à un tas de choses complexes se produisant dans l'eau de mer (piquage, électrolyse).

Il est important, en revanche, dans un bateau d'acier, de construire en inox toutes les parties qui sont soumises à des frottements (cadènes, entourage de la descente, pavois, bittes d'amarrage, etc.), pour éviter les coulées de rouille localisées qui donnent mauvaise mine à une coque par ailleurs saine.

J'ai entendu parler de construction en alliage cupro-nickel, métal utilisé pour la construction de certains chalutiers américains, qui sont totalement à l'abri de la corrosion et se passent complètement d'antifouling et de carénage. Ce type de construction ne semble pas s'être développé, peut-être à cause de son coût élevé.

ET CETTE COQUE... QUELLE FORME ?

Nous ne nous affronterons pas sur le thème « en forme ou à bouchains ? ». Il est certain qu'une coque aux formes arrondies est plus belle, mais qu'une coque « à bouchains » est plus économique et plus facile à mettre en œuvre dans certains matériaux (contre-plaqué, acier, aluminium), et pas forcément plus mauvaise pour ce qui concerne ses qualités marines. C'est, dans le procédé de construction en aluminium épais, une condition *sine qua non*... Je me suis donc fait à mes bouchains, même si je regarde parfois avec nostalgie les rondeurs plus douces, plus féminines, des coques en forme.

Un certain nombre de voiliers de série vendus en France et dans le monde ont le tort d'avoir été conçus par des architectes élevés dans la hantise de la « jauge » qui a décidé une fois pour toutes à quoi devait ressembler un bateau de course croisière... Pour nous emmener en voyage autour du monde, il est préférable que nos bateaux soient conçus suivant d'autres critères, que leurs formes soient sûres, garantissent un passage confortable dans les vagues et que les volumes de flottabilité permettent d'emporter tout ce dont on a besoin dans une « résidence navigante ».

Voyage a une coque « à bouchains », assemblage de surfaces « développables » qui n'exigent pas d'arrondir la tôle en le roulant ou le martelant.

Sous l'influence de navigateurs comme ceux de *Damien*, de Marc Pajot, ou du regretté Patrick Van God, on trouve assez facilement des voiliers de série vendus en option « dériveur ». Aux États-Unis, par exemple, le phénomène est beaucoup moins net, mais des constructeurs comme Hinckley (la Rolls du voilier !) proposent depuis toujours des bateaux à tirant d'eau réduit par l'usage d'une dérive relevable.

Les quillards, munis d'un appendice fixe, n'ont pas que des inconvénients : simplicité de construction, économie, étanchéité et solidité de structure meilleures. Si vous souhaitez acheter un bateau à quille fixe, l'avantage est à la quille longue ou au moins à un aileron assez costaud pour supporter le bateau lorsqu'on l'appuie contre un quai pour le caréner, ou lorsqu'on veut le tirer au sec sur l'un des « slipways » qui sont le seul moyen de levage disponible dans les pays lointains : les coques « modernes » à frêle aileron, lame mince tout juste capable de supporter le lest, exigent des moyens de levage sophistiqués du type *Travelift*, que l'on trouve de plus en plus souvent dans les régions où le nautisme se développe, mais plus rarement dans le reste du monde, où l'on aura encore recours aux slipways traditionnels... ou à l'amplitude des marées.

S'il vous arrive de faire passer à votre bateau une saison des cyclones au sec dans un chantier (c'est une pratique de plus en plus courante de nos jours) vous vous réjouirez d'avoir un appendice solide sur lequel reposer votre coque.

Pour moi (et cela se confirme à chaque escale, à chaque coin tranquille où j'aime à me faufiler), un bateau doit non seulement avoir un faible tirant d'eau, mais surtout pouvoir s'échouer sans crainte, sans se pencher ni risquer de basculer et rester vivable ainsi même si la marée basse vous dépose sur le sable la moitié du temps. Il n'y a pour cela que trois solutions :

Quille relevable

Peu de bateaux de ce type existent dans le commerce. La quille, qui renferme tout ou partie du lest, est remontée dans l'intérieur de la coque par un treuil à main, hydraulique ou électrique. Sur mon premier bateau, le puits de quille, conçu sans trop se soucier de l'espace qu'il occupait, était encombrant, mais l'ensemble du système ne m'a causé aucun problème grave ; ce type de bateau est en fait un quillard dont on peut effacer la quille lorsqu'on souhaite naviguer en eaux peu profondes ou s'échouer sur la plage : en principe, il n'est pas question de naviguer au large, surtout par mer formée, avec la quille remontée.

Biquilles

Très rares en France, plus répandus en Grande- Bretagne, ils résolvent assez bien le problème de l'échouage horizontal, mais les deux quilles doivent être d'une solidité à toute épreuve.

Dériveurs

Dans un dériveur intégral, le lest est au fond de la coque ; les dérives sont là uniquement pour empêcher le bateau de dériver au près (ou pour stabiliser le bateau, pour ce qui concerne l'éventuelle dérive arrière). Le lest, bien sûr, est moins bas que dans un quillard, il en faudra peut-être un peu plus pour avoir les mêmes performances au près) ; en combinant différents éléments (hauteur du franc-bord, bateau large, superstructures importantes, mât étanche), on revient à des courbes de stabilité à peu près équivalentes à celles du quillard et l'on n'a pas à craindre l'« hypothèse d'école » du chavirage, d'autant que l'absence d'appendices immergés, dérive relevée, diminue l'effet de « croche-pied » qui serait généralement responsable des chavirages. Si ne pas avoir un appendice inférieur portant le lest vous effraie, vous pouvez choisir une solution intermédiaire, le dériveur avec semelle (type « Trismus ») ; s'il est bien conçu, il pourra s'échouer de façon raisonnablement prudente en eaux calmes et sur des surfaces de sable planes, mais il faudra toujours craindre un échouage sur un terrain mal reconnu, rocher mal placé ou terrain irrégulier se minant plus d'un côté que de l'autre.

Je trouve peu d'intérêt, en revanche, aux dériveurs inéchouables, où l'option « dériveur » ne sert qu'à économiser 30 ou 40 centimètres de tirant d'eau... À vrai dire, avoir 1,20 mètre ou 1,60 mètre de tirant d'eau revient au même, si l'on n'a pas la possibilité de s'échouer et qu'il faut de toute façon mouiller assez loin pour ne pas toucher à marée basse. À ce compte-là, mieux vaut un quillard à tirant d'eau modéré et une bonne paire de béquilles, télescopiques par exemple, qui donnent des possibilités limitées d'échouage, pour éventuellement caréner.

Et l'insubmersibilité ?

Si un membre de votre équipage est obsédé par le fait qu'un monocoque traditionnel est amené à couler s'il se remplit d'eau, ce ne serait pas une mauvaise idée que de le ou la rassurer en choisissant un bateau insubmersible. Le constructeur belge Etap se spécialise dans ce domaine et offre toute une gamme de bateaux de 21 à 39 pieds conçus pour rester à flot quoi qu'il arrive.

Et les multicoques ?

De nombreux catamarans ont l'avantage de pouvoir s'échouer sur les plages, facilitant leur entretien.

Le succès des multicoques a constitué la grande révolution de la navigation de plaisance de ces dernières années. Mes premières expériences sur des bateaux de ce type ne m'avaient pas convaincu et puis un jour, dans un mouillage paisible de la côte atlantique des États-Unis, près de Beaufort, en Caroline du Nord, j'ai rencontré une famille heureuse sur un petit catamaran de croisière, un Naviplane. Intrigué de voir trôner dans leur carré, même pas attaché, un vase fragile plein de fleurs séchées qu'ils avaient posé là en quittant la Grèce et qui y était encore des années plus tard malgré de longues traversées, j'ai demandé à faire, à l'occasion, un essai au large... dix minutes plus tard, sans rien avoir eu à ranger, ils m'emmenaient marsouiner dans la passe scabreuse, vent contre courant, de Morehead City... et j'en revenais convaincu... Aujourd'hui, après un tour du monde et demi sur *Banana Split*, mon catamaran de 12 mètres, j'aurais du mal à revenir au monocoque.

Entendons-nous, un catamaran de croisière comme le mien n'est pas du tout conçu pour aller notablement plus vite qu'un monocoque, mais pour rester horizontal, et tellement plus confortable : dans un catamaran, en mer comme à l'escale, on vit de plain pied avec le monde extérieur, au lieu de « descendre à la cave » comme on le fait chaque fois qu'on pénètre dans un monocoque ; on dit que le catamaran cogne plus que le monocoque au près, je ne l'ai pas vraiment constaté, j'ai sans doute toujours eu des monocoques qui cognaient, et même au près (une allure que je cherche à éviter au maximum), le bateau reste horizontal, la vie est infiniment plus facile. Nous parlerons plus loin des questions de sécurité, mais disons déjà qu'un catamaran est obligatoirement insubmersible et que nos catamarans de croisière, généralement lourdement chargés, ne seront jamais retournés par le vent, contrairement aux bêtes de course qu'on voit parfois sur le dos à l'occasion des courses. À l'exception de programmes de navigations extrêmes dans des régions aux vagues gigantesques, ma conviction personnelle est que le catamaran est aussi sûr que le monocoque. Un ami navigateur me disait que si le catamaran a deux positions stables : à l'endroit et à l'envers, le monocoque lui, a deux positions stables : à la surface, et au fond.

Ici aussi, il existe diverses conceptions et certains préfèrent choisir la légèreté : un catamaran plus léger que le mien aura bien sûr de meilleures performances, surtout par petit temps. Le problème reste qu'un bateau léger n'est, par définition, pas fait pour être chargé... or nos croisières impliquent le transport de beaucoup de matériel, mouillages, accessoires de gréement, pièces détachées, outils, livres, cartes, eau, carburant, mille choses indispensables : un catamaran conçu pour rester léger ne pourra emporter tout ça sans mettre en danger la solidité même de sa structure. C'est un point à mettre en balance avec l'affirmation courante que la légèreté, la vitesse sont facteurs de sécurité : dans les mers tempérées ou tropicales où j'ai navigué depuis onze ans sur *Banana Split*, la solidité m'a paru un facteur plus important que la légèreté-rapidité.

Catamarans en location

Les catamarans se prêtent particulièrement bien à la location dans des régions au climat généralement clément, comme les Antilles : la flotte de catamarans offerte à la location par des sociétés comme Moorings s'est développée très rapidement, offrant un confort inégalé (et une intimité inexistante dans un monocoque) à quatre couples, dans des cabines spacieuses, équipées souvent de cabinets de toilette individuels. VPM loue « à la cabine » des catamarans de plus grandes dimensions.

POUR UN GRÉEMENT PLEIN D'AGRÉMENT

Le plus simple est le meilleur ! J'ai parcouru 40 000 milles presque toujours en solitaire sur une goélette de 14 mètres et je me débattais souvent dans un écheveau de spaghettis... ou naviguais très sous-toilé pour ne pas être toujours en train de changer de voiles ou de régler des écoutes. Pour les dimensions que je préconise, et grâce au développement des enrouleurs de foc, je pense que l'idéal, le plus simple, c'est un gréement de sloop : une grand-voile à bandes de ris, et un foc à enrouleur qui servira pratiquement en toutes occasions. Sur mon catamaran comme sur mon bateau précédent, le sloop de 10 mètres *Voyage*, je peux gréer à 30 centimètres de l'étai un bas étai largable, sur lequel j'endraille un foc plus petit si le besoin s'en fait sentir.

L'intérêt d'un véritable gréement de cotre (la « voilure divisée » chère à Bernard Moitessier) me semble fortement diminué par la mise au point des enrouleurs de génois ; quant aux ketchs, ils ont leurs partisans, mais je trouve que ce petit mât d'artimon sert surtout à encombrer l'arrière du bateau, la zone du cockpit, en particulier, sans bien améliorer les performances. Nos catamarans modernes bénéficient de gréements « autoporteurs » étonnamment simples : équipés de barres de flèches poussantes et de câbles joliment appelés « guignols », ils se contentent de trois haubans, un étai à l'avant et deux haubans arrière (je les complète, par précaution, par des bastaques largables lorsqu'on veut déborder la bôme).

Après tout si vous avez envie, comme ce navigateur, d'un bateau inspiré d'une traditionnelle « tapouille » brésilienne, pourquoi vous en priver ?

Mais, après tout, à chacun de choisir le gréement, la voilure, qu'il aimera admirer, en action, de son cockpit ou du balcon d'étrave, ou bien, joliment ferlée, depuis le rivage : les bateaux, surtout ceux de série, ont un peu trop tendance à vouloir tous se ressembler, le même gréement, les mêmes lignes, la même couleur (généralement, tristement blanc, avec une bande bleue ou rouge pour les plus hardis !)... Alors, si vous êtes tentés par un gréement de jonque chinoise ou de cat-boat, pourquoi pas ! Chacun d'eux apporte bien des satisfactions à ses propriétaires : le gréement de Freedom (cat-boat, mâts non haubanés en fibre de carbone), qui a eu aux États-Unis son heure de gloire, est tentant par la réduction immense des efforts entre le mât et la coque et l'absence de haubans, donnant un pont remarquablement dégagé... mais à quoi se tient-on quand ça remue ?

Flush-deck ou superstructures ?

Les ponts tout plats, les bateaux qui ressemblent à des porte-avions, c'est séduisant ; on a l'impression d'avoir un bateau sportif que l'on pourrait aligner demain dans une régate, et c'est réputé plus solide, plus marin, que des superstructures ; mais avec les matériaux modernes (coques métalliques en particulier, et panneaux en Altuglass ou en Lexan), on fait maintenant des superstructures tout aussi solides qu'une coque – et un roof, même petit, rend un bateau tellement plus habitable ! Fatigué de la descente abrupte de mon premier bateau, j'avais choisi pour *Voyage* la formule du « salon de pont », qui change totalement la vie sur les monocoques : qu'il fasse beau ou mauvais, on est si bien à l'intérieur, bien aéré, bien éclairé que l'on ne se sent pas enfermé à fond de cale, et l'on peut regarder par les fenêtres le paysage, la forme des voiles en navigation, ou bien, au mouillage, surveiller si les ancres ne chassent pas, guetter les allées et venues des éventuels bateaux voisins, ou bien encore voir si la jolie équipière du voilier proche a enfin enlevé son maillot de bain ! Sur un catamaran bien conçu, on vit vraiment de plain pied avec l'environnement, on n'a qu'une ou deux marches à franchir pour passer du carré au cockpit.

Je m'étends davantage, dans la partie consacrée au confort, sur l'importance d'avoir une zone bien conçue, à l'extérieur, pour y vivre et y faire toutes sortes de choses. Les cockpits, s'ils sont un peu grands, devront être munis de sérieuses vidanges au cas où une vague les remplirait ; sur les bateaux de 12 mètres et plus, la formule cockpit central et cabine ou carré arrière assure au cockpit une excellente protection. Sur les catamarans, le volume de la cabine coupe un peu l'air à la zone du cockpit... mais si l'aération du catamaran est bien conçue, il fera toujours frais à l'intérieur, on aura donc bien moins besoin du cockpit.

Accastillage et équipement

La simplicité est reine, en toute occasion : tout ce qui est complexe se détraque (ce qui est simple se détraque aussi, mais est plus facile à réparer !). Sur un bateau plus petit, il sera plus facile, plus économique, d'avoir les mouillages, les winches, les accessoires adéquats ; sur un trop grand bateau, on aura trop souvent tendance à sous-dimensionner un élément ou un autre pour des raisons de poids ou de maniabilité (entre la chaîne de 12 d'un bateau de 14 mètres et celle de 8 d'un bateau de 9 à 10 mètres, il y a une différence de mise en œuvre inimaginable). De plus, le prix de l'entretien, lui aussi, varie avec le cube de la longueur du bateau !

POURQUOI LES CROISIÈRES RÉUSSISSENT OU ÉCHOUENT...

« Le voyage au bout du monde est un peu, bien sûr, comme une auberge espagnole, on y trouve ce qu'on y apporte... » Jugement un peu excessif, sans doute, mais inutile de vous handicaper dès le départ par quelque erreur fondamentale et souvent irréversible, sur le choix de l'équipage ou du programme.

Composition de l'équipage

J'ai déjà cité les problèmes résultant de l'opération qui consiste à s'associer à d'autres personnes en pensant ainsi faire baisser les prix de revient... Plus je vois de gens naviguer, plus je constate que, dans un bateau comme dans une maison, on est fait pour vivre seul, en couple ou en famille. Recevoir d'autres personnes doit évidemment rester une possibilité, mais il est indispensable d'être capable de se débrouiller seul : la présence de quelqu'un d'autre sera un plaisir si elle est désirée, mais deviendra vite un enfer si elle est forcée. Quant aux équipages plus nombreux, composés de trois ou quatre amis associés, ils donnent rarement des résultats aussi brillants que la croisière du *Damien* (au cours de laquelle, rappelez-vous pourtant, tout ne se passa pas aussi bien qu'on pourrait le croire, puisque le troisième Damien abandonna l'épopée aux Antilles !). Trois ou quatre copains peuvent avoir les mêmes vues, la même idée de la vie avant le départ, mais au bout de quelques mois tout change radicalement et les difficultés commencent, parce qu'on ne peut pas couper le bateau en trois ou en quatre !

Des programmes trop précis

Même si l'on vous demande au départ si « vous allez faire le tour du monde », ne cherchez pas à répondre autre chose que : « Nous partons voyager sur les océans, nous partons pour un, trois, dix ans ! » Prévoir où vous serez dans deux, quatre ou six mois, y donner rendez-vous ferme à quelqu'un, c'est vous exposer à des tracas, à vous retrouver en train de galoper contre la montre et à devoir quitter au bout de vingt-quatre heures, voire à négliger totalement, le merveilleux mouillage imprévu, l'escale aux charmes inattendus, la rencontre que vous pourriez approfondir... C'est aussi risquer de vous élancer pour une traversée épuisante ou dangereuse par mauvais temps ou à la mauvaise saison, quand vous pourriez faire la même traversée un peu plus tard dans des conditions reposantes et moins risquées.

Après des apprentissages multiples, lorsque je donne rendez-vous à des amis pour les balader, je m'arrange pour que ce soit dans une zone où je peux les embarquer et les débarquer un peu n'importe où, quitte pour eux à traverser, peut-être, une île en autobus local ou à prendre un ferry-boat ou un avion d'une ligne intérieure : j'ai toujours présent à l'esprit le programme d'un riche propriétaire de yacht venu à Tahiti en avion, où un skipper avait amené son bateau, et qui voulait balader sa famille dix jours dans les îles Sous-le-Vent ; refusant d'écouter nos conseils de ne faire que l'aller, vent portant, de Tahiti à Raiatea et Bora Bora et de laisser à son skipper le retour, contre le vent de sud-est costaud et la houle toujours bien abrupte dans ces coins-là, il a tenu à faire en famille le retour... Voyant que malgré les grandes qualités nautiques de son bateau les conditions ambiantes le mettaient en retard, il a voulu torcher plus de toile qu'il n'était prudent, il a démâté, enroulé immédiatement une écoute autour de l'arbre d'hélice, et le tout s'est terminé par une entrée ignominieuse dans le port de Papeete en remorque d'une unité de la marine nationale, affaire qui coûta très cher au propriétaire... et le dégoûta pour fort longtemps de la navigation !

Des programmes trop flous

Ne pas trop prévoir, mais ne pas non plus se laisser aller au découragement devant l'immense éventail de libertés qui s'offrira à vous dès que vous aurez franchi les premières étapes. Si vous n'avez pas au moins une petite idée des endroits où vous voulez aller, vous risquez de perdre vite là aussi le nerf de la guerre, de vous retrouver, par exemple, englué pour des années aux Antilles, où vous serez allé parce que c'est la destination la plus évidente lorsque l'on quitte la France... et vous ne verrez plus de raison d'aller ailleurs, d'aller plus loin.

Un équipier de la *Licorne*, un voilier qui avait atteint il y a bien des années la Polynésie, rêvait d'y retourner sur son propre bateau... Extrêmement débrouillard, il réalisa à très peu de frais (à partir d'une ancienne chaloupe du *Queen Mary* !) un bateau très confortable. Mais il mit si longtemps à atteindre les Antilles, et, là, resta si longtemps à savourer chaque mouillage, chaque île, que huit ans plus tard, quand le temps fut venu de changer de bateau, il était toujours dans les Caraïbes. Pour ne pas recommencer la même erreur la fois suivante (qui lui a pourtant permis de découvrir dans la mer des Caraïbes des quantités d'endroits peu fréquentés et qui valaient à vrai dire la peine d'y passer quelques années), il jurait que, pour ne pas user son énergie dans les premiers mouillages, il rejoindrait le Maroc et de là gagnerait sans escale Panama, en prenant bien soin de traverser la chaîne des Petites Antilles entre Saint-Vincent et la jolie île de Bequia, aux Grenadines, en envoyant, suivant son humeur du moment, un baiser nostalgique ou un bras d'honneur à ce dernier mouillage, où il est resté comme hypnotisé de nombreuses années au cours de son précédent voyage ! Et ça a marché ! Je l'ai retrouvé, bien des années plus tard, sur l'océan Indien.

FINANCEMENT DU VOYAGE

Les shipchandlers ne vendant pas encore de pompes à phynances branchées sur le moteur Diesel, voilà un problème majeur à résoudre ! Si vous avez choisi un bateau petit, si vous savez adapter votre vie, réduire vos besoins, vous contenter le plus possible des produits dont vivent les populations locales, au lieu de vivre de produits importés à prix d'or ; si vous savez faire vous-même la plupart des travaux d'entretien et de réparation (voir le chapitre correspondant), la possession d'un bateau et le voyage à son bord ne seront pas des fantaisies de millionnaire ou un luxe de « yachtman » d'autrefois. Pourtant, il vous faudra de l'argent pour vivre.

Caisse de sécurité

Pour qu'une grosse avarie soudaine ou une maladie ne restent pas suspendues au-dessus de votre tête comme l'épée de la Dame au Clebs, il serait bon d'avoir abrité quelque part, accessible assez facilement (mais pas trop, pour ne pas être tenté de la dilapider) une somme de sécurité de l'ordre de 30 000 ou 50 000 francs (2001).

Ce n'est, après tout, que 3 à 10 % du prix d'achat du bateau... Cette somme vous servira le jour (je ne vous le souhaite pas !) où une maladie frappera un membre de l'équipage, ou bien où un échouage mal à propos exigera en dernier recours l'intervention d'un remorqueur coûteux : il m'est arrivé d'être témoin de la situation et de voir le propriétaire d'un voilier de 10 mètres devoir aligner immédiatement 10 000 francs pour qu'un remorqueur dégage son bateau du récif où il allait rapidement se détruire si l'on ne l'en sortait pas au plus vite.

Caisse du bord

Pour maintenir cette caisse de sécurité et entretenir la caisse du bord, il n'existe pas, hélas, de « case départ » où l'on vous remettrait 20 000 francs à chaque passage (attention à la case « Impôt sur le revenu » quatre cases plus loin !). Eh bien, parmi les quelques centaines ou milliers de flotteurs qui voyagent autour du monde pour quelques mois, quelques années ou la vie entière, chacun utilise ses ressources et son imagination.

Revenus terrestres

Il y a ceux, rares, qui ont un revenu terrestre, le plus souvent un appartement ou une maison qu'ils ont mis en location ; s'ils ont trouvé un bon administrateur d'immeubles, ils en tirent une mensualité qui peut leur suffire à voyager avec de faibles besoins. Plus rares sont ceux qui ont gardé des « affaires » à terre : le plus souvent, ils ont nommé une personne de confiance pour les gérer à leur place... Mais il arrive parfois que la personne de confiance ruine l'affaire en quelques mois ; ou, au contraire, si tout fonctionne à merveille, elle se demandera tôt ou tard pourquoi elle se donne tant de mal à faire vivre quelqu'un qui se baguenaude sous les cocotiers. Selon moi, ceux qui ont des affaires florissantes... doivent rester à terre pour les faire fleurir. S'ils naviguent, ils ne rejoignent généralement leur bateau que quelques semaines par an, quatre fois moins qu'ils ne le voudraient et deux fois moins qu'ils ne croient le faire ; ce qui, entre parenthèses, ouvre un certain nombre de créneaux intéressants pour celui qui saura s'y glisser : être skipper, salarié ou non, d'un propriétaire de bateau, libre de se balader tout au long de l'année et avec pour seule obligation d'entretenir le bateau et de l'amener, opérationnel, aux Antilles ou en Polynésie pour les prochaines vacances du boss, ce n'est pas forcément une vie désagréable !

Revenus nomades

Restent donc les activités que l'on peut exercer en voyage, activités liées ou non au bateau, ou celles exercées en interrompant brièvement son voyage pour regagner un centre où l'on pourra exercer sa profession.

Activités manuelles

Ceux, habiles de leurs mains, qui possèdent des connaissances dans un domaine tel que les moteurs, l'électronique, la soudure, la charpente, la chaudronnerie, le froid, que sais-je encore, n'ont généralement aucun mal à trouver du travail s'ils choisissent l'escale adéquate. Leur clientèle se trouve plutôt dans les centres urbains où l'argent abonde que dans des petites îles sans revenus ; toutefois, quelques précautions devront être prises.

Pour commencer, ne pas trop compter sur la clientèle des autres voiliers voyageurs : si un électronicien ou un charpentier ont toutes les chances de trouver du travail dans les marinas peuplées de centaines de bateaux sédentaires dont les propriétaires ne regardent pas trop à la dépense, il ne faut pas trop espérer gagner sa vie au loin en réparant l'électronique ou les aménagements de collègues navigateurs souvent désargentés ; ces derniers sont habitués à réparer eux-mêmes ce qui se détraque et à se passer de ce qu'ils ne peuvent pas bricoler personnellement. Et puis, on trouve souvent des personnes capables de vous donner un coup de main bénévole, à charge pour vous de rendre la politesse à l'occasion...

Ne pas oublier aussi que, lorsque vous prenez un emploi dans un endroit donné, vous prenez peut-être la place d'un autochtone. Du tact, de la réflexion, de l'honnêteté, seront utiles en règle générale... Ne pas casser les prix, en particulier, que votre travail soit de réparer d'autres bateaux ou de construire une charpente métallique à terre.

D'ailleurs, si vous prenez réellement la place de quelqu'un, il se trouvera vite une personne malveillante pour aller « cafter », brandir des lois locales qui existent à peu près partout, et qui tendent à réserver le travail aux autochtones. Aux Antilles, par exemple, si un voilier sous pavillon français a le droit de rester six mois sans devoir payer un pourcentage élevé d' « octroi de mer », le propriétaire doit le payer immédiatement s'il exerce la moindre activité rémunérée à terre (alors qu'une personne arrivée par avion a parfaitement le droit de prendre un emploi aux Antilles françaises !). Ce qui ne veut pas dire que travailler aux Antilles soit chose impossible pour un propriétaire de bateau, mais il faut toujours être prudent ! Partout où le commerce et le tourisme sont saisonniers, il y a des emplois à prendre en saison, que ce soit dans le nautisme, l'accueil ou les professions périphériques. Mais le chômage étant ce qu'il est de par le monde, il ne s'agit pas de faire n'importe quoi n'importe comment.

Professions libérales

Les médecins, dentistes, infirmiers, kinésithérapeutes, etc., n'ont en général aucune difficulté à faire des remplacements un peu partout ; les professeurs peuvent parfois s'organiser à l'avance, et souvent trouver sur place des postes pour une année scolaire, par exemple. Des connaissances informatiques trouveront assez facilement à s'employer pour des missions ponctuelles, bureautique, graphisme, vidéo, conception de sites Internet. Ces métiers et d'autres encore qui n'ont aucun rapport avec les bateaux vous obligeront peut-être à laisser le vôtre quelques mois, de temps en temps, mais quelle recharge à votre énergie voyageuse que cette séparation, lorsque vous vous retrouvez à bord avec, devant vous, un an ou deux de voyage !

Métiers artistiques

Il est possible ou impossible d'en vivre, comme à terre ! Pour un peintre qui vit de ses toiles, combien tirent la langue ? Pourtant, des arts simples comme la peinture, la joaillerie, n'exigeant pas de grands moyens industriels (l'intervention d'un éditeur ou d'une compagnie de disques par exemple) sont tout à fait aptes à faire vivre un équipage aux besoins réduits ; à la limite de l'art, la confection vestimentaire, si l'on a un peu de flair et d'imagination, peut remplir le même but : j'ai connu des équipages vivant de la confection de maillots de bain au crochet ou de colliers de perles de bois peintes. Je ne vois pas pourquoi un peintre de talent ne pourrait pas peindre au cours de ses voyages une série de toiles et en faire une exposition lorsqu'il atteint une ville à acheteurs potentiels, dans un yacht-club par exemple. Mon ami Loulou Batier, ainsi, se découvrant une passion pour l'aquarelle, a entrepris un inventaire des bateaux à voiles du monde entier ; la vente de ses œuvres aux touristes des îles Sous-le-Vent aidait au financement de son voyage... et il en est résulté un très beau livre chez Gallimard, *Bateaux traditionnels du Monde.*

Écrire ? Ma foi, ça me réussit assez bien, et je suis sûr qu'il y a de la place dans les revues et les éditions pour des auteurs racontant simplement, et d'une façon personnelle, leurs voyages. Les rédacteurs en chef de revues nautiques, en tout cas, se plaignent d'un défaut total de récits de voyages intéressants... On ne peut guère espérer vivre des « piges » des revues nautiques françaises, mais ça peut aider ! Quant aux livres, ceux qui ont quelque chose à dire, s'ils le souhaitent, trouvent où le dire et en retirent des revenus non négligeables. Photographier, filmer, à terre comme en mer, on peut aussi en vivre... ou ne pas en vivre ; les technologies modernes permettent entre autres de réaliser des films documentaires de qualité professionnelle avec du matériel DV « grand public » ; la facilité des communications apportées par l'Internet donnera certainement des idées à bien des voyageurs aimant raconter leurs traversées et leurs escales.

Petit commerce

Et puis, il y a le commerce... Arriver au Brésil avec 100 kilos de moutarde parce qu'on a entendu dire que la moutarde y coûte très cher, ce n'est pas très malin, parce que personne ne veut en acheter. Y vendre doucement, tranquillement, 100 francs des bouteilles de whisky achetées 30 francs aux Canaries, c'est rentable tant que la douane n'y met pas son nez. L'important est de savoir ce que l'on peut vendre à tel endroit, acheter à tel autre... et ce qu'on risque (amendes, saisie du navire, par exemple, si vous essayez de vendre de l'alcool en Arabie Saoudite). Je ne parle pas, bien sûr, du trafic de stupéfiants, où le gars qui vous aura fourni la chose aura du même coup prévenu les autorités pour empocher la prime. D'ailleurs, il y a une différence majeure entre ce qui est simplement illégal et ce qui est criminel !

Convoyages

Plus répandu en Amérique qu'en France, mais constituant sans doute un marché intéressant, le travail de convoyage peut vous amener à laisser quelques semaines votre bateau pour emmener travers un océan celui d'un propriétaire trop occupé ... C'est le genre d'affaire qui doit se traiter très sérieusement et qui, en général, n'est pas une partie de plaisir, le propriétaire s'étant réservé la partie « vent portant » de la croisière et laissant au convoyeur les affres du près serré et des saisons douteuses...

Charter

Reste, et je le cite volontairement en dernier, la tarte à la crème du financement des croisières: le charter. Combien croient pouvoir financer leur travail en transportant des clients payants et construisent pour cela un bateau trop grand, mal adapté à leur propre vie... Le charter, on peut en faire une profession, une espèce d'hôtellerie flottante ; une entreprise qui est parfois couronnée de succès, mais n'en reste pas moins de l'hôtellerie, avec des horaires de travail illimités, des responsabilités importantes, plus une seconde à soi... La concurrence est forte dans les endroits où la clientèle veut naviguer ; les « indépendants » y sont mal accueillis, voire interdits. Il me paraît plus judicieux d'arrondir un peu ses revenus en se livrant épisodiquement, et sans forcer, à une ou deux opérations de charter, et en promenant durant une semaine deux personnes à qui on laissera sa cabine pour dormir dans le carré ou le cockpit. Mieux encore, si le bateau s'y prête, on pratiquera le « day charter », beaucoup moins astreignant : on promène quelques heures chaque jour les clients d'un grand hôtel ou d'un club de vacances, on leur montre leur hôtel du large et on les ramène à terre avant la nuit ! Le vrai charter est devenu en vingt ans une affaire professionnelle, il vous faudra dans la plupart des régions des diplômes pas faciles à obtenir et ce qui était jadis une sympathique activité d'« oiseau de passage » est souvent devenu une activité commerciale assortie de règlements, comptabilités et déclarations très prenants. Et pourtant, j'ai quotidiennement sous les yeux ces jours-ci l'exemple de quelques navigateurs qui ont su faire preuve d'imagination dans le choix de la zone où ils ont établi leur activité de charter, sortant des sentiers battus, faisant preuve de dynamisme, de ténacité, se montrant à la fois hôtelier, guide, GO et relations publiques... et ça leur réussit !

Année sabbatique

La loi française rend de plus en plus possible de prendre une année sabbatique sans solde, et de retrouver automatiquement son emploi dans l'entreprise au retour. Un an c'est court pour un tour du monde, mais une belle balade en

Atlantique, vers les îles du Cap-Vert, le Brésil, les Antilles, la côte est de l'Amérique du Nord, les Bermudes, les Açores, par exemple, vous fera faire une provision de souvenirs inoubliables et vous donnera peut-être l'envie, quelques années plus tard, de voyager plus longtemps encore. Certains ont peur de quitter un an ou deux le marché du travail, craignant que ce vide dans leur CV les fasse considérer comme peu fiables par un futur employeur... dans beaucoup de cas, au contraire, un employeur pourra être favorablement impressionné par les qualités de dynamisme, d'organisation, d'imagination, de ténacité, qu'implique un tel voyage, même pour un an seulement. Si vous choisissez cette méthode, des ouvrages spécialisés vous guideront sur les démarches à entreprendre, tant auprès de votre employeur, qu'auprès des différents services, impôts, Sécurité sociale, banque, etc., pour que tout se passe en douceur en votre absence.

Professions « alternatives »

Les années passent, le monde évolue... lors de mon premier départ, je prévoyais d'exercer parfois aux escales mon activité d'alors (la chanson) pour renflouer la caisse du bord. Mais faire un spectacle dans un pays lointain exigeait de longs efforts de préparation, de publicité, et me clouait plus longtemps que je ne l'aurais souhaité dans des ports trop grands (c'est là que se trouvait le public) au lieu de petits mouillages tranquilles. J'ai vite réalisé qu'exercer cette profession comme tout autre d'ailleurs pouvait aussi bien se faire... en revenant en France pour des périodes limitées. Lorsque, jadis, Gauguin ou Gerbault partaient au bout du monde, revenir était pratiquement hors de question ; aujourd'hui les liaisons aériennes sont devenues beaucoup plus fréquentes, les prix des billets ont énormément diminué, et nombreux sont ceux qui laissent leur bateau dans un endroit sûr (à titre indicatif, vous trouverez en appendice une étude région par région des endroits où laisser son bateau, avec quelques suggestions de mouillages ou de marinas aussi sûrs que possible) pour rentrer chez eux « faire une saison » d'hôtellerie, de moniteur de ski, des remplacements médicaux ou professoraux, toutes ces professions que les 35 heures devraient rendre de plus en plus souples. Une famille dont on m'a parlé passe six mois par an aux Antilles sur un voilier et le reste en France, jonglant avec les dates des vacances pour que leurs enfants scolarisés les accompagnent dans la quasi totalité de leurs séjours nautiques.

À propos, combien d'argent faut-il pour voyager ?

Des rencontres faites récemment, je déduirais que, si l'on n'a pas d'avaries majeures, on vit bien avec 5 à 7 000 francs par mois (le SMIC, quoi !) sans se priver d'une bière au bar du port, d'un restaurant de temps en temps et de quelques gâteries dans les supermarchés. Si l'on réduit beaucoup ses besoins, on peut sans doute vivre avec la moitié ; dans le premier cas, un tiers du budget sera consacré à l'entretien du bateau (ce sera peut-être la moitié dans le second cas...). Le cas le plus extrême que je connaisse : sur le petit « Cognac » dont j'ai parlé plus haut, Frank chiffrait son budget mensuel à... 150 francs, et son bateau avait coûté 60 000 francs !

Un dernier mot de mise en garde... Lorsqu'on quitte le système, le monde, la grande ville, on rêve un peu de devenir totalement autonome, de se nourrir de ce que la nature vous offrira gratuitement. Il est vrai que les mers peuvent offrir à ceux qui sont doués pour la pêche plus de poissons qu'ils n'en pourront manger ni mettre en conserve. Il est vrai aussi que certaines îles offrent cocos, mangues, et autres ressources « naturelles »... Mais n'oubliez pas que chaque arbre fruitier au monde, chaque plante comestible, a été planté, donc a un propriétaire... Dans les îles lointaines, celui-ci sera prêt, hospitalier, à vous offrir quelques fruits de son arbre... Mais ne croyez pas avoir le moindre droit de vous servir tout seul ! Le paradis terrestre n'existe pas, hélas (on s'y ennuierait sans doute beaucoup, d'ailleurs), il existe simplement un monde merveilleux plein de ressources offertes à qui sait les cueillir avec sagesse et imagination, respect et liberté.

Bateau stop... ou comment naviguer heureux sur le bateau des autres !

Et si vous n'avez pas de bateau... mais rêvez quand même de sillonner les océans ? Pourquoi ne pas chercher à embarquer sur le bateau de quelqu'un d'autre ?... Il y a des tas de gens qui ont besoin d'équipiers, pour partager les efforts ou les frais... Si vous êtes munis d'un sérieux bagage de qualités humaines, dont une grande sociabilité et de quelques notions de voile, vous ne devriez pas avoir de peine à trouver un embarquement, même de courte durée, au bout duquel vous en trouverez un autre et ainsi de suite...

Où trouver l'embarquement ? Il y a d'abord les petites annonces des revues de voiles, qui offrent toujours quelques possibilités ; pourquoi ne pas passer vous-même votre annonce, dans une revue nautique ou sur un site Internet ? Il y a, à Paris, la porte de la librairie Ulysse, rue Saint-Louis-en-l'Île et puis les tableaux d'affichage de tous les yacht-clubs et clubs nautiques des coins les plus fréquentés par les bateaux en grande croisière : Camaret ou La Rochelle, Antibes ou les ports de la Côte d'Azur, et, plus sûrement encore, Gibraltar en automne et en début d'hiver, vous offriront des embarquements vers les Canaries. De là, vous trouverez certainement des bateaux manquant d'équipiers pour la traversée de l'Atlantique. Aux Antilles et, mieux encore, à Panama, vous trouverez des embarquements pour le Pacifique.

Si vous souhaitez être au bon endroit pour trouver un bateau, si vous voulez que votre croisière soit agréable, choisissez bien votre saison (le chapitre sur les climats de ce livre ne vous sera pas inutile). Choisissez aussi votre type de croisière : se faire embarquer sur un bateau en convoyage urgent à la mauvaise saison, parcourant la moitié du tour du monde sans escale, pourra ravir les masochistes, mais pas forcément tout le monde ! Il est bon de savoir le genre de croisière que pratique le bateau sur lequel vous allez peut-être embarquer.

L'idéal serait de se faire engager pour quelques jours d'escale sur un bateau qui se trouve déjà dans le port, pour des travaux de peinture ou autres besognes de ce genre ; c'est un excellent poste d'observation pour découvrir l'embarquement de vos rêves. (C'est parfois la seule solution possible dans les pays comme le Maroc, où l'on a des difficultés à entrer dans la zone portuaire si l'on n'est pas embarqué sur un bateau.)

Pour voyager sans problème, il me semble indispensable (et le capitaine l'exigera le plus souvent) d'avoir une somme d'argent « de sécurité » permettant votre rapatriement depuis le point le plus éloigné du voyage si vous aviez un problème (7 à 8 000 francs devraient faire l'affaire, en chèques de voyage de préférence), et pour que vous ayez la liberté de quitter un bateau si vous ne vous entendez vraiment plus avec le propriétaire... Être forcé de rester dans des conditions désagréables parce qu'on est sans le sou peut devenir tout à fait scabreux !

Souvent, on vous demandera une participation aux frais (en général faible, comparée à ce que le bateau et son entretien coûtent au propriétaire). De toute façon, plus vous vous entendrez avec précision sur les obligations et les libertés de chacun, plus votre association temporaire aura de chances de réussir.

Il est bon également de vous renseigner sur les qualités du bateau, sa sécurité, mais n'allez pas pour autant mettre en doute ses possibilités ; les propriétaires sont très susceptibles sur ce point. Et lorsque vous serez embarqué, notez un peu les habitudes particulières du patron ; lovez les amarres comme lui et procédez en général comme il le fait, quitte à suggérer à un moment favorable une méthode personnelle plus efficace que la sienne. Tout remettre en question et critiquer ne saurait avoir que de tristes résultats. En règle générale, ce sera à vous de faire des concessions, de faire preuve d'un maximum de bonne volonté, le dynamisme et même un peu d'humour aidant beaucoup dans les situations tendues... et les ressources, habiletés dont vous disposez seront généralement les bienvenues... Ainsi, le jour où un ketch d'acier de 17 mètres s'était planté au pied d'une falaise inaccessible des îles du Cap-Vert, loin de toute agglomération, l'équipage ne s'en serait sans doute jamais sorti s'il n'avait embarqué aux Canaries un bateau-stoppeur fanatique d'alpinisme qui se trouvait avoir dans son sac... un dispositif pour lancer un grappin à grandes hauteurs... Se hissant au sommet des 40 mètres de la falaise, il a planté des crampons et ménagé ainsi une voie de sauvetage pour tout l'équipage !

Pour une fille, le problème est un peu le même que dans l'auto-stop, le skipper très aimable à terre deviendra peut-être, sitôt le rivage hors de vue, moins courtois... Mieux vaut s'être bien clairement expliqué à ce sujet-là avant l'appareillage ; utile, mais pas forcément infaillible ! Une des meilleures solutions serait d'être deux copines cherchant ensemble un embarquement... Comme ça, si jamais le skipper ou un équipier plaît à l'une des deux, ce sera sans obligation qu'elle tombera dans ses bras !

En résumé, pour en avoir bien souvent rencontré, je ne pense pas qu'un embarquement heureux soit une chose impossible à trouver à un garçon ou à une fille ayant un peu de bonne volonté, faisant un petit effort de présentation, ayant un bon contact humain et connaissant un peu la voile : quelques cours, un stage en école de croisière, ne sont pas forcément inutiles. Quant à ceux qui manient un art particulier, navigation, mécanique ou cuisine, électronique ou langues étrangères, ils se feront embarquer plus facilement encore ! Alors... bons voyages !

THE BATHS
TDM

CHAPITRE DEUX

MANŒUVRE SPÉCIALE-ALIZÉ

À la recherche du moindre effort

Risée (n.f.). La manquer lorsqu'on régate, c'est être celle de l'assistance !

MANŒUVRES, GRÉEMENT ET VOILES

Ce chapitre décevra les mangeurs d'écoutes, les fignoleurs de manœuvres, les maltraiteurs de toile. La manœuvre ne tient dans ce livre et dans mes croisières qu'une place relativement restreinte, non pas que je méprise les régatiers ni les finesses de leur art, longuement exposées dans nombre de manuels auxquels je vous renvoie. Mais, pour moi, la navigation à voile est un art de vivre. Je ne cherche pas à battre des records, mais à me déplacer agréablement, silencieusement, en douceur et en sécurité d'un point à un autre, sans fatigue excessive, en faisant mes alliées des forces de la nature, vents, courants, marées. Je ne cherche pas à faire « rendre les tripes » à mon bateau. La beauté de la voile m'est évidente même si le bateau ne fournit pas jusqu'à son dernier quart de nœud, au mépris de la toile ou des accessoires. Il me semble, lorsqu'on navigue seul ou en équipage restreint, qu'il n'y a aucune honte à être un peu sous-toilé en permanence plutôt que de devoir réduire en catastrophe à l'arrivée d'un grain subit. Et si je vais un peu moins vite que d'autres, mettre vingt-cinq ou trente jours à traverser un océan que des avions traversent en huit heures, c'est de toute façon extrêmement lent. D'ailleurs, lorsque les somptueuses bêtes de course des transatlantiques s'emballent dans des surfs exubérants, elles ne dépassent pas de beaucoup, en valeur absolue, la vitesse de la mobylette rouillée !

Alors, entre huit jours de travail épuisant et dix jours de douce et tranquille activité, moi, je choisis les jours agréables, j'ai tout mon temps ! Et je ne suis pas maso !

Toujours est-il que pour faire marcher un bateau il y a un certain nombre de choses à apprendre et qu'il n'est pas question de s'en passer. Vous les avez certainement déjà apprises sur des dériveurs, des petits voiliers (les éléments de base, en planche à voile, pourquoi pas ?), dans de petites croisières avec des amis, ou dans des traités comme celui des Glénans. Si vous ne l'avez pas déjà fait, c'est le moment, profitez de toute occasion pour développer vos connaissances, embarquez quelque temps sur le bateau d'un ami plus savant, ou embarquez ledit ami quelque temps sur votre bateau. Suivre une ou deux semaines un cours intensif de navigation n'est pas forcément une mauvaise idée… et puis, petit à petit, ce sera à vous de faire vos apprentissages.

Ce que je voudrais vous indiquer ici, ce sont quelques trucs plus ou moins personnels destinés à faciliter la manœuvre à un solitaire (ou à un membre d'un équipage réduit : votre femme est peut-être au fond de sa couchette avec le mal de mer... ou bien c'est elle qui veut vous laisser dormir).

PREMIÈRE RÈGLE : UN BON ACCASTILLAGE

C'est une évidence, mais mieux vous serez accastillé, moins vous aurez de soucis. Les récits d'autrefois sont pleins de descriptions cauchemardesques de voiles déchirées, de bateaux prenant l'eau et nécessitant des journées entières passées aux pompes, des mises en œuvre de palans, flèches, vergues et autres appareils compliqués.

De ces années de navigation, le premier commandement que j'ai retenu reste le suivant : dans la conception du matériel de manœuvre faire simple, mais solide. À prix égal, mieux vaut avoir un bateau plus petit, mais dont chaque élément sera, sinon surdimensionné, du moins largement calculé. On ne devrait jamais avoir d'inquiétude, lorsque ça se met à souffler fort, pour le gréement ni pour la mâture, pas plus que pour les fermetures des capots, etc.

Au bout de quelques mois de navigation sur mon premier bateau, par exemple, j'avais réalisé que mes winches préhistoriques à simple effet étaient incapables de border mon génois s'il était plein de vent... Ne disposant pas d'un équipier pour remonter au vent pour déventer le génois le temps que je le borde (sans risquer de se planter, virer de bord, exiger de recommencer toute la manœuvre), j'ai eu recours à des winches à deux vitesses plus costauds... Cela m'a coûté un peu plus cher, mais j'ai économisé tant d'efforts, qu'à prix égal, je préférerais avoir un bateau plus petit, mais avec de meilleurs winches !

Génois sur enrouleur

Beaucoup de choses ont changé en vingt ans dans le domaine du gréement ; les enrouleurs de génois, que l'on croyait au début inapplicables aux bateaux de longue croisière, sont devenus incontournables : quand je pense aux sacs de focs et de génois divers que je trimballais à travers le pont de mon premier bateau ! Aujourd'hui, sauf pépin, on va à l'avant... pour regarder les dauphins. Bien sûr, il faut que l'échantillonnage de l'objet soit sérieux, mais nous avons en particulier en France quelques constructeurs qui sont parfaitement fiables.

Au commencement, les avis étaient partagés... D'aucuns ne juraient que par les enrouleurs, d'autres les vouaient à l'enfer, affirmant que ces fins profils d'aluminium compliqués d'émerillons, roulements à billes et cordages s'enroulant sur des tambours étaient peut-être bons pour les rideaux de scène de l'Opéra, mais pas pour un voilier affrontant de longues traversées. J'ai eu de petites difficultés au début, des profils s'étant désolidarisés, mais ces mécaniques semblent avoir dépassé leurs erreurs de jeunesse et, en surveillant, rinçant souvent pour ôter le sel, huilant là où il faut et redescendant fréquemment l'émerillon de tête pour le contrôler et le graisser lui aussi, je pense qu'un enrouleur bien élaboré se prête bien à nos croisières sous les climats raisonnables. Je penserais peut-être différemment si je prévoyais des croisières dans les « quarantièmes » et autres enfers, mais en soignant l'objet, en guettant régulièrement les moindres signes de fatigue (deux profils se désaccouplant, ou un roulement tendant à se bloquer), en n'attendant pas le dernier moment pour réduire, en ne forçant jamais sans réfléchir un instant à la raison qui a fait se bloquer l'engin (en général, un cordage pris quelque part), on tire de l'enrouleur de génois un tel service que je me demande vraiment comment on a pu s'en passer jusqu'ici : aux allures portantes, je l'utilise pour toutes les forces de vent, j'ai toujours la toile qu'il faut à l'avant, puisque diminuer peu ou beaucoup la surface de la voile n'exige que quelques tours de manivelle (d'un winch qui se trouve au cockpit également). Quant à larguer de la toile lorsque le vent a faibli, cela demande une demi-seconde, en laissant filer la bosse d'enrouleur (lentement, pour qu'elle s'enroule bien sur le tambour). Au près, la forme du foc en partie enroulée est tout à fait honnête (en déplaçant s'il le faut le point de tire du foc).

Certains génois sur enrouleur sont munis de coulisseaux qui s'enfilent dans le rail de l'enrouleur, au lieu d'une ralingue textile ou en câble, comme c'est souvent le cas : on peut alors affaler le génois comme s'il était endraillé avec des mousquetons, sans qu'il se libère totalement comme le font les génois dont la ralingue rentre dans la gorge de l'enrouleur ; dans un cas extrême, on pourrait même coudre, à la place des coulisseaux, des mousquetons, et se servir du génois comme d'une voile d'avant normale, en l'endraillant sur le bas étai. Sur *Banana Split*, j'ai aujourd'hui un génois dont la ralingue coulisse dans une gorge du profil : quand il est nécessaire d'affaler le génois, il se retrouve soudain exagérément libre, et le rehisser seul, sans personne pour guider l'entrée de la ralingue dans la gorge, est généralement une affaire compliquée. Certains fabricants équipent leurs enrouleurs de guides, on peut aussi bricoler un guide provisoire à l'aide d'une pince étau bien placée.

Enrouleur de génois ; au premier plan, la cadène permettant de gréer un second étai, largable pour envoyer un foc ou un autre génois.

Reste le danger que l'enrouleur se bloque un jour, par mauvais temps, dans une position semi-ouverte, empêchant à la fois de l'enrouler ou de le dérouler pour l'affaler… Le ciel nous protège de pareille éventualité, et protégeons-nous-en, en surveillant l'état de l'objet et en évitant de le forcer : réduire au bon moment est important. Quand je vois des appareils aux échantillonnages comparables au mien utilisés sur les énormes bêtes des courses transocéaniques, sur des étais deux fois ou deux fois et demie plus longs, et menés à la limite de la casse par des surhommes aiguillonnés par la compétition, je ne m'étonne pas qu'il se produise des avaries ! Mais, encore une fois, le service rendu est si extraordinaire ! On a toujours la toile d'avant que l'on veut ; réduction ou augmentation de toile immédiates, sans courir le risque d'aller se balader sur l'avant. Lorsqu'on approche un mouillage ou un port inconnus, on peut, sans effort, réduire très progressivement sa toile, achever de la rouler au moment de mouiller… et c'est rangé, pas de génois traînant sur le pont au milieu des mouillages, pas de sac à charrier : le génois reste à poste sur son étai, enroulé serré, protégé par sa bordure bleue des rayons ultraviolets, et c'est autant de place gagnée (celle de deux ou trois sacs à voile) à l'intérieur. Plus utilisé qu'un simple génois, le génois à enrouleur durera moins longtemps ; mais, s'il remplace trois voiles, on s'y retrouvera sur le plan économique. Les bons artisans voiliers maîtrisent désormais bien les problèmes de rattrapage de creux qui permettent d'avoir des voiles à moitié roulées presque aussi efficaces que des focs plus petits.

Bas étai largable et foc « Self Tacking »

Au besoin, sur *Banana Split* comme c'était le cas sur *Voyage*, je peux mettre en service un système de complément : un bas étai largable situé à 30 centimètres de l'étai principal et sur lequel je peux endrailler un foc qui, en principe, doit passer automatiquement d'un bord sur l'autre au virement de bord. Mais le génois partiellement enroulé est tellement plus simple à utiliser (et dans mon cas, du moins, d'une efficacité suffisante) que je n'envisage de mettre en service ce bas étai que pour une longue remontée au près nécessitant de nombreux virements de bord (en mer Rouge par exemple).

Génois à bandes de ris

Si vous êtes resté réfractaire à l'enrouleur, une des méthodes les plus simples et les plus recommandables, est d'équiper ses focs et génois de bandes de ris : un génois équipé d'une bande de ris bien conçue pourra servir jusqu'à une force de vents élevée sans avoir à affaler la voile, la ranger, en sortir une autre, ni à refaire la manœuvre contraire lorsque le vent faiblit à nouveau. Mais il y a un inconvénient : il faut laisser une autre écoute à l'œil de la prise de ris, qui devient point d'écoute ou bien faire des acrobaties au-dessus du vide pour l'y attacher au moment de réduire. On peut aussi affaler en totalité le génois et changer le point d'amure, le point d'écoute, et ficeler les garcettes ferlant la toile avant de rehisser. J'évitais de le faire sur *Om*, que le pilote automatique (girouette Aries) ne parvenait pas à empêcher de remonter au vent lorsque je n'avais plus de toile sur l'avant ; les Autohelm de *Voyage* et de *Banana Split* y arrivent bien mieux et d'ailleurs... j'ai depuis longtemps un enrouleur.

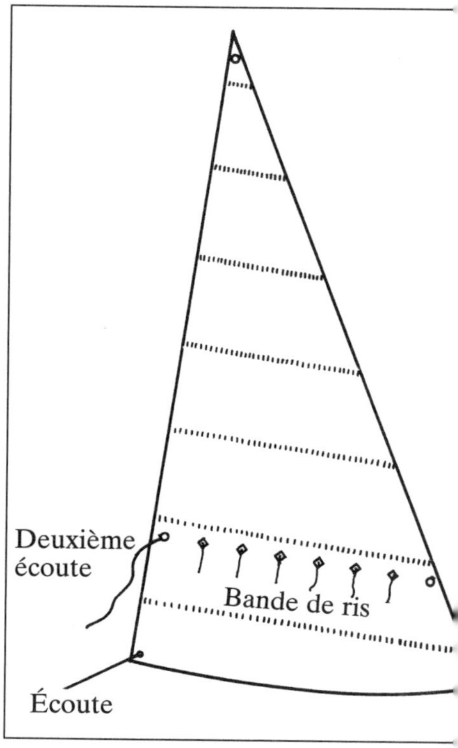

Figure 1. *Génois à bande de ris.*

Grand-voile

De plus en plus de bateaux en viennent aussi à l'enrouleur de grand-voile, mais c'est une affaire bien plus compliquée et coûteuse, qui nécessite d'importantes modifications du mât et de la bôme : certaines grand-voiles s'enroulent dans le mât ou dans un profil fixé sur la face arrière du mât ; mais pour les bateaux à voiles entièrement lattées, en particulier les catamarans, il faut que la voile s'enroule dans la bôme ou juste au-dessus ; moi qui, d'ailleurs, navigue beaucoup au portant, je ne suis pas convaincu que ces enrouleurs de grand-voile permettent de réduire la voile au vent arrière, quand un grain fait soudain forcer le vent, ce qui reste possible avec les systèmes classiques de prise de ris, qui ont donc toujours leur place sur nos bateaux.

Ce système de prise de ris est un élément de l'accastillage qui mérite qu'on y consacre pas mal de réflexion et qu'on ne cherche pas à faire des économies de bouts de chandelle. Sur mon premier bateau, la prise de ris se faisait au pied du mât, la bosse de ris (fig. 2) étant bordée à l'aide d'un petit winch à une vitesse fixé sur le côté de la bôme. Le travail fut grandement facilité et ma sécurité accrue, lorsque je décidai d'avoir un de ces winches de chaque côté de la bôme, pour pouvoir toujours prendre le ris du côté au vent de la voile, où l'on travaille de façon sûre et dégagée, sans prendre de la toile folle en travers de la figure, ni risquer de tomber à la renverse dans l'eau qui bouillonne sous le vent ! Aujourd'hui, sur la plupart des bateaux, on ramène les bosses de ris au cockpit, c'est là que se trouve le winch qui permet de les border l'une après l'autre, à mesure que le vent augmente ; voici donc le déroulement des opérations.

Le vent force, le bateau commence à devenir un peu trop ardent ; je m'en rends compte, par exemple, parce que la barre « tire » ou que le pilote électrique travaille plus que de coutume et toujours dans le même sens : je borde un peu la balancine pour soulager la bôme, j'affale (du cockpit, si la drisse y revient, ou sinon en faisant un petit tour au pied du mât) un peu la grand-voile (un indice au marker sur la drisse me permet de choquer la quantité de drisse souhaitée) ; suivant la conception des coulisseaux et du rail de mât, il faudra peut-être retourner au pied du mât pour sortir du rail deux ou trois des coulisseaux de la grand-voile et, tirant sur la toile (qui à ce moment fasseye plus ou moins violemment), amener l'œillet du premier ris au croc qui se trouve à proximité du vit-de-mulet. La voile ayant tendance à se libérer, parfois, de ce croc pendant

Figure 2.
Violon de ris.

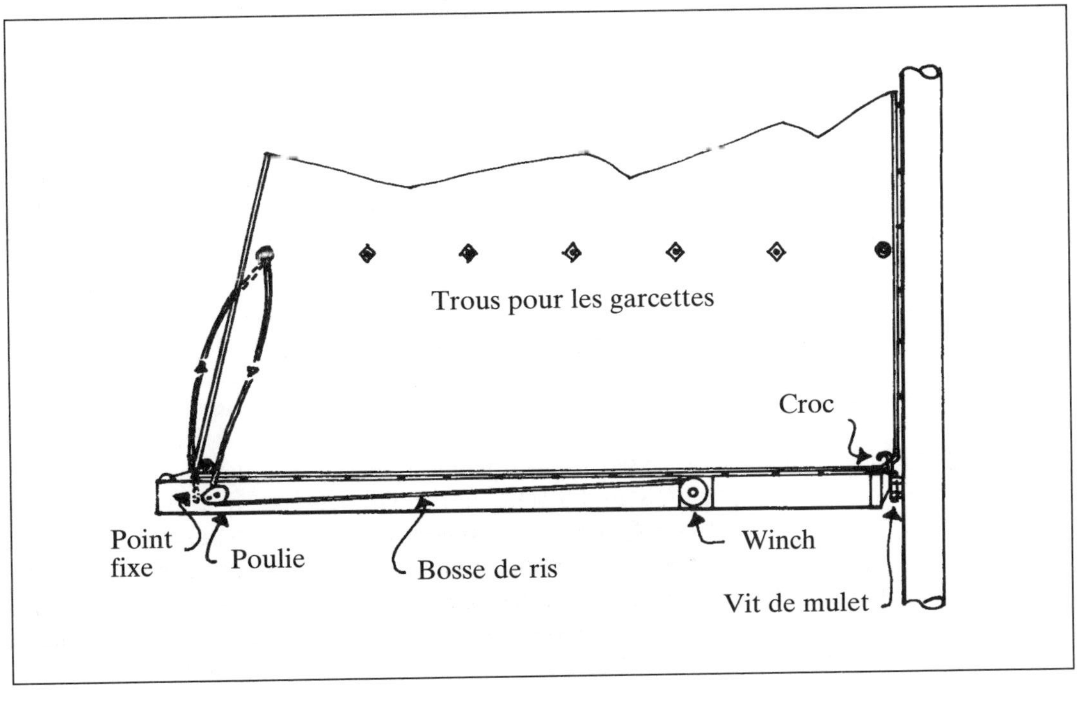

que je retourne au winch pour la rehisser, j'ai pris l'habitude de bloquer l'œillet sur le croc par un petit bout qui reste à demeure attaché au vit-de-mulet ; je le passe dans l'œillet, serre deux demi-clefs, et c'est tout. Je n'ai plus qu'à retourner au cockpit et à tirer, d'abord à la main, puis à l'aide du winch, sur la bosse du premier ris, jusqu'à amener l'œillet de la chute du premier ris à toucher la bôme (la position des poulies et points fixes des bosses de ris sur la bôme est importante pour donner une belle forme à la voile), c'est tout. Il n'y a plus qu'à rehisser la grand-voile ; si, avec beaucoup de vent, j'ai du mal à border le winch de ris ou de drisse, je choque, un instant, totalement la ou les écoutes de grand-voile. Si c'est vraiment nécessaire, c'est-à-dire si la toile qui pend gêne ma vision, ou si je crains qu'un paquet de mer ne vienne s'y fourvoyer, je pose deux garcettes qui sont toujours à ma disposition près du cockpit : j'ai renoncé définitivement à balader en permanence sur ma voile une trentaine de garcettes à demeure, usant la voile et surtout crépitant de façon énervante dans les calmes. Ces garcettes servent rarement, il est bien plus simple d'en passer quelques-unes, quand on en a besoin, dans les trous et de ficeler la toile. À ce propos, si votre grand-voile s'enfile sur la bôme par des coulisseaux, ne ficelez pas les garcettes autour de la bôme, mais autour de la toile seulement, en les glissant par le trou, puis entre bôme et voile ; les risques d'usure de la toile en sont diminués : les garcettes ne servent qu'à ranger la toile, pas à la retenir le long de la bôme.

DEUXIÈME RÈGLE : NAVIGUER SOUS-TOILÉ PLUTÔT QUE SUR-TOILÉ

Plutôt naviguer sous-toilé que sur-toilé en guettant la venue des grains qui vous obligeraient à réduire en catastrophe. Sur *Om*, j'ai souvent navigué avec seulement deux voiles sur les quatre que j'aurais pu porter, et cela pour réduire les efforts, l'usure du matériel et faciliter le travail du pilote. Sur *Voyage* et *Banana Split*, plus faciles à équilibrer, et grâce à l'enrouleur, on peut davantage utiliser les pleines capacités du gréement.

Dans les gréements modernes, il vaut mieux venir bout au vent pour hisser ou affaler une voile, même chose pour enrouler un génois. Un pilote électrique sera beaucoup plus efficace qu'une girouette pour tenir le bateau bout au vent, en particulier lors d'une sortie de port au moteur, par exemple, le temps de hisser sans problème, alors que le bateau abandonné à lui-même a toujours tendance à se mettre travers à la houle et à rouler sans merci, rendant les manœuvres dangereuses et pénibles.

Pour affaler sans difficulté une voile d'avant lorsqu'on navigue aux allures portantes, plutôt que de se mettre bout au vent en passant par le moment scabreux du vent de travers, ce qu'on n'a aucune envie de faire par vent fort, une bonne méthode consiste à se mettre en fuite presque vent arrière (attention de ne pas empanner !) de façon que le génois ou le foc soient déventés par la grand-voile : on les affalera sans difficulté sur le pont plutôt que de risquer de les voir tomber à la mer, et le calme relatif apporté par le fait d'avoir abattu rendra très agréable la manœuvre. Pour empêcher les génois de tomber à la mer, il est bon de transfiler un petit bout en zigzag entre balcon et pavois (fig. 3). Certains tendent au même endroit un filet à larges mailles, mais un paquet de mer pourrait y trouver un obstacle trop important. Sur *Om*, j'avais des garcettes en perma-

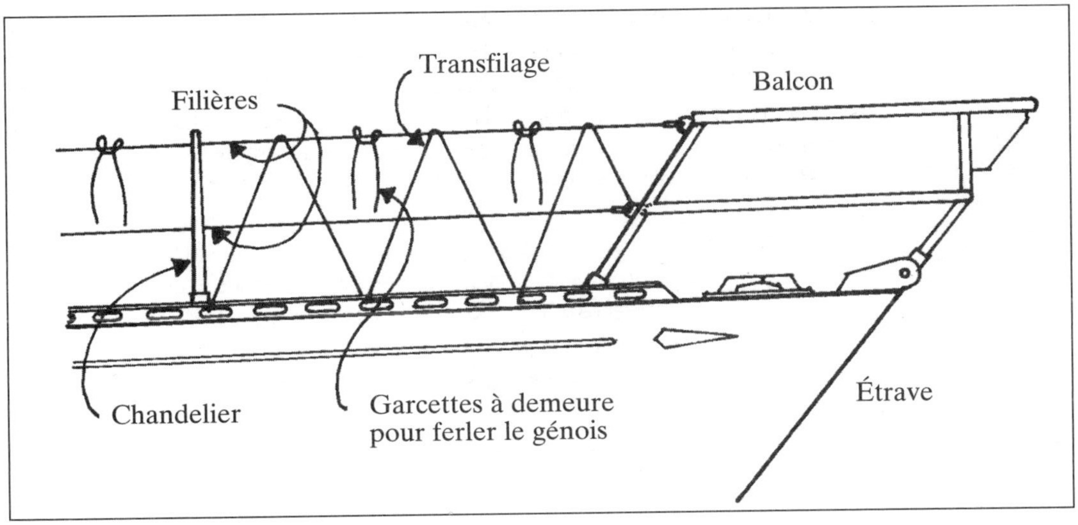

Figure 3. *Transfilage sur filières.*

nence amarrées sur le balcon et la filière supérieure, j'y ficelais immédiatement le génois à l'abri de l'eau, des chaînes, des cordages qu'on a à manier sur le pont, et je protégeais le génois, qui restait à demeure sur sa filière, par une housse. Ce n'est que lorsque je faisais une longue escale que je rentrais le génois dans son sac. Maintenant, avec l'enrouleur de foc, plus de problème, puisque « enroulé, c'est rangé », le pont reste dégagé et le génois ne risque plus d'aller à la mer.

Pour affaler la grand-voile au vent arrière, il peut être utile de border d'abord le génois à plat et de remonter légèrement au vent : l'air défléchi par le génois prendra la grand-voile à revers, et elle cessera de porter. Si les coulisseaux ont tendance à se coincer dans le rail du mât, on réglera le problème en versant de temps en temps de l'huile de vaseline (de machine à coudre) ou du lubrifiant liquide au téflon, dans le rail : je grimpe au sommet du mât avec la burette attachée à mon poignet par une cordelette et j'instille quelques gouttes d'huile dans le rail tous les 50 centimètres en descendant. Le fait de hisser la voile suffira à répartir l'huile sur toute la hauteur et, vent ou pas vent, voile et coulisseaux dégringoleront sans se faire prier. Graisser, huiler, suiffer, est d'ailleurs hautement recommandable. Tout ce qui couine se taira avec quelques giclées de WD 40. Les winches ont besoin d'être régulièrement graissés et nettoyés, de même que tous les renvois, réas, coinceurs de drisses ; un peu de suif sur les écoutes à l'endroit où elles portent sur les poulies prolongera grandement leur durée de vie.

Des voiles solidement cousues

Les voiles doivent être cousues à triple couture (ou bien à double couture et lorsqu'au bout de deux ou trois ans d'utilisation les fils commencent à avoir l'air fatigués il sera temps de rajouter une troisième couture entre les deux premières). Au bout de quelques semaines d'utilisation d'une voile neuve, les points où les voiles portent sur les haubans et barres de flèche seront bien visibles, c'est le moment d'y coudre des renforts : les textiles modernes sont si

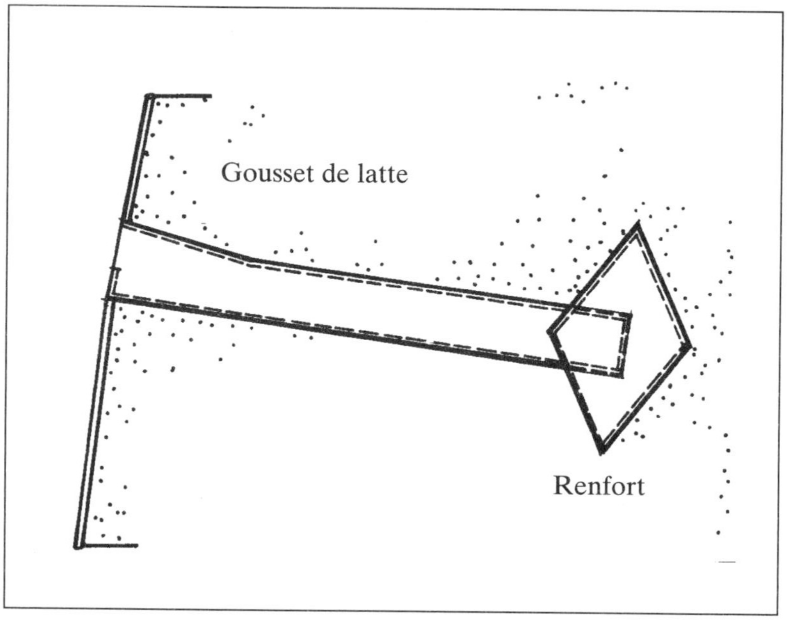

durs que le fil ne s'y noie pas comme dans le coton, et reste orgueilleusement à la surface, prêt à s'user sur tout ce qu'il trouve. Coudre des placards de renfort, quitte à les changer lorsqu'ils commencent à s'user, peut être complété par la pose de tuyaux de PVC enfilés sur les haubans aux endroits les plus agressifs (choisir le plus petit diamètre de tuyau de PVC – de plomberie – qui passe sur l'embout fileté de vos haubans) et des fourrages (de cuir par exemple) sur la partie postérieure des barres de flèche les plus impliquées par l'usure.

Figure 4. *Renforts de goussets de lattes.*

Une attention toute particulière devra être accordée par le voilier (ou par vous-même) aux goussets de lattes de grand-voile, qui posent le plus souvent des problèmes à l'extrémité de la chute, où ils se décousent ou se déchirent, laissant s'envoler les précieuses lattes, comme d'ailleurs à l'autre extrémité, ou les superpositions de tissu, si elles sont plaquées sur une épaisseur unique, usent celle-ci au niveau de la couture ; il est préférable que la voile soit déjà renforcée d'une plaque en losange avant d'y piquer l'extrémité du gousset de latte (fig. 4). Certains navigateurs simplifient le problème en bannissant purement et simplement les lattes… C'est peut-être une solution. Les grand-voiles entièrement lattées de catamarans posent d'autre problèmes ; les miennes sont compressées entre un trou percé dans un bloc de nylon qui coulisse par une articulation dans le rail de grand-voile et une sangle qui permet de la mettre en compression (fig. 4 bis) : j'ai perdu quelques lattes lorsqu'elles sont parvenues à se libérer à l'un ou l'autre bout. Des marques connues vendent des systèmes de chariots plus sophistiqués, sans doutes plus fiables, mais bien coûteux.

Les coulisseaux dans lesquels sont implantés les lattes des voiles entièrement lattées sont des accessoires à surveiller.

Les voiles entièrement lattées ont par contre un net avantage : elles peuvent être équipées de *lazy-jacks*, ensemble de cordages fins qui guident la chute de la voile lorsqu'on l'affale : au lieu de tomber en vrac sur le pont ou le roof, la voile est sagement guidée entre les cordages, et se range proprement le long de la bôme où on n'a plus qu'à la ficeler et protéger (voir plus loin et fig. 5 bis). Les lazy-jacks peuvent poser des problèmes lorsque l'on hisse la voile autrement que nez au vent. Il sera utile de pouvoir mollir ou larguer celui qui se trouve sous le vent pour éviter que l'extrémité des lattes ne se prenne dedans lorsqu'on commence à hisser.

La protection des voiles contre les rayons ultra-violets est absolument essentielle : ils détruisent très rapidement une voile, qui aura une durée de vie beau-

coup plus longue avec cette simple précaution de ne pas la laisser des jours durant au soleil. Pas de problème pour le génois sur enrouleur protégé par sa bande anti UV. Pour les focs et génois traditionnels, une housse de foc pourra se ficeler sur les filières ou se présenter comme sur la figure 5. Pour les catamarans, l'idéal est le lazy-bag (il s'agit peut-être d'un terme déposé), housse composée de deux joues fixées le long de la bôme et maintenue en place par deux lattes (qui peuvent faire office de latte de rechange pour votre grand-voile en cas de besoin). Ces lattes sont supportées par les lazy-jacks (cordages amarrés par exemple sous les barres de flèche) et l'ensemble guide la grand-voile lorsqu'on l'affale : elle tombe entre les deux joues, ne s'éparpille plus sur le roof, et il n'y a plus qu'à fermer le dessus du lazy-bag à l'aide des bandes de velcro ou de la grosse fermeture éclair dont il est muni. Attention ! Si c'est une fermeture éclair, il en faut une du modèle que l'on peut séparer (comme au bas d'un veste de ciré) pour laisser passer librement balancine et bosses de ris) (fig. 5 bis).

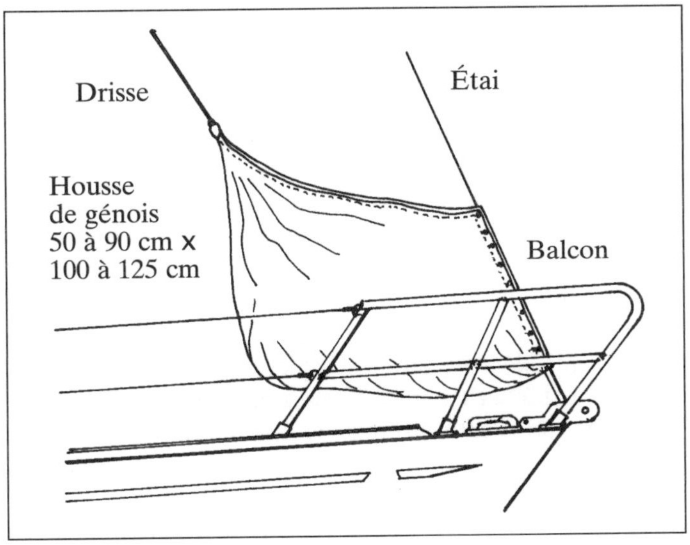

Figure 5. *Housse de génois.*

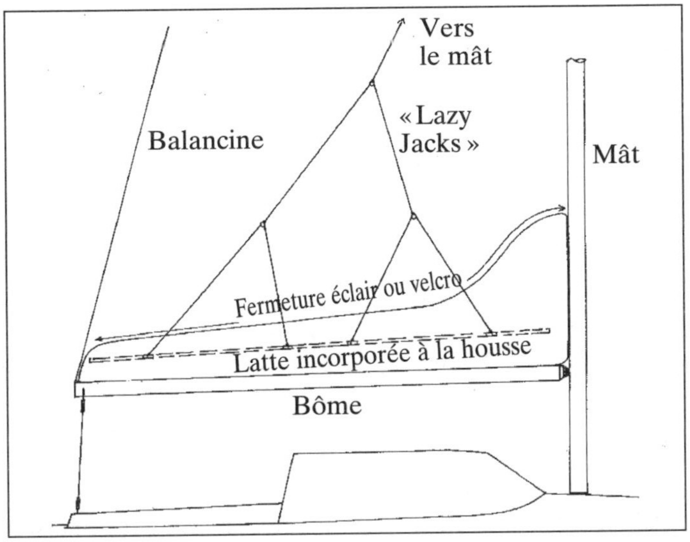

Figure 5 bis. *Lazy-bag.*

Une des situations qui fatiguent le plus les voiles – et les nerfs de l'équipage – c'est le calme en haute mer, où le bateau n'est plus appuyé par le vent et roule désespérément sur un reste de houle. Il faut affaler les focs, mais laisser la grand-voile haute, en bloquant la bôme ; pour réduire les énervants claquements de la toile, il faut mollir un peu la drisse de grand-voile, en maintenant la bôme avec la balancine.

Des voiles de bonne confection durent longtemps, si elles ne sont pas malmenées. Au bout de six ans, les treize voiles de ma goélette pouvaient repartir faire un tour du monde, à l'exclusion du génois et de la grand-voile, changées aux Maldives, mais qui auraient pu durer plus longtemps si j'avais pris la précaution de les protéger par des housses dès le départ ! Celles de *Voyage*, mieux soignées, ont encore bien servi au garçon qui me l'a racheté au bout de huit ans, et qui navigue encore paisiblement avec en Polynésie. La grand-voile de *Banana Split* est encore en excellent état après plus de dix ans et un tour du monde, j'ai

Les lazy-jacks complétés de deux joues en tissu constituent la meilleure façon de protéger une grand-voile entièrement lattée.

changé le génois au bout de huit ans en Afrique du Sud.

Et la réparation des voiles ? Une machine à coudre à bord sera plus utile pour recoudre les culottes du capitaine et confectionner tauds, pavillons, housses et coussins, que pour les voiles : si ce sont des renforts qui craquent, l'aiguille de la machine n'aura pas la force de réparer. Quand une couture lâche, le mieux est de recoudre à la main en repassant dans les trous. (Une astuce si vous voulez réaliser une couture zigzag à la main et souhaitez qu'elle conserve l'aspect du zigzag : coudre d'abord toute la longueur de la couture dans un sens [le zig], et bouchez les vides en revenant dans l'autre [le zag]. En réalité, en cousant à la main, le premier temps suffit à donner la même solidité qu'un zigzag à la machine) (fig. 6).

Comme pour la mécanique, il vous faudra des « pièces détachées » pour vos voiles. Demandez directement à votre voilier de vous préparer un assortiment des matériaux qu'il emploie : vous en trouverez une liste indicative au chapitre « entretien ».

Important : pour un programme de croisière, les voiles d'avant doivent être coupées de façon à passer au-dessus du balcon avant. Pas question de les laisser s'y user, ni d'avoir la vue bouchée sous le vent par un génois coupé à plat pont, plus performant sans doute, mais dangereux à cet égard. Un génois sur enrouleur sera forcément coupé assez haut pour s'enrouler correctement. Sur *Om*, j'avais une grande misaine, voile légère coupée au ras du pont, et quand je l'envoyais, elle me cachait la moitié du monde.

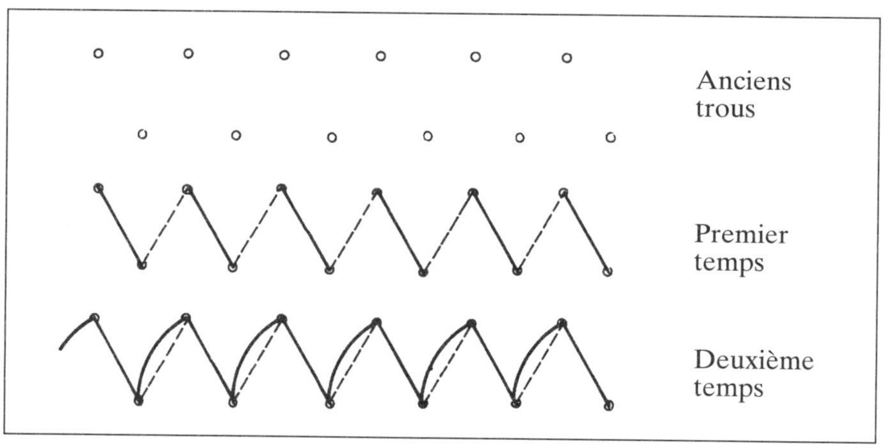

Figure 6.
Réparation d'une couture zigzag.

Drisses et écoutes

Voilà un domaine où le progrès a permis d'effectuer un tel pas en avant qu'il n'y a plus grand-chose à en dire. Les cordages modernes ont tous les avantages ! Ils s'useront cependant très vite s'ils portent sur un angle vif ou frottent sur une filière non protégée par un bout de tuyau d'arrosage souple. Une seule fois j'ai vu se rompre, dans un coup de ressac, la houle pénétrant dans le lagon de Bora Bora, un bout de 22 m'amarrant au ponton de Vaitape. Il ne doit pas faire bon être dans la trajectoire d'un tel cordage qui pète sous tension !

Je frappe les écoutes aux points d'écoutes des voiles par des nœuds de chaise (qu'il est bon d'assurer d'une demi-clef) plutôt que par un mousqueton dangereux pour le coin de la figure (partie du visage pas précisément définie, mais qui reçoit toujours les objets volants, contondants ou fouettants !).

Pour les drisses, il y a longtemps que j'ai renoncé aux drisses métalliques, au profit des drisses en textile pré-étiré, qui ne s'allongent pratiquement pas plus, sont moins dangereuses à tous les égards : pas de « gendarmes » (torons brisés se plantant dans les mains imprudentes). Les mastoc enrouleurs de drisses d'autrefois sont apparemment une chose du passé ! Les drisses textiles sont faciles à écarter du mât lorsqu'elles tintent contre lui ; on les manie aisément, sans danger, à l'aide de winches, on peut les retourner bout pour bout lorsqu'elles s'usent un peu. J'avais sur *Voyage* des drisses extérieures car je n'aime pas beaucoup les claquements des drisses enfermées à l'intérieur du mât, inatteignables. Il est plus facile aussi de repasser une drisse qui vous aurait filé entre les doigts. La maison Maréchal a équipé le mât de *Banana Split* de drisses intérieures : on empêche la partie inférieure de filer en faisant un nœud en 8 à l'extrémité, assez gros pour ne pas passer dans l'ouverture du mât, mais si c'est l'autre extrémité de la drisse qui file, ou si elle se rompt au réa de la tête de mât, il faudra repasser d'abord un bout de 4 millimètres lesté par un petit plomb de pêche : on l'insinue, en tête, à l'intérieur du mât, par-dessus le réa de sortie, on le fait descendre jusqu'au pont et si l'ouverture de sortie est assez grande, on n'aura pas de mal – du moins par calme plat ou plutôt au mouillage ! – à accrocher le fil, que l'on voit apparaître par l'ouverture, à l'aide d'un petit fil de fer recourbé. Je plains les possesseurs de certains mâts où les drisses, à la sortie, sont gainées d'une sorte de tube d'inox presque vertical destiné sans doute à empêcher l'eau de rentrer dans le mât, mais qui obligera à de longs tâtonnements pour extraire le bout de 4 millimètres, puis la drisse.

Pour envoyer une drisse en tête de mât le long d'un cheminement où passe un petit cordage, on frappe celui-ci sur le cordage avec quelques nœuds de cabestan et l'on « profile » le tout à l'aide de ruban adhésif, de façon que les obstacles intermédiaires (réas, coudes) ne risquent pas d'accrocher le cordage. S'il faut tirer fort, on n'hésitera pas à coudre le cordage fin sur l'autre : c'est en cousant aussi qu'on échangera un cordage pour un autre de même diamètre. Plutôt que de trimbaler en permanence une drisse de secours encombrante, au cas où votre drisse de génois casserait, par exemple, pourquoi ne pas la remplacer par un bout fin (5 millimètres) qui servira à guider la drisse de rechange, comme indiqué ci-dessus, en cas de besoin. Les nouveaux cordages inextensibles comme le Kevlar et ses successeurs résistent souvent mal au ragage (abrasion), s'usent s'ils portent toujours au même endroit sur le réa de tête de mât : éviter de terminer les drisses par un oeil, mais les frapper aux points de drisse par des tours morts et demi-clefs, en modifiant souvent le point de frottement.

Les palans

Même si les winches ont largement supplanté les palans comme moyen de multiplier la force des équipiers, nombreux sont les palans, doubles ou triples, utilisés sur un petit voilier : écoute de grand-voile, hale-bas de bôme, étarquages variés. Sur *Banana Split* comme c'était le cas sur *Voyage*, la bôme peut être fixée exactement à la position que je souhaite à l'aide de deux palans à trois brins placés à bâbord et à tribord. Pour déborder totalement la grand-voile, j'avais à demeure sur *Voyage* deux palans frappés au pied des galhaubans agissant comme hale-bas au portant et permettant d'aplatir la voile, de l'empêcher de porter excessivement sur les barres de flèche et les haubans. Ils servaient également de retenue en cas d'empannage, empêchant la bôme de traverser en fauchant tout sur son passage. Je pouvais ainsi la laisser passer doucement, en la retenant, car ces palans revenaient au cockpit eux aussi. Je n'avais pas, en revanche, de hale-bas lorsque, au près, la bôme était en position centrale : elle était assez fortement échantillonnée pour ne pas donner le moindre signe de courbure.

Sur *Banana Split* lorsque je déborde, au portant, la grand-voile, je déplace le point d'ancrage du palan au vent jusqu'au rail sous le vent, pour aplanir la grand-voile et contrôler l'empannage ; en complément, j'ai gréé sous ma bôme un frein de bôme « Walder », qui, si sa tension est bien réglée, freine judicieusement le passage de la bôme en cas d'empannage.

Pour remonter un palan que l'on a dégréé, il faut toujours réfléchir un petit moment, voire faire un dessin ; le plus simple pour le regréer, est de commencer par la fin, en faisant d'abord rentrer le cordage dans le réa, d'où il sortira en cours d'usage, et en suivant pas à pas son cheminement jusqu'au point fixe, ringot d'une des poulies en général.

Figure 7. *Palans de grand-voile sur* Banana Split.

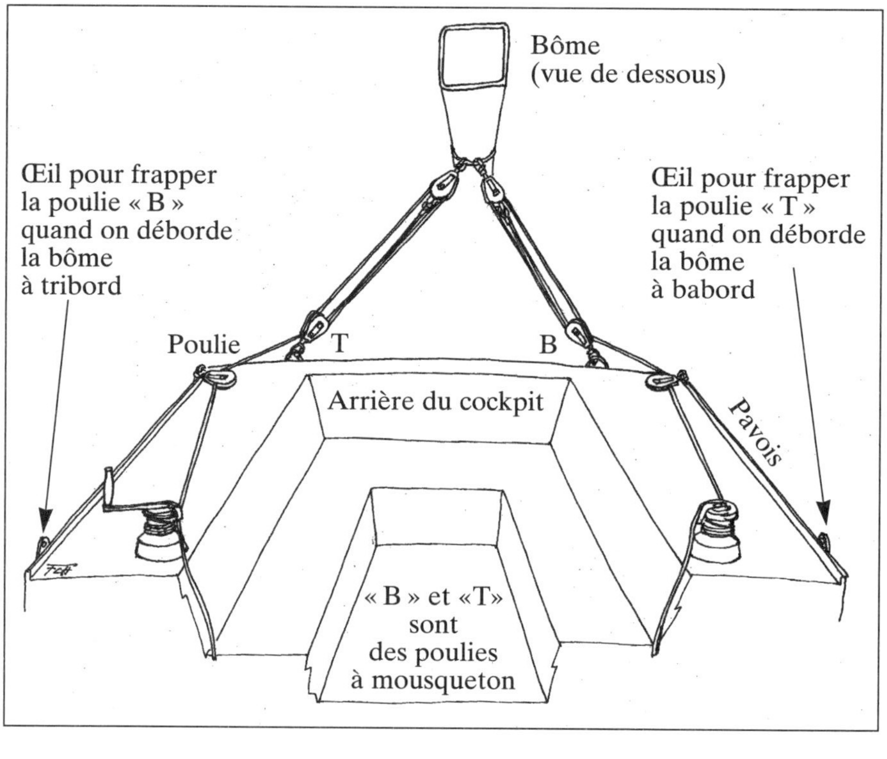

Mât et gréement

Dans le domaine des mâts d'aluminium, la simplification, comme partout, devra être la préoccupation constante dès la conception des espars. Nirvana, qui a construit les mâts de mes deux premiers bateaux, avait équipé *Voyage*, dériveur lesté, d'un mât étanche : l'idée est qu'en cas de chavirage un mât étanche produira un couple de redressement très important, plus important peut-être que celui dû au lest ! Il avait fallu remplacer toutes les pièces rivetées par des pièces soudées.

Quant aux échelons de mât, quand on y a goûté, on ne peut plus s'en passer ! Pas seulement pour aller réparer quelque chose qui a cédé là-haut, mais surtout, dans les eaux coralliennes de la mer Rouge, des Maldives, de la Polynésie, pour repérer les patates, les passes, les îles invisibles du pont et qui apparaissent soudain lorsque vous gagnez les barres de flèche. Sous pilote automatique, ou avec quelqu'un à la barre, c'est un plaisir permanent que d'admirer les couleurs éblouissantes des lagons (en se munissant de lunettes polarisantes, tout apparaît bien plus clair encore). C'est le seul moyen sûr de naviguer en eaux coralliennes. Mes échelons de mât sont soudés, et plans. Plus que ceux qui comportent une partie arrondie (fig. 9), ils ont une nette propension à capter les drisses, spécialement celle de la grand-voile au-dessus de la têtière et, quand on veut hisser, ça coince ! J'ai résolu le problème en posant un petit cordage très tendu à l'extérieur des échelons, avec une surliure sur chaque échelon (fig. 8).

L'alliage léger des mâts est apparemment à l'abri de toute attaque. J'ai pourtant eu le problème sui-

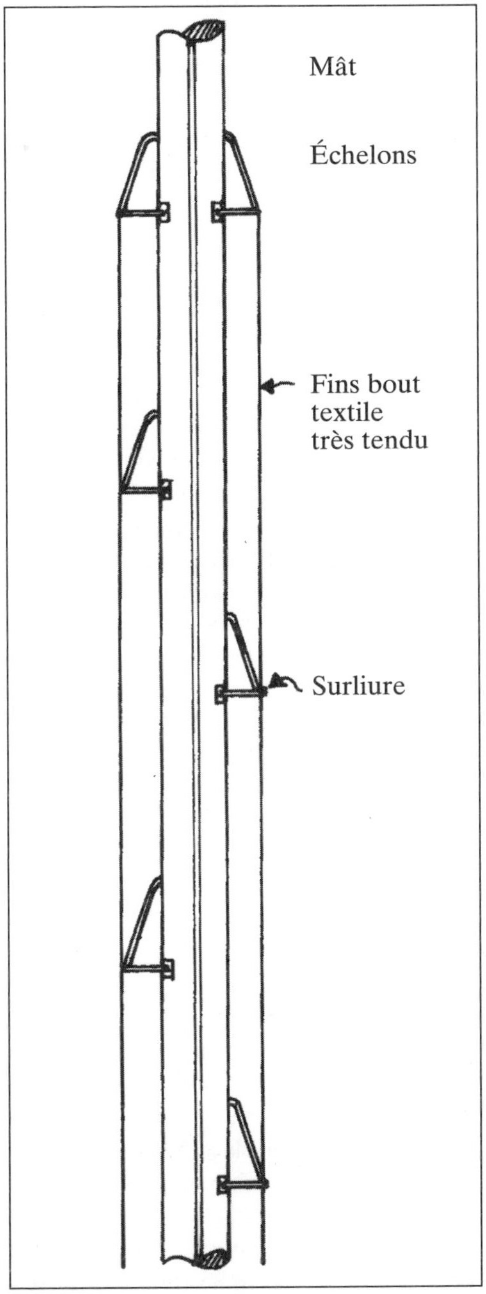

Figure 8. *Bouts pour empêcher les drisses de se prendre dans les échelons de mâts.*

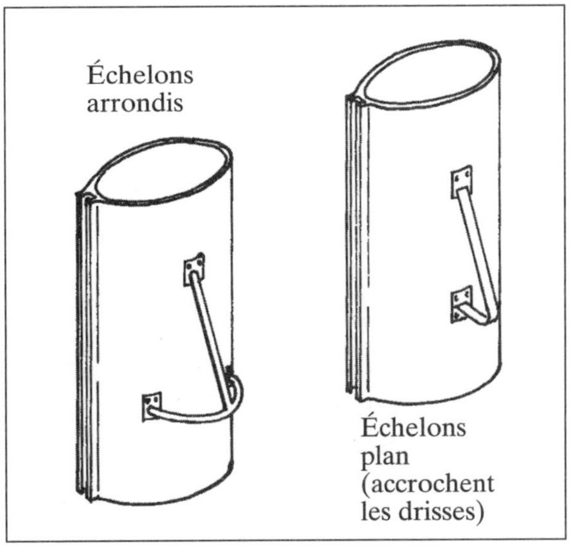

Figure 9. *Deux types d'échelons de mâts.*

vant : ayant laissé dans un climat marin et tropical particulièrement corrosif, durant trois mois, mes mâts suspendus sous hangar, j'avais pris soin de dégager du tube aluminium toutes les drisses métalliques... et ce sont les drisses textiles, sans doute imprégnées de sel, qui ont attaqué le mât, le piquant parfois jusqu'à 1 millimètre de profondeur, partout où les drisses textiles touchaient l'alliage ! Un ponçage et quelques couches de peinture vinylique couleur aluminium ont arrêté la corrosion, mais mieux vaut éviter les problèmes à la base en écartant aussi les drisses textiles lorsqu'on entrepose pour longtemps les mâts. Attention également à l'eau de mer, qui peut s'accumuler à la base des mâts, à l'intérieur, si un écoulement suffisant n'a pas été prévu (ou s'est bouché) ; l'électrolyse entre rivets et alliage léger s'y fera agressive !

Gréement dormant

Il y a un bruit qui court çà et là, jusqu'à l'océan Pacifique, selon lequel les câbles en acier inoxydable ne supporteraient pas les contraintes alternées propres aux gréements de bateaux et cristalliseraient tout d'un coup, entraînant des démâtages. Je n'en ai guère constaté, et il me semble que l'inox est infiniment supérieur aux câbles galvanisés ! Peut-être que chercher à éviter les vibrations parasites qui agitent parfois le gréement (voiles qui fasseyent, vibrations moteur) est intéressant à cet égard. Les câbles inox du gréement d'*Om*, de *Voyage* ou de *Banana Split* n'ont jamais émis le moindre toron. Leur constructeur, Sarma, a testé ceux d'*Om* après six ans de voyage : ils avaient les mêmes caractéristiques qu'à l'état neuf. Sur *Banana Split*, au bout de dix ans, le constructeur m'a conseillé, Sarma n'existant plus... de garder mes haubans vieux de dix ans, assurant que la qualité de fabrication de cette société était si grande qu'il valait mieux des haubans de chez eux vieux de dix ans, qu'un gréement neuf comme il s'en fabrique aujourd'hui et que les assureurs recommandent de changer au bout de six à huit ans.

Si l'on a muni son bateau d'un bas étai (pour endrailler un foc self-tacking, par exemple), il est conseillé de l'équiper d'un levier de largage en inox : les virements de bord avec un génois et un bas étai proche de l'étai et inamovible sont un vrai cauchemar !

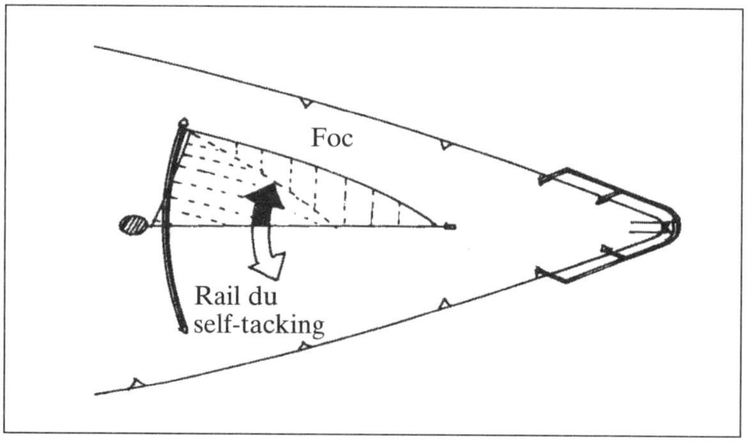

Figure 10. *Self-tacking.*

Le principe du foc self-tacking (c'est-à-dire autovireur) que j'avais gréé sur *Voyage* consiste en un foc non bômé, mais dont l'écoute mène à un chariot coulissant tout seul au virement de bord sur un court rail placé horizontalement sur le pont, mais incliné sur l'avant (fig. 10).

Voyage avait à son étrave un très court et très robuste bout-dehors qui portait l'étai principal et facilitait le débarquement à terre. À vrai dire, un bout-dehors, c'est un peu une complication inutile, en particulier en raison de la nécessité d'une sous-barbe reprenant l'effort de l'étai et posant des problèmes de mouillage, entre autres : si vous en avez une et que le cordage du mouillage vient s'y user (ou que la chaîne y fait un raffût effroyable), vous pouvez gainer cette sous-barbe d'un fort tuyau en plastique souple.

Dématage et rematage seront plus simples sur un petit bateau que sur un gros. Certains bateaux habitués à faire des incursions agréables en eaux intérieures (les bateaux anglais surtout), ont des « jumelles », sorte de support de mât permettant de l'abattre sans qu'il échappe latéralement (la tenue latérale implique quand même des efforts considérables et il ne faut pas envisager de manœuvres de mâtage ou de démâtage sur un plan d'eau agité). Un tangon posé comme indiqué sur la figure 11 permettra d'ouvrir l'angle de traction pour retenir le mât à la descente ou le hisser au remâtage. Il faudra de toute façon translater ensuite le mât vers l'avant pour qu'il ne dépasse pas excessivement la poupe pendant la croisière fluviale ! Pour moi, je pense qu'il est assez facile de trouver à louer les services d'une petite grue pas trop chère pour démâter si nécessaire un petit bateau ; on peut même, à l'extrême, envisager de le faire à partir du premier pont qui gêne !

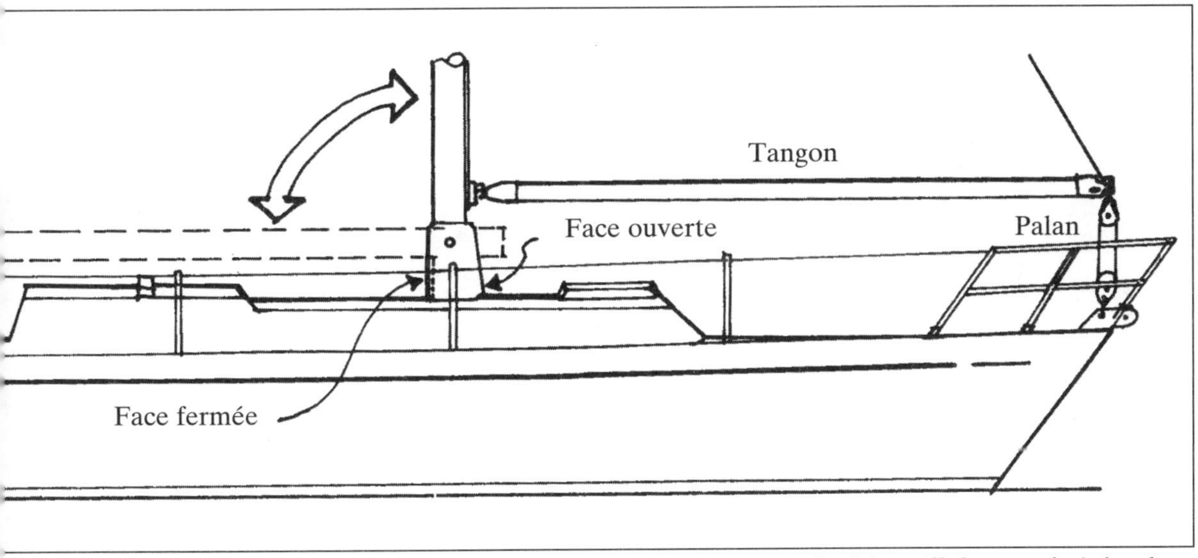

Figure 11.
Abattage d'un mât à l'aide de jumelles.

Quant au démâtage accidentel, à part le fait qu'il faut avoir à bord un coupe-câble (énorme cisaille) bien rangé dans des chiffons graissés, de taille à couper vos plus gros haubans, en cas de chute du mât, je n'ai, heureusement, pas grand-chose à vous en dire. La goélette *Om* avait deux mâts reliés à leur sommet par un « marocain » et j'imaginais avec angoisse la rupture de l'un des mâts, dont le tronçon serait resté suspendu par l'extrémité supérieure au sommet de l'autre mât, réalisant une espèce de fléau monstrueux fauchant tout sur son passage... Jusqu'à la rupture de l'autre mât... Brrr !... D'après diverses conversations et lectures, je suis arrivé à la conclusion qu'en cas de démâtage par mauvais temps il faudrait au plus vite sectionner les haubans en finissant par ceux de l'avant, la traînée du mât brisé dans l'eau, encore amarré à l'avant du bateau, agissant un peu comme une ancre flottante pour tenir le bateau nez au vent.

Une « batterie » de bloqueurs permet de border plusieurs écoutes avec un seul et même winch.

Les winches

Sur mon petit sloop, les winches, à l'exception de celui du génois à enrouleur, étaient posés sur l'arrière du roof, dans une position inclinée qui surprenait à première vue, mais qui était fort efficace et avait le mérite de ne pas encombrer les surfaces horizontales qui entourent le cockpit, où il fait bon s'asseoir. Sur *Banana Split*, plus vaste, ils entourent plus traditionnellement le cockpit sauf l'un d'eux fixé à la face arrière, verticale, du roof, pour les bosses de ris. Chacun d'eux sert à plusieurs usages (écoutes, drisses ramenées au cockpit, sauf celle du génois à enrouleur, bosses de ris, bosses de relevage de dérives, bosse enroulant le génois) grâce à l'interposition de coinceurs à leviers qui permettent de libérer le winch dès que la tension nécessaire est obtenue (fig. 12). L'entretien des winches est simple et se limite à un démontage annuel pour inspection et graissage. Les coinceurs de bonne qualité sont très pratiques, permettant de continuer à tirer sur le cordage coincé et de le relâcher progressivement sous tension. J'avais gardé sur *Voyage* les deux gros winches Barient 28 qui me servaient à border mes focs sur *Om*. Je les utilisais aussi pour border des amarres arrière guidées, depuis les chaumards de l'arrière, par une poulie ouvrante disposée à l'endroit souhaité. Sur *Banana Split*, tous mes winches sont du type « self-tailing », permettant de mouliner à deux mains. Quand on y a goûté, on a du mal à imaginer qu'un winch ne soit pas de ce type !

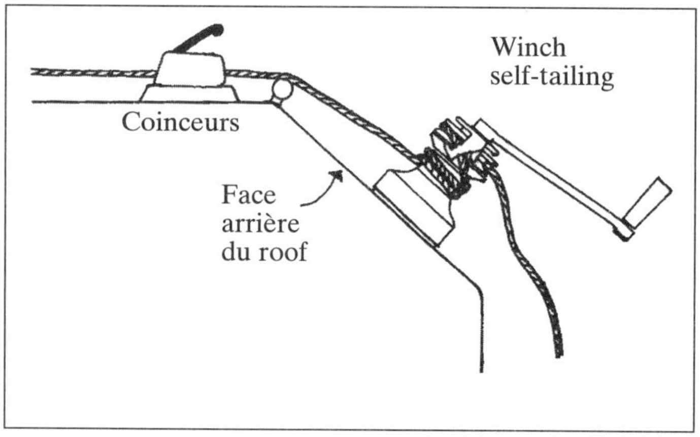

Figure 12. *Winches et coinceurs.*

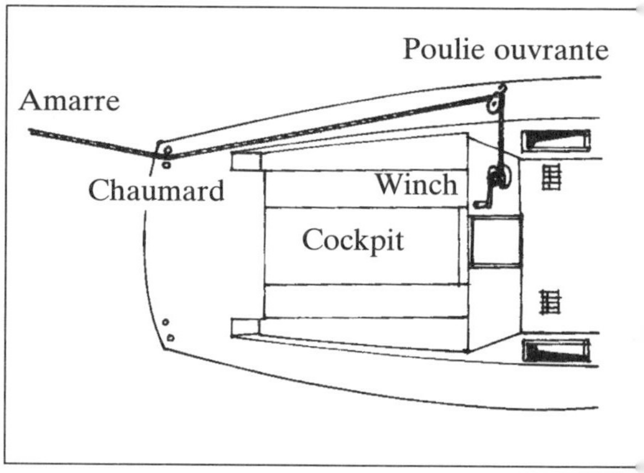

Figure 13. *Utilisation d'un winch d'écoute pour border les amarres*

Les dérives

Dérives légères

Sur *Voyage*, nous avions gréé dans l'aileron qui se trouve entre l'hélice et le safran une dérive sabre toute simple, contreplaqué de 30 millimètres coulissant dans deux glissières de nylon. Aux allures portantes, à l'instant où l'on descend la dérive arrière, le bateau est soudain comme sur des rails, le pilote électrique ne fournit pratiquement plus de travail et lorsque passe une vague qui a tendance à faire lofer le bateau il reprend sa route immédiatement. La dérive principale, la dérive centrale, elle, monte et descend par rotation autour d'un axe surdimensionné qui supporte tout l'effort de torsion et de flexion. Monter ou descendre cette dérive se fait en quelques secondes à l'aide d'un cordage textile qui monte sur le pont à l'intérieur de l'épontille de mât et revient au cockpit, où je la bordais au même winch qui sert à l'enrouleur de génois. On joue de ces deux dérives presque aussi fréquemment que des écoutes pour équilibrer le bateau aux différentes allures.

Quilles relevables

Om, bateau à quille relevable, devait remonter un appendice plus lourd, puisqu'il contenait le lest ; il exigeait des moyens de levage plus puissants. Le treuil électrique (venant d'une dépanneuse) que j'utilisais sur *Om* ne m'a jamais donné le moindre tracas, mais je regretterais, dans un bateau à quille lourde relevable, la facilité que j'ai découverte d'équilibrer le bateau en jouant de la dérive centrale, alors qu'un bateau à quille relevable est, en principe, fait pour naviguer quille baissée et ne la relève habituellement que pour approcher un mouillage peu profond ou pour s'échouer.

Catamarans

Sur de nombreux catamarans, les dérives sont remplacées par deux embryons de quille qui en tiennent lieu ; ils sont assez solides pour que l'on puisse échouer le bateau sur eux ; mais la conséquence est un tirant d'eau plus élevé. Les excellents catamarans Catana ont choisi de privilégier les performances en s'équipant de dérives « sabre » (se relevant par translation verticale). *Banana Split* a, lui, deux dérives qui se relèvent en rotation ; c'est un peu compliqué, mais me semble plus sûr en cas de choc frontal et cela réduit le tirant d'eau de mon catamaran à moins d'un mètre.

Catamarans : les trampolines

Les trampolines des multicoques (ici montrés en cours de pose) sont un facteur de sécurité et de confort.

Une autre particularité des catamarans, ce sont les trampolines, ces filets tendus entre l'avant des deux coques et sur lesquels on peut marcher pour manœuvrer... ou s'allonger pour bronzer. C'est en quelque sorte l'extension de filets que l'on accrochait jadis de part et d'autre des bout dehors des anciens voiliers, entre leurs « moustaches » et qu'il faisait bon, par beau temps, bien sûr, utiliser comme hamacs.

Il est important que le dispositif d'ancrage de ces toiles soit très solide car les mouvements de l'eau, en particulier au près, ont vite fait de détruire des coulisseaux, rails ou gorges trop faibles. Les tissages trop serrés (genre « Batiline ») opposent d'ailleurs un réseau trop serré aux vagues qui jaillissent ; mieux vaut utiliser un filet traditionnel (en matière synthétique, bien sûr) à larges mailles carrées, un peu moins confortable sous le pied ou lorsqu'on s'y allonge, ou, mieux, le type de filets plus fins montés sur les catamarans Catana : très confortables, ils peuvent être tendus au point d'êtres presque aussi fermes qu'une tôle, mais gardent leur élasticité. Sur le trampoline, même s'il fait chaud, l'air traversant les mailles vous rafraîchit toujours et les enfants adorent s'en servir... comme trampoline, ou s'y allongeant à plat ventre pour regarder défiler l'eau bleue et jouer les dauphins.

Le près, le portant, ou l'enfer et le paradis

J'ai déjà supposé plus haut que vous avez appris à faire de la voile – ne serait-ce que quelques jours – , sur un petit dériveur ou avec l'aide d'un ami navigateur qui vous a accompagné dans vos premiers pas. Je ne me livrerai donc pas à une étude théorique des diverses allures de navigation ; je les passerai plutôt en revue avant de clore ce chapitre, en exprimant brièvement la façon dont je ressens chacune d'elles.

Le bonheur n'est pas dans le près

Qu'un bateau puisse se laisser pousser par le vent, c'est parfaitement compréhensible ; qu'il puisse gagner contre le vent en n'utilisant que l'énergie de celui-ci, c'est déjà moins logique. Pas étonnant alors que cette espèce d'escroquerie qui consiste à gagner contre le vent se paie de façon ou d'une autre : le près, sauf par force 3 et mer plate, est en général une allure tout à fait désagréable, voire infernale au-delà de force 5 par mer hachée. L'un des buts principaux de l'étude préalable de l'itinéraire d'une croisière est donc à mon avis d'éviter au maximum d'y avoir recours ! Au près, on a froid, on bondit et rebondit désagréablement, on se plante dans les vagues, on ne va pas bien vite, on se fait mouiller dès qu'on met le nez dehors, tout est beaucoup plus fatigant pour l'équipage et pour le bateau. Si le but à atteindre est exactement au vent, on peut considérer qu'il faudra parcourir deux à trois fois la distance directe, et dans des conditions trois fois plus inconfortables, pour y parvenir… Les racers les plus fins remontent à 28 degrés du vent apparent et mieux, mais le vent apparent, ce n'est pas le vent réel et si les plus légers bateaux font 90 à 100 degrés d'un bord sur l'autre, pour nos bateaux de croisière plutôt lourdement chargés, si l'on fait 120 degrés sur le fond d'un bord sur l'autre, c'est plutôt bien, et un peu de courant contraire a vite fait d'amener cet angle à 135 degrés !

Le virement de bord

Le virement de bord vent devant est en général une manœuvre simple et sans danger, qui se limite, sur un sloop, à laisser filer, juste au moment où le foc commence à prendre à contre, l'écoute de foc et à la reprendre sur l'autre bord le plus vite possible. Si l'on arrive à la border en totalité avant que le foc n'ait repris le vent, bravo ! Sinon, on finit le travail au winch… Un pilote électrique est si précis qu'il suffit de lui donner le nouveau cap (par exemple 100 ou 110 degrés à droite ou à gauche du cap précédent), pour qu'il fasse le virement tout seul. Vous n'avez plus qu'à vous occuper du foc. Le seul danger, dans le virement de bord vent devant, c'est de n'avoir pas assez de vitesse et que le bateau « manque à virer », refusant de passer sur l'autre amure. Dans ce cas, s'il n'y a pas de danger immédiatement devant, il faut reprendre la manœuvre et ne virer que lorsqu'on a assez de vitesse. On peut éviter les « manque à virer » en attendant que le foc ait bien pris le vent à contre avant de lâcher son écoute, mais on aura alors un peu plus de travail au winch pour border. Si on a manqué à virer juste devant un danger, il faudra peut-être laisser porter et empanner.

Le portant

Sitôt qu'on peut laisser un peu porter, tout change. On débride un peu les voiles, qui prennent mieux le vent et le bateau, qui rentre moins dans les vagues, va plus vite. Sur *Banana Split*, je remonte tout de suite la ou les dérives (je ne les descends en fait qu'au près serré, c'est-à-dire le moins souvent possible. Sur *Voyage*, je gardais la dérive centrale basse par petit temps quand le bateau devenait mou). Au petit largue, tout est beaucoup plus doux ; au vent de travers, le bateau prend toute sa vitesse, les vagues passent doucement sous lui sans le déranger, surtout s'il s'agit d'un dériveur.

Quinze nœuds, vent de travers, c'est une image du paradis. Si le vent est plus faible, il vaut mieux qu'il vienne un peu de l'avant ; s'il force, on est content si l'on peut laisser porter ; 20, 25, 30 nœuds de vent, ce n'est pas bien grave si on est aux allures portantes, le vent venant de trois quarts arrière, ou de l'arrière tout à fait : la vitesse du bateau, maintenant, se soustrait de celle du vent (au près, elle s'ajoutait) ; on peut, sous les tropiques, vivre sans vêtements, le cockpit reste sec, les mouvements du bateau sont infiniment plus doux. Un risque très net cependant : au portant, on n'a plus une notion très précise de la force du vent et, si on est amené soudain à remonter au près, on peut avoir de vives surprises : une bonne brise au portant peut paraître un vent terrible lorsqu'il faut la remonter au près. Nous avons aussi parlé plus haut du risque principal du vent arrière, le risque d'empannage accidentel ; mais un bateau bien conçu et un pilote électrique ou un régulateur d'allure sérieux réduiront beaucoup ce risque.

Tactiques de vent arrière

À tout prendre, les conditions de la navigation au portant sont infiniment plus agréables que celles du près et il ne faut pas s'étonner que la plupart des navigateurs choisissent pour leurs croisières des routes comportant le plus possible de vents venus de l'arrière du travers, quitte à parcourir quelques centaines de milles en plus pour avoir des vents favorables (en procédant ainsi, on ne perd pas forcément du temps !). On peut, avec un peu de chance, mais surtout en choisissant bien ses zones de navigation et ses saisons, faire de longues croisières en ne rencontrant que très très rarement des vents supérieurs à 25 ou 30 nœuds, moins souvent encore de vrais coups de vents. En revanche, il peut être utile de pouvoir avancer même par petit temps, par exemple par vents de l'ordre de 4 à 7 nœuds. Dans ces conditions, une solution consiste à utiliser un grand *reacher*, génois à très grand recouvrement envoyé sans l'endrailler. Lorsque le vent fraîchit, la meilleure façon de l'amener est de larguer le point d'amure et de rentrer la toile légère depuis le cockpit, en la faisant passer sous la bôme et en larguant au fur et à mesure la drisse. On peut aussi bien sûr utiliser un spinnaker : son usage est à certains égards plus

Sur un catamaran, pas besoin de tangon pour gréer un spinnaker (mais il en faut un ou mieux, deux, pour déborder le génois).

L'allure préférée de mon bateau, du pilote automatique... et du capitaine : grand-voile largement débordée et génois tangonné de l'autre bord.

simple, surtout si l'on a une chaussette à spi bien conçue ; j'avoue que je n'ai jamais le cœur très tranquille sous spi, il m'est trop souvent arrivé de voir la chaussette, ayant fait un tour, ne plus vouloir descendre... et remballer un spi en solitaire lorsque la brise forcit n'est pas de tout repos.

Si le bateau tient bien sa route sous pilote automatique, et si le vent est suffisant on peut préférer naviguer avec la grand-voile débordée d'un côté et le génois tangonné sur l'autre bord ; c'est le « wing and wing » des Anglo-Saxons, moi, j'appelle ça les « oreilles d'éléphant » ; c'est la seule méthode, avec des voiles classiques, pour naviguer entre le vent arrière et 30 degrés du vent arrière. Sur un catamaran, m'avait-on affirmé, pas besoin de tangon... C'est vrai pour un spinnaker, mais, sans tangon, un catamaran au vent arrière sous génois et grand-voile est aussi maladroit qu'un monocoque, la grand-voile dévente le génois qui bat lamentablement, et on hésite entre continuer sous génois seul ou tirer des bords à 30 ou 45 degrés du vent arrière.

Lorsque sur une route donnée, par exemple du Brésil aux Antilles, le vent oscille du vent arrière au travers, on peut, lorsqu'il hale le travers, laisser le tangon tout seul tenu par ses manœuvres lorsqu'on fait passer le génois sous le vent. Par contre lorsque le vent vient totalement sur l'arrière et continue à tourner, que la grand-voile en vient à masquer le génois, il est temps, hélas, d'empanner ; ce n'est jamais très simple, surtout si vous devez remballer le génois, faire passer le tangon sur l'autre bord, renvoyer le génois. Une solution très simple vous facilitera la vie : avoir deux tangons en permanence à poste dès que vous entamez une route de vent arrière : l'empannage devient une simple formalité (attention tout de même à bien contrôler le passage de la bôme !).

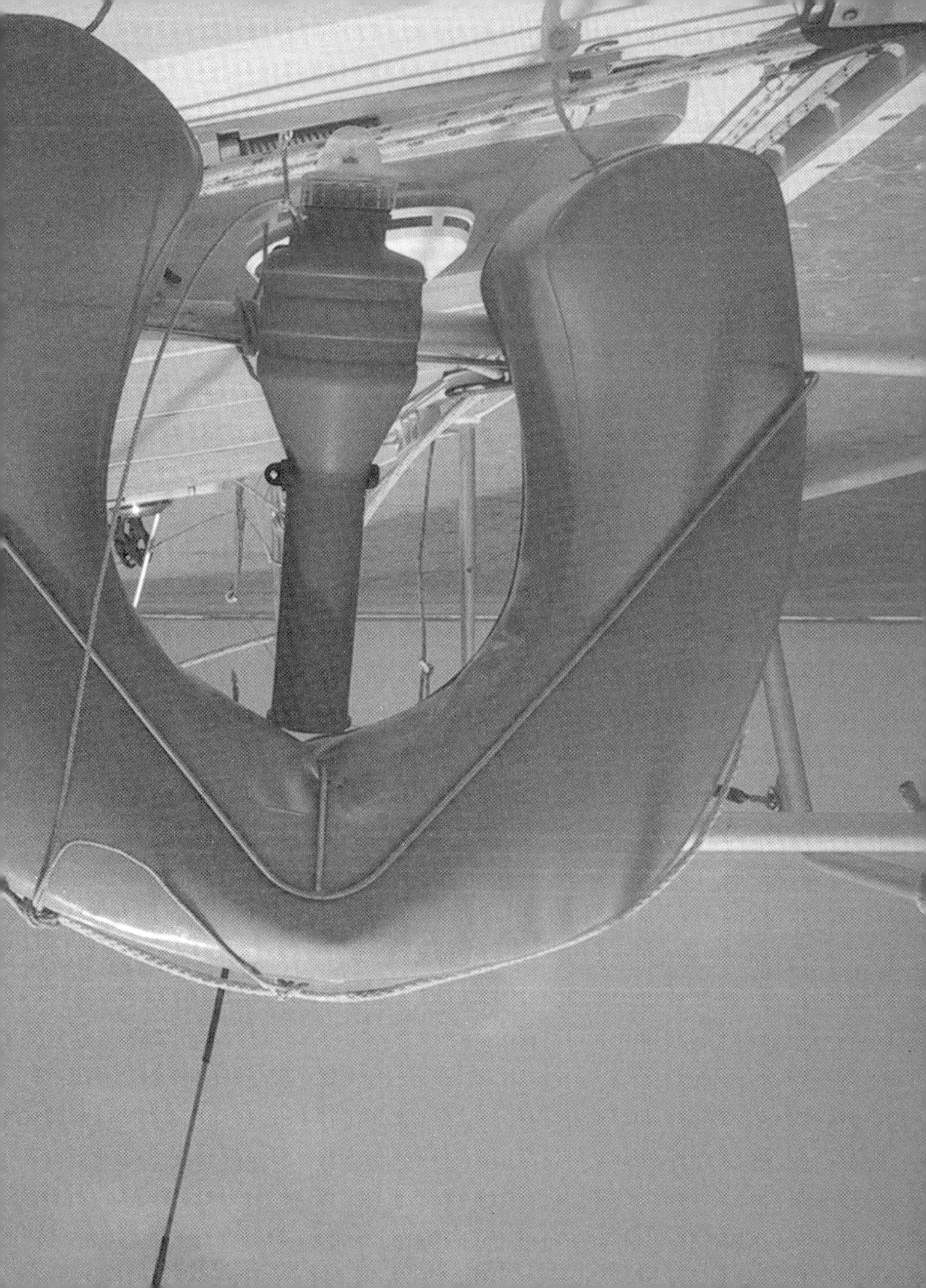

CHAPITRE TROIS

VIE EN MER ET SÉCURITÉ

Gîte (n. m. ou f.). Endroit familier, domicile, que le marin regrette d'avoir quitté lorsque, au près, son bateau penche exagérément. (C'est quand on est au près qu'on songe à être loin, car « que faire à la gîte à moins que l'on ne songe » ?)

Voici une chose qui intrigue les gens ! La question le plus souvent posée à un solitaire comme à un équipage restreint, c'est : « Et, la nuit, qu'est-ce que vous faites, vous jetez l'ancre ? »... Comme si on passait sa journée à la barre du bateau, sans pouvoir la quitter une seconde jusqu'au moment où, la fatigue prenant le dessus, on n'a plus qu'à arrêter, remballer les voiles et aller dormir...

C'était sans doute le lot des navigateurs avant l'invention des pilotes automatiques (régulateurs d'allure ou pilotes électriques), du moins lorsqu'ils n'avaient pas la chance de pouvoir équilibrer leur bateau si précisément qu'il se barrât tout seul, gardant son cap sans intervention aucune au fil des heures et des jours. Joshua Slocum loue à plusieurs reprises l'habileté de son *Spray* à tenir parfaitement son cap tout au long de son voyage. D'autres, moins heureux, parlent, au contraire, d'étape en étape, des problèmes qu'ils ont pour tenir leur route, lorsque leur régulateur d'allure, par exemple, les a trahis.

Solitaire ou pas, la première évidence, c'est qu'on n'est pas en mer pour passer sa journée vissé à une roue d'aluminium ou à une barre de bois ! Si, pour un équipage de cinq ou six personnes, on peut admettre qu'ils tuent le temps, au long d'une traversée de deux ou trois semaines, en se relayant de trois heures en trois heures à la barre (ça en fait toujours un, en permanence, d'occupé !), lorsqu'un couple est pour une raison ou une autre amené à adopter le même rythme, dormir trois heures et barrer trois heures, l'agrément de la vie à bord diminue ! Je n'imagine donc pas (et je ne connais pratiquement aucun navigateur qui imagine) une longue croisière sans la possibilité de laisser le bateau tenir son cap tout seul et d'être libre pour toutes les autres choses que l'on peut faire sur un bateau, lire, écrire, bricoler, dormir, cuisiner, chanter, danser, aimer ou ne rien faire du tout !

RÉGULATEURS D'ALLURE ET PILOTES AUTOMATIQUES

Depuis le premier système élaboré par Marin Marie pour traverser l'océan Atlantique sur un bateau à moteur, toute une gamme de procédés s'offrent au navigateur, grâce aux nombreux perfectionnements apportés par les courses solitaires transatlantiques et les multiples expériences individuelles de croisières à longues distances.

Les régulateurs d'allure

Utilisant la force du vent et éventuellement de l'eau, ils permettent au bateau de rester sur sa route, en gardant un cap constant par rapport au vent : si le vent tourne, il faudra changer le réglage du régulateur. Si, au contraire, on navigue au près en cherchant à profiter des moments où le vent est plus favorable, le régulateur fera ce travail aussi bien, sinon mieux, qu'un équipier. Je n'entrerai pas dans le détail des nombreux types de régulateurs d'allure. Le système peut être élaboré spécialement pour le bateau et monté directement (flettner, c'est-à-dire une petite pale liée au gouvernail, agissant comme « gouvernail pour le gouvernail », ou gouvernail auxiliaire) ; c'est la solution choisie par Bernard Moitessier, par le regretté Patrick Van God (qui expliquent très clairement dans leurs livres le fonctionnement et la construction de leurs régulateurs). Il peut aussi s'agir d'un appareil acheté tout prêt : Navik, de Plastimo, pour bateaux jusqu'à 10 mètres, Cape Horn (conçu par Yves Gelinas, simple et génial), Hydrovane, Monitor, Fleming, Sailomat, Windhunter, etc. J'avais sur mon premier bateau un Aries, une des marques les plus répandues à l'époque ; il a barré assez convenablement mon bateau pendant six ans et 40 000 milles, mais avec, toujours, des embardées, une imprécision dans le cap, problèmes sans doute dus en partie à l'instabilité du bateau à certaines allures. Le régulateur d'allure fonctionne généralement mal par petit temps, et bien sûr, sauf dans de très rares cas, il ne fonctionne pas du tout au moteur et il faut alors se remettre à barrer !

Beaucoup de voiliers au long cours, en particulier anglo-saxons (ici le sloop Kon Tiki*, pavillon australien, au large de Haïti), sont restés fidèles aux régulateurs d'allure.*

Les régulateurs ne consomment aucune énergie et leurs avaries éventuelles sont assez faciles à réparer puisqu'ils sont généralement à base de bouts de ficelle et de pièces mécaniques ; mais ils sont plutôt adaptés à de longues traversées par vents réguliers ; on les met rarement en service pour quelques minutes. Si je devais choisir un régulateur d'allure, j'en choisirais un qui travaille indépendamment du gouvernail principal du bateau, ce qui facilite le réglage (par exemple le Sailomat suédois). Mais les régulateurs d'allure, toujours encombrants et vulnérables à l'arrière des bateaux, ont perdu beaucoup d'intérêt devant les progrès des pilotes électriques, petits ou grands, et l'amélioration des moyens de produire l'énergie électrique qu'ils consomment.

Les pilotes électriques

Les pilotes électriques, eux, consomment de l'énergie et leurs pannes, relevant de l'électricité et de l'électronique, sont moins faciles à cerner. Mais ils fonctionnent en toute occasion, par petit temps comme au moteur et il faut trois secondes pour les mettre en service, même si le bateau n'est pas encore bien équilibré. Bien sûr, il faudra aussitôt, puisqu'on aura les mains libres, s'occuper de ce problème d'équilibre pour que le bateau, trop ardent par exemple, n'impose pas des efforts excessifs au pilote automatique. Mais le pilote électrique est assez indulgent et, même s'il est mal réglé, le bateau garde son cap. Il est généralement en service vingt secondes après que j'ai relevé le mouillage, il m'arrive même parfois de le mettre en route avant d'avoir relevé l'ancre : mouillé sur un fleuve, avec un courant de 3 nœuds, seul à bord, je fais lentement avance au moteur dans la direction d'où vient le courant, avec le pilote branché, ce qui soulage le mouillage aussi bien que si quelqu'un était à la barre ! Ce n'est pas un régulateur d'allure qui permettrait ce genre de chose ! En sortant d'un port ou en m'approchant d'un mouillage, j'ai en permanence les mains libres pour ranger ou préparer les amarres ou l'ancre, pour consulter les cartes, ferler les voiles ou grimper dans le mât pour repérer une passe. Il existe même des commandes à distance qui permettent de barrer le bateau du haut des barres de flèche ! au moteur, barrer revient à faire quelques clics à droite ou à gauche sur les boutons de la boîte de l'appareil, qui est fixée, elle, à l'intérieur du bateau… Formidable en navigation côtière, cela remplace un poste de navigation intérieur ! En traversée, le pilote travaille du départ à l'arrivée ; je me contente de le désaccoupler de temps en temps pour contrôler que le bateau est bien équilibré, qu'il ne tire pas trop sur sa barre. Le pilote électrique laisse l'arrière du bateau parfaitement dégagé (avec un Aries dépassant à l'arrière de mon bateau, j'avais toujours peur d'un choc au mouillage ou dans un port ; les régulateurs d'allure sont très exposés).

La consommation des pilotes électriques traditionnels et costauds (comme l'Autohelm 7000 que j'utilise) est assez élevée, de l'ordre de 4 ampères, mais je n'hésite pas à le remplacer par temps modéré par un petit Autohelm 3000 (antique !) dont la consommation est inférieure à 0,5 ampère, qui me sert d'ailleurs de pilote de secours en cas de défaillance d'une pièce du pilote principal.

Pour faire face à d'éventuelles pannes électriques, je pense qu'il est bon pour le pilote électrique comme pour tous les appareils d'avoir un peu plus de documentation que n'en donnent généralement les revendeurs : la plupart des pannes pouvant frapper ce genre d'appareil sont soit la défaillance du moteur (en avoir un de rechange et être capable de faire les quatre petites soudures nécessaires n'est pas bien sorcier), soit, surtout, le débranchement d'un fil à l'intérieur. Pour ma part, je transporte un choix complet de pièces, et j'ai eu plusieurs fois l'occasion, au milieu d'une traversée océanique, de devoir démonter en grande partie l'engin pour changer un pignon en plastique trop fragile (il est recommandé à ceux qui veulent faire de grandes traversées de faire remplacer les petits pignons en plastique standard par les mêmes en métal, un kit fourni en option par Autohelm). La plupart des fabricants répugnent à donner à tous leurs clients des notions sur leurs appareils autres que « renvoyez-le-nous sous garantie s'il ne marche pas, on vous le réparera ». Mais il faut bien leur faire comprendre que pour nos programmes de navigations lointaines il est impératif que nous ayons plus de ressources que le client moyen, qui reste à faible distance du dépositaire local !

Pour naviguer au près en suivant les fluctuations du vent, ou pour rester exactement vent arrière lorsqu'on le souhaite et que le vent oscille un peu, on peut asservir certains pilotes électriques à une petite « aile de papillon » destinée à « sentir le vent », beaucoup moins encombrante que la fragile pale du régulateur d'allure et remplissant la même fonction… mais je n'en ai encore jamais vu une fonctionner vraiment.

En conclusion : régulateur d'allure ou pilote automatique ? Avec la réserve faite plus haut, qui m'a conduit à emporter des pièces détachées et à apprendre à me dépanner seul, ma préférence va totalement à un pilote électrique, utilisable en toute occasion, beaucoup plus précis (et moins cher : en effet, il est moins cher d'avoir un bon stock de pièces de rechange que d'acheter la plupart des régulateurs d'allure !). En complément, il serait peut-être intéressant de pouvoir mettre en service en mer un dispositif même primitif, même imprécis, du genre flettner, si par malheur, au cours d'une grande traversée, l'électronique déclarait forfait.

LES COMPAS

Sur Banana Split, le compas, posé dans le plexiglas d'une ouverture, est visible de l'extérieur comme de l'intérieur.

Cela posé, en mer, par des temps réguliers, dispensant de manœuvrer, tout le travail de navigation consistera souvent à donner un coup d'œil sur le compas de temps en temps pour voir si tout va bien.

Sur mon bateau, le compas de cloison du cockpit est lisible aussi de l'intérieur ; je peux donc contrôler le cap sans sortir. J'ai un autre compas à l'intérieur du carré et un autre encore déplaçable, généralement coincé près du lit : quand je me repose, je peux vérifier le cap d'un coup d'œil...

Mais nous le constaterons lorsque nous parlerons du GPS, on ne regarde plus souvent le compas, l'écran du GPS nous indique désormais de façon bien plus fiable la route suivie.

LES QUARTS

Le rituel des quarts, le problème du pilote automatique réglé, n'aura donc sur votre bateau pas la grande importance qu'il avait autrefois et je vous ferai grâce des méthodes consistant à faire prendre à chacun le quart chaque jour à la même heure, ou, par une rotation judicieuse, à lutter contre les habitudes.

À bord, quand nous naviguons à deux, il n'y a pas de quarts pendant la journée. (Évidemment pas non plus lorsque je suis en solitaire ; d'ailleurs, les quarts, dans ce cas-là, seraient des entiers !) Lorsqu'un environnement un peu scabreux (récifs nombreux, flottilles de pêche, grains dont il faut guetter l'approche, l'évolution ou le départ) nécessite une attention particulière, il nous arrive de prendre à tour de rôle, sans se préoccuper de savoir à quelle heure ni pour combien de temps, un tour de garde en quelque sorte. Mais les coups d'œil qui sont généralement suffisants pour s'assurer de la bonne marche du bateau ou de l'absence d'obstacles potentiels dans les parages sont répartis d'une façon tacite, sans se préoccuper d'horaires.

Et puis vient la nuit, celle qui intrigue tellement ceux qui ne connaissent pas les nuits sous les étoiles, les calmes infinis où l'on s'endort paisible ni les tunnels obscurs où l'on s'engage avec angoisse, commençant dès 20 heures à compter les heures lorsque, rarement, il faut le dire, une succession de grains ou de problèmes variés nous interdit le sommeil.

LE RISQUE

Entendons-nous tout de suite sur la notion de risque : faire du bateau à voile, c'est dangereux. Confier sa vie à une petite coque de noix (bien conçue, solide, cependant !) et ne compter que sur ses propres possibilités, sa science, sa logique et sa force, pour vous reconduire à la terre, à la société d'autres humains, tout cela comporte une part certaine de risque... Mais ce risque, d'abord, fait partie de l'agrément de la chose : quel intérêt y aurait-il à atteindre un but si l'on savait toujours dès le départ qu'on l'atteindra sans problèmes ? Et puis, surtout, si l'on pouvait le chiffrer, je le crois plus faible que celui d'être victime d'un accident d'auto quand on prend l'autoroute du Nord ou même que celui de se faire écraser bêtement par une voiture en traversant la rue devant chez soi. Sans oublier le risque, de plus en plus présent dans toutes les villes de tous les pays, d'être pris en otage innocent de quelque cause, qu'il s'agisse d'un hold-up ou d'une affaire politique, ou d'être victime d'un « incident » technique (huile frelatée, incendie d'un dancing, fuite de gaz toxique ou erreur de dosage d'un laboratoire pharmaceutique). Non, si l'on additionne tous ces risques, si faibles qu'ils puissent être chacun pris séparément, je crois que traverser un océan sur un bateau solidement construit, en mettant en œuvre un peu de prudence et de logique, en choisissant des régions favorables et les saisons convenables, n'est pas beaucoup plus dangereux, statistiquement, que rester à terre... Je parle au chapitre « Santé » du risque médical accentué par le fait que le médecin se trouve bien loin du bateau, mais, encore une fois, la plupart du temps, on n'est pas si loin que ça d'un centre habité, et le reste du temps, si l'on est loin des possibilités de soins... on est aussi loin d'une bonne partie des causes qui rendent malade ! Les risques plus immédiats, plus physiques, courus sur le bateau, c'est la prudence dans le choix de ce dernier, dans son maniement, dans le comportement à bord, qui les fera diminuer.

Le premier risque...

... c'est celui d'une collision avec la terre, avec un navire ou avec un objet flottant. Une bonne navigation, c'est-à-dire savoir toujours où l'on est et se méfier triplement quand, par malchance (ciel couvert si l'on navigue au sextant, instruments en panne), on ne le sait plus, permettra généralement d'éviter les récifs, rivages et rochers, puisque, à part de rares endroits, les cartes les indiquent. Les objets flottants indéterminés, sauf dans certains endroits précis (embouchures des fleuves en temps de crue), sont tout de même rares et la probabilité d'en rencontrer un est limitée. Une coque solide aura par ailleurs plus de chances de résister à un choc qu'une trop faible. C'est en grande partie pour cela que j'ai choisi pour mes trois bateaux successifs l'acier ou l'aluminium en forte épaisseur : je suis pratiquement sûr de me sortir sans trop de mal d'une rencontre inopinée avec un corps flottant.

Restent donc les autres bateaux...

Là, les avis sont partagés, et c'est justifié, puisque l'attitude à adopter dépend de la zone où l'on se trouve. Aucune réponse catégorique ne peut être donnée, aucune option qui vraiment vous mettra totalement à l'abri du danger (pour un équipage restreint, du moins, qui ne peut ou ne veut pas passer son temps à veiller). Se dire froidement, comme certains, que « les gros bateaux ont de la place pour passer à côté » et dormir sur ses deux oreilles tous feux éteints, c'est peut-être, cependant, avoir un peu trop confiance dans les statistiques... L'attitude inverse consistant à veiller en permanence, un équipier toujours dans le cockpit, à guetter sans cesse l'horizon, ce n'est pas toujours possible, même si c'est, officiellement, ce que la réglementation internationale exige.

Une chose est certaine, en tout cas : pour ce qui est du risque de se faire passer dessus par un gros navire, toujours plus rapide que vous, il est identique pour un voilier arrêté et pour un voilier en route... Alors, autant avancer !

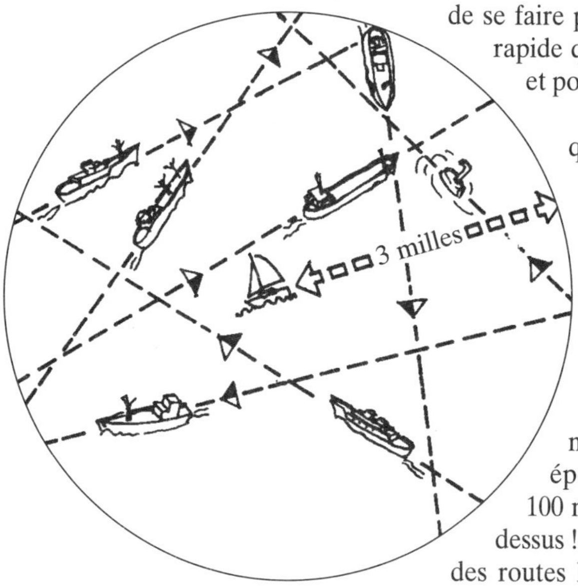

Figure 14. *Mouvements relatifs de navires. rencontrés.*

Il m'est arrivé de devoir manœuvrer parce que, et cela généralement de nuit, un cargo semblait en route de collision avec moi (je ne parle pas des ferry-boats croisés dans le détroit de Corinthe, la baie de Salvador... ou le Vieux-Port de Marseille, c'est bel et bien à nous de les éviter !). Il a dû arriver aussi plus d'une fois, naviguant seul et m'étant endormi, qu'un cargo ne passe pas loin de moi, à 300 mètres peut-être, une proximité qui, si je m'étais soudain réveillé, m'aurait tout à fait épouvanté... Toutefois, 300 mètres, même 100 mètres, même peut-être 50 mètres, ce n'est pas dessus ! Ma conviction est qu'au grand large, en dehors des routes habituelles des cargos, le risque de voir deux trajectoires se couper exactement est vraiment très faible : si je pouvais tracer dans un cercle, représentant environ un rayon de 3 milles autour du bateau, tous les itinéraires relatifs des nombreux cargos passés à moins de 3 milles de moi au cours des années, cela ferait un certain nombre de traits, mais, là encore, la probabilité pour qu'un de ces tracés relatifs (fig. 14) passe exactement par le centre, c'est-à-dire sur moi, est encore limitée ! D'autant qu'on peut admettre que les cargos, de jour, ont à peu près toujours quelqu'un d'attentif à la passerelle et que, la nuit, une bonne partie d'entre eux, s'ils n'utilisent pas les radars par beau temps, ont quand même un minimum de veille : on ne peut pas compter là-dessus aveuglément, mais, encore une fois, ça fait diminuer le pourcentage de risque !

Un progrès aussi est venu changer du tout au tout la donne : le radar, et l'alarme sonore… très sonore que j'ai fait ajouter par un électronicien : de jour comme de nuit, si je suis fatigué, le radar est allumé, avec un « périmètre de sécurité » de 2 à 4 milles autour de moi : si un navire y rentre, je suis alerté aussitôt.

La nuit

Voici donc mon attitude en navigation de nuit : si je suis en haute mer, loin des routes des cargos que je repère sur les pilot-charts britanniques et américains, sur les *Instructions nautiques* ou sur *Ocean Passages for the World* (pour plus de sécurité, j'additionne les informations de toutes les sources dont je dispose : certaines routes portées sur l'une sont ignorées par les autres), je considère que je peux dormir (ou que nous pouvons dormir), avec un feu en tête de mât. J'ai navigué bien des nuits avec juste une lampe à pétrole amarrée à un hauban, mais je pense tout de même plus prudent d'avoir un feu électrique blanc brillant en tête de mât, visible sur tout l'horizon. Je sais, ce n'est pas réglementaire, mais c'est bien plus visible que les faibles feux vert ou rouge qui, eux, sont conformes aux règlements. Et notre avance – à moins que vous n'ayez un bolide fonçant à 15 nœuds – est si lente par rapport à celle des cargos que l'important n'est pas de leur montrer dans quelle direction l'on va mais de leur montrer qu'on est là (on pourra toujours allumer en plus ses feux vert et rouge lorsque on veut faire savoir à un cargo rencontré dans quel sens on va). Comme me disait un copain un peu zen, s'il vous arrive un malheur dans ces conditions, la présence d'un cargo en dehors de toutes les routes connues, en trajectoire de collision avec vous et en plus où personne ne veille, toutes les malchances à la fois, c'est que vous avez un mauvais karma et que vous l'avez mérité ! Voilà pourquoi, au large, je me couche parfois cinq ou six heures, mais sur une couchette faisant face au radar et à l'écran du GPS, et ne dormant véritablement qu'à moitié, immédiatement réveillé par tout intrus, navire… ou grain : car les grains de pluie sont généralement très visibles sur l'écran du radar, me donnant le temps de réduire ou d'altérer ma route si je peux l'éviter. C'est d'ailleurs une des limites du système, car si les grains sont nombreux, l'alarme sonne en permanence et plus question de dormir.

Le paysage change du tout au tout lorsqu'on s'approche d'une route… Parfois sans rien voir, souvent en ne manquant pas de relever sur l'horizon la présence de feux suivant bien la route indiquée, il faut essayer de couper la route en question le plus à angle droit possible pour y rester un minimum de temps et veiller attentivement quelques heures avant, quelques heures après. Les cargos qui suivent les routes ne sont pas partout aussi précis qu'en mer Rouge, où l'on ne rencontre plus personne à 5 milles de part et d'autre du « rail » que les cargos y empruntent du nord au sud et du sud au nord. Mais, là encore, sauf sur les routes vraiment très fréquentées, le danger est modéré.

Lorsque l'on approche de zones vraiment peuplées, ou que l'on est contraint de suivre une nuit, plusieurs nuits, voire des semaines, une route de cargos, il faut se résoudre à veiller. Seul, je ne fais plus que des sommes de quart d'heure en quart d'heure, estimant que, sauf pour quelques navires exceptionnellement rapides, par temps bouché ou faible visibilité, les cargos qui apparaissent à l'horizon mettent quinze à vingt minutes à être au point le plus proche de moi où ils passeront. À deux, nous coupons la nuit en deux ou trois quarts imprécis ; si celui qui veille est trop fatigué, il réveillera l'autre plus tôt, ou au contraire, s'il se sent en forme, il prolongera son quart. La vigilance ne devra vraiment être plus grande que dans des cas très rares, zone à récifs (où il vaut mieux, de toute façon, ne pas se trouver de nuit) et, surtout, régions fréquentées par des flottilles de pêcheurs, aux feux pas évidents à interpréter, ou sans feux du tout : combien de fois j'ai vu s'allumer tout d'un coup, à faible distance du bateau, une lampe faiblarde sur une pirogue ou sur un petit chalutier resté jusque-là dans le noir, au large des côtes d'Espagne ou d'Afrique noire. Sitôt qu'on est dans une zone envahie de pêcheurs, il est impératif d'avoir un feu bien visible, même si l'on s'en dispense parfois lorsqu'on assure la veille.

Passage d'un navire dans la nuit

Si, de jour, on sait en général assez facilement dans quelle direction se dirige un bateau (s'il va vous passer devant ou derrière), la nuit rend les choses plus difficiles. Heureusement que les feux des cargos sont en général bien précis. À la seconde où j'aperçois un feu, même très loin sur l'horizon, un coup de jumelles me précise en général aussitôt vers où il va : tous les cargos portent deux feux blancs très brillants au sommet des mâts de charge, celui de l'avant toujours plus bas que celui de l'arrière ; vous pourrez tout de suite dire si le bateau qui est apparu sur votre tribord, par exemple, vous montre son côté bâbord (B) ou son côté tribord (A sur la fig. 15).
Une seconde de réflexion permet d'évaluer si le cargo qui vient d'apparaître va s'approcher de vous ou passer à bonne distance ; un côté tribord vu sur tribord : tout va bien, il va vous passer derrière, ou bien il vous est déjà passé devant, mais vous le sauriez. Un côté bâbord vu sur tribord... Méfiance, tout est possible. Ses feux blancs très reconnaissables sont en général bien plus visibles que les feux vert (tribord) et rouge (bâbord), qu'on ne découvre souvent que beaucoup plus tard, dans la forêt de lumières diverses que diffuse le bateau. Vous pourrez alors vérifier que « vert sur vert, tout est clair ; rouge sur rouge, rien ne bouge », c'est-à-dire que si vous voyez un feu vert (tribord) sur votre tribord, rien n'est à craindre, pareil pour un feu rouge vu de votre côté rouge, mais qu'il faudra vous méfier si un feu vert apparaît de votre côté rouge (bâbord), et réciproquement.

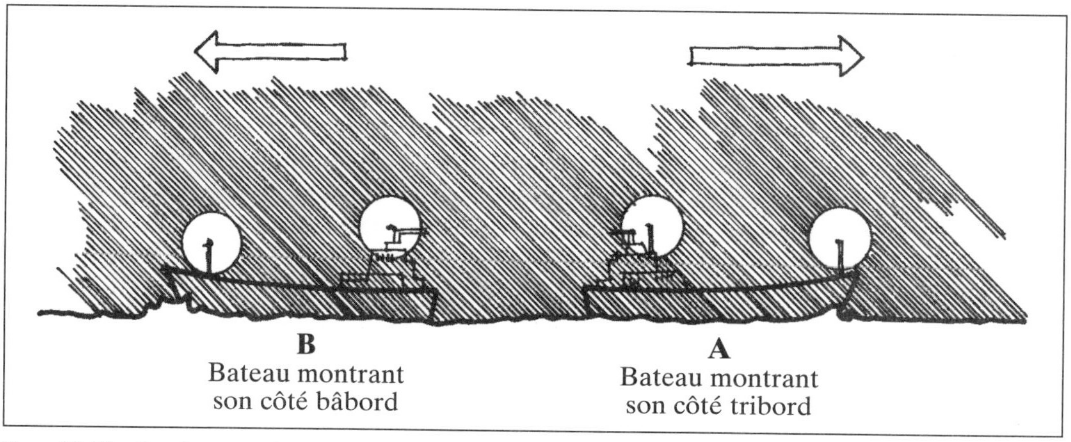

Figure 15. *Direction des cargos la nuit.*

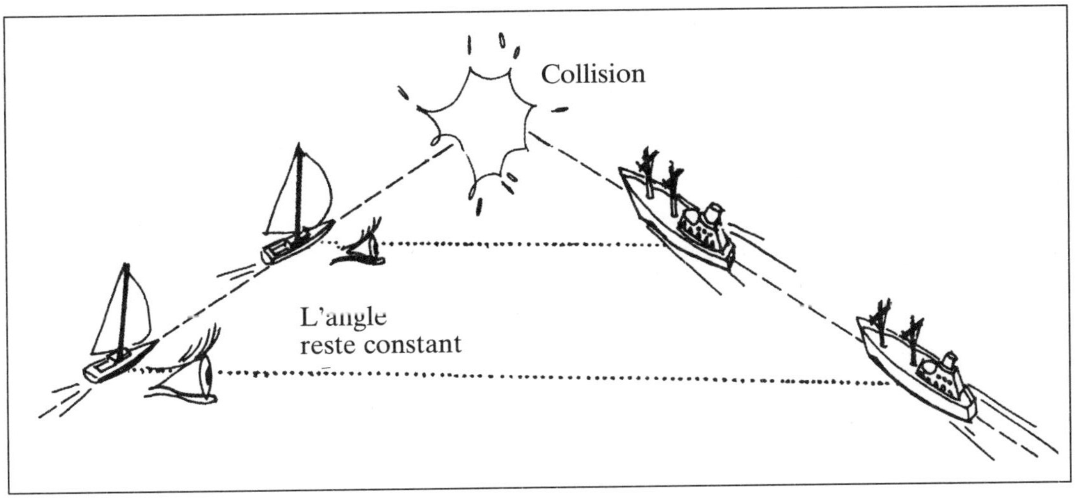

Figure 16. *Route de collision.*

Routes de collision

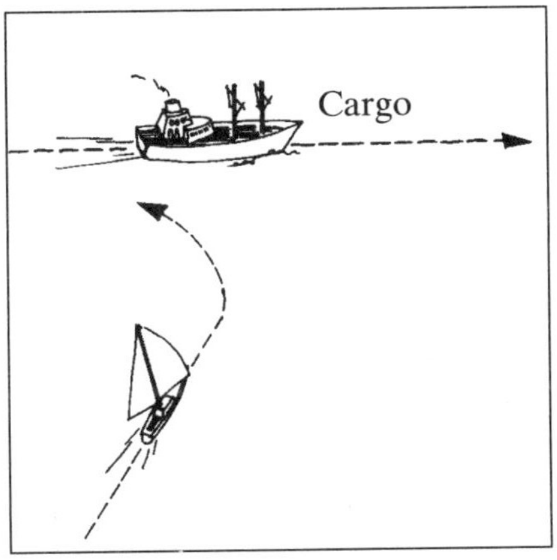

Figure 17. *Passer derrière le cargo.*

Lorsqu'un bateau se rapproche de vous, il y a risque de collision si l'angle sous lequel vous le voyez reste constant : vous pouvez prendre au compas de relèvement l'azimut de ce bateau qui vous inquiète. Si cet angle évolue vite, c'est que le bateau vous passera devant ou derrière ; s'il n'évolue pas (fig. 16), danger ! Au large, je me sers souvent des étoiles pour ne pas avoir à prendre des relèvements : si le cargo reste sous la même étoile, méfiance ; s'il se déplace par rapport au ciel étoilé, je me tranquillise (attention, si la vitesse relative des bateaux est faible, il faudra peut-être tenir compte du fait que le ciel étoilé tourne autour de la ligne des pôles). Au radar, je place sur l'écran une droite rayonnant du centre (ma position) jusqu'à l'écho du navire : si l'écho reste sur cette ligne, c'est qu'il y a risque de collision.

Il ne faudra pas attendre trop longtemps pour manœuvrer, parce que tout d'un coup les choses vont très vite et une fausse manœuvre, ou un changement de route inopiné (toujours possible) du navire pourrait vous mettre dans des conditions très fâcheuses avant que vous n'ayez le temps de réagir. Des conditions de temps et de votre route par rapport au vent dépend la manœuvre à faire ; il est toujours bon d'être prêt à remonter au vent, à empanner ou à virer de bord, même lorsqu'on est depuis longtemps sur un bord ou au vent arrière ! Une retenue de bôme ramenée au cockpit, par exemple, vaudra mieux qu'une simple retenue nouée à l'avant du bateau si vous avez à faire un empannage imprévu. Si la facilité de manœuvre n'entre pas en ligne de compte (si vous êtes au moteur, par exemple, ou si vous pouvez indifféremment aller à droite ou à gauche, il vaudra généralement mieux vous diriger vers le bateau pour passer derrière lui plutôt que de courir devant lui comme un lapin devant les phares d'une voiture sur une route de campagne) (fig. 17). En règle générale, donc, pour ne pas subir le sort de certains des lapins desdites routes de campagne, il vaut mieux manœuvrer pour toujours passer derrière le cargo.

Communiquer avec les navires rencontrés

Attention, sur certaines embarcations locales, comme cette Jangada *(radeau de troncs) du Brésil, les plus gros objets métalliques sont les hameçons... et ces bateaux sont presque invisibles au radar... là c'est vous qui risquez d'être l'auteur de la collision.*

Que vous souhaitiez ou non avoir des moyens de communication plus puissants à bord de votre bateau, il est essentiel de posséder une VHF fixe ou portable permettant d'appeler sur le canal 16, car tous les cargos ne veillent pas forcément, mais allument sitôt que quelque chose les intrigue. Attention ! la veille sur le canal 16 devrait prochainement être remplacée par des systèmes de sécurité plus complexes… et nécessitant, je le crains, des émetteurs coûteux.

Invité à déjeuner au carré des officiers d'un cargo français appartenant à une compagnie plutôt sérieuse et respectueuse des réglementations de sécurité, j'ai interrogé les différents lieutenants responsables de la passerelle et j'en ai tiré les conclusions suivantes, qui ne sont pas forcément générales :

– En mer, par beau temps, le radar n'est pas allumé, parce que les tubes s'usent et coûtent cher. Dès qu'il y a des grains qui réduisent la visibilité, ou lorsqu'il y a des navires dans les parages, ou que la côte est à proximité, on l'allume : ainsi, paradoxalement, le long d'une côte, par exemple, on serait moins en danger qu'au large, puisque la plupart des cargos allument leur radar, qui leur indique la distance de la terre et leur position exacte !

– Un voilier n'est pas bien visible au radar. La nécessité d'un réflecteur radar sur une coque métallique est discutée, mais il n'est pas forcément idiot d'en avoir un. À ce sujet, j'ai constaté que de nombreux bateaux de plaisance ont un réflecteur radar mal posé, comme sur la figure 18 (c'est-à-dire suspendu par un coin), ce qui est moins visible sur un écran radar que la seconde position (c'est-à-dire le réflecteur radar reposant dans la position qu'il prend naturellement si vous le posez sur une surface horizontale) ; sa face supérieure sera constituée par un triangle horizontal et non par un coin… Si ça ne vous paraît pas clair, la bonne position, c'est celle dans laquelle vous tiendrez le réflecteur si vous essayez de récolter de l'eau de pluie avec. D'autres réflecteurs radars cylindriques sont plus simples à mettre en œuvre, mais des tests récents révèlent que la plupart des réflecteurs radars du commerce ne sont pas très efficaces.

– Lorsque les navires voient une lumière blanche, vive, ou toute autre chose qui les intrigue, ils allument aussitôt la VHF, sur le canal 16 pour le moment. Une lampe stroboscopique à éclats les intriguerait doublement et s'ils n'avaient pas de réponse sur la VHF ils seraient peut-être amenés à s'approcher pour voir s'il ne s'agit pas d'un appel à l'aide. Même une fusée verte, réputée rassurante, que vous pourriez envoyer, voulant juste signaler votre présence (si vous craignez qu'un cargo en route de presque collision ne vous ait pas vu), même une fusée verte, donc, pourrait les

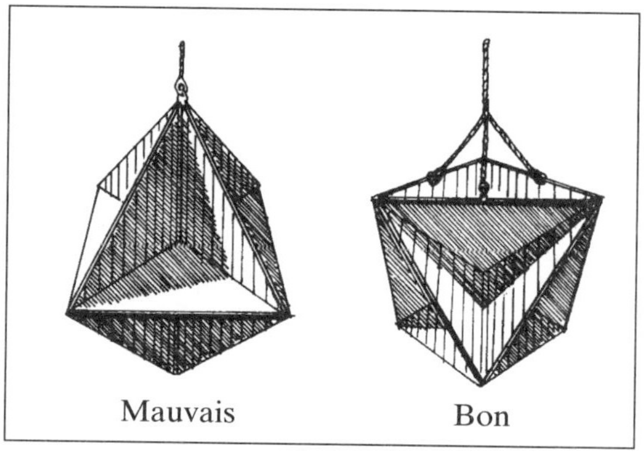

Figure 18. *Mauvaise et bonne fixation d'un réflecteur radar.*

inciter à venir voir si vous avez besoin d'eux (« Ils ont peut-être épuisé leurs fusées rouges ? »).

– Les cargos veillaient obligatoirement sur la fréquence internationale de détresse, 2 182 kilohertz, mais tout cela est en train de changer.

Tout ce que je vous ai dit ici au sujet de ma manière de concevoir la sécurité ne vous concerne pas, puisque vous portez toujours réglementairement brassière et harnais, que vous avez toujours les feux réglementaires et quelqu'un qui veille !... C'est évident !

L'homme à la mer

C'est le deuxième danger que l'on court en mer, peut-être le plus grave, parce que toujours présent, aussi bien par mauvais temps, où une vague, un mouvement brusque de la mer risque d'embarquer un équipier par-dessus bord, que par beau temps, où l'on n'a vraiment pas envie de s'attacher et où l'attention se relâche. Nombre de chutes à la mer se passent ainsi par beau temps, plutôt bêtement. Ce n'est pas trop grave dans ces conditions s'il reste quelqu'un à bord, capable de faire virer rapidement le bateau et de récupérer la personne, et si elle sait nager. La plupart des GPS ont une position « Homme à la mer » : on pousse immédiatement un bouton, et l'écran vous indique en permanence la direction à suivre et la distance à parcourir pour retrouver l'homme à la mer... Il est essentiel aussi qu'au moins une personne à bord fasse tout pour ne pas perdre des yeux une seconde l'homme à la mer : par mauvais temps, un objet tombé à la mer disparaît très vite à la vue.

La réglementation française est assez imparfaite dans le domaine de la sécurité. Elle voudrait nous voir porter des gilets de sauvetage en permanence sitôt que l'on sort du cockpit, ce qui est assez inimaginable par beau temps tropical, mais ne perçoit pas la nécessité du dispositif appelé « perche I.O.R. » des régates britanniques, par exemple, un pavillon orange bien visible au sommet d'une perche de 2 ou 3 mètres tenue à la verticale sur l'eau par un flotteur et un contrepoids, perche prête à être lancée, sur le balcon arrière. Il existe peut-être, si ce danger vous préoccupe, des dispositifs plus perfectionnés encore : un petit ballon qui se gonfle automatiquement et vole, bien visible, au bout d'un fil de 30 mètres ; il me semble tout à fait faisable de munir chaque équipier, la nuit, d'une petite lampe stroboscopique attachée à un petit brassard, et envoyant des éclats beaucoup plus visibles que la loupiote du « feu à retournement » homologué ; on peut s'équiper aussi de sifflets, et, pourquoi pas, de balises électroniques. Mais le problème, c'est d'avoir ça sur soi, alors qu'on navigue sous les tropiques plus souvent dans la tenue d'Adam qu'avec la veste à trente-deux poches du parfait boy-scout ! La plus raisonnable des recommandations, c'est de ne pas tomber à l'eau ! D'autant que si l'autre dort et ne s'aperçoit de rien avant un moment, ou si vous êtes seul, tous les gadgets perdent leur efficacité... Il m'est arrivé de traîner derrière le bateau un cordage de 10 millimètres en polypropylène flottant de couleur orange, muni de nœuds tous les mètres pour m'y accrocher si je tombais à l'eau. Mais un cordage de ce genre est souvent allé s'enrouler immédiatement autour de l'hélice quand un bateau a dû essayer au moteur de se tirer d'un échouage et, lorsque le bateau marche à 6 nœuds, je pense qu'il faudrait être bien costaud pour remonter le courant à la force des bras… et personne n'a envie de traverser un océan comme un skieur nautique qui n'arrive pas à décoller ! Certains coureurs en solitaire ont testé un système tentant, permettant de désaccoupler le pilote automatique sitôt qu'on est accroché à ce cordage, ou plus moderne, sitôt que la chute à la mer a été signalée par un système électromagnétique ; le bateau perdrait alors son cap, virerait de bord pour prendre la cape ; sur un bateau à barre franche, on pourrait accrocher le cordage de façon qu'une forte traction soulève le vérin d'un pilote sur barre franche, le détachant de la barre (fig. 19), mais le système doit être parfaitement au point afin que le premier poisson ou requin qui mordrait au cordage ne fasse pas perdre sa route au bateau !

Les avis sont partagés sur les harnais réglementaires ; il est vrai que se trimbaler par beau temps cette quincaillerie est passablement gênant, surtout quand la rapidité compte…. En tout cas, il est essentiel de le porter dès que ça bouge beaucoup, surtout si on doit aller à l'avant ou à l'arrière du bateau pour y exécuter une manœuvre acrobatique pour laquelle on a besoin de ses deux mains ; un des grands avantages du catamaran, outre sa stabilité, est qu'on y est en général loin des filières : travailler à la bôme, par exemple, y est beaucoup plus sûr, au centre d'une vaste plate-forme horizontale que perché sur les roofs en pente des monocoques, l'eau blanche défilant presque sous vos pieds.

On croche le mousqueton du harnais au point solide le plus proche de l'endroit où l'on doit travailler, la courroie maintenue aussi courte que possible. Certains bateaux sont équipés de « lignes de vie », sortes de câbles métalliques fixés solidement aux deux extrémités et courant à plat pont de l'avant à l'arrière du bateau, dans chaque passavant ; on y croche le mousqueton du harnais pour se déplacer en principe librement d'un bout à l'autre du bateau. Mais, outre le fait qu'ils n'empêchent pas la courroie du harnais et son mousqueton de se bloquer assez facilement contre les cadènes, rails de foc, bittes, etc., ils exigent que l'on réfléchisse longuement avant de choisir un cheminement, car on risque de se retrouver comme un chien ayant enroulé sa laisse autour d'une chaise ; ces câbles présentent en outre l'énorme inconvénient de rouler sous le pied et de chercher à vous faire tomber… ce qui n'est pas vraiment le but de l'opération !

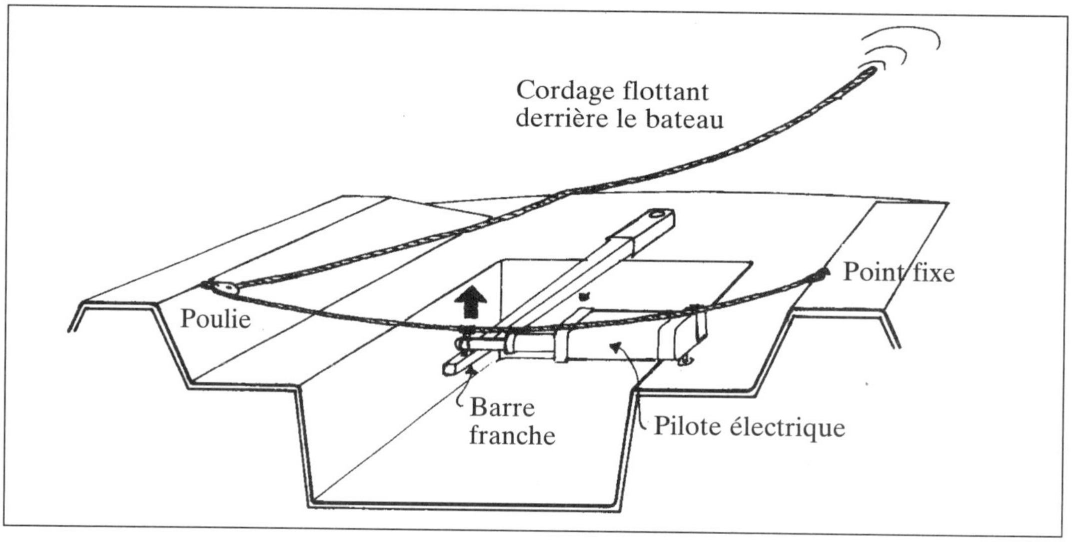

Figure 19. *Dispositif pour débrancher automatiquement le pilote automatique.*

LE MAUVAIS TEMPS

Lorsqu'il ne fait vraiment pas beau… À entendre les gens vous demander : « Et des tempêtes, vous en avez essuyé quelques-unes ? », on croirait que les ouragans et les typhons sont monnaie courante pour les petits voiliers ! À vrai dire, à moins d'aller les chercher là où le mauvais temps est plus fréquent (latitudes élevées, saisons des cyclones), ou d'avoir le mauvais œil, on peut faire le tour du monde et naviguer des années sans rencontrer plus d'une ou deux fois, en mer, des vents de plus de 35 à 40 nœuds, force de vent où commence l'appellation contrôlée « coup de vent », ce qui n'est encore pas trop épouvantable si on le prend au portant…

En ce qui me concerne, donc, je n'ai pratiquement, en vingt-sept ans, jamais rien vu de plus fort que cette force-là… Ce qui ne me dispense pas pour autant de chercher à prévoir le moment où un coup plus fort viendra constituer pour moi… une expérience nouvelle !

Ce qui est à considérer, en plus de la force du vent, c'est l'état de la mer. Un coup de vent modéré sur une mer parfaitement chaotique (hauts-fonds, courants opposés au vent) sera plus dangereux qu'un vent plus fort sur une mer plus régulière. D'où l'importance, spécialement si le mauvais temps menace, de se tenir à l'écart des hauts-fonds, plateaux continentaux, raz et pointes où des courants variables peuvent créer des conditions hasardeuses.

Il m'est arrivé parfois de prendre la cape, mais c'est plutôt parce que le vent avait fraîchi considérablement et venait de la direction vers laquelle je voulais aller. *Om* prenait assez bien la cape sous grand-voile seule arisée au maximum, et restait à peu près à 75 degrés du vent.

Sur un sloop, la cape se prend généralement avec la grand-voile arisée et un tout petit foc bordé à contre, la barre amarrée sous le vent, c'est-à-dire tendant à vouloir faire remonter le bateau alors que le foc le fait abattre. Suivant le plan de dérive du bateau, il y a plusieurs autres dispositions de voilure à essayer ; certains envoient un tourmentin endraillé sur un pataras et bordé vers l'avant, fournissant une surface de toile très en arrière du centre de dérive.

Si le vent forçait encore, j'envisagerais de rester à sec de toile, sauf si, la mer devenant très agitée, le bateau courait le risque d'une déferlante.

Plus de vent encore ? (Je parle au conditionnel, je n'ai encore rien pratiqué de ces manœuvres.) En espérant avoir assez d'eau à courir, je mettrais en fuite avec le minimum de toile, pour donner juste un peu de vitesse (si j'étais vent arrière depuis le début, ce n'est qu'à ce moment-là que je commencerais à m'inquiéter, parce que jusque-là, réduisant de plus en plus, j'aurais continué à faire de la route). Pour freiner l'avance du bateau et le stabiliser, j'essaierais sans doute de traîner un cordage, soit une boucle de 200 mètres de cordage de 20 millimètres environ, soit 100 mètres de cordage (flottant si possible) avec un émerillon et une ancre au bout.

L'ancre flottante chère à certains de nos illustres prédécesseurs ne semble pas donner de grands résultats. De nombreux navigateurs prônent l'usage de l'ancre parachute, qui tient l'étrave du bateau face aux vagues et diminue grandement la dérive, ce qui peut être très utile en cas de gros temps au vent d'une côte sans abris ; j'ai à bord de *Banana Split* une ancre parachute et le matériel nécessaire pour l'envoyer : 120 mètres de fort cordage, et deux cordages plus courts (protégés contre le ragage par d'épais tuyaux vinyle) pour faire une « patte d'oie » entre les deux étraves de mon catamaran, plus une ligne plus fine avec deux flotteurs pour ramener le parachute à bord lorsque le temps redevient maniable : cela semble être, d'après les récits d'utilisateurs, le problème des ancres parachutes – relativement faciles à mettre en œuvre, elles sont très difficiles à ramener à bord.

J'ai lu plusieurs comptes rendus d'utilisation d'une série de « drogues », mini ancre flottantes accrochées en très grand nombre à un cordage et qui semblaient très efficaces, leur action se faisant progressivement au fur et à mesure qu'on laisse filer, toujours par l'arrière, le cordage qui les porte (Jordan Series Drogues, Ace Sailmakers, LLC 128 Howard, New London 06320 USA ; tél./fax 860 443 5556).

Certes, nous l'avons déjà dit ailleurs, la côte est l'ennemie du bateau, par mauvais temps plus que jamais, lorsqu'il s'agit d'un rivage sous votre vent, car même s'il s'y trouve des ports ils seront probablement inaccessibles, par ce temps. Si, à la cape, j'avais du mal à tenir l'étrave de mon bateau dans une direction confortable et peu dangereuse, je pense qu'il ne serait pas forcément idiot d'utiliser le ou les moteurs pour aider le bateau à prendre l'allure souhaitée.

... Et puis, il y a le coup de vent d'une race supérieure, celui rencontré par Bernard Moitessier dans le Pacifique sud, d'où ne se sortira qu'un bateau parfaitement préparé, mené par un équipage prêt à barrer vague après vague, en négociant chacune d'elles comme Bernard l'explique dans son excellente description (Bernard Moitessier, *Cap Horn à la voile*, Paris, Arthaud, 1967) en prenant chaque vague sur 15 degrés de l'arrière, pour empêcher le bateau, dégringolant sur le versant de la vague, d'aller se planter dans la crête suivante. Je n'ai jamais rencontré ce type de mauvais temps.

J'espère ne pas le faire avant longtemps, et vous souhaite également de ne pas en arriver là !

Le coup de foudre

Il ne s'agit bien sûr pas ici de la passion soudaine que vous éprouverez pour un ou une insulaire ou navigateur/trice de rencontre, mais bien du risque de prendre un orage sur le coin de la figure : bien qu'un mât soit clairement ce qui ressemble le plus à un paratonnerre à des milles à la ronde, il paraît qu'il n'attire pas plus la foudre que tout autre point de l'océan ; c'est le genre de choses que l'on se dit pour se rassurer quand ça pétarade tous azimuts ; on se dit aussi, si on a une coque métallique, que le bateau fait « cage de Faraday » et maintient la foudre à l'extérieur ; sur un bateau non métallique, il est vivement conseillé de relier la mâture à l'eau, non pas à l'aide de la chaîne d'ancre, mauvaise conductrice, mais avec une forte tresse en cuivre ; on conseille aussi de rester à l'intérieur du bateau, ouvertures fermées, de se tenir loin des parties métalliques comme l'épontille. Pour éviter de voir détruire en quelques millisecondes toute son électronique, il faut dans les gros orages, comme à terre d'ailleurs, débrancher toutes les antennes et déconnecter les appareils eux-mêmes du circuit électrique.

LES COMMUNICATIONS RADIO

Les communications radio téléphoniques ont beaucoup évolué ces dernières années :

Sur *Om*, je n'avais absolument aucun moyen de communiquer avec le monde extérieur (d'ailleurs je ne m'en trouvais pas plus mal) : aucune radio ni à courte ni à longue portée, aucune connaissance des signaux lumineux Scott, pas même d'habileté au lance-pierres, pour envoyer, comme Bernard Moitessier, des messages sur le pont des cargos rencontrés.

VHF

Sur *Voyage*, on m'a un jour offert une petite VHF portable, dont j'ai vite découvert à quelle point elle était pratique pour les communications rapprochées : prendre contact avec la capitainerie du port qu'on aborde – c'est parfois devenu obligatoire – , garder le contact avec un voilier avec lequel on navigue de conserve, ou communiquer avec un équipier descendu à terre en annexe (ce n'est pas à proprement parler réglementaire, votre VHF ne doit servir que sur votre bateau ; il existe par contre de nouveaux walkie-talkie dits FRS portant à un ou deux milles et ne nécessitant aucune autorisation).

Plus tard, au long des côtes des États-Unis et du Canada, la VHF (la petite VHF portable ayant vite été remplacée par un appareil fixe) s'est révélée indispensable pour obtenir à l'avance l'ouverture des ponts mobiles, pour contacter les marinas, pour répondre aux questions de Coast Guards, ou pour suivre la météo sur le réseau de canaux WX qui donne en permanence la météo locale dans ces pays.

HF et Radio Amateur

De nombreux bateaux utilisaient déjà la HF (haute fréquence, décamétrique ou hectométrique) ; il y avait ceux qui, munis d'un indicatif radiotéléphonique et d'un gros budget, entraient en contact par SSB (BLU) avec des stations terrestres lointaines et, du milieu d'un océan, pouvaient communiquer avec l'autre bout du monde ; plus accessibles, les radios type « amateur » ne sont pas censées servir à autre chose qu'à échanger des données techniques… Il semble que les règlements se soient relâchés dans ce domaine, qu'on ait dorénavant le droit de se servir de sa « ham radio » pour des affaires personnelles « pourvu qu'on n'en tire pas profit » ; l'examen de passage, aux États-Unis du moins, serait beaucoup plus facile à passer, il faut encore savoir reconnaître le Morse, mais à 5 mots par minute seulement : comme disait un navigateur, « même le chat du bord reconnaît le Morse à 5 mots par minute ! ». De nombreux bateaux s'en servent, comme on se sert à terre de la CB et de vastes réseaux se sont formés dans le monde ; les Anglo-Saxons en particulier traversent souvent les océans en restant en contact journalier avec des réseaux bien définis, auxquels ils communiquent leur position et les conditions de mer et de vent. Des routeurs, souvent bénévoles, comme le célèbre « Herb », connu dans toute la Caraïbe et l'Atlantique nord, aident chaque jour les navigateurs à choisir leur itinéraire en fonction de l'évolution prévisible du temps ; c'est une excellente sécurité en cas de pépin, mais les communications du genre « radio amateur » ne s'établissent pas comme un simple coup de téléphone, il faut connaître et pratiquer les fréquences, les horaires, les conditions de propagation… comme les radio-amateurs terrestres, ceux qui pratiquent la HF se retrouvent souvent passer des heures devant leur boîte à sons, les ondes et les mouillages résonnent de leurs échanges verbaux, c'est un peu une drogue qui ne m'a jamais tenté.

Communications satellite

Et puis sont venues les communications satellites. D'abord, comme le matériel électronique et de navigation de jadis, elles étaient réservées à des budgets élevés : dans les 10 dollars la minute ; puis sont nés les standards Inmarsat C (limité à l'échange de courts messages texte), et le Mini-M, le prix des communications baissant à moins de 3 dollars par minute, et permettant de se parler (avec parfois une voix de « Donald Duck » quand les conditions de réception sont limite) et même d'envoyer des e-mails. Le système Mini-M fonctionne sur une bonne partie de la planète, un bateau faisant le tour du monde par la route des alizés ne perdra le contact avec la terre que dans une région du Pacifique s'étendant en gros des Galápagos jusqu'au centre du Pacifique. Il existe même une déclinaison plus coûteuse de l'Inmarsat utilisée par les coureurs au large et qui permet de se connecter à l'Internet à 64 000 bps, aussi rapide que les connections terrestres par modem analogique.

Courrier électronique / e-mail

Il existe aussi des moyens d'échanger de courts e-mails en passant par la BLU (Bande latérale unique, en anglais SSB, une branche de la HF), par l'intermédiaire de différents services d'accès comme *Pinoak, MarineNet* ou *SailMail*, ou les fréquences amateur (*Airmail* est le logiciel à utiliser, avec l'avantage que les transmissions sont gratuites). Le courrier électronique se développant à une vitesse exponentielle, beaucoup de voiliers baladeurs ont un ordinateur portable qu'ils connectent à l'escale à une ligne téléphonique, ou les navigateurs se mettent à la recherche du premier cyber-café venu – on en trouve maintenant dans tous les ports – pour expédier et lire leur courrier par l'intermédiaire généralement d'adresses e-mail gratuites comme celles offertes par www.hotmail.com ou www.yahoo.com. Des voyageurs sans ordinateurs emploient un petit appareil nommé PocketMail qu'ils utilisent indifféremment à partir d'une cabine téléphonique ou d'un point d'accès à l'Internet.

Le fiasco des constellations

On attendait beaucoup des constellations de satellites. À l'heure où j'écris ces pages, on parle de réactiver le système Iridium qui a malheureusement connu au départ un lamentable fiasco pour cause de politique commerciale aberrante. Quant au système Globalstar, il ne semble pour l'instant être concerné que par les régions continentales et côtières… où l'on se passe souvent bien de lui, d'autant que le banal cellulaire est souvent utilisable dans ces régions, à proximité de zones habitées ; le Garmin GCS 100, lui, ne transmet que des messages textes au prix de 0,07 francs le caractère, pas question d'échanger autre chose que de courts messages : somme toute, notre bon vieil Inmarsat, avec ses longues années d'existence et son look rétro, est ce qu'il y a de plus efficace… et il a le mérite d'exister.

Balises de survie

Il y a enfin, pour la sécurité, les balises Sarsat Cospas, dont la dernière déclinaison est extrêmement efficace et communique très rapidement à un centre de rassemblement de données la position d'où est émise le signal de détresse, ainsi que l'identité du navire, facilitant immensément les secours…

Mais là, bien sûr, nous abordons un sujet délicat. Il y a en gros deux types de navigateurs : ceux qui occupent leurs week-ends ou semaines de vacances à des navigations qui les retiennent à faible distance des côtes ou des routes maritimes fréquentées et ceux qui ont l'ambition d'aller loin au large, de traverser des océans et de visiter des zones plus désertes ; pour les premiers, pas de problème, ils payent leurs impôts, ils ont en quelque sorte droit à ce que l'on veille sur eux et vienne les chercher si dans leur plaisance tempérée, ils ont un pépin ; vedettes de sauvetage, voiliers proches, cargos passant non loin seront à même sans trop de dépenses pour les sauver…

Mais ceux qui, comme nous, veulent partir plus loin, là où personne ne viendra les chercher sans mettre en œuvre des dépenses colossales, détournement de cargos, avions, hélicoptères et dieu sait quoi… Jadis, ils partaient au large, on n'entendait plus parler d'eux qu'à leur arrivée, comme Tabarly gagnant la Transat de 76… aujourd'hui, le nombre des petits bateaux partant au large augmente vite et nombreux seront peut-être ceux tentés de demander de l'aide dans des situations où ils auraient jadis eu à se débrouiller seul… et vous me voyez venir, si ces sauvetages se mettent à coûter trop cher, un jour, eh bien, on interdira peut-être tout simplement de sortir des zones proches… et connaissant l'étroitesse d'esprit des lois, ce sera comme pour le port de la ceinture de sécurité : même si ne pas la mettre ne peut faire de mal qu'à vous, comme ça coûterait cher à la société, vous n'y couperez pas, même si vous jurez vos grands dieux que vous voulez partir seul, que vous n'appellerez pas à l'aide, que vous arriverez par vos propres moyens ou pas du tout, on ne vous laissera pas partir…

Alors, que faire ? Refuser tous ces progrès, retourner à la grande solitude des traversées et des mouillages lointains ? certains choisissent cette voie ; moi, je trouve formidable de pouvoir demander un conseil par téléphone à un technicien si j'ai un problème en mer, de faire parvenir à l'éditeur le texte que je suis en train d'écrire par la voie des ondes, de pouvoir arranger la venue d'une amie sans avoir à chercher, comme je l'ai fait si longtemps, une cabine téléphonique dans un archipel qui les ignore… La sécurité, les trois quarts du temps, quand on se trouve dans les eaux d'un archipel ou proches d'un continent, où les secours sont possibles, est grandement accrue tout comme le plaisir de donner des nouvelles à la famille, d'en recevoir, de partager ses plaisirs, ses frayeurs…

J'ai donc un téléphone par satellite Inmarsat Mini-M, qui après quelques petits tracas (rien n'est simple sur un bateau) me permet de communiquer quand je le veux ; mais je sais lorsque je pars pour une longue traversée, que ce n'est pas sur lui que je dois compter, en cas de pépin, mais plutôt sur moi-même… et c'est bien là le conseil que je vous donne, si votre liberté sur les océans doit rester celle qu'elle est : ayez un moyen de communication si vous le désirez, mais faites ce qu'il faut pour arriver par vos propres moyens, sans avoir besoin d'appeler à l'aide.

Inmarsat Mini-M

Il existe deux types de téléphone Mini-M, l'un, dit « terrestre », demande que l'on oriente dans la direction grossière d'un satellite géostationnaire (c'est-à-dire qui reste toujours à la même place à la verticale de l'équateur) une antenne plate qui ressemble au couvercle d'un ordinateur portable. Pour les bateaux, il faut en principe acheter le modèle « marine » qui comporte une antenne auto-orientable qui double le prix de l'appareil ; en fait pour l'utilisation au mouillage et en mer par beau temps, surtout sur un catamaran qui ne roule presque pas, on peut se contenter du système terrestre, il suffit de surveiller, voire d'ajuster à la main l'orientation de l'antenne pendant que l'on téléphone. Vous achèterez à l'avance un certain nombre de minutes, et téléphonerez exactement comme si vous étiez chez vous, en faisant 00 33… pour un numéro en France par exemple. Pour connecter votre téléphone à votre ordinateur, il faudra vous procurer un câble « série droit » adéquat (vérifier les prises disponibles sur votre téléphone et sur votre ordinateur) et créer une nouvelle connexion en indiquant que vous utilisez comme modem un « modem standard » 9 600 bps (il est inclus dans la station Inmarsat). Dans les « propriétés avancées » du modem standard 9 600 bps que vous aurez créé, il faudra choisir « Utiliser le contrôle de flux » en mode « Matériel (RTS/CTS) » et ajouter, dans les « Paramètres supplémentaires », le texte suivant : at+ws45=0 .

Reste à aborder le problème de la survie et celui des manœuvres à exécuter en cas d'échouage involontaire.

SURVIE

Que faire quand, pour une raison ou pour une autre, nous n'avons que la ressource d'abandonner le bateau (incendie, voie d'eau), mais, surtout, comment s'y préparer ?

La première chose est, je pense, de n'abandonner le bateau que si c'est vraiment indispensable, et en tout dernier ressort. Même alourdis par beaucoup d'eau, les bateaux flottent encore longtemps. Même démâté et fortement avarié, un bateau pourra sans doute vous amener loin encore, entre autres à l'aide d'un gréement de secours bricolé avec un tangon ou quelque autre morceau de bois. Les récits de bricoleurs ayant fabriqué un safran de secours avec des portes de placard, rebouché un trou dans un roof avec un matelas de couchette ou établi des gréements de fortune avec tout ce qui leur tombait sous la main sont nombreux.

Mais lorsqu'il faudra vraiment quitter le bateau vous constaterez vite, je pense, que les radeaux de survie homologués, obligatoires à bord, sont loin d'être parfaits. En admettant qu'ils s'ouvrent au bon moment, ils ne sont de toute façon prévus que pour vous fournir une espèce d'île flottante (sans crème anglaise, hélas !) destinée à vous permettre d'attendre les secours demandés par radio… et encore, si l'on vient vous chercher !

Si l'on excepte d'une part les naufrages de bateaux engagés dans une des nombreuses courses qui sillonnent ces temps-ci les océans, bénéficiant donc d'une surveillance supplémentaire et de moyens de recherches et de récupération, ou de l'assistance des copains arrivant derrière, et, d'autre part, les traversées se faisant dans des zones où les bateaux sont très nombreux, au grand large par contre, personne ne se dérangera très facilement pour venir vous chercher ! Il serait bien préférable, pour nos programmes de navigation du moins, que le radeau de survie puisse nous permettre de nous acheminer, même lentement, vers la terre ou vers des zones fréquentées par davantage de navires. Le canot homologué que j'ai dû mettre à l'inventaire de mon équipement n'est pas fait pour ça. On entend parler parfois d'une survie « dynamique », pas encore au point, s'annonçant extrêmement coûteuse et trop compliquée à mon gré, du moins pour le genre de croisière que nous faisons. Le radeau idéal (si l'on peut dire !), à mon avis, devrait permettre de se déplacer, lentement, non pas au près, bien sûr, ni même au vent de travers, mais entre 45 degrés de part et d'autre du vent arrière, ce qui permettrait déjà, dans la plupart des cas, d'aller quelque part. Une voile très simple à établir (et très simple à rentrer par mauvais temps), ou peut-être, mieux encore, un cerf-volant qui aurait l'avantage de ne pas tendre à faire chavirer le radeau, ne devraient pas être trop difficiles à mettre au point.

Un tonnelet de plastique comme celui-ci est idéal pour réaliser une réserve (étanche) de survie, rangée dans le cockpit ou à proximité, et contenant cartes, vêtements chauds, etc.

Quant à l'équipement des radeaux actuels, il est assez limité. C'est vraiment prendre les navigateurs pour des enfants que de les obliger à trimbaler cette panoplie supposée complète composée d'articles insuffisants, fragiles ou inefficaces. Neuf litres d'eau dans des boîtes métalliques que l'on ne peut pas refermer après les avoir ouvertes, une trousse de pêche qui ferait rigoler le poisson le plus suicidaire, et tout à l'avenant ! L'inventaire du matériel fourni s'est peut-être amélioré au fil des années, mais on n'a aucun moyen de le savoir : on ne peut pas regarder ce qu'on a dans son canot homologué ; à l'occasion d'une révision réglementaire, ce serait une bonne idée de vous montrer ce que l'inventaire comporte.

Il me paraît bien plus sérieux d'avoir toujours, à demeure sur le pont, dans le cockpit ou à la rigueur juste au pied de la descente, prêts à être jetés à l'eau (amarrés !) en quelques secondes, un ou des jerricans d'eau (on peut ne pas les remplir tout à fait, pour qu'ils flottent, mais un jerrican plein d'eau douce flottera sur l'eau de mer) et un tonnelet étanche en plastique ou des sacs étanches contenant un vrai matériel de survie : aliments, vêtements secs, cirés, éponges, médicaments, vitamines, matériel de pêche sérieux (les récits de plusieurs naufragés ont montré qu'il se formait assez rapidement autour de leur île flottante un système écologique comparable à une basse-cour autour d'une ferme : poissons et crustacés s'établissaient, fournissaient une alimentation assez régulière aux naufragés s'ils étaient équipés correctement pour pêcher), désalinisateur à main ou distillateurs solaires, papiers, crayons, matériel réduit de navigation, etc. La balise radio émettant sur les longueurs d'onde veillées par les bateaux ou les avions a évolué en balise satellite, communiquant même dans le message qu'elle émet la position GPS de votre bateau, avec, toujours, la même réserve, concernant la difficulté de faire parcourir des grandes distances à un navire pour venir vous sauver dans un endroit désert. Une petite VHF portable aura l'avantage de pouvoir être embarquée dans le radeau (en même temps que le coffret réglementaire de fusées du bateau : une société américaine, ACR, a fait homologuer par les Coast Guards une lampe appellée DistresSOS qui, visible de très loin, remplacerait avantageusement les fusées) et cet équipement permettra au naufragé de participer activement à son propre sauvetage quand arrivera le navire sauveur. Les récits de certains naufragés sont certainement très riches d'informations en pareille circonstance !

ÉCHOUAGE

Si vous possédez un dériveur ou un catamaran prévus pour cela et avez l'habitude de vous échouer volontairement, un échouage accidentel vous paraîtra beaucoup moins grave que si vous avez un quillard qui commence tout de suite à se coucher et qui n'a pas l'habitude de sentir le sol sous lui. En tout état de cause, le premier commandement en pareille circonstance serait de mettre tout de suite à l'eau autant d'ancres qu'il en faudra pour vous éviter de monter de plus en plus haut sur la plage sous l'effet de la mer et du vent. Ce qui vous donnera le temps de réfléchir et de voir si, par exemple, vous pouvez compter sur une marée montante pour vous sortir de là. Important aussi : essayer de maintenir le bateau nez à la mer et au vent, généralement en portant une ancre au vent, à l'aide de l'annexe, ou à la nage, en traînant l'ancre pendue à un flotteur, une défense ou plusieurs, par exemple. Le moteur, s'il ne vous a pas tiré de là dans les premières secondes, ne vous en sortira sans doute pas. Chercher quelqu'un pour vous remorquer ne donnera généralement pas de meilleurs résultats que ce que vous pourriez obtenir avec vos propres ancres et winches, guindeaux et palans improvisés. Tout le monde, d'ailleurs, n'a pas la chance (?) de s'échouer sur un récif de corail à 0,5 mille d'une plate-forme pétrolière équipée de très puissants remorqueurs, comme ce fut le cas pour le second propriétaire de mon premier bateau, à la sortie du golfe de Suez.

L'échouage d'un monocoque, qui se penche immédiatement, est une expérience plus traumatisante que celui d'un catamaran, qui reste horizontal.

Pour diminuer le tirant d'eau d'un voilier à quille, on peut le faire pencher en hissant des voiles bordées plat si le vent est favorable. On peut aussi porter une ancre loin sur un bord, la frapper à une drisse passant en tête de mât ; certains ont un lest amovible. Pour empêcher le bateau de cogner dans la houle en attendant la marée haute, il est parfois nécessaire, si l'on dispose de bonnes pompes, de remplir partiellement le bateau d'eau (quelle horreur !) pour qu'il cesse de flotter et de pomper à nouveau pour éjecter l'eau au moment où l'on va pouvoir se dégager.

PIRATES ET ARMES À FEU

Il me faut aussi parler d'un danger qui préoccupe beaucoup ceux qui restent à terre : les pirates ! Parlez-leur de mer Rouge, des Philippines, des Caraïbes… et les voilà imaginant déjà des abordages, des pillages, des pirates cachés derrière chaque promontoire.

À ma connaissance, la piraterie telle qu'elle existait il y a quelques siècles ne peut plus exister sur cette Terre (du moins, pour quelque temps encore !). Ce qui existe, ce sont le banditisme et les guerres. De même qu'un magasin ou une résidence à l'allure opulente pourront être cambriolés, de même un bateau, objet éminemment luxueux dans des pays qui vivent de peu de chose, pourra exciter des convoitises. Cependant, le fait d'être généralement de passage limite un peu les risques ; les bandits ne sont pas toujours très courageux et attaquent ceux dont ils connaissent bien les habitudes et les possibilités de défense.

À ce propos, je connais peu de bateaux qui ferment bien de l'intérieur… Imaginez-vous ça, vous qui vivez dans des villes, habiter un appartement, une maison, qui ne *ferment pas de l'intérieur* ! Le danger, de ce côté-là, est apparemment plus grand dans les villes, à terre, qu'en bateau !

Ce dont risque d'être victime aussi le navigateur imprudent, ce sont les innombrables guerres, petites, grandes, ouvertes, larvées, civiles, déclarées ou non, qui sévissent dans certaines régions du monde, ces innombrables causes, justes ou non, dont les défenseurs peuvent vouloir prendre en otage le flâneur fourvoyé dans la zone d'opérations, voire l'accuser d'être un espion, un agitateur, un envahisseur. En mer Rouge, en Indonésie, dans le sud des Philippines, on évitera les rivages de plusieurs pays où les hostilités s'éternisent. Un peu partout autour du monde, il est assez facile de se renseigner sur les conflits en cours et les zones à éviter. (Ces informations, évidemment, devront être tenues à jour… Une zone sûre peut devenir rapidement infréquentable ; parfois, c'est le contraire. Lorsque j'ai quitté la Méditerranée en 1974, le canal de Suez était fermé, Égypte et Israël en guerre ; six ans plus tard, on pouvait sans problèmes emprunter de nouveau le canal.)

Certaines régions où une pauvreté croissante est liée à une information inexistante présentent un danger plus net : en Haïti, chroniquement dans la misère, il n'est plus conseillé de s'arrêter ailleurs que dans quelques ports bien précis ; le couple de Français dont le bateau fut attaqué récemment n'avait sans doute pas assez d'information, ou, fatigué d'avoir navigué contre le vent, avait décidé de prendre le risque de jeter l'ancre au large d'un village inconnu ; j'arrivais en Haïti la même nuit, en compagnie d'un autre voilier – dans certaines régions, naviguer à plusieurs bateaux peut décourager de mauvaises volontés – et nous avons pris garde de n'approcher aucun point de l'île autre que l'île à Vache, où nous savions que la petite marina récemment créée était le seul endroit sûr de cette région déstabilisée par l'extrême pauvreté de Haïti, et le trafic de drogue qui passe sous le nez des Haïtiens : n'imaginant pas qu'on puisse naviguer sur un petit batcau pour son plaisir, ils assument vraisemblablement que tout bateau de passage est chargé de drogue. Au large des côtes du Honduras, suite au désastre économique entraîné par le cyclone Mitch, des attaques ont été signalées ; en Colombie, Cartagena est réputée être une excellente escale, mais il est vivement déconseillé de faire halte ailleurs sur les rivages de ce pays où le banditisme lié à la drogue n'est pas près de disparaître. Au large du Yémen, des agressions ont eu lieu ces dernières années ; elles se sont généralement terminées par le vol de quelques espèces et postes de radio ; le seul cas où il y ait eu violence, c'est lorsqu'un skipper a tenté de résister... les instances internationales qui traitent de ce problème conseillent aux attaqués de laisser les assaillants prendre ce qu'ils veulent, ils sont en général vite repartis...

Armes à feu

Faut-il avoir un fusil à bord ? Au début de mes voyages, j'avais une carabine 22 long rifle. Elle me posait des problèmes dans chaque port, où il fallait généralement la déposer à la police, remplir des papiers et aller la rechercher juste au moment d'appareiller. Certains parcours m'étaient interdits, parce qu'il aurait fallu revenir chercher la carabine au port d'entrée. J'ai fini par abandonner ma 22 long rifle dans un poste de police des Maldives (cacher ses armes pour éviter d'avoir à remplir des formalités peut avoir de très graves conséquences pour vous si on les découvre !). Et puis j'ai réfléchi au problème. À moins d'être six à bord, et armés jusqu'aux dents, pourriez-vous résister par les armes à un équipage réellement agressif ? Allez-vous tirer sur quelqu'un, peut-être le père de quatre enfants mourant de faim, qui veut simplement, sans doute, vous voler votre argent ou votre radio ? Le menacer d'une arme, c'est l'obliger à tirer s'il est armé.

Non, je n'ai pratiquement jamais entendu parler d'une seule circonstance où l'usage d'un fusil ait servi à quelque chose de positif (tout au plus, à deux reprises, en mer Rouge, j'ai eu envie de poster dans le cockpit un mannequin tenant un tuba, pour faire croire à un homme d'équipage montant la garde le fusil à l'épaule... mais le bateau qui m'inquiétait, dans chaque cas, n'était sans doute mené que par de paisibles pêcheurs). S'armer ou avoir un chien à bord pour donner l'alarme, on peut y songer, mais alors tout le monde à terre devrait aussi avoir des armes et des bergers allemands et c'est l'èrc du western qui recommence. Non, naviguer est, en fait, de ce côté-là, plutôt plus sûr que de vivre dans les grandes villes modernes, sous réserve d'éviter certaines zones : tant que ce sera possible, on passera loin des régions du monde victimes de conflits.

LIVRE DEUX

LÀ-BAS...

Pratique du mouillage, vie à l'escale, formalités

CHAPITRE QUATRE

L'ART DU MOUILLAGE... ou "Qui chasse perd sa place"

Ancrer (v. tr.) Ne jamais jeter une ancre sans frapper une chaîne ou un cordage à sa manille ; toujours frapper avant d'ancrer !

Les gens ont de drôles d'idées, de curieux passe-temps pour meubler leurs loisirs. Les géographes, par exemple : découper la terre en un hémisphère Nord et un hémisphère Sud ne leur suffisait pas, il leur a fallu trouver l'hémisphère qui contenait le plus de terres immergées ; l'autre, consécutivement, étant celui qui comportait le plus d'étendues maritimes. Comment ils ont déterminé tout ça... je n'en sais rien ; en tout cas, ils sont arrivés à leurs fins, ils ont délimité un hémisphère terrestre, centré sur un « pôle des terres immergées » et opposé à un hémisphère océanique.

Le pôle des terres immergées – Alléluia, Dieu est breton ! – se trouvé au large des côtes de Bretagne sud, non loin d'Houat et Hoëdic, c'est l'île Dumet ; si je vous dis qu'en plus elle est déserte et qu'elle constitue une réserve d'oiseaux protégés, vous conviendrez qu'il y avait là assez de raisons pour m'attirer vers elle, au cours de l'une de mes toutes premières croisières en solitaire, en octobre 1973, à bord d'un petit *Brise de mer* où je connaissais mes premières frayeurs, mes premiers plaisirs marins, où je commettais mes premières erreurs et faisais mes premiers apprentissages.

Les *Instructions Nautiques* parlaient d'un bon mouillage sur la côte nord de l'îlot. Confiant, moi, ni une ni deux, je jette l'ancre, docile... Manque de pot, le vent venait du nord, la houle me ballottait vilainement, la poupe de mon voilier s'agitait à une distance dangereusement faible de la plage et je découvrais, inquiet, ce premier commandement du mouillage :

IL FAUT MOUILLER SOUS LE VENT DES RIVAGES !

Certes, c'est évident, comme cela ! N'empêche que cela n'est pas forcément naturel ; il m'est arrivé souvent, emmenant des amis de rencontre pour une excursion d'une journée, de les voir s'étonner que je n'aille pas, prenant au plus court, jeter l'ancre devant la plage la plus proche, si tentante, n'imaginant pas que la situation, au vent, de cette belle bande de sable en proscrivait l'approche et l'utilisation comme mouillage.

Bon, c'est une évidence, il ne faut pas longtemps pour apprendre ça... Et pourtant je ne l'ai jamais lu dans aucun manuel, il m'a fallu quelques nuits d'angoisse pour assimiler la leçon. Quelques mois plus tard, arrivant de nuit au large de Saint-Louis du Sénégal, contraint d'attendre l'aube pour rechercher l'embouchure du fleuve, je répétais l'erreur et, mouillant là où les *Instructions nautiques* me le conseillaient (au lieu de me mettre à la cape tranquillement à une dizaine de milles du rivage, pour attendre paisiblement l'aube !), je me retrouvais secoué comme un damné, en pleine mer, en pleine houle de l'alizé, hésitant à tout larguer, à faire filer la chaîne, agité de soubresauts désespérants, maudissant les *I.N.* qui, bien sûr, avaient été écrites pour des cargos que la houle qui me paniquait n'aurait pas même fait frémir.

Au vent ou sous le vent

Le vent soufflant à un instant donné dans une direction donnée, on dit du bateau, du rivage, de l'île qui reçoivent ce vent en premier qu'ils sont « au vent » ; on dit « sous le vent » ceux qui les reçoivent après ; dans les pays où le vent est presque constamment orienté dans la même direction, comme dans la plupart des régions tropicales, balayées par l'alizé qui souffle presque toujours de l'est, on appelle région « au vent » celle exposée au vent, à la houle de l'océan. Les régions au vent et sous le vent ont chacune leurs avantages et leurs inconvénients : les côtes sous le vent des îles hautes des Caraïbes par exemple, sont bordées d'eau plate, offrent de nombreux mouillages, et souvent des ports à l'accès facile ; les côtes au vent sont généralement réservées aux navigateurs plus aguerris ; si le climat est trop chaud, la côte au vent est généralement plus fraîche ; si le vent est fort, l'abri sous le vent de l'île est beaucoup plus calme ; si l'on n'est pas trop bien ancré, tout ce qu'on risque, sous le vent de l'île, c'est de se réveiller au large, le bateau ayant chassé vers les eaux plus profondes, ce qui n'est pas trop grave si on était à bord ; s'il y a des mouillages sur les côtes au vent, c'est qu'ils sont abrités par des barrières de corail ou dans des baies sinueuses, et prendre le mouillage y est plus délicat – une ancre qui chasse, et le bateau est jeté à terre : voilà pourquoi certaines îles comme la Martinique, Antigua ou Saint-Martin, dont les côtes sous le vent sont un peu trop fréquentées, ont sur leur côte au vent des régions moins connues, plus préservées, à découvrir si l'on prend les précautions qu'implique la navigation au large des côtes « au vent » : ces régions sont souvent déclarées « off limits » par les loueurs de bateaux charter.

L'île de Tintamarre (Saint-Martin) illustre parfaitement la notion de côte au vent, battue par les vagues (à droite) et de côte sous le vent calme, offrant un mouillage confortable (à gauche).

Si les manuels, les magazines, les publicités, expliquent en détail les méthodes de mouillage, les types d'ancres, les échantillonnages, les longueurs des lignes à prévoir, les méthodes de prises de mouillage, elles ont tendance à oublier de vous dire le plus important : où mouiller.

LE MOUILLAGE

1. Pourquoi on mouille ?

Il s'agit, évidemment, d'immobiliser le bateau, soit que l'on souhaite se reposer, soit que l'on désire, débarquant à l'aide d'une annexe ou directement si un quai ou un rivage sont tout proches, se rendre à terre.

2. Et, par conséquent

Où mouiller ? Tant pour le confort à bord du bateau que pour la sécurité, des mouvements excessifs pouvant arracher l'ancre, briser les cordages ou les chaînes amarrant le bateau, le premier commandement est de choisir un endroit où l'eau est calme. Cela va de l'eau plate comme la main d'une baie encaissée, au clapot modéré de l'atoll trop grand, mais c'est toujours un calme relativement aux eaux environnantes.

Deuxièmement, pour le confort comme pour la sécurité, la poussée du vent sur les parties émergées du bateau risquant de transmettre des forces excessives aux lignes de mouillage, avec les mêmes conséquences, on choisira, si possible, un endroit peu venté, abrité par une île, des rochers, des cocotiers, des bâtiments. Ce n'est d'ailleurs pas toujours l'obstacle le plus imposant qui assurera la meilleure protection : le meilleur coupe-vent, à mon goût, c'est un rideau, même mince, d'arbres, de cocotiers, par exemple. Un mouillage apparaissant sur la carte bien abrité par un massif montagneux se verra balayé par de violentes rafales, souvent bien plus fortes que le vent réel, au large, accéléré par les vallées qui coupent les montagnes. Ainsi, au mouillage de Ramena, dans la baie de Diégo-Suarez, la quille relevable d'*Om* m'avait permis de jeter l'ancre tout près des cocotiers, tandis qu'un bateau ami, incapable de s'échouer à marée basse, se tenait à 200 mètres du rivage : l'alizé descendu des montagnes par rafales atteignait 40 ou 50 nœuds, et le petit bateau accusait de violents coups de gîte d'un bord, puis de l'autre ; le vent hurlait dans les haubans, vidait en tourbillons les pots de peinture que l'équipage tentait de passer sur le pont, tandis qu'à 200 mètres de là, dans un calme total, je faisais sécher mon linge sur les filières sans pinces à linge !

À l'instant (janvier 2001), où je révise ces pages, je suis à l'ancre sous le vent d'un tout petit îlot à cocotiers des San Blas ; à 100 mètres de part et d'autre de mon bateau, l'alizé souffle 25 nœuds, blanchissant le lagon ; chez moi, c'est le calme presque total !

Mais, finalement, la condition la plus importante à remplir, c'est la première : on sera bien plus à l'aise dans un mouillage venté, mais en eau plate, que dans un mouillage houleux abrité du vent. On pourra presque se passer totalement de l'aspect « abri du vent », même s'il est fort, pourvu qu'un obstacle à fleur d'eau (corail, banc de sable ou de vase) aplanisse suffisamment la surface du mouillage : ce n'est qu'après un an de croisière et en ayant toujours cherché le dévent d'une île, que j'ai découvert, avec surprise, dans la baie d'Union Island, aux Grenadines, toute une rangée de bateaux qui passaient tranquillement l'hiver dans un mouillage complètement ouvert à l'alizé, mais parfaitement aplani par une superbe barrière de corail étincelant. Bien souvent, par la suite, j'ai eu recours à ce genre de mouillage dans les atolls du Pacifique, sur la grande barrière de corail, sous le vent des bancs de sable des Maldives ou de récifs du large de la mer Rouge (ces mouillages, cependant, sont généralement inconfortables, voire intenables, à marée haute dans les régions où les marées ont de fortes amplitudes).

Par ailleurs, pour une meilleure protection aussi bien que pour faciliter l'accès au rivage, on cherchera, évidemment, à se rapprocher le plus près possible de celui-ci. Quelques limites, cependant : dans la plupart des climats du monde, il arrive que le vent tourne, il faudra donc prévoir le cas où le vent porterait au rivage, et vous ménager la distance nécessaire pour que le bateau « évitant » autour de son mouillage (c'est-à-dire tournant autour) ne se retrouve pas sur la plage et les rochers. Il faudra vous ménager également la possibilité de partir si le vent du large se renforçait. On remarquera aussi que mouiller trop près du rivage, dans une baie à fonds faibles où pénètre un peu de houle, rendra les mouvements du bateau beaucoup plus inconfortables que si l'on était resté à une distance plus grande, en eau profonde. Les ondulations s'approchant du rivage « sentent le fond », deviennent plus abruptes ; dans les régions où le risque de voir la houle briser soudain en rouleaux est connu, il faudra donc rester un peu plus au large (Sainte-Hélène, Barbuda, côte nord de Saint-Martin). Enfin, rester à bonne distance du rivage permet aussi de se protéger des moustiques et autres no-nos qui vous attendent de dard ferme sur la berge...

L'immobilisation du bateau se faisant généralement autour d'un seul point fixe, mais par l'intervention d'une certaine longueur de chaîne ou de cordage, il faudra aussi tenir compte de la présence éventuelle, à proximité, d'autres bateaux pouvant « éviter » et parfois de façon différente, s'ils ont mouillé deux ancres, par exemple, ou si la forme de leur coque est autre que la vôtre : les dériveurs et certains catamarans sont beaucoup moins soumis à l'action des courants que les quillards, entre autres ; et les Américains mouillent souvent plus long, sur cordage presque uniquement (quant aux Brésiliens, leurs interminables cordages font qu'ils visitent au hasard des vents et des courants variables toute l'étendue des ports !).

3. Comment immobiliser le bateau

Là, il n'y a pas trente-six moyens, on s'attache à un objet fixe dépassant de la surface (jetée, quai, piliers, etc.) ou bien on s'amarre à quelque chose d'immergé, pesant (donc restant à demeure dans les mouillages : coffres, corps-morts) ou crochu (ancre, grappin, apporté puis récupéré par le navire). Je ne cite que pour mémoire une méthode originale, utilisée parfois en eau très plate, vent nul, avec un bateau à quille relevable : quille relevée, 1 mètre de tirant d'eau, on s'approche en eau peu profonde, 1,50 mètre par exemple, et l'on affale les quelques tonnes de la quille à l'endroit choisi ; le poids de la quille reposant sur le fond suffit à retenir le bateau.

Pour moi, 80 % des escales faites au cours de mes voyages s'opérant dans des endroits dépourvus de marina, même si parfois un quai s'offre pour amarrer une extrémité du bateau, il faut presque toujours avoir recours à l'ancre. À ce propos, dans les ports où l'on s'amarre généralement « cul à quai », si le vent vient de terre, on aura intérêt à s'amarrer l'étrave à quai, ancre ou corps-mort à l'arrière : la manœuvre d'arrivée est plus simple, les passants sur le quai ne plongent plus les regards dans votre descente et le bateau sera mieux ventilé. Si le vent vient du large, l'aération sera sans doute meilleure si l'on s'amarre cul à quai.

Amarrage à quai

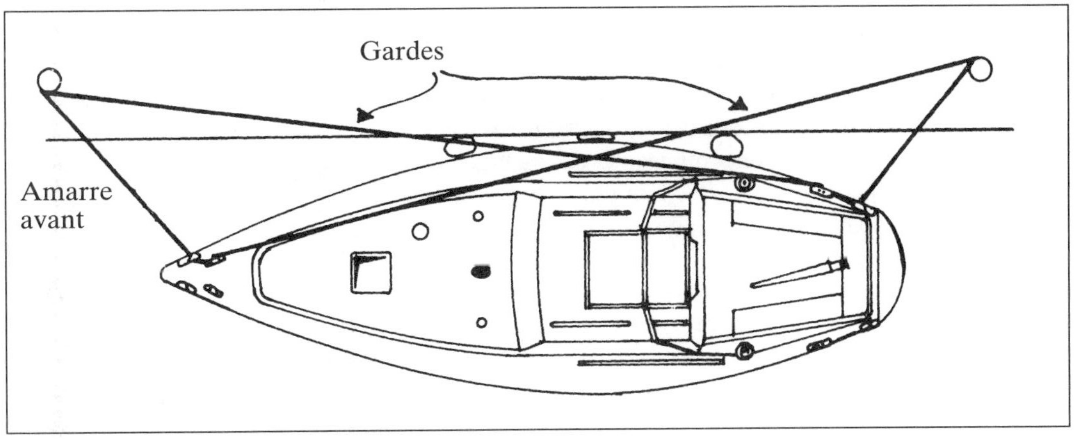

Figure 20. *Amarres et gardes.*

Sur votre voilier, les taquets d'amarrage doivent être conçus à toute épreuve.

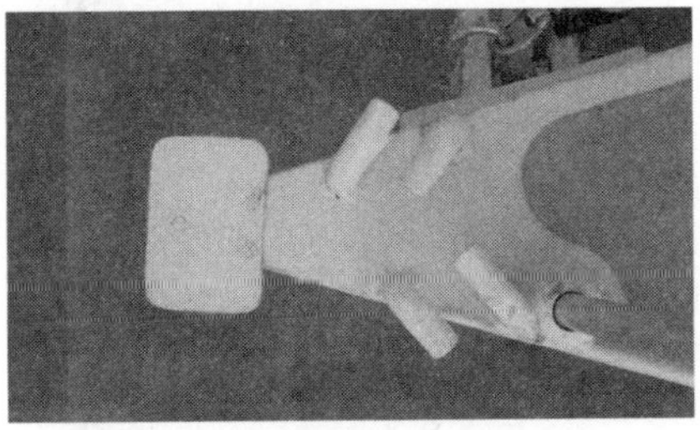

Les chaumards, qui guident les amarres, doivent être tout aussi résistants : ceux des bateaux de Prometa sont construits en solide barre d'aluminium coudée et soudée.

Je ne m'attarderai pas sur les amarrages à quai, sinon en rappelant qu'en plus des amarres avant et arrière (fig. 20) il peut être nécessaire, spécialement s'il y a des courants et des marées, d'utiliser deux « gardes ». Il faut évidemment tenir compte, dans l'amarrage, de l'amplitude de la marée pour ne pas retrouver le bateau pendu à ses amarres à marée basse (les taquets sont rarement prévus pour supporter une charge pareille et ça ne fait pas très sérieux. À ce sujet, un conseil : ne pleurez pas le nombre et la solidité des taquets de votre bateau, il en faut au moins deux à l'étrave (en plus de la bitte où vous amarrerez la chaîne ou le cordage du mouillage principal, un de chaque côté à la partie la plus large du bateau, et deux à l'arrière. Sur mon catamaran, j'en ai deux à chaque étrave et à l'arrière de chaque coque, soit huit avec ceux du maître-bau : ils doivent aussi être de bonne taille. Sur un bateau de 12,50 mètres, le modèle Goiot de 45 centimètres de long ne paraît trop grand qu'avant d'être posé. Sur un bateau métallique, des taquets soudés aux pavois sont l'idéal. Sur un bateau en fibre de verre, il est indispensable qu'il y ait une bonne plaque de renfort à l'intérieur de la coque sous chaque taquet. Les forces mises en œuvre lors de certains amarrages, ou lors d'un éventuel remorquage, sont énormes, en prévoyant la position de vos taquets, pitié pour vos pieds nus, placez les au maximum hors de votre chemin !

Pour empêcher l'usure par ragage des amarres dans les chaumards, on grée sur chaque amarre un bout de tuyau d'arrosage en plastique enfilé par un bout et maintenu en place par un ou deux petits cordages.

Cordages

Pour les amarres, les cordages tressés sont bien plus agréables à manier que les toronnés ; au début, ça vous fendra le cœur, mais n'hésitez pas à couper dans votre belle glène de 100 ou 200 mètres de cordage des amarres de dimension raisonnable (une quinzaine de mètres au maximum) pour les manœuvres de quai car il n'y a rien de plus pénible que de manier des écheveaux emmêlés de 50 mètres ou plus de cordage là ou 5 ou 10 mètres suffiraient.

Les nœuds marins

Il existe des livres entiers sur l'art des nœuds ; à vrai dire il y a 4 ou 5 nœuds essentiels en bateau :

– Le plus important, le bête nœud à paquets appelé en bateau « demi-clef » ; lorsque vous avez à vous amarrer à une bitte ou un anneau, oubliez le nœud de chaise, qu'on ne peut pas défaire sous tension, faites plutôt un tour mort (essentiel) autour de la bitte, cela suffira déjà à immobiliser le bateau ; puis faites deux demi-clefs autour du *dormant*, c'est-à-dire autour du cordage qui va du bateau à la bitte avec le *courant*, l'extrémité libre du cordage.

– Le nœud de chaise est essentiel pour les écoutes de génois et pour nombre d'usages, mais *pas* pour l'amarrage à un quai : combien de fois j'ai vu des équipiers peu à l'aise dans le nœud de chaise perdre de précieuses secondes à essayer de se rappeler si le serpent sortait du puits ou y rentrait, pendant que le bateau s'éloignait inexorablement de son mouillage ; non, pour un amarrage à quai : un tour mort et deux demi-clefs, très facile à dénouer, même sous forte tension. Quand vous aurez appris à le faire, consacrez un jour une heure ou deux à le pratiquer dans les quatre dispositions où il peut de présenter : avec un dormant (c'est-à-dire le bout qui ne va pas tarder à tirer !) qui vient de devant vous à gauche, de devant vous à droite ; de derrière vous à gauche, de derrière vous à droite.

– Le nœud plat, essentiel pour les garcettes liant la voile, par exemple ; deux demi-clefs successives, comme pour ficeler un paquet, mais en inversant le sens de la deuxième demi-clef de façon à ce que le résultat soit symétrique (sinon vous obtenez un « nœud de vache ») ; le nœud plat se défait facilement en tirant pour les écarter le bout « dormant » et l'extrémité libre situés d'un même côté.

– Le nœud de cabestan : tourner deux fois autour de la bitte, à la fin du premier tour, passer le cordage sous le dormant ; le second tour passe au-dessus du premier et l'on glisse l'extrémité du cordage sous le second tour avant de serrer. Ne pas utiliser pour les amarrages à défaire sous tension. Si mon explication n'est pas claire, faites-vous montrer, les marins adorent enseigner aux novices à faire des nœuds.

– À part ça (et peut-être le nœud permettant d'amarrer bout à bout deux cordages de diamètres très différents – je préfère dans ces cas-là faire deux nœuds de chaise), c'est à peu près tout ce que vous aurez à utiliser comme nœud... mais l'art des nœuds peut aussi être un joli passe-temps.

– En tout cas, arrivant aux Antilles, ne demandez pas à l'agent de police local de vous amarrer... vous savez bien que « l'agent ne fait pas le beau nœud » !

La manière de fixer les défenses donne lieu à bien des discussions, mais il n'y a pas de quoi se faire hara-kiri si l'on en a laissé quelques-unes à poste quelques minutes en navigation (je trouve plus urgent de régler la voilure et le pilote, de fermer les capots qu'on a laissés ouverts, que de rentrer les défenses) ; deux ou trois défenses rondes, deux ou trois allongées devraient en général parer à tous les besoins de protection ; le cas particulier de l'amarrage à un quai extrêmement irrégulier (palplanches ou pieux), particulièrement épineux à résoudre,

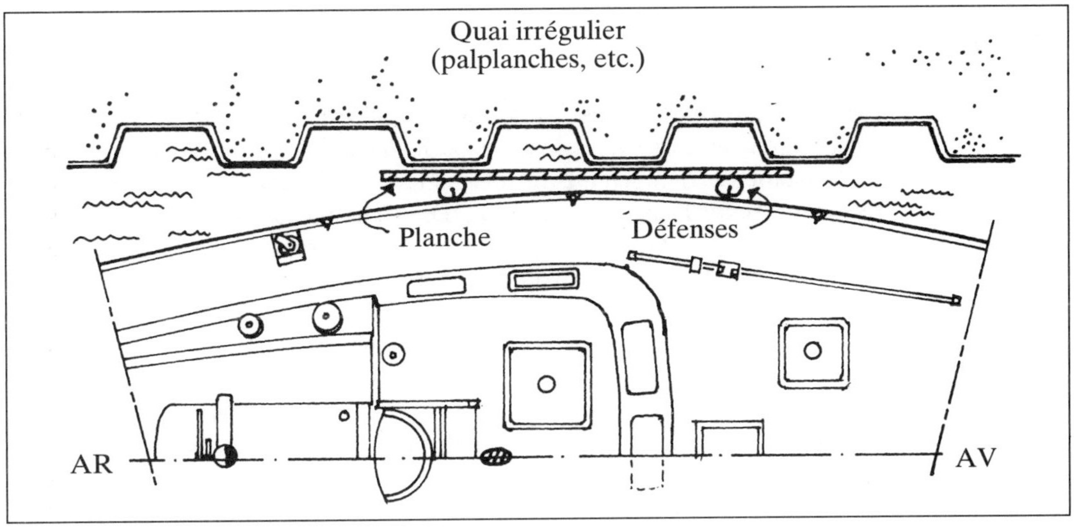

Figure 21. *Amarrage à un quai irrégulier.*

exige l'utilisation de défenses cylindriques et d'une planche, pendues au bordé comme indiqué sur la figure 21.

On pourrait écrire des traités entiers sur les manœuvres à effectuer pour approcher ou quitter un quai, à la voile ou au moteur, avec ou sans courant, avec vent portant à terre ou vent en venant. Il est important, en tout cas, de connaître les réactions de son bateau, en combien de temps il s'arrête lorsque vous affalez ou enroulez ses voiles et, en particulier, au moteur, dans quel sens pivote le bateau lorsque vous faites marche arrière pour freiner en approchant du quai : en général, l'arrière part vers la droite ; on essaie donc, si le courant ou le vent n'ont pas à intervenir, de s'amarrer par tribord à un quai. Pour quitter un quai vers lequel le vent vous plaque, il peut être utile de se servir d'une des gardes pour, faisant avant ou arrière au moteur, écarter du quai l'étrave ou la poupe. Il faut noter que d'une façon générale, en marche arrière, tout monocoque a tendance à pointer l'arrière vers la direction d'où vient le vent : c'est peut-être en marche arrière que vous pourrez sortir le plus sûrement de votre amarrage étroit.

C'est l'un des grands avantages du catamaran que ses deux moteurs très écartés l'un de l'autre permettent des manœuvres d'une précision stupéfiante. Malgré le fardage (prise au vent) important des coques des catamarans, ces derniers peuvent en général tourner en rond sur eux-mêmes sur la longueur du bateau ; ayant pris goût à cette facilité de manœuvre, si je devais retourner un jour à un monocoque, je l'équiperais illico d'un propulseur d'étrave permettant de faire pivoter le bateau dans la direction souhaitée même sans erre (c'est-à-dire sans la vitesse acquise normalement nécessaire pour rendre le gouvernail opérationnel).

Ancrages

Première constatation, une ancre tient un bateau, un peu parce qu'elle est lourde, beaucoup parce qu'elle s'accroche. Et il s'agit que ça s'accroche bien et que les mouvements du bateau ne la fassent pas décrocher. Deux choix importants : celui du type d'ancre et celui du matériau reliant l'ancre au bateau.

1. Le choix du type d'ancre

– L'ancre dite « à soc », ou « charrue », plus communément connue sous l'appellation CQR : elle m'a pratiquement toujours donné d'excellents résultats, dans le sable, la vase dure et dans le corail. Elle est assez facile à stocker, on s'y coince rarement les doigts en la maniant. Je l'ai cependant vue une fois avec horreur, en plongée, déraper allègrement sur un fond de sable en couche trop mince recouvrant une dalle de corail lisse. Dans ces moments-là, si un mouillage meilleur n'est pas disponible, on pourra chercher en plongée une aspérité un peu plus vive pour y coincer l'ancre à la main ! On conseille de se méfier vivement des imitations de CQR.

– L'ancre plate, genre Danforth ou FOB : elle m'a surtout servi en vase plus molle. Elle doit être de grandes dimensions, elle est donc moins facile à manier, coince bien les doigts ; la mienne s'est tordue un jour que j'avais commis l'erreur de l'utiliser sur un fond rocheux, à Tristan da Cunha, et une autre fois, sans raison apparente, en mer Rouge, refusant tout d'un coup de crocher tandis que le bateau chassait comme un fou dans 35 nœuds de vent, le bruit de l'ancre traînant sur le fond, transmis par la chaîne, s'amplifiant horriblement en résonnant dans la coque ! J'en ai également tordu une sur le fond de corail lisse d'un « Hoa » (chenal peu profond entre deux îlots bas de la barrière de corail) des îles Sous-le-Vent. À deux milles de là, un copain Robinson sur un îlot avait une masse, une enclume et un chalumeau… une heure après l'avarie, mon ancre était redressée !

– L'ancre à jas (en anglais *admiralty* ou *fisherman*) : je n'ai utilisé celle que j'avais sur *Om*, un modèle curieux conçu par le chantier Meta, que comme troisième ancre, en de rares occasions. Elle est réputée être l'ancre *ad hoc* pour les fonds rocheux, où ses pointes trouvent le plus facilement une cavité où se bloquer, ou pour les herbiers, où la couche d'herbes ou d'algues risque d'empêcher CQR ou *Danforth* de crocher.

– J'ai vu des tests de l'ancre Bruce effectués par des revues nautiques et dont les résultats étaient plutôt négatifs pour ce type d'ancre sans partie mobile, qui a fait ses preuves dans l'amarrage des plates-formes pétrolières dans les tempêtes de la mer du Nord. Mais j'ai rencontré des utilisateurs heureux ne jurant plus que par leur ancre Bruce… On parle de même beaucoup d'une nouvelle ancre, la *Spade*, fabriquée en Tunisie, et qui a obtenu des notes excellentes dans toutes sortes de tests aux États-Unis. J'ai lu également le témoignage d'un utilisateur mécontent… elle semble en tout cas mériter d'être essayée.

– Enfin, les ancres d'aluminium constituent un progrès extraordinaire ; j'hésiterais à remplacer ma grosse CQR de 35 kilos par une ancre six fois plus légère en aluminium, mais comme deuxième mouillage, extrêmement facile à mettre en œuvre, rien ne vaut ces ancres si légères, qui crochent très bien dans le sable, la vase dure, mais dont il faut se méfier sur les herbiers, tant qu'elles n'ont pas croché : elles ont tendance à y déraper sans fin.

– Le grappin, généralement réservé à l'annexe, mais bien pratique pour un mouillage très provisoire, « lunch hook » (crochet pour déjeuner) ou pour porter un bout de plus dans un creux d'une tête de corail dans les mouillages étroits des petits lagons des Maldives.

2. Poids de l'ancre, et combien d'ancres faut-il avoir à bord ?

La réglementation stipule qu'un bateau (dans les tailles qui nous concernent) doit avoir deux ancres et deux lignes de mouillage aux caractéristiques précisées par arrêté. Pour une longue croisière, loin des shipchandlers, il faudra prévoir au moins deux ancres de plus, soit au moins quatre en tout : les deux réglementaires, plus une plus grande considérée comme « ancre de mauvais temps » et une plus petite : « ancre pour déjeuner ». Certains n'hésitent pas à transporter sept ou huit ancres... Il est peut-être plus judicieux d'agir de façon à risquer le moins possible de les perdre.

Sur mon bateau de 10 mètres et 9 tonnes en charge, j'avais :

– une ancre plate britannique (les ancres de ce type sont celles que je préfère), elles ont l'avantage sur celles que l'on trouve en France, FOB ou Britanny, de posséder une espèce de jas (ou des stabilisateurs), soudé aux pelles, qui facilite l'enfouissement. Elle pesait 20 kilos, et je ne la sortais des cales que si ça soufflait très fort et que le mouillage me semblait de vase un peu molle. On peut choisir des ancres « haute résistance », voire des ancres en aluminium (de fabrication française, ou de la marque *Fortress*, anciennement *Viking*) qui permettent de gagner sur le poids, la dimension inférieure garantissant la même résistance à la traction, sur le papier, du moins !

– deux CQR de 17 et 13 kilos, qui constituaient mes mouillages courants ;

– un grappin ;

– une ancre alu de 5 kilos (grande comme une FOB de 20 !). Bien sûr, plus une ancre est lourde, mieux elle tiendra, mais des dimensions trop importantes pour être maniables vous décourageront parfois de sortir vos ancres de leurs coffres.

Sur mon catamaran de 12 mètres, j'ai une CQR de 35 kilos, une Danforth d'environ 30 kilos, une plus petite CQR, une ancre alu Fortress de 6 kilos, et j'en achèterais bien une deuxième plus grande.

3. Le lien entre l'ancre et le bateau

a) Sa longueur : l'angle ne crochera que si l'angle (fig. 22) est petit. On dit souvent qu'il faut mouiller « trois fois le fond ». C'est un peu simple : par 2 ou 3 mètres de fond, on mettra aisément dix fois le fond (sauf si l'évitage doit rester limité). Mais par 50 mètres de fond (dans les mouillages profonds des lagons polynésiens, ou aux Maldives, par exemple, le genre de mouillage à fuir) on aura du mal à dépasser trois fois le fond. Les Américains, qui mouillent avec un court morceau de chaîne et beaucoup de cordage, mettent facilement dix à quinze fois le fond. En ce qui me concerne, dans des conditions normales (vents forts mais pas excessifs), je largue directement, en eau peu profonde (fonds de moins de 10 mètres), 30 mètres de chaîne, quitte à en rajouter si le vent forcit.

b) Sa nature : en France, au contraire, on est très favorable au « tout chaîne », elle a l'avantage de ne pas s'user au ragage, sur le bateau ou sur des rochers ou des coraux, de nécessiter moins de longueur et d'agir en plus, par son poids, comme amortisseur. Elle se remonte facilement si on a un guindeau bien conçu. Mais il peut être parfois scabreux, dans un port encombré, d'être le seul mouillé sur chaîne au milieu d'une flotte de bateaux d'autres nationalités mouillés sur cordage, donc beaucoup plus volages.

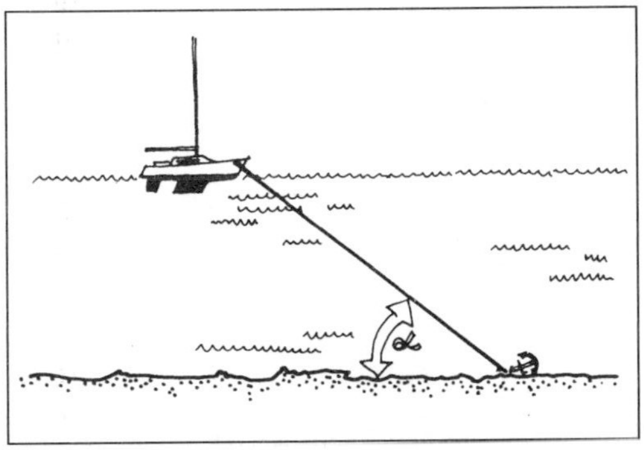

Figure 22. *Angle de traction de l'ancre.*

Si l'on préfère le cordage, moins lourd, moins bruyant, plus propre, moins coûteux, et dont l'élasticité est très efficace pour amortir les tractions qu'exercent le vent et la houle, il faudra de toute façon insérer au moins une dizaine de mètres de chaîne entre le cordage et l'ancre ; l'extrémité d'un cordage reposant sur le sol aurait bien vite fait de s'user ; le poids de ce tronçon de chaîne est également nécessaire pour que la traction sur la verge de l'ancre se fasse suivant un angle convenable, le plus parallèlement au sol possible.

La liaison entre chaîne et cordage peut se faire par un œil épissé muni d'une cosse et que l'on manillera sur la chaîne. Il est conseillé non seulement de serrer la manille à la pince, mais de l'assurer d'un bout de fil de fer galvanisé d'une quinzaine de centimètres, plié en U, passé dans le trou du manillon et serré autour de la manille. J'ai une nette préférence pour les « maillons rapides » inox, qui, malgré certaines mises en garde, n'ont jamais provoqué de réactions d'électrolyse avec mes chaînes galva. Il y a des moyens d'épisser directement le cordage sur la chaîne, mais à tout prendre je préfère pouvoir dissocier les deux au besoin. J'apprécie les excellentes propriétés du cordage « multitresses » (Marlow Multiplait, par exemple), idéal pour mouillages et amarres, très souple, agréable à manier, ne faisant pas de « coques », ne s'emmêlant pratiquement jamais et dont le rangement est tout simple : il ne faut ni le lover ni l'enrouler sur un tambour, mais simplement l'enfourner n'importe comment dans un sac en toile ou, mieux encore, dans un de ces tonnelets de plastique dans lesquels on achète la peinture ou les salaisons : il en ressortira, même des mois plus tard, sans faire le moindre problème, le moindre nœud. Personnellement, j'utilise le plus possible ce cordage, plutôt que les toronnés, qu'il vaut mieux stocker (si vous comptez en manier des longueurs de l'ordre de 60 à 100 mètres) sur des tambours ; il faut prévoir quelque part sur le pont un support pour placer le tambour pendant que l'on dévide ou enroule le cordage. J'avais fabriqué pour mes anciens cordages deux tambours à partir de contreplaqué de 10 millimètres, avec un axe en tige filetée de 8 à 10 millimètres que j'enfonçais verticalement dans un bout de tuyau galva ficelé très serré à un chandelier ; mais il vaut mieux un support où l'axe repose horizontalement... ou, encore une fois, du cordage tressé !

La « Bitte en Croix de Lorraine »

Les bateaux de Meta et Prometa sont équipés d'une bitte de mouillage très efficace, disposée dans l'alignement du barbotin du guindeau et du davier d'étrave et composée d'un cylindre vertical et de deux barres horizontales courtes (au lieu de la barre unique couramment rencontrée), dont l'écartement est tel qu'on peut y coincer en une fraction de seconde un maillon de la chaîne : on n'a plus qu'à faire un tour de la chaîne autour de la bitte ; car bien sûr, au mouillage, ON SOULAGERA TOUJOURS LE GUINDEAU, QUI N'EST PAS CONÇU POUR SERVIR DE POINT D'AMARRAGE PERMANENT.

Les deux dents de cette bitte d'amarrage rendent très facile et sûr le blocage de la chaîne entre guideau et davier.

4. Trois cas particuliers de mouillage

– Le mouillage « méditerranéen » : c'est le mouillage classique également appelé « cul à quai ». Dans les marinas, et ports fréquentés, je préfère d'ailleurs être « étrave au quai » ; il se prend en frappant une amarre à terre et en mouillant une ancre au large (ou en prenant l'orin d'un corps mort ou d'une chaîne-mère dans la plupart des marinas) ; dans certaines îles des Antilles, à Sainte-Lucie en particulier, le fond descend si vite qu'il n'est pas question de mouiller normalement au large, l'inclinaison du fond ferait que, sous cet angle très défavorable, l'ancre aurait beaucoup de mal à crocher. Dans ces conditions, où l'on trouve par exemple 40 mètres de fond à 20 mètres de la plage, on est amené à s'amarrer à un point fixe du rivage (cocotier, rocher) et à se tenir écarté de la rive en mouillant une ancre avec relativement peu de chaîne (une fois et demie le fond seulement par exemple) (fig. 23).

– Le mouillage bahaméen : lorsque le courant ne laisse pas le bateau éviter normalement dans le lit du vent, comme c'est souvent le cas aux Bahamas, on peut, pour empêcher le bateau de s'approcher des rivages des mouillages étroits, ou pour faire de la place à d'autres bateaux, mouiller une deuxième ancre par l'arrière (le bateau restera alors toujours au même endroit et tourné dans la même direction) ou par l'étrave, le bateau pourra alors tourner sur lui-même, mais en restant toujours au même endroit (fig. 23 bis).

– Le mouillage par fond de corail irrégulier (comme me l'enseigna un jour, à Souvaroff, Bernard Moitessier). Remarque : c'est le genre de mouillage à éviter autant que possible, l'ancre et la chaîne infligeant au corail, créature vivante, des dommages irréparables. Aux îles Cayman, par exemple, grande destination pour les plongeurs, des amendes colossales vous guettent si ancre ou chaîne de votre mouillage touchent seulement le corail ; pour cela, et pour votre confort, il faut toujours chercher à mouiller dans du sable ; mais il peut arriver que vous soyez obligé, dans un lointain atoll, de mouiller sur corail. À première vue, on serait tenté de n'utiliser que de la chaîne, de peur que le cordage ne s'use sur les têtes de corail immergées ! Et pourtant, il est très dangereux de procéder ainsi : une

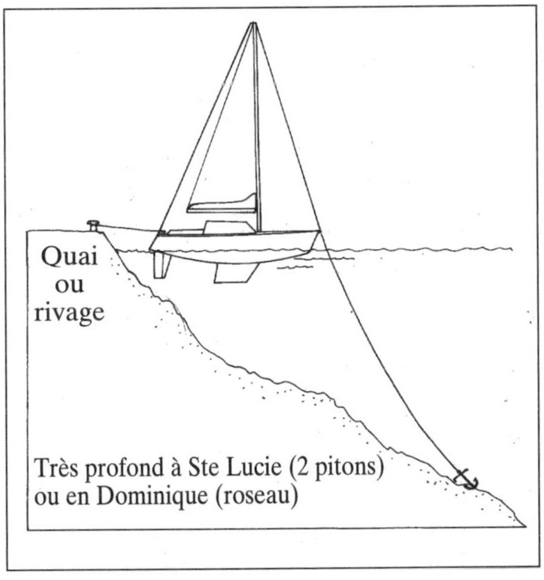

Figure 23. *Mouillage « méditerranéen ».*

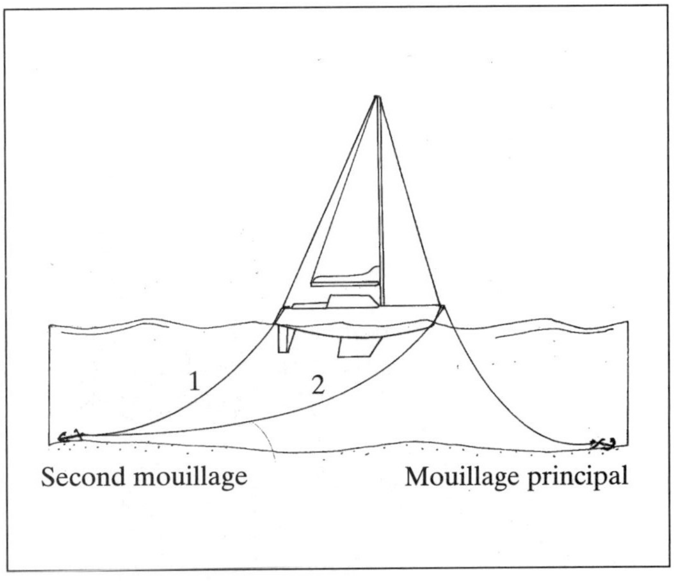

Figure 23 bis. *Mouillage bahaméen.*

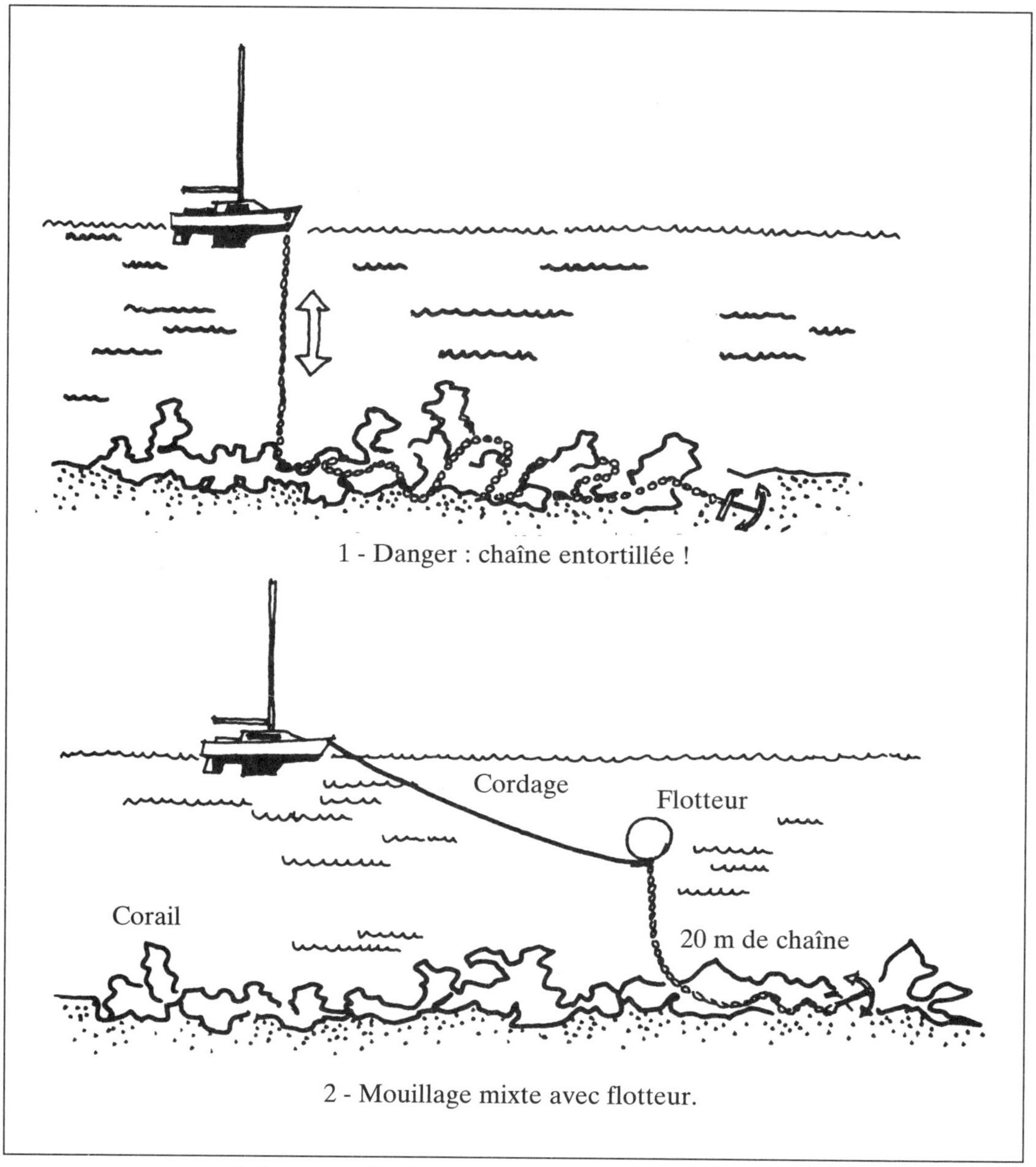

Figure 24.
Mouillage par fond de corail.

grande longueur de chaîne tend à s'entortiller de manière difficilement récupérable autour des coraux ; non seulement la récupération de votre mouillage sera extrêmement difficile, mais surtout, seule la longueur de chaîne tendue à la verticale entre l'étrave du bateau et le fond restera libre et, dépourvue de toute élasticité, sera incapable d'encaisser les à-coups provoqués par rafales, clapot et houle, et risquera fort de casser ! C'est ainsi, sans doute, que s'est perdu un jour un voilier français à l'ancre pour la nuit près des récifs de l'atoll des Rocas, au large du Brésil : le vent a tourné dans un grain, et dans un grand ébranlement soudain le voilier, chaîne cassée, s'est trouvé libre d'aller se coucher sur les rochers. La solution ? N'utiliser que 10 ou 20 mètres de chaîne au maximum, puis du cordage, et empêcher celui-ci de toucher le sol en amarrant un flotteur au point de liaison chaîne-cordage : sitôt que le vent faiblit, le flotteur (boule de filet, défense

creuse et étanche.) maintient l'extrémité du cordage hors de portée des griffes du corail ; lorsque ça tire, la défense descend, le cordage se tend normalement et son élasticité agit efficacement. Dans les régions où le calme est fréquent, pour un mouillage de quelques jours, on pourra empêcher la totalité du cordage de descendre au fond soit en utilisant un cordage de polypropylène flottant (mais qui est très sensible au ragage… le surveiller doublement), soit, ce qui est encore mieux, en amarrant de petits flotteurs de liège (de filets de pêche) de 2 mètres en 2 mètres au long du cordage (fig. 24).

À propos d'élasticité : indispensable, cette dernière est fournie, nous l'avons vu, par le poids de la chaîne ou par l'extensibilité du cordage. Les Américains, en particulier, conseillent de ne pas utiliser des cordages de diamètre excessif, moins extensibles ; sur mon bateau de 10 mètres j'utilisais un cordage de 16 millimètres de diamètre ; le diamètre est passé à 20 millimètres sur *Banana Split.*

5. La manœuvre

a) Si vous disposez d'une marche arrière sur votre moteur (on peut aussi le faire à la voile, en bordant le foc à contre, mais c'est généralement pratiqué au moteur), ralentissez en approchant du lieu de mouillage, de façon à être pratiquement arrêté au moment de l'atteindre. En même temps qu'on fait tomber l'ancre et filer la ligne, faire machine arrière de façon à élonger la chaîne sur le fond dans le sens où elle tirera tout à l'heure.

Après avoir largué une quantité convenable, environ une fois et demie le fond, on bloque un instant le défilement de la ligne, en continuant le mouvement en marche arrière (attention, si vous remorquez une annexe, à ne pas enrouler son amarre autour de l'hélice ! Idem si vous avez oublié de remonter une ligne de pêche à la traîne !). Le but de l'opération est de faire crocher l'ancre. Sitôt que l'on constate que le mouillage tire en biais, on laisse filer peu à peu le reste de la ligne, en laissant de temps en temps à l'ancre le loisir de « mordre » un peu plus, puis on bloque la chaîne ou la ligne à la longueur voulue.

Visite du mouillage

Lorsqu'on aborde un mouillage, surtout si on ne le connaît pas encore, c'est une bonne pratique que de faire un « tour d'honneur » avant de jeter l'ancre, histoire de repérer le meilleur coin de la baie : le meilleur fond de sable, pas trop près des voisins bruyants, à terre comme sur des bateaux, pas trop loin d'un éventuel débarcadère ni du bateau de copains que vous retrouvez pour la première fois depuis cinq ans ; évitez aussi de mouiller sous le vent des gros bateaux, on ne sait jamais, leur ancre pourrait chasser. Après avoir ainsi inspecté la baie, vous aurez de meilleures chances de mouiller tout de suite au bon endroit.

b) En marche avant, la manœuvre est plus simple. Praticable sous voiles, c'est celle que j'utilise généralement : en faisant une boucle, on s'arrange pour atteindre le mouillage en naviguant vent arrière… mais tout doucement. On jette l'ancre, laisse filer la chaîne, qui s'allonge d'elle-même dans le sens du vent, on la bloque un instant comme ci-dessus ; le bateau fera « tête », et on est ramené au cas précédent. Pour éviter que la chaîne, en filant, n'érafle la peinture de la coque, il faut aller tout doucement et, si possible, donner un coup de barre dans le bon sens pour faire tourner légèrement le bateau en l'écartant de la chaîne.

On peut aussi, cela peut être plus simple pour un solitaire, mouiller par l'arrière, sans avoir à lâcher la barre, quitte à ramener la ligne vers l'avant plus tard, lorsque le bateau sera ancré.

Pour toutes ces manœuvres, le but à atteindre est clair : éviter que l'ancre et la chaîne ne s'entassent en une pile inefficace sur le fond, et « faire tirer » sur le mouillage dès l'arrivée, ainsi il vous inspirera tout de suite confiance. Certains n'hésitent pas à tirer de toute la force du moteur, quelques secondes en marche arrière, pour être sûr que ça ne lâchera pas, même si le vent fraîchit beaucoup ; il ne faut pas le faire trop tôt, mais laisser à l'ancre le temps de s'enfoncer.

Remarques

Si le bateau ne fait pas « tête » et reste en travers, c'est généralement (sauf cas de courant traversier violent) que l'ancre est en train de chasser... Larguer plus de chaîne, jusqu'à ce que le bateau revienne droit. Si tel n'est pas le cas, remonter l'ancre, recommencer l'opération : l'ancre a peut-être croché dans un sac en plastique ou une vieille ferraille, ou bien le fond n'est pas de bonne tenue.

En toute occasion, mais plus particulièrement lorsque les vents forcent, il faut veiller au ragage dont peuvent être victimes les lignes de mouillage en cordage, spécialement, bien évidemment, au niveau du chaumard ou de la roulette d'étrave ; on peut diminuer les risques d'usure (elle peut être très rapide par vents forts, mouillages agités) en ficelant autour du cordage, là où il porte sur le chaumard, plusieurs épaisseurs de chiffons, ou, mieux, en enfilant sur le cordage une longueur de tuyau en plastique clair ; on peut l'enfiler par l'extrémité, mais il est en général plus simple d'avoir de courts morceaux de tuyau fendu, munis de deux petites garcettes pour les maintenir en place sur le cordage ; il faudra surveiller fréquemment qu'ils ne glissent pas.

Les bateaux à bout-dehors ont un problème de plus : la sous-barbe en chaîne ou en câble inox, où les cordages viennent se frotter, au hasard des bords que le bateau tire sur son mouillage, et où la chaîne (si vous êtes mouillés sur chaîne seule) vient faire un vacarme insupportable. Sur *Voyage*, j'avais définitivement réglé le problème en enfilant autour de la sous-barbe un gros tuyau de plastique transparent, épais et de diamètre suffisant pour envelopper câble et ridoir ; avec de l'ingéniosité et un collier de serrage inox, vous pourrez protéger presque toute la longueur de la sous-barbe.

Dans les régions où la température et la clarté de l'eau le permettent, je plonge systématiquement pour voir si l'ancre est correctement crochée ; je peux ainsi la mettre dans une meilleure position si nécessaire ; plus jeune, avec de l'entraînement, je pouvais descendre (le long de la chaîne) jusqu'à 20 mètres de fond en apnée et y rester une minute ; mais, plus généralement, dans des fonds de 3 à 10 mètres, il est bon d'avoir l'habitude de plonger pour contrôler, déplacer si besoin est, décoincer éventuellement ses ancres.

Si l'on constate, du pont ou en plongée, que l'ancre est mal crochée, ou à un mauvais endroit (zone rocheuse, par exemple), il ne faut pas hésiter à recommencer la manœuvre !

Avec un mouillage tout en chaîne, on sent parfaitement, en mettant la main sur la chaîne, entre la roulette d'étrave et la surface, le moment où l'ancre se décide à crocher, ou les vibrations lorsqu'elle chasse. Pour contrôler qu'on ne dérape pas : on prend des alignements à terre, que l'on vérifie fréquemment dans les premiers instants après avoir jeté l'ancre, ou lorsque le vent fraîchit (fig. 25).

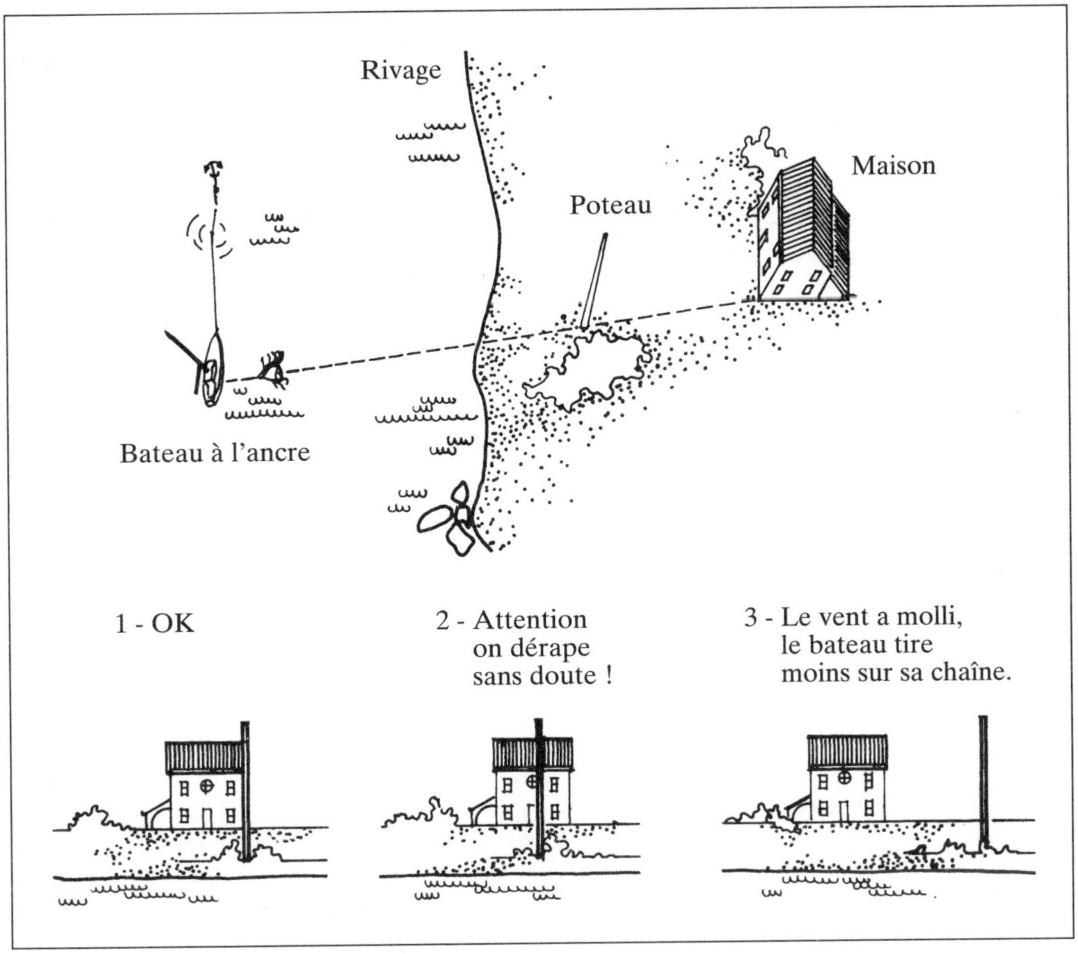

Figure 25. *Contrôle du mouillage par l'alignement de deux amers.*

Élasticité et silence

Ce crochet qui s'enfile sur un maillon permet de soulager la chaîne au mouillage ; fixé au bout d'un cordage d'une dizaine de mètres, il vous permettra aussi d'utiliser un winch de mât pour remonter l'ancre en cas de panne de votre guindeau.

Cas classique : la nuit est venue, vous allez vous endormir, mais la chaîne fait toutes sortes de bruits en raguant sur les rochers du fond, au hasard des évolutions du bateau dans le mouillage pourtant calme. C'est le moment de frapper un cordage de quelques mètres sur votre chaîne à l'aide d'un crochet qui s'enfile sur un maillon, de fixer ce cordage à un taquet et de donner assez de mou à la chaîne pour qu'elle fasse un ample arrondi : le cordage servira à la fois à amortir les secousses d'un éventuel ressac, mais éliminera aussi les bruits gênants que la chaîne conduisait. Sur un catamaran, au lieu d'un seul cordage, on gréera une « patte d'oie » qui reliera les deux étraves à la chaîne ; une fois celle-ci mollie, le bateau cessera de « tirer des bords » de droite et de gauche comme le font parfois les catamarans sur les mouillages ventés.

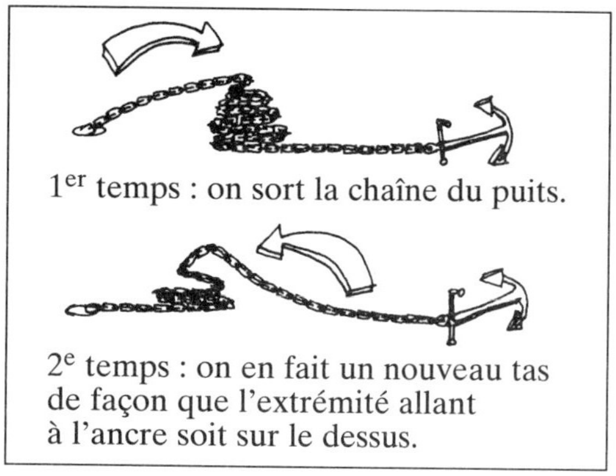

Figure 26. *Le « tas bien pensé ».*

La chaîne peut avoir tendance à se coincer dans l'ouverture (écubier) qui donne accès à la soute à mouillage, lorsqu'on la fait défiler à vive allure ; si cela risque de se produire, mieux vaut préparer un peu à l'avance sur le pont la longueur de mouillage nécessaire, en l'extirpant d'abord de l'écubier en faisant un tas, puis en refaisant le tas dans l'autre sens, pour que le bout de la chaîne venant de l'ancre soit sur le dessus de la pile. C'est la « méthode du tas bien pensé » (fig. 26).

Attention aux forces colossales généralement mises en jeu dans ces manœuvres ! De grandes précautions sont nécessaires pour le maniement des chaînes et des cordages, spécialement au voisinage des daviers, roulettes d'étraves, chaumards, barbotins (roulettes de guindeau) et autres points de passage obligés, où les doigts écrasés (si ce n'est pis) sont légion. Porter des gants de cuir pour toutes les manœuvres d'ancrage est vivement recommandé : c'est plus prudent, plus propre et, curieusement, avec de bons gants de cuir, on a beaucoup plus de force dans les bras !

Une chaîne bien entretenue, aussi peu rouillée que possible, sera plus agréable à manier, plus sûre (un seul maillon rouillé affaiblit une chaîne par ailleurs saine), et se coince moins dans les écubiers. Si on peut la faire regalvaniser tous les deux ou trois ans, elle durera beaucoup plus longtemps. Il en va de même pour les ancres.

6. Remonter l'ancre

Il n'est pas question d'emporter les ancres par paquet de douze et de les abandonner à chaque mouillage : il faut donc envisager de les récupérer ! La solution varie selon qu'on a un équipage de gorilles musclés qui halent tout le truc à mains nues, ou qu'on utilise des guindeaux électriques, sophistiqués, télécommandés, mais tombant parfois en panne. Il faut donc avoir prévu la façon dont en s'en tirera dans ce cas. J'ai longtemps pratiqué les guindeaux à main (Goiot, Simpson Lawrence, avec une nette préférence pour la première marque). J'ai aujourd'hui un guindeau électrique Goiot qui me cause peu de problèmes, et qui a de nombreux avantages : on n'hésite pas à re-mouiller quand on s'aperçoit qu'on n'a pas mouillé au bon endroit, ni à se déplacer, par exemple quand un voisinage vous déplaît. En l'absence de guindeau électrique, on peut se faire aider d'un équipier qui, à la barre, fait avancer doucement le bateau au moteur dans la direction où tire la chaîne, diminuant l'effort à fournir.

T'as pas besoin de HUUURLER !... Je ne HUUURLE PAS !

Un conseil : dans les manœuvres de prise ou de remontée de mouillage, il est bon que la communication entre équipier à la barre et équipier remontant l'ancre, par exemple, soit précise, et plus elle sera discrète, plus elle sera efficace et estimée des autres occupants du mouillage. Ceux-ci, c'est bien connu, s'emmerdent à cent sous de l'heure et adorent critiquer les manœuvres des autres : plutôt que des cris et glapissements inutiles parce que totalement couverts par le bruit du moteur (pour l'homme de barre) ou par le défilement de la chaîne (pour l'équipier d'avant), il vaut mieux s'entendre sur la signification de quelques gestes précis signifiant : « en avant lente », « à droite », « à gauche », « en arrière », « plus fort », « moins fort » et « coupez le moteur ».

7. Et si l'ancre ne remonte pas ?

On aurait pu, à titre préventif, accrocher un orin à la tête de l'ancre (fig. 27). On ne l'a en général pas fait ! Là, il faut un peu d'imagination : si l'eau claire permet de voir le fond, on se rendra peut-être compte de la direction dans laquelle donner un peu de moteur pour libérer la chaîne, prise sous un corail. On peut envisager de donner un peu de mou à la chaîne à la seconde où le barreur met les gaz (fig. 28).

En désespoir de cause, si l'ancre, en particulier, est prise sous des câbles, de vieux mouillages ou un dédale de coraux, il faudra aller voir ce qui se passe et aller amarrer en plongée l'orin qu'on aurait dû prévoir initialement ! Une bouteille de plongée que l'on conserve toujours pleine peut être utile si la situation est par trop complexe et les fonds trop grands. La prochaine fois, vous mettrez un orin, avec un flotteur à l'extrémité, ou ramené (non tendu !) à l'étrave, surtout en eau glacée, trouble, ou infestée de requins !

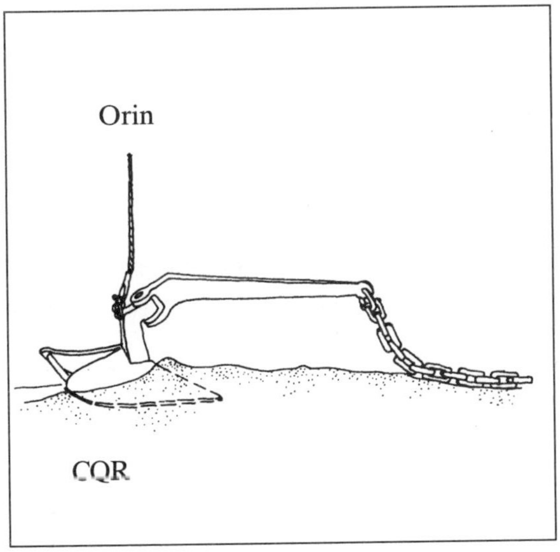

Figure 27. *Orin.*

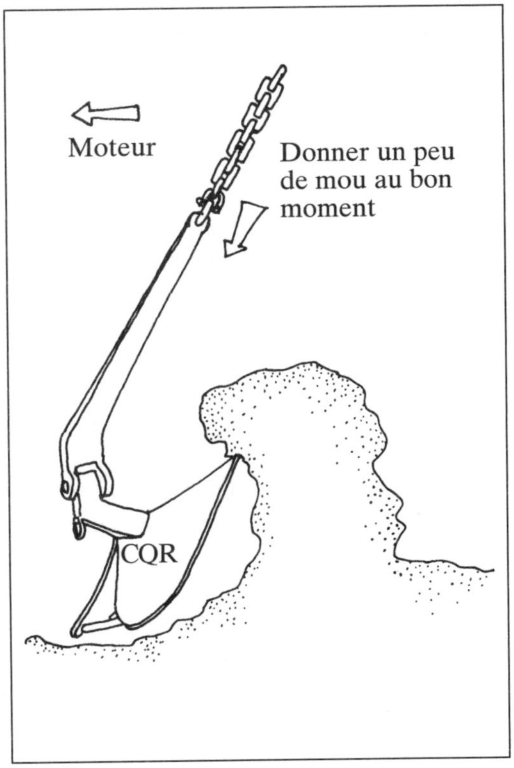

Figure 28. *Ancre coincée sous un corail.*

8. Vents forts

Si le vent fraîchit, plusieurs solutions se présentent :

– rallonger la chaîne ;

– ajouter une ancre de plus. Malheureusement, deux ancres « affourchées » tirant à tour de rôle au hasard des rafales n'assurent pas une bien plus grande tenue que chacune prise séparément ;

– diminuer la prise au vent en dégageant le pont au maximum (génois ficelé dans les filières, objets volumineux du genre planche à voile amarrés sur le pont) ;

– faire glisser le long de la chaîne des corps pesants (« gueuses ») qui maintiendront la chaîne au fond, améliorant l'angle de traction, donc l'accroche de l'ancre (fig. 29) ;

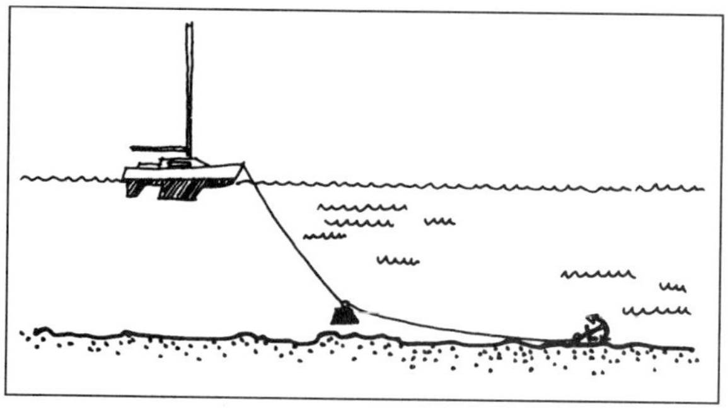

Figure 29. *Utilisation d'une gueuse.*

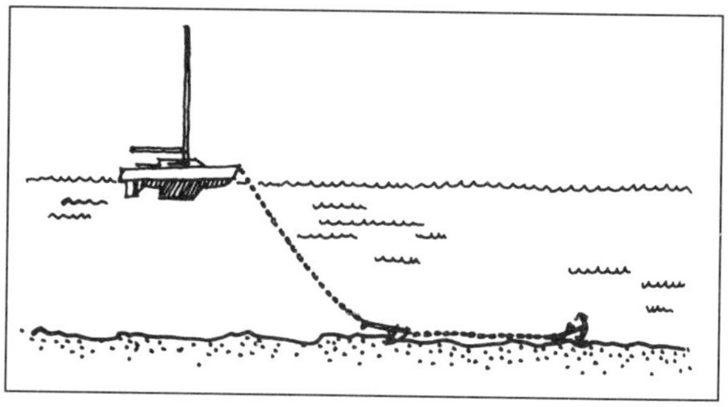

Figure 30. *Deux ancres empennelées.*

– remonter le mouillage et « empenneler » deux ancres (fig. 30) : c'est un peu plus compliqué à faire, surtout lorsque le vent a déjà commencé à souffler fort, mais c'est sans aucun doute le plus efficace. Entre les deux ancres, on intercalera 10 mètres de chaîne, un peu plus si le fond est supérieur à 10 mètres, pour remonter facilement les deux ancres, l'une après l'autre, lorsqu'on voudra quitter le mouillage ;

– dans des conditions extrêmes, on pourra, en faisant avance lente au moteur dans la direction d'où vient le vent, soulager les efforts exercés sur le mouillage au cours d'un violent grain, par exemple.

NOTE : Pour des mouillages de longue durée en fonds coralliens, on peut, en plongée, frapper une chaîne autour d'un corail solide (attention à ne pas détruire le corail !) et y maniller la chaîne de mouillage. Il faudra alors prendre garde qu'avec les changements de direction des vents la chaîne ne vienne pas s'enrouler autour du corail et se raccourcir dangereusement. J'ai ainsi laissé trois mois, aux Maldives, mon bateau amarré à un gros corail, dans un lagon entièrement ouvert au vent, mais où la barrière de corail environnante empêchait le clapot, même par les vents les plus forts, de dépasser 30 centimètres. À vrai dire, le fond étant d'excellente tenue, si c'était à refaire, je ficherais la paix au corail et ferais confiance à ma meilleure ancre.

Avec un bateau à dérive, à quille relevable ou un catamaran, donc échouant sans béquille, on peut s'aventurer dans des petits coins étriqués, mais bien abrités : marchant dans 90 centimètres d'eau, il est facile d'aller porter un réseau d'ancres et d'amarres (pour s'amarrer à des rochers ou à du corail, toujours attacher les cordages à de courts tronçons de chaîne entourant les rocs). Ce réseau maintiendra le bateau dans la zone saine, « piscine » turquoise à fond de sable entourée de têtes de coraux à fleur d'eau, par exemple. Ce type de bateau, dans les zones à marées, reposera la moitié du temps au moins sur le fond, et toute inquiétude sur la tenue du mouillage abandonnera le capitaine. Les débarquements et les travaux d'entretien (voir le chapitre concerné) seront facilités. Mais pour ces échouages, il faudra bien sûr choisir soigneusement des endroits au fond fréquentable (sable ou graviers assez fins), sans houle (l'échouage serait trop violent) et tenir compte de la possibilité d'un changement de vent !

Voilà, vous avez passé la tête par le capot pour la énième fois en une heure. Le tronc du vieil olivier, au bord de la plage, est toujours un cheveu à droite de la maison aux volets bleus. Parfois, dans une rafale venue de la montagne, enneigée encore en ce mois d'avril dans le golfe de Corinthe, l'écart entre les deux repères s'amenuise, s'annule presque, la chaîne s'est un peu plus tendue dans la bourrasque qui blanchit un instant la baie, puis tout rentre dans l'ordre. Vous avez ficelé soigneusement un bout de tuyau d'arrosage souple autour du cordage, à l'endroit où il passe sur la roulette d'étrave, rangé à l'abri un sac à voiles qui claquait au vent, resserré les voiles ferlées sur les filières, regardé avec un peu d'envie les terriens qui n'ont pas à se préoccuper de l'ancrage de leur maison, et vous êtes rentré dans le bateau, à l'abri, au chaud. Le vent siffle dans les haubans, le clapot résonne sur les flancs du bateau, un grain qui arrive commence à crépiter sur la bulle, quelques grêlons se mêlent aux grosses gouttes. Si le mouillage a tenu jusque-là, il a toutes les chances de continuer à tenir. Vous risquez peu de vous retrouver tout d'un coup échoué sur les rochers à fleur d'eau qui bordent le fond de la baie, sous votre vent. Vous voilà rassuré. De toute manière, il n'y a rien de plus à faire ; les conditions ne justifient pas réellement la mise en œuvre d'une ancre de plus, pourtant prête, sur le pont, au cas où ça s'aggraverait... Non, pour l'heure, rien de plus à faire. Juste refermer le capot, enlever le ciré trempé de pluie, se frictionner la tête, mettre en route une grande casserole de chocolat, fouiller le coffre à biscuits et découvrir avec surprise qu'il reste encore (inespéré !) un paquet de ces délicieux sablés aux figues. Et vous voilà, le *San-Antonio* dans la main gauche, la tasse brûlante dans la main droite, allongé sur la grande banquette tribord, les pieds surélevés par un coussin marocain, écoutant l'eau ruisseler dans les passavants au-dessus de votre tête, accordant furtivement une pensée émue à tous ceux qui n'ont pas votre chance, ceux qui sont au large, qui n'ont pas atteint un aussi bon mouillage, ou, pis encore, ceux qui ne sont même pas dans un bateau !

CHAPITRE CINQ

À L'ESCALE
ou
"Une vie dans chaque port"

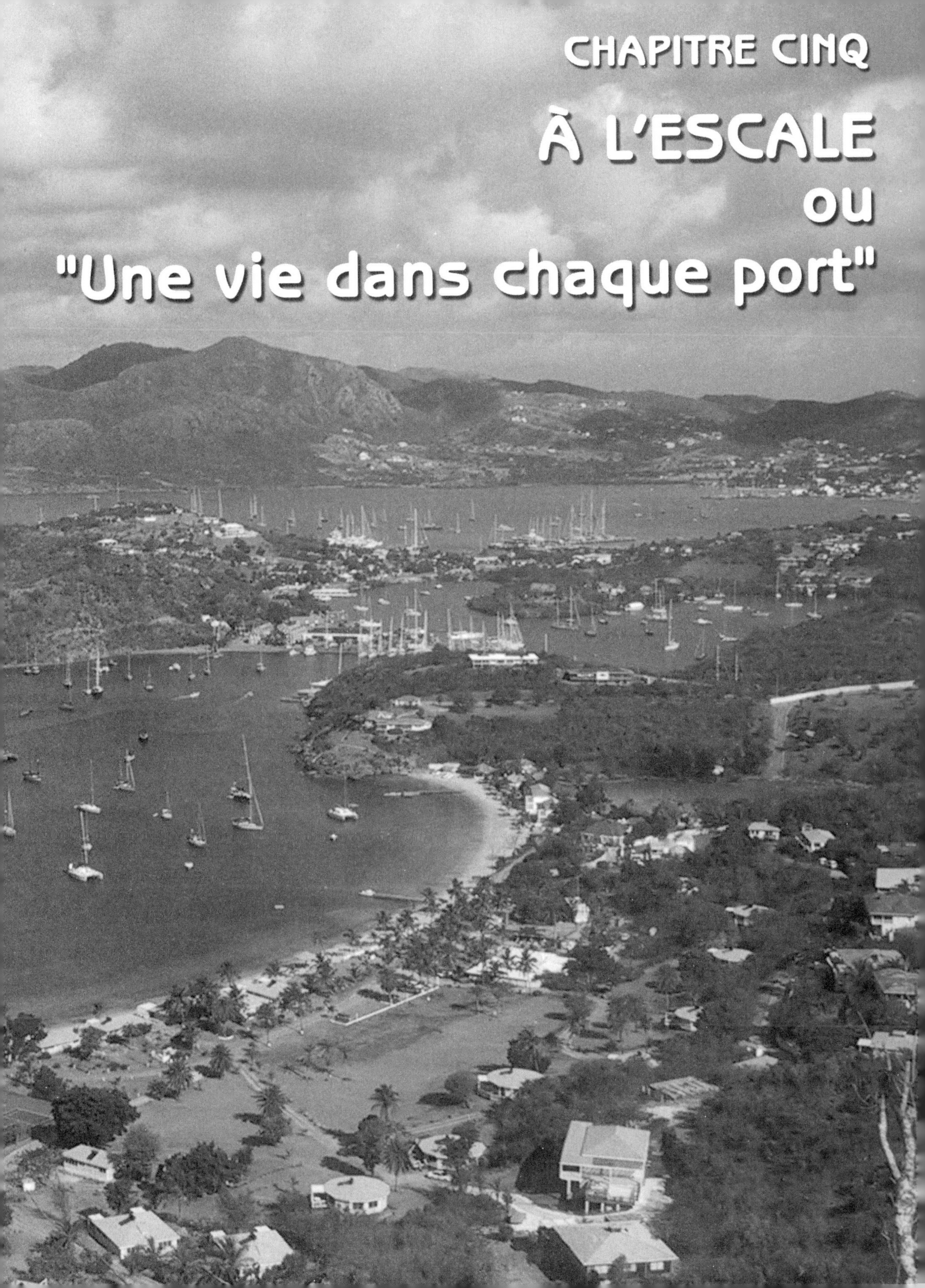

Fort[-]**de**[-]**France** (n.m.). Individu de nationalité française assez robuste pour traverser l'océan et atteindre les Antilles.

À L'ESCALE

À ce moment-là, le cœur se met toujours à battre plus fort... Même à une époque où la navigation au GPS efface bien des doutes, qu'on termine un bond de quelques heures ou une traversée de plusieurs jours ou plusieurs semaines, c'est toujours un peu magique quand les premiers signes distinctifs identifiant le but apparaissent à l'horizon... Cocotiers d'un atoll au ras des vagues, lueur diffuse d'une grande ville, pic « remarquable » dominant une baie ou cheminée d'usine « conspicuous »... Et puis les détails se précisent, la jetée du port ou la barrière de corail, le sable de la plage, les quais de la petite ville, et peut-être un autre voilier à l'ancre, excitation à la pensée d'une rencontre nouvelle, ou bien trop de voiliers à l'ancre, et déception de constater qu'ici, ça commence à être trop visité...

Évidemment, si la traversée a été longue, plus encore si elle a été difficile ou inconfortable, on est beaucoup plus excité à la perspective de l'escale... Comme me disait un jour Titou, à 250 milles du but, au deuxième jour d'une traversée de 350 milles en tout : « 250 milles, aujourd'hui, ça paraît encore super-long, alors qu'au bout d'une traversée d'océan, plus que 250 milles, ça n'a l'air de rien du tout, et on commence déjà à agiter les brosses, les peignes et les culottes. »

Et puis l'on se livre aux derniers préparatifs, sortir le mouillage, maniller l'ancre sur la chaîne, retrouver le levier du guindeau, ou bien extraire d'un coffre les amarres, les défenses, ou vérifier mille fois sur la carte, dans les *Instructions nautiques* ou les guides disponibles, la position des récifs, des bouées, de l'entrée, de la zone où l'on pourra mouiller ou s'amarrer. Soudain, on prend presque peur, tant la terre, qui est restée ces jours-ci à bonne distance de vous, paraît tout d'un coup dangereusement proche... Vous vous apercevrez tout à l'heure, quand vous regarderez votre bateau du rivage, que vous avez mouillé ridiculement loin de la plage, alors que vous croyiez en être périlleusement près !

Voilà, vous avez gagné l'escale !... Je ne suis pas partisan à outrance de la conception freudienne « peine-entraîne-récompense », mais il est certain que c'est en partie parce qu'on l'a atteinte lentement, péniblement parfois, en tout cas en mettant en œuvre intelligence, prudence, logique, raisonnement, effort, mais aussi un peu de fantaisie, voire d'inconscience, qu'on est en position de savourer l'escale nouvelle d'une façon infiniment plus vive et profonde que le touriste qui l'a atteinte en quelques heures de vol intercontinental.

Pour quelques heures, quelques jours, quelques mois, le temps de la navigation est terminé. S'ouvre maintenant le temps de l'escale, qui occupe, nous l'avons dit, dans une croisière moyennement rapide (un tour du monde en cinq ans constitue un rythme assez traditionnel), les deux tiers au moins du temps total ! Finis les problèmes propres à la navigation, les préoccupations liées au besoin de savoir où on se trouve, les inquiétudes pour le temps (qui ne vous quitteront pas tout à fait au mouillage forain !), la surveillance des cargos, la nécessité de faire durer les vivres et l'eau jusqu'à l'arrivée, la sensation d'être seul au monde, seul maître de son avance. Mais d'autres problèmes vont se présenter à vous, différents, mais qui nécessiteront tout autant de logique, de doigté, d'attention et d'ingéniosité que les précédents.

Je parle, au chapitre « Formalités floues et philosophie flottante », du premier problème qui se présente à nous à l'escale, le travail de se mettre en règle avec les autorités locales. Cela fait, parfois avec sourire et simplicité, d'autres fois avec luttes et mauvaise foi (pas de notre part, bien sûr, nous ne sommes que sourire et bonne volonté !), vous êtes pour quelque temps une sorte de citoyen privilégié du pays abordé.

Et, à partir de là, tout est possible, votre escale aura l'allure que vous désirez, vous y vivrez comme vous le souhaiterez, en fonction, certes, des possibilités offertes par le pays.

Certains aiment les grandes villes. Moi-même, dans mes premières années de navigation, j'arrivais par exemple à Rio de Janeiro, et trouvais normal d'y rester près de trois mois pratiquement sans relever l'ancre, sinon pour balader, une fois ou deux à l'occasion, quelques amis, vers les lieux classiques de sortie de fin de semaine de la région. Une ville comme Rio de Janeiro, ou comme Abidjan, comme Casablanca, Dakar, Panama ou Papeete a largement de quoi occuper un « citadin provisoire » installé dans sa maison flottante au cœur du port ou au mouillage forain le plus proche, pour des semaines ou des mois. Les rencontres qu'on y fait, les surprises renouvelées qu'apporte la rencontre d'une culture, d'une civilisation différentes de la vôtre, si c'est ça votre trip, les grandes villes passionnantes ne manquent pas au monde, et les atteindre sur votre bateau simplifie bien des problèmes, vous dispensant par exemple d'avoir à y chercher un logement.

Ce que j'apprécie un peu moins, c'est lorsque, dans le même port, une dizaine (ou une centaine !) de bateaux de la même nationalité que la vôtre tournent en rond autour de leur mouillage sans chercher à aller plus loin. C'est une chose amusante, avec un peu de recul, que de voir quelques bateaux français (puisque, chose étonnante, les bateaux français sont parmi les plus nombreux actuellement à sillonner les mers tropicales !) recréer dans des eaux étrangères une petite communauté, une espèce de banlieue flottante où l'on parle français, vit à la française, débarque entre Français et ne parle pas trois mots de la langue locale au bout de trois mois de séjour !

Et, s'il est merveilleux que d'avoir en commun la passion du voyage en bateau fasse tomber les barrières, si c'est chouette de tout de suite se connaître, se parler, se raconter mille choses, je trouve personnellement exagérée l'attitude qui veut qu'aussitôt qu'on est dans un mouillage en compagnie d'un bateau ou de deux ou trois autres on ne passe plus un instant seul à bord : les « pots » se transforment automatiquement en dîners sur le même bateau ou sur un autre, suivis d'un projet pour le lendemain midi… Est-ce parce que je vieillis, est-ce parce que j'aime bien être seul avec moi-même (ou à deux suivant le cas), mais j'apprécie moins maintenant les après-midi entières passées dans un carré (généralement enfumé) à reprendre pour la millième fois les mêmes conversations sur la tenue des différentes ancres, les avantages comparés des pilotes automatiques et des régulateurs d'allure.

Non, moi, j'aime bien, après avoir bu un verre ou deux sur le bateau d'un ami, aller passer une soirée tranquille, seul ou à deux, sur mon bateau ou à terre, découvrir un des spectacles de la ville. J'aime faire une fête, dîner sur le bateau d'amis ou en recevoir d'autres sur le mien… mais je ne vois pas la nécessité de fuir le moment où l'on se retrouve un peu seul ! Pourtant je comprends parfaitement ce goût pour la compagnie et les fêtes, en particulier chez des équipages qui viennent de découvrir ce monde nouveau où, enfin, on peut se parler sans avoir été présenté, alors qu'à terre, dans le métro parisien comme dans la rue, dans les bars comme dans les boîtes ou dans son propre immeuble, on se fait la gueule, et quiconque essaie de lier la conversation avec quelqu'un d'autre passe pour un anormal ! Dans les banlieues des villes, quand quelqu'un de nouveau vient s'installer, les voisins le guettent à travers les rideaux de leur cuisine… Quand un nouveau bateau arrive dans un mouillage, il y en a toujours un de ceux qui sont là pour aller voir qui est à bord, lui souhaiter la bienvenue, lui demander comment ça s'est passé et lui indiquer les formalités à remplir. C'est moins vrai bien sûr dans les mouillages occupés par des dizaines de bateaux, comme c'est maintenant souvent le cas aux Antilles, mais dès qu'on atteint des mouillages moins peuplés, les barrières retombent.

Aussi, j'ai maintenant une autre conception de la vie d'escale, et je crois qu'elle est partagée par la plupart des équipages qui naviguent depuis quelques années (c'est-à-dire, quatre-vingt-quinze fois sur cent, des couples, quelques solitaires, des familles, beaucoup plus rarement des équipages d'amis) : une zone d'escale idéale, pour moi, doit comporter une ville, avec fêtes, spectacles, amis, rencontres, magasins ou marchés, poste et boutiques où se procurer tout ce dont on peut avoir besoin (pas vraiment tout, ça coûterait trop cher, mais une bonne partie !). Et puis, à faible distance, à quelques heures de mer (si possible dans des conditions pas trop scabreuses, pas trop agitées, qui exigeraient de tout amarrer dans le bateau, de le préparer à chaque fois comme pour une longue traversée), une zone à peu près déserte, de jolis mouillages où l'on peut être seul, prendre le temps de vivre (les escales dans les villes sont en général si « speed » !), faire de petits travaux sur le bateau, des balades dans la campagne, des plongées, pêcher, et toutes ces sortes de choses qu'on ne fait pas dans les villes.

Quelques exemples : Salvador (Bahia) et la « Baie » où l'on peut, sur des eaux presque toujours planes, cheminer d'un petit mouillage tranquille à un autre, s'éterniser dans celui qui vous aura séduit et revenir en ville lorsqu'on a envie de compagnie, pour chercher du courrier ou faire des courses. Il y a aussi Fort-de-France et toutes les petites anses qui bordent la Martinique ; Panama et les îles Perlas, ou sur la côte Caraïbe, les San Blas ; Victoria, dans l'île de Mahé, aux Seychelles et le merveilleux groupe Mahé-Praslin-la Digue. Au contraire, des escales comme les grands ports du Maroc, par exemple, apportent beaucoup moins de satisfactions, parce qu'en dehors d'eux il n'y a pratiquement aucun endroit où aller s'abriter sur la côte marocaine, aucun mouillage forain confortable, sûr et tranquille. À Mindelo, îles du Cap-Vert, aucun des mouillages environnants, du moins à cette saison où l'alizé souffle toujours fort, n'offre les qualités de tranquillité nécessaires… mais la petite ville était si agréable que plus de deux mois au mouillage s'y passent parfois comme par enchantement !

POLITESSES

Pour la bonne qualité des relations entre bateaux, il s'est créé une espèce de petit code de politesse parmi ceux qui vivent depuis longtemps sur leur bateau, et seuls les novices l'ignorent. Lorsqu'on se rend visite de bateau à bateau, l'équipage du bateau visité est peut-être occupé, et serait heureux de votre compagnie, mais à un autre moment. On ne monte donc à bord que si le capitaine vous y invite expressément : « Passez-moi votre amarre », « Montez donc »... Sinon ? Eh bien, on échange quelques mots en restant dans son annexe, et on reprend sa route, sans être fâché pour autant ! Dans une marina, de même, on ne se pointe sur le pont d'un autre bateau que lorsqu'on y a été invité (lorsqu'on est à couple, on traversera peut-être souvent, ça ne dispense pas de demander la permission de temps en temps, et on traversera en tout cas par l'avant, pas par le cockpit du voisin). Ceux qui, comme moi, ne fument pas (moi, j'aime beaucoup l'odeur du tabac, du moins tant qu'on ne le fait pas brûler...) apprécient qu'on leur propose de ne fumer que dans le cockpit, pas dans le carré trop peu aéré. Une autre marque de politesse, même si, vous, ça ne vous empêche pas de dormir, consiste à neutraliser (en les écartant du mât avec garcettes ou sandows amarrés aux haubans) les drisses frénétiques qui dansent la sarabande contre votre mât ! C'est également une marque de politesse que de ne pas mouiller trop près d'autres bateaux, particulièrement s'ils étaient seuls à l'ancre dans une petite baie tranquille !

MARINAS ET MOUILLAGES FORAINS

Si, en Europe, on est souvent contraint d'aller s'amarrer aux pontons d'une marina coûteuse (c'est ce que j'appelle une « Marina Vla dix mille francs »), sitôt passé Gibraltar, même si on le voulait, ce n'est pas souvent possible. On en trouve quelques-unes aux Canaries, quelques-unes aux Antilles ; parfois un quai s'offre à vous pour y amarrer votre bateau, mais c'est généralement se heurter à des problèmes de ressac, d'usure des amarres, de rats, de vols, de bruits et d'absence de tranquillité. Neuf fois sur dix, c'est au mouillage forain que vous resterez à l'escale. Les conditions seront différentes suivant les marées, la géographie de la région considérée : à Darwin, en Australie, les bateaux en escale, pour ne pas s'échouer dans la vase à marée basse, étaient tous ancrés fort loin, jusqu'à ce qu'on y construise une excellente marina dans un bassin à marée atteint en passant une écluse. À Fort-de-France et Salvador, c'est étonnant de voir à quel point on peut s'empiler les uns sur les autres, au risque d'avoir à repousser les bateaux voisins du pied lorsque le vent tombe et que les courants font des leurs. En Méditerranée, mer sans marée et aux nombreux petits ports bien abrités, on pourra « mettre le cul à quai » (ou le nez) et débarquer à l'aide d'une passerelle.

Et, Dieu merci, jusqu'à ce jour, dans la plupart des pays lointains où nous séjournons, si on ne bénéficie pas des « conforts » d'une marina, on n'a, en contrepartie, pas de droits de mouillage à payer. Nous verrons au chapitre « formalités » que de plus en plus de pays réclament des droits divers, généralement raisonnables, souvent indépendants du fait qu'on s'amarre dans une marina – s'il y en a une – ou que l'on reste à l'ancre ; mais on dépensera de toutes façons beaucoup moins en restant à l'ancre.

ANNEXE

Qui dit mouillage forain dit annexe. Même au Iate Club de Rio de Janeiro, ou au Balboa Yacht-club, à Panama, où un préposé est censé venir vous chercher en embarcation à moteur lorsque vous vous époumonez à l'appeler à coups de corne de brume, on se sent dépourvu sans annexe !

À moins que vous n'envisagiez de faire du charter industriel ou des raids étonnants, de débarquer 3 tonnes de matériel radio émetteur sur les rochers Saint-Pierre et Saint-Paul, ou misères semblables, vous n'avez pas besoin d'une grande annexe. La vôtre pourra être de plusieurs types :

L'annexe pneumatique

Annexes pneumatiques et annexes en dur se partagent la faveur des navigateurs au long cours.

C'est léger, stable, solide, mais ça craint beaucoup les aspérités de la plage ou des rochers où l'on pourrait la traîner. C'est un peu ennuyeux à gonfler ou à dégonfler : je ne sais pas s'il existe un gonfleur-aspirateur en 12 volts convenable, rapide, solide et puissant, mais une pompe à main ou à pied devrait être de grande capacité et rapide. À moins que vous n'ayez, comme c'était le cas sur mon premier bateau, la place sur le pont pour y embarquer l'annexe sans presque jamais la dégonfler. Un avantage important du pneumatique : lorsque vous l'aurez amarré à votre bateau, au mouillage, qu'il y ait du clapot, du courant, ou que le vent tombe, l'annexe pourra cogner ou frotter contre votre coque sans créer de problème, ce qui n'est pas le cas d'une annexe en dur. Le genre Avon ou Zodiac, prévu pour quatre personnes, équipé de deux avirons et de deux bonnes dames de nage (quand vous en aurez perdu une, vous vous mettrez à la godille… ou vous vous réjouirez d'en avoir une de rechange), éventuellement d'un petit moteur hors-bord de 4 CV suffira largement. Si vous êtes plus de deux à bord (enfants par exemple), vous pourrez le compléter par un petit gonflable à deux places, du genre engin de plage, qui peut rendre des services, ou même par le

Bernard Moitessier dans la marina d'Apooiti (Raiatea, Îles Sous-le-Vent), regagne la terre sur son petit radeau construit d'une chambre à air et de deux bandes de toile.

radeau imaginé par Bernard Moitessier à partir d'une grosse chambre à air de camion, enveloppée de deux bandes de toile à sac cousues (fig. 31). Pour propulser cet engin, directement inspiré des « bateaux-paniers » vietnamiens, et sur lequel on se tient assis en tailleur ou à genoux, jambes écartées, un seul moyen, un aviron que l'on plante à la verticale devant soi, la pale perpendiculaire à la route à suivre, et que l'on ramène vers soi avant de le sortir de l'eau pour le replanter plus loin vers l'avant… Toute autre tentative de pagayage ou de godille ne vous fera que tourner en rond !

Un des défauts essentiels d'une annexe pneumatique est que si elle est en bon état, elle est tentante ; la seule chose de valeur qu'on m'ait jamais volée était un Bombard tout neuf, muni d'un beau Johnson, tentation à laquelle ne purent résister, dans le port de Cienfuegos, des Cubains qui devaient en avoir vraiment besoin pour quitter l'île (que voulez-vous faire d'autre à Cuba avec un moteur Johnson neuf comme il ne s'en est sans doute pas importé un dans l'île depuis 1959), car elle était hors de l'eau, amarrée à son portique par quatre cordages, qu'ils ont coupé au couteau, dans une marina éclairée, gardée par un soldat en armes… et alors que je me trouvais à bord du bateau !

Pour ce qui est des moteurs hors-bord, les rustiques Seagull ont pratiquement disparu au profit de marques japonaises ou américaines qui marchent plutôt mieux. Les allumages électroniques, en particulier, constituent un net progrès.

Un conseil : si vous utilisez un moteur hors-bord sur votre annexe n'oubliez pas que d'une certaine distance, du rivage ou d'autres bateaux, on entend parfaitement bien vos conversations lorsque vous parlez fort pour couvrir le bruit du moteur. D'un peu loin, on n'entend plus que les voix, pas le moteur… Pensez-y et évitez les commentaires sur l'aspect physique du fonctionnaire de l'immigration qui vous attend sur la plage pour contrôler vos papiers, par exemple.

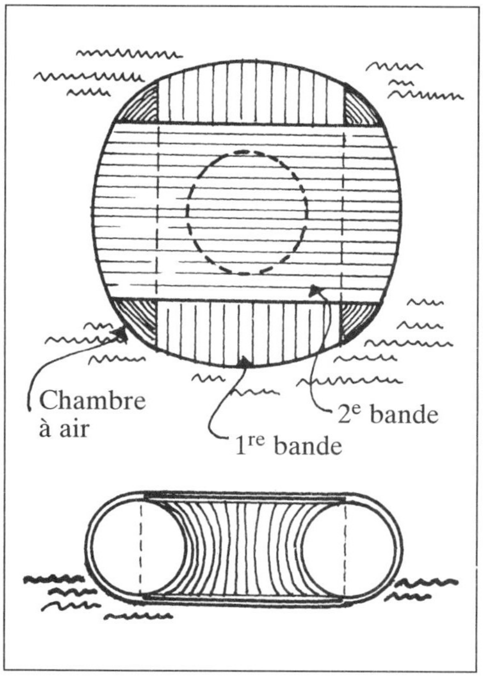

Figure 31. « *Annexe* » *chambre à air.*

Les moteurs hors-bord sont des drôles de créatures qui, si poussés que soient les soins qu'on leur prodigue, font plus ou moins fréquemment des crises d'indépendance et refusent sans raison apparente de démarrer quand on tire sur la ficelle. Les deux pannes les plus fréquentes sont le moteur noyé (fermer l'arrivée d'essence, et, pleins gaz, actionner le démarreur plusieurs fois, ne rouvrir l'essence que lorsque le moteur tourne depuis quelques secondes), soit la bougie encrassée ou morte (la démonter, la nettoyer, éventuellement nettoyer les électrodes avec un papier de verre très fin, vérifier leur écartement, qui doit être de l'ordre de 0,5 millimètre, c'est-à-dire l'épaisseur d'une carte postale) éventuellement essayer avec une bougie neuve.

L'annexe en dur

Moins stable, du moins si elle a de belles formes rondes (les formes « catamaran », comme l'excellent Tabur II, devenu depuis « Bic », sont nettement plus stables), mais résistant mieux à la rencontre avec des rochers ou des quais festonnés d'huîtres. L'embarquement et le débarquement d'une annexe instable donnent lieu, particulièrement lors de l'invitation à bord de citadins peu habitués aux mouvements relatifs inattendus de parties considérées stables de l'univers – quais, pont du bateau – par rapport à la savonnette que constitue une annexe sur laquelle on tente de s'appuyer à mauvais escient, à des ballets pittoresques. Pour éviter les acrobaties genre « limbo » (vous savez, cette danse caraïbe consistant à passer, le corps plié en arrière, à l'horizontale, genoux et pubis en avant, sous un bâton enflammé tenu horizontalement à une faible hauteur !), veillez à ce que vos passagers embarquent ou débarquent un par un, et, en attendant leur tour, ne cherchent surtout pas à tenir le bateau ou le quai : une seule personne doit, pendant l'opération, assurer la liaison entre l'annexe et le bateau, par exemple.

Le portique arrière se rencontre de plus en plus souvent, sur les catamarans et sur quelques monocoques ; c'est la solution idéale pour régler le problème du transport de l'annexe.

Une annexe en dur pose le problème du rangement à bord. Si votre bateau n'est pas assez grand pour la pendre à l'arrière à deux portiques, elle prendra généralement place sur le roof ou devant lui. Il existe aux États-Unis (ou vous pouvez construire vous-même) des annexes en contreplaqué ou en fibre de verre qui se séparent en deux dans le sens de la largeur, et dont les deux moitiés s'empilent pour tenir moins de place sur le pont (environ 1,20 mètre au carré).

Voyage ayant été conçu avec cette idée en tête, mon annexe se rangeait au fond du cockpit, en navigation ; j'étais donc, dans le cockpit, debout dans l'annexe ; deux trappes se dévissaient lorsque je sortais l'annexe de l'eau, constituant les orifices de vidange du cockpit. L'objet flottant (fait d'aluminium et de sandwich klégecell le rendant insubmersible) n'avait pas des lignes très hydrodynamiques, mais était très stable, presque autant qu'un pneumatique, et se propulsait très bien à l'aide d'avirons, d'une godille ou d'un horsbord. Sur *Banana Split*, j'ai une annexe à la forme un peu plus élégante, mais moins apte à aiguiser les convoitises et plus reconnaissable en cas de vol qu'un pneumatique.

Une annexe en dur exige un système de défense correct pour ne pas agresser la peinture de votre coque ni celle des bateaux amis auxquels vous rendez visite ; cette défense pourra être constituée d'un cordage (genre polypropylène, moins coûteux et moins dur que le nylon) ou d'un tube type tuyau d'arrosage, fixé par exemple avec des rivets pop (fig. 32) ; lorsque vents et courants sont variables, un moyen de ne pas piquer de crises de nerfs contre une annexe en

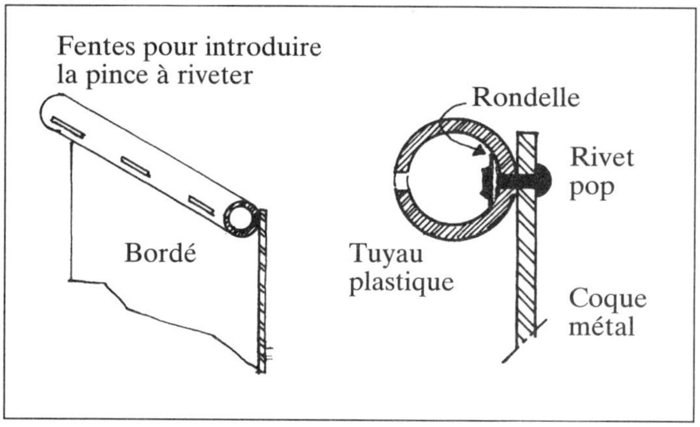

Figure 32. *Défense en tuyau plastique pour annexe.*

dur lorsque, la nuit, elle ne cesse de venir cogner juste à l'endroit où vous avez la tête de votre lit, est de l'amarrer par l'avant et l'arrière le long de votre bord, en interposant deux défenses pendues au pavois, ou, mieux, deux plus petites défenses accrochées à l'annexe. Mais la seule vraie solution consiste à prévoir un système de levage simple et rapide par exemple sous le portique d'un catamaran ou des bossoirs installés dans ce but à l'arrière d'un voilier.

La jolie Betty fait une petite pause sur la plage d'un minuscule îlot des San Blas au cours d'une balade en kayak de mer.

Intermédiaire entre les annexes pneumatiques et les annexes en dur, les « semi-rigides » ont les avantages des deux : stabilité, flottabilité du pneumatique et résistance si on la traîne sur des sols rugueux.

J'ai eu une annexe pneumatique qui pouvait être équipée d'un gréement à voiles, mais celui-ci était un peu trop compliqué à monter, avec grand-voile, foc à enrouleur, dérives latérales et safran. J'aimerais assez une annexe à voiles, mais il faudrait impérativement qu'elle soit très rapidement et facilement gréée : une voile de cat-boat sur un mât simplement implanté, une dérive sabre et l'aviron pour barrer devraient faire l'affaire. J'ai vu de belles réussites dans le genre, et le spectacle toujours amusant d'un gars venant de faire une traversée à la voile de trois semaines et se dépêchant de monter son annexe à voiles pour prendre son pied à tirer des bords à longueur de journée dans la baie ! Un bon complément aussi à votre annexe, si vous avez la place de l'amarrer sur votre pont, c'est un de ces kayaks en plastique aux couleurs vives (généralement de la marque Ocean Kayak), très stables, bien agréables pour aller visiter les rivières et les recoins peu profonds.

Toujours pour éviter les vols, je n'apprécie pas outre mesure d'avoir à prendre des précautions tragiques, mais par endroits il peut être nécessaire d'avoir prévu un moyen de cadenasser le moteur et même l'annexe et ses avirons (un trou percé dans le tableau arrière, dans lequel passe la chaîne, cadenassée dans le trou généralement prévu à cet effet sur le support du moteur, suffira dans la plupart des cas) ; on peut aussi cadenasser la chaîne au bateau, mais la meilleure solution est en général de remonter le bateau à bord chaque soir.

Avirons

Inutile (?) de rappeler que même si vous avez une confiance absolue dans votre moteur hors-bord (ça existe ?) il est indispensable d'avoir toujours à bord une bonne paire d'avirons avec deux dames de nage assorties. Seuls les plus téméraires (ou les plus inconscients) lâchent leur bateau, lorsqu'il y a du vent ou du courant, portant généralement vers le large, sans attendre que le hors-bord ait vraiment démarré ! Si vous devez regagner votre bord à la nuit tombée dans un mouillage fréquenté par des vedettes ou pirogues à moteurs rapides, n'oubliez pas de vous munir d'une bonne lampe torche pour signaler votre présence... des accidents graves se sont produits ; il est bon aussi de laisser une lumière allumée à votre bord pour retrouver votre bateau dans les nuits particulièrement noires... il m'est arrivé de tourner en rond une heure avant de retrouver le mien...

Si votre moteur hors-bord est muni d'un système d'extinction avec un câble qu'on se fixe au poignet, utilisez-le, surtout par mer agitée : des navigateurs jetés à la mer par une vague inattendue ont vu leur annexe, moteur fou, revenir droit sur eux, avec toutes les conséquences que l'on peut imaginer.

Quelques recommandations

Il est préférable de toujours avoir un bout de garantie amarrant le moteur au bordé de l'annexe. Ne remorquez l'annexe derrière le bateau que par beau temps, en mer tout à fait plate, et avec un bout le plus court possible, en surveillant très fréquemment les mouvements de l'annexe et l'usure possible de l'amarre. Sitôt qu'un peu de clapot se forme, il est absolument indispensable de hisser l'annexe sur le pont, ce qui ne prend de toute façon que quelques minutes.

Un moteur tombé à l'eau doit être apporté aussitôt (dans les trois heures) à un spécialiste. Mais il y en a rarement un aussi près. S'il n'est pas entré aussi du sable dans le moteur, vous avez une chance qu'il reparte tout de suite – ne pas insister s'il est grippé ou tourne mal en tirant le câble de démarrage, surtout s'il est tombé à l'eau en fonctionnement. Essayez éventuellement d'enlever la bougie, de vider le moteur en faisant tourner vingt-cinq fois le volant tout en actionnant le câble de démarrage, le moteur posé à l'horizontale, l'orifice de la bougie vers le bas, de purger le carburateur de son eau, de changer la bougie... S'il ne démarre toujours pas, et qu'il faut attendre longtemps avant de l'amener au spécialiste, immerger la tête du moteur dans un grand récipient d'eau douce et gardez-le comme ça pour éviter l'exposition à l'atmosphère ! Même s'il est reparti, un moteur tombé à la mer devra être amené de toute manière chez un spécialiste, car l'eau salée peut entraîner des corrosions excessives du système d'allumage et de parties internes.

VILLES, MARCHÉS, AVITAILLEMENT

Lorsque vous aurez porté votre pneumatique à l'ombre d'un arbre, ou amarré votre annexe en dur aux pieds d'un escalier, la ville sera à vous ! Autant les dépenses restent faibles lorsqu'on est dans un mouillage lointain, où les possibilités d'achats se limitent aux quelques rares produits qu'offre la boutique locale, autant les tentations de la grande ville sont variées, et autant il est difficile de leur résister.

Une chose à ne pas perdre de vue, c'est que, même si vous vivez avec ce que vous considérez comme une somme d'argent, mensuelle par exemple, faible comparée à ce que coûtait la vie à terre, avec toutes ses obligations, loyer, électricité, téléphone, chauffage, etc., vous aurez bien souvent tendance à passer automatiquement, pour les autochtones de la plupart des pays tropicaux, pour des « Américains »... et il est vrai que même dans le plus humble des voiliers modernes il y a plus de biens, d'objets et de technologie que la plupart des indigènes d'Afrique, du Brésil ou de Polynésie n'en posséderont de toute leur vie. S'y tenir prêt, tout en ne vous formalisant pas trop si vous vous faites systématiquement un peu rouler ! J'ai connu un gars fou de rage parce qu'on voulait lui faire payer 2 dollars au lieu du prix réglementaire d'un seul pour 500 litres d'eau douce obtenue par désalinisation (non, monsieur le correcteur automatique de Word, je n'ai pas dit « déstalinisation » !) dans une île aride où il ne pleut jamais, oubliant que la distillation de ces 500 litres d'eau avait certainement coûté à l'organisation qui acceptait si gentiment de la lui fournir beaucoup plus que 1 ou 2 dollars !

Sur les marchés plus que partout ailleurs, les prix ont tendance à être plus élevés pour celui qui est manifestement un touriste ! C'est pourquoi je préfère faire mes achats de vivres, lorsque c'est possible, dans les supermarchés, où les prix sont toujours marqués. Un ami m'a donné un jour un truc étonnant pour ne pas trop se faire assommer par les vendeuses de fruits et légumes des petits marchés : si vous demandez à la marchande, en montrant tel ou tel fruit : « Combien la pièce ? » ou « Combien le kilo ? », elle vous répondra : « 50 escudos » quand elle en demanderait 30 à ses concitoyens. En cela, elle ne pense pas faire grand-chose de mal, puisqu'elle imagine que vous avez plein d'argent, et vous en prendre un peu plus ne doit pas être bien grave pour vous ! Mais si vous lui demandez « Pour 30 escudos de salade ! » (ou de bananes), elle vous donnera généralement la même quantité qu'aux autochtones, parce que, là, ce serait vous voler non plus de l'argent, mais de la nourriture, ce qui est nettement plus sacré !

Il est bien évident que pour faire des achats comme pour entrer en contact avec les gens d'un pays nouveau, il est important de pouvoir échanger quelques mots au moins. Certains passent six mois au Brésil et le quittent sans savoir dire autre chose qu'*obrigado* (merci), en se trompant lourdement sur l'accentuation. Je pense préférable, dès qu'on atteint un pays, d'apprendre tout de suite quelques formules de politesse, quelques mots usuels et les premiers nombres. Les habitants d'un pays sont toujours ravis de voir qu'on fait l'effort d'essayer de parler leur langue : le chauffeur de taxi parisien, lui-même, qui fera la gueule à un touriste américain qui ne parle qu'anglais, se liera tout de suite à celui qui essaiera, même maladroitement, mais avec le sourire, de s'exprimer en français !

Certaines villes sont réputées « duty free », c'est-à-dire que les produits qu'on y trouve sont censés être « hors taxes ». Ce n'est pas toujours vrai, et avant de se laisser tenter par les montres, transistors, appareils de photos et caméras, il serait bon d'avoir une idée de ce qu'ils valent ailleurs, d'autant que souvent, dans les villes où l'on vend comme cela des transistors à la pelle à des touristes en escale, on en profite parfois pour leur refiler des modèles périmés ! Si vraiment les prix en valent la peine (Singapour, Saint-Martin, Canaries, Hong Kong), on aura toujours intérêt à demander le prix dans quatre ou cinq magasins, et l'on constatera vite que ceux-ci se tiennent (les commerçants se fournissent tous chez le même grossiste), sauf peut-être celui d'un gros malin qui aurait pu vous avoir si vous n'étiez entré que dans sa boutique.

Les alcools, dans certains ports « free tax », sont si incroyablement bon marché que, sans se lancer dans le trafic, il peut être bon d'y faire le plein (Djibouti, Pago Pago, Canaries – attention, aux Canaries, évitez les coins touristiques, où les prix en saison peuvent être 50 % plus élevés qu'à quelques kilomètres, dans les boutiques du commerce local). On y trouve, en plus des alcools habituels, toutes les liqueurs de France ou d'ailleurs, du pastis au Grand Marnier, du Parfait Amour au Curaçao bleu Bols, dans leur version espagnole tout à fait honorable et plutôt agréable.

Pour que les prix soient intéressants, il faut parfois s'adresser à des grossistes qui livrent à bord, sous le contrôle ou non d'un douanier. Dans certains pays, on peut acheter également des vivres hors douane, mais les économies faites sur des boîtes de conserves sont moins étonnantes que sur les alcools ou les transistors, et je n'aime pas acheter les carottes par carton de vingt-quatre et les saucisses par quarante-huit : j'aime avoir de la variété dans mes coffres à vivres, et je préfère cent fois faire mes avitaillements pour croisière de longue durée aussi bien que les petites courses habituelles dans les marchés, boutiques et supermarchés, où ce n'est guère plus cher et où le choix est infiniment plus large. On peut essayer une boîte d'un produit avant de retourner en acheter dix !

VOLS

J'ai parlé des risques de vols d'annexes ; les risques de cambriolages existent sans doute plus dans les grandes villes que dans les coins reculés, où, s'il y a un petit village, tout le monde se connaît. Les grandes villes sont une autre affaire, mais je pense que les risques de cambriolages y sont plutôt plus faibles sur un bateau que dans un appartement. Il est bon cependant d'avoir la possibilité de fermer à clé son bateau lorsqu'on va à terre, bien sûr, et cela même si la fermeture, un cadenas généralement, a peu de chances de résister plus de quelques minutes à un cambrioleur décidé et équipé d'une scie à métaux. Elle sert surtout à dissuader le larron créé par l'occasion. Des accessoires nautiques telles les poulies peuvent tenter des collègues navigateurs démunis ; un blue-jean mis à sécher ou une paire de chaussures oubliée sur le pont la nuit, des pêcheurs de passage ; mais je n'ai jamais eu à vivre dans une psychose du vol gênante. Beaucoup de nos bateaux, en tout cas, ne ferment mal ou pas du tout à clé de l'intérieur, ce qui surprendrait passablement bien des citadins. À part l'arrivée de quelque ivrogne en quête d'une bouteille pour prolonger sa cuite, ou l'aventure d'un navigateur molesté (en Tunisie, en ville, au mouillage) par des bandits (venus l'agresser lui et sa femme après être entrés par les capots, que l'on ferme bien rarement !), on rapporte surtout des histoires de vols, en particulier dans certaines îles des Caraïbes, au moment où les occupants du bateau sont descendus à terre, surtout le soir. Dans certains pays, spécialement si l'on veut laisser son bateau quelques jours ou rentrer tard une nuit, on peut engager un « veilleur de nuit » local. Quelle foi accorder à ceux qui proposent leurs services à cet usage ? Peut-être d'autres navigateurs, des amis locaux ou les responsables du port pourront-ils vous donner davantage de renseignements.

ARGENT

Tout cela nous amène à parler d'argent, et de la manière de le manipuler et de le conserver à bord. Voilà un domaine qui a été complètement révolutionné par la généralisation des cartes de crédit. La carte Visa, et, dans une nettement moindre mesure, la carte American Express sont quasiment devenues l'argent mondial dont nous rêvions : plus la peine de transporter de grosses sommes d'argent (les chèques de voyage ont du coup perdu une grande partie de leur intérêt) ; aujourd'hui, débarquant dans l'île la plus reculée, vous avez de fortes chances d'y trouver un distributeur de billets, quand il fallait autrefois attendre des semaines ou des mois le moindre transfert d'argent vers une banque locale. Avant de partir, ce serait une bonne idée de vous faire préciser par votre banquier la somme que vous avez le droit de prélever chaque semaine, et peut-être de demander à relever ce plafond. Il sera toujours bon de garder à bord, répartie en diverses caches, une somme d'argent permettant de faire face à un pépin : dépannage ou remorquage urgent, avion à prendre pour question de santé... Dans certains archipels où les pêcheurs vous proposent poissons et langoustes, il vaudra mieux se munir de monnaie ; aux San Blas, un billet de 20 dollars est une grosse somme difficile à écouler ; le dollar, bien sûr, est devenu la monnaie mondiale, l'euro dans sa première année d'existence n'a pas été bien brillant, espérons qu'il le deviendra quand ses billets et pièces existeront vraiment... mais je doute qu'il acquière un jour le caractère universel du billet vert !

COURRIER

Le domaine du courrier a, lui aussi, été révolutionné par le courrier électronique... même les routards, lorsqu'on veut leur laisser un message, on ne les contacte plus *via* le tableau d'affichage des guest-houses ou auberges de jeunesse, mais par leur adresse hotmail ou yahoo ! Et les navigateurs et navigatrices les plus rétifs à l'informatique se sont tous rendus compte à quel point il est plus facile de recevoir des courriers *via* e-mail dans les nombreux cybercafés qui ont fleuri jusque dans le port le plus discret de Galápagos, plutôt que de feuilleter en vain dans les clubs nautiques des liasses de lettres dont la plupart n'atteindront jamais leur destinataire, ou de se soumettre au bon vouloir d'acariâtres préposées à la poste restante qui ne perçoivent vraiment pas l'importance de la missive que vous leur réclamez pour la dixième fois en vain.

Pour ce qui est du courrier « physique » (par exemple des documents, des pièces détachées, des livres ou des cartes), les postes généralement défaillantes ont été pratiquement remplacées par des transporteurs plus coûteux mais infiniment plus sûrs, type DHL, TNT ou Federal Express ; quand on vous envoie un colis par l'un de ces *couriers* (c'est leur nom anglais), demandez qu'on vous transmette par téléphone ou e-mail le numéro d'expédition (numéro de LTA ou Airwaybill number), qui vous sera très utile pour retrouver votre paquet s'il s'attarde ou prend un mauvais aiguillage.

SE SALIR, C'EST LE PROPRE DU LINGE

Parmi les problèmes qui se posent à l'escale, celui du linge à laver est en général résolu rapidement sitôt qu'on a fait la connaissance d'un possesseur de machine à laver, machine à laver qu'on investira, avec l'autorisation du propriétaire, pour une demi-journée. Dans les pays où les gens ont facilement des domestiques (Brésil, Afrique) on paiera peut-être une journée de travail à une employée de maison (se renseigner sur les salaires auprès des employeurs). Dans certains pays, on vous proposera de vous laver votre linge ; on viendra alors le prendre à votre bord, et il partira vers des destinations « à jamais inconnues » (l'expression est de Gérard Borg). Mais, parfois, ça marche : à Mindelo, Cap-Vert, ou à Bali, nous donnions à laver, à des prix comparables à ceux des laveries automatiques françaises, ou moindres, des paniers de linge qui revenaient le lendemain bien propres et repassés. Au Iate Club de Recife au contraire, le même procédé aboutissait à des vêtements manquants, et le tout à peu près aussi sale qu'avant.

Les laveries automatiques sont aujourd'hui de plus en plus répandues ; la seule, toute neuve, qui venait de s'installer à Salvador rendait un linge remarquablement sale. Au Brésil, on ne donne son linge à laver qu'à la pièce et à des prix désastreux. Alors, on donne les pièces importantes (draps, dessus de lit) à laver à la pièce et le reste, ce qui peut sécher sur les filières, on le lave à bord, du moins lorsqu'on n'a pas de mal à se procurer de l'eau douce. Je n'ai à peu près jamais eu à me livrer à des manipulations genre lavage à l'eau de mer, dernier rinçage à l'eau douce : en traversée, on ne lave rien, l'escale n'est jamais très loin... et on salit peu lorsqu'on vit tout nu !

À certaines escales, des lavoirs sont accessibles, et les épouses des *yachties* et les solitaires y frottent allègrement en compagnie des doudous, vahinés ou fatmas locales.

Une petite cascade, de l'eau douce en quantité illimitée, c'est l'occasion de faire une grande lessive.

Mais, l'idéal et ce que je vous souhaite, c'est le genre de mouillage idyllique que nous avions trouvé dans la baie de Salvador, où une fine cascade d'eau fraîche dégoulinait de la forêt, à quelques mètres du bateau posé sur la plage : chaque fois qu'un voilier venait mouiller dans cet endroit de rêve, quelques heures plus tard, des cordes tendues entre les haubans s'ornaient de grands pavois multicolores de chemises et de culottes claquant au vent !

RENCONTRES

Peut-être êtes-vous de ces gens qui naviguent de conserve et se contentent de se retrouver d'escale en escale. Peut-être, au contraire, cherchez-vous toujours à faire de nouvelles connaissances à terre. Un des bateaux les mieux organisés dans ce domaine, un petit sloop de 7 mètres abritant un couple américano-canadien heureux, a navigué pendant huit ans un peu partout. Elle adorait, à l'escale, recevoir quotidiennement dans son tout petit bateau parfaitement équipé, muni d'un four, de l'eau chaude et froide sur l'évier, et où le cockpit et le carré étaient si bien aménagés qu'on pouvait s'y tenir nombreux, pour boire ou pour manger. Elle recueillait, dans un livre d'or, tous les noms et adresses des « gens sympas » connus, dans les pays où ils envisageaient de se rendre, par des équipages d'autres bateaux rencontrés dans leurs voyages. Arrivant dans une ville, par exemple, ils adressaient aux personnes en question une invitation : « De passage dans votre ville sur notre bateau, et Untel nous ayant prié de vous transmettre salutations et amitiés, nous serions heureux de vous recevoir à l'apéritif (ou pour le thé, ou à dîner) tel jour à telle heure »... et ça marchait à tous les coups. Ils se retrouvaient toujours, en retour, invités à toutes sortes de mondanités et de balades pour leur montrer le pays. Il faut parfois craindre de tomber dans l'excès, le navigateur (même s'il n'est pas célèbre !) est un élément très demandé dans les sociétés mondaines des villes, qui sont ravies de l'inviter à toutes sortes d'agapes. Mais si l'on ne prend pas garde de se ménager des soirées ou des journées tranquilles, les emplois du temps se remplissent vite ; d'invitation en invitation, on n'a plus un instant à soi et la durée d'escale fond comme neige au soleil ! Dans ces cas-là, le seul moyen d'être un peu tranquille, c'est justement le petit mouillage désert, pas trop loin de la ville, que je citais tout à l'heure.

Un pays nouveau, une ville inconnue, une baie merveilleuse, s'offrent à vous ; vous consacrerez à les connaître quinze jours ou quelques mois, ou bien vous resterez solitaire, en marge de ce qu'ils ont à vous proposer, parce que vous êtes venu chercher seulement un plan d'eau isolé où jeter l'ancre, vous reposer des éternels mouvements de la mer...

Vous chercherez à connaître la ville à fond, peut-être même que vous confierez la garde de votre bateau à un yacht-club local, à des amis dont vous avez fait la connaissance sur place, ou à un autre bateau de passage (en échange du service réciproque, lorsqu'ils voudront, eux, quitter le leur quelque temps), et que vous partirez visiter l'intérieur du pays, vous installant provisoirement dans une *fazenda* du Sertão – l'intérieur, aride, du Brésil ; ou bien voir les Pyramides ou la vallée des Rois, en Égypte (parce qu'obtenir l'autorisation de remonter le Nil, ça ne semble pas évident !) ; ou Machu Picchu, ou Disneyworld, ou les parcs nationaux d'Afrique du Sud ou du Kenya.

Peut être qu'au contraire vous n'aimez pas faire de longs trajets en transports terrestres et que vous vous direz : « Si ce n'est pas au bord de la mer, ça ne m'intéresse pas, je n'y vais pas »...

Peut-être vous plongerez-vous avec enthousiasme dans la culture, la musique locales... Au Brésil, aux Antilles, en République Dominicaine ce serait dommage de rater la musique et les nombreux spectacles. Peut-être, enfin, vous filerez-vous des coliques insensées à trop vouloir goûter la cuisine locale... ou, au contraire, vous méfierez-vous de ces choses indéterminées, beignets curieux des grosses Bahianes des coins de rue, poisson cru au lait de coco des restaurants qui entourent le marché de Papeete, ou empilement de viscosités des petits restaurants de Hong Kong...

En fait, vous vivrez comme vous l'entendrez, en respectant le pays qui vous donne asile pour quelques jours... Et c'est ce qui est merveilleux dans notre vie de vagabonds des mers : si les traversées, la mer, nous apportent des émotions, des joies et des peurs toujours renouvelées, les escales ne sont pas moins riches de découvertes, de liberté !

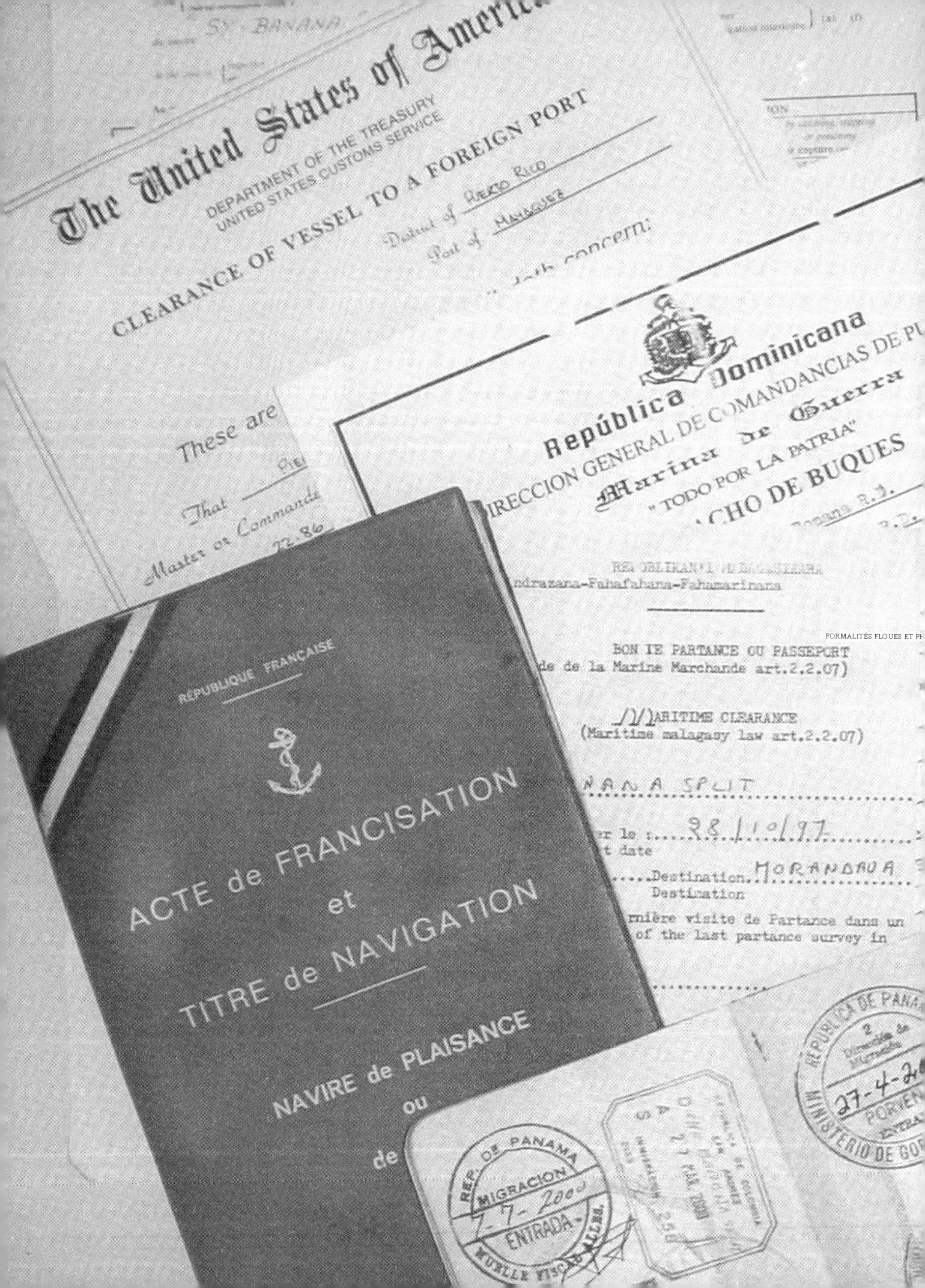
The United States of America
DEPARTMENT OF THE TREASURY
UNITED STATES CUSTOMS SERVICE
CLEARANCE OF VESSEL TO A FOREIGN PORT
These are
República Dominicana
DIRECCION GENERAL DE COMANDANCIAS DE PU
Marina de Guerra
"TODO POR LA PATRIA"
CHO DE BUQUES
ndrazana-Fahafahana-Fahamarinana
BON IE PARTANCE OU PASSEPORT
de de la Marine Marchande art.2.2.07)
ARITIME CLEARANCE
(Maritime malagasy law art.2.2.07)
Destination
RÉPUBLIQUE FRANÇAISE
ACTE de FRANCISATION
et
TITRE de NAVIGATION
NAVIRE de PLAISANCE
ou
REP. DE PANAMA
MIGRACION
ENTRADA
MINISTERIO DE GO

CHAPITRE SIX

FORMALITÉS FLOUES ET PHILOSOPHIE FLOTTANTE

Entrées et sorties, comment procéder, vaccinations
Pour de bonnes relations à l'escale
Zones de navigation et formalités autour du monde
... et vingt mouillages secrets (ou presque!)

Immigration (officier d' ; n. m.). Fonctionnaire muni de grosses chaussures adorant arpenter les ponts les plus fragiles.

Au départ, je me doutais que ce serait astreignant. Mais je pensais que ce serait organisé : on m'avait remis, comme à chaque possesseur de bateau français de plaisance, un « acte de francisation », petit carnet à l'allure très sérieuse sous sa couverture de plastique rouge, et portant, entre autres, un certain nombre de cases réservées aux « mouvements du navire ». Cela semblait clair : au départ de France, on me tamponnerait une case « sortie », à l'arrivée au pays suivant une case « entrée », puis la case « sortie » suivante lorsque je changerais à nouveau de pays... (Et peut-être qu'à la case « départ », je les toucherais enfin, ces « Frs 20 000 » !)

Rien ne s'est jamais passé comme ça. Si quelques pays dépendant encore, territoires ou départements d'outre-mer, de la France et de ses fonctionnaires m'ont bien réclamé ledit carnet pour le tamponner à la page concernée, la plupart des autres pays n'en avaient rien à faire, trouvaient même plutôt louche l'idée que j'avais de vouloir un tampon sur ce document qu'ils ne connaissaient pas. De près de 80 pays visités en bateau, mes carnets rouges n'ont gardé de traces que de la Guyane, de la Martinique, de Tahiti et de Nouvelle-Calédonie.

Pour le reste... astreignant, ce le fut parfois ; désorganisé, toujours !

ENTRÉES ET SORTIES

Voici comment les choses se passent dans bien des pays : vous devez faire votre entrée et votre sortie, mais le seul endroit où le faire, c'est, disons, Marseille, interdiction de s'arrêter dans le pays avant l'« entrée » et après la « sortie ». Vous êtes donc censé, si vous voulez visiter Nice ou Port-Vendres, aller d'abord à Marseille remplir les formalités. Si vous naviguez d'est en ouest, vous n'aurez pas envie de refaire la route pour voir Nice, pas plus que vous ne songerez à aller visiter Port-Vendres, ce qui vous obligerait à revenir à Marseille avant de quitter le territoire français... Pis encore, certains pays, étant arrivés à la conclusion que l'ennemi qui veut du mal à leur jeune régime (ancien gouvernement « déposé », ou envahisseur indéterminé) tentera de débarquer par la mer et sans doute sur des yachts chargés de mercenaires, vous interdisent carrément de jeter l'ancre ailleurs que, prenons une fois encore cet exemple, dans le port de Marseille, bien en vue de la capitainerie, d'où ils pourront surveiller vos allées et venues !

Comment s'en tirer ?… Question de doigté… Il y a des pays où l'on peut courir le risque : bonne réputation, mouillages déserts, fonctionnaires parfois compréhensifs ou absence de vedettes garde-côtes. Dans ces cas-là, je me munis d'un visa : n'ayant pas encore fait mon entrée à Port-Soudan ou à Suakin, je ne suis pas en règle en jetant l'ancre dans une petite crique à 100 milles au sud ; mais si on m'inquiétait je pourrais faire valoir ma bonne foi et montrer que je ne suis ni un espion ni un agitateur, puisque j'ai pris ce visa (tout papier officiel, toute chose un peu imprimée, un peu tamponnée est bonne à montrer !). Restent enfin les avaries, qui ont toujours bon dos : moteur en panne, voiles à recoudre, sont bien souvent invoqués pour justifier une escale où l'on n'est pas vraiment en règle. Bien sûr, il y a toujours un risque, question de doigté, je le répète : au Soudan, je n'ai jamais entendu dire que des yachts aient eu des problèmes en s'arrêtant à plusieurs reprises avant d'atteindre les « ports d'entrée », Port-Soudan ou Suakin, à condition qu'ils évitent la frontière avec l'Érythrée. Au Venezuela, désirant faire escale dans des îles du large de la côte nord avant d'aller faire mon entrée dans un port du littoral, j'avais pris un visa en Martinique : ça avait rassuré un fonctionnaire rencontré dans une petite île.

Hélas, parfois le problème est insoluble (à moins de carrément se mettre dans l'illégalité, mais cela marche rarement). Arrivant du sud, pas question d'« entrer » aux Maldives par l'atoll le plus au sud, Addu : il faut aller faire son entrée à Malé, au milieu de la chaîne. Repartant vers le sud, j'avais pourtant obtenu des autorités de Malé la permission, sous la forme d'une imposante lettre écrite dans la langue et l'alphabet divehi, auxquels je ne comprends rien, bien sûr, d'aller faire ma sortie à Addu. Pour un équipage venu de l'est, par exemple, en route vers l'ouest (Seychelles ou mer Rouge), et désireux de visiter tout l'archipel, je conseillerais, s'il peut obtenir la même autorisation, de venir faire son entrée à Malé directement, de décrire, s'il le souhaite, une grande boucle vers le nord et, repassant par Malé, prendre ensuite la route du sud pour quitter le territoire à Addu. Ces permis de visiter d'autres atolls que ceux qui se consacrent essentiellement au tourisme, sont d'ailleurs devenus assez difficiles à obtenir.

Dans le Pacifique, ça se complique carrément, certains archipels (Fidji, Cook) s'étendant sur d'immenses distances, et les alizés ayant tendance à rendre infernale une traversée qui serait édénique dans l'autre sens. S'il faut « descendre » 200 milles d'est en ouest pour atteindre la « capitale », où vous obtiendrez l'autorisation de visiter les îles situées à 200 milles au vent, eh bien, généralement, vous n'aurez pas du tout envie de remonter ces 200 milles d'alizé… et vous aurez manqué un groupe d'îles peut-être passionnantes ! De plus, dans le Pacifique, par exemple, les archipels sont si visités que le coup des voiles à recoudre et du moteur en panne n'y marche plus tellement, et on ne vous accorde le plus souvent qu'un sursis de deux ou trois jours, parfois même sans autorisation d'aller à terre !

Ne vous angoissez quand même pas trop ! Si je vous peins un tableau si noir de la situation, ce n'est pas pour vous déprimer, mais pour vous montrer que tout n'est pas si simple : ici les tracas, le ciel gris et les lois, et là-bas les îles bienheureuses où personne ne vous demande vos papiers ! Nous avons légué au monde entier un goût poussé pour la paperasserie, et c'est somme toute mieux que l'époque où, au lieu de vous réclamer des papiers, on vous mettait en prison, vous battait, vous transformait en esclaves… ou vous mangeait !

Il faut considérer les tracas paperassiers comme des obstacles à la navigation au même titre que les récifs, le gros temps ; qu'il y a des endroits à éviter pour des raisons politiques, par exemple, comme on évite certaines régions trop tempétueuses ou certaines saisons pour cause de cyclones. Je ne dirai pas qu'on peut éprouver autant de plaisir à triompher d'un règlement tatillon ou à amadouer un fonctionnaire acariâtre qu'à réussir une traversée ou qu'à se tirer d'un mauvais pas, coup de vent ou passage dangereux, mais ça vaut en général la peine de consacrer quelques instants, quelques heures, un jour ou deux même, à sacrifier à ces espèces de politesses que sont les formalités, pour pouvoir ensuite jouir plusieurs jours, plusieurs semaines, voire des mois ou des années, des agréments d'un nouveau pays, de nouvelles rencontres, d'un nouvel univers.

Il faudra parfois faire certains efforts de présentation : le responsable de l'immigration de Salvador, au Brésil, ne vous recevra peut-être pas si vous allez le voir en short ! (J'ai même dû, un jour, louer un blue-jean dans une boutique voisine pour pouvoir aller chercher un colis à la poste de Recife !) Jadis, j'avais acquis pour les pays tropicaux particulièrement pointilleux un ensemble assez extraordinaire, short, chemise, chaussettes montantes, chaussures de cuir, ceinture, le tout d'un blanc impeccable et d'un effet certain ! Je conservais cet ensemble à l'abri dans un sac en plastique et ne l'utilisais que pour ce genre de prise de contact ! Ça en imposait et en plus, je trouvais cela très rigolo ! Une fois le résultat escompté obtenu, je rangeais ma panoplie dans son sac et reprenais ma tenue habituelle ! Pour des pays moins tropicaux, je verrais bien un genre de costume de yachtman avec blazer et écusson ! Un sourire à toute épreuve en plus, signe d'une bonne volonté en acier, et quelques ficelles applicables à tous les domaines de la bureaucratie, en fait : laisser, par exemple, parler le plus possible votre interlocuteur ; il vous trouvera très charmant et très intelligent si vous l'écoutez se raconter en vous contentant d'acquiescer de temps en temps…

J'en vois qui tiquent, qui trouvent que tout ça c'est bien s'humilier, qu'eux, ils ne veulent pas faire le moindre frais de politesse. Pour moi, c'est comme s'ils me disaient que par gros temps, pour changer un foc, ils refusent de s'agenouiller sur la plage avant, parce que, se tenir debout, c'est plus glorieux pour un homme, un vrai. Je l'ai déjà dit ailleurs, et le répète, l'amour-propre excessif est le plus coûteux et le plus inutile des luxes.

Il ne faut pas oublier, en outre, que, dans l'affaire, c'est nous qui sommes les visiteurs ; à nous de nous plier aux mœurs et aux habitudes du pays, même si certaines nous paraissent désagréables ou sottes ! Le premier commandement du voyageur, en bateau ou autrement, c'est de respecter les coutumes des gens auxquels il rend visite.

La situation évolue vite, aussi, avec l'augmentation du nombre des navigateurs. Lorsqu'une île voyait passer un navigateur tous les vingt ou cinquante ans, au temps des Slocum et des Gerbault, on était en droit d'y trouver un autre accueil que celui réservé au douzième ou au cinquantième bateau qui y fait escale dans l'année… Dans certaines escales par trop fréquentées, les voiliers de passage seront considérés avec le même œil suspicieux que la caravane de gitans qui fait halte aux limites d'une petite bourgade de France. Un bateau tout seul, dont l'équipage vit une existence que beacoup envient, alimente le rêve des terriens à qui il rend visite, attire leur sympathie… mais trente bateaux peuvent finir par éveiller la jalousie, l'animosité. Par conséquent, si l'équipage d'un seul bateau commet la moindre erreur, choque, même sans s'en rendre compte, les populations locales, on a vite fait de mettre la faute sur le dos des globe-flotteurs en général, et de leur opposer une réglementation de plus en plus limitative.

Puisque je parle du respect des mœurs des pays où l'on fait escale, parlons de nudité. Je trouve personnellement plutôt sain que sur la plupart des plages françaises on pratique couramment les seins nus, et sur certaines le naturisme ; je n'aime pas me baigner en maillot de bain, je trouve idiot de cacher quelque partie du corps que ce soit (je pense, en particulier, qu'un maillot n'arrange rien, qu'un corps laid en maillot n'est pas plus laid sans). Je trouve donc normal que sur beaucoup de voiliers français on vive souvent nu sous les tropiques. Mais il en va différemment dans d'autres pays : les seins nus, par exemple, ne sont pas tolérés du tout aux États-Unis, ou au Brésil ! Quant aux populations les plus simples, villageois ou pêcheurs brésiliens, Polynésiens des petites îles du Pacifique ouest, indigènes de tel ou tel pays, eh bien, on leur a tellement raconté, lorsque les religions ont envahi, jadis, leur univers, que le corps humain était impur, etc., que certaines parties du corps sont vraiment totalement tabous, et que dans certaines îles les femmes n'enlèvent pas leur robe pour se laver... Les puritains ont été aussi nocifs que l'Islam dans ce domaine ! Pour faire pipi, il est recommandé aux hommes musulmans de dissimuler leur zizi dans une main roulée en cornet ! Et sous leurs paréos et lambas, pagnes et laplaps, vêtements qui pourraient être infiniment confortables, les indigènes des pays lointains portent tous ces ridicules maillots de bain en textile synthétique qui enveloppent les postérieurs du monde entier ! Il sera donc bon de faire preuve de discrétion à proximité d'endroits habités, de bateaux locaux ou de yacht-clubs, et, même dans les endroits reculés, de garder un paréo à portée de la main.

Parlons des femmes des îles !... Peut-être qu'au temps de Cook et de Bougainville elles venaient réellement à la nage pour offrir aux marins leur nudité ruisselante. Ce n'est plus tout à fait ça ! Dans les pays développés comme Tahiti, lorsque vous vous vantez auprès d'une vahiné d'être arrivé sur un magnifique coursier des mers, espérant, ce disant, la séduire et l'emmener aux îles en week-end, elle vous répondra : « Il a combien de chevaux, ton speed-boat ? », il faudra donc, pour les séduire, prodiguer les mêmes prestations d'élégance et de distinction qui vous sont coutumières en métropole.

Mais que cela ne vous décourage pas, si vous partez avec l'idée qu'une jolie vahiné des îles enchanteresses embellira un jour votre cockpit et votre vie. En effet, ils sont nombreux, ceux qui atteignirent seuls les Antilles, le Brésil ou la Polynésie, et qui en repartirent à deux. On a beau dire, on apprend encore aux filles de là-bas des choses que celles d'ici cherchent trop souvent à tout prix à oublier !

COMMENT PROCÉDER

Aucune loi n'est vraiment générale, c'est un terrain changeant, dans le temps et dans l'espace : certains pays sont parfaitement organisés (d'anciennes possessions britanniques par exemple) et, dès votre arrivée, les fonctionnaires concernés se présenteront à votre bord et régleront l'affaire rapidement, avec précision et courtoisie, parfois autour d'un whisky. Dans d'autres pays, vous passerez trois jours à l'ancre sans voir personne et quand vous mettrez pied à terre (le capitaine seulement, muni des papiers du bateau et de l'équipage, et pour se rendre directement à ce qui ressemble le plus à une autorité locale), on vous reprochera peut-être avec insistance de l'avoir fait sans autorisation. Dans d'autres pays, un fonctionnaire sera passé, tout semblera clair, mais d'autres services, santé ou douanes, exigeront encore votre visite. Le plus ennuyeux, c'est que l'opération effectuée pour un autre voilier ne s'appliquera pas forcément à votre entrée. La meilleure information, cependant, reste celle recueillie auprès d'autres bateaux voyageurs rencontrés récemment à une autre escale, ou bien auprès de voiliers déjà ancrés dans la baie où vous venez d'arriver.

Les réglementations changent dans l'espace : dans le même archipel, les officiels d'un port ou d'une île seront beaucoup plus pointilleux que ceux d'une autre île, peut-être parce qu'ils ont moins (ou plus) l'habitude de voir passer des voiliers voyageurs. Elles changent aussi dans le temps : des pays comme Cuba, Madagascar, les îles du Cap-Vert ou Sao Tome et Principe, jadis très difficiles à visiter, ou qui vous opposaient toutes sortes d'interdictions, sont devenus maintenant des escales beaucoup plus courantes. Sans se libérer vraiment, les formalités d'une visite aux Galapagos s'améliorent progressivement ; d'autres pays, suite à des troubles politiques, par exemple (Côte d'Ivoire, Timor, Ambon) deviennent plus délicats d'accès, voire hors limites pour une durée indéterminée : il sera toujours bon, avant de mettre le cap sur une nation dont la situation politique est instable, de se renseigner sur les plus récentes évolutions.

Vaccinations

S'il faut encore être en règle côté fièvre jaune et dans certains pays, pour la variole, la législation sur les vaccins s'est nettement améliorée en vingt ans. Hélas, on aimerait bien qu'il existe un vaccin contre le sida ! Si vous n'aimez pas les vaccins et avez un copain médecin pourvu d'un bon tampon… suivez mon regard. Plus important est le vaccin contre le tétanos, qui n'est réclamé nulle part. Parfois, on contrôlera vos vaccins… au départ ! (Cameroun), ou bien on vous fera d'office ceux qui vous manquent : Titou, mon équipière, était tombée dans les pommes, à Port-Soudan, le lendemain du jour où le médecin (?) de Port-Soudan lui avait fait, sans la moindre désinfection à l'alcool, le vaccin antivariolique à un bras, l'anticholérique à l'autre. Très fière, elle a conservé longtemps son carnet jaune écrit en arabe.

Clearance

C'est apparemment une espèce de papier magique que l'on vous remet lorsque vous avez accompli les formalités de sortie d'un pays, pour confirmer que vous partez sans laisser de dettes, etc. Les hispanophones l'appellent *zarpe* ou *despacho*. Ça aussi, ça pourrait être bien organisé, mais ça ne l'est pas vraiment. De nombreux pays la réclament lorsque vous arrivez, alors que d'autres pays n'en donnent pas lorsque vous partez…

Droits de port, d'entrée, de visa, de phares, etc.

Un pessimiste dirait qu'au fil des années, ne cesse de s'accroître le nombre des endroits dont les autochtones (et surtout leurs fonctionnaires) ont compris que les voiliers de passage pourraient être une source de revenus, en tout cas qu'ils pourraient permettre de salarier quelques fonctionnaires de plus, justement occupés à percevoir des droits, généralement modérés (s'ils sont, parfois, irréalistes, alors on verra les voiliers voyageurs faire un grand détour pour éviter l'archipel). Un optimiste (et j'en fais partie) dira qu'après tout, il est raisonnable de payer une petite somme pour pouvoir bénéficier de la beauté, des services, de la sécurité assurée par les fonctionnaires de chacune des nations visitées, auxquelles nous ne payons pas d'impôts… Certains pays vous font payer des droits même si vous n'utilisez pas les installations « nautiques » du genre marinas, ports de plaisance, les Seychelles, par exemple, font payer un droit – un temps très élevé, il a été ramené à des montants beaucoup plus raisonnables depuis – , et ceci, que vous soyez à l'ancre dans le port de Victoria, ou que vous préfériez les mouillages forains des petites îles de l'archipel. La plupart des pays maintenant panachent droits de port, d'entrée, de sortie, de balisages, de phares (et pas la peine de leur dire qu'avec le GPS, ils peuvent aussi bien les éteindre, leurs phares), de protection de l'environnement, auxquels s'additionnent parfois les émoluments d'un « agent » plus ou moins obligatoire. Le tout additionné, on dépasse rarement quelques dizaines de dollars, souvent forfaitaires pour une durée d'un, deux, trois mois, et ces sommes vous sembleront raisonnables surtout si vous ne vous contentez pas d'un séjour de deux ou trois jours dans le pays. Le « Cruising Permit » de Panama, par exemple, coûte 75 dollars, ce qui peut sembler cher si vous ne restez que quelques jours dans le pays, mais qui apparaît raisonnable quand on sait qu'il est valable 3 mois.

ET SI ON PROLONGEAIT L'ESCALE ?...

« N'avez-vous jamais envie de vous installer définitivement dans un endroit ? » me demande-t-on souvent. Je n'en ai encore jamais ressenti le besoin autre que fugitif, mais certains, c'est sûr, songent un jour à faire durer l'escale qui soudain les a conquis, quelques mois, quelques années, une vie… est-ce que c'est possible ? Beaucoup l'ont fait, le font, le feront ; bien sûr, si votre rêve d'escale c'est l'image d'Épinal d'une vie dans un hamac, au soleil, entouré d'indigènes souriants et dévoués vous offrant chaque jour les meilleurs mets que produisent leurs îles, et de vahinés vous offrant leurs charmes et des cocktails glacés, laissez tomber, cette île-là, je ne l'ai pas trouvée, je crois bien qu'elle n'a jamais existé ! Si par contre vous envisagez de vous établir, vivant d'une activité nouvelle ou de votre activité d'antan adaptée au territoire, ou même, dans le meilleur des cas, d'une retraite, d'une pension, d'un petit revenu provenant de métropole, certains pays seront heureux de vous accueillir, pour d'autres, ce sera moins simple ; mais en cherchant bien, vous trouverez certainement l'exemple de prédécesseurs qui ont fait comme vous : ça n'a pas toujours été rose, ils ont dû affronter des cultures et des habitudes différentes, des climats, des façons de faire autres ; des règlements souvent tatillons, parfois accueillants : quelques navigateurs tombés amoureux de la côte Caraïbe de Panama y ont découvert qu'une loi très ancienne autorisait les agriculteurs à venir s'installer… plusieurs ont quitté leur bateau pour créer une petite ferme, l'un produit des magrets de canard, l'autre du gingembre confit, ils ne roulent pas sur l'or, leur existence n'est pas de tout repos, mais c'est la vie, le rythme, le cadre qu'ils ont choisis… alors la vie est belle, même s'ils rêvent parfois un peu lorsqu'il revoient leur petit bateau, ancré dans la baie proche, et qui tire sur son mouillage. Si vous voulez suivre leur exemple, interrogez les gens autour de vous, voyez quelles sont les lois locales ; voyez si une de vos capacités ne pourrait pas venir en aide aux habitants, s'insérer dans l'économie de ce pays ; découvrez en douceur, dans la vraie vie, les charmes et les défauts du pays qui vous tente… et dites-vous que dans presque tous les pays du monde, il y a quelques voyageurs, arrivés, pour certains sur un bateau, et qui ne sont plus jamais repartis, et qui appellent désormais ce pays le leur…

À CHACUN SA ZONE !

Il y a deux sortes de temps, dans les croisières de longue durée : le temps où l'on taille la route, visant un but lointain, négligeant souvent ou ne faisant qu'effleurer des escales possibles, se disant à juste titre que si on ne le fait pas, on n'arrivera jamais nulle part ; et puis le temps où l'on s'attarde dans une escale, une zone de navigation, prenant son temps, prolongeant parfois plus longtemps qu'on ne l'avait prévu son séjour…

Et ça tombe bien, parce qu'il y a justement autour du monde d'une part des lieux d'escale passagère, et d'autre part des zones de navigation où l'on peut s'attarder, voguant d'île en île, de mouillage en mouillage.

Bien sûr, ces jugements sont souvent subjectifs : un grand nombre de bateaux qui font escale aux Açores, par exemple, se contentent d'une escale dans l'excellente marina de Horta, haut lieu de la plaisance transatlantique, et négligent le reste de l'archipel, qui mérite pourtant qu'on lui consacre quelques semaines ! Au contraire, il arrivera, pour des raisons techniques, par exemple, qu'on les retrouve plantés plus longtemps qu'on ne le voudrait dans une des escales présentées généralement comme simple lieu de passage…

Voici donc mon point de vue personnel sur les diverses « zones de navigation » que le circumnavigateur passera en revue au cours d'un tour du monde par les alizés. Vous y trouverez quelques brèves informations sur les caractéristiques saisonnières, les mouillages possibles, et, en se basant sur mes diverses visites mais aussi sur des comptes-rendus aussi récents que possible de navigateurs (je ne suis pas passé partout !), quelques informations sur le climat dans lequel s'y déroulent les formalités : *sans aucune garantie,* devant la rapidité de l'évolution des choses, les changements politiques, l'augmentation du nombre des yachts voyageurs. On peut cependant constater une espèce d'inertie, les exécutants survivant aux régimes : les autorités portugaises dans les colonies des îles du Cap-Vert, de Sao Tomé ou de Principe étaient tatillonnes ; l'indépendance venue, les nouvelles autorités hériteront des défauts de leurs prédécesseurs, qui les ont formées. Les régimes cubain, dominicain ou malgache ont été longtemps des régimes éloignés de la démocratie : même si leur situation s'améliore progressivement, il faudra longtemps aux fonctionnaires pour perdre leurs mauvaises habitudes de méfiance. Pour ceux qui envisagent de louer un bateau sur place pour une ou deux semaines de charter, histoire de voir à quoi ça ressemble, j'indique aussi les possibilités de trouver à louer un voilier dans ces zones de navigation, le nombre d'étoiles indique sommairement l'extension prise par le charter dans la zone considérée. ATTENTION : toutes ces informations, aussi récentes que possible, ne sont cependant données qu'à titre indicatif, les choses changent vite avec les années !

Golfe du Lion

Les coups de vents dantesques qui s'y lèvent parfois ont dégoûté bien des équipages et fait avorter plus d'un projet de grande croisière ; c'est idiot, quand on sait qu'on peut le franchir en toute sécurité par « sauts de puce » de port en port (ils sont nombreux et peu distants les uns des autres), en se blindant avec de bonnes météos : quand le coup de Tramontane ou de sud-est se déchaînera, vous serez tranquillement devant le pastis, les deux pieds sous le comptoir du bistrot du port !

Golfe de Gascogne

On ne peut pas en dire autant ; et s'« engolfer » ne donne pas de bons résultats quand arrive un coup de vent d'ouest ; pourtant je pense qu'il vaudrait peut-être la peine d'étudier la possibilité d'appliquer ici la tactique évoquée ci-dessus pour le golfe du Lion, en tenant compte des nouveaux ports qui se sont créés dans la région de Biarritz, et, sans doute sur la côte nord de l'Espagne jusqu'à la Corogne.

Baléares

En dehors des mois de juillet et d'août, ou la fréquentation touristique est inhumaine, il y a de belle semaines à passer dans les merveilleuses criques (*calas*) de Minorque ou dans les petites îles qui séparent Ibiza de Formentera ; jusqu'en novembre, la mer reste assez chaude pour se baigner : un petit archipel presque tropical à portée de la main... Formalités inexistantes, CHARTER**

Côtes d'Espagne

L'industrie touristique s'y est si fortement développée ces dernières années qu'on peut difficilement la recommander... pourtant, passée la haute saison, il y a des escales heureuses à découvrir dans les ports traditionnels ou dans les marinas que l'automne a vidées ; j'ai de bons souvenirs tant de ports où l'on s'amarre en pleine ville, que de petites *urbanizaciones*, modernes comme Cabo Roig, Cabo Pino ; des ensembles touristiques plus vastes peuvent être des lieux sympathiques (Almerimar, Mar Menor) ou d'épouvantables marinas tropéziennes à pognon comme Puerto Jose Banus. Il reste peu de mouillages forains, la plupart des endroits bien abrités abritant désormais... un port de plaisance !

On est en Europe, les formalités sont pratiquement inexistantes.. attention pourtant aux questions de durée limitée par la TVA si vous venez d'un pays extérieur à l'Union européenne.

Une des marinas de Gibraltar, au pied du célèbre rocher.

Gibraltar

Port d'escale ; les marinas ne sont pas très bien abritées, et le vacarme des avions qui se posent est terrifiant… bonne halte cependant pour acheter du matériel nautique, boire de la bière dans des pubs très britanniques et rendre visite aux singes qui habitent au sommet du rocher. Formalités simples et classieuses, comme dans la plupart des territoires britanniques.

Côte marocaine

Je ne l'ai pas fréquentée depuis une quinzaine d'années, je ne pense pas qu'elle se soit arrangée depuis : peu de ports, risque de houle, l'accueil pas toujours chaleureux des fonctionnaires de ports, et les « guides » qui vous harcèlent sans fin si vous abordez les marchés comme celui de la Médina de Tanger. Pourtant, l'exotisme est bien là, en traversant le détroit de Gibraltar, vous avez bel et bien changé de continent. Dans mes souvenirs, les haltes les plus sympathiques restent El Jadida et Agadir, dont le yacht-club était accueillant. Formalités assez pénibles, sourire et optimisme de rigueur !

Madère et Porto Santo

Ce petit archipel est devenu une halte favorite des voiliers partent pour les Antilles… et même de quelques-uns qui en reviennent ; la marina de Funchal est bondée en saison, on s'y amarre à couple sur 5 épaisseurs ; malheureusement le mouillage devant la jetée de Funchal est fortement agité l'après-midi par la brise de mer qui passe au sud ; formalités simples, mais on a parfois un peu de mal à trouver l'un ou l'autre des fonctionnaires concernés ; agréable mouillage en baie d'Abra, déserte ; Porto Santo est beaucoup plus paisible que la ville animée de Funchal ; le mouillage est bon dans le port, même si des coups de vent du sud l'agitent parfois. Si l'on veut faire escale sur les îles extérieures, désertes et réserves naturelles (Desertas, Selvagem), il faut demander un permis à Funchal.

Puerto de Mogan, au sud-ouest de la Grande Canarie.

Un des mouillages de l'île de Lanzarote, la plus « africaine » des Canaries.

Îles Canaries

Un archipel béni des dieux où, du moins à ma connaissance, les formalités à faire se limitent à rendre visite au bureau de la marina si l'on s'amarre dans l'une d'elles ; ici aussi, beaucoup de navigateurs se contentent d'une escale technique dans le port de Las Palmas ou dans une des marinas des côtes sud de la Grande Canarie ou de Tenerife.

Dommage, car si l'archipel n'a plus le caractère sauvage qu'il avait au temps où Bernard Moitessier était tombé amoureux des dunes géantes de Fuerteventura (elles n'ont pas changé, et sont presque aussi désertes), quelques semaines peuvent être consacrées à les visiter, des îles « africaines » (Lanzarote, Fuerteventura) aux plus occidentales : Palma, Hierro, et la plus agréable à mon goût, la Gomera, d'où partit Christophe Colomb.

En prévoyant votre itinéraire dans l'archipel, tenez compte de la direction des vents dominants de nord-est, difficiles à remonter, surtout dans les zones d'« accélérations » qui s'étendent entre les îles.

Îles du Cap-Vert

C'est un petit détour pour les bateaux qui vont vers les Antilles, mais l'archipel mérite plus qu'une simple halte : les ports les plus agréables sont ceux de l'Ilha do Sal et surtout de Mindelo, dans l'île de Sao Vicente. Dépaysement garanti, ces îles sont des morceaux d'Afrique tombés au milieu de l'Atlantique, mais des siècles de colonisation portugaise y ont laissé des traces, dont les magnifiques musiques, *mornas* et *coladeiras*, que Cesaria Evora a enfin rendues célèbres dans le monde entier ; le vent ici est un peu fort de janvier à mars, ravissant les amateurs de windsurf ; les navigateurs malins règlent leur escale sur la date du carnaval de Mindelo. Formalités simples et sympathiques à Mindelo comme à Sal (où il faudra se rendre à l'aéroport pour faire viser son passeport), ravitaillement très léger, mais quel exotisme !

Côtes occidentales d'Afrique

Dakar reste très fréquentée, la Guinée Bissau est tentante avec le bel archipel des Bijagos, mais la situation politique ne rend pas souhaitables les escales en Sierra Leone ou au Liberia ; pas très stables non plus, la Côte d'Ivoire et le Nigeria ; les îles de Sao Tome et Principe, jadis peu accueillantes aux visiteurs, ont assoupli leurs réglementations, et c'est vraiment un archipel magnifique ; plus au sud, passé le Gabon, situations politiques et économiques, forts vents et courants contraires, incitent les navigateurs à prendre le large s'ils veulent atteindre l'Afrique du Sud.

Un Saveiro quitte le port de Salvador, Brésil ; cette image date de 1976, la plupart des embarcations locales naviguent aujourd'hui au moteur.

Brésil

C'est une destination désormais classique pour les voiliers qui ne veulent pas atteindre tout de suite les Antilles ; si vous faites escale dans la spectaculaire île brésilienne de Fernando de Noronha sans avoir fait d'abord votre entrée sur le continent, il faudra faire usage de diplomatie pour avoir le droit de faire escale quelques jours ; attention, fortes amendes pour ceux qui plongeront dans le domaine du parc naturel.

Le Brésil lui-même est une immense zone de navigation où des bateaux s'attardent facilement des mois ou plus ; il faudra vous renseigner sur les formalités, qui sont flottantes, et que j'ai toujours trouvées différentes à chacun de mes passages, exigeant en général de refaire des formalités dans chacun des grands ports, appartenant à des États différents. Une loi passée en avril 1999 exigerait que chaque « navire » fasse son entrée et sa sortie à chaque port auprès de la Santé, et paie… 340 dollars pour un permis de 3 mois… les avis des différents ports semblent partagés sur le fait de savoir si un voilier de plaisance est ou non un « navire » ; reste aussi à savoir si ce permis est valable pour plusieurs États… affaire à suivre.

Recife

Grand port où l'on doit entrer facilement de nuit, prolongé par un lagon où se trouvent deux yacht-clubs en eaux boueuses. Au nord de Recife, pour les faibles tirants d'eau, beaux mouillages du côté d'Itamaraca et de Maria Farinha. Recife est une très grande ville à la circulation épouvantable et au marché dantesque, spécialement sous les trombes d'eau de la saison des pluies. Consulat de France et Alliance française.

Maceio

Grand port, accessible de nuit ; mouillage quelconque au cœur d'une flotte de bateaux de pêche pétaradants (comme ceux de Recife, ils ne pratiquent que l'échappement libre). La ville n'est pas très excitante, mais le mouillage devant la plage aux *jangadas* (radeaux des pêcheurs), à l'abri d'une barrière de récifs, est pittoresque.

Rio Sao Francisco Do Norte

Réservé aux faibles tirants d'eau… et aux jours où la mer est très belle, le courant rentrant, la marée haute, la lumière bonne, et le capitaine téméraire… À l'intérieur du fleuve, jamais visité ou presque par des voiliers, nombreux bancs de sable entre lesquels on peut remonter sur plus de 100 kilomètres ! Paysages superbes et antiques pirogues à deux voiles extraordinaires… Mais, méfiance ! De temps en temps, les bateaux de pêche se retournent dans l'entrée. La carte brésilienne m'a semblé à peu près juste.

Salvador

Peu de changement au fil des années. Le yacht-club est sans intérêt, son mouillage infâme ; les bateaux vont généralement au très pittoresque port du Mercado Modelo, très encombré (je n'ai jamais vu des bateaux si proches les uns des autres que dans ce mouillage !). Quand le vent tombe, les courants font des facéties, et on repousse les bateaux voisins du pied. Spécialement pénibles, les *escunas*, goélettes locales ne servent plus qu'à promener les touristes, mais brandissent à travers le port leurs inutiles et incisifs bout-dehors immenses… D'autant que, mouillés sur de grandes longueurs de cordage et pas de chaîne, ils évitent sur des surfaces considérables ! Plus au nord, mouillages des yacht-clubs plus paisibles de Ribeira et d'Aratu. Mais le vrai charme de la « Bahia » (la baie de Salvador), ce sont les très nombreux mouillages d'Itaparica, de l'Ilha do Frade, de Bom Jesus, des rios Jaguaripe et Paraguaçu. Mon mouillage préféré, à la saison des pluies, est la cascade du Tororo, très agréable pour un bateau échouable. Pas loin, une petite île déserte dont je ne vous indique pas la position ; si vous la méritez, vous la trouverez !

Rio

Beaucoup de bateaux font escale dans la baie de Guanabara, où l'accueil du Iate Club n'est plus le même qu'il y a vingt-cinq ans ! La baie d'Ilha Grande est toujours une zone merveilleuse de navigation, mais méfiez-vous des *borrachudos*, ces invisibles moucherons dont les piqûres s'infectent et vous grattent encore des semaines plus tard !

Plus au sud, je ne connais rien de l'Argentine, des eaux du cap Horn, des îles Antarctiques qui ne sont pas tellement ma tasse de thé, mais qui semblent avoir de tels charmes qu'une poignée de navigateurs comme Jérôme Poncet (du *Damien*) ont choisi d'y naviguer pour toujours.

Remontant vers les Antilles, une escale est possible à Fortaleza (éviter le mouillage devant la ville, allez plutôt vous amarrer aux pontons sommaires devant le grand hôtel qui se trouve à l'ouest de la ville, où vous pourrez à prix modique disposer de tout le confort de l'hôtel) ; les grands supermarchés de la ville sont ouverts 24 heures sur 24. Escales possibles aussi à Sao Luis et, pour ceux qui ont lu les livres des Damien, la remontée de l'Amazone est tentante, comme celle, plus loin, de l'Orénoque ; dans cette région, le courant vous emporte comme un véritable tapis roulant, et, du Brésil à la Guyane, il n'est pas rare de parcourir 200 milles en une journée.

Îles du Salut

Excellente étape sur cette route du Brésil aux Antilles, elles se dressent au large de la Guyane française ; vous pouvez y faire halte quelques jours sans avoir à faire une entrée officielle sur le continent à Cayenne ou Kourou. Et les restes du bagne, dans ces petites îles autrement paradisiaques, valent l'escale. Le séjour est moins agréable sur les fleuves du continent, à Cayenne et à Kourou, mais à certaines périodes, l'activité du centre spatial constitue un petit eldorado pour des navigateurs qui trouvent en cas de nécessité à s'y employer quelques mois ou plus.

Petites Antilles

Cet archipel a une caractéristique presque unique au monde : il est disposé selon une ligne quasiment perpendiculaire à la direction des vents dominants soufflant toute l'année, les alizés ; on peut donc se déplacer sans mal d'une île à l'autre… et revenir sur ses pas (dans les archipels du Pacifique, au contraire, aller d'île en île, c'est se laisser pousser vent arrière par l'alizé, et quand on a quitté une île, il est rare qu'on y revienne). De plus, chacune des îles de l'arc des Petites Antilles a ses particularités culturelles : anciennes possessions anglaises où vit encore le souvenir de Nelson ; départements français où l'on retrouve TF1, Canal+ et le beurre Président en barquettes ovales ; îles hollandaises vivant à un autre rythme. Pas étonnant que nombre de navigateurs au long cours décident de ne pas aller plus loin et s'attardent de nombreuses années dans l'arc des Petites Antilles, le montant et le descendant au rythme de la saison des cyclones – car il est conseillé de fuir cette zone de juin à novembre, où le risque de cyclone est bien présent : beaucoup de voiliers descendent jusqu'au Venezuela. Les formalités, malheureusement, doivent se faire chaque fois qu'on change d'île ou de groupe d'îles, Martinique, Dominique, Guadeloupe, Sainte-Lucie, Grenadines, etc. Ici aussi, munissez-vous d'une patience à toute épreuve, même si vous savez parfaitement que les papiers qu'on vous fera remplir pour la millième fois ne serviront qu'à nourrir un jour les rats du port. CHARTER**** dans tout l'arc des petites Antilles.

Le port de Gustavia, à Saint-Barthélemy, est en général saturé, et on mouille à l'extérieur si l'on ne souhaite pas s'amarrer au quai, souvent sujet au ressac.

Retour vers l'Europe

Le Great Sound, l'un des nombreux mouillages de l'archipel des Bermudes

Si le temps dont vous disposez vous oblige déjà à regagner l'Europe, le bon moment pour prendre la route est le mois de mai : plus tôt, vous risquez de tomber sur du mauvais temps dans les latitudes extratropicales, plus tard, vous risquez d'être victime d'un cyclone ; si vous avez le temps ne manquez pas une escale aux :

Bermudes : ce ne sera qu'un petit détour de quelques jours, et vous aurez plus de chance de contourner les calmes de l'anticyclone des Açores ; et l'archipel, si la vie y est coûteuse, est accueillant. Contactez le port par radio avant d'approcher, glissez vous dans « the cut », et amarrez-vous au quai de Saint-Georges pour des formalités expresses et élégantes (c'est la première fois qu'ayant comparé ma date de naissance et la date du jour, un employé d'immigration m'a souhaité bon anniversaire !). Ensuite, vous pourrez vous aventurer dans le dédale de chenaux et d'îlots, semés de jolis mouillages, de cet archipel, l'atoll, de la planète, le plus éloigné de l'équateur : les eaux chaudes du Gulf Stream en sont la cause.

La première île des Açores rencontrée en venant de l'ouest est la superbe Flores.

Açores : on peut aussi atteindre les Açores directement au départ des Antilles, mais comme il faudra traverser l'anticyclone, on a intérêt à emporter de bonnes réserves de fuel supplémentaires ; je pense de toutes façons que si l'autonomie de votre moteur le permet, dans ces latitudes où moins on reste longtemps à attendre, moins on risque de prendre un mauvais coup, il vaut mieux profiter des calmes pour faire de la route. Votre première escale aux Açores venant de l'ouest pourra être Florès, superbe ; je vous conseille le mois de juillet, où les haies d'hortensias sont en fleurs. L'escale la plus traditionnelle est la marina de Horta, dans l'île de Faial, mais toutes les îles de l'archipel sont spectaculaires et méritent la visite : prévoir deux ou trois semaines pour découvrir cet archipel n'est pas un luxe ! les formalités sont simples et vite expédiées dans chacune des îles, on commencera peut-être à vous poser des questions concernant la TVA.

Reprenant notre route au départ des Petites Antilles, deux chemins sont possibles, au long de zones de navigation bien différentes : par les Grandes Antilles et les Bahamas (et pourquoi pas un détour vers les États-Unis et le Québec) ; ou par le sud de la mer des Caraïbes, Trinidad, Venezuela, Curaçao.

Grandes Antilles

La côte de Haïti n'est pas sûre, en 2000, on pouvait cependant faire une agréable escale dans la jolie baie de Port Morgan, à l'île à Vache, où tout le transport se fait encore à cheval ou en voilier traditionnel.

Ici, c'est une autre histoire, sitôt qu'on a quitté Saint-Martin pour les îles Vierges, revenir devient beaucoup plus difficile ; la route empruntée par les Américains venus de Floride et remontant d'ouest en est cet archipel a été surnommée « The thorny path » (le chemin d'épines) ; il existe même un guide expliquant comment la parcourir sans trop souffrir ; pour vous, vent arrière, aucun problème, sauf le fait que la sécurité en Haïti ne s'améliore pas, et qu'on ne peut envisager d'y faire halte que dans quelque ports.

Îles Vierges américaines et Puerto Rico

Attention, si vous avez un passeport européen et que vous atteignez les États-Unis par un moyen de transport commercial, avion de ligne ou ferry, vous êtes dispensé de visa US ; mais il vous en faut impérativement un si vous arrivez sur un bateau ou un avion privés. Si l'un de vos équipiers n'a pas de visa, vous pouvez contourner le problème en le faisant embarquer sur un ferry joignant les îles Vierges britanniques aux îles Vierges américaines, et en le récupérant, parfaitement en règle, à Saint-Thomas.

La République Dominicaine

C'est un pays fascinant, mais les mouillages y sont peu nombreux, et les formalités assez lassantes, chaque fonctionnaire vous demandera un bakchich, on se croirait presque en Égypte ! Mais quel beau pays ! Et quelle musique !

Bahamas

Il m'est arrivé de passer des mois entier à naviguer dans l'infini bleu des Bahamas ; au sud de Georgetown, Exumas, vous trouverez beaucoup moins de voiliers qu'au nord, les possibilités de mouillages sont illimitées. Arrivant du sud-est, vous pourrez faire votre entrée à Great Inagua. Les fonctionnaires bahaméens, qui voient passer beaucoup de voiliers, vous accueilleront parfois peut-être avec lassitude, mais les formalités ne posent généralement pas de problème. Dans le but de « simplifier », les Bahamas auraient inauguré en 1999 un tarif forfaitaire de 100 dollars US (je ne sais pas quelle est sa durée de validité) qui devrait faire disparaître tout paiement pour *overtime* (dépenses supplémentaires occasionnées par une arrivée au port d'entrée hors des horaires et jours ouvrables...) certains ports sont connus, même si vous êtes arrivés aux heures d'ouverture, pour vous faire patienter avant de venir vous faire vos papiers jusqu'à une heure où une surtaxe d'*overtime* sera exigible !

Les archipels du sud de Cuba (Canarreos, Jardines de la Reina), quasi déserts, offrent un champ presque infini à des croisières tranquilles.

Cuba

Certains bateaux sont si séduits qu'ils traitent cette île et les nombreux îlots qui l'entourent comme une zone de navigation à part entière, ce qui sera certainement le cas lorsque le blocus américain aura pris fin. Pour l'instant, les formalités à Cuba sont longues, mettant en jeu au moins une demi-douzaine de services, mais toujours souriantes (tout le monde venant à votre bord) surtout si vous avez choisi comme port d'entrée un de ceux habitués aux voiliers voyageurs : Cayo Largo, Cienfuegos et Santiago sur la côte sud, la marina Hemingway sur la côte nord ; ensuite, vous n'avez pratiquement plus de problème pour faire halte dans les îles ou mouillages qui séparent les points d'escale que vous aurez énumérés sur votre permis de croisière. CHARTER *** aux îles Vierges, aux Bahamas et à Cuba (Cayo Largo).

L'ouest de la mer de Caraïbes

Une plage de l'île de Providencia, tranquille dépendance anglophone de la Colombie, au large du Nicaragua.

Il est peu connu des Français ; beaucoup d'Américains s'attardent aussi dans le région du Belize, des « îles de la Baie » de Roatan, au Honduras ; moi je n'en connais que San Andrès et surtout Providencia, une escale véritablement magique. Dans cette région, les formalités passent souvent par l'intermédiaire d'« agents » qui font payer leurs services quelques dizaines de dollars, mais qui règlent tous les problèmes pour vous, et vous viennent en aide en cas de pépin ; leur intervention représente en général un bon investissement ; renseignez-vous quand même le plus tôt possible, certains tentent de facturer des sommes déraisonnables.

Trinidad

Cette île offre maintenant une concentration impressionnante de chantiers où s'effectuent toutes sortes de réparations et de travaux d'entretien.

Venezuela

Les voiliers qui fuient les Petites Antilles durant la saison des cyclones trouvent une belle zone de navigation au long de ses côtes. Les îles des Testigos (où l'on sera généralement autorisé à séjourner quelques jours même si on n'a pas fait son entrée dans un port officiel), Margarita, Roques, Aves, s'égrènent au large d'une côte où des ports comme Puerto la Cruz offrent des possibilités de réparations.

Curaçao, Aruba, Bonaire

Ces îles, connues sous le nom de A, B, C, ont quelques bons mouillages. À Curaçao, en appelant par téléphone du yacht-club de Spanish Waters, sur la côte sud, on reçoit la visite de la police et de la douane pour l'entrée et la sortie. Les mouillages de Curaçao sont ventés, mais bien abrités. Éviter celui de la ville.

Colombie

Malgré les difficultés que connaît ce pays, Cartagena, ces dernières années, était réputée une ville très sûre, très belle et propre. Il est cependant conseillé d'éviter de faire escale ailleurs le long des côtes de ce pays.

Panama

Je l'avais toujours considéré comme le lieu de passage par excellence, et je n'avais qu'une seule hâte, tremper les coques de mon bateau dans les eaux du Pacifique. En fait j'ai réalisé que Panama constitue une zone de navigation très riche, des inoubliables îles San Blas, sur la côte Caraïbe, à Isla Grande, à l'archipel des Perlas ou aux îles qui s'étendent au large des côtes Pacifique, jusqu'à la frontière du Costa Rica. Chose assez rare, un bateau peut rester fort longtemps dans ce pays en payant un permis de croisière de 75 dollars valable trois mois et apparemment renouvelable à peu près aussi longtemps que l'on veut… ce n'est pas le cas dans beaucoup de pays visités par les voiliers vagabonds, en particulier dans le Pacifique. C'est vrai que la saison sèche du Panama ne dure que 3 mois, mais durant la saison des pluies, il ne pleut que quelques heures par jour, et que, dans les îles, la température reste toujours agréable.

Canal de Panama

Ses prix ont nettement augmenté récemment, mais restent relativement raisonnables eu égard au détour qu'il évite ! Pour un bateau de moins de 15 mètres, en 2001, il vous en coûtera 500 dollars et vous devrez déposer une caution de 800 dollars. Il y a une bonne solution, qui vous coûtera 200 à 300 dollars de plus, mais vous dispensera de la caution et, en fait, d'effectuer vous-même la moindre formalité : utiliser les services d'un agent (voir adresses en fin de livre).

Passage du canal de Panama d'un voilier amarré center chamber, *c'est-à-dire maintenu par quatre amarres au centre de l'écluse, procédé recommandé à la montée.*

Île Coco

Entièrement consacrée à une réserve naturelle, elle pratique maintenant des tarifs décourageants : 15 dollars par jour par bateau et par personne au-dessus de 10 ans, plus 4 dollars par jour par plongeur. Au total l'endroit est assez extraordinaire pour justifier deux ou trois jours d'escale ; la pêche et la capture de langoustes y sont désormais interdites… Il faut dire que lors de mon passage, il y a quinze ans, un gentil couple de croiseurs américains montrait fièrement les 150 langoustes qu'il avait prises en un jour… pour les faire sécher !

Galápagos

La situation pour les bateaux de passage s'est un peu améliorée, on peut maintenant y rester trois semaines, et jeter l'ancre dans quatre îles, devant les centres habités, ce qui donne l'occasion de faire un peu de ravitaillement, et

Pas question malheureusement de débarquer sans guide officiel et coûteuse autorisation, sur l'île de Bartolomé, aux Galápagos.

d'apercevoir la faune, otaries, tortues géantes, iguanes de cet archipel mythique. Mais les mois de séjour heureux que Bernard Moitessier décrit dans *Cap Horn à la voile* sont hors de portée depuis que la navigation dans l'ensemble de l'archipel est pratiquement réservée à la vaste flotte de promène-touristes qui hante tous les mouillages ; même avec un permis – très difficile à obtenir – vous ne pourriez naviguer en règle d'île en île qu'en prenant un guide (payé) à votre bord, et en payant en outre une somme par personne et par jour absolument hallucinante. Si vous arrivez après mai, et que le vent de sud-est s'est déjà installé, le mouillage de Puerto Baquerizo (Wreck Bay), à San Cristobal, est beaucoup plus agréable que celui de Santa Cruz, grand ouvert à la houle ; Puerto Baquerizo est aussi beaucoup moins envahi par l'industrie touristique. Isabela a un agréable mouillage, pas trop rouleur, dans un lagon assez encombré de rochers, devant Villamil. Pas de charter, mais nombreux bateaux de croisière pour toutes sortes de budgets, de 50 à 200 dollars par jour, sur les sites du parc.

Le mouillage d'Anakena, à l'île de Pâques, n'est praticable que lorsque le vent a la bonne direction.

Île de Pâques

Un détour par le sud peut vous conduire à l'Île de Pâques, dont les mouillages sont médiocres, exigeant de changer de place dès que le vent tourne ; le petit port de Hanga Piko est un bon abri mais doit être très agité par vent d'est.

Polynésie française

Vu la direction de l'alizé, lorsqu'on a quitté les Marquises, on y retourne rarement, lorsqu'on a atteint les îles Sous-le-Vent, on retourne rarement contre le vent jusqu'à Tahiti… pourtant quelle immense, magnifique zone de navigation, pour qui prend son temps. J'y ai navigué des mois, des années, et n'ai fait qu'effleurer les innombrables atolls des Tuamotu, et les nombreux mouillages de îles hautes. Une bonne chose à savoir : l'alizé ici est un peu moins établi qu'aux Antilles, et il arrive environ une fois par semaine que le vent fasse le tour du cadran, passant au nord-ouest ; c'est le moment de tailler la route pour retourner par exemple des îles Sous-le-Vent à Tahiti : 24 heures plus tard, le vent passera au sud puis au sud-est, soufflant assez fort, c'est le retour de l'alizé. Le temps consacré à la navigation dans ces archipels dépend de votre budget (la vie coûte très cher en Polynésie française, à moins de vous contenter de produits locaux et de vivre dans les petites îles reculées plutôt qu'à proximité de la coûteuse capitale) et de la saison des cyclones : pas question de faire route dans le Pacifique en saison des cyclones, et les abris en Polynésie française ne sont pas nombreux ; Raiatea est l'île la mieux équipée dans ce domaine, pas mal de bateaux passent la saison des cyclones… au sec dans un chantier. Côté formalités, bien que nous soyons dans un territoire d'outre-mer, elles sont assez pointilleuses ; on parlait récemment d'une suppression possible de la caution obligatoire équivalant à votre rapatriement par avion dans votre pays de résidence. Cela fait, les formalités sont assez cool, elles consistent généralement à aller dire un petit bonjour aux gendarmes des îles visitées. Arrivant par l'est, Marquises ou Gambier, vous ferez une sorte d'entrée provisoire simplifiée qu'il faudra compléter en arrivant à Papeete. Si vous arrivez par les Gambier, le

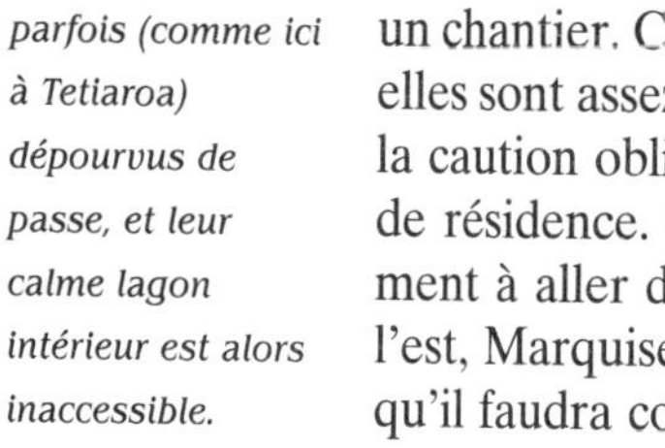

Les atolls de Polynésie sont parfois (comme ici à Tetiaroa) dépourvus de passe, et leur calme lagon intérieur est alors inaccessible.

Un catamaran à l'ancre sous le vent de l'île d'Ua Pou, aux Marquises.

« périmètre nucléaire » autour de Mururoa n'est plus, heureusement, le siège d'essais, mais je ne sais pas si on nous laissera bientôt faire escale dans le magnifique atoll de « Muru ». Ceux qui ne disposent que d'une ou deux semaines de navigation de plaisance en Polynésie, ceux, en particulier, qui louent un voilier, cantonnent généralement leur croisière aux îles Sous-le-Vent, une parfaite zone de navigation qui se suffit à elle-même, Huahiné, Raiatea, Tahaa, Bora-Bora, Maupiti avec certaines précautions, ils n'ont pas de mal à y trouver un bon nombre de mouillages plus fascinants les uns que les autres. Il existe aussi des croisières dans le nord des Tuamotu et aux Marquises, mais chacune de ces zones, fort distante des autres, est comme un monde à part, et l'on navigue rarement d'un groupe d'îles à l'autre. Le groupe des Australes, qui déborde un peu de la zone proprement tropicale, est peu visité, et les marins d'ici affirment que chaque fois que l'on s'y rend, on prend un mauvais coup sur le coin de la figure. CHARTER**** aux Marquises, Tuamotu et îles Sous-le-Vent.

Mouillage de Vaiare, à l'est de Moorea ; au loin, Tahiti.

Îles Hawai'i

La « Polynésie US » n'est pas un archipel bien propice à la croisière ; les mouillages sont peu nombreux et mal abrités, les rares marinas bondées, et les barrières de corail qui protègent les mouillages de Polynésie française sont presque inexistants. Ici aussi, n'arrivant pas par un moyen de transport commercial, il faudra se munir d'un visa US. Sur la route Tahiti-Hawai'i, quelques uns des atolls de Fanning, Christmas, Palmyra, offrent des possibilités d'escale : Palmyra a un excellent abri dans un lagon jadis utilisé par les forces armées américaines ; rachetée par une organisation de conservation, espérons qu'elle ne sera pas déclarée « off limits » pour les croiseurs qui ont peu de possibilités d'escale dans cette immensité déserte.

Au départ de Tahiti, reprenant la route des alizés vers l'ouest, les mauvaises langues diront que tout est moins bien, « downhill » comme disent les anglophones… c'est bien mal juger une kyrielle d'archipels qui offrent encore, pour certains, l'occasion d'une brève escale (Niue, Samoa, Wallis, Suvarov), et d'autres de véritables paradis pour les marins flâneurs ; malheureusement, on vous y accorde généralement des séjours d'une durée limitée, convenant bien à une traversée du Pacifique entre deux saisons des cyclones, mais rarement compatibles avec l'idée de s'installer pour de longues durées.

Îles Cook

Elles sont très éloignées les unes des autres, on visite Rarotonga, Aitutaki ou Suvarof, rarement plusieurs d'entre elles.

Un des nombreux mouillages de l'archipel Vava'u, au nord des Tonga.

Îles Tonga

Le groupe des Vava'u, au nord, en particulier, est une si merveilleuse zone de croisière que la société Moorings y a depuis longtemps créé une base de location très active. Ici vous ne retrouverez pas l'exubérance tahitienne ni les montagnes escarpées des îles de Polynésie, mais des îles basses ponctuées de dizaines d'agréables mouillages. CHARTER***

Tuvalu, Kiribati, Marshall, Carolines, etc.

Les archipels plus au nord, Kiribati, Tuvalu, Marshall sont composés d'atolls peu développés, où tous les « motus » se ressemblent un peu ; on n'y trouve pas grand-chose d'extraordinaire, et l'accueil n'est pas toujours des plus gracieux ; plus spectaculaires sont les îles montagneuses des Carolines, Ponape, Kusaie ; leurs atolls ont des lagons magnifiques, comme celui de Truk, et des curiosités historiques (la ville sur l'eau de Nan Madol à Ponape) ou géologiques (les mille îles de Palau). Quelques atolls abritent des populations polynésiennes égarées dans ces eaux mélanésiennes ou micronésiennes, où l'accueil est parfois plus agréable que dans les grands centres. L'ennui dans la plupart de ces groupes, c'est que, pour y accéder, il faut d'abord faire son entrée dans une île qui n'est pas la plus au vent, donc, passer sans avoir le droit de s'y arrêter près d'îles tentantes, où on ne retournera pas, contre le vent, après avoir accompli les formalités.

Mouillage de Malolo Lai Lai (Musket Cove) aux Mamanuthas, au nord-ouest des Fidji.

Fidji

C'est exactement le cas de îles Fidji, où il n'est pas question de faire halte dans les îles du groupe Lau avant d'avoir été accomplir les formalités à Viti Levu ou Vanua Levu. L'archipel cependant est un immense terrain de jeu pour les navigateurs, de l'héritage britannique (fortement influencé par l'immigration indienne) de la capitale, Suva, jusqu'aux fabuleux récifs coralliens tels que celui de l'Astrolabe, ou aux îles au développement touristique encore raisonnable du nord-ouest, comme les Yasawa ; formalités assez pointilleuses, il faudra demander un permis à Suva pour naviguer dans les autres îles du groupe.

Dans la région de Lautoka, on trouve quelques équipements pour l'entretien des bateaux, de nombreux voiliers passent ici aussi la saison des cyclones au sec. CHARTER*** aux Yasawa.

L'excellent mouillage d'Akaroa, dans l'île Sud.

Nouvelle-Zélande

C'est une destination favorite pour les navigateurs qui veulent fuir la zone cyclonique ; malheureusement, comme elle se trouve nettement en dehors des tropiques, il n'est pas rare de se faire secouer en l'approchant. D'Auckland à l'extrémité nord de l'île Nord, les possibilités d'escales sont nombreuses, dans des archipels comme celui de la Bay of Islands ou en remontant le cours de rivières comme celle de Kerikeri. La Nouvelle-Zélande est une grande nation nautique, et les possibilités de réparations et d'entretien sont immenses du côté d'Auckland, de Tauranga, Whangaroa ; les navigateurs descendent rarement plus au sud qu'Auckland, et préfèrent souvent aller visiter les deux îles… en louant un camping-car (van). Pourtant de nombreuses escales sont possibles dans le détroit de Cook, du côté d'Akaroa, et pour ceux que les températures plus froides et le mauvais temps possible n'effraient pas, dans les sounds de l'île Sud, et même jusqu'à l'île Stewart. Formalités claires et précises : il y a quelque temps, on exigeait une inspection des bateaux à pavillon étranger pour vérifier que leur sécurité était correcte ; il semble que cette réglementation ait été relâchée. CHARTER *** dans la « Bay of Islands » et au large d'Auckland.

Vanuatu

Encore une belle zone de navigation peu connue, aux nombreux mouillages, et aux curiosités spectaculaires, comme le volcan Yasur, à Tanna, les danses des *small nambas*, et les îles volcaniques rarement visitées de l'archipel des Banks. Ici, l'éloignement des îles peut causer des problèmes pour les formalités : Tanna n'étant pas un port d'entrée, le seul moyen d'y accomplir les formalités était de faire venir par avion, à vos frais, un fonctionnaire ; certains bateaux se sont regroupés pour cela. CHARTER** à Port Vila.

Salomon

Je ne connais pas ces îles, où les navigateurs américains semblent passer de bons moments, en particulier du côté de Marovo Lagoon ; on se méfiera de l'agitation politique qui incite à éviter les îles de l'ouest, du côté de Bougainville. On signale aussi une rébellion armée autour de Guadalcanal.

Nouvelle-Calédonie

Les navigateurs français ont la chance de bénéficier autour du monde, aux latitudes tropicales, d'une succession de départements et territoires d'outre-mer où ils peuvent retrouver, mêlées à des cultures locales très réelles (Antilles, Polynésie, Nouvelle-Calédonie, Réunion) des éléments culturels français : langue, produits alimentaires, coutumes ; certains y trouvent même des emplois (en respectant bien sûr des réglementations qui ne sont pas toujours très claires). La Nouvelle-Calédonie fait partie de ces territoires, et mérite certainement autre chose qu'une brève escale à Nouméa ; du nord de la Grande Terre aux îles Loyauté, de la baie de Prosny à l'île des Pins, on peut aisément se perdre dans une myriade de mouillages, et laisser passer des mois, voire des années… Les formalités se font à Nouméa, et puis on est libre de naviguer à sa guise dans l'un des plus grands lagons du monde, et d'atteindre des îles peu fréquentées ; attention cependant à la saison des cyclones, les « trous à cyclones » sont peu nombreux en Nouvelle-Calédonie. CHARTER **** au départ de Nouméa.

Sur les rivages de la grande barrière de corail, il faut tenir compte des marées

Australie

Les premiers navigateurs franchissaient en serrant les fesses le détroit de Torrès, l'étroit passage semé de récifs qui sépare le nord de l'Australie de la Nouvelle-Guinée ; ils n'avaient qu'une hâte, se retrouver dans l'océan Indien ; il vaut mieux prendre son temps, franchir l'une des nombreuses passes qui donnent accès à l'intérieur de la grande barrière, et là, en eaux plus calmes qu'au large, visiter des régions très variées, de Brisbane (et Sydney), plus au sud, aux Whitsundays, à Cairns, et aux jolies îles qui s'égrènent jusqu'au cap York ; quelques escales sont aussi possibles sur la côte nord de ce presque continent : Thursday Island, Gove (très accueillante), Darwin ; la côte nord-ouest de l'Australie a des archipels qui semblent tentants… mais méfiez-vous, sur les plages… des crocodiles, nombreux et agressifs dans ces parages ; attention, une bonne partie des territoires du nord appartient à des réserves aborigènes, et il faudra demander une autorisation avant d'y faire escale. Un problème avec l'Australie et la Nouvelle-Zélande : la quarantaine vous fera jeter une bonne partie des produits frais que vous apporterez avec vous, légumes, fruits, viande, produits laitiers. CHARTER*** dans la grande barrière, surtout autour des Whitsundays.

Mouillage de Port-Vila dans l'île d'Efate.

Nouvelle-Guinée

La situation politique et économique ne semble pas beaucoup s'améliorer dans cette immense île partagée entre la Papouasie-Nouvelle-Guinée à l'est et l'Irian Jaya (encore à ce jour possession indonésienne), à l'ouest. J'ai d'excellents souvenirs d'escales dans les archipels qui s'étendent à l'est et au nord-est de la Papua New Guinea : New Britain, New Ireland, archipel de la Louisiade. Si vous faites escale à Port Moresby, les vols sont à craindre.

On dit de l'île des Pins, accessible en une journée de navigation au sud-est de Nouméa, que c'est l'île la plus proche du Paradis... et c'est peut-être bien vrai !

Grand Archipel d'Asie

Les différents archipels qui le composent me tentent moins que d'autres, pour diverses raisons, météorologiques, humaines : d'abord la région des Philippines est la seule région tropicale de notre planète où les cyclones (ici appelés typhons) sont possibles en toute saison : s'ils sont plus fréquents en été, de juin à octobre, ils ne sont inconnus aucun mois de l'année ; heureusement, l'archipel a de nombreux ancrages abrités de toutes les directions.

Et puis chaque région a ses problèmes humains

Indonésie

L'Indonésie exige un permis, le CAIT, assez difficile à obtenir, pour lequel il faut préciser à l'avance son itinéraire. On peut l'obtenir soit par l'intermédiaire de Wayan Kotha, soit de la *Bali International Marina* (voir adresses en fin de livre). Et les îles indonésiennes sont si surpeuplées qu'on s'y retrouve dans chaque mouillage en proie à la curiosité de tous les locaux venus en barque ou en annexe ; les fonctionnaires sont pointilleux, bref un ensemble de handicaps qui gâchent un peu le plaisir de la croisière libre. Aussi beaucoup de bateaux ne font-ils escale qu'à Bali, une des seules îles non musulmanes au milieu de cet archipel ; les formalités n'y sont pas beaucoup plus légères, mais l'île est si fabuleuse qu'elle mérite de faire un effort. La mer de Java est souvent privée de vent, embrumée, sillonnée de navires dépourvus de la moindre lumière et plantée de grands pieux non éclairés faisant obstacle à la navigation ; j'ai parfois été tenté de m'y aventurer, mais j'ai toujours au dernier moment préféré les immensités plus simples de l'océan Indien. En 1999 et 2000, des bateaux rapportent avoir fait d'excellentes croisières de Florès à Komodo (l'île des « dragons »), à Bali et à Singapour ; d'autres ont craint d'être victimes de pirates en tentant de visiter Kumai (Bornéo).

Les Philippines

Ce n'est que dans leur sud qu'elles souffrent des problèmes de rébellion de la minorité musulmane qui se manifestent régulièrement par des événements,

Aux Philippines, on navigue encore beaucoup à la voile.

comme récemment la prise d'otages de Jolo. Pourtant les Philippines n'ont pas un régime politique très simple, et si on peut y faire de magnifiques croisières, on y a toujours l'esprit moins tranquille que dans les archipels que nous avons visités jusqu'à présent ; un bon nombre de bateaux savent pourtant surmonter ces problèmes et y font des croisières inoubliables ; on conseille de faire son entrée ailleurs qu'à Subic Bay, ancienne base militaire américaine. On évitera en tout cas les îles de l'archipel Sulu et leurs parages, où la tradition ancestrale de piraterie se complique de rebellions à connotations religieuses signalées plus haut.

La grotte des Merveilles, dans le baie d'Ha Long, au Vietnam.

Vietnam et Chine

Longtemps coupées du monde par un lourd rideau de fer, ces nations n'ont pas encore vraiment assimilé le fait qu'on puisse se déplacer autour du monde pour son plaisir sur un petit voilier, et je ne crois pas que soit très proche le jour où on pourra se balader dans les eaux magiques de la baie d'Ha Long avec son propre voilier. Je n'ai pas de témoignage de bateaux ayant visité la Chine, mais s'il s'en trouve, ils ont sûrement eu droit seulement à quelques escales dans des ports commerciaux très surveillés.

Japon

Il est lui aussi surpeuplé, les rivages s'y consacrent plutôt à la pêche, la plaisance à la voile n'y est pas très connue ; tous ces pays cependant doivent certainement apporter des satisfactions inoubliables à ceux qui prennent le temps de surmonter les immenses barrières culturelles qui nous séparent.

Seuls pays de cette région indochinoise à avoir bien assimilé le nautisme de plaisance, Singapour, la Malaisie et la Thaïlande accueillent des voiliers heureux qui changent de région de navigation en fonction des moussons.

Singapour

Singapour a une nouvelle marina non loin du légendaire hôtel Raffles (en plus du yacht club de Changi, jadis site d'une prison, aujourd'hui siège d'un des plus beaux aéroports du monde et de quelques marinas dans le détroit de Johore).

Îles de Malaisie

Penang, et surtout les Langkawi, sont d'agréables escales.

Thaïlande

Autour de Phuket, c'est une grande région pour la plaisance ; bien sûr ici, les conditions dépendent du rythme des moussons, mais dans l'ensemble qui s'étend entre Phuket et le continent, Krabi et la baie de Phang Nga, on trouve en toute saison des mouillages absolument uniques au monde.

Ashmore

Lieu de brèves escales : le récif Ashmore, territoire australien. On trouve tout autour du monde des récifs dépourvus d'îles émergées, donnant un abri parfois bienvenu au cœur d'un océan ; jadis ces atolls immergés étaient peu fréquentés car très difficiles à trouver, mais le GPS a changé tout cela, et dans le lagon de Minerva Reef, dans le Pacifique, par exemple, on trouve très souvent des voiliers en escale.

Le mouillage de Flying fish Cove, à Christmas Island, est excellent sauf lorsque des rouleaux arrivent du nord-ouest.

Christmas (territoire australien)

L'île est reliée à Perth par des vols réguliers, des joueurs viennent d'Indonésie flamber dans l'étonnant casino que l'on vient de construire dans cette île jadis vouée à l'exploitation des phosphates, et recouverte quand vient le mois de novembre d'un déferlement de millions de crabes rouges partant pondre au bord de l'eau.

Cocos Keeling (également territoire australien)

On vous fera jeter ou mettre sous clé tous vos vivres frais si vous avez fait escale à Christmas ; mais le mouillage de Direction Island est si agréable qu'on s'y attarde bien volontiers avant d'aller affronter les immensités désertes de l'océan Indien ; ne débarquez pas à terre, ne nagez même pas avant que les fonctionnaires australiens ne soient venus vous contrôler, ils détestent ça ! Ici aussi un avion vient deux fois par semaine de Perth, et vous pourrez en cas de besoin y recevoir des pièces détachées venues d'Australie.

Îles Chagos

Ces îles sont un phénomène unique sur cette planète : elles ont été vidées en douceur mais de façon contestable de leur population quand l'Angleterre, qui a gardé la possession de l'archipel au moment de l'indépendance de l'île Maurice, a loué l'un des atolls du groupe aux Américains pour y créer une base militaire géante qui a été fort utile au moment de la guerre du Golfe. Depuis les natifs des Chagos exilés à Maurice tentent en vain d'obtenir le droit de rentrer chez eux… et les voiliers de passage, tolérés par l'administration britannique, peuvent seuls jouir de ces îles de rêve où finissent de tomber en ruines les villages des anciens habitants, qui avaient accueilli Bernard Moitessier lors de son premier naufrage. L'atoll Salomon, en particulier, à l'abri parfait, accueille par moments des dizaines de bateaux en escale, et le représentant britannique veille simplement à ce que personne ne s'installe à terre, détruisant toute ébauche d'installation permanente. L'atoll de Diego Garcia, où se trouve la base militaire, est interdit d'accès, sauf bien sûr en cas de besoin urgent d'assistance.

Ceylan (Sri Lanka)

Déchirée par la guerre civile dans sa partie nord, Ceylan accueille pourtant à son extrémité sud, dans le port de Galle, les voiliers qui traversent l'océan Indien ; un agent bien organisé y gère pour vous toutes les formalités, et c'est généralement en voiture ou en bus, voire à bord de pittoresques trains touristiques, qu'on va visiter le reste de l'île, Kandy, Nuwara Eliya et Colombo, évitant malheureusement le nord-est de l'île revendiqué par la minorité tamoul en guerre.

Maldives

Encore une nation musulmane où les formalités ne sont pas toutes simples ; les voiliers qui vont de Ceylan au golfe d'Aden ou vice versa se contentent en général d'une escale dans l'atoll d'Uleguma, au nord de l'archipel, mais si l'on veut voyager dans l'ensemble de l'archipel il faut aller faire une demande à

Le port de Malé, aux Maldives, est réservé aux embarcations locales, il faut, le temps d'accomplir les formalités, jeter l'ancre hors du port, dans des profondeurs de 40 mètres !

Malé, où l'agent le plus efficace, FIFO, vous aidera à accomplir les formalités ; il faut dire que le mouillage où vous devrez ancrer, devant Malé, est parfaitement odieux, 30 à 40 mètres de fond, ouvert à toutes les houles, ce n'est pas un endroit où s'éterniser ! Il y a quelques mouillages sympathiques dans les atolls de Malé nord et Malé sud, où on peut naviguer sans avoir à demander le permis nécessaire pour visiter les autres atolls (il n'est pas facile à obtenir). Le problème, aux Maldives, c'est que le îlots des atolls que l'on peut visiter sont en général entièrement propriété des hôteliers, qui ne voient pas toujours d'un bon œil l'arrivée de voiliers voyageurs qui ne correspondent pas à leur idée du client politiquement correct, du style « tout compris ». En préparant le terrain à l'avance, des bateaux ont été bien accueillis à Farukolufushi (club Med), Rannahli (village de vacances italien), ou dans Ari Atoll, au Maldives Hilton ; ici il est important de laisser ce que le SSCA (voir plus loin) appelle « a clean wake », un sillage propre… c'est-à-dire, que des bons souvenirs à ceux qui vous ont accueillis ! Aux Maldives comme dans une bonne partie de l'océan Indien, il faut tenir compte de l'alternance des moussons : en été, le continent asiatique est chaud, il attire l'air, l'alizé s'incurve et vient du sud-ouest, chargé de pluies ; en hiver la mer est plus chaude, et le vent repasse au nord-est, plus sec puisqu'il vient des terres.

Les petites îles des Seychelles (ici La Digue) n'ont pas de très nombreux mouillages, mais elles sont merveilleuses...

Seychelles

Cet archipel est une merveille de la nature, avec ses rochers aux formes extraordinaires, sa végétation luxuriante (dont les célèbres cocos-fesses), ses tortues géantes, ses millions d'oiseaux, sa culture, son créole chantant, sa musique ; l'entrée se fait dans le port de Victoria, île de Mahé, formalités pointilleuses, qu'il faut renouveler chaque fois que l'on part pour une virée dans les autres îles de l'archipel ; le port de Victoria est vite plein. Les bons mouillages ne sont pas si nombreux, d'autant qu'ici aussi, la mousson intervient : vent de sud-est dominant de mai à mi-octobre et saison humide, mousson de nord-ouest de novembre à avril ; le meilleur mouillage à Praslin par mousson de sud-est est celui, magnifique, de l'anse Lazio, d'où on peut faire des sorties à la journée pour visiter les autres îles, aux mouillages moins confortables. Les atolls lointains, Amirantes, Farquhar, Aldabra nécessitent une autorisation spéciale, et sont vraiment très loin ! CHARTER **** au départ de Mahé (Victoria).

Le mouillage de Dzaouzi, Grande Comore, sous l'œil bienveillant de la marine nationale.

Comores

Une destination peu connue, dans le canal du Mozambique, entre Madagascar et la côte est de l'Afrique ; le mouillage de Dzaoudzi est très agréable, et l'archipel, un autre morceau d'Afrique en pleine mer, vaut une escale prolongée ; les mouillages des Comores indépendantes, Anjouan, Moheli, Grande Comore, sont moins bons.

Madagascar

Cette île fut isolée par une sorte rideau de fer pendant des années ; aujourd'hui elle s'est largement ouverte aux visiteurs étrangers, qu'on ne prend plus systématiquement pour des espions de l'Afrique du Sud ou de la CIA… l'île essaie de rattraper le grand retard économique qu'elle a pris, alors qu'elle a tout pour être prospère, dont une quantité extraordinaire de mouillages, en particulier sur sa côte ouest du cap d'Ambre à Nosy Bé, à Morondava et à Tulear ; formalités un peu floues, mais généralement sans problèmes. Un peu de CHARTER** au départ de Nosy Bé. Sur la côte est, le grand port de Tamatave (ma ville natale), la délicieuse île de Sainte-Marie, jadis repaire de pirates, et, tout au nord, la superbe baie de Diego-Suarez constituent de belles escales.

Isolées dans un vaste océan, La Réunion et (ici) l'île Maurice ont peu de mouillages abrités.

Maurice, La Réunion

Ce ne sont pas des îles vraiment tournées vers le nautisme ; l'une et l'autre ont peu de mouillages (Maurice un peu plus que La Réunion, où on peut faire halte à Saint-Pierre, au Port, et à Saint-Gilles, trois ports à peu près saturés). Si de nombreux navigateurs français font halte à La Réunion pour trouver parfois un emploi dans ce département d'outre-mer, on ne peut pas considérer ces trois îles, La Réunion, Maurice, Rodrigues (les « Mascareignes ») comme une zone de navigation.

CHARTER pratiquement absent ; Rodrigues, entourée d'un vaste lagon très peu profond, est une escale bienvenue pour les voiliers qui arrivent d'Australie ou d'Indonésie au travers de l'océan Indien désert et agité de houles désordonnées.

Côte est de l'Afrique

Je n'ai fait qu'une brève halte dans le port sans grand intérêt de Mombasa, mais il y a, paraît-il, de belles escales à faire à Kilifi, à Mtwapa Creek (Kenya Marineland : kml@africaonline.co.ke), à Lamu, de même qu'à Dar-es-Salam, Zanzibar, Mafia et Pemba. On évitera cependant la Somalie et les parages de Socotra, au large de la « corne de l'Afrique ». On se renseignera sur la situation politique dans cette région, et on passera loin au large de la Somalie.

Pays arabes

L'Oman est, semble-t-il accueillant, mais on a rapporté plusieurs attaques de voiliers au large des côtes du Yémen. Les relations entre Djibouti et la France restent assez serrées, et on retrouvera ici la langue française et des produits venant de France. Mais cette région, des îles Mucha et du Gubbet Kharab aux Sept Frères, est moins tranquille qu'elle ne l'était lors de mon seul passage… il y a déjà vingt ans. Les informations sont variables sur les îles de l'Érythrée comme celles du centre de la mer Rouge, Hanish, Djebel Zukar, etc. Je ne pense pas qu'on vous y laissera vous reposer quelque temps des forts vents contraires de la mer Rouge.

Mer Rouge

La moins mauvaise période pour la remonter est la période de janvier-février ; il vous faudra quand même affronter près de 700 milles de vents contraires et costauds. Je n'en garde pas un trop mauvais souvenir car j'avais choisi de faire halte tous les deux ou trois jours dans l'une des « marsas » du Soudan (profondes baies, excellents abris), et parce qu'en utilisant la légère rotation du vent contraire sous l'effet des brises de terre et de mer, on arrive à faire une meilleure route que ce que l'on pourrait craindre ; enfin parce que j'ai profité de la moindre période de calme pour foncer vers le nord au moteur, plutôt que d'attendre le retour du vent contraire, en particulier dans l'étroit golfe de Suez, encombré de plates-formes pétrolières. Au Soudan, le port fantôme de Suakin serait devenu un port d'entrée, on y obtient un permis de croisière qui vous permet de faire escale dans les nombreux mouillages, récifs et marsas plus au nord, en évitant la halte de Port-Soudan, moins recommandée. Le passage du canal de Suez coûtait en 2000 environ 250 dollars par bateau plus 10 dollars par personne.

Méditerranée

Si vous atteignez les îles grecques en février-mars, vous serez un peu en avance, et pourrez craindre les coups de vent ; mais quelle merveille que les Cyclades au début du printemps, quand les touristes sont absents et que les îles sont couvertes de merveilleux tapis de fleurs. Les archipels grecs constituent de superbes régions de navigation, mais il faut y redouter, en juillet-août, la force du vent du Nord, le Meltem. Possibilités de CHARTER*** illimitées ; très belles navigations possibles en méditerranée dans l'archipel croate (en mer Adriatique : CHARTER*** au départ de Pula, Split ou Dubrovnik). Belles navigations entre les îles de la côte italienne, des Éoliennes à Capri, de Ventotene à l'île d'Elbe ; curieusement, le charter n'y est pas très développé. Sur la route du retour, avant d'aller affronter ce que Bertrand Poirot-Delpech appelait la « grande niaiserie littorale », pourquoi ne pas vous offrir un petit séjour en Corse ? (CHARTER*** en particulier au départ de Calvi)

Si vous avez choisi de passer par le cap de Bonne Espérance :

Afrique du Sud

Pour franchir la plus mauvaise partie du tour de l'Afrique du Sud, autour de Durban, il est conseillé de suivre les conférences données par les yacht-clubs de Durban ou de Richard's Bay : foncer lorsque le vent est de nord-est et que le courant des aiguilles vous fait gagner parfois 6 nœuds, mais dès qu'une dépression approche, faisant passer le vent au sud-ouest, s'abriter dans la baie ou le port le plus proche, ou, s'ils sont trop loin, sortir du flot du courant, où le vent soufflant contre le courant va dresser des mers dantesques : plus au large ou plus à terre, où la mer est beaucoup moins agitée, vous pourrez attendre que le vent redevienne favorable et que la mer s'apaise. Les rivages de cette magnifique nation peuvent constituer une belle zone de navigation si on dispose de beaucoup de temps et qu'on suit très précisément les prévisions météo. Les formalités vont de « longues et pointilleuses » dans les grands ports comme Durban et Cape Town (où il faut se mettre à la recherche de divers bâtiments officiels éparpillés sur de longues distances, plus encore pour la *clearance* de sortie) à « cool » dans les petits ports comme Mossel Bay.

Atlantique Sud

Lorsque vous aurez quitté Cape Town, c'est un autre tapis roulant, entraîné par l'alizé, qui vous emportera vers les seules îles de cet océan désert (et, il faut le signaler, absolument dépourvu de cyclones), Sainte-Hélène et l'île de l'Ascension, parfaites haltes dans ces immensités, où la navigation est en général très agréable, l'alizé de sud-est y étant particulièrement fiable. Comme il ne

Le mouillage de Jamestown, à Sainte-Hélène.

tourne jamais, les mouillages de Sainte-Hélène et de l'Ascension sont toujours abrités, même si le débarquement est parfois rendu impossible par des « rollers » (rouleaux) provoqués par les tempêtes de l'Atlantique Nord. À Sainte-Hélène, un service de navette à prix forfaitaire modique permet aux locaux comme aux équipages de passage de débarquer sans avoir à se préoccuper comme jadis de tirer les annexes à l'abri des « rollers ». Ascension, île longtemps réservée à une compagnie (et à l'armée), autorise des séjours de trois jours (extensibles en cas de besoin), mais on n'a pas le droit d'être à terre après 19 heures ! Dans cette immensité déserte, il est curieux de découvrir que trois fois par semaine se posent ici des avions de la RAF assurant la liaison entre l'Angleterre et les Falkland, et qui peuvent en cas de besoin acheminer depuis la région de Londres les pièces de rechange dont vous pourriez avoir besoin.

Voilà, la boucle est bouclée ; pour rentrer confortablement vers l'Europe, vous passerez sans doute à nouveau par les Antilles, et reprendrez la route traditionnelle, Bermudes, Açores... à moins que vous ne vous laissiez tenter, et pourquoi pas, par un autre tour du monde, et pour vous « sauver de l'Europe et de ses faux dieux » comme disait Bernard Moitessier, que vous ne mettiez à nouveau le cap à l'ouest...

Encore une fois, je ne garantis en aucune façon les informations concernant les formalités pour l'année où vous ferez escale dans tel ou tel pays, mais je pense qu'elles vous auront donné une idée de la complexité et de la variété des réglementations rencontrées au fil d'un voyage autour du monde. Ne vous laissez pas trop décourager par le côté un peu négatif de ces limitations ; il reste quantité de pays accueillants ! Mais surtout, dans vos relations avec les populations et les autorités, je vous recommande du tact, de la patience, de la compréhension et du respect, pour que ceux qui navigueront dans votre sillage n'aient qu'à se louer de ce que vous les ayiez précédés...

DROIT ANNUEL DE NAVIGATION

La France est pratiquement le seul pays au monde à exiger des bateaux de plaisance, pour pouvoir arborer le pavillon français, le paiement d'un droit annuel chaque année plus élevé, calculé sur le tonnage du bateau et la puissance du moteur.

Théoriquement, résidant hors de France avec votre bateau, puisque vous naviguez dans d'autres pays, vous n'avez pas à payer le droit annuel de francisation si vous remplissez bien les deux conditions suivantes :

1) résider hors de France ;

2) naviguer hors des eaux françaises.

Le texte dit : « *Les Français résidant à l'étranger et utilisant habituellement leur bateau hors de France.* » La difficulté est de savoir ce qu'on entend par « résidant hors de France » : les consulats ne veulent pas immatriculer les gens de passage qui ne restent pas plus de huit mois dans leur circonscription. Il faut donc trouver un consulat qui veuille bien vous immatriculer, ou bien espérer que le statut de « nomade » qui est le nôtre soit un jour mis au point ! Il concernerait aussi d'autres types de voyageurs ne passant que trois mois dans chaque pays pour des contrats professionnels, par exemple, pratiquement sans revenir en France.

Le même problème concernant la définition de la résidence se pose lorsqu'on veut acheter hors TVA un voilier que l'on compte utiliser hors de France : la demande de francisation (qui doit se faire auprès des douanes de Nantes) doit être visée par le consulat du domicile du propriétaire. Ici encore, quel consulat acceptera de viser la demande par quelqu'un qui ne reste pas à demeure dans sa juridiction ? Il serait extrêmement intéressant d'éclaircir ce point, car il y a beaucoup d'argent en jeu !

Remarquez que si vous avez acheté votre bateau en « leasing », vous pouvez sans difficulté payer des loyers « hors-taxe » si vous utilisez votre bateau hors de l'Union européenne, mais que la société de financement, elle, aura acheté le bateau « TVA payée », donc, si j'ai bien compris, que vous ne serez pas concerné par les limitations opposées aux bateaux qui n'ont pas acquitté la TVA, même en cas de retour prolongé en Europe au terme du leasing.

VINGT-QUATRE MOUILLAGES SECRETS (... OU PRESQUE)

Prétendre connaître vingt mouillages tout à fait secrets, vingt petites baies inconnues de tous, dans vingt zones de navigation ou d'escale du monde, serait un peu fanfaron ! Si un coin est vraiment agréable, on le connaît dans la région, même si aucun guide ne le signale ou n'insiste sur ses charmes particuliers... Vous trouverez donc ci-dessous quelques mots sur une vingtaine de petits mouillages, peut-être connus des navigateurs locaux, mais généralement beaucoup moins fréquentés que les centres urbains ou les buts habituels d'excursion de chaque région. Vous ne vous y retrouverez pas forcément seuls, mais vous aurez en tout cas la possibilité, si vous ouvrez grands vos yeux, d'y savourer des charmes inattendus : beauté du site, promenades intéressantes à terre-isolement, clarté de l'eau ou autre plaisir que je vous laisse découvrir. À deux ou trois exceptions près, cette liste établie en 1983 reste assez valable en 2001, même si elle appelle des commentaires, les choses ne restant jamais exactement les mêmes ; dix-huit ans après, j'ai rajouté une poignée de « mouillages secrets ».

1. Avant même de quitter la Méditerranée, si vous vous êtes un peu attardés en cette fin d'automne, vous pourrez savourer un avant-goût des tropiques dans la baie d'Espalmador, abritée de tous les vents, sauf ceux de sud-ouest ; sable blanc, île quasi déserte où l'on peut vivre nu, faire un feu sur la plage, ramasser des oursins dans 50 centimètres d'eau... En août, bien sûr, c'est une autre histoire, il y a plus de cent bateaux à l'ancre, mais au centre du croissant de sable d'or d'Espalmador, en novembre, on se sent déjà loin de tout ! En 1999 : la foule est si grande en août qu'on a dû entourer les dunes d'une ceinture de cordages peu esthétique pour protéger la végétation ; je suppose qu'en octobre, la surveillance sera moins rude. Quand on voit les foules qui envahissent les Baléares et d'autres archipels, et que l'on voit les autorités locales obligées de mettre de plus souvent la nature derrière des barreaux, on se dit qu'à force d'enfermer la nature, on s'apercevra que c'est l'homme qu'on aura mis en cage... oh Yeah !

2. Canaries, île Lobos. Au nord de Fuerteventura... Le mouillage, au sud de l'île Lobos, n'est pas très bon, rouleur ; il n'est protégé que des vents de nord à nord-ouest. Si le vent tourne, vous aurez peut-être à vous réfugier dans le port tout proche de Corralejo. Mais une petite visite à l'île Lobos vaut la peine... Paysage dantesque de lave et de volcans ; chemins tracés dans un univers de cendre, et, tout d'un coup, au bord d'un minuscule lagon, un bar en ruine, quelques baraques délabrées, l'inscription « *Ici, on rencontre la paix* »... et c'est vrai ! : quelques canards nagent autour d'un petit ponton au bois blanchi par l'âge, deux bateaux de pêche sommeillent, englués au centre d'une toile d'araignée d'amarres... joli ! 1999 : des touristes viennent ici, le jour, de Corralejo toute proche, mais on reste quand même au bout du monde, comme au pied de certaines des dunes de Fuerteventura, plus au sud.

3. Mauritanie, baie du Repos. Si vous avez un très faible tirant d'eau, et pas peur des fantômes, vous pourrez ancrer (si l'entrée ne s'est pas ensablée depuis), dans cette petite anse entourée de sable, et vous amarrer à couple de vieux bateaux locaux à demi pourrissants... Le paysage est étrange, les occupants des carcasses voisines ont l'air de sortir d'un roman de Monfreid ou de Kessel... et les cris des chameaux de l'abattoir voisin. Le mouillage, en tout cas, est très abrité. 1999 : je n'ai aucune information récente sur la Mauritanie, comment se tire-t-elle des problèmes du Sahara occidental tout proche ? mais la baie du Repos ne peut pas avoir beaucoup changé !

4. Brésil, Bahia... À l'ouest de l'île d'Itaparica. Accessible à tous les tirants d'eau, en faisant attention, à mi-chemin entre le village d'Itaparica et le sud de l'île, juste à gauche avant d'atteindre le grand pont qui enjambe le bras de mer, la cascade du Tororo. En saison sèche, elle est parfois sèche elle aussi, mais lorsque la saison des pluies attriste la grande ville de Salvador, vous trouverez au Tororo toute l'eau douce que vous souhaiterez. Venue de la montagne, elle bondit dans une vasque naturelle, s'écoule par un tuyau gréé par les pêcheurs du coin : échoué sur la plage, ou bien ancré à 50 mètres au large, vous pourrez faire votre lessive, et prendre des douches dans le plus somptueux cabinet de toilette du monde... Rincez le savon qui vous mousse sur le visage, levez la tête sous la cascade, ouvrez les yeux, regardez-moi cette image ! 2001 : j'espère qu'on n'y a pas construit un Sheraton !

5. Brésil... au nord de Recife. Recife est une ville intéressante, mais les mouillages y sont attristants dans un grand lagon boueux, dans des yacht-clubs modérément accueillants. À 20 milles au nord, juste en face du Forte Oranje d'Itamaraca, la Coroa do aviao, très visitée le week-end, est déserte en semaine... C'est une très longue langue de sable, l'abri est médiocre par vent de nord-est (mais on peut alors aller mouiller un peu plus haut dans le fleuve). Attention, la passe n'est pas balisée, l'eau trouble, il vous faut impérativement la carte brésilienne détaillée (achetez-la à la capitainerie de Recife), du beau temps, la marée haute, un bon coup d'œil, et peut-être même les indications d'un pêcheur !

6. Guyane française, île du Diable. Le mouillage, en lui-même, est médiocre, rouleur, et carrément infréquentable lorsque le vent vient du nord-est (à ce moment, lui préférer le mouillage de l'île Royale, juste au sud). Mais le mouillage de l'île du Diable est généralement désert, sous le vent de l'île où on trouve les restes des maisons des bagnards, le banc de Dreyfus, les rochers d'où Papillon a plongé, des iguanes, et des milliards de cocos. Officiellement, on n'a plus le droit de prendre pied sur l'île du Diable, où le débarquement est de toutes façons très casse-gueule, sur de gros cailloux ronds, noirs et glissants.

7. Guadeloupe, à l'extrémité est, les deux îlots de la Petite Terre. Si vous arrivez directement des Canaries ou du Cap-Vert, et si vous voulez reprendre des forces avant d'affronter Pointe-à-Pitre, la grande ville ; enfin, si (et seulement si) les conditions sont favorables (beau temps, bonne visibilité, heure favorable et pas de houle de nord-est), vous pouvez entrer par le nord-ouest entre les deux petites îles (cap au 126 magnétique sur le phare, mais en regardant bien pour éviter les cailloux), puis à gauche après les rouleaux, pour aller mouiller près d'une petite plage de sable blanc, 3 mètres d'eau bleu clair, poissons, petite plage, solitude ; une plus jolie image des Antilles que la ville de Pointe-à-Pitre. Attention, si la houle de nord-est se lève, vous y serez en sécurité, mais vous ne pourrez pas sortir (et n'essayez pas de rentrer, ça déferle dans toute la passe). À éviter absolument le week-end, comme tous les jolis mouillages trop proches des villes ! 2001 : les sorties à la journée ayant un peu trop souvent choisi Petite Terre comme destination, l'endroit est maintenant bien peuplé le jour, mais la nuit y est toujours calme. Plus calmes encore, à quelques dizaines de milles au nord, les mouillages de la côte est d'Antigua (on peut faire son entrée à la petite marina de Crabbs), et plus encore, ceux de l'extrémité sud de Barbuda (merveille !)

English Harbour, Antigua.

Green Island, Antigua.

8. Venezuela, atoll des Roques. Plutôt que de vous contenter de l'île principale, pittoresque et montagneuse, allez plutôt mouiller à l'extrémité ouest de l'atoll (n'y naviguer qu'avec le soleil de l'arrière et par beau temps). À l'extrémité est de la caye de Carenero, un seuil peu profond donne accès à une petite baie fermée de tous côtés… Mouillez, mettez-vous à l'eau (sans arbalète, c'est une réserve), et laissez-vous éblouir par les nuées de poissons qui vous entourent. 2001 : les Roques sont actuellement la zone de navigation préférée des navigateurs qui fuient la saison des cyclones des Antilles ; mais les mouillage sont nombreux, avec un faible tirant d'eau en particulier, on trouvera toujours le sien ! Les mouillages sont moins bons, mais plus tranquilles plus à l'ouest, aux Aves.

9. Tahiti, le mouillage de l'Auberge du Pacifique, comme celui du Maeva, est bien trop fréquenté maintenant, et l'ambiance est désastreuse quand quelques heures par semaine seulement, surgissent ces imbécillités monstrueuses que sont les jet-ski (qui ne me gêneraient pas s'ils n'étaient pas, ici comme ailleurs vendus avec vacarme et comportement de matamore inclus). Il faudra aller plus loin chercher la paix, par exemple dans le très agréable mouillage du Jardin botanique et du musée Gauguin, ou dans l'une des anses de Port Phaéton ; bien sûr, on est plus loin de la ville, mais n'est-ce pas pour ça qu'on est allé en Polynésie ?

10. Souvaroff. Beaucoup de voiliers y font escale, mais la plupart se contentent de mouiller à l'abri précaire d'Anchorage Island. Si vous n'avez pas froid aux yeux, si on vous y autorise, et si la lumière est excellente, vous pourrez vous frayer un chemin jusqu'au coin est de l'atoll, presque jusqu'aux petites îles où poussent les cocotiers plantés par Bernard Moitessier… n'oubliez pas de vous munir de son dernier livre, *Tamata*, pour y relire les pages lumineuses de votre illustre prédécesseur.

11. Ponape, îles Carolines, ruines de Nan Madol. Après avoir rempli les formalités dans le port de Ponape, par beau temps, vous pourriez rendre visite aux stupéfiantes ruines de Nan Madol. S'il est encore possible d'y rester à l'ancre, passer une nuit au pied de ces fantomatiques pyramides de rocs devrait sans doute engendrer une quantité de rêves (ou de cauchemars) sur le thème des civilisations disparues ! (Bateaux échouables seulement. À vrai dire, il sera sans doute plus simple de vous y faire conduire par un local dans sa pirogue ou son bateau à moteur.)

12. Nouvelle-Guinée, îles du Duc-d'York, Kerawara. Y entrer par le sud-est de préférence, avec une bonne lumière. La baie est profonde ; l'eau parfaitement claire défile rapidement entre les deux îles ; c'est un enchantement que de remonter en annexe jusqu'à la passe du nord-ouest et, en plongée, de se laisser ramener par le courant jusqu'au bateau, tandis que sous vos yeux se déroule une parade effrénée de coraux, poissons sociables, gorgones et branches de corail noir. Gentils Papous sur l'île du Sud, eau douce dans un réservoir sur l'île de l'Ouest. 2000 : la ville de Rabaul, proche de ce mouillage de Kerawara, a été en grande partie détruite par une éruption volcanique.

13. Australie, Flinders Islands. Promenades fascinantes à faire dans ces îles superbes, rocheuses (à l'abri de la partie nord de la grande barrière). N'y habitent que quelques chèvres sauvages, et les tortues de la plage de l'Est ; par alizé de sud-est (qui souffle généralement fort), on peut mouiller tout près de la jolie pointe de sable blanc, à l'extrémité ouest de l'île du Sud. On y accède par le grand chenal central. Il y a un puits d'eau presque douce sur la côte, à une faible distance au sud du mouillage. Ces îles n'ont pas changé d'un pouce en vingt ans…

14. Maldives : l'îlot d'Asdu porte maintenant un petit hôtel dont le directeur technique est un Français arrivé sur son voilier il y a près de vingt ans. Mais en cherchant bien autour de vous, vous trouverez bien un autre îlot du même genre, ou même, assez magique, une de ces couronnes de corail parfaitement circulaires, ouverte par chance d'une passe assez profonde pour laisser passer un bateau à faible tirant d'eau, et dans laquelle vous serez seul en eau plate, loin de toute terre !

15. Madagascar, côte nord-ouest Nosy-Hao. Là, vous avez de fortes chances d'être seul… mais l'endroit mérite l'effort. Une jolie petite baie, de l'eau claire, et plein de poissons, sous l'œil de la montagne d'Ambre et les curieuses collines de l'île, empilement rocheux qui ressemble au temple du Soleil en voie de destruction. À la bonne saison, les dériveurs peuvent rentrer (par bonne visibilité, encore une fois) jusque sur la petite plage, tout au fond de la baie. Toute cette région reçoit un peu plus de visites, mais reste parfaitement préservée ; on a installé un petit hôtel dans le magnifique îlot de Tsarabajina, aux Mitsio, mais avec un souci constant de l'environnement.

16. Djibouti, îles Mucha. Archi-connues des plaisanciers locaux, puisque à moins de 10 milles de Djibouti. On y trouvait il y a vingt ans quantité de bons mouillages pour dériveurs ou quillards ; on y était assez loin de la ville pour retrouver le calme, assez près pour voir passer de temps en temps une vedette chargée à couler de pulpeuses hôtesses de l'air aux seins nus venues passer la journée dans les îles. Qu'en est-il actuellement, avec la présence proche de la Somalie ? Pour ce mouillage comme pour le suivant, il faudra impérativement se renseigner sur l'évolution des situations régionales.

17. Je ne pense pas qu'il soit encore possible de faire halte aux îles Hanish, les informations sont changeantes ; à Djebel Zuqar, mouillage du mord, près du « mausolée », le mouillage était excellent par vent du sud (celui qui vous posera des problèmes à Bab-el-Mandeb si vous allez vers le sud, ou qui vous a propulsés comme un suppositoire en mer Rouge si vous venez du sud). Le paysage est celui de la planète des Singes ; il y a même des chèvres sauvages qui ont des allures de gazelles dans les collines de cendre volcanique. Mais on trouvera quantité de mouillages magnifiques dans les marsas de la côte soudanaise ; informez-vous en arrivant dans cette région sur la situation politique et sur la règlementation du moment.

18. Soudan, Suakin. De quoi rêver encore aux civilisations disparues ? Vous pouvez entrer très loin dans cette espèce de Venise musulmane, et mouiller dans un bras du canal, tout près des grands palais en ruines qui eurent leur heure de gloire à l'époque où embarquaient à Suakin les pèlerins qui se rendaient à La Mecque et qui venaient de traverser l'Afrique à pied !

19. Îles grecques. Amorgos… C'est déjà l'Europe, mais, au printemps, qu'elle est jolie, cette île peu touchée par le tourisme, où l'on s'amarre à quai sur la petite place du village ! Au printemps, la campagne est verte et constellée de milliards de jolies petites fleurs. Autre chose que l'aridité de la mer Rouge ! 2000 : le printemps aux îles grecques n'a pas changé ; si vous voulez rendre visite à Santorin (avant le flux touristique de l'été et avant l'arrivée du Meltem), sachez qu'une marina a été créée au pied de ses falaises fabuleuses.

20. Italie, Ventotene, îles Pontines. Esthétiquement, sans doute l'un des plus jolis mouillages que j'aie vus autour du monde. Le port romain a été creusé dans le roc, la passe qui y donne accès est étroite et sinueuse. L'endroit est très fréquenté en août, mais hors saison vous avez de fortes chances d'y être seuls, au pied des belles maisons aux couleurs pastel. On s'amarre entre les deux murs ; attention, le port est dangereux par fort coup de vent de sud-est, la mer passe par-dessus la digue ! 2000 : si Ventotene est devenue une destination prisée des plongeurs, elle reste tranquille ; à recommander aussi, pour la beauté de son village de la Coricella, un peu plus au sud, la petite île de Procida, proche de Capri.

À ces vingt mouillages, j'ajouterai :

21. Puerto Rico : Culebra et Vieques (celle-ci a été « protégée » durant des décennies par l'usage militaire (cible de tirs !) qu'en a fait la Navy américaine). En période d'inactivité (se renseigner avant de mettre le cap sur elles) les mouillages de l'est de l'île sont des merveilles, certaines baies de la côte sud sont mêmes phosphorescentes la nuit.

22. Île à vaches, Haïti ; plusieurs bateaux ont été agressés dans d'autres mouillages de la côte sud de Haïti, mais la petite marina et le petit hôtel créés par un couple de Français sur cette grande et superbe île où l'on ne se déplace qu'à cheval ou en voilier sont l'occasion d'une escale privilégiée, au pied de manguiers géants et près de plages splendides ; renseignez-vous quand même, la situation en Haïti ne semble pas s'améliorer.

23. Providencia : si les côtes de la Colombie sont plutôt à éviter (à part le port de Cartagena, excellente escale semble-t-il), l'île de Providencia, beaucoup plus proche du Nicaragua que de la Colombie, est une escale sûre et agréable, où l'on a vraiment l'impression de retrouver les Antilles d'il y a a trente ans ou plus ; Mr Bush, l'agent local, très accueillant, règlera tous les problèmes de formalités pour vous en un tournemain.

24. San Blas : ici, à chacun de découvrir « son » mouillage : les plus fréquentés sont ceux des Holandes Cays, mais même là, en vous aventurant un peu vous saurez trouver votre coin tranquille, dans des paysages de rêve : les Tuamotu sans ciguatera, sans poisson-pierre, sans cyclones, et avec des formalités restreintes, incluses dans le « cruising permit » de Panama ; ici les Indiens Kunas viendront vous proposer d'acheter leurs molas... emportez quelques dollars, ces broderies, ainsi que les T-shirts sur lesquels sont appliqués des motifs de molas, sont vraiment extraordinaires.

... et le vingt-cinquième... Celui-là, eh bien, vous me permettrez de le garder vraiment secret. Si vous le méritez, encore une fois, vous saurez le trouver vous-même. Si j'y suis ce jour-là, eh bien... venez donc boire un coup. Selon la disponibilité de l'endroit et du moment, ce sera un punch, une caïpirinha, un pastis, une bière, ou tout simplement l'eau d'un coco vert. Santé !

LIVRE TROIS

CONFORT, ALIMENTATION, SANTÉ

ou « être Ulysse sans être spartiate... »

Bateaux
Traditionnels
du Monde
Let's Go
CENTRAL
AMERICA
CENTRAL
AMERICA

CHAPITRE SEPT

"POUR VOUS METTRE À L'AISE... "

Le confort à bord

Lorsque, après six ans de bons et loyaux services, mon premier bateau, *Om*, goélette de 14 mètres, a changé de main, lorsque son nouveau propriétaire a consacré quelques mois de travail aux travaux d'entretien un peu négligés les dernières années et à la remise en état de la coque et des aménagements, le premier de ses soucis, paradoxalement, a été d'en diminuer le confort ! Ancien équipier de Tabarly, ayant participé à différentes courses océaniques avec d'autres navigateurs plus mangeurs d'écoutes que voyageurs paisibles, la vie en bateau, pour lui, était synonyme d'inconfort, et sa conception stoïcienne de la navigation le conduisit à supprimer la couchette double de l'arrière pour la remplacer par une immense table à cartes, à réserver les espaces les plus intéressants à des placards à cirés ou à des soutes à voiles : c'est ainsi que disparut le grand lit triangulaire de l'avant, qui constituait mon repaire à l'escale, si agréable, juste sous le capot Goiot ouvert au monde, aux étoiles et aux palmes des cocotiers !

Décider de quitter la terre, d'aller vivre sur un bateau à voiles, c'est renoncer volontairement à un tas de besoins qui nous ont été inculqués. Le premier de ces luxes inutiles étant l'espace : les appartements, les maisons, sont toujours infiniment trop grands pour l'usage qu'on en fait, combien de pièces font double emploi, combien de pavillons modestes s'encombrent d'une ou plusieurs pièces pratiquement jamais utilisées, salon aux fauteuils couverts de housses, fréquenté une ou deux fois l'an, chambre d'amis... mais on n'a pas d'amis à y mettre. Je rêvais, quand j'étais étudiant, d'une habitation cubique de 2 mètres de côté, comportant, imbriqués les uns dans les autres, lits, table, siège, rangements, d'une cellule minuscule, économique, mais largement ouverte sur un monde extérieur qui soit beau et respecté, pas sur un empilement de cellules semblables ! À la forme près, le cube ayant fait place à un ovale effilé, on est sur un bateau dans une cellule d'un volume assez comparable, conçu pour y vivre, et très largement ouvert sur un environnement que l'on peut modifier à son gré, en changeant de lieu d'escale.

L'espace inutile, luxe excessif ; inutiles aussi, une bonne partie des articles que l'on nous dit indispensables, de la machine à laver à la baignoire, du lave-vaisselle à la télévision, du sèche-cheveux à la yaourtière électrique ! Les faibles dimensions limitent automatiquement les possibilités en ce domaine… Mais est-ce une raison pour refuser toute forme de confort, pour rejeter tout en bloc ? Les professions de foi, les prises de position extrêmes, n'aboutissent pas aux meilleures solutions : je connais des bateaux qui refusent la sécurité qu'apporte un moteur, toute forme d'électricité, de confort domestique (WC, pompe, douche), qui cuisinent au bois et charbon (pratique, sous les tropiques !). Moi-même, lors de mon premier appareillage, j'avais décidé, par une sorte de rejet symbolique du progrès, de n'embarquer aucun objet en matière plastique… J'avais acheté des bols en bois (qui retenaient toutes les odeurs), des tasses et assiettes en fer émaillé (qui au moindre choc s'écaillent, et bientôt rouillent et se mettent à fuir)… Ce n'est qu'au bout de quelques mois que je me suis rendu compte que, de toute façon, des milliers de choses indispensables dans le bateau étaient à base de « matières plastiques » : les voiles en tergal, les cordages en nylon, les joints étanches, les tuyauteries du moteur, les pompes, les isolants, les interrupteurs, la radio, etc., et que ma décision d'exclure le plastique était ridicule… Je n'emploie pas de skaï ni d'autres matières de ce genre pour couvrir mes coussins de carré parce que, même si ça s'entretient facilement, c'est franchement désagréable, mais je n'hésite pas à utiliser (en mer du moins) de la vaisselle en plastique, des revêtements de sol ou des boîtes à riz-pâtes-purées en plastique, et je suis même allé jusqu'à construire les aménagements de mes deuxième et troisième bateaux en panneaux de PVC extrudé blanc, lisses, d'un entretien extrêmement facile, rendant inutile toute forme de peinture, et faciles à mettre en œuvre. Le matériau en question s'appelle « Kömacel ». Vendu en plaques de 2 mètres carrés dans les épaisseurs de 10 ou 19 millimètres, il se travaille plus facilement encore que le bois, coûte un peu plus cher que le bon contreplaqué marine, mais quelle économie de temps : pas de ponçage, pas de peinture, pas de risque de pourriture de panneaux reposant sur chant dans des fonds humides, et quand une pièce, une cloison, une façade de meuble, est découpée, on la pose, c'est fini ! Un minimum de confort, donc, puisque c'est dans le bateau que je vis les neuf dixièmes de mon temps. Que je vis, dis-je bien, que ce soit en mer ou à l'escale. On a toujours tendance à concevoir les aménagements en fonction du temps passé en mer… Or, encore une fois, on ne passe guère que le tiers ou le dixième du temps en navigation, et encore, dans cette fraction, la plupart du temps, il fait beau, l'allure est portante, et les conditions de vie sont assez proches de celles de l'escale.

LITS

Pourquoi, pour un dixième ou un vingtième du temps total passé dans le bateau, pour ces rares jours où, au près, on aura un peu de mal à se tenir dans un lit de 1,40 mètre de large, pourquoi s'astreindre à dormir toute l'année dans une couchette étroite ?… Le second propriétaire d'*Om*, j'en suis sûr, lorsqu'il aura fait la connaissance de quelque charmante insulaire, aura regretté sans doute le lit double qu'il a démoli, et l'aura reconstitué avant longtemps ! Pour moi, seul ou à deux (voire à trois), un lit doit mesurer 1,40 mètre de large, être à peu près aussi vaste et moelleux qu'un lit terrestre ! On ne pourra que rarement aller jusqu'à un lit central que l'on puisse aisément border des deux côtés (c'est possible, cependant, dans la cabine arrière de quelques bateaux de 12 à 15 mètres), mais un matelas d'une bonne épaisseur, une couette pour les régions froides, de vrais bons draps (multicolores, pour moi, s'il vous plaît !), des oreillers de plumes, c'est tout de même autre chose qu'un sac de couchage glauque déroulé le soir sur une étroite corniche de skaï glissant. Sur *Voyage*, un monocoque, donc appelé à gîter, le matelas était coupé en deux dans le sens de la longueur, ce qui me permettait éventuellement, si je prévoyais une longue traite au près, de gréer une toile anti-roulis au milieu, pour pouvoir y dormir à deux sans rouler l'un sur l'autre (il y a des moments où c'est agréable, évidemment, mais pas toute la nuit !). En huit ans, je me suis en fait contenté, lorsque le bateau gîtait du mauvais côté, de boulonner rapidement une planche de contreplaqué ne faisant pas toute la longueur du lit, la position de l'épontille permettant de la tenir à mi-parcours. *Banana Split*, catamaran, a des cabines spacieuces, en particulier à l'avant de ses coques. Je suis surpris, lorsque je vois les catamarans de série, même dans les grandes tailles, de l'étroitesse de certains lits « deux places » qui n'occupent que la largeur des coques : étroits et resserrés au pied, il faut être bien amoureux pour y dormir à deux ; alors que sur mon catamaran, Michel Joubert, reprenant le plan de son *Casamance*, a conçu des lits qui se prolongent sur la plate-forme centrale : résultat, les cabines avant ont des lits « queen size » (1,60 mètre de large), rectangulaires et le long desquels on peut marcher au lieu d'avoir à s'y enfourner en passant les pieds par-dessus les oreillers. Pourquoi les mêmes constructeurs n'ont-ils pas repris le même principe sur leurs unités plus récentes ? Mystère, et dommage !

CARRÉ

Seul à bord en traversée, je dors plutôt dans le carré (à deux, en général, celui qui est de veille dormira dans le carré, pendant que l'autre jouira de toute la largeur d'un des lits). À ce sujet, je relève sur les plans de la plupart des catamarans modernes de série une erreur que je vous conseille de bien éviter si vous aménagez vous-même l'intérieur du vôtre : sur *Voyage*, inspiré par le plan d'un joli voilier espagnol à salon de pont, j'avais demandé à Michel Joubert de dessiner un carré ovale... la même idée a inspiré beaucoup de constructeurs, et les carrés ovales, voire circulaires, de presque tous les catamarans modernes sont très spectaculaires sur le plan, pratiques pour dîner à huit ou dix autour de la table... mais absolument pas pratiques pour s'allonger de jour pour lire en veillant distraitement ou de nuit pour dormir : les articulations du corps humain sont faites pour s'adosser à des plans perpendiculaires, pas de travers dans toutes les directions, auquel cas on se prend à empiler des coussins qui glissent toujours pour essayer de se caler tant bien que mal. Ayant constaté cette erreur, j'ai muni mon catamaran d'un carré aussi rectangulaire que possible, c'est moins « design », mais infiniment plus confortable, je vous conseille vivement d'en faire autant !

CUISINE

Une cuisinière confortable aura deux ou mieux, trois feux, un four, et sur un monocoque sera montée sur cardan.

Même dans les bateaux de série les moins bien conçus, je crois qu'on est revenu des cuisines étriquées, enfermées dans un recoin inaccessible du bateau. Que ce soit en mer, où les attaques du mal de mer seront mieux repoussées si la cuisine est près de la descente ou à l'escale, il n'y a aucune raison d'enfermer le cuisinier ou la cuisinière dans un coin, comme autrefois on tenait à l'écart de la société les domestiques et les odeurs de nourriture. La cuisine, pour moi, fait partie intégrante de la « salle de séjour ». J'aime pouvoir continuer à bavarder avec les copains en visite en préparant le repas ou en coupant les citrons pour le *ti-punch* ou la *caïpirinha.* Sauf s'ils sont destinés au charter en équipage, avec un/une cuisinier/e qu'il vaut mieux cacher dans une des coques, les catamarans sont beaucoup plus vivables si la cuisine est de plain-pied avec le carré. Bien sûr, côté dimensions, la cuisine d'un bateau aura l'air d'une dînette comparée à une cuisine terrestre, mais même dans un tout petit bateau on pourra avoir :

– un évier à bacs profonds. Ceux qui sont vendus comme articles nautiques ne valent pas, à mon goût, ceux des cuisines terrestres ; le mien appartient à cette dernière catégorie ;

– une surface de travail suffisante, à la bonne hauteur, complétée, si le besoin s'en fait sentir, du dessus de la glacière, de la table du carré située tout près, voire d'une marche de la descente dans les monocoques ;

– une cuisinière ayant au moins deux feux et un four ; dans ce domaine, les cuisinières à pétrole ont très largement perdu du terrain par rapport aux cuisinières à gaz, citons cependant quelques-uns des avantages et inconvénients de chacune des deux écoles…

Cuisinière à pétrole du genre « Primus »

Ses avantages sont certains :

1. On trouve du pétrole assez facilement, même dans les pays les plus primitifs : au fin fond d'un atoll maldivien ou dans un petit village soudanais, une boutique vendra généralement au moins de la farine, du riz et du pétrole ! On se méfiera cependant : certains pétroles, provenant apparemment de sources tout à fait recommandables, posent aux brûleurs Primus des problèmes insurmontables.

Peu de danger d'incendie : le pétrole tout seul, comme ça, n'est pas explosif, ne brûle pas comme l'essence. Si une fuite se produit, ce n'est pas un gaz dangereux, mais un liquide bien visible qui se retrouve au fond de la cale.

Mais il a des inconvénients :

Il faut pomper, amorcer à l'alcool, et l'alcool est un liquide plus dangereux, coûteux, difficile à trouver, voire impossible dans les pays arabes, par exemple. Dans d'autres pays, il vous faudra draguer les hôpitaux, les pharmacies, voire vous résoudre à essayer de préchauffer au rhum ou à la vodka.

2. Le processus du préchauffage est un peu long, on n'allume pas facilement pour se faire un « p'tit café ». Et lorsque l'alcool a fini de brûler, on pense parfois à autre chose, et quand on essaie d'allumer il est trop tard : grandes flammes jaunes, tout est à refaire. On peut améliorer le procédé en préchauffant le brûleur à l'aide d'un chalumeau fonctionnant sur une petite cartouche bleue camping-gaz, facile à stocker car elle est étanche, et qu'on trouve dans beaucoup de pays. Certaines cuisinières plus récentes sont équipées d'un système de préchauffage à pétrole (une sorte de chalumeau incorporé), mais la flamme du chalumeau à pétrole est beaucoup plus chaude que celle du camping-gaz, et de nombreux utilisateurs auraient des problèmes avec leurs brûleurs, qui se dessoudent, et qu'il faut changer souvent.

Pour remplacer les allumettes, souvent trop courtes et avec lesquelles on se brûle les doigts et dont on ne sait pas quoi faire après usage, il faut un allumeur spécial, à gaz (ceux à étincelles, à pierre ou piézo-électriques n'allument pas le pétrole) et dont la flamme, tout au bout d'un fin tube d'inox, est bien pratique aussi pour allumer les lampes à pétrole.

3. Autre inconvénient : odeurs de pétrole, fumées, casseroles salies ; le four ne peut pas être aussi régulièrement chauffé par un brûleur ponctuel que par une rampe à gaz.

4. Un danger : qu'un équipier ou un ami de passage essaie d'allumer sans connaître le mode d'emploi, sans vouloir vous déranger pendant votre sieste, par exemple, et vous serez réveillé en sursaut par de grandes flammes jaunes et des cris d'angoisse !

Cuisinières à gaz

C'est tout simple : on craque une allumette (ou l'on fait fonctionner un allume-gaz incorporé) et hop, ça chauffe ! Sur les cuisinières marines, on doit maintenir enfoncé le bouton de réglage du brûleur, le temps que s'échauffe une lame élastique qui fermerait automatiquement l'arrivée du gaz si le vent éteignait la flamme. C'est propre, on ferme le robinet et c'est fini... Mais en attendant de pouvoir utiliser du gaz naturel plus léger que l'air, on court toujours le risque qu'une fuite accumule du gaz dans la cale et provoque une explosion si on ne s'aperçoit de rien. En plus des précautions évidentes (réserve sur le pont, de façon qu'en cas de fuite le gaz s'écoule à la mer, robinet bien accessible, avec une vanne quart de tour à l'endroit où le tuyau pénètre dans le bateau, avertisseur de gaz dans la cale, et pour chaque brûleur le système de sécurité signalé plus haut), il serait intéressant de savoir si une pompe de cale pompe le gaz éventuel et en débarrasse les cales (on m'a dit qu'aux Glénans ils parlent de vider l'air de la cale de temps en temps à l'aide d'un seau... Amusante aventure, scène sortie tout droit des Shadoks !).

L'autre inconvénient du gaz, c'est que les embouts de remplissage sont rarement standardisés dans les différents pays. Les utilisateurs de gaz les mieux organisés ont mis au point un jeu d'adaptateurs pour les quelques diamètres et pas de vis différents que l'on rencontre couramment. Dans certains pays où l'on ne peut pas faire remplir ses bouteilles non standard, certains navigateurs transfèrent le gaz d'une bouteille locale à la leur par simple gravité, en pendant la bouteille pleine la tête en bas au-dessus de l'autre. Cette opération est à réaliser hors du bateau, à terre, loin de toute flamme, dans un endroit bien aéré, et avec de grandes précautions ! Il vous faudra un pèse personne pour contrôler le poids de gaz liquéfié transvasé.

Histoire de cuisinière électrique

Banana Split avait dans ses premiers mois... un four électrique combiné traditionnel et micro-ondes : je comptais pour le faire fonctionner sur un alternateur spécial fournissant, en plus du 12 volts pour recharger les batteries, du 240 volts... mais l'affaire était trop complexe, j'y ai renoncé, en particulier après une séance, au large de Port-Camargue, où nous avons essayé le bateau avec le rédacteur en chef de *Voiles* et *Voiliers*, atterré de nous voir faire tourner le moteur une heure pour faire réchauffer une malheureuse quiche lorraine... Le four en question a vite rejoint la cuisine de mon appartement terrestre et je raconte plus loin comment je suis retourné à la séparation des problèmes : 12 volts d'un côté, 240 volts de l'autre.

À pétrole ou à gaz, la cuisinière sur les monocoques, sera sur cardan (dans le sens longitudinal, évidemment !), mais il serait bon que l'on puisse la bloquer à l'escale (c'est-à-dire la plupart du temps), car l'ouverture de la porte du four, ou le déplacement d'un plat, risque de compromettre l'équilibre de l'ensemble. Facilité d'entretien, de démontage, d'accessibilité, finition, angles arrondis évitant de se cogner ou de se blesser au nettoyage sont à évaluer aussi. Un rail de protection destiné à retenir les casseroles devra entourer la cuisinière à 6 ou 7 centimètres de la

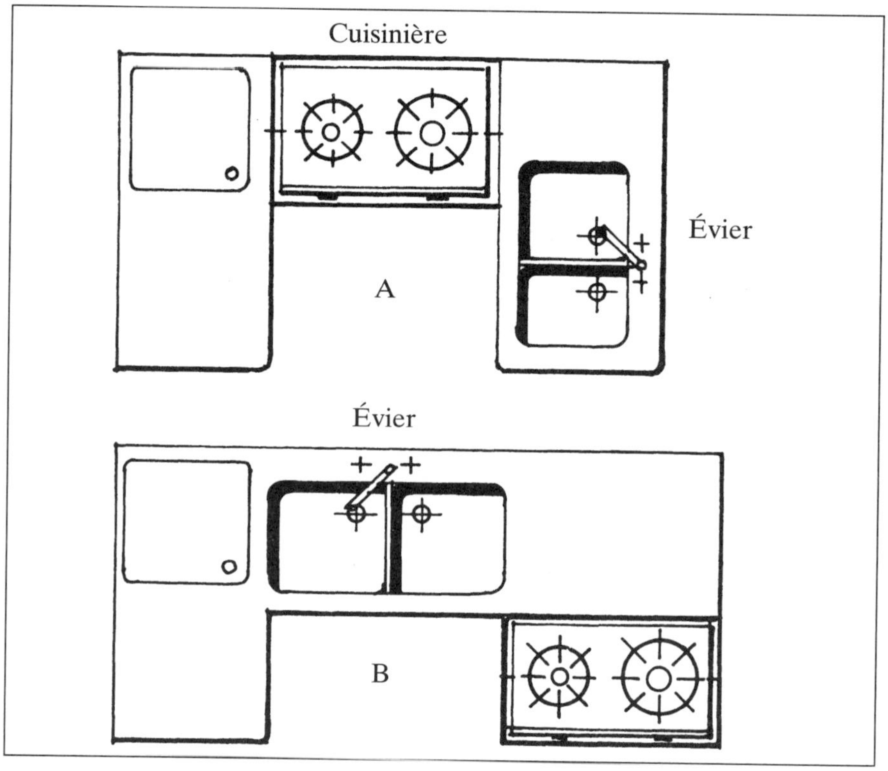

Figure 33. *Disposition correcte de la cuisinière en U (B). En A, le cuisinier risque de recevoir, au roulis, le contenu des casseroles brûlantes.*

surface où reposent les casseroles, et des barres de blocage les empêcheront de se déplacer latéralement. Dans beaucoup de bateaux de série il y a, à mon sens, une grave erreur au niveau du plan de la cuisine en U, où la cuisinière se trouve souvent placée de telle façon (fig. 33, A) que le cuisinier recevra immanquablement le contenu brûlant d'une casserole sur le corps par temps agité. Mieux vaut une disposition comme celle de la figure 33, B, où le cuisinier est hors de la trajectoire de chute de ce qui est sur la cuisinière. Sur les catamarans, bien sûr, pas de cardan, mais il faudra quand même équiper la cuisinière de bonnes barres pour retenir les casseroles et de systèmes de serrage à vis pour les traversées les plus agitées.

D'une façon générale, il faut se méfier doublement, en mer, de tout objet, dont la tendance sournoise à créer des accidents est toujours amplifiée par les conditions marines. Les cuisinières confirment bien cette recommandation. J'ai vu un jour un gars, par ailleurs normalement constitué, se brûler au second degré en voulant bricoler un brûleur de son Primus à cardan pendant que des pommes de terre cuisaient dans une cocotte-minute juchée sur un camping-gaz posé sur la grille de l'autre brûleur. De toutes façons, il semble de plus en plus difficile de trouver des cuisinières Primus. Après de longues années de fidélité au pétrole, je suis passé sur mon catamaran, plus aéré qu'un monocoque, à la cuisinière à gaz, la bouteille étant rangée dans un coffre extérieur d'où toute fuite s'écoulerait immédiatement à la mer. Ma cuisinière est de la marque canadienne « Force 10 » et me donne pleine satisfaction, et c'est vrai que cuisiner avec elle est infiniment plus simple que les corvées de préchauffage du Primus !

La batterie de cuisine

Elle sera, évidemment, moins variée qu'à terre, mais comportera au moins une cocotte-minute (8 litres est une bonne dimension, aussi bien pour stériliser quelques conserves que pour les ragoûts ou les frites en utilisant le panier de la cocotte comme panier à friture... sans serrer le couvercle, bien sûr !). Choisir une cocotte en aluminium, dans laquelle les aliments risquent bien moins d'attacher, et emporter un joint de rechange. Emportez trois ou quatre casseroles, deux poêles : une petite et une grande. L'idéal serait que dans les aménagements, sous la cuisine, une place soit construite pour chacun de ces objets, pour qu'ils ne se baladent pas en voyage et qu'on n'ait pas à démêler un enchevêtrement clinquant d'objets variés chaque fois qu'on veut une casserole. Chez moi, les casseroles sont décorées de fleurs (Villeroy et Bosch, dessin « Portobello »)... elles me rendent de bons et loyaux services depuis... près de vingt ans !

L'imagination sera reine pour incorporer à vos aménagements (sur un bateau conçu par vous comme sur un bateau de série) des quantités de petits accessoires pratiques : casiers pour les verres, rouleaux à Sopalin, étagères à épices, rangement pour chaque chose, du liquide à vaisselle à la boîte à œufs, de la bouteille de sauce piment au flacon d'alcool à brûler ou au Soudogaz si vous êtes resté fidèle au pétrole. Une poubelle à pied, si elle peut être incorporée, vaudra la peine d'être construite. Le sac poubelle en plastique est fort répandu de par le monde, et, hélas, fort répandu également à la surface des océans, près des centres urbains en particulier ! Les rangements, surtout dans la cuisine, seront pour vous l'occasion d'exercer à l'infini vos talents de bricoleur à mesure que vous viennent des idées d'amélioration !

RÉFRIGÉRATION

Encore un accessoire dont je me suis passé longtemps, me contentant de coltiner à l'occasion des blocs ou des sacs de glace achetés aux escales… et buvant tiède le reste du temps ; jusqu'au jour où pour une somme très raisonnable, un copain technicien du froid m'a installé un petit compresseur tout simple et une plaque réfrigérante dans une boîte bien isolée… et depuis, j'aurais du mal à m'en passer (ça arrive parfois bien sûr, et j'ai dû faire réparer mon système de froid ou en changer quelque élément aux quatre coins du monde) ; il existe diverses façons de concevoir le froid à bord :

Congélateur

Si votre idée de l'approvisionnement, c'est de congeler au Brésil, où le prix du filet de bœuf défie toute concurrence, votre consommation de viande de l'année à venir, si vous n'avez pas peur de l'avarie, même temporaire, mais qui suffit pour que tout ça se gâte en quelques heures ; si vous êtes prêt à être à bord ponctuellement chaque jour (sans pouvoir aller vous balader quelques jours ou quelques semaines dans l'intérieur d'un pays) pour faire tourner le moteur pendant la demi-heure ou l'heure que nécessitent les dispositifs les mieux conçus, à base de compresseurs, de refroidisseurs de quille, de plaques eutectiques, etc. Vous pourrez aussi congeler le poisson pêché au large, beaucoup trop gros pour deux, les fruits ou les légumes que l'on vous a offerts dans un pays lointain ou achetés à un prix dérisoire sur un marché tropical. Ce n'est pas ma conception de la navigation.

Réfrigérateur

Divers procédés, tous assez coûteux en énergie, vous permettent de conserver trois jours à une semaine viandes, poissons et fruits, plus longtemps yaourts et fromages, de garder le beurre dur et l'eau fraîche pour le pastis. C'est plutôt ça mon idée de la réfrigération, mais il faut savoir que c'est la réfrigération qui est responsable du plus grand nombre de batteries vidées au cours de croisières ; il faudra donc bien concevoir son système de production d'électricité (nous nous étendrons plus loin sur ce sujet délicat !) Mon réfrigérateur s'ouvre, bien sûr, par le dessus ; les portes frontales sont plus pratiques, mais laissent tout tomber à la gîte et sortir trop de froid à chaque ouverture.

Glacière

Dans les régions où l'on peut acheter facilement des barres de glace ou des sacs de glaçons (les premières se conservant bien plus longtemps), on pourra avoir pour quelques dizaines de francs par semaine le froid nécessaire, au prix de quelques manipulations glaciales : avez-vous déjà parcouru 500 mètres sous un soleil tropical en tenant tendrement enlacée une barre de 25 kilos de glace fumante ? L'inconvénient traditionnel de la glace, c'est que vous avez dans votre glacière soit la place d'y mettre de la glace, soit celle d'y mettre des choses à rafraîchir ! De plus, lorsque la glace aura fondu, tout flottera allègrement… Des petites boîtes étanches, genre Tupperware, sont indispensables pour protéger de l'eau beurre, restes de plats mis au frais, jambon, fromage, etc. Vous pouvez aussi, à l'escale, lorsque vous aurez sympathisé avec un terrestre disposant d'un grand congélateur (restaurateur, par exemple) lui confier pour la nuit des bouteilles ou petits jerricans d'eau, ou des récipients pleins de liquide eutectique spécialement conçus pour cet usage.

Quel que soit votre choix, le secret sera d'avoir conçu une boîte très bien isolée, avec au moins 10 cm de polyuréthane (pas de mousses ordinaires genre klégécell).

Quelques objets utiles

Un accessoire qui fera tiquer les puristes : un petit robot, mobile ou bien encastré dans les aménagements, branché à demeure de façon sérieuse et dont les pièces lavables sont faciles à démonter, peut rendre un paquet de services : râper les carottes, hacher la viande, faire la purée, les cocktails, broyer la glace, mélanger les pâtes à gâteaux ou à pain, couper les pommes de terre en rondelles, etc. Je ne crois pas que ce soit un outil déplacé sur un bateau où l'on vit. Pour tous les appareils ménagers comme pour l'outillage, inutile de s'intéresser aux appareils conçus pour fonctionner en 12 ou 24 volts : ils sont rares, chers, fragiles et peu puissants.

La solution à tous mes problèmes tient dans un de ces excellents convertisseurs statiques que propose la marque Prowatt, allant de 125 watts à plusieurs kilowatts (attention, il importe de respecter les règlements de sécurité concernant le 220 volts à bord, et de prendre les précautions d'usage : le 220 volts est aussi dangereux en mer qu'à terre ; j'utilise un prowatt de 125 watts pour charger des batteries de caméra ou pour alimenter des haut-parleurs et un de 800 watts pour des appareils plus gourmands ; le courant pratiquement sinusoïdal fourni par ces appareils permet d'utiliser aussi téléviseurs, magnétoscopes, etc.

Le même convertisseur permet d'employer, outre les outils électriques du type perceuse, une petite machine à coudre domestique dont le zigzag permet un grand nombre de travaux, de la couture des pantalons du capitaine ou des robes du matelot, jusqu'à la pose des pièces sur les voiles, en passant par les tauds, housses et coussins. Le Velcro, matériau magique, trouve quant à lui chaque jour à bord des voiliers de nouveaux usages : fixation, aux alentours de la table à cartes, de crayons, stylo billes, gomme, règles Cras ; blocage des coussins du carré et des rideaux ; fermeture de portes de placards ultra-légère ; lampes de poche : munies de Velcro « femelle » (le plus doux, bouclé), elles se fixent immédiatement à des tas d'endroits équipés de Velcro « mâle », un peu partout à l'intérieur ou à l'extérieur, éclairant par exemple un winch ; ferlage des voiles et des tauds ; usages en couture : poches des pantalons, braguettes des shorts, serrage des poignets et mollets des cirés, fermeture de leurs poches ; décoration : accrochage aux cloisons de petits tableaux ; fermeture des chaussures (quand on a découvert les chaussures fermées par du Velcro, on a du mal à comprendre le lacet !). Le Velcro se colle très facilement (colle cyano-acrylate immédiate pour les tout petits travaux, colle néoprène pour les plus grands), ne s'use pas ; si les fibres du Velcro s'encrassent de poussières, petits fils et autres saloperies, un petit nettoyage à la brosse dure lui rend toute son accroche. Les utilisations du Velcro, vous le voyez, sont innombrables, seulement limitées par l'imagination !

Revenons à la cuisine. Il y a divers autres objets utiles : j'avais sur *Voyage* un couteau Tefal qui s'affûte tout seul quand on le range dans son fourreau spécialement conçu, vissé à la paroi de la cuisine. Ledit couteau, en dehors de ses fonctions ancillaires, est aussi un article de sécurité lorsqu'il n'y a plus tout d'un coup d'autre ressource que de couper une amarre, une drisse, sous tension, et qu'il faut agir vite sous peine de danger : on sait alors où se trouve ce couteau aiguisé, à faible distance de la descente.

Toujours dans la cuisine, de nombreux rangements pour accessoires et aliments sont utiles (beaucoup de boîtes en plastique Tupperware ; certaines sont bien conçues, d'autres moins : les boîtes prévues pour la réfrigération, par exemple, ne ferment pas très bien. De bonnes poignées bien placées, pour se tenir dans un coup de roulis, par exemple horizontalement, devant l'évier, et, sur les monocoques, une courroie pour s'attacher lorsque le bateau gîte du mauvais côté. En six ans de voyage, je n'avais jamais pris le temps d'en poser sur *Om*... Sur *Voyage*, ce fut une vraie révélation... Il y a des choses toutes simples, comme ça, dont on s'est passé pendant des années, et lorsqu'on les installe enfin on se demande vraiment comment on a fait pour vivre sans !

Je parle, au chapitre « Alimentation », de l'eau douce, de son stockage et, cidessous, des systèmes de pompage.

LE CABINET DE TOILETTE

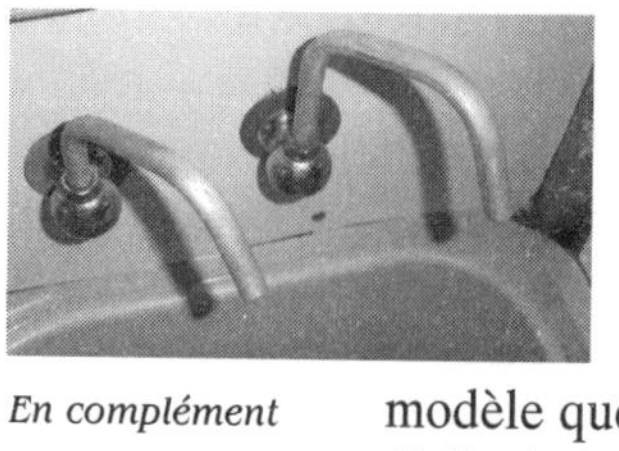

En complément d'un éventuel système d'eau sous pression, des pompes à pied amenant eau douce et eau de mer sur l'évier permettront d'économiser énormément d'eau.

Je n'aime pas beaucoup, même s'il y en a de disponibles à proximité du bateau, dans un yacht-club ou au domicile proche d'amis de rencontre, aller prendre des douches dans des endroits parfois douteux, toujours trop éloignés. S'il fait chaud, on est déjà en sueur quand on revient sur le bateau ! J'avais donc installé à bord de *Voyage* une douche actionnée par une pompe à pied (le même modèle que dans la cuisine, pour limiter les pièces de rechange : Whale Gusher Galley). Sur *Banana Split*, les mêmes pompes servent à économiser l'eau en traversée, où je débranche le système d'eau sous pression que j'ai installé. Un réservoir en charge de 50 litres placé sous le pont au pied du mât permet d'alimenter sans utiliser la pompe électrique cuisine et lavabos : lorsque ce réservoir est vide, je le remplis à nouveau à l'aide de la pompe électrique et je n'ai qu'à tenir le compte des remplissages successifs de ce petit réservoir pour savoir combien d'eau j'ai consommée. Dans les deux cabinets de toilette de *Banana Split*, le pommeau de douche avec flexible, encastré au-dessus du lavabo, sert de robinet pour celui-ci... Les eaux usées se rassemblent dans un réservoir de fond de coque (que je souhaiterais clos), qui se vide sur demande à l'aide d'une pompe de cale électrique, ou à la main en quelques coups de pompe Henderson. La vidange du lavabo, elle, se fait directement à la mer.

Bien pratique et tout simple pour prendre des douches en plein air, se rincer après un bain de mer, un sac de plastique de 10 litres muni d'une petite pomme de douche-robinet, nommé « Sunshower » : quelques heures d'ensoleillement, posé à plat sur le roof par exemple, et l'eau est agréablement chaude.

WC

Les avis, là aussi, sont partagés ; certains se contentent d'un seau, et hop, à la mer ! D'autres gréent dans leur cockpit ou sur un vit-de-mulet des lunettes de WC donnant dans un seau ou directement à la mer (c'est toujours charmant, arrivant en annexe, de faire la conversation avec un ami assis, apparemment désœuvré, dans son cockpit, et de ne réaliser qu'au bout de dix minutes qu'il est en train de faire caca !). Les WC marins traditionnels me laissaient en général sceptique (et non septique) par le risque d'avarie de leurs vannes, sans parler du risque de remplir le bateau si l'installation est mal faite. Les WC chimiques sont plus simples à utiliser, ne se vident qu'une fois par semaine, mais il faut employer un liquide chimique pas toujours facile à trouver, et, lorsqu'ils sont agités en mer, ils sont loin d'être totalement dépourvus d'odeur. Mon point de vue a changé du tout au tout quand j'ai découvert les WC britanniques Lavak, d'une simplicité absolue : après usage, on rabat le couvercle, rendu étanche par un grand joint circulaire et on utilise pour le vider une simple pompe à main Henderson (qui peut également servir de pompe de cale). C'est un système beaucoup plus simple et fiable que la plupart des WC marins pleins de petites pièces fragiles et qui ont souvent tendance à fuir. Si vous n'avez pas peur des pannes, et si vous êtes bricoleurs, il y a aussi les WC broyeurs qui traitent toute l'affaire en quelques secondes et rejettent à la mer des matières traitées, désinfectées, aseptisées, hachées, méconnaissables (c'est assez drôle aussi de voir sortir des intérieurs d'un bateau, la face satisfaite, une pudique lady sud-africaine d'âge mûr qui voudrait vous faire croire qu'elle était en train de lire ou de faire des rangements, alors que dix secondes plus tôt le bateau était ébranlé de la quille au mât par des dizaines de coups de pompe et que viennent de surgir à 50 centimètres de votre annexe des objets flottants parfaitement identifiés). Les réglementations américaines exigent de plus en plus des WC à traitement qui ne déchargent que des matières pratiquement propres ; certaines régions interdisent tout rejet, on doit alors se diriger vers des « stations de pompage », qui sont rares, parfois en panne, et donnent souvent lieu à des manipulations peu ragoûtantes par l'intermédiaire d'un orifice de pompage à prévoir généralement sur le pont. L'endroit le mieux organisé à ma connaissance, c'est Block Island, déclarée « no discharge zone », mais où un bateau vient pomper gratuitement les réservoirs des plaisanciers... le bateau s'appelle Thomas W. Crapper (*crap* veut dire merde !).

Une astuce en passant : au mouillage, avec des voisins proches, je n'ai jamais trouvé élégant d'uriner tourné vers un autre bateau ancré à 20 mètres de vous ;

en mer, je n'ai jamais été à l'aise accroché à un hauban, les genoux calés contre les filières, pour pisser par-dessus bord sans en mettre partout dans les mouvements du roulis. J'ai résolu depuis longtemps ce problème en utilisant à cet usage un petit broc plastique d'un litre à peu près, qui trouve place en permanence dans un coin du cockpit, et qui permet de se soulager discrètement, debout dans la descente ou assis sur les bancs du cockpit. Le système est aussi intéressant au mouillage qu'en traversée. Avec un peu d'entraînement, une femme aussi peut apprendre à s'en servir.

CHAUFFAGE

Mes croisières me conduisant plutôt du côté des régions tropicales, j'avais toujours négligé ce poste ; sur *Banana Split*, séjournant près d'une année en eaux tempérées avec des enfants en bas âge, j'avais installé un petit chauffage à air pulsé. L'appareil, s'il consommait, en plus du fuel, un peu trop d'électricité à mon goût, m'a donné satisfaction, mais depuis que j'ai regagné les tropiques, je l'ai complètement oublié (ni au Cap de Bonne-Espérance, ni aux Galapagos, où la température de l'eau descend parfois à 13 degrés, je n'ai eu à le remettre en service : il m'a suffi de ressortir les couettes de leur placard !)

L'isolation de votre coque dépendra de votre programme de navigation : pour les croisières tropicales, le plus important sera de bien isoler le dessous du pont, le plafond du roof, pour arrêter la chaleur du rayonnement solaire (peindre la coque et surtout le pont de couleurs très claires repoussera une partie de la chaleur – on a remarqué que le gris, même clair, laisse passer beaucoup plus de chaleur que le blanc) ; à l'autre extrémité, si vous envisagez un hivernage dans l'Antarctique, il faudra habiller l'intérieur de la coque tout entière de 10 centimètres de polyuréthane, en veillant à ne laisser aucune partie du métal de la coque (si la vôtre est métallique) apparente, sous peine de voir la condensation s'y produire. Pour mes programmes de voyages, je me suis contenté de mousse polyéthylène (moins nocive que le polyuréthane en cas d'incendie) en feuilles de 5 centimètres d'épaisseur ; ces feuilles ont une surface extérieure lisse, facile à entretenir, que l'on peut laisser telle quelle dans les fonds de placards ou d'étagères, ou sur laquelle on peut coller tissu ou plastique.

L'ÉCLAIRAGE

Je me suis longtemps contenté de lampes à pétrole, généralement du bon vieux modèle « lampe tempête », plus à l'aise, malgré son nom, dans une cour de ferme que dans une tempête, aussi bien pour signaler ma présence aux autres bateaux que pour m'éclairer à l'intérieur... Quand je pense aux nombres de livres que j'ai lus ainsi, à la lumière tremblotante, mais ô combien chaleureuse, d'une loupiote à pétrole à l'odeur si caractéristique. L'âge venant et la vue baissant, je ne pourrais plus me passer de la lumière électrique fournie par des petits tubes consommant peu, alimentés par mes batteries : j'ai 4 batteries de 100 Ah chacune en plus des 2 batteries destinées au démarrage des moteurs. Nous en parlerons plus longuement au chapitre « énergies ».

LES RANGEMENTS

Indispensable pour vivre à bord, avoir le plus grand nombre de rangements possible. Malheureusement, si grande que soit l'attention qu'on leur consacre, le propre de tous les bateaux, c'est qu'en général, pour avoir accès à un objet, il faut en déplacer vingt-cinq autres. Les grands coffres profonds sont, à cet égard, particulièrement démoralisants ! Solution : les cloisonner le plus possible et avoir un inventaire des objets qui se trouvent dans chacun des coffres, et, surtout, le tenir à jour, pour éviter de sortir à un moment ou à un autre les cent objets qui se trouvent dans celui qui doit impérativement, d'après vos souvenirs et votre inventaire, contenir le joint de rechange de la pompe, alors que vous l'avez déplacé il y a trois mois pour le mettre à l'autre bout du bateau. Les tiroirs sont assez difficiles à réaliser pour un menuisier amateur, et plus pratiques s'ils sont munis d'un système de blocage. Des filets tendus dans des coins peu utilisables servent à stocker le linge sale ou propre, des objets nautiques variés comme défenses et cordages, éventuellement des fruits et des légumes. J'ai enfin bricolé sur mon catamaran une colonne de casiers (en plastique) coulissant permettant de ranger ces fruits et légumes dans un endroit particulièrement aéré. De nombreux bateaux de série de plus en plus destinés à de longues croisières sont équipés de ces casiers à glissières. Mon bateau de 10 mètres ne me permettait pas d'emporter autant de livres que le précédent, où je transportais 400 kilos d'ouvrages divers, dont l'*Encyclopaedia Britannica* ! Mais un petit bateau est tellement plus facile à vivre à tous égards que j'acceptais de bon cœur de me limiter dans ce domaine ! Sur mon catamaran, plus de problème, et livres et documentations divers constituent une bonne part... de la surcharge de mon bateau !

Inspiré des bistrots, un rangement à verres bien conçu vous permettra d'avoir le plaisir de boire, même en mer dans de vrais verres en verre.

Avant d'en finir avec le confort intérieur, je ne saurais passer sous silence le superflu, le confort visuel, la clarté, la couleur... La plupart des bateaux de série sont fermés, sombres ; on a l'impression d'y être dans un caveau – hublots ouverts dans le roof ou la coque, salon de pont, voilà de quoi faire entrer la lumière. L'utilisation de bois (généralement faux, sous la forme de contreplaqués revêtus d'une mince feuille de bois « décoratif ») procède pour moi d'un archaïsme inutile : autrefois, les maisons bourgeoises étaient pleines de boiseries ; aujourd'hui, elles sont plus claires, plus faciles à entretenir... mais les constructeurs de bateaux continuent à vouloir faire « vieille marine » avec la

prétendue « chaleur du bois »... Dans combien de bateaux sombres auxquels je rends visite il me prend l'envie de passer tout ça à la peinture blanche ! Dans mon bateau, j'ai toujours privilégié le blanc pour les meubles et cloisons. Quant à la couleur, les « décorateurs » de bateaux de série semblent s'être donné le mot pour ne jamais sortir des lainages tristes, des écossais fades et des jutes attristants... Le monde entier, spécialement sous les tropiques, est plein de tissus légers, colorés, gais, des dessins traditionnels africains aux hibiscus des paréos tahitiens, du madras antillais aux lambas malgaches. Je préfère changer de temps en temps un tissu peu coûteux que de devoir amortir sur de longues années un tissu plus résistant. Ce n'est pas de la provocation, mais il m'arrive même parfois de me défouler en choisissant un tissu différent pour chaque coussin, pour chaque rideau, et la gaieté de l'effet obtenu n'échappe à personne !

Le bois, donc, a une place extrêmement réduite dans ma décoration intérieure : quelques détails de finition, fargues, lattes, etc., d'autant que les feuilles de PVC (Kömacel) blanches et lisses sur les deux faces, pesant à peu près le poids du contreplaqué, sont parfaitement faciles à mettre en œuvre et à entretenir (ni peinture, ni vernis, bravo !).

VIE À L'EXTÉRIEUR

Si votre bateau (ce que je vous souhaite !) est de dimensions raisonnables, vous aurez plaisir, lorsqu'il fait beau, à élargir votre volume vital en vivant à l'extérieur. Ce ne sera possible que si votre cockpit est bien conçu, qu'une inutile barre à roue indémontable ne l'encombre pas en totalité. Si vous avez une barre à roue Goiot, avez-vous pensé à la dévisser, en trois coups de tournevis, à l'escale ? Votre cockpit est tellement plus vivable ! Évitez de faire, cependant, dans un mouillage à risques, d'où vous pourriez être obligé de dégager au milieu de la nuit !

Si un taud bien pensé vous protège du soleil ou de la pluie (avec un ou plusieurs volets latéraux faciles à gréer si la pluie ou le soleil vous attaquent de côté), fixé sur les haubans, reposant éventuellement sur la bôme, ou incorporant un tube d'aluminium (le mât de l'annexe peut-être), il devrait être facile à gréer et à démonter, sinon vous hésiterez à le ranger pour faire une ou deux heures de voile dans des coins à étapes courtes, aux Antilles par exemple, et vous vous retrouverez en train de faire du moteur. L'idéal serait, bien sûr, un taud qui puisse rester à poste même quand on navigue au près (les Américains appellent ça un *bimini*). Une table de cockpit facile à monter, des coussins *ad hoc*, et voilà un deuxième carré, frais et entouré des plus beaux paysages du monde. Celui de *Voyage* était conçu de façon telle que je puisse y installer (la table de cockpit abaissée au niveau des bancs) les matelas du grand lit, et en quelques secondes j'avais un lit en plein air !

On trouve chez les shipchandlers d'amusants « fauteuils de winches » tournants qui se fixent sur vos winches à l'aide de l'embout en étoile standard, et sont d'un confort étonnant (on peut même s'en servir comme manivelle de winch ! Rien ne vous empêche d'en bricoler de semblables. Une autre idée-winch : un plateau à alvéoles, pour verres et casse-croûtes, muni du même embout, et qui se plante sur un winch ! Les Américains, qui aiment boire en naviguant, ont développé tout un attirail de porte-verres à cardans pour y caler leurs cocktails !

En résumé, idéalement, on devrait pouvoir, dans le cockpit, effectuer à peu près toutes les besognes que l'on fait à l'intérieur : vaisselle, couture, lecture, repas ; il m'est même arrivé de sortir la cuisinière à pétrole et de l'installer dans le cockpit quand une préparation à cuisson prolongée (gâteau entre autres), par temps chaud, devenait pénible à l'intérieur.

Sur un catamaran, on peut avoir, au lieu d'un capot à l'accès acrobatique, une vraie porte d'entrée, sur glissière ou charnières.

DESCENTE

Entre le cockpit et le carré, il y a la descente… là, l'avantage va indéniablement au catamaran, et dans une moindre mesure, aux monocoques à « salon de pont » : pas d'échelle verticale et casse-gueule pour accéder à l'intérieur : en deux pas on est dehors ou dedans ; par les hublots, on vit en contact permanent avec l'extérieur, plutôt que de se sentir « à la cave » comme c'est le cas avec les monocoques classiques. Sur les catamarans on a même le luxe d'une vraie porte, sur glissières ou même avec de vrais gonds, une poignée et une serrure.

AÉRATION

L'agrément de la vie à bord de votre bateau sera proportionnel au débit d'air frais qui y circulera par les différents capots et aérateurs. Au mouillage, généralement pas de problème, le bateau évite nez au vent, et un ou deux panneaux avant aèrent très bien le bateau ; c'est moins simple quand un courant fait éviter le bateau hors du lit du vent, ou quand on est dans une marina. Sur *Banana Split*, j'ai gréé des panneaux ouvrants non seulement vers l'avant et l'arrière, mais aussi sur les côtés ; lorsqu'il fait trop chaud, il suffit d'ouvrir le panneau tourné dans la direction d'où vient le vent, et la température intérieure tombe immédiatement. Il existe un grand choix d'aérateurs, en forme de manche à air ou à plat pont, certains accélérés par une petite hélice mue par l'énergie solaire.

Sur ce catamaran, l'accès à bord est particulièrement aisé et esthétique.

ACCÈS À BORD

Imagineriez-vous qu'à terre, pour rentrer dans votre appartement ou votre maison, vous ayez à enjamber une barrière, à grimper une échelle bancale, à vous glisser entre une tondeuse à gazon et un lampadaire installés en travers de la porte ? Combien de bateaux ont un accès acrobatique, obligeant à enjamber des filières si vous montez par l'un des côtés, à se glisser entre un régulateur d'allure mêlant pièces fixes (et bien graissées) à des pièces mobiles traîtresses où il vaut mieux ne pas s'accrocher, et des bossoirs, supports d'éoliennes, etc., si vous montez par l'arrière ? Si votre bateau devient votre maison, vous apprécierez quotidiennement d'avoir un accès bien conçu ; les jupes des monocoques et catamarans modernes sont très pratiques, aussi bien si l'on embarque depuis une annexe que lorsqu'on est à quai.

MUSIQUE À BORD

Un des éléments importants du confort à bord, à mon goût : la musique, celle des émetteurs locaux ou des stations lointaines que vous recevrez sur ondes courtes ; et la musique que vous aurez emportée ou que vous achèterez (ou copierez) en voyage pour garder le souvenir des frevos du carnaval de Bahia, des *coladeras* du Cap-Vert, des *tamourés* et valses lentes de Tahiti, des *segas* seychellois ou du *soukouss* d'Afrique noire.

Quel pied, la musique ! Et, pourtant, combien d'équipages j'ai vus qui, après trois mois passés dans la baie de Salvador, ne connaissaient rien de la musique locale, qui en vaut pourtant la peine et me sortaient sans vergogne des phrases comme : « Ici, il n'y a que du disco, de la techno, du rap », « Ils ne connaissent que Julio Iglesias, Ricky Martin » : ou bien « Il n'y a que des publicités »... alors que huit ou dix stations FM se partageaient les ondes, vingt-quatre heures sur vingt-quatre, certaines absolument exemptes de publicité ou ne passant rien d'autre que la très diversifiée musique brésilienne, de la bossa nova au frevo, du rock'n roll (avec un talent tout brésilien) aux *choros* nostalgiques. Bien sûr, il faut un récepteur FM, les AM sont en général insupportables à cause des bavardages continuels. Le talent des musiciens brésiliens, reconnu de par le monde, est encore mille fois supérieur à tout ce qu'on peut imaginer, et de loin ! Les mêmes équipages arrivent aux Antilles et passent à côté des cadences et des biguines, de l'humour parfois acide des textes des chanteurs dominicains de la Dominique ou dominicains de

Instrument souvent embarqué sur les voiliers d'autrefois, l'accordéon.

Saint-Domingue. Ah, la « Bachata » moulinée toute la journée par Antony Santos sur les plages de Boca Chica, ou les tubes de Compay Segundo et des autres musiciens cubains ! Comment manquer la joie de vivre explosive que vous insufflent dès le réveil ces roulements de batterie continus ! Tout ça me semble aussi ridicule que d'aller en France et de n'y manger que des hamburgers, au Japon et d'y commander un steak-frites, à Bahia sans goûter aux acarajés et au poisson cuit dans le lait de coco !

De la musique, donc, avant toutes choses ; mais pour cela il vous faudra un minimum de matériel.

Radio

Il semble impossible de trouver un appareil complet, parfait : il en existe de gros à l'allure très marine, plutôt coûteux, et de tout petits, genre Sony, à l'allure plutôt légère, mais qui sont parfois plutôt meilleurs. Je n'ai jamais été très doué pour la réception de la BLU, mais les règlements imposent d'avoir un récepteur BLU à bord pour les navigations lointaines ; un récepteur radio banal sera suffisant, par contre, pour écouter sur la FM la musique et les nouvelles des îles visitées.

Musique enregistrée

Bien sûr, les CD ont presque complètement remplacé les cassettes audio, qui supportaient assez mal les conditions humides et chaudes des tropiques à bord d'un bateau. Les classeurs textiles – genre *Caselogic* dans lesquels on range les CD et leurs livrets après avoir jeté les déplorables « jewel cases », boîtes « cristal » en plastique aussi mal conçues que le CD est un article génial – permettent de gagner un espace énorme et, si l'on ferme bien leurs fermetures éclair, conservent mieux les CD que leurs boîtes d'origine.

Si votre ordinateur portable est muni d'un graveur, vous pourrez faire des copies de sécurité de vos disques. Moi que les possibilités sans fin de l'informatique passionnent, j'ai compressé sous le format *mp3* (à l'aide de l'excellent programme *Musicmatch*), la totalité de ma discothèque, soit cinq ou six cents albums : en mp3, un CD peut contenir de 150 à 200 chansons, dans une qualité que je ne saurais distinguer de la « qualité CD », en tout cas bien meilleure que la cassette audio : j'ai donc, dans un petit classeur conçu pour ranger 48 CD, à peu près 6 000 chansons, des Beatles à Souchon, de Manu Chao à Nat King Cole, des Neuf Symphonies de Beethoven à Enya. Si je crains qu'un de ces disques ne s'abîme, il me faut un quart d'heure pour en faire une copie ! Chaque disque ainsi réalisé contient une série d'albums avec un certain panachage, je peux atteindre en quelques secondes n'importe lequel des 6 000 titres, ou lancer le matin un CD qui ne sera pas encore arrivé à son dernier titre le soir ! J'utilise pour ça un tout petit lecteur de CD (normaux et mp3) de la marque Genica (on le trouve en France sous une autre marque, à moins de 1 000 francs), raccordé à deux haut-parleurs (amplifiés) d'ordinateur avec caisson de basse coûtant environ 500 francs), et je n'avais jamais eu à bord une installation musicale aussi parfaite pour si peu cher !

Votre propre musique

Enfin, il y a la musique que vous pouvez faire vous-même. L'instrument-roi est la guitare. N'oubliez pas d'emporter un stock de cordes, on n'en trouve pas souvent de bonnes et elles rouillent facilement… Un magasin de Salvador proposait à la vente des cordes inoxydables… mais ils n'avaient que le ré et le sol ! La mienne, reposant dans un étui rigide boulonné à une cloison, est à l'abri des chocs et immédiatement accessible. Éminemment marins également, l'accordéon (mais vite pénible), la flûte traversière, le pipeau et l'harmonica… Mais si votre bateau est assez grand, rien ne vous empêche d'emporter comme certains, un piano droit (un demi-queue pour les plus grands yachts, un piano à queue pour Onassis) ou, si vous êtes doués pour l'électronique, un clavier genre Yamaha ou Casio imitant toutes sortes d'instruments ou de rythmes et apte à faire croire aux passants que vous avez embarqué à votre bord tout un orchestre. La musique arrondit toujours les angles, et les relations avec pêcheurs, voyageurs, citadins, copains d'escales et vahinés de rencontre sont toujours plus riches en musique…

Et s'il vous prend un jour l'idée d'aller naviguer dans les pays froids, où chaque note de votre instrument préféré résonnera comme une perle de cristal sur les étendues glacées, de grâce, tenez-moi au courant, dites-moi si c'est vrai que la musique adoucit les morses !

Musiques du monde

Les dimensions de votre bateau ne vous permettront sans doute pas d'emporter de chaque pays un instrument de musique caractéristique, un sitar de l'Inde, une cuica du Brésil ou un ukulélé de Tahiti. Mais sous la forme de CD ou de cassettes que vous achèterez dans le commerce ou que vous enregistrerez vous-même (les habitants des pays lointains n'aiment pas toujours qu'on les photographie, mais sont souvent ravis qu'on les enregistre), ou même seulement si vous ne l'emportez que sous la forme de souvenirs, la musique de chaque pays mérite que vous y consacriez quelque attention.

En suivant ici encore l'itinéraire d'un voyage zigzagodromique autour du monde, d'est en ouest, voici quelques mots sur les musiques qui enjoliveront vos escales.

Espagne

Il est assez génial de voir dans la région de Séville, dans les boîtes de nuit les plus branchées, la techno et le rock s'arrrêter soudain pour faire place aux danses traditionnelles comme la Sevillana.

Pays arabes

J'avoue que j'ai toujours eu du mal à m'y mettre… en dehors des mélodies dont les flûtistes de la place Djema el Fnaa, à Marrakech, charment les oreilles (?) de leurs serpents, je ne peux donc rien vous conseiller dans ce domaine. Il est vrai qu'on entend pas mal de sonorités de ce genre en France ces temps-ci.

Îles du Cap-Vert

Très, très jolie musique, douce (*mornas*) ou endiablée (*coladeras*) ; ne manquez pas au bar Calypso, à Mindelo, les « Nuits capverdiennes », ni les danses dans les différents locaux de la petite ville, avec les groupes, nombreux et fameux, les Tubaros, les Kings, les Wings. Certains groupes capverdiens commencent à avoir une audience internationale, et la musique de ces îles attachantes le mérite ! Il se passe rarement une soirée sans que quelqu'un prenne une guitare pour jouer *Ouyouyouye* ou les chansons de Bulimundo. Excellent musicien, le saxophoniste-clarinettiste Luis Morais. Et bien sûr, il y a Cesaria Evora, la petite chanteuse aux pieds nus des cafés de Mindelo, qui est devenue une star mondiale.

Afrique noire

Il s'y passe toujours musicalement des choses passionnantes, spécialement au Sénégal, au Cameroun, au Zaïre, au Nigeria. Il y a de bons orchestres aussi en Côte-d'Ivoire. Ces rythmes africains, soukouss entre autres, ont profondément imprégné les rythmes américains les plus modernes.

Brésil

Pays roi, bien sûr. Vous y retrouverez aussi bien les musiques des anciens (Vinicius de Moraes, Dorival Caymmi, Elis Regina) que celles de quantité de créateurs plus jeunes, aux talents incroyables (Caetano Veloso, Gilberto Gil, ou Djavan). Et puis les musiques les plus traditionnelles, les *Frevos* d'Olinda, les *trios électriques* de Bahia, et les musiques nostalgiques du Nordeste (*Asas Brancas*, de Luis Gonzaga). Il se passe rarement une semaine, dans les grandes villes brésiliennes, sans que l'on puisse assister à des shows fantastiques des plus grands artistes, parfois associés par deux ou trois ; Gal Costa, Maria Bethania, Beth Carvalho, Elba Ramalho, et d'autres qui naissent chaque jour. De nombreuses radios FM débordent de musique brésilienne.

À Rio de Janeiro, la rue d'Ipanema où se trouve le bar dans lequel Vinicius de Moracs a écrit *A Garota de Ipanema* (*La Fille d'Ipanema*) a été rebaptisée « rue Vinicius de Moraes ».

Amérique latine

Les amateurs de salsa s'éclateront les oreilles dès qu'ils navigueront à portée d'écoute des radios du Venezuela, de Colombie (cumbia), de la république Dominicaine (Merengué, Bachata), de Porto Rico et bien sûr de Cuba (rumba, salsa, son).

Antilles

Biguines, cadences aux Antilles et en Dominique, en Haiti ; dommage que les radios, trop pleines d'information, de palabres inutiles et de publicités, servent assez mal la musique antillaise.

Jamaïque

Le reggae a gagné ses lettres de noblesse de musique internationale. Les autres îles anglophones ont une musique qui semble un peu plus démodée, mais intéressante, à base de calypso. À ne pas manquer : les *steel bands*, orchestres dont chaque exécutant a un bidon de 200 litres (de fuel) martelé de façon à jouer trois notes (pour les basses) ou vingt ou trente (pour les solistes), le son, en direct, d'un grand ensemble est impossible à reproduire.

Haïti

Elle a fait connaître sa musique dans le monde entier dans les années 70 avec « Tabou Combo » de Petionville. RAM, le groupe qui joue chaque semaine à l'extraordinaire hôtel Olofson de Port-au-Prince, joue une musique *roots* fascinante.

États-Unis

Ils sont en dehors de la route habituelle des voiliers... Une des raisons essentielles d'envisager d'y faire une croisière, c'est la richesse de la musique américaine. Plus au nord, la musique québécoise, de Gilles Vignault à Charlebois et Diane Dufresne, vaut aussi le détour.

Polynésie

Quand elle n'est pas trop victime de marchands de guimauve, la musique de Polynésie a de bons moments à vous offrir ; mon bateau résonne souvent des tamourés de Gilles Hollande et de Tiare Tahiti, et de nombreux autres artistes tahitiens, les Tamarii Punaruu, John Gabilou. Bobby Holcomb, hélas trop tôt disparu, et Angelo sont deux des artistes qui ont le plus marqué la musique polynésienne moderne. La société *Océane Productions* insuffle un ton nouveau à la musique polynésienne, comme dans les excellents albums du groupe Fenua.

Dans tout le reste du Pacifique, on rêve en écoutant la musique tahitienne... Les îles colonisées et évangélisées par les anglophones ont beaucoup plus souffert des missionnaires ineptes qui ont cherché à tuer toutes les manifestations populaires de joie, la musique en premier. Les pays colonisés par la France et par le Portugal sont ceux où la tradition musicale est restée la plus vivante (l'instrument de musique typique du Brésil, le *cavaquinho*, minuscule guitare d'origine portugaise, se retrouve en Polynésie sous la forme du ukulélé). La musique de Micronésie est beaucoup moins gaie et variée que celle de Tahiti... et lorsque des *Peace Corps* (un genre de corps de volontaires américains) ont voulu aider de jeunes habitants des îles Carolines à mettre sur pied un spectacle folklorique, musique et danse, ils ont pratiquement dû inventer les deux (en s'inspirant entre autres du *square dance* américain), tant les arts traditionnels ont été oubliés.

Australie

De temps en temps émerge dans la musique internationale quelques créateurs de talent (Olivia Newton John, Bee Gees, Little River Band, et Men at Work). Quant à l'instrument à vent pittoresque des aborigènes, le *didgeridoo*, long tube de bois, ses sons de basse caractéristiques se sont infiltrés dans plusieurs registres de la « world music ».

D'Australie vient aussi la musique planante de Tony O'Connor, parfaite pour les belles journées de solitude tranquille.

Bali

Même si la musique des *gamelans* est plus difficile à assimiler (comme, pour moi, toute la musique orientale), elle a au moins le mérite de servir de fond musical aux fameuses danses-aux-doigts-déliés des jolies Balinaises ou à des spectacles tragicomiques joués dans des costumes et masques qui semblent sortis tout droit de Tintin et Milou. Impressionnants aussi, les glapissements des danseurs de Kecak, la danse des singes.

Océan Indien

Maurice, La Réunion, les Seychelles sont le domaine du séga, un rythme étonnant à trois temps qu'il est plus stupéfiant encore de voir danser.

Madagascar

Beaucoup de bons musiciens, mais, le marché du disque étant réduit, ils n'ont guère la possibilité de vivre de leur musique. Une danse amusante : le *salegh*, qui se danse par grappes, faisant toutes le tour de la salle de bal dans le même sens. Rossy, superstar dans son pays, devrait connaître une célébrité mondiale ; c'est son groupe que Peter Gabriel avait choisi pour l'album de musique malgache de sa collection Realworld.

Mer Rouge

Sur *Om*, six ans après avoir quitté le Maroc, je retrouvais les mélopées arabes, sans arriver plus qu'alors à m'y retrouver dans ces tonalités et rythmes changeants. Dommage, je perds sans doute quelque chose !

Et puis voilà la Méditerranée. Les bouzoukis dans un restaurant de Plaka, au pied de l'Acropole ; l'Italie qui n'est pas seulement le pays des vieilles mélodies comme *Santa Lucia*, ou des chanteurs à voix du festival de San Remo (Domenico Modugno, *Volare*), mais aussi celui d'auteurs-compositeurs de grand talent, Edoardo Bennato, Lucio Battisti, Zucchero, Ligabue, par exemple.
... et nous revoici en France ; après tout, nous aurions presque pu y rester puisque nous avons ou avons eu, parmi les artistes bien français, Manu Chao (Amérique latine), Khaled (Algérie), Céline Dion (Québec), Henri Salvador (Antilles), et Serge Gainsbourg (planète Mars) !

Sint Maarten
and Botanical

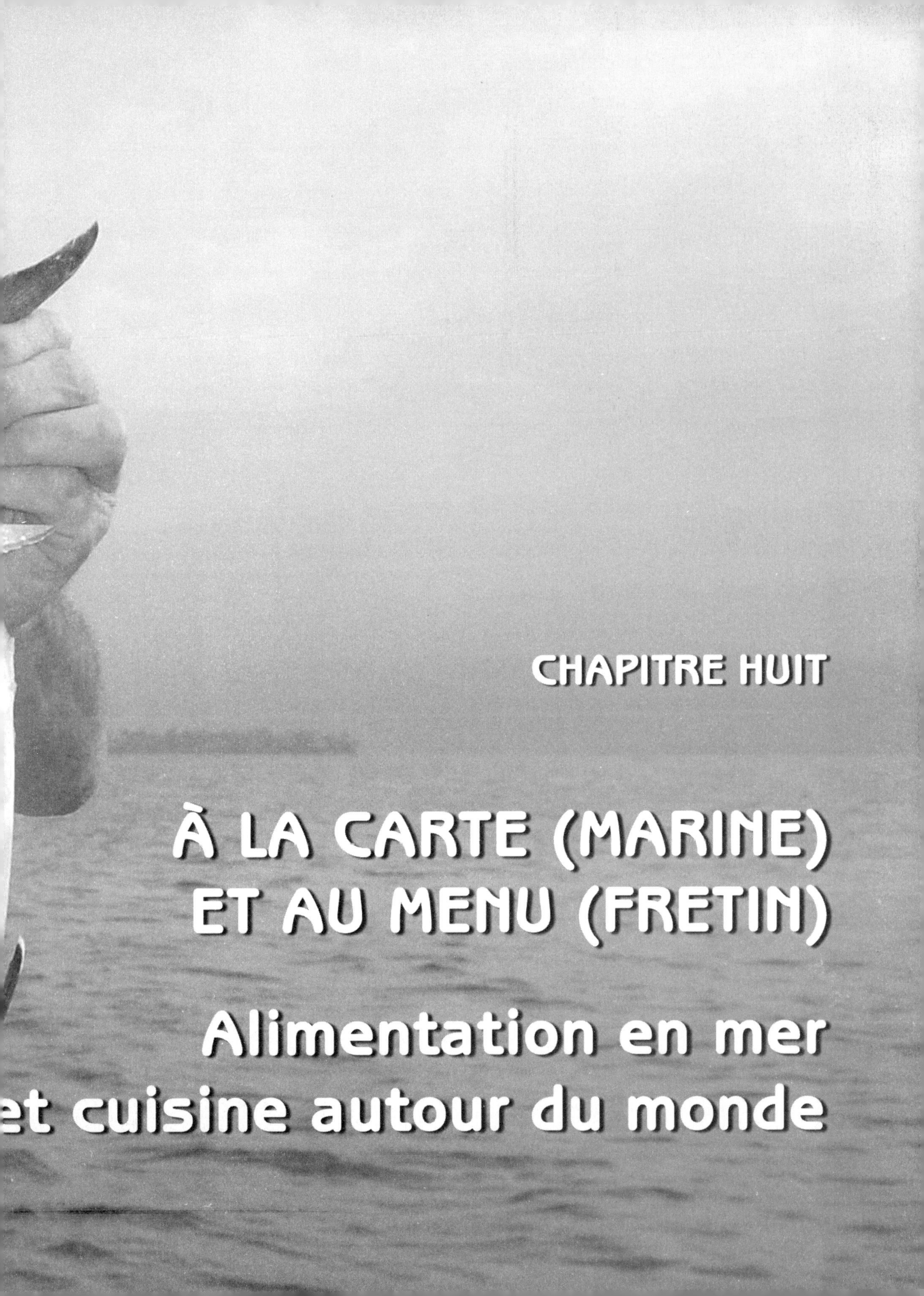

CHAPITRE HUIT

À LA CARTE (MARINE) ET AU MENU (FRETIN)

Alimentation en mer et cuisine autour du monde

« Et qu'est-ce que vous mangez, quand vous êtes en mer ? des conserves, seulement ? », ou bien alors : « Vous ne mangez que du poisson ? », ou bien : « Vous avez un congélateur, un frigidaire, une glacière ? » ; « Vous mangez froid ? », sinon : « Vous naviguez en solitaire, mais vous avez un cuisinier dans votre équipage ? »...

Le dire et le répéter : naviguer, ça ne consiste pas, la main vissée à la barre franche, le regard collé à la ligne d'horizon, à bouffer des milles à longueur de journée et de nuit, sans escale, sans relâche, sans répit ! De la publication des « exploits » des navigateurs solitaires ou non, des transatlantiques, des Routes du Rhum et autre Vendée Globe, on a retiré l'image d'ascètes nourris de comprimés de la NASA, ou de baroudeurs s'empiffrant de platées de raviolis dégoulinant, tièdes, de boîtes de conserves à peine ouvertes.

On a vu aussi des navigateurs nourris de riz complet et de poissons pêchés à la traîne et assaisonnés de brins d'herbes coupés aux ciseaux dans les plantations du bord, lesquelles étaient effectuées dans des jardinières ou sur des plateaux tapissés de linges imbibés d'eau...

... eh bien, il y a un peu de tout ça.

Entendons-nous tout d'abord : dans une navigation du type de celles que pratiquent les globe-flotteurs, à quelques exceptions près, on aura rarement à effectuer des traversées de plus de quinze jours à trois semaines (sauf si on aime ça, bien sûr). Ce qui n'implique pas que l'on pourra refaire les vivres à chacune des escales, certaines se faisant parfois, pour le simple agrément d'un peu d'eau plate ou d'un séjour dans un cadre idyllique et déserté, dans des îles ou sur des rivages dépourvus de toutes commodités, où habitent des populations vivant de si peu de choses que la soute à vivres la plus dégarnie fera figure, en comparaison, d'étal de chez Fauchon.

On pourra cependant compter, assez généralement, disposer presque en permanence de vivres frais convenablement choisis, destinés à compléter une alimentation qui ne comporte ni plus ni moins de conserves ou produits secs (céréales, pâtes, riz, farine, etc.) que l'alimentation terrestre. Suivant le goût qu'aura l'équipage du bateau pour la pêche et pour les poissons, ces derniers interviendront, là encore, dans l'alimentation dans une proportion plus ou moins importante.

Dans certains mouillages, crabes et crustacés seront parfois l'occasion d'une vraie fête.

LES PRODUITS FRAIS

Le spectre du scorbut restant ce qu'il est, la première chose à laquelle on pense, ce sont aux vitamines, C et autres. Les diététiciens modernes sont d'accord, cependant pour affirmer que même un régime à base de boîtes de conserve apporterait une quantité de vitamines considérable par rapport aux régimes de bœuf salé, de biscuits moisis et de vieilles croûtes de lard des équipages d'autrefois que le scorbut, en effet, décimait.

Même sans réfrigération, il y a cependant bien assez de produits frais se conservant fort bien pour que les menus d'une traversée moyenne, de quelques jours à trois semaines, ne manquent en rien de fraîcheur… Moins, d'ailleurs, que la plupart des régimes des terriens habitués à l'alimentation des cantines ou des restaurants universitaires, par exemple.

NOTE : en l'absence de réfrigération, surtout sous les climats tropicaux, il faut particulièrement redouter les intoxications causées par des aliments avariés : les restes d'un plat cuisiné peuvent rarement être consommés après une journée… on s'en rend souvent compte à l'odeur, mais pas forcément.

Fruits

Pour moi, le roi c'est le pamplemousse. Le citron se conserve aussi bien et se prête à des milliers d'usages, mais le pamplemousse constitue le point de départ de ma journée. Variable en forme, en dimension, en couleur, suivant sa provenance, de la sphère parfaitement calibrée du pamplemousse civilisé au volume difforme du fruit des pays en voie de développement ; du fruit spongieux à forte odeur chimique des supermarchés américains au merveilleux pamplemousse de Tahiti, gorgé de jus délicieux, on le retrouve tout autour du monde, il constitue parfois le seul produit frais restant à mon bord au terme d'une croisière prolongée à cinq ou six semaines, car il se conserve bien tout ce temps, à deux conditions :

1. Comme tous les fruits et légumes, la conservation sera bien meilleure s'ils n'ont pas été réfrigérés : cueillis sur l'arbre ou dans le jardin, ils se conservent bien plus longtemps que choisis dans les bacs à froid des supermarchés.

2. Quotidiennement, il faut inspecter tous les fruits et légumes du bord pour éliminer sans pitié ceux que la pourriture attaque, pourriture qui se transmettrait vite à tous les fruits environnants. J'ai sur *Banana Split* des rayonnages très visibles où s'alignent en file indienne, contrôlables en quelques secondes, tous les fruits.

3. Oranges, citrons : même conservation, pas de problème. Les pommes se conservent un peu moins longtemps. Quant aux fruits tropicaux (ananas, mangues, lychees, jacquiers, corossols, avocats), ils doivent en général être consommés dès les premiers jours. En les choisissant encore verts, on peut espérer les voir tenir une semaine, mais il faut toujours s'attendre à des surprises : verts un matin, ils auront tout d'un coup mûri en rafale le soir même, vous obligeant à une consommation effrénée. Pastèques et melons d'Espagne, surtout, conservés à fond de cale, bien immobilisés et non meurtris, peuvent parfois se conserver jusqu'à deux mois !

Mention spéciale pour les bananes, que l'on emporte vertes, que l'on suspend, à l'abri des chocs, à l'intérieur, à l'ombre (certains préconisent de les envelopper de papier ou de toile). Elles ont généralement, elles aussi, le tort de mûrir toutes en même temps, vous obligeant à ne plus manger que cela.

Le régal des anciens navigateurs polynésiens : les bananes séchées

Si la mer est belle et le soleil brillant, vous pouvez faire sécher sur des planches le trop-plein de bananes, épluchées, coupées en deux dans le sens de la longueur, en les retournant au bout de quelques heures dès le premier jour : ainsi séchées trois ou quatre jours, en les rentrant le soir, elles se conservent très très longtemps. Les Marquisiens les emballent dans des feuilles de bananier séchées.

Légumes

Mêmes précautions pour conserver longtemps carottes, pommes de terre, tomates cueillies vertes, concombres (un peu moins longtemps). Poivrons, aubergines : les ratatouilles ne dépasseront guère une semaine ou dix jours ! Les salades diverses, c'est plus ingrat ; on s'en tape des ventrées les deux ou trois premiers jours (je parle de navigations tropicales ; en climats plus frais, les temps de conservation s'allongent). Plus tard, le plus clair de la verdure proviendra du chou, qui se garde très longtemps si on le conserve pendu par la queue, à l'abri des chocs. On pourra aussi faire germer des pousses de soja sur des Kleenex étalés sur des plateaux et arrosés légèrement deux fois par jour pour imbiber simplement le papier. Bien sûr, un réfrigérateur permet de conserver quelques jours des légumes, mais on y manquera toujours de place. La salade dite « Ice » ou « Reine des Glaces » (qui a un peu l'air d'être en plastique), s'y conserve 15 jours et plus.

En dernier ressort, il restera le légume-roi du navigateur, irremplaçable, se conservant pratiquement indéfiniment s'il est bien choisi, et utilisé, si l'on peut dire, à toutes les sauces : l'oignon.

On dit que le cuisinier de marine, avant toute chose, lorsqu'il se lance dans la préparation d'un repas, met des oignons à revenir (c'est curieux, le jour du grand *départ,* de faire *revenir* des oignons), et commence ensuite à réfléchir à ce qu'il va bien pouvoir cuisiner !

Quant à l'achat, en Espagne ou aux halles de Narbonne, par exemple, d'un beau chapelet d'aulx, aux gousses bien gonflées, c'est un investissement qu'on ne regrettera jamais !

Œufs, laitages, fromages

Les œufs, pas trop de problèmes : même sans précautions, ils se gardent jusqu'à six semaines, s'ils sont bien frais au départ. On parle de les enduire de vaseline, de les envelopper de papier-journal ; certains ont été satisfaits de les faire bouillir trente secondes pour coaguler une pellicule étanche à l'air à l'intérieur de la coquille. Moi, j'en ai toujours trouvé assez fréquemment pour n'en jamais manquer, en me contentant de les conserver au frais, à l'obscurité, à fond de cale, et de les retourner haut pour bas tous les 3 ou 4 jours. Bien sûr, au bout de trois semaines, un mois, les jaunes s'affaissent de plus en plus, se mélangent, vers la fin, aux blancs, et il vaudra mieux alors faire des œufs brouillés ou des omelettes que des œufs au plat, mais avant qu'ils ne s'abîment vraiment vous avez le temps. D'ailleurs, un œuf vraiment abîmé, ça se remarque : on se précipite pour le balancer par-dessus bord, on frémit encore toute la journée de l'odeur, de la puanteur soudainement issue de cette coquille brisée, et on se félicite d'avoir adopté en permanence la précaution de casser chaque œuf séparément dans une tasse avant de le verser dans la poêle ou la préparation… Sans ça, on a l'air con quand c'est le sixième œuf qui est pourri !

Toujours casser les œufs un par un dans un bol avant de les ajouter à votre préparation !

Le lait : il y avait le lait en poudre, le lait en boîte, sucré ou non. Maintenant, le lait longue conservation vous donne du lait qui a presque (quand même pas tout à fait !) le goût du lait frais, et qui se conserve très longtemps sans problème ; même technique, dite « UHT », pour de petits cartons de crème fraîche qui remplacent avantageusement, pour la cuisine, les petites boîtes de « crème fraîche en boîte » Nestlé, délicieuse pourtant. Si j'ai bien compris, le procédé UHT longue conservation consiste à chauffer deux secondes le lait à 120 degrés et à l'empaqueter en atmosphère stérile… Penser qu'on a mis deux mille ans à trouver ça !

Le beurre : eh oui ! L'article qui justifierait presque à lui seul d'avoir un réfrigérateur à bord, c'est le beurre ; en climat tempéré (même l'été en Europe) on conservera le beurre quinze jours dans un Tupperware plein d'eau, à fond de cale. Mais sous les tropiques le beurre en boîte (qui a déjà généralement, à l'ouverture, un goût de rance) se transforme vite en liquide grumeleux, en pâte glauque dont on n'étalera qu'une très fine couche sur les tartines, histoire de dire qu'on a du beurre, quoi. J'ai pourtant trouvé des beurres en boîte de Nouvelle-Zélande et du Kenya qui étaient tout à fait honorables, semblables à du beurre frais un peu ramolli… Sans doute une affaire de conservateurs chimiques… Lesquels met-on dans la margarine qu'on achète en pots plastiques, comme au Brésil par exemple, et qui se conserve curieusement longtemps quelle que soit la température ?… Un bon produit de remplacement, quoi ! En tout cas, quel pied quand on retrouve le bon beurre noisette en plaque, les barquettes ovale de beurre Président, ou les « mottes » françaises, et qu'on en tartine de grasses couches sur les toasts ou qu'on en déverse des « noix » colossales dans des préparations culinaires ! Dans la plupart des pays tropicaux, on trouve beaucoup plus facilement du beurre salé que du non salé : les Bretons ont-ils à ce point fait école ?

Fromages : quelle joie aussi, quand on découvre, en Europe ou dans les quelques pays qui en importent, des fromages de France ou d'ailleurs ! Quelle joie que la découverte de ces étals plantureux de chèvres, camemberts, fromages gras, secs, frais, crémeux ou pâteux ! Car les fromages frais se conservent peu, et les rares conserves n'ont pas le goût du frais : camembert, brie, munster en boîte, cheddar et autres fromages sous plastique américains... Il y a, bien sûr, les crèmes de gruyère, et certains fromages comme le hollande, mais ça ne vaut pas une tranche de brillat savarin ou un crottin de chavignol !

Viandes

En croisière, si l'on ne dispose pas de puissants congélateurs, on est un peu végétarien, par la force des choses : la viande ne se conserve pas, celle qu'on trouve en boîte est en général mollasse, qu'il s'agisse d'une choucroute ou d'un cassoulet, de farce de raviolis, de poulets mous et déchiquetés, de pâtés trop tendres. Lors de mon départ, je me voulais végétarien, mais je me suis vite rendu compte que refuser de goûter à ce que mangeaient les gens qui m'invitaient aux escales, c'était refuser de les connaître... et j'ai plaisir à manger de la bonne viande lorsqu'une escale la rend tout à fait accessible : les zébus de Madagascar, en particulier, donnaient, lors de mon escale à Diégo-Suarez, des filets que nous achetions en totalité, à des prix dérisoires, et dont nous nous repaissions au bord de la plage de Ramena. Certains faisaient des conserves de tortue, en font encore de mouton, de kangourou ; il existe encore quelques rares endroits au monde où une carabine vous fournira de la viande, et parfois excellente, comme celle de chèvres sauvages – mais, bien souvent, le plus clair de l'alimentation carnée du voilier baladeur sera l'international corned-beef, que les Tahitiens, eux, préfèrent infiniment au plus tentant des poissons frais, et qui s'utilise aussi bien froid avec une salade de pommes de terre et d'oignons, que revenu avec des oignons, pour préparer des farces (le chou farci, par exemple, quel régal !) ou des sauces (spaghettis *bolognese*) ; il y aussi le *Spam*, cette espèce de substitut de jambon en boîte si médiocre qu'on a donné son nom au courrier non sollicité reçu sur Internet.

Poissons

Certaines traversées océaniques sont si désertiques, certaines mers sont si dépeuplées par des pêches excessives qu'on renoncera bientôt à y laisser traîner une ligne, et que le seul poisson qu'on y mangera viendra de boîtes de sardines ou de thon à l'huile. Mais sur d'autres mers l'apport du poisson n'est pas négligeable.

1. Pêche à la traîne : moi, je pêche de la manière la plus simple possible, une ligne de traîne en nylon, prolongée par un bout de fil de fer inox, terminée par un leurre, espèce de chausse-pied métallique chromé, muni d'un gros hameçon, ou fanfreluche de rubans de plastique rose, jaune ou mauve, petites pieuvres orange en plastique enfilées sur l'hameçon. Mes débuts furent hésitants, et m'induisirent presque à renoncer à la pêche. Comme le disait Éric Tabarly : « Ça dégueulasse tout et ça freine. ». Être freiné ne me gêne pas, mais avoir du sang plein le cockpit et des écailles partout me décourage un peu. Ça s'est amélioré, et j'ai mis au point, à peu près, ma tactique de pêche et de nettoyage du poisson.

La ligne vient de se tendre ; par hasard j'étais là, ou pas loin de l'arrière ; je mets des gants pour ne pas me faire couper les doigts par le nylon, je ramène la bête en espérant qu'elle n'est pas trop grosse. Le moment délicat, c'est celui de la hisser à bord, sans qu'elle prenne appui sur la coque, risquant de se décrocher. La voilà coincée dans un des passavants, ou bondissant au fond du cockpit... Là, c'est le moment criminel... mais qu'y faire ? L'« aspirine », c'est un bâton, barre de fer ou manivelle de winch, un ou deux coups sur la tête du poisson, il ne bouge pratiquement plus (il sera encore agité, parfois, plus tard, de soubresauts ; j'ai même connu des filets d'un mérou pêchés trois heures plus tôt, détachés du poisson, et qui frémissaient encore alors que je les découpais en petites lamelles... Que le ciel nous pardonne ! Certains balancent une giclée de rhum dans la gueule du poisson !).

Reste à vider le poisson : je pratique une incision longitudinale partant de l'anus de la bête, jusqu'au-dessous de la tête, et, plongeant la main dans tout le truc, sors les intestins, nettoyer avec un peu d'eau. Généralement, les poissons sont trop gros ; je coupe la tête, sans crainte de perdre un peu de chair. Pour séparer les filets des poissons tels que thons, bonites, tazars, wahoos, carangues, dorades coryphènes, j'incise superficiellement tout le long de l'arête dorsale et du ventre, de la queue à la tête et de part et d'autre du plan médian. Ensuite, poisson pendu par la queue dans la main gauche, je glisse la lame du couteau près de la queue entre l'arête et la chair d'un côté, un mouvement vers le bas, en sciant un peu, et une moitié est détachée, la même chose de l'autre côté de l'arête, et il suffit alors de retirer sur chaque moitié les deux filets de la peau, en commençant par les arêtes du milieu (fig. 34 et 35).

Voilà, il n'y a plus qu'à nettoyer le pont, le cockpit, les outils avec quelques seaux d'eau. Il me reste quelques filets parfaitement propres que j'enveloppe et garde au frais jusqu'au moment de l'utilisation. Une partie, cependant, est généralement mangée immédiatement en poisson cru.

2. Au mouillage, pêche à la palangrotte. (Un hameçon maintenu, au bout d'une ligne lestée d'un petit plomb, à 30 centimètres du fond.) On descend la ligne jusqu'à toucher le fond, on remonte un peu... Attention ! l'hameçon a fort tendance à se prendre dans le corail, il faut alors donner du mou et agiter un peu pour essayer de le libérer... On en perd, des lignes, comme ça ! Ou en chasse sous-marine ; on ramène alors

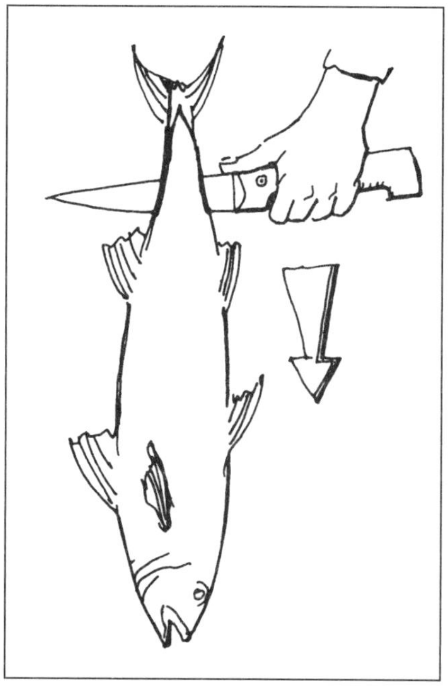

Figure 34. *Séparation des filets.*

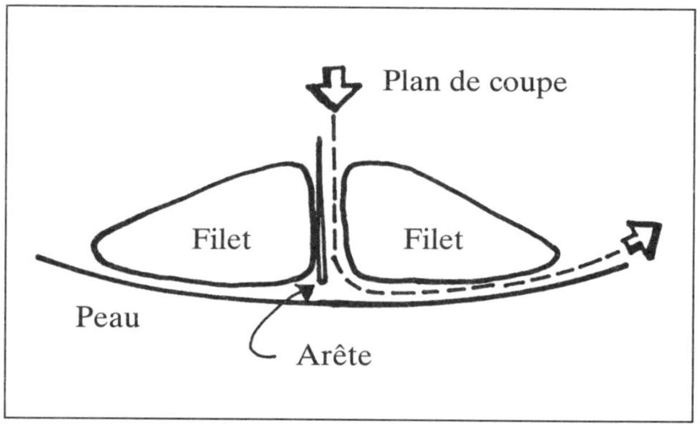

Figure 35. *Séparation des filets.*

dorades, mérous, carangues ou perroquets. Les plus petits, je les écaille et les vide pour les faire revenir, avec la peau, roulés dans la farine, dans de l'huile. Au cas où vous reviendriez bredouille, vous pouvez faire du poisson frit appréciable en farinant ou en panant des morceaux de saumon ou de thon en conserve !

LES CONSERVES

Ce terme recouvre toutes sortes de procédés de conservation ; je parlerai à peine des aliments desséchés à froid (« lyophilisés », en anglais *freeze-dried),* il paraît qu'on trouve en Amérique toutes sortes d'aliments, viandes, légumes, fruits, etc., conservés par ce procédé. Je n'ai essayé que les légumes déshydratés vendus en France (haricots verts, épinards, poivrons, etc.) et tout ce que j'ai à en dire, c'est que ça ne vaut à aucun égard une boîte de conserve. Pour moi, ça a surtout un goût de foin ou de vieux potage en sachet, à l'exception peut-être des petits pois et de certaines galettes de pomme de terre râpées.

Les boîtes

Elles ont mauvaise réputation, n'apportent pas souvent de grandes satisfactions gastronomiques, mais elles sont parfois bien pratiques d'emploi. Parlons d'abor des légumes (haricots verts, macédoine, betterave, maïs pour les salades, tomates pelées pour les sauces et les omelettes, haricots blancs, petits pois) : leurs utilisations sont les mêmes qu'à terre. Les « plats cuisinés » : généralement assez ternes, sont très utiles par mauvais temps pour se caler l'estomac ; on ira même jusqu'à engloutir, froides, en situation de survie, des boîtes de raviolis qu'on n'est plus en position de réchauffer ! Les desserts sont peu variés dans la conserverie française. En revanche, les Américains en ont des choix étendus. Les conserves australiennes ont toutes le même goût (goût de pas grand-chose), mais les conserves françaises, particulièrement en barquettes souples enveloppées elles-mêmes de carton, font un effort louable d'originalité. Ainsi, suivant les pays, on trouvera un choix restreint ou abondant de conserves de toutes sortes qui renouvelleront le fonds de roulement de la « soute à vivres non périssables » du bateau. je m'arrange toujours pour avoir ainsi six mois de vivres à bord... Au cas où... Et j'essaie de garder un inventaire continuellement mis à jour de ces vivres.

Si le goût des conserves est trop terne, il sera en général amélioré par l'addition de quelque élément frais, ne serait-ce qu'une bonne quantité d'oignons revenus ou crus suivant la recette.

Les soupes en sachet

Très pratiques. Depuis le genre « Minute Soup » (avec un thermos à robinet du type « made in Taiwan » on se prépare ainsi en vitesse, en quart de nuit, pour se réchauffer, tout un choix de soupes roboratives, autre chose que l'antique

Viandox !) jusqu'aux préparations plus sophistiquées. J'ai une nette préférence pour les « Lamen », soupes chinoises très bon marché et qu'au bout de nombreuses années… je trouve délicieuses. Elles constituent souvent pour moi en mer, comme elles le font pour une grande partie de la population indonésienne ou malaise, le plat unique d'un repas : elles se préparent à l'aide de deux ou trois sachets, l'un contenant les pâtes, le ou les autres une préparation à base de bouillon et de légumes, crevettes, bœuf, poulet ou jambon, et l'assaisonnement, soja et piment, de quoi se caler sérieusement en trois minutes lorsque ça remue un peu trop pour se livrer à des préparations plus élaborées.

Riz-pâtes-purée

Le tout est dans le raffinement qu'on apporte à la préparation. La purée (en flocons) servie avec une fine carangue revenue au thym méritera certainement le nom de « pommes mousseline » ! Les nouilles deviendront « pâtes au pistou » si vous trouvez dans un petit marché local des feuilles de basilic (souvent vendues à des fins médicinales), et le riz un peu collant, cuit soigneusement en le mouillant constamment d'un bon bouillon de légumes et de viande, deviendra « risotto *milanese* » si vous le jaunissez de (faux) safran acheté dans une rue poussiéreuse de Port-Soudan, mieux encore de quelques pistils de vrai safran récolté en Italie ou en Espagne. Le riz complet, évidemment, est un aliment bien plus… complet, mais il lui faut beaucoup de temps pour cuire. On peut le préparer pour deux jours à l'avance, afin d'en faire, le lendemain, des boulettes délicieuses, par exemple, mais il faut vite le mettre au réfrigérateur, car sous les tropiques, il « tourne » au bout d'une demi-journée.

Lorsque j'ai quitté la France, habitué à une alimentation végétarienne, je pensais pouvoir approfondir, en voyage, ma connaissance de ce régime ; mais, outre la complexité de certaines recettes (il n'est pas facile, en mer, d'envisager chaque jour de préparer du lait en pilant des amandes !), la longueur des cuissons, je me suis heurté à la difficulté de trouver les produits nécessaires – paradoxalement, les produits naturels sont devenus un luxe des pays riches, des métropoles tentaculaires, alors que les pays peu développés se nourrissent, s'ils manquent de produits frais, de riz décortiqué, de cafés instantanés, de corned-beef et de lait en boîte. J'ai parlé plus haut du fait que les rencontres, qui constituent une bonne partie de l'intérêt du voyage, se font très souvent autour d'un plaisir partagé, une boisson, un repas, casse-croûte africain, dîner australien ou barbecue de viande ou de poisson, et que se singulariser excessivement en ne mangeant pas ce que les autres mangent crée bien vite une barrière inutile à la communication. Quelle richesse gastronomique vous offrent souvent les escales ! Le régime du navigateur à l'escale est donc du même ordre que celui du voyageur normal, agapes diverses dans des restaurants, et, sur invitation, chez des amis de rencontre. Mais une chose est certaine, c'est que l'on apprécie cent fois plus certaines choses, parfois toutes simples, quand on en a été privé quelque temps par des problèmes de conservation ou d'approvisionnement dans des régions à l'alimentation simplifiée.

Voici donc, à titre indicatif, le menu d'une journée type, en traversée (zone tropicale) ou en escale retirée : pas de magasins à proximité, les derniers achats de vivres frais remontent à quelques jours déjà.

Petit Déjeuner

Pamplemousse (waw ! ceux de Tahiti !), deux œufs au plat ou à la coque, brouillés ou en omelette, ou le reste d'un plat du genre curry de poisson ou spaghettis *bolognese* ! Corn flakes (ou autres céréales, flocons d'avoine, etc.) ; les céréales des magasins diététiques exigent malheureusement, en général, des préparations un peu plus longues ; moi, j'ai déjà avoué ailleurs ma passion pour les corn flakes avec du lait, du sucre, et une banane coupée en rondelles s'il s'en trouve de mûres à bord en cette « saison ». Pour les matins de gros appétit, pancakes (avec du vrai sirop d'érable si j'en ai), ou bouillie Maïzena au chocolat ! Thé au lait, beurre, confiture ou miel sur pain grillé.

... Ah ! Ah ! je vous vois venir... Du pain ? Mais où donc a-t-il trouvé une boulangerie ? Mais... à bord, bien sûr ! L'absence de four m'a longtemps dissuadé de m'attaquer à la confection de pain à bord... J'avais résolu le problème à l'aide d'une grosse boîte à biscuits en fer (*ship biscuits*) verticale, ouvrant sur le dessus, que j'avais transpercée de trois bouts de fil de cuivre (un cintre démonté... enlever le plastique !) pour y créer un râtelier. On la pose sur le réchaud, ça attache un peu au fond si le feu est trop fort, mais ça marche (fig. 36)... Sur *Voyage* comme sur *Banana Split*, j'ai tout de même installé un four !

Levure sèche, Baking powder et Baking soda, l'essentiel de l'art du boulanger-patissier nautique.

La difficulté principale dans la fabrication du pain, c'est de trouver à acheter une bonne levure sèche (« dry yeast ») qui se conserve. On la « réveille » en la délayant dans un peau d'eau « à peine un peu plus chaude que celle d'un bain » (la température est très importante) avec un peu de sucre en poudre. Et ça monte, déborde allègrement de la tasse au bout d'une demi-heure. Eau, farine, pétrir, repétrir, laisser reposer, nous n'avons pas trouvé nécessaire de travailler la pâte aussi longtemps qu'on le dit souvent dans les recettes, et pourtant le pain est souvent superbe. Certains bateaux américains sont équipés d'un assez simple « bread maker » électrique qui évite le plus clair du travail !

Évidemment, si cela vous semble compliqué, il y a aussi le pain en tranches qui se garde une semaine (et un peu plus encore au frigidaire) ; entier, le pain, hors du frigidaire, se conserve bien plus longtemps si on ne le garde ni à l'air libre ni dans un sac plastique, mais dans un sac en toile (une taie d'oreiller fait très bien l'affaire). Je n'ai plus trouvé depuis longtemps de cet excellent pain conservé sous vide que faisait la maison Jacquet et qui se conservait trois mois.

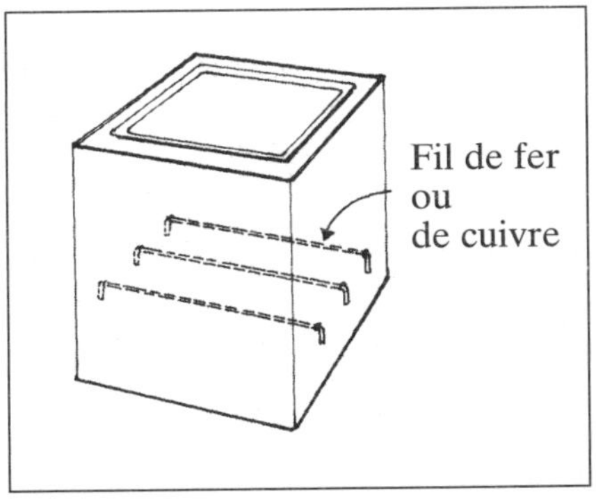

Figure 36.
Four dans une boîte à biscuit.

Les pains locaux sont souvent intéressants (je pense au Maroc, au Soudan, aux îles du Cap-Vert, par exemple), et certains pains, si vous obtenez d'un boulanger qu'il vous les fasse cuire une seconde fois (ou si vous les passez vingt minutes dans votre four chaud), se conserveront jusqu'à trois semaines... Après, il faudra, armé d'un couteau, détacher les zones moisies, jaunâtres, verdâtres pour sauver un peu de mie saine au centre !

Bon, revenons à notre journée (revenons à nos gloutons) !

Déjeuner

Vers 13 heures, juste après la méridienne ; généralement une salade, faite d'un mélange de ce qu'il reste de frais (concombres, oignons, chou, tomate, avocat) et de conserves. Si la ligne de traîne ou la chasse ont rendu, un ou deux filets de poisson cru et des fruits restants : parfois une île fournira quelque fruit ou aliment frais, papaye, cœur de cocotier (ne cueillir ceux-ci, bien sûr, que dans des cocoteraies abandonnées où les jeunes pousses sont si nombreuses qu'elles menacent plutôt d'étouffer le reste de la plantation).

Thé

Vers 5 heures, ou à toute heure si un grain a refroidi l'atmosphère, thé ou chocolat avec biscuits, pain d'épice ou pain grillé.

Dîner

Là, tout est possible ; ça va de la simple soupe chinoise aux nouilles citée plus haut aux plats les plus élaborés que m'autorise l'équipement sommaire de ma cuisine : risotto *milanese*, chou farci, carangue au thym, matelote de thon, bonite à l'escabèche, gratin dauphinois, tomates farcies, hachis Parmentier. Outre le four, j'utilise beaucoup la cocotte-minute, qui est le récipient le plus sûr par mer agitée.

Par là-dessus viennent se greffer les divers « snacks », casse-croûte, biscuits, fruits secs, grignotages et chipotages variés… Ne me parlez pas de bilan calorique, c'est apparemment un problème qui me concerne peu !

Boissons

Si j'étais responsable d'un yacht-club dans une île lointaine, je m'organiserais pour offrir à l'équipage de tous les voiliers arrivant d'une longue traversée des bières ou des sodas glacés… Rien ne peut faire plus plaisir, vu qu'en général, même si on a un frigo et qu'il n'est pas tombé en panne en mer, de toute façon, la provision de bière et de soda est épuisée ! En naviguant, si j'en ai à bord, je fais une consommation élevée de sirops (menthe, orgeat, anis) qu'on ne trouve malheureusement qu'en France et dans les DOM TOM ; à défaut, je me contente de boissons à l'orange ou à d'autres fruits tropicaux, genre *Tang* (Ah le *Yupi Citron* d'Amérique centrale !) ; il vaut mieux ne pas lire la composition chimique, mais c'est bien pratique d'emploi, vite prêt, rafraîchissant.

Alcool ?

En mer, pour moi, pratiquement jamais : au maximum un pastis hyper-léger si la navigation s'annonce sans problème. Au mouillage, à peine plus, sauf à l'occasion d'une rencontre, où caïpirinha brésilienne, p'tit punch, pastis ou bière australienne verront leur consommation augmenter. Quant aux vins, j'ai pu constater que les bons bordeaux, en principe, supportent fort bien les mouvements d'un voilier. Assez rares sont les pays produisant de bons vins, mais il y a des découvertes agréables à faire en Australie, en Californie, en Afrique du Sud, au Chili. Ceux qui consomment plus de vin apprécient les « casks », réservoirs souples sous vide ; on peut boire le vin verre par verre sans que l'air y pénètre, et le conserver ainsi quelques semaines ouvert ; on en trouve maintenant assez facilement un peu partout dans le monde.

L'EAU

Reste à parler de l'eau de boisson. Un bateau de 10 à 12 mètres emportera en général une provision d'environ 300 à 600 litres d'eau, dont il faudra se contenter pour la boisson, la cuisine, la toilette ; les réservoirs de plastique souple fuient parfois un peu sous pression, se désamorcent souvent avant d'être tout à fait vides, ne sont pas très faciles à nettoyer et donnent un goût prononcé à l'eau même si on les rince tous les ans avec une solution à 5 % de vinaigre. Après les avoir essayés, et avoir eu d'autres problèmes avec des réservoirs en alu (dépôts et corrosion curieux) ou en inox (piquage de l'inox), j'ai installé sur *Banana Split* de grands réservoirs en plastique sur mesure ; mal conçus en partie, ils fuient, par le dessus, heureusement : les pliages à chaud auraient dû être faits avec de grands arrondis, des pliages serrés dans ce matériau entraînent à des cassures et des fuites.

L'utilisation d'un filtre pour l'eau de boisson supprime le goût de l'eau des réservoirs, mais je ne crois pas que ce soit très sain, car on n'a pas la possibilité, comme dans une cuisine terrestre, de nettoyer le filtre en le faisant traverser quelques minutes par un fort courant d'eau lorsqu'on ne l'a pas utilisé pendant quelques jours. Si vous avez des doutes sur la propreté de l'eau de vos tanks, vous pouvez soit emporter des bouteilles d'eau minérale, soit conserver propres des récipients réservés à l'eau de boisson, que vous changez chaque fois que possible pour qu'elle n'ait pas le temps de s'abîmer. Je transporte depuis longtemps une trentaine de bouteilles de polyéthylène souples de 4/5 litres rangées dans un coffre, je les nettoie régulièrement et m'en sers, versant directement dans les verres ou la bouilloire, pour la préparation des boissons fraîches ou pour le thé. Bien sûr, lorsque je les remplis, je veille à le faire à une source d'eau saine et sans un goût chimique propre à ruiner le thé ! Dans des cas limites, on peut envisager d'utiliser dans ces petits réservoirs des comprimés d'Hydroclonazone destinés à purifier l'eau douteuse (mais dont l'usage prolongé ne serait pas bon pour les reins).

Une bouteille de 4 litres (un gallon) à portée de la main dans la cuisine : c'est la meilleure façon de conserver l'eau de boisson.

Quelques mots sur le pompage de l'eau douce : je n'avais sur *Om* et sur *Voyage*, et je me contentais volontiers, d'une pompe à pied *Whale Galley*

Dans les îles basses des Tuamotu ou des San Blas, on trouve souvent des puits d'eau douce, sorte de lentille d'eau douce flottant au-dessus de l'eau salée.

Gusher à double effet, très efficace, solide et légère, mais qui ne nécessite pas moins de six membranes et huit joints toriques qu'il faut changer de temps en temps (tous les dix-huit mois environ) en bloc, lorsque l'un d'eux se met à fuir. Je trouve cette pompe si efficace que je regrette, lorsque je reviens à terre, de ne pas avoir une semblable pompe à pied sur l'évier de ma cuisine terrestre.

J'ai parlé plus haut du petit réservoir en charge (50 litres) placé sous le roof de *Banana Split*, qui me permet d'alimenter en eau douce par simple gravité les lavabos, spécialement en mer, où je débranche la pompe du système d'eau sous pression de peur qu'elle ne vide mes réservoirs par accident, ou pour suivre avec précision ma consommation d'eau en comptant le nombre de réservoirs de 50 litres consommés.

En mer, sans rationnement extrême, on se contente en général de 5 à 10 litres d'eau par jour et par personne, qui suffisent à la boisson, à la cuisine et à un minimum de toilette. Une prise d'eau de mer sur l'évier facilitera la vaisselle, les lavages de légumes, etc. Sur un catamaran, on peut utiliser pour cela une pompe à pied du type précédent, car une fuite dans une membrane n'aurait pas de conséquences graves, puisque, sur le catamaran, la pompe, au niveau de la plate-forme, est largement au-dessus de la flottaison.

Et cette eau, d'où vient-elle ? Dans mon cas, des différents robinets, de points d'eau divers (fontaines, puits, rivières, réservoirs ou nappes d'eau douce des atolls) rencontrés fréquemment au long de la route, ou… du ciel ; dans les régions où il pleut, le taud gréé au-dessus de mon cockpit, et muni d'un nable auquel je branche un tuyau conduisant directement l'eau du ciel aux réservoirs, a vite fait de refaire le plein de mes réservoirs dans les averses tropicales. Certains bateaux canalisent l'eau qui coule sur roof et pont et créent une espèce de barrage juste à côté du nable de remplissage des réservoirs.

Si vous fréquentez beaucoup des régions arides et si vous consommez plus d'eau que moi (avec 600 litres, je tiens deux mois sans me rationner, 4 mois en me rationnant, et plus s'il le faut), vous songerez peut-être à installer un désalinisateur ; j'ai rencontré des utilisateurs heureux de ces appareils, mais nombre d'autres attendaient sans fin des pièces de rechange pour le leur, sans parler du navigateur dont le désalinisateur, fuyant soudain, avait noyé le compartiment moteur, obligeant à refaire entièrement le moteur… Appareils coûteux, les désalinisateurs sont pour moi au-delà du seuil de complexité : je définis par là les appareils à mon avis trop compliqués pour le service qu'ils rendent. Évidemment, encore une fois, si vous êtes une famille avec 3 ou 4 enfants gros consommateurs d'eau…

Et les ordures ?

Au fil des années, le monde prend de plus en plus conscience qu'il faut faire quelque chose, que si ça continue, la planète étouffera sous des montagnes d'ordures en tous genres, sacs et bouteilles plastiques, canettes de bière, couches jetables, pour ne citer que les plus visibles ; en bateau comme à terre, la solution, c'est le tri sélectif ; le temps où on flanquait tout en vrac dans une grande poubelle est bientôt fini ; en mer, on triera immédiatement :

– les bouteilles en verre et les boîtes métalliques : après avoir rempli les bouteilles d'eau et percé des trous dans les boites métalliques pour qu'elles coulent, on immerge le tout en général au large, dans les grandes profondeurs ; à mon avis, c'est ce qu'on peut faire de plus écologique, plutôt que de faire prendre en charge par les services d'ordures de la prochaine île, et ça fait des abris pour les petits poissons.

– tous les déchets alimentaires, épluchures, restes, etc., les papiers déchirés en petits morceaux, tout ce qui est rapidement biodégradable va aussi à la mer, au large ; au mouillage, il faudra l'apporter au service de collecte d'ordures local, ou leur faire subir le même sort que :

– les matières plastiques : là, c'est clair, aucune matière plastique à la mer ; on rassemble dans un sac séparé tous les emballages (y compris les briques de lait ou de jus de fruits, qui ont une feuille plastique à l'intérieur – les mettre complètement à plat après avoir décollé les coins). Dans un port avec poubelles, les plastiques bien compactés y vont directement ; dans les mouillages déserts, les navigateurs choisissent en général un coin de plage assez écarté de la végétation pour éviter tout risque d'incendie, y brûlent régulièrement les plastiques, ainsi que les papiers et déchets trop consistants pour qu'on puisse les jeter à l'eau. Dans les îles désertes, on en profite pour brûler les saloperies apportées par la mer, bouteilles plastiques et savates. La légère pollution due à la combustion de ces quelques grammes de plastique me semble bien moins grave que de laisser traîner tout ça. Avant de jeter quoi que ce soit à la mer, demandez-vous ce qu'il y a sous votre vent ou en aval du courant : une peau de pamplemousse ou de melon se désagrègera si elle doit traverser un océan, mais si vous avez une plage touristique ou un village sous votre vent…

Brûlage des ordures non biodégradables sur le sable d'un îlot des Caraïbes.

Avant d'en finir avec l'alimentation, voici quelques recettes hyper simples, qui n'ont aucunement l'intention de faire concurrence aux deux livres de cuisine qui constituent les bibles culinaires de la plupart des bateaux : *La Cuisine pour tous* de l'excellente Ginette Mathiot, et le manuel de la Cocotte-Minute. Les plus raffinés, s'ils ne sont pas préoccupés par des questions de poids, emporteront *La Cuisine du marché de Paul Bocuse*… Moi, je ne me sépare pas de deux livres introuvables du bon maître Pomiane *Radio Cuisine,* textes de conférences radiophoniques données en… 1935 ! Certains navigateurs me font l'honneur de voyager autour du monde avec un exemplaire de mon livre *Fêtes la cuisine de la Mer et des Iles*, épuisé, hélas.

MES RECETTES PRÉFÉRÉES

Poisson cru tahitienne

Bonite, coryphène (appelé à Tahiti « *mahimahi* »), thon. Couper le poisson en petits cubes, tremper un instant dans de l'eau de mer puis verser dessus du jus de citron vert (assez pour couvrir), et malaxer doucement quatre fois (ne pas faire mariner longtemps, comme le font certains) puis jeter le jus de citron. D'autre part, préparer une salade fraîche avec concombre, oignons, tomates, chou et vinaigrette (un tuyau pour la vinaigrette : dans un bocal qui ferme de façon étanche, ou dans le Tupperware spécial, mettre les ingrédients, agiter, bocal fermé, quelques secondes, c'est prêt ! Quand je pense à ces heures passées à touiller des vinaigrettes à la cuillère !). Mélanger les deux préparations, ajouter au dernier moment un peu de lait de coco, et peut-être un peu de gingembre râpé.

Préparation d'un lait de coco

Cocos verts sur l'arbre.

Prendre des cocos secs (mais pas trop !). On les coupe en deux par le milieu, avec une machette ; on râpe la chair sur une râpe tahitienne – fixée sur un genre de tabouret ou sur une planchette sur laquelle on s'assied, sur les bancs du cockpit (le hachoir du mixer peut aussi faire l'affaire, mais c'est moins exotique). Par fractions, on presse la pulpe râpée en la tordant dans un chiffon blanc propre, au-dessus d'un récipient, où coule, crémeux, le lait de coco, qu'on peut éventuellement allonger d'un peu d'eau de coco. Les cocos verts, cueillis pour leur eau désaltérante, et où la pulpe n'est encore qu'une mince pellicule gélatineuse qu'on peut déguster à la petite cuillère, ne se prêtent évidemment pas à la préparation du lait de coco.

Lait de coco ou eau de coco ?

Le lait de coco n'existe pas à l'état naturel ; le liquide clair, plus ou moins sucré selon la maturité de la noix, que l'on trouve dans les noix de coco, c'est l'eau de coco ; le lait de coco s'obtient comme indiqué ci-dessus en râpant et pressant la chair blanche et ferme des cocos mûrs.

Poisson cru japonaise

Thons, par exemple : couper en tranches fines, de 3 à 5 millimètres d'épaisseur chacun – avec les doigts ou des baguettes, tremper les morceaux dans un peu de sauce soja puis dans un peu de moutarde verte au raifort (pâte verte préparée à partir d'une poudre). On peut aussi citronner légèrement les poissons sur la table.

Poisson cru à l'européenne

On traite le poisson (tazar, mérou, dorade, barracuda, etc.) exactement comme s'il s'agissait de saumon fumé : sur un toast, beurre, lamelles fines de poisson tout à fait cru, trait de citron, sel (de préférence marin, broyé), poivre

(grossièrement moulu), et on croque ! Imaginez ça dans une baie calme de la mer Rouge, ou tout au bout du lagon de Mopelia, à l'est de la Polynésie française, une rencontre avec un bateau ami, et tout le monde réuni autour d'un grand saladier, piochant les morceaux d'un barracuda pêché à la traîne à l'instant où nous approchions du mouillage, et chacun préparant, assaisonnant à son goût, ces petits canapés raffinés et délicieux, dominés par les paysages lunaires, les volcans éteints et les coulées de lave irréelles du rivage, ou par les cocotiers de l'atoll perdu !

Poissons cuits au thym

Le meilleur de tous est la carangue : on peut faire revenir au beurre, dans une poêle, les filets panés avec pain grillé émietté et œuf battu, ail haché fin et thym. Si vous disposez d'un barbecue à accrocher à votre balcon arrière, les poissons grillés au charbon de bois, badigeonnés de temps en temps d'huile à l'aide d'un pinceau fait de branches de thym seront inoubliables. Vous pouvez aussi envelopper le poisson de papier d'aluminium avant de le poser sur le gril sans oublier de glisser dans cette papillote l'ail, le thym, et les épices qui vous plairont.

Thon ou bonites à l'escabèche

Faire revenir à l'huile dans une cocotte oignons, tomates, clou de girofle, laurier, thym. En fin de cuisson, y ajouter un demi-verre de vinaigre ; laisser cuire une minute (attention ! ça pique les yeux !). Verser cette préparation sur les morceaux de poisson que l'on a farinés et faits dorer à la poêle. Les mettre au frais dans la cale ; ça se garde jusqu'au lendemain midi, et c'est délicieux à manger froid.

Danger, ciguatera !

Attention, dans certains archipels (Antilles au nord de la Guadeloupe, Polynésie), il y a un réel danger à manger des poissons sans avoir demandé à un autochtone si ceux-ci ne font pas partie des espèces toxiques du lieu. La maladie provoquée est appelée « ciquatera » ou « gratte », elle peut avoir de graves conséquences : douleurs, perte des cheveux, mort parfois. Elle est causée par l'absorption d'une algue microscopique par les poissons qui prolifère particulièrement lorsqu'un bouleversement du corail d'un atoll se produit, naturellement (cyclone) ou artificiellement (creusement d'une passe, construction d'une jetée ou d'une piste d'atterrissage). Plus les poissons sont gros, plus le risque est grand, et un poisson, toxique dans une île donnée ou dans telle ou telle baie, peut être sans danger à quelques milles de là. Les espèces les plus souvent concernées seraient les barracudas et, au nord de la Guadeloupe, les carangues. Aux Gambier, en Polynésie, les habitants ont dû renoncer à consommer pratiquement TOUS les poissons du lagon, à l'exception d'une seule espèce de vete, ou mulets (ils sont délicieux juste fumés quelques heures au-dessus d'un feu de bourres de noix de coco et arrosés de lait de coco !)

Les poissons du large, par contre, poissons carnassiers du type thon, bonite, mahimahi, sont en général sans danger de ce genre. Il existe maintenant un test (www.cigua.com) auquel on peut soumettre le poisson qu'on a pêché ; il n'est pas bon marché, il n'est pas simple à mettre en œuvre, mais les conséquences d'une bonne « gratte » sont si désagréables, que ce n'est pas forcément une mauvaise idée, dans certaines régions (nord des Antilles, Tuamotu), de s'en équiper.

En dehors du poisson, quelques recettes simples, grandes favorites à bord :

Spaghetti bolognese

Faire revenir des oignons hachés grossièrement, ajouter une boîte de corned-beef que l'on dissocie à la fourchette ; quand il est bien doré (le corned-beef, aliment peu appétissant à l'aspect visqueux lorsqu'il sort de la boîte, a bien meilleure allure quand on l'a fait revenir avec des oignons et dorer), ajouter des tomates coupées en quartiers, éventuellement une boîte de tomates pelées, herbes, épices. Laisser mijoter et assaisonner de cette sauce spaghettis ou autres pâtes.

Pâtes au pistou

L'assaisonnement se prépare ainsi : dans un bol, piler dans un peu d'huile d'olive des gousses d'ail épluchées et des feuilles de basilic. Faire cuire les pâtes comme d'habitude *al dente* et ajouter la sauce.

Pâtes à l'ail

Il faut beaucoup, beaucoup d'ail, au moins une grosse tête par personne ; on les dissocie en gousses, qu'on n'épluche pas, mais que l'on entrouvre seulement en les frappant une par une en posant la lame du couteau à plat dessus et en assenant un coup de poing modéré. Revenues à l'huile d'olive, les gousses d'ail perdent leur agressivité, et deviennent ainsi une sorte de délicieux légume ; on les verse sur les spaghettis avec l'huile qui reste (et qui ne doit pas avoir noirci) ou bien on les sert à côté (il faut, bien sûr, dépiauter chaque gousse avec le couteau et la fourchette au moment de la manger !).

Chou farci

Recette habituelle, mais la farce se prépare avec du corned-beef revenu aux oignons, plus du pain de mie, un œuf, du lait ; thym, sel, poivre (attention, le thym est absolument introuvable au Brésil, alors que dans les îles grecques une courte promenade dans les collines suffit à en faire ample provision). On incise en croix le chou, légèrement blanchi dix minutes à l'eau bouillante et on glisse de la farce entre chaque feuille. On referme, ficèle et on met le tout à la cocotte-minute avec oignons, lard éventuellement et un verre de bouillon.

Risotto milanese

Un calme plat sur les îles de l'entrée sud du golfe de Suez rendait invisibles tous les dangereux récifs de corail à fleur d'eau, quand, hésitant à regagner le mouillage que nous venions de quitter, nous avons vu approcher, incertain, un grand voilier italien… Les rencontres sont rares dans ces régions ; nous avons vite fait demi-tour pour lui indiquer le chemin du mouillage… Le skipper de ce voilier avait pour équipage… six Italiennes pulpeuses que l'on vit bientôt, dans le plus simple appareil, plonger dans l'eau claire de la baie… Le soir, dans le luxueux carré du voilier italien, l'une d'entre elles me donnait la recette du vrai *risotto milanese* :

Préparer un bon bouillon avec des légumes (poireau, carottes, céleri, navet, chou) et un ou deux cubes de bouillon de bœuf concentré ; réservez ce bouillon au chaud ; dans une autre casserole, faire dorer au beurre un oignon haché fin et du riz (200 à 300 grammes pour deux personnes, soit un verre à un verre et demi : n'utiliser, bien sûr, que du riz rond, de préférence Vialone ou le fameux Carnaroli). On arrose de bouillon, en versant juste assez pour couvrir, et en rajoutant une louche de temps en temps, juste pour mouiller ; au bout de vingt minutes de cuisson, la casserole hors du feu, on ajoute le safran et la crème fraîche, et on remue jusqu'à ce que les ingrédients soient bien mélangés.

Banana Bread *(pain de banane)*

Remplace le pain si vous hésitez à en faire :

– d'une part mélanger en purée 1/3 tasse de beurre ou d'huile, 3/4 de tasse de sucre, deux ou trois bananes mûres coupées en rondelles ; ajouter un œuf, bien mélanger.

– d'autre part, mélanger 2 tasses de farine tamisée, une cuillère à thé de sel, 3/4 de tasse de lait ou de crème fleurette, une cuillère à thé de *baking powder*, une demi-cuillère à thé de *baking soda* (*baking powder* et *baking soda* sont les duettistes inséparables de la pâtisserie anglo-saxonne ; on les trouve facilement dans toutes les épiceries de ces pays-là) ; pour les mesures outre le traditionnel verre mesureur métrique d'un demi-litre, il est bon d'avoir la « cup » réglementaire jadis en pyrex, aujourd'hui en plastique transparent : 1 tasse ou « cup » = environ 225 ml).

– incorporer délicatement les deux préparations et faire cuire dans un moule beurré environ une heure à feu moyen (180°C). Pour varier, on peut ajouter à la préparation des noix ou des fruits séchés (pommes, dattes, figues, pruneaux, zestes de citron ou d'orange rapés, etc.) ; on peut aussi remplacer le lait par le même volume de jus de fruits.

Bananes flambées

Faire dorer au beurre (non salé !) les bananes coupées en deux dans le sens de la longueur. Lorsqu'elles sont dorées, ajouter du sucre en poudre, et laisser un peu brunir ; hors du feu, deux cuillerées à soupe de rhum, flamber, puis (c'est ça qui fait toute la différence) ajouter une cuillerée de crème fraîche, un peu de cannelle ou de muscade.

… Et quand vraiment il ne subsiste plus grand-chose de frais, que le dernier pamplemousse n'est plus qu'un lointain souvenir, mais qu'il vous reste une orange, vous pouvez la couper en deux, et la manger comme un pamplemousse, en détachant soigneusement les quartiers au couteau et en les mangeant avec une petite cuillère. Ça occupe… J'appelle cette recette : l'orange « On n'a que le plaisir que l'on se donne ! »

Cocktails

Enfin, pour vous permettre de lever votre verre à ma santé dans un joli mouillage brésilien, cubain ou autre, si vous avez pris la précaution de vous munir d'un peu de glace à la dernière escale citadine ou si votre réfrigérateur veut bien en fabriquer, voici la recette de la vraie *caïpirinha*, la boisson brésilienne magique qui vous met merveilleusement en forme (alors que le p'tit punch, lui, a plutôt la propriété d'induire à la sieste). Au Brésil, on la prépare souvent avec l'alcool local, pas très raffiné, la *cachaça*, qui garantit des réveils difficiles. En l'utilisant à la place du rhum blanc (type Bacardi) on obtient la *caïpirissima*, et de la vodka, c'est la *caïpirochka*, la plus légère à digérer, celle que je préfère :

Pour une personne, piler ensemble dans un bol (en bois par exemple) un citron vert coupé en huit (avec sa peau) et une grande cuillerée à soupe de sucre en poudre ; piler un bon moment, ça fait sortir de la peau des essences particulières qui s'ajoutent au jus. Ajouter ensuite l'alcool et la glace pilée (envelopper les morceaux de glace dans un torchon propre et taper au marteau).

Si, au Brésil, vous préférez Cuba, vous avez aussi mon autre cocktail exotique préféré, le *Mojito*, cher à Hemingway, qui consommait les siens à la *Bodeguita del Medio* au cœur de la vieille Havane ; je ne manque jamais d'en préparer lorsque je trouve de belles feuilles de menthe, ou d'*hierba buena* : dans un verre, pilez des feuilles de menthe, ajouter du sucre, du jus de citron, du rhum cubain (blanc ou brun, *añejo*), de la glace, et remplir le verre avec de l'eau gazeuse genre Perrier.

À déguster avec modération, bien sûr !

À la vôtre ! (Au Brésil, on dit : « Saravah ! », à Cuba, « Salud ! »).

Cuisines du monde

Au risque de me faire taxer d'emblée de vilain chauvin, je commencerai par professer ma foi en la supériorité quasi totale de la cuisine française, qui mène de loin devant les autres par la diversité, l'imagination et la recherche dont ont fait preuve depuis toujours ses exécutants... J'ai donc plaisir, lorsque je rentre en France, à faire quelques pèlerinages dans des hauts lieux de la gastronomie française, qu'il s'agisse de stars comme Bocuse ou Troisgros, ou de petites adresses moins connues mais valant elles aussi le détour...

Mais, en voyage, je ne cherche pas à tout prix à retrouver la cuisine française où que je sois ; je déplore même la tendance de la plupart des régions touristiques à s'adonner à une triste cuisine dite « internationale », généralement insipide, caractérisée par des cuissons excessives et un manque total d'imagination.

Non, je préfère goûter – même si parfois la présence de fortes doses de piment, par exemple, a des conséquences fâcheuses sur l'état de ma digestion – les spécialités de l'endroit.

Voici donc, au fil des pays visités, apportant un bel éventail de satisfactions gustatives et de souvenirs inoubliables, les spécialités que je vous recommande de ne pas manquer. La plupart d'entre elles doivent une partie de leur charme au fait d'être dégustées sur place – tenter de les reproduire ailleurs ne donne pas toujours de bons résultats ; si cela vous tente cependant, on trouve à peu près dans tous les pays à cuisine intéressante des recueils de recettes locales ; vous pouvez aussi, si vous souhaitez, utiliser les produits, fruits et légumes locaux – vous munir du livre de Ginette Mathiot : la *Cuisine de tous les pays*.

Maroc. Pastilla (sorte de pâtisserie de pâte feuilletée fourrée d'une farce crémeuse à la viande) et repas marocains aussi différents du triste couscous en boîte que le vrai cassoulet de Castelnaudary diffère de son homologue en conserve. Et puis, délice toujours renouvelé, le thé à la menthe fraîche accompagné de cornes de gazelle, une pâtisserie saupoudrée de sucre glace, dans un petit café du Grand Socco de Tanger, entouré de vieux Marocains tirant sur leur pipe de kif.

Afrique noire. Au Sénégal, le plat national, c'est le *tieppu diem* (orthographe approximative !), poisson, riz et légumes (la meilleure part, c'est le dernier riz, un peu brûlé, rouge, qui a collé au fond). Remarquable aussi, le thiof Saint-Louisienne : un poisson incisé, vidé de sa chair, que l'on hache et avec lequel on prépare une farce dont on remplit à nouveau la peau du poisson, le reconstituant ainsi avant de faire cuire au four ; autre spécialité, le poulet *yassa*.

Plus au sud, en **Côte d'Ivoire**, il y a le foutou banane et le foutou igname, pâtes élastiques qui accompagnent des viandes en sauce à base d'huile de palme.

Îles du Cap-Vert. Le plat national, la *caçupa* (prononcer « Katchoupa ») à base de haricots noirs et de maïs, s'enrichit parfois de viande ; il exige quatre à cinq heures de cuisson au feu de bois, et on dit que c'est pour cela qu'il n'y a plus un arbre dans l'archipel.

Brésil. Une des grandes cuisines du monde... Il y a tout d'abord les *churrascos*, grillades de viandes originaires des pays de pampas du sud : dans les meilleures *churrascarias*, dites « a rodizio », on s'assied, et, sans avoir à dire un mot, la table se couvre aussitôt de dizaines de petites assiettes de légumes, de condiments, manioc, riz, assaisonnements, etc., tandis que tourbillonnent autour de vous des garçons brandissant toutes sortes de viandes piquées sur de longues brochettes ; tant que vous ne faites pas signe (à ce moment-là, vous ne pouvez généralement plus parler !) que vous n'en pouvez plus, ils font dégringoler dans votre assiette de fines tranches de porc, de veau, de bœuf, de saucisses qu'ils détachent de leur broche d'un mouvement habile de leur long couteau effilé.

Le plat national du Brésil : la *feijoada*, à base de *feijaô*, haricot noir qui constitue l'alimentation principale des Brésiliens et qui serait la cause du gros derrière des Brésiliennes (désigné par le mot *bunda* d'origine africaine, et que l'on retrouve aussi aux Antilles).

Dans sa version de luxe, la *feijoada* comporte toutes sortes de charcuteries et de viandes ; on trouve dans les magasins brésiliens des ensembles de viandes tout prêts pour préparer soi-même sa *feijoada*.

Mais le haut lieu de la cuisine brésilienne, c'est Salvador, la « Bahia », dont Jorge Amado et mille chansons vantent la richesse gastronomique ; dans les rues, déjà, de superbes Bahianes vêtues de grandes robes blanches et de turbans vous vendent les *acarajés*, beignets dorés dans l'huile de *dende* (palme) que l'on fourre de *vatapa* (purée jaune sans doute à base de maïs), de tomates vertes hachées et de ces crevettes séchées qui sont un élément de base de la cuisine bahiane... Le piment est particulièrement fort ; on a l'impression qu'il va vous ressortir par les oreilles, mais quel délice ! Dans les petites restaurants du Mercado Modelo, au son nasillard du *birimbau* et des *batucadas*, ou dans les ruelles de la ville haute, ou encore au SENAC, le restaurant de l'école hôtelière (où un spectacle bahian pas trop trop touristique est présenté tous les soirs), on goûtera les innombrables spécialités de la cuisine bahiane : *xim xim de galinha, siri* (crabes) ou *siri mole* (crabes à la carapace molle, pris alors qu'ils muent), *caruru* (bouillie gluante de gombos), crevettes bahianes, etc.

Le Brésil est moins porté sur les sucreries, mais les «fils d'œufs» et les *quindim* sont de délicieux desserts tout simples.

Antilles. Là, le piment est différent, tout aussi fort, mais avec un goût particulier, spécialement les piments vert tendre qui entrent dans la composition des court-bouillons et *blaffs* de poisson ; ne pas manquer le *blaff* d'oursin (sorte de potage à base de ces gros oursins blancs que l'on trouve aux Antilles).

Ici, on appelle « racines » les légumes qui accompagnent les poissons, par exemple, et même les bananes vertes, bouillies à l'eau, entrent dans cette catégorie.

Les repas commencent souvent par des acras, petits beignets de morue pimentés (d'où la célèbre chanson antillaise : *Acra ça sert de Schoelcher à comprendre*. Les jeunes filles sont jolies, et le boudin est créole. Le *calalou* est une soupe, le *colombo*, un curry. Le *chadron*, c'est l'oursin, et les *lambis* sont de gros coquillages dont la dégustation fait partie du programme de tous les charters, mais dont la texture élastique me laisse indifférent.

Parlez à certains de crabes farcis, ils traverseront l'île à pied pour en manger, de même pour les *ouassous* (étymologiquement : « rois des sources »), énormes écrevisses des rivières guadeloupéennes.

Amérique centrale. Je n'ai retenu que les *tacos*, crêpes de farine de maïs farcies de viande hachée, de purée de haricots, de salade, etc. ; il faut pouvoir ouvrir très grande la bouche sans s'en mettre partout, ce qui est dur ! Particulièrement agressif aussi pour les gens sensibles au piment (mais c'est tellement bon !), le *chili con carne* (aucun rapport avec Concarneau), à base, lui aussi, de haricots noirs ou rouges et de viande.

États-Unis. La cuisine américaine, la moins bonne, a tendance à envahir le monde entier sous forme de Mac Donald's, etc.

Eh bien, moi, j'apprécie un bon hamburger si la viande est fraîche et le pain croustillant, je n'ai rien contre un poulet frit avec du maïs, ni contre la plupart des pâtisseries américaines, qui sentent bon la cannelle, surtout le délicieux gâteau aux pecans, sorte de noix du sud des États-Unis.

J'espère retrouver un jour avec autant de plaisir les homards de la Nouvelle-Angleterre, dont j'ai gardé un excellent souvenir (je ne sais pas s'ils en ont gardé un aussi bon de moi !).

Québec. La spécialité locale, le sirop d'érable, est délicieuse sur les crêpes et, l'hiver, en tire sur *la neige*, coulées de sirop bouillant versées sur la neige et qui donnent de délicieux *suçons*. Comme les Américains ont le hamburger, les Québécois ont la *Poutine*, un mélange à première vue suspect de frites, de *fromage en grains* et de sauce brune... on s'y fait, et on finit par y reconnaître une espèce d'étendard québécois !

Polynésie. Le plat le plus célèbre, c'est sans aucun doute le poisson cru (voir la recette plus haut).

Mais pour savourer toute la variété de la cuisine polynésienne, il faut être invité à un *tamaaraa*, où l'on a fait cuire de longues heures, dans un trou creusé dans le sol et garni de pierres chauffées sur un feu de bois, poulet, cochon de lait, poisson, *taros* (racine), bananes, fruits à pain, coquillage, etc. Quelques chansons tahitiennes (*Tahiti, Perle du monde*...), du lait de coco et c'est le bonheur sous les cocotiers que l'alizé fait doucement osciller.

Les Polynésiens des îles de l'ouest du Pacifique, s'ils ont conservé l'alimentation de leurs ancêtres venus de l'est en pirogues, ont ajouté à leur régime les murènes des jours de fête et cet étonnant fruit à pain à noyaux, consommé trop mûr, fermenté dans des feuilles de bananier (ce qui lui donne une odeur terrifiante) et que nous avions du mal à refuser quand les indigènes de Kapingamarangi voulaient absolument nous en offrir.

Australie. Je passerai rapidement sur ce pays, où toutes les épices sont bannies de toutes les tables... Penser que les « îles des Épices » sont si proches !... Je ne résiste cependant pas à vous donner une fois encore la recette de la dinde sauvage australienne (un animal à la chair terriblement coriace) telle qu'elle fut donnée un jour à Paul Théroux par un bushman australien : dans un grand faitout rempli d'eau, faire bouillir la dinde avec une brique jusqu'à ce que vous puissiez enfoncer une fourchette dans la brique ; à ce moment là, jetez la dinde et mangez la brique !

Îles des Épices (Indonésie). La cuisine de Sumatra et de Java s'appelle *masakan padang*... et elle est merveilleuse ! Ici encore, le repas comporte des dizaines de petites assiettes d'aliments variés, viandes, poissons, légumes, condiments, sauces, chutneys, le tout très épicé ; on mange de trois doigts de la main droite, et on ne doit absolument pas toucher à la nourriture de la main gauche, comme dans tous les pays musulmans.

À Java, le grand plat à base de riz s'appelle le Rijstaffel.

Ceylan et les Maldives. On y mange des currys souvent très épicés, et c'est également de la main droite que l'on fait une sorte de boulette que l'on se propulse élégamment au fond de la bouche.

Madagascar. Mon île natale ; j'y ai retrouvé avec plaisir le *romazava* (prononcer « Roumazav' »), un ragoût de viande et d'herbes très particulier car il utilise les *brèdes mafan'*, une sorte d'épinard portant des petites fleurs jaunes et qui produit dans la bouche une sensation agréable, difficilement descriptible ; on a un peu l'impression d'avoir une pile électrique posée sur la langue.

Lors de mes escales, le filet de bœuf était si bon et si économique que nous nous en gavions fréquemment.

Afrique du Sud. La cuisine sud-africaine a des origines hollandaises, mais a bénéficié aussi d'influences indonésiennes : les voiliers assurant le commerce entre l'Indonésie et les Pays-Bas faisaient escale ici pour se ravitailler ; des vignerons français chassés de leurs terres par la révocation de l'édit de Nantes sont aussi venus y créer des vignobles, d'où proviennent des vins excellents. Ici aussi on connaît le *rijstaffel*, un de mes plats préférés dans la cuisine sud-africaine : une sorte de gratin portant le joli nom de *bobotie*.

Djibouti. Quel délice que le *watt*, ces délicieuses crêpes fourrées de viande et de sauce, qui viennent d'Éthiopie.

Grèce. On est déjà revenu en Europe... Il est encore temps de se délecter de quelques spécialités aux noms exotiques, moussakas, suvlakis, ou de feuilles de vigne farcies, en buvant un verre de vin de Samos ou bien, si, comme moi, vous aimez son goût très particulier, de retzina, vin blanc parfumé à la résine.

Italie. C'est la porte à côté ; je vous ai parlé plus haut du *risotto milanese*... La pasta, en général, qui se mange en Italie comme premier plat, est souvent plus variée que les plats qui suivent, viande ou poisson... *Fettucine alle vongole, tagliatelle all'Alfredo, alla carbonara, osso-buco*.

Et puis il y a les merveilleuses truffes blanches qu'on ne trouve qu'en décembre... Il fait un peu froid pour naviguer par là en cette saison, mais elles sont si bonnes qu'elles justifieraient presque à elles seules un hivernage dans ces latitudes polaires !

Voilà, j'en ai oublié, j'ai parfois passé un peu rapidement sur des richesses culinaires auxquelles on aimerait consacrer des mois entiers...

Je n'ai pas parlé de la cuisine vietnamienne, chinoise (pékinoise, Se-Tchuan, etc,), qui sont certainement très comparables à la cuisine française côté qualité et diversité, mais je n'ai pas encore fait escale en bateau dans ces pays-là...

Cette liste n'est donc pas terminée, et quand nous nous rencontrerons, vous me parlerez des découvertes gastronomiques que vous aurez faites au hasard de vos voyages !

« Des pommes, des oranges, des bananes... »

Vertes ou mûres, petites bananes mouchetées ou grosses « plantain », les bananes constituent une bonne part de l'alimentation sous les tropiques.

C'est ce que l'on vous répond généralement dans la plupart des restaurants français lorsque vous demandez ce qu'il y a comme fruits pour dessert... même si bat son plein la saison des framboises, fraises, groseilles, cerises et autres merveilles... Des fruits étonnants, vous en trouverez un peu partout autour du monde, et même au bout de plusieurs années une nouvelle escale vous en fera découvrir de nouveaux qui comme moi, je l'espère, vous émerveilleront...

Maroc. Les mandarines de Safi ou d'Agadir... Des files interminables de camions les chargent sur des cargos... Les meilleures mandarines du monde, petites, fermes, juteuses, sans pépins... vous en épluchez une, vous vous la fourrez tout entière dans la bouche, vous laissez fondre...

Canaries. Les bananes sont partout, sur les cartes postales, même en porte-clés... C'est là que vous achèterez votre premier régime de bananes transocéanique, le premier régime de bananes qui mûriront tout d'un coup, toutes ensemble, au huitième jour de mer...

Sénégal. Les premiers cocos verts et les mangues greffées (les meilleures viennent du Mali).

Brésil. Un livre entier à écrire sur ses fruits, qui ont inspiré chansons et livres de Jorge Amado : *jaca*, *fruta de conde*, *caja*, cajou, *maracuja*, ananas, *genipabo* et mille autres... Quelle idée ont-ils donc d'importer de coûteuses et fades pommes du Chili ?

Antilles. Pommes Cythère, et puis le premier fruit à pain, sur les arbres issus des plants que le capitaine Bligh (*Les Mutinés du Bounty*) était allé chercher à Tahiti. J'aime moins les petites bananes joliment appelées « figues pommes », moins goûteuses que la bonne banane classique tachetée, que les Polynésiens appellent *Haamoa* (Samoa) ; il existe de toutes petite bananes délicieuses appelées Freycinettes.

Grandes Antilles, ouest Caraïbes. Moi qui ne jurais que par les petites papayes appelées « Solo » ou Hawai'i, j'y suis tombé amoureux des grosses papayes cylindriques à la chair orange parfaitement régulière et fondante... mmm !

États-Unis. Au premier coup d'œil, on est émerveillé de la beauté des fruits que l'on trouve dans les supermarchés de Floride et de tous les États-Unis... mais on s'aperçoit vite que les espèces de fruits les plus commercialisées sont choisies plus pour leur durée de vie dans les étals (*shelf life*) que pour leurs qualités gustatives : les fruits ici sont souvent magnifiques... mais sans goût.

Québec. Mon bonheur, c'était d'acheter de grosses barquettes de bleuets (c'est le nom local que l'on donne aux myrtilles) ; il y a aussi les « épluchettes », fêtes où on dévore des quantités d'épis de maïs ou *blé d'Inde*.

Galapagos. Une espèce de petite prune locale a un goût délicieux de myrtille dans les sous-bois d'août... mais un furieux pouvoir laxatif !

Polynésie... Le meilleur fruit du monde ? Le pamplemousse de Polynésie !...impossible de vous le décrire, il faut le goûter pour le croire ! Aucun pamplemousse, d'aucun pays, ne lui ressemble en aucune manière ! Il y a aussi de délicieuses pastèques à la chair curieusement orange, et des mangues greffées qui valent toutes les autres.

Micronésie... Rien de bien luxueux... Le *pandanus* a des fruits orange et verts, fibreux ; les enfants gourmands qui les sucent y trouvent un peu de sucre... C'étaient les *pandanus* qui couvraient les îles plates du Pacifique avant que les colons n'y plantent les immenses cocoteraies dont l'image est maintenant inséparable de l'idée que l'on se fait du paysage polynésien.

Australie. Un jeune Américain cultivait dans une ferme de la région de Cairns des millions de plants de *sapotille*, et le nom même de ce fruit (que je n'ai jamais goûté) était devenu un gag entre nous... C'est peut-être très bon ?

Nouvelle-Guinée. Qu'il est joli, le sourire écarlate de la jeune fille papoue qui mâche à longueur de journée la noix de bétel !

Bali. Ici aussi, des milliers de fruits différents, dont le *jeruk Bali* (c'est presque le pamplemousse de Tahiti, mais pas vraiment), le merveilleux *jaca*, et les *durions* qui, par leur odeur, en révoltent plus d'un !

Hong Kong. Les *lychees* (litchis) ne prennent vraiment tout leur parfum qu'achetés tout frais sur les quais d'Aberdeen et dégustés, croquants, à bord d'une de ces petites jonques de location qui vous promènent dans le port.

Maldives. Peu de fruits ; généralement, tout ce que vous pouvez acheter dans les petites îles écartées, ce sont quelques papayes (moins bonnes que celles de Thaïlande, à la chair rouge) et des citrons verts ; mais les citrons verts, ça fait un moment que vous connaissez, depuis que vous avez atteint la ceinture tropicale, vous vous demandez sans doute comment vous aviez pu jusque-là vous contenter de ces gros citrons jaunes insipides !

Madagascar. Peu de fruits lorsque j'y étais (mais la région de Tananarive produirait même, paraît-il, des fraises et des cerises – le fruit qui me manque le plus lorsque je suis loin de France). Un sac de pommes offert par un cargo de passage nous avait paru un don du ciel, vite commué en épaisses tartes Tatin !

Comores. Un fruit unique au monde : à lui seul, il vaut l'escale à Mutsamudu : les framboises d'Anjouan ; c'est plutôt à mi-chemin entre la framboise et l'arbouse, mais quelle merveille !

Kenya. Au marché de Mombasa, on trouve, comme par magie, aussi bien les fruits tropicaux que ceux des régions tempérées (sans doute en provenance des zones montagneuses voisines).

Soudan. On retrouve au marché les immenses pyramides d'oranges qu'on avait quittées au Maroc ; les montagnes de dattes, aussi.

Afrique du Sud. La province (bénie) du Cap produit bien sûr des vins extraordinaires, mais aussi toutes sortes de fruits, framboises roses, blanches ou jaunes, myrtilles, pêches et mangues délicieuses.

... Et puis on revient en Méditerranée, où le fruit roi, bien sûr, c'est le raisin... Mais je vous connais, bougres : à l'état de fruit, il vous passionne moins qu'à l'état de vin, *retsina* ou vin de Samos (Grèce), Valpolicella ou Corvo di Salaparuta (Italie). Délicieuses aussi, les figues !... Les meilleures, dit-on, viennent de la région de Pompéi... Comment, vous ne le saviez pas ? et pourtant, ne chante-t-on pas : «Ah qu'elles sont jolies, les figues de Pompéi !...» ?

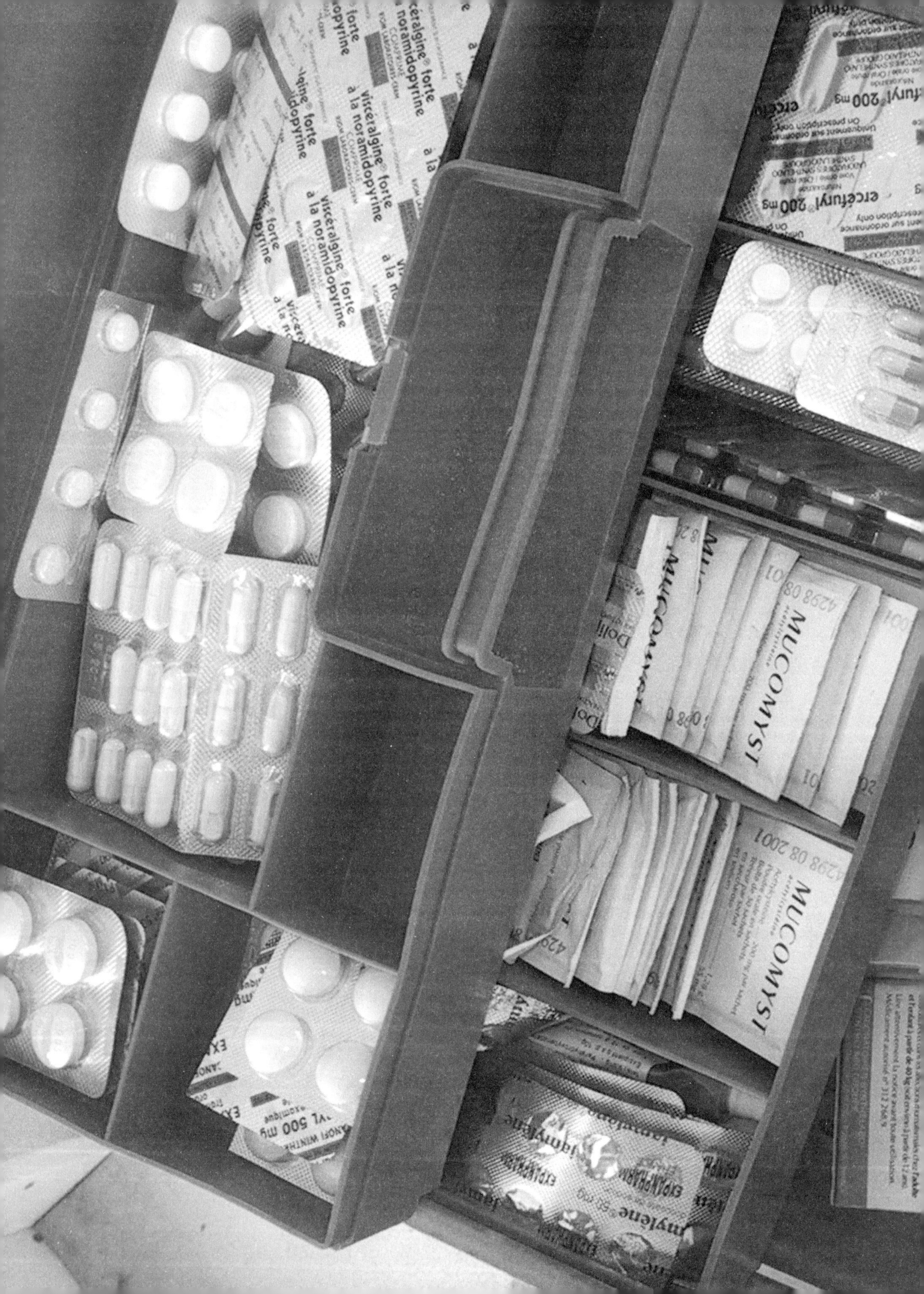
viscéralgine® forte
à la noramidopyrine
ercéfuryl 200 mg
MUCOMYST
4298 08 2001

CHAPITRE NEUF

À VOTRE SANTÉ !

Bôme (n. m. ou f.). Pommade utilisée
pour soigner les coups assénés par l'espar horizontal
de la grand-voile lors des empannages.

Bonjour, je me présente, je suis le « Flying Doctor », « le Docteur volant » ou plutôt navigant. C'est fou comme les habitants des petites îles perdues ont tendance à considérer que tout étranger de passage, spécialement en bateau à voile, est sans doute un médecin, en tout cas apte à soigner leurs bobos, ventres gonflés ou maladies plus graves ! Mon attitude dans ce domaine, sans être totalement réticente, me dicte cependant la plus grande prudence ; je ne suis pas médecin, et je n'aimerais pas voir s'aggraver l'état d'un indigène malade après ingestion du médicament que je lui aurais conseillé… Je limite donc mes interventions dans ce domaine à des désinfectants pour bobos (les îles lointaines des Maldives, par exemple, sont incroyablement démunies de ce côté-là, un peu de mercurochrome y apparaît comme une invention magique, un élixir rarissime), éventuellement à des antibiotiques (en particulier lorsque l'infection concernée appartient au groupe des VD basiques *(venereal diseases,* maladies vénériennes traditionnelles, la chaude-lance, quoi !) ou des antiseptiques intestinaux… je ne me risquerais pas à des interventions plus compliquées !

Mais en ce qui me concerne, et en ce qui concerne un équipage, il faut bien être prêt à faire face à une alerte médicale, de quelque direction qu'elle vienne, otite ou cystite, angine ou rage de dents, dengue ou blessure… D'où la nécessité d'avoir à bord une pharmacie assez complète et quelques notions de médecine pour ne pas utiliser les médicaments ou pratiquer les soins n'importe comment. À cet égard, il existe deux ouvrages de référence, écrits pour les navigateurs, par le docteur Chauve, *La Médecine du bord* (éditions Arthaud) et *Le Guide de la médecine à distance* (collection voyages et santé, Voiles et Voiliers). Les anciens se rappellent le tome *Médecine en mer sans médecin* de l'encyclopédie Nauticus, de l'excellent Gérard Borg ; c'était jadis la bible en ce domaine, et on manquait rarement de le trouver à bord des voiliers français se promenant autour du monde. Ces livres sont si complets qu'il n'est pas question que je me lance dans une énumération des maladies que l'on peut rencontrer en voyage, ni des médicaments que doit comporter votre pharmacie de bord. Les listes que donnent ces ouvrages sont parfaitement claires et détaillées ; ce sont elles que je consulte avant

chaque grand départ, vérifiant ce qui manque, ce qui a été consommé ou s'est périmé, avant de demander à un ami médecin de m'établir une ordonnance pour les médicaments qui en nécessitent une.

Je voudrais seulement revenir ici brièvement sur quelques sujets liés, généralement, à la navigation tropicale et dire quelques mots sur les affections les plus courantes rencontrées en croisière lointaine. La plupart des maladies infectieuses, on en est plutôt à l'abri, loin en mer ou dans les petites îles inhabitées, puisque les microbes sont loin… Mais on y perd un peu ses défenses, et il n'est pas rare que le retour à la civilisation, spécialement une escale dans une grande ville tropicale, se traduise presque systématiquement, pour les équipages des bateaux qui y font escale, par des rafales de grippes, diarrhées… ou parfois pis.

LA REVANCHE DE MONTEZUMA

Sans aucun doute, l'affection la plus souvent relevée dans les équipages de voiliers naviguant sous les tropiques, c'est ce que les Américains nomment la « revanche de Montezuma » ou la *turista* et qu'on appelle plus couramment, en français, la « colique » ! Elle est en général provoquée par un repas à terre pris dans le petit restaurant sympa de la vieille ville… et dont il valait mieux ne pas regarder l'état de propreté de la cuisine. Le traitement en est simple : anti-diarrhéique type Diarsed (les Américains utilisent le Lomotil, mis au point pour lutter contre la diarrhée de l'espace qui assaille les cosmonautes) et antiseptique intestinal, type Ercéfuryl.

On a récemment créé des médicaments équivalents à ceux-là, et qui n'exigent pas d'ordonnance. Le plus souvent, l'infection ne résiste pas à deux ou trois jours de ce traitement. Ce n'est que rarement, d'ailleurs, qu'elle prend des allures « cholériques », avec quinze à vingt selles, cataractes liquides, par jour ! Là, c'est plus grave, et c'est par des perfusions que l'hôpital le plus proche luttera contre la déshydratation qui s'ensuit. À titre d'anecdote, il paraît que l'eau de coco est un liquide stérile et que sa composition est si proche de celle du sérum physiologique que l'on peut s'en servir pour les perfusions. Pour les colites qui ont vraiment du mal à passer, l'un des meilleurs traitements, c'est le bon vieux lavement.

LA DÉSHYDRATATION

En parlant de déshydratation, à un niveau moins grave, on se déshydrate facilement en mer, on s'en rend compte par une légère brûlure en urinant. Il faut boire deux litres d'eau par jour en navigation sous les latitudes tropicales. Les mouvements de la mer ont tendance à donner envie d'uriner beaucoup plus souvent qu'à terre.

LES YEUX

En mer aussi, et au mouillage dans les coins à la lumière éblouissante, plages dorées, lagon bleu turquoise des barrières de corail, on se retrouve facilement en fin de journée avec les yeux brûlants. Sortir fréquemment dans le cockpit, la nuit et à peine sorti du sommeil, faire un tour d'horizon à la recherche d'éventuels cargos, c'est s'exposer à une irritation de plus, lorsque l'on prend le vent de plein fouet dans les yeux à peine humectés. L'eau de mer (embruns, mais aussi natation) est aussi agressive pour les yeux. Les remèdes : collyre Uveline, mais surtout porter des lunettes de soleil, en plastique de préférence, ou vraiment incassables, assez larges pour bien protéger. Avec l'avancée en âge, vous aurez besoin de lunettes de vue, certainement pour voir de près en basses lumières, peut-être aussi pour voir de loin ; elles devront être incassables, et je vous recommande de faire percer par votre opticien deux petits trous au bout des branches, pour y passer un fil à voile, beaucoup plus fiable que tous les cordons du commerce, et qui vous permettra d'avoir toujours vos lunettes pendues sur la poitrine, à portée de la main… je sais, ça fait un peu « grand-mère », mais c'est si efficace !

LES VITAMINES

Le scorbut est une maladie un peu oubliée, mais rien n'empêche d'avoir recours quotidiennement, comme les Américains, à une dose équilibrée de vitamines multiples (en France, Supradyne par exemple, en comprimés effervescents). La vitamine C est spécialement utile en cas de début de crève (plus commune qu'on ne le croirait sous les tropiques, spécialement dans les coins où l'on pratique la climatisation antarctique des magasins et habitations). La vitamine C est également un excellent dopant, moins dangereux que d'autres pour surmonter un coup de pompe au cours d'un quart. Les problèmes de gencives qui saignent ne signifient pas forcément que le scorbut vous guette ! Brossage des dents et des gencives, mais aussi bains de bouche à l'eau de mer, aussi souvent que possible, en viendront à bout.

LE MAL DE MER

On pourrait écrire des livres entiers sur le sujet, chercher à savoir pourquoi des gens qu'une légère ondulation cloue sur leur couchette oublient tout d'un coup le mal de mer dans certaines conditions où l'agitation du bateau est pourtant extrême. Disons qu'en grande partie le mal de mer est sous le contrôle du cerveau, et que s'occuper (barrer, manœuvrer) est un bon dérivatif qui le fait passer. Éviter de lire ou écrire. Si ça va mal, s'allonger dans le sens longitudinal du bateau, le plus près possible du centre de rotation de la coque (assez bas, et au tiers arrière de la longueur du bateau).

Pour ceux qui rêvent d'emmener leur femme (ou une nouvelle compagne) faire de longs voyages sur un bateau et qui craignent qu'elle ne souffre du mal de mer, je leur recommande d'éviter de l'embarquer tout d'un coup pour une traversée du golfe de Gascogne en novembre, avec première escale prévue à Rio de Janeiro dans trente jours ! Au contraire, il faut commencer par s'adapter à la vie à bord en eau plate (fleuve, canaux) puis aux premiers mouvements marins en eaux modérément agitées, au cours de petites sorties diurnes, le premier bord à la gîte, le premier roulis, puis la première nuit en mer... Cela vaut la peine d'y consacrer quelques mois si nécessaire, même de remettre au printemps prochain la sortie envisagée en Méditerranée. Car, lorsqu'on s'est bloqué et qu'on a décidé qu'on a le mal de mer, il est difficile de faire marche arrière.

Bien faire comprendre qu'un long voyage en voilier ce n'est pas forcément et uniquement d'interminables traites en mer, mais que ça peut être une succession de petits voyages, avec plein de temps à l'escale. Les produits type Dramamine ou Marzine sont efficaces, mais vous assomment un peu. Un procédé consistant en un petit sparadrap que l'on se colle derrière l'oreille et qui contient 1,5 milligramme de Scopolamine, substance qui diffuse directement, à travers la peau, vers les centres de l'équilibre est assez efficace. Ce produit se trouve parfois en France, plus facilement dans d'autres pays dont la Suisse. L'expérience tentée sur des non marins a montré qu'aucun n'a eu le mal de mer pendant toute la croisière, et d'autres essais m'ont confirmé l'efficacité du produit, mais certains témoignages parlent d'effets secondaires très fâcheux, tels que des vertiges, etc. Demandez à votre médecin ce qu'il en pense, lui ou votre pharmacien ont peut-être eu vent de l'existence de ce médicament. Il existe aussi un petit bracelet qui, appuyant sur un point donné de l'acupuncture chinoise, maîtriserait le mal de mer.

LA TEMPÉRATURE

Il fait parfois frais sous les tropiques quand l'alizé souffle, qu'on est au mouillage forain, on supporte une petite laine le soir et une petite couverture la nuit. Mais on a plus souvent à lutter contre la chaleur excessive, spécialement lorsque le bateau est amarré à un quai ou dans un courant, qui l'empêche d'éviter nez au vent, et ne bénéficie plus de la ventilation naturelle qui baigne généralement les bateaux bien conçus, grâce à un capot avant ouvert à la brise. On peut augmenter l'apport d'air frais, spécialement lorsqu'on n'est pas nez au vent, à l'aide d'un « fantôme » (en anglais : *windscoop*) de toile, espèce de tuyau (un peu la forme d'une guérite de militaire en faction) dressé à la verticale sur le capot avant et captant le moindre souffle d'air. Il est important que l'intérieur d'un bateau soit aussi peu cloisonné que possible pour que l'air s'y propage bien et que l'humidité n'y subsiste pas.

La plupart des bateaux ne conserveront une température intérieure correcte que si le cockpit, le roof et la plus grande surface possible du pont sont couverts de tauds. Vous pouvez confectionner vous-même : un bon taud doit être assez solide pour ne pas s'envoler au premier grain violent, assez haut pour qu'on se promène confortablement dessous, mais assez bas pour donner une protection de la pluie oblique. Plutôt que de l'équiper de joues verticales à demeure, encombrantes, prévoir une possibilité de lacer rapidement une joue mobile légère du côté d'où vous attaqueront le soleil ou la pluie. Si vous pouvez équiper votre taud d'un système de récupération d'eau de pluie conduisant directement à votre réservoir, vous économiserez des manœuvres de port et des transports de jerricans. Le meilleur tissu pour les tauds est en toile synthétique (évitez la toile à voile en dacron, bruyante et qui durera peu). Armez éventuellement votre taud d'un ou plusieurs tubes d'aluminium ou d'inox et déployez votre imagination pour adapter sa forme à celle de la partie de votre pont que vous souhaitez protéger.

Si vous avez des coussins de cockpit en skaï ou en matière similaire, ce serait une bonne idée de leur fabriquer des housses en coton simples, que vous pourrez défaire et laver fréquemment. Les problèmes cutanés prennent des dimensions désagréables dans les climats chauds et collants, et le confort de votre postérieur justifie tous les efforts que vous pourriez faire.

LES DÉSINFECTANTS

Soigner immédiatement tous les petits bobos, spécialement aux mains, à l'aide de désinfectants doux type éosine ou mercurochrome (bons pour assécher les bobos qui ont tendance à traîner) ou Cétavlon. Certains bobos, même tout petits, deviennent parfois, sous les tropiques, des plaies « atones » ou « crocros », qui ne veulent absolument pas guérir, s'élargissent de plus en plus et parfois même ne cèdent que si celui qui en souffre quitte la ceinture tropicale pour quelque temps. Éviter l'alcool iodé, qui continue à « bouffer » l'intérieur de la blessure.

Pendant les longues traversées nécessitant pas mal de manœuvres (temps irrégulier par exemple), soigner très attentivement les bobos et avec soin, ils ont tendance à s'éterniser et à rendre déplaisant le maniement de la toile et des cordages. Je consomme à cet usage des quantités de petits pansements adhésifs. Certains ne restent à poste que quelques minutes, le temps d'une manœuvre, l'eau d'un cordage mouillé suffisant à chasser le pansement. Les blessures faites par le corail, mais aussi celles faites autrement et qui, lorsqu'on se baigne, s'infectent de petites particules de corail toujours présentes dans les eaux des mers coralliennes, ont tendance à s'infecter et à traîner. C'est une bonne précaution que d'arroser de jus de citron ces blessures quand on revient de nager. Ça pique, mais c'est efficace. Je pense que l'acide du citron dissout le calcaire des particules de corail, dans lesquelles s'abritent je ne sais quels micro-organismes responsables de l'infection. Pour les petites brûlures et irritations, j'utilise avec succès une pommade appelée « Homéoplasmine », trouvée en pharmacie.

LES PARASITES

Les parasites cutanés

Outre les petites bêtes qu'on ingère en buvant des eaux plus ou moins saines ou ayant séjourné longtemps dans vos réservoirs (des analyses de temps en temps ne sont pas à négliger), il y a toutes celles que vous pouvez être amenés à rencontrer : puces *chiques*, ou simplement *chiques* ; en Afrique, au Brésil, elles pénètrent dans la peau des pieds. Au bout de quelques jours ou semaines, on sent dans la peau des pieds un renflement, on voit une boule blanche de 3 à 4 millimètres de diamètre un peu douloureuse, avec un point noir au centre, dans la plante des pieds ou près des ongles des orteils, c'est le sac à œufs de la bête qui se développe et prend de la place. Il faut ouvrir la chose en faisant attention de ne pas blesser ni faire saigner, les nombreux œufs blancs qui se trouvent dans cette poche pouvant se répandre tout autour dans le pied et multiplier l'infection. On nettoie bien la cavité (avec une allumette par exemple, pas d'objet pointu en acier) et on laisse guérir.

On constatera que le trou laissé guérira en passant par une couleur noire caractéristique. Éviter de marcher pieds nus dans ces pays-là, et éviter surtout les rivières à bilharziose.

Les moustiques

Dans les régions à malaria, se renseigner sur le type de malaria à craindre dans la région : c'est une maladie très sérieuse, dangereuse, et certaines souches résistent à la quinine de synthèse, genre Flavoquine, et exigent de prendre de la vraie quinine. On se fera conseiller sur les médicaments à prendre aussi bien à titre préventif qu'à tire curatif. De toute façon, se protéger de la piqûre des moustiques autant que possible : répellents (Autan, Off, etc.) ou monoï (huile de coco parfumée au tiaré ou au frangipanier, qu'on utilise à Tahiti), lorsque vous allez à terre, dans les îlots infestés (ne pas mouiller trop près de terre dans ces coins-là, et porter s'il le faut des vêtements à manches et jambes longues).

Je n'aime pas les moustiquaires, mais des carrés de moustiquaires fixés avec du Velcro devant les capots pourraient faire l'affaire. On peut utiliser les spirales ou tortillons, ou des petits appareils chauffants à plaquettes, qui fonctionnent sur 12 volts (attention ! la consommation n'est pas négligeable !). Je le fais marcher la nuit lorsque la gent ailée est par trop envahissante, et ça marche même avec les capots ouverts. Cela diminuera aussi le risque d'attraper la *dingue*, également véhiculée par les moustiques ; c'est une espèce de grippe se traduisant par des fortes fièvres et des douleurs dans les os et les muscles ; elle dure quelques jours, cède parfois quelques heures pour revenir une seconde fois de plus belle, et vous laisse fatigué pour de longues semaines quand elle s'en va ; il n'y a pas beaucoup de traitement, il faut même éviter l'aspirine qui augmenterait les risques d'hémorragie.

Les no-nos

Minuscules mouches qui piquent, plus petites que les moustiques ; on les appelle aussi, suivant les pays *yen-yen* – prononcer comme le « yen » de « moyen » – aux Antilles (« rien-rien », parce qu'ils sont tous petits : un bal bondé aux Antilles, s'appelle un *touffé-yen-yen* parce qu'il y a assez de monde pour étouffer les yen-yen !), *chitras* à Panama, *borrachudos* au Brésil ; les piqûres des *borrachudos* s'infectent et démangent encore parfois des semaines plus tard ; les no-nos sont particulièrement énervants aux Marquises à certaines saisons, et il vaut mieux se couvrir en portant pantalon et chemise à manches longues si l'on va dans les sous-bois, ou si l'on débarque à l'heure du coucher du soleil… abusez des repellents comme le *Off* et l'*Autan*.

La gale

Les enfants l'attrapent assez facilement (avec les poux) dans les écoles ; elle est assez fréquente dans les pays à hygiène limitée, elle peut venir par un vêtement mal lavé ou par contact : son traitement est tout simple si on a le produit anti-gale adéquat dans sa pharmacie, se mettre tout nu et se badigeonner le corps tout entier (éviter les muqueuses) avec le produit. Laisser agir le temps indiqué par le mode d'emploi, puis rincer abondamment (à faire à terre, dans un endroit où on dispose de beaucoup d'eau). Si vous avez des enfants à bord, un shampoing anti-poux ne sera pas inutile.

Les mouches

Elles sont moins dangereuses que les moustiques mais bien énervantes lorsque vous voulez lire ou dormir. Un accessoire *indispensable* (et ne riez pas !) est la bonne vieille tapette à mouches ; il s'en fait d'excellentes en plastique, choisissez-les solides et, si vous en trouvez de bonnes, achetez-en une brassée ; vous en ferez cadeau à vos amis navigateurs de rencontre, ils vous béniront dans les siècles des siècles ! Avec une tapette à mouches, il suffit d'interrompre sa lecture quelques secondes toutes les cinq minutes pour être débarrassé des invasions mouchues les plus énervantes. Les saisons des mangues ou des fruits à pain dans les pays tropicaux sont fort propices à ces explosions démouchographiques.

Les cafards

Ils embarquent avec les cartons de vivres que vous apportez du rivage. Les navigateurs prudents prennent la précaution de vider tous les cartons dans l'annexe en rinçant à l'eau de mer tous les objets douteux (bananes, pommes de terre, etc.).

Les cafards les plus nocifs sont les petits (10 à 15 millimètres de long) qui se reproduisent à une vitesse effrénée. Les gros cafards vernissés (qui sont, paraît-il, extrêmement propres, ne transportant aucun microbe) ont l'air de moins passer leur temps à forniquer ; ils vous font pourtant de belles frayeurs en surgissant des coins les plus inattendus, lorsqu'au bout d'un quart prolongé vous vous endormez un peu. Des études extrêmement sérieuses ont établi que le cafard se nourrit à peu près de n'importe quoi, que c'est pratiquement la seule espèce animale qui survivra à un embrasement nucléaire mondial et que le cafard court le 100 mètres départ arrêté en dix-huit secondes et sept dixièmes. Le meilleur remède contre les cafards est l'acide borique, que l'on achète en petits sachets en pharmacie, ou, aux États-Unis, sous forme de gros comprimés blancs dont les goulus sont fort friands, mais qui ne leur réussissent pas ! Nous avons embarqué un jour, aux îles du Cap-Vert, je pense, une race de petites punaises (se nourrissant de sang… brr…) très ennuyeuses qui se logent dans tous les trous du bois des aménagements. Connaissant la sécheresse de leurs îles, je ne m'étonne pas qu'elles les aient quittées pour s'embarquer à notre bord. Pas de chance pour elles : on vendait au Brésil des insecticides extrêmement violents, qui doivent être aussi nocifs, d'ailleurs, pour l'insecte que pour celui qui applique le produit !… Se méfier de ces choses-là !

Plus petit, mais envahissant aussi :

Le charançon

On peut s'en protéger en enfermant les céréales, pâtes, etc., dans des Tupperware, ou dans des bidons à couvercle étanche (avec joint torique) et en y glissant simplement quelques feuilles de laurier, et éventuellement un coton imbibé d'éther si quelques charançons s'y trouvent déjà.

Le rat

Une fois de temps en temps, amarré à un quai ou à un bateau local, vous embarquerez un rat, tenté par toutes les bonnes choses à manger que vous avez à bord. Parmi les gâteries que les rats affectionnent, il y a les boîtes en polyéthylène (genre Tupperware) et les tuyaux souples (d'où, parfois, vidange imprévue des réserves d'eau douce). Sur la goélette *Europe*, un rat avait dévoré les bouchons de plastique de toutes les bouteilles d'une caisse de pastis ! Le coupable périt quelques heures plus tard transpercé par la flèche de l'arbalète sous-marine du capitaine ! Il y a des moyens plus efficaces, mais moins spectaculaires, de venir à bout des rats : les bonnes vieilles tapettes en bois (attention en les armant !) et les anticoagulants, qui affaiblissent les rats petit à petit (c'est en général une frayeur qui lui donnera le déclic final… Bouh !). Le rat se desséchant dans un recoin inaccessible n'émettra aucune mauvaise odeur avec ces produits. Il y a également une méthode mise au point par un navigateur rencontré au Brésil : pour une raison quelconque, vous vous amarrez à couple d'un autre voilier ; la nuit, vous enfermez toute votre nourriture ; puis vous faites des petits tas de bonnes choses à manger suivant un cheminement conduisant de votre cuisine au bord du bateau voisin, et vous mettez un bon paquet de bouffe sur le pont du voisin… Le lendemain, avec un peu de chance, votre rat est sur l'autre bateau… Ou bien, c'est l'autre qui vous a filé fort aimablement les siens…

LES MALADIES VÉNÉRIENNES

Hélas, hélas, lorsque j'ai écrit la première mouture de ce livre, nous étions en 1983 et les maladies vénériennes étaient assez facilement curables ; quelques années plus tard apparaissait le Sida, responsable d'un recul effroyable dans la libération sexuelle ; en voyage comme ailleurs, vous connaissez la seule protection, à n'omettre sous aucun prétexte, le préservatif, qui protège aussi des maladies vénériennes « traditionnelles », qu'on peut attraper dans les toilettes publiques (mais ce n'est pas très confortable). La plus répandue est la blennorragie (chaude-pisse), et l'antibiothérapie massive en triomphe généralement (il paraît qu'en avoir à répétition peut avoir des conséquences désagréables, mais à vrai dire une par-ci par-là, c'est plutôt moins désagréable qu'une bronchite). Si vos relations vous laissent penser que vous courez des risques plus graves, un examen appelé « BW » pratiqué annuellement (une simple prise de sang) vous mettra en principe à l'abri du spectre de la syphilis, toujours inquiétant. C'est peut-être, façon de parler, le seul bon côté du Sida : comme il vous oblige à vraiment mettre des préservatifs, vous êtes aussi protégés contre les autres maladies vénériennes.

POISSON-PIERRE

Plus grave que la Ciguatera, le risque, dans les régions indo-pacifiques, de marcher sur un *poisson-pierre* dont les piquants injectent un venin extrêmement douloureux, parfois mortel, laissant en tout cas handicapé pour de nombreux mois ; les livres cités plus haut indiquent le comportement à suivre ; le venin étant sensible à la chaleur, il est conseillé de tremper immédiatement, et longtemps, le membre atteint dans de l'eau aussi chaude qu'on pourra le supporter ; de toutes façons, dans les régions à risque, il faut toujours porter des chaussures ou sandales quand on marche en eau peu profonde – le poisson-pierre, par définition, est vraiment invisible – et « traîner les pieds » : le poisson-pierre dérangé, aura le temps de s'enfuir.

MÉDECINES NATURELLES

La vie en mer, somme toute, est plutôt plus protégée des maladies que la vie à terre dans les atmosphères douteuses des grandes villes. Le risque d'être frappé par une affection violente dans l'un des rares moments où l'on est vraiment très loin de la médecine, est faible, mais assez réel pour que l'on se tienne prêt à appliquer au moins les mesures temporaires nécessaires pour tenir sans aggravation du problème, jusqu'au prochain port convenablement équipé.

Souvent, une affection inquiétante cédera à un traitement léger avant que l'on atteigne l'escale – il sera bon cependant d'en parler au médecin avant d'entamer le voyage suivant. S'il ne faut pas hésiter à avoir recours à des antibiotiques ou même à des actes plus violents encore (je parle de chirurgie, par exemple, pratiquée par des spécialistes – pas en navigation, bien sûr !), en cas d'infections, je pense préférable, en revanche, de chercher à résoudre ses petits problèmes sans gravité par des médecines plus douces comme l'aromathérapie. Les huiles essentielles sont généralement aussi efficaces pour les petites affections, rhumes, diarrhées, etc., que l'allopathie. Des préparations à base d'herbes utilisées en tisanes, en huiles essentielles, voire en cataplasmes ou en lavements, sont parfois très efficaces.

Je me promets toujours de mettre un peu plus de régularité dans ma vie en faisant plus assidûment les quelques mouvements de yoga qui suffisent généralement à me donner le tonus, à décoincer les articulations qui grippent ou à chasser les douleurs musculaires… Peut-être qu'en atteignant la soixantaine, je vais enfin m'y mettre plus sérieusement, ce que je ne saurais trop vous conseiller ! Certaines postures sont tout à fait adaptables à un espace restreint comme un carré de bateau, même agité de mouvements désordonnés.

L'acupuncture est un art complexe qui n'est maîtrisé que par quelques spécialistes, mais on peut apprendre facilement à soulager certaines douleurs ou affections (migraine, nervosité, etc.) en pressant ou en massant les points précis que l'on peut localiser à l'aide de livres spécialisés qu'un libraire orienté vers les médecines naturelles vous indiquera. Si votre équipier ou équipière peut presser ces « points chinois » pour vous, tant mieux ; sinon, vous pourrez tout de même agir vous-même sur eux avec succès en suivant la méthode préconisée.

EMPÊCHEMENTS DIVERS : ENFANTS, ANIMAUX, EMMERDEUSES

Je vous vois venir, vous qui allez justifier vos réticences, la remise au lendemain perpétuelle de ce projet de « grand départ » : « Oui, vous, vous pouvez partir, mais les femmes, les enfants, les chats, etc. ? » Honnêtement, je ne vois aucune raison d'hésiter à emmener femme, enfants ou animaux dans votre voyage autour du monde.

Enfants

J'aime trop la tranquillité et la solitude pour ne pas continuer à voyager seul. Mais si votre aspiration, c'est de vivre en permanence avec ces adorables petits êtres, je pense qu'il n'y a pas de scrupules à avoir, ni d'inquiétudes à ressentir à l'idée de leur proposer un avenir incertain en les emmenant sur les océans au lieu de les coincer dans des écoles… L'avenir qu'on leur y construit, celui de chômeur diplômé, peut-être, n'est pas forcément plus fiable que celui qui attend un individu ayant appris dès son plus jeune âge la mécanique, la manœuvre, les langues étrangères et toutes sortes de choses qu'on acquiert en bateau ; rien ne vous empêchera, d'ailleurs, de vous installer de temps à autre, un an ou plus, dans un endroit qui vous aura séduit et où vous aurez l'impression que les enseignants locaux auront peut-être à cœur de faire de votre enfant autre chose que le jeune couillon domestiqué qu'on en ferait là où vous habitez !

Il existe aussi des écoles par correspondance (les autres pays du monde nous envient le CNED, qui sera parfait quand il fonctionnera entièrement par e-mail : que de temps perdu à attendre des paquets et enveloppes à jamais égarés !), si vous voulez faire respecter à votre progéniture les « programmes » établis par l'autorité universitaire de votre pays d'origine : consacrer un peu de temps à étudier vous-même avec eux les disciplines concernées ne peut être qu'agréable et salutaire ! Les parents pratiquant l'enseignement à distance avec le CNED confirment tous qu'il faut de la persévérance et plusieurs heures d'assiduité par jour pour suivre le programme réglementaire.

C'est drôle, le nombre de personnes qui m'ont opposé des arguments du genre : « Tu comprends, on n'a pas le droit de faire le choix à leur place », alors qu'eux-mêmes, pour la plupart artistes, ne devaient pas un atome de leur réussite à leur « bagage » universitaire !... D'ailleurs, en mettant leurs enfants à l'école, en les obligeant à se conformer au modèle établi par les enseignants et universitaires, c'était bien un choix qu'ils faisaient à leur place !

Si vous emmenez, comme le font de plus en plus de navigateurs, vos enfants avec vous sur les océans, ils seront certainement plus débrouillards, plus vifs, plus libres aussi, que la plupart des rejetons citadins... Il vous faudra sans doute cependant modifier vos itinéraires quand vous rencontrez d'autres familles pour que vos enfants ne se sentent pas trop limités à la cellule familiale.

Animaux

Ils vous poseront des problèmes insolubles dans certains pays (anglo-saxons, particulièrement), qui leur interdiront peut-être de débarquer... s'ils ne prônent pas simplement l'exécution ! Mais de nombreux autres pays vous verront d'un œil indifférent promener à terre vos chiens, chats, perroquets ou salamandres ! Soyez donc en règle côté vaccinations, et tenez-vous prêts à devoir carrément éviter quelques contrées.

Je trouve personnellement que le chat est plus apte à se faire à la vie nautique. J'en ai connu de fort heureux, petits tigrés galipetteurs ou placides poussahs angoras. Les gros chiens, bergers allemands ou saint-bernard embarqués sur des bateaux font parfois peine à voir, à tourner en rond comme un lion dans un ascenseur. Les chiens de taille raisonnable ont l'avantage de vous avertir si quelqu'un approche de votre bord... mais je n'aime pas tellement la notion même de chien de garde, et les aboyeurs effrénés sont hautement nocifs dans les mouillages où résonnent leurs hurlements déchirants lorsque le propriétaire quitte le bord ou chaque fois qu'à terre un lézard endormi fait un mauvais rêve. Les plus habiles apprennent à leur chat à utiliser les WC marins (si ! si ! ça existe, mais ils ne tirent pas la chasse !) ; les moins malins errent à chaque escale sur le rivage, en quête du genre de sable qui plaît à minou, ou font de fréquentes navettes en annexe pour promener Mirza : après tout, ce n'est certainement pas plus anti-nature que d'obliger un animal à vivre dans un appartement citadin. Pour les animaux comme pour les enfants en bas âge, on transformera généralement le bateau en parc à bébé en doublant filières, balcons et rembardes de filets destinés à éviter les chutes intempestives par-dessus bord, en en apprenant aussitôt que possible à nager à l'enfant (ou à l'animal), ce qui règlera déjà le problème pour la durée des escales.

Emmerdeuses

Loin de moi l'intention de prêter ce qualificatif violent à la totalité de l'espèce féminine, qui fait de notre vie un chemin de roses ! Mais il faut bien admettre qu'un certain nombre de candidats au voyage se voient opposer des raisonnements du genre : « Ton bateau, c'est ta maîtresse, je le déteste ! » Sans aller si loin, sans toujours le dire, certaines laissent planer des ultimatums du genre : « C'est ton bateau ou moi ! »... Un copain a trouvé la réponse nette, directe et immédiate ; à la seconde même, il a répondu : « Ciao ! »... Je ne souhaite pas m'immiscer dans votre vie privée. Voyez déjà au chapitre « À votre santé » la stratégie que je propose pour éviter à votre compagne le mal de mer, qui a parfois bon dos... Et puis, voyez aussi s'il n'est pas utile d'élargir vos conceptions de l'existence, du mariage, de la paternité... Il y a des gars comme Auboiroux (*Seul sur les océans*, Paris, Arthaud, 1969) qui sont partis trois ans avec l'accord de leur femme (celle d'Auboiroux lui envoyait même des chèques en fin de mois). D'autres qui ont laissé là femme et enfants pour aller peut-être, incorrigibles, créer un autre foyer au bout du monde. D'autres encore, comme le faisait Chichester, se réservent de longues périodes de traversées solitaires, mais leur femme les rejoint aux escales... Certains pensent enfin qu'il vaut mieux un foyer séparé qu'un foyer malheureux. Ceux qui, avant d'être partis, sont polynésiens dans l'âme se disent que ce n'est pas parce qu'on a fait des enfants, ou qu'on s'est uni à une autre, qu'on doit passer sa vie entière avec eux et elle... et qu'à l'époque où la femme acquiert enfin les mêmes droits que l'homme, elle a, aussi, celui de travailler pour faire vivre les enfants !...

Moi, bien sûr, tout ce que je vous souhaite, c'est que vous sachiez vous entendre avec celle qui vous plaît, et que vous n'ayez aucun mal à la convaincre (c'est peut-être elle qui vous en convaincra, d'ailleurs !) que la vie sur les flots, pour quelques mois ou quelques années, ça vaut la peine d'être tenté !

LIVRE QUATRE

TECHNIQUES

CHAPITRE DIX

SI VOUS VOULEZ BIEN MOTORISER

ou

"Si j'avais diesel"

En travaillant à la réédition de ce livre, je suis bien forcé de faire une constatation : je n'ai pratiquement rien à changer, côté technique, au chapitre sur les moteurs. Grosse déception pour ceux qui comme moi rêvaient de progrès dignes de livres de science-fiction, de moteurs légers comme des plumes, surpuissants, silencieux, sûrs et propres… Les moteurs n'ont fait aucun progrès gigantesque en vingt ans, d'ailleurs les avions qui transportent aujourd'hui des centaines de passagers existaient déjà à l'époque. Ah, si les moteurs avaient progressé à un rythme comparable aux progrès de l'informatique ! À part quelques périphériques, quelques matériaux, des circuits électriques plus fiables, un moteur de bateau, en l'an 2001, c'est exactement la même chose qu'en 1983… et ça pose toujours les mêmes problèmes !

Entendons-nous tout de suite, il existe un moyen, totalement efficace, et un seul, de n'avoir aucun problème de moteur : c'est de considérer tout engin à explosion destiné à mouvoir le bateau par le moyen d'une autre force motrice que le vent ou la force des bras, comme une créature du diable, de vouer à l'enfer tous les diesels, deux temps, moteurs à essence, génératrices, compresseurs, hors-bords, inboards, Z-drives et autres sail-drives ; c'est aussi d'éviter systématiquement d'infester votre bateau du moindre de ces monstres, d'en extirper celui qu'un prédécesseur, liant un pacte perdu d'avance avec le démon, aurait commis l'erreur d'y introduire et de l'abandonner sur un quai, une décharge publique, voire de l'immerger au large par 3 000 mètres de fond pour mettre entre vous et cette créature diabolique aux émanations sulfureuses le plus d'eau possible…

Mais il faut bien admettre que cette pintade, pardon, ce faisant, vous vous priverez de bien des plaisirs et, ce qui n'est pas négligeable, d'un certain nombre d'avantages.

Le plaisir en lui-même viendra du temps que vous commencerez très vite à consacrer au montage, à l'entretien, au dépannage de l'objet… Même avec une formation technique pratiquement nulle au départ, vous ne pourrez pas passer au travers de quelques années de cohabitation avec un moteur sans finir par avoir une idée assez précise du fonctionnement, des causes de panne des différents secteurs, tout au moins, qui vous auront occasionné des tracas… Le reste, ce qui n'a pas encore trahi, rassurez-vous, ça ne tardera pas ; ce sera un nouveau champ d'action, une nouvelle terre vierge où vous aurez tout à découvrir : savoir pourquoi ça a déconné, ce que vous auriez pu faire pour l'éviter si l'on vous avait mis en garde à temps, ce qu'il faut faire pour entretenir à la fois l'article concerné et avoir un faible espoir de voir la panne ne pas se reproduire trop tôt !

Le plaisir, donc, ce seront de belles matinées ensoleillées passées contorsionné au fond de la cale, maudissant le constructeur qui a un peu négligé l'accessibilité au moteur, la finition hâtive qui a laissé aux endroits stratégiques des angles aigus, agressifs, qui se trouvent juste sur la trajectoire de votre tête lorsque vous la relèverez pour prendre une bonne goulée d'air, sortir quelques secondes des vapeurs glauques des fonds ; bien sûr, vous aurez pris soin de NE PAS vous changer avant de vous attaquer à ce genre de travail, et d'avoir mis ce jour-là le pantalon blanc, la chemise neuve que vous aviez l'intention de soigner précieusement pendant de longues années, les réservant à des occasions de gala… Personne n'ayant encore inventé de moteur propre, où l'huile que vous y introduisez ne se transforme pas immédiatement en une espèce de jus de réglisse goudronneux et apte à imprégner lesdits habits blancs de souvenirs indélébiles, vous pourrez lire avec nostalgie comme un roman passionnant les témoignages que porteront vos vêtements. « Ça, tu te rappelles, c'est quand une Durit d'huile sous pression a crevé juste au moment où on devait partir en week-end à Ilha Grande. » « Ça, c'est le jour où l'alternateur s'est tout d'un coup grippé, et que sa courroie s'est transformée soudain en une espèce de hachis, d'une texture à mi-chemin entre le bitume et la sciure de bois, et d'une couleur décidément charbonneuse… »

Le plaisir, ce sera, enfin, vraiment, de dominer (oh, bien provisoirement) l'engeance générale, d'avoir par chance (si, si, ça arrive, une fois de temps en temps !) la pièce de rechange qu'il vous faut, et de voir soudain le moteur reprendre du service… Ce qui ne vous empêchera pas de sentir votre cœur bondir à chaque fois que vous entendrez un bruit curieux venant peut-être du moteur (parfois, ça ne sera que le ronron d'un avion dans le ciel, se superposant au vrombissement de votre quatre-temps… ouf !) ou de retenir votre respiration chaque fois que vous actionnez la clé du démarreur… Va-t-il partir ?…

Quant aux avantages dudit moteur, quoi qu'en disent les partisans de l'exorcisme par immersion, ils ne sont pas totalement négligeables, dans un programme de longue navigation autant que pour de petites croisières intermittentes.

LES UTILISATIONS DU MOTEUR

Les avis sur les moteurs et les usages qu'on en fait sont extrêmement variables… sans parler de ceux qui les refusent absolument, il y a un bon nombre de navigateurs qui détestent leur bruit, leur odeur, leur manque d'authenticité, et ne s'en servent vraiment qu'en désespoir de cause…

Et puis il y a l'usage qu'on en fait plus couramment : lors d'une croisière en charter d'une semaine aux Antilles, par exemple, il faut bien reconnaître qu'on sera amené à faire beaucoup plus de moteur qu'on ne l'imaginait, entre autres :

– pour entrer dans les ports et les marinas, qui ne sont généralement plus conçus pour les manœuvres à la voile.

– pour vous déhaler dès que vous serez sous le vent d'une île haute... (bien sûr, il m'est arrivé de longer entièrement à la voile la côte déventée Saint-Vincent ou de la Dominique... mais j'ai mis 24 heures à faire 15 milles !) ;

– pour améliorer votre près lorsque, dans le chenal entre deux îles, la mer est particulièrement hachée, le courant traversier particulièrement fort... Et on a beau se dire « on tirera un bord sur l'autre amure », on n'aime pas voir l'île que l'on vise se refuser, se décaler irrésistiblement au vent !

– lorsque, bien sûr, on a un rendez-vous important, un équipier qui doit prendre un avion, une heure de renverse de la marée ou une saison de renverse des moussons...

– lorsqu'on n'a que deux ou trois heures de route à faire, et qu'on a gréé un tas de choses, table, tauds, housses, qui nécessiteraient un travail auquel la douce torpeur tropicale ne vous encourage pas...

– lorsqu'on a laissé les batteries se vider, et que quelques heures de moteur seraient les bienvenues... tiens, d'ailleurs, le vent n'est pas bien fort.. allez broumbroum...

– pour certaines navigations : fleuves, canaux (où il faudra même parfois démâter et ranger le mât sur le pont), ou dans certaines régions : ceux qui aiment naviguer dans les régions froides comme les parages du Groenland y font, paraît-il, surtout du moteur ; remontant la mer Rouge on sait qu'on doit s'attendre à 700 milles de vents contraires et souvent très forts... on se hâte donc de profiter des rares journées de calme pour foncer vers Suez au moteur...

– en haute mer, lorsque certaines traversées vous font franchir des zones de calmes quasi permanents : les bateaux qui rentrent directement des Antilles aux Açores ont intérêt à bien remplir leurs réservoirs, à prendre même quelques jerricans d'appoint... ou à s'armer d'une longue patience, surtout si leur bateau, comme le mien, armé pour la croisière, pèse nettement plus lourd que le poids prévu par l'architecte... ou quand le vent vous laisse tomber au milieu de nulle part, à l'entrée d'un « pot-au-noir », par exemple, et que vous savez que vous avez le choix entre une ou deux journées de moteur ou 10 jours de manœuvres épuisantes dans des brises mourantes ou dans les rafales imprévisibles des rares grains...

– parfois même, en mer, avec du vent variable, une mer désordonnée, quand vous avez des problèmes de gouverne ou de pilote automatique, et que vous avez la sensation qu'aider un peu au moteur le bateau à tenir sa route risque de faciliter le travail de ces appareils... lorsque le vent ne cesse de tourner dans tous les sens dans des grains de pluie, variant de la force 1 à la force 4, lorsque vous en avez marre de virer de bord pour la centième fois, il sera parfois tentant de finir par tout remballer, et de faire une nuit au moteur pour vous sortir de cette crasse déprimante !

Il y a donc en fait autant de manières de concevoir l'usage d'un moteur qu'il y a de navigateurs : certains, passionnés de voile, ne l'utiliseront qu'au minimum, quand ils ne peuvent vraiment plus faire autrement, et leur consommation annuelle de fuel se mesure en dizaines de litres. Le choix de leur bateau devra bien sûr refléter ce goût : ils auront choisi un bateau léger, et le chargeront moins que la plupart des voiliers de croisière. D'autres se retrouvent à ne faire de la voile pratiquement que lorsque le vent est correctement orienté et suffisant (ce qui est tout de même le cas la plupart du temps quand l'itinéraire est bien choisi) et à s'aider au moteur lorsque la navigation à voiles perd son

Un catamaran à moteur « Maryland » de Fountaine-Pajot devant la citadelle de Calvi.

charme : avec de bons réservoirs de fuel, si l'on se rend compte qu'à régime modéré, on consomme deux ou trois fois moins qu'à plein régime (l'autonomie en croisière est pratiquement doublée), et si en plus on marche alternativement sur un moteur puis sur l'autre dans le cas d'un catamaran), on peut en faire de la route au moteur, quand le vent ne coopère pas !

Il y a quelques années, il me paraissait inimaginable de parcourir de longues traites au moteur… d'ailleurs, les bateaux à moteur, ça roule… Eh non, pas les catamarans ! Et je ne suis pas surpris de voir naître une nouvelle génération de catamarans à pur moteur, comme le Maryland de Fountaine-Pajot, à déplacement, qui peuvent, si leurs skippers se contentent de naviguer à 5 ou 6 nœuds (ce qui en voilier nous permet d'aller au bout du monde), avoir des autonomies de 1 000 milles ou plus… Et poussant le raisonnement, je ne serais pas surpris de voir des gens envisager de traverser des océans, voire de faire le tour du monde en bateau à moteur : j'aime les sensations de la voile, je suis le premier à être ravi lorsque, le moteur arrêté, je retrouve le calme et la douceur de la navigation à voiles… mais je suis tout à fait prêt à comprendre, qu'en avançant en âge en particulier, des gens cherchent à bénéficier du plaisir de la navigation, de la satisfaction d'aller où on veut librement… sans avoir à manier des voiles, des cordages…

Quant à moi, ma philosophie, aujourd'hui, est plutôt : lorsque c'est agréable à la voile, vive la voile ; lorsque ça devient chiant… eh bien la vie est trop courte pour se faire souffrir, on n'est pas en course, aucun règlement ne nous l'interdit, les moteurs me viennent souvent en aide ! Et mon catamaran robuste se trouve convenir parfaitement à ce programme : naviguer le plus possible aux allures portantes dans la douceur, le silence de la voile, disposer de voiles efficaces pour traverser un océan… mais quand ça me simplifie la vie, je n'ai pas d'hésitation à utiliser le ou les moteurs… ce qui ne m'a pas empêché, aujourd'hui même, de faire une magnifique journée de voile tout dessus, génois tangonné, vent arrière entre deux îles des San Blas, d'empanner en contournant le récif, de border au fur et à mesure que je remontais au vent, et de venir en douceur tout affaler à l'endroit précis où je voulais mouiller, par deux mètres d'eau bleue…

Attention : bien sûr, n'accordez au moteur qu'une confiance limitée ! Attendez-vous à tout moment à l'entendre s'arrêter… mille raisons sournoises couvent en silence au fond des entrailles du bateau. Lorsque l'un des problèmes va éclore, lorsque, provisoirement ou définitivement, votre moteur sera hors d'usage, mieux vaudra ne pas être à 30 mètres au vent des rochers agressifs d'une côte exposée ; ni dans les tourbillons d'un fleuve, à faible distance des piles d'un pont ! Il faudra toujours se tenir prêt à hisser une voile pour s'éloigner du récif, ou à jeter une ancre pour immobiliser le bateau si c'est le seul moyen de ne pas aller s'emplâtrer dans quelque obstacle. Quant au mouillage paradisiaque tout au fin fond de l'atoll, atteint au bout de plusieurs heures de zigzags au moteur, mieux vaut garder présente à l'esprit la possibilité que votre moteur, lorsque vous voudrez reprendre la mer, vous refuse le service attendu, se montre récalcitrant à toute forme de réparation (la pièce défaillante ne figurant pas à votre catalogue de rechanges, et le dépositaire le plus proche étant à 2 000 milles au vent !). Ce jour-là, il sera indispensable de savoir aussi manœuvrer à la voile, déplacer le bateau avec haussières, ancres, avirons, godille improvisée, utiliser l'annexe et son moteur hors-bord (si celui-ci n'est pas lui aussi en panne) ou solliciter, s'il y en a dans les parages, l'aide de problématiques embarcations locales. Avantage, ici, au catamaran lorsqu'il est équipé de deux moteurs : lorsque les deux fonctionnent, le risque qu'ils tombent tous les deux en panne au mauvais moment est faible… pourtant ça m'est arrivé ; j'ai attendu que le vent revienne… et j'ai tiré des bords…

Fidèle à mon intention de survoler les problèmes variés qui se présentent au globe-flotteur sans pour autant me lancer dans une étude poussée de chacune des branches techniques qu'il nous faut maîtriser au moins partiellement, je ne vous ferai pas de théorie complète du fonctionnement du moteur auxiliaire du bateau. Je ne vous citerai même pas de livre vraiment bien foutu apte à éclairer votre lanterne… je n'en ai pas trouvé ! Votre connaissance de votre moteur viendra… de l'expérience, des conseils demandés à des collègues flotteurs, de brochures éditées par son constructeur. À ce sujet, certains fabricants acceptent sur demande de vous remettre une documentation plus détaillée que le simple livret d'entretien : catalogues de pièces détachées, manuels d'installation et de réparation à l'usage des distributeurs. Des constructeurs proposent à un prix raisonnable des stages de quelques jours où peuvent s'inscrire des utilisateurs désireux de découvrir quelques-uns des secrets du monstre qu'ils accueillent dans les flancs de leur navire. je ne saurais trop vous conseiller de rassembler le plus possible de connaissances sur votre moteur !

Pour ce qui me concerne, je me contenterai de vous faire une analyse schématique du fonctionnement du moteur et une étude des diverses pannes et avaries qui ont affecté les miens. je ne vous parlerai, en fait, que de moteur auxiliaire, du moteur diesel, puisqu'il est bien établi, je crois, que le moteur « inboard » à essence présente, par le risque d'explosion et d'incendie liés à l'usage de l'essence, un danger incompatible avec l'existence paisible que nous souhaitons mener sur les mers. Quant aux petits moteurs divers, génératrices et hors-bord, je n'aborderai ce sujet que brièvement. Pour plus de détails, reportez-vous aux brochures citées plus haut. J'attirerai plutôt votre attention sur les possibilités relativement simples de dépannages auxquelles il m'est arrivé d'avoir recours au fil des années.

DIESEL : UN MOTEUR QUI CONTINUE À TOURNER

Cela ne vous a jamais émerveillés, vous, ça ? Voir sous le capot de votre voiture un assemblage de pièces mécaniques de toutes formes, matières, dimensions, démunies de vie, essentiellement inertes ; d'y ajouter un liquide, autre

Un compartiment moteur assez vaste (chose rare sur les bateaux de série) vous rendra beaucoup plus facile les divers travaux d'entretien et de réparation.

composant immobile… et que l'ensemble produise un mouvement, une image assez ressemblante de la vie ?… Moi, ça m'éblouissait, mais je n'avais pas la moindre idée de la façon dont ça marchait. Ce n'est pas les cours théoriques de l'École Centrale, avec courbes de rendements et calcul intégral, qui me préparaient à savoir quoi faire quand une des pièces mécaniques, par sa carence soudaine, ramène tout l'ensemble à l'état primordial de masse inerte… Quittant la France sur *Om*, en 1974, je ne connaissais pratiquement rien du fonctionnement de mon moteur… J'ai appris sur le tas ce qui produisait cette illusion de vie.

Principe de fonctionnement

Lorsqu'on injecte du gas-oil et de l'air dans un récipient (cylindre) fermé par un piston mobile qui vient au même moment comprimer le mélange, il se produit spontanément une explosion qui repousse le piston. Par un jeu mécanique de plusieurs pistons, bielles, et d'une pièce appelée « vilebrequin », dont le nom dit bien à quoi il ressemble, on obtient, par succession d'explosions semblables, un mouvement de rotation à peu près régulier d'un axe ; ce mouvement de rotation entraînera toutes sortes de choses :

– le mouvement du piston qui, en comprimant les gaz dans le cylindre suivant, provoquera la prochaine explosion ;

– celui des tiges métalliques entraînant l'ouverture et la fermeture aux moments judicieux (si tout va bien) des soupapes, orifices permettant à l'air nécessaire de pénétrer dans les cylindres, ou aux gaz résultant des explosions d'être éliminés ;

– la rotation de diverses pompes :

• pompe d'alimentation amenant le carburant du réservoir à la pompe à injection,

• pompe à injection faisant gicler sous forte pression le gas-oil, alternativement, à l'intérieur de chacun des cylindres,

• pompe à huile puisant l'huile qu'on a versée au fond du carter (le récipient constituant le fond du moteur) et la déversant, après filtration, dans le filtre à cartouche échangeable, sur toutes les parties mobiles du moteur qui doivent être lubrifiées en permanence sous peine de les voir se gripper immédiatement,

• pompe à eau douce de refroidissement faisant circuler de l'eau relativement fraîche autour des pièces mobiles qui sans elle s'échaufferaient excessivement avec le même résultat que précédemment,

• pompe puisant à l'extérieur de l'eau de mer qui refroidira l'eau douce en circulant dans un réseau de fines tuyauteries où la surface de contact des deux fluides sera grande. (Certains moteurs, dits à refroidissement direct, simplifient la chose en refroidissant directement le moteur à l'eau de mer… Tout ce sel dans la mécanique, ça ne doit pas forcément être bon, mais si le moteur est traité pour…)

– sans oublier les autres accessoires :

• alternateur destiné à recharger les batteries, à fournir l'électricité aux divers appareils dont est équipé votre bateau ;

• pompe de cale éventuellement, par exemple,

– et, bien sûr, le mouvement qui nous intéresse fondamentalement, celui de l'axe lui-même, qui transmet par l'intermédiaire d'un réducteur-inverseur la force du moteur à l'hélice qui propulsera le bateau. Le rôle de l'inverseur est de faire tourner à peu près deux fois moins vite l'hélice que le moteur, ou d'inverser le sens de rotation lorsqu'on veut aller en marche arrière ou « freiner » le bateau sur sa lancée.

À citer en dernier, et pourtant utilisé en premier, l'accessoire qui initiera le mouvement (puisque le fonctionnement du diesel, on l'a vu, « continue » lorsque le moteur est lancé) : le démarreur ; il ne sert qu'au tout début du fonctionnement : c'est un moteur électrique qui, lorsqu'on le fait fonctionner, entraîne par une couronne dentée la rotation du moteur produisant *(se Deus quizer)* les premières explosions et la mise en place de toute la chaîne d'événements qui continuera à faire fonctionner le moteur lorsque le démarreur ne sera plus sollicité. Et puisque je parle de démarrer, comment arrêter ? Surtout pas, comme une voiture, en tournant la clef de contact mais simplement en actionnant l'étouffoir qui, comme le nom l'indique, étouffe le moteur et le fait s'arrêter ; traditionnellement, il est mû par une tirette que l'on actionne du tableau de commandes ; sur mes nouveaux moteurs, la simple tirette a été remplacée par un solénoïde commandé électriquement… un progrès sympathique, mais une nouvelle raison de panne.

Il y a donc un sacré nombre de systèmes qui, selon toute évidence, ne sont là que pour guetter le moment où ils pourront vous trahir. Les maîtriser totalement, à moins d'avoir des notions avancées de magie noire, vous n'y arriverez jamais totalement. Voici quelques conseils pour vous aider.

Le démarreur

Vous tournez la clé de contact… et voilà qu'au lieu d'entendre le « broum… broum… broumbroumbroum » souhaité, vous n'oyez qu'un horrible « rhâ ». Avant de trop vous inquiéter, vérifiez bien que la tirette stop n'est pas restée en position « arrêt ». Non ? Bon, la plupart des problèmes de démarrage viennent des batteries, déchargées parce que vous avez lu trop tard à la lumière électrique depuis des jours, trop écouté la stéréo, ou plus souvent branché un réfrigérateur électrique sur votre batterie de démarrage. Je parle ailleurs des problèmes de consommation électrique. Admettons donc que vous ayez une ou des batterie(s) exclusivement réservée(s) au démarrage, et qu'elle(s) soi(en)t pleine(s) ; ou que vous puissiez, par un habile jeu de contacteurs qu'il est vivement recommandé d'avoir installé, mettre un instant vos batteries de servitudes en parallèle avec vos batteries de démarrage, encore faut-il que le courant arrive au démarreur (cosses oxydées, contacts interrompus) : il faut, même avec les batteries scellées, dites à l'abri de ces problèmes de corrosion, veiller à l'état des cosses de batterie, nettoyer au papier de verre bornes et cosses, et graisser l'ensemble après avoir serré la cosse sur la borne. Une remarque sur les cosses de batteries traditionnelles : la cosse + et la cosse – n'ont pas la même dimen-

sion ! Elles sont en outre marquées d'un + et d'un – , ça permet d'éviter de se tromper, à moins qu'on ne s'évertue des heures à faire entrer une cosse sur la mauvaise borne.

Supposons que le courant arrive au démarreur... Il en faut un paquet : au démarrage, ce sont 400 à 600 ampères qui passeront dans le démarreur pendant un bref instant. Mais comme ça ne dure, en principe, que très peu de temps, disons une seconde, soit 1/3 600 d'heure, c'est seulement 600/3 600 ou 1/6 d'ampère-heure (en réalité quelques ampères-heures, tout ça est théorique !), soit une toute petite partie de la charge de la batterie qui est utilisée. Si, par contre, vous devez faire tourner plus longtemps, la batterie peut se décharger très vite ! De toute façon, la batterie doit être bien chargée et suffisamment puissante pour entraîner le démarreur : le fabricant indique la capacité minimale de batterie à prévoir pour chaque moteur ; pour des moteurs de 30 à 50 HP, il faut au moins 120 Ah.

Le démarreur lui-même peut causer du tracas. Il comporte généralement à la partie supérieure un dispositif appelé « Bendix », qui n'engage le démarreur dans la couronne d'entraînement que lorsque le moteur électrique est lancé. Parfois, ce Bendix reste « collé » et le démarreur n'entraîne rien ; ou bien l'intérieur du système est encrassé et refuse tout service. Il existe une manœuvre de dépannage consistant en gros à établir un contact directement avec un gros tournevis, faites-vous la montrer à l'occasion si vous faites un stage moteur, ou par un mécanicien qui connaît la question.

En cas de panne du démarreur, un dépositaire métropolitain vous fera généralement faire la dépense d'un démarreur neuf ; dans les pays où faire venir une pièce de rechange est toujours difficile, on doit faire avec ce qu'on a, et j'ai connu aux Maldives un jeune mécanicien qui ne parlait pratiquement pas un mot d'anglais (ni de français !) et qui, connaissant la mécanique à fond de façon presque instinctive, a démonté le démarreur, nettoyé pièce par pièce chaque élément, et m'a rendu un appareil comme neuf ! Dans les pays peu développés, on trouve des mécaniciens qui, nécessité oblige, arrivent à faire remarcher tout appareil, outil, pompe, etc.

L'alimentation en carburant

Voilà la cause de bien des tracas : tant que le fuel arrive bien, un diesel marche le plus souvent fort bien ; s'il se désamorce, les tracas commencent. Le réservoir peut s'être vidé. Il peut y avoir une prise d'air (connexion desserrée, par exemple) sur le circuit. Les filtres peuvent être bouchés, les pompes en panne, il peut y avoir de l'eau dans le fuel... Quelques recommandations :

– Le réservoir devra être simple, facile à nettoyer si jamais de l'eau y est entrée, car celle-ci rouille les fonds, produisant des oxydes gluants aptes à boucher les pompes à injection.

– La prise de fuel ne devra pas risquer de se désamorcer à la gite, ni au tangage si vous êtes amené à « marsouiner » bondissant sur un clapot un peu raide.

– Les raccords et connexions devront être réduits au minimum ; en plus du filtre à carburant prévu par le constructeur, il faudra se procurer un décanteur destiné à éliminer l'eau que contiendrait le fuel, éventuellement un filtre supplémentaire ; ce qui ne dispensera pas, en plus, de filtrer le fuel de provenance douteuse en faisant le plein des réservoirs : le feutre (comme celui des chapeaux de feutre) a la réputation d'être un excellent filtre et d'absorber en plus l'eau, ne laissant passer qu'un fuel limpide.

– Le constructeur préconise des fréquences de changement des cartouches de filtres : à respecter ! À remarquer : un filtre à carburant *ne peut pas* être nettoyé en le trempant dans du gas-oil s'il est obstrué.

Viendra quand même le jour où, volontairement (échange d'une cartouche) ou non, le circuit de fuel sera désamorcé. Que la déesse des eaux vous accorde d'avoir ce jour-là une batterie bien chargée !... Vous en aurez besoin. Les manuels d'entretien expliquent les procédés à suivre pour effectuer cette besogne maudite qu'est le réamorçage (ou purge) d'un diesel... Malheureusement, ce n'est jamais très clair, et tous les éléments en jeu ont été modifiés trois fois depuis l'édition de la brochure... On ne reconnaît plus les vis signalées, ou bien la brochure concerne toute une gamme de moteurs : sur un moteur bien conçu, au lieu des huit ou dix points à purger signalés par la brochure, il n'y a que deux vis à ouvrir !

Pompes de réamorçage

Les petites pompes à main dont sont équipés en série les moteurs donnent parfois des résultats décourageants ; il peut être utile de faire tourner le moteur de quelques degrés à la main (avec une grande clé anglaise, par exemple) si ça ne pompe pas du tout. J'ai depuis longtemps installé dans le circuit d'alimentation de mes moteurs des poires en caoutchouc prévues normalement pour amorcer les moteurs hors-bords à essence ; il faut les surveiller, les changer de temps en temps (elles ne coûtent presque rien), mais elles me permettent en général de réamorcer en un tournemain... combien d'angoisses auraient été économisées si des petites pompes du même genre étaient gréées sur les moteurs de série. Si vous en avez une sur le tuyau du réservoir du moteur hors-bord de votre annexe, vous pourrez peut-être la piquer un instant et arriver enfin à le réamorcer, ce ☹💣☠ de circuit !

Un des maillons de la « chaîne d'alimentation » en carburant, le filtre, doit être bien serré, mais pas trop, sous peine d'avoir beaucoup de mal à le démonter la prochaîne fois !

Dans l'ordre :

– S'assurer qu'il y a du gas-oil dans le réservoir, qu'il n'y a pas de désamorçage à la gîte, que le robinet est ouvert (!) et que toutes les connexions sont serrées.

– Desserrer la vis qui se trouve généralement sur le dessus du filtre à carburant (Attention, *pas* la vis de la tuyauterie de retour au réservoir).

– Actionner la pompe d'alimentation jusqu'à ce que le fuel sortant de cette vis desserrée coule continuellement, sans bulles... Vous avez déjà commencé à dégueulasser votre cale parce que vous n'avez pas mis dessous une boîte vide ; d'ailleurs, c'est toujours mal foutu pour la poser, on n'a jamais une boîte vide sous la main au bon moment... (On trouve maintenant des espèces de grands carrés absorbants assez efficaces, prenez-en une bonne provision dès que vous en rencontrerez.) Ce n'est qu'un début ! Si le fuel n'arrive pas, c'est que le tracas est en amont de ce point de purge, sur la ligne d'alimentation ; suivez-la : elle vient du réservoir, passe par le robinet de fermeture, le décanteur, éventuellement le filtre supplémentaire, et arrive au moteur ; l'ennui est là, en amont, ou dans la pompe d'alimentation.

– Lorsque le fuel coule correctement par cette première vis, la refermer et passer à la suivante, qui est sur la pompe à injection… Je sais, il y en a plein ; en principe, la brochure doit vous dire laquelle. Même manœuvre qu'avec l'autre, en actionnant la pompe d'amorçage jusqu'à ce que le fuel qui coule soit sans bulles… Là, ça dégouline tout le long du moteur… Espérons que le fond de votre cale est facile à nettoyer… Le saupoudrer de lessive en poudre est une bonne précaution que vous auriez dû prendre avant de commencer. Il est encore temps. Plus de bulles ? On resserre la vis.

– Si vous avez juste changé un filtre, avec un peu de chance les tuyauteries constituant la fin de la ligne de fuel, celles conduisant aux injecteurs, ne se sont pas vidées ; le moteur va démarrer maintenant normalement ; mais si le moteur s'est arrêté tout seul, à court de fuel, là, la manœuvre de réamorçage est plus ennuyeuse (et je suis poli) ; il faut maintenant desserrer les raccords, côté injecteurs, de deux des tuyauteries d'injection, et faire tourner le moteur au démarreur, plein gaz, hélice débrayée, tirette stop repoussée ; ça peut prendre trente secondes ou plus, jusqu'à ce que le fuel sortant de ces raccords soit sans bulles ; là, vous resserrez, et ça doit être parti ! hum !

– Si votre batterie est plutôt déchargée, vous pouvez faciliter un démarrage en masquant l'entrée d'air (il faudra peut-être démonter son couvercle : ne faites rien tomber là-dedans !) avec une plaque de carton rigide, et en libérant cette entrée d'air lorsque le moteur aura pris de la vitesse.

NOTE 1 : J'ai parlé plus haut de la tuyauterie de retour au réservoir : il est intéressant de savoir que les diverses pompes à fuel pompent deux ou trois fois plus de carburant que le moteur n'en consomme : l'excédent est renvoyé au réservoir par une tuyauterie venant du sommet du filtre à carburant, et par d'autres venant de chaque injecteur. Cette canalisation de retour doit impérativement revenir au réservoir, et non à la canalisation d'alimentation, sous peine de recycler sans fin d'éventuelles bulles d'air, ce qui finit toujours par un désamorçage.

NOTE 2 : En dernier ressort, lorsque le réservoir aura été souillé par du fuel sale, ou s'il y a eu un accident au niveau de la canalisation, on peut envisager, pour se dépanner, de faire venir du fuel directement d'un jerrican à l'entrée du filtre à carburant, en bricolant un raccord quelconque à partir d'un tuyau plastique plongé dans le jerrican. Il faudra ramener la conduite de retour de fuel dans le jerrican sous peine de consommer très vite les quelques litres de fuel qui constituent votre dernière ressource !

Si de bonnes possibilités vous sont offertes, à base de tuyaux souples, raccords, fil de fer et ingéniosité, sur le circuit de fuel basse pression, entre le réservoir et la pompe à injection, il n'y a plus grand-chose de possible en aval de celle-ci. Si une des canalisations en cuivre rigide allant à un injecteur se perce, et si vous n'avez pas de rechange, il ne faut surtout pas la boucher en l'écrasant (ce qui détruirait la pompe à injection), mais diriger le jet vers un récipient qui recueillera le fuel, le moteur ne marchant plus alors que « sur trois pattes ». Les constructeurs vous donnent toutes les instructions pour l'entretien et la vérification des injecteurs, opération facile à faire exécuter un peu partout dans le monde… Attention, si pour une raison ou une autre vous voulez faire cracher un injecteur que vous avez extrait du cylindre pour voir s'il marche, ne le dirigez jamais vers la peau de votre main, le jet très fin et très puissant traverserait la peau (sans presque que vous vous en rendiez compte) et pourrait produire un empoisonnement mortel de sang.

Pompe à injection

Là, les capacités du bricoleur sont généralement dépassées ; seules certaines mains sont habilitées à mettre le nez (la métaphore est hardie) là-dedans. Avoir une pompe à injection de rechange n'est pas forcément un mauvais investissement si vous allez vraiment au bout du monde, mais cela ne résout pas le problème si vous n'avez pas l'outil indispensable pour la changer sur certains moteurs, ou ne le résout qu'en partie lorsque vous devez affronter le problème de l'angle de calage de ladite pompe. Les manuels de réparation du constructeur expliquent la manœuvre mais si elle est déjà compliquée à l'escale, moteur horizontal, elle devient franchement odieuse par 25 degrés de gîte, au près par force 6 en mer Rouge !

Circuit de lubrification

Il n'y a pas grand-chose à vous en dire, sinon qu'il faut respecter les spécifications d'huile du constructeur (il m'arrive, par contre, dans la limite de spécifications identiques, de mélanger les marques, au fil des pays où je fais mes vidanges, sans problème apparemment). Sur mon moteur (et, je le souhaite, sur le vôtre aussi) une pompe à main, espèce de grande seringue, permet de vidanger sans tracas, sinon il vous faut avoir une petite pompe à main spécialement réservée à ce travail gluant ; un jerrican de 10 litres ne me sert qu'à stocker l'huile usagée (et, avec un peu de chance, la part de fuel récupérée dans les manœuvres de réamorçage du circuit d'alimentation décrites plus haut) jusqu'au moment où je peux la vider dans un endroit écologiquement recommandable. (Trou creusé dans le sol, décharge d'ordures dans un terrain vague, puisque on trouve rarement des bacs à huiles usagées dans les marinas, par exemple… Éviter, évidemment, de balancer toute cette huile immonde à la mer !)

Respecter aussi les fréquences de changement de filtre à huile, et ne serrez pas trop la nouvelle cartouche, serrez-la à la main seulement, sinon vous aurez du mal à la desserrer au prochain rechange !

Les Durits (genre de tuyaux souples terminés par des embouts métalliques dans lesquelles l'huile circule sous pression) peuvent être attaquées par de l'eau de mer gouttant dessus, et il serait bon d'avoir de quoi en fabriquer une de rechange, avec tuyaux, colliers et embouts. À Rio de Janeiro, l'une d'elles s'était crevée tout d'un coup et avait vidé en quelques secondes le moteur. J'ai dû courir toute la ville pour trouver une maison (spécialisée dans les conduites d'aviation) qui puisse en fabriquer une à la mesure. Je ne saurais trop vous recommander, bien sûr, d'équiper votre tableau de contrôle d'une alarme sonore doublant les alarmes visuelles (voyants rouges) qui s'y trouvent : on ne peut pas avoir toujours le nez sur ces voyants lumineux, et une alarme sonore vous permettra peut-être de sauver votre moteur en l'arrêtant aussitôt que la pression d'huile s'effondre, ou qu'il se produit un échauffement dû à un problème dans le circuit de refroidissement.

Le circuit de refroidissement

Là aussi, plein de choses viendront réduire les débits d'eau, échauffer votre moteur ! Des cochonneries se coinceront, d'abord, dans la crépine de la prise d'eau externe (les feuilles mortes de certains fleuves, en automne, produiront à cet égard des résultats intéressants). Des colliers se desserreront, menaçant de pomper à l'intérieur du bateau la totalité de l'océan environnant (en plus de cesser de refroidir le moteur). Le rotor en caoutchouc de la pompe à eau de mer n'aime pas du tout marcher à sec et se détériore en quelques secondes dans ce cas. À l'intérieur de l'échangeur de température (où l'eau douce ou le réfrigérant contenant de l'anti-gel, 6 à 8 litres contenus dans le moteur, se refroidit au contact de l'eau de mer) les faisceaux de cuivre peuvent s'entartrer, diminuer fortement le débit : il faut démonter le faisceau et le nettoyer, avec un fil de fer par exemple, en respectant le sens indiqué par le constructeur. Pour limiter les tracas avec le circuit d'eau douce, on remplacera l'eau par un liquide réfrigérant pour moteurs. Dans le circuit d'eau de mer, la présence d'eau de mer chaude produira des corrosions électrolytiques étranges qui peuvent transformer en espèce de chocolat friable des pièces en fonte, qui se mettent à fuir véhémentement. Dans le circuit d'eau douce, la pompe pourra causer des malheurs, fuyant tout d'un coup.

De nombreux bateaux ont eu des problèmes graves par entrée d'eau de mer dans les cylindres (ce qui peut être mortel pour le moteur) lorsque le système d'échappement ou le système de refroidissement sont mal conçus, et que le moteur se trouve sous la ligne de flottaison.

Il est impératif que le tuyau d'échappement (généralement un gros tuyau souple en caoutchouc armé, évacuant vers l'arrière l'eau de mer ayant traversé le moteur et les gaz de combustion) fasse un col-de-cygne vers le haut, le plus haut possible, jusque sous le pont, avant la sortie d'échappement, pour éviter que de l'eau de mer ne rentre par l'arrière lorsque la mer est forte au portant.

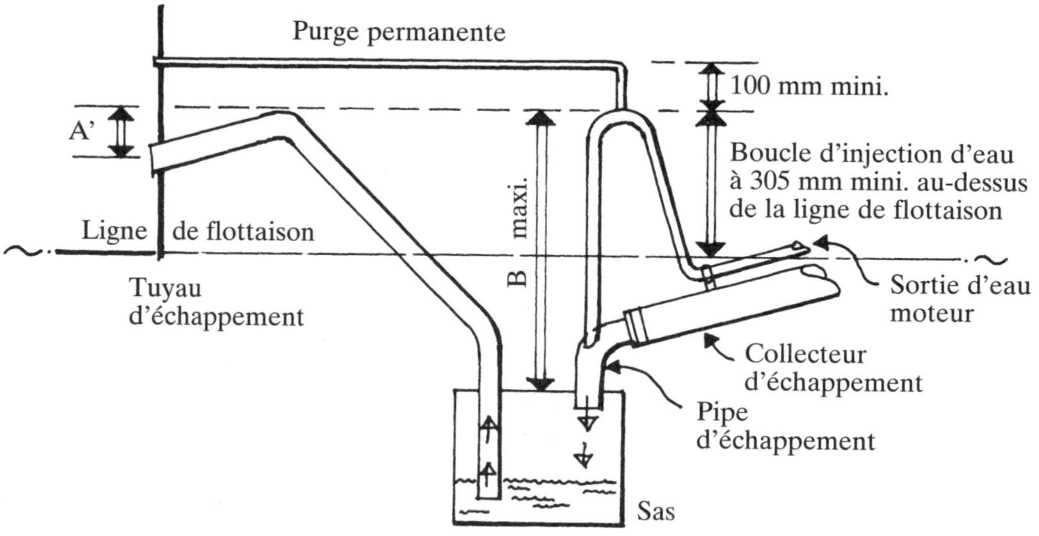

D'après doc. Perkins

Figure 37. *Système d'échappement « waterlock ».*

Par conséquent, pour que l'eau de mer ne continue pas à se déverser dans le moteur à l'arrêt (le rotor de la pompe à eau de mer ne devant en aucun cas être considéré comme une coupure du circuit, l'eau peut la traverser dans certaines positions du rotor), il faut dans le circuit de prise d'eau de mer, entre la pompe à eau de mer et le bloc moteur, ou bien entre le bloc moteur et le point où l'eau usagée se mêle aux gaz, un autre col-de-cygne, muni d'une mise à l'air libre (petit clapet à suppression se fermant lorsque la pompe met la canalisation en pression ou purge permanente crachotant à l'extérieur). Ces deux dispositifs sont absolument indispensables sur un moteur situé sous la flottaison (fig. 37).

Moteur proprement dit

Ce n'est généralement pas lui qui donne des tracas, mais les accessoires évoqués ci-dessus. Les problèmes concernant le moteur lui-même sont souvent beaucoup plus graves, il faudra parfois le lever, le sortir du bateau ou Dieu sait quoi d'autre ! Ici, les dépannages que doivent vous permettre de faire vous-même les brochures et notices d'entretien sont largement dépassés. Il sera bon d'avoir étudié à la construction ou à l'achat les possibilités de lever le moteur, pour ne pas se retrouver, le cas échéant, aux prises avec des nécessités aussi délirantes que de découper le roof à la scie et autres travaux bibliques.

Au terme d'un nombre d'années qui dépendra de l'usage que vous ferez de votre moteur, il sera utile de le « refaire », c'est-à-dire d'échanger toutes les pièces du moteur proprement dit qui se sont usées, une opération à faire faire par un bon mécanicien.

Inverseur-réducteur

J'ai connu pas mal de bateaux ayant des problèmes de ce côté-là... Moi-même, j'en ai eu quelques-uns, bien que je respecte scrupuleusement les niveaux d'huile et les fréquences de vidange et que j'évite au maximum les grands à-coups dans les manœuvres. Ignorant à ce jour tout du fonctionnement des inverseurs et des possibilités de dépannage, je ne peux que souhaiter, à vous comme à moi, qu'il existe encore des gens qui réalisent correctement les appareils qu'ils construisent !

L'inverseur peut être hydraulique ou mécanique. Sa fonction est double : il sert à réduire la vitesse de rotation (le moteur tourne trop vite pour votre hélice) et à faire marche arrière (d'où le nom d'inverseur, couramment utilisé). La documentation du constructeur indique les précautions à prendre, l'entretien périodique à prévoir, et la possibilité ou non d'utiliser l'inverseur pour empêcher l'hélice de tourner lorsqu'on navigue à la voile : les inverseurs mécaniques Hurth de *Voyage* ou de *Banana Split* permettent de bloquer l'hélice en plaçant le levier de commande d'inverseur sur la position marche arrière. Sur mon premier bateau, ce n'était pas possible, il avait fallu prévoir un système de frein indépendant (en fait, il s'agissait d'un bout amarrant l'arbre d'hélice à une varangue : mais le bateau devait être presque immobile pour fixer ou larguer cet amarrage). D'autres inverseurs, pis encore, si l'on navigue à la voile, exigent de faire tourner le moteur régulièrement si on ne bloque pas l'hélice

Arbre d'hélice et étambot

La société Meta a mis au point un dispositif arbre d'hélice à transmission à cardan et étambot à roulements à billes, roulement conique et bain d'huile, plus complexe que le simple presse-étoupe, mais plein d'avantages :

– Suppression des problèmes d'alignements d'arbre d'hélice : le cardan s'en occupe : il s'agit d'une transmission équivalente à celle des camions, système homocinétique de deux cardans.

– Plus la moindre entrée d'eau dans le bateau par l'étambot, plus de presse-étoupe à resserrer : un petit réservoir d'huile (viscosité 90) maintient en pression le tube qui contient les roulements (à bille et conique) qui supportent l'arbre et encaissent la poussée de la propulsion ; des joints à lèvres assurent l'étanchéité aux deux extrémités. Il peut arriver que le caoutchouc des joints use l'acier de l'arbre, s'il n'a pas été muni au départ d'une bague en acier dur ; il se produit alors une petite fuite d'huile à l'extérieur du bateau. Il faut refaire le plein du réservoir, éventuellement songer à faire « recharger » l'arbre. La rotation de l'arbre d'hélice dans ce genre d'étambot se fait avec une grande douceur !

– Dans mon catamaran, pour dégager les cabines arrière, Michel Joubert a positionné les moteurs tout à l'arrière dans des coquerons étanches bien isolés du reste du bateau et accessibles par l'extérieur, par des trappes percées sur le pont : la géométrie impliquait l'usage, soit de transmissions *sail-drive* qui exigeaient le percement dans la coque d'un gros trou rebouché par une espèce de joint en caoutchouc, un système qui ne m'inspirait pas, soit d'inverseurs du type *V-drive* : mes moteurs sont tournés vers l'arrière, et la transmission en V renvoie la rotation vers l'arbre d'hélice ; ce sont des cardans qui permettent cet accouplement (fig. 38).

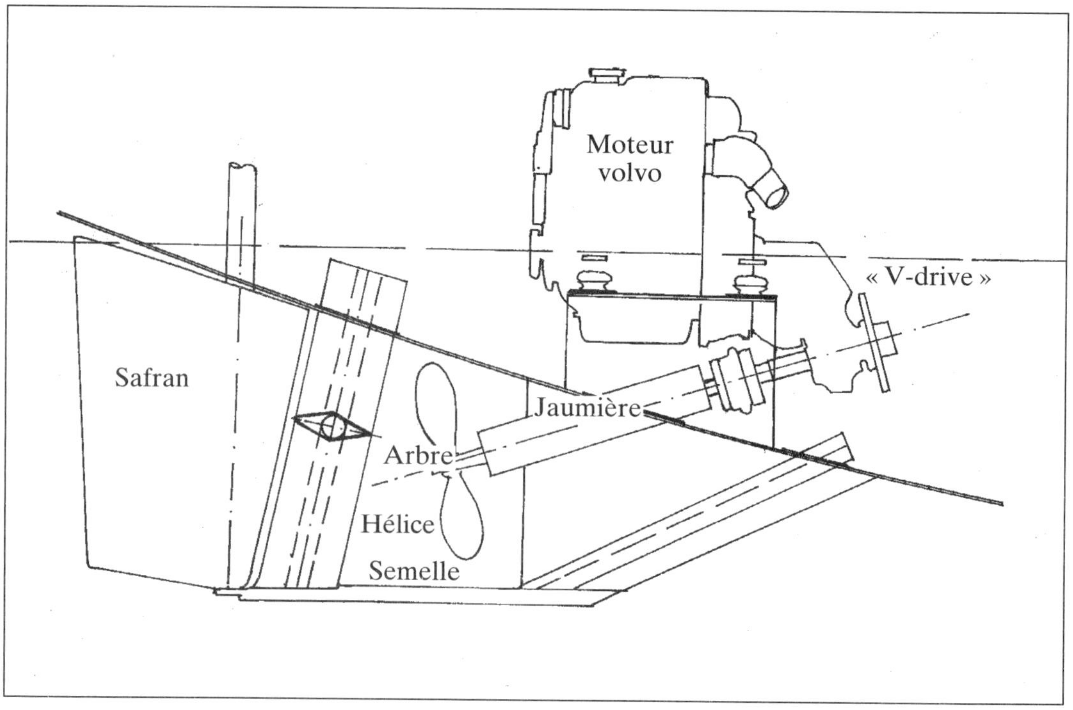

Figure 38. *Le système de propulsion « V-drive » de* Banana Split.

Hélice

Les miennes sont en aluminium, peintes au Métagrip ou à l'antifouling sans cuivre, la première émettait des vibrations étonnantes à certains régimes jusqu'au jour où je l'ai simplement légèrement poncée ! Il est bon d'avoir à votre bord un arrache-hélice simple (il faudra peut-être l'adapter à la dimension de votre hélice ou de sa cage).

Le calcul d'une hélice est une opération assez complexe que les fabricants effectuent à l'aide d'ordinateurs ; il faut leur indiquer les formes du bateau, déplacement, caractéristiques du moteur, etc. et à vrai dire le résultat réserve parfois des surprises !

Tableau de contrôle

En parlant du démarreur, je n'ai qu'à peine abordé le domaine du circuit électrique, qui peut donner lieu à de belles pannes, un court-circuit, par exemple, pouvant suffire à brûler une bonne partie des fils du câblage qui se trouve derrière le panneau de commande portant la clé de contact, les divers cadrans de contrôle (pression d'huile, température d'eau douce, vitesse de rotation, charge de la batterie, etc.). Le contacteur lui-même, la boîte où vous enfoncez la clé, ne se porte pas plus mal avec une petite giclée de WD 40 ou de lubrifiant au téflon de temps en temps. Du moteur au tableau de commandes, tout circule en général en une tresse électrique pré-câblée par le constructeur ; il est bon d'avoir le schéma de ce circuit électrique.

Levier de commandes

Objet placé en un point assez exposé aux intempéries (disons le cockpit), il est fort sensible à la corrosion ; le lubrifier souvent, sous peine de le voir se gripper facilement par corrosion électrolytique entre métaux différents au bout de deux ou trois ans. Les câbles « commandes morse » qui transmettent les commandes données au levier, à l'inverseur ou au moteur risqueront de se casser s'ils font des angles trop vifs dans leur cheminement ; il serait bon d'avoir leurs rechanges, ou de connaître leurs longueurs pour en recommander au besoin.

Vitesse de croisière

Parlons un instant des différents régimes auxquels vous pouvez faire tourner votre moteur. Les chiffres cités correspondent à mes Volvo 50 CV, ils peuvent être différents sur votre ou vos moteur(s).

Il y a le ralenti, qui doit être réglé juste assez rapide pour que tout se passe en douceur, que la pompe à huile mette le circuit d'huile en pression (sinon l'alarme de pression d'huile couine) ; il n'est pas conseillé, et même il faut éviter, de faire tourner le moteur au ralenti longtemps (ce qu'on serait tenté de faire en attendant l'ouverture d'une écluse, par exemple).

Il y a ensuite le ralenti « accéléré » (de l'ordre de mille deux cents tours par minute, alors que le vrai ralenti sera de l'ordre de sept cents tours, cela dépend de votre moteur) : à ce régime, l'alternateur doit débiter presque sa valeur nominale, c'est à cette vitesse qu'on fera tourner pour recharger les batteries avec l'alternateur.

Et puis, il y a les régimes élevés : le constructeur conseille, en croisière, de marcher au régime maximum que peut atteindre le bateau (dans les conditions de propreté de coque où il se trouve pour le moment), moins 10 %... Mais *ce qu'il ne dit pas*, c'est qu'à ce régime vous consommerez énormément. Pour moi, il vaut bien mieux naviguer à un régime nettement inférieur, qui ne vous fera perdre peut-être qu'un nœud en vitesse, mais divisera par deux la consommation de gas-oil, donc doublera votre autonomie : généralement, à trois mille tours, on ne gagne pas un nœud par rapport à deux mille deux cents tours, régime auquel on ne consomme plus que 3 litres à l'heure, au lieu de 6 litres et plus à trois mille deux cents tours. Alors, même si c'est contraire aux conseils des constructeurs, je fais marcher mes moteurs à ce régime-là, et ils ne s'en portent pas plus mal.

En conclusion, disons qu'un peu d'attention, de jugement dans la conception de l'installation moteur, évitera bien des problèmes. Une surveillance assidue du moteur (facilitée par une bonne accessibilité à tous les côtés) permettra de déceler les amorces d'avaries pouvant conduire à des résultats graves : la légère goutte d'eau de mer, qui, fuyant sur une pièce corrodable, la détruira lentement. La fuite de gas-oil qui va dévorer le caoutchouc du silentbloc (blocs de caoutchouc et métal sur lesquels s'amortissent une partie des vibrations du moteur). La courroie détendue qui entraînera de moins en moins les pompes et les alternateurs ; les traces de sel révélant la présence d'une corrosion électrolytique dévorant en quelques mois une pièce apparemment solide. Un minimum d'entretien également, lorsqu'on sait quc lc moteur restera inutilisé longtemps, sans aller jusqu'à s'adonner aux longues listes de travaux d'hivernage qui m'ont toujours fait frémir, n'est pas à négliger.

Pour ma part, je ne démarre jamais mon moteur sans m'assurer au moins des niveaux d'huile et d'eau, de l'état de la courroie de la pompe à eau de mer ; je contrôle immédiatement la circulation d'eau dans le circuit de refroidissement (le couvercle transparent du panier-filtre à eau de mer Vetus est bien pratique à cet égard) ; on peut aussi contrôler la circulation d'eau de mer en vérifiant que l'échappement « crache » ; s'il ne crache pas au bout de quelques secondes... arrêtez vite le moteur : vous avez peut-être simplement oublié d'ouvrir la vanne d'admission d'eau de mer... ou c'est peut-être plus grave. De même, je contrôle souvent température, pression d'huile et d'eau, charge et contenance du réservoir, au tableau de bord. En usage prolongé, un coup d'œil à la cale de temps en temps me révélera une fuite ou toute autre anomalie... Pour moi, un moteur est et restera un objet qui ne demande qu'à faire des siennes, et de mon pacte avec lui n'est pas exclue une méfiance latente !

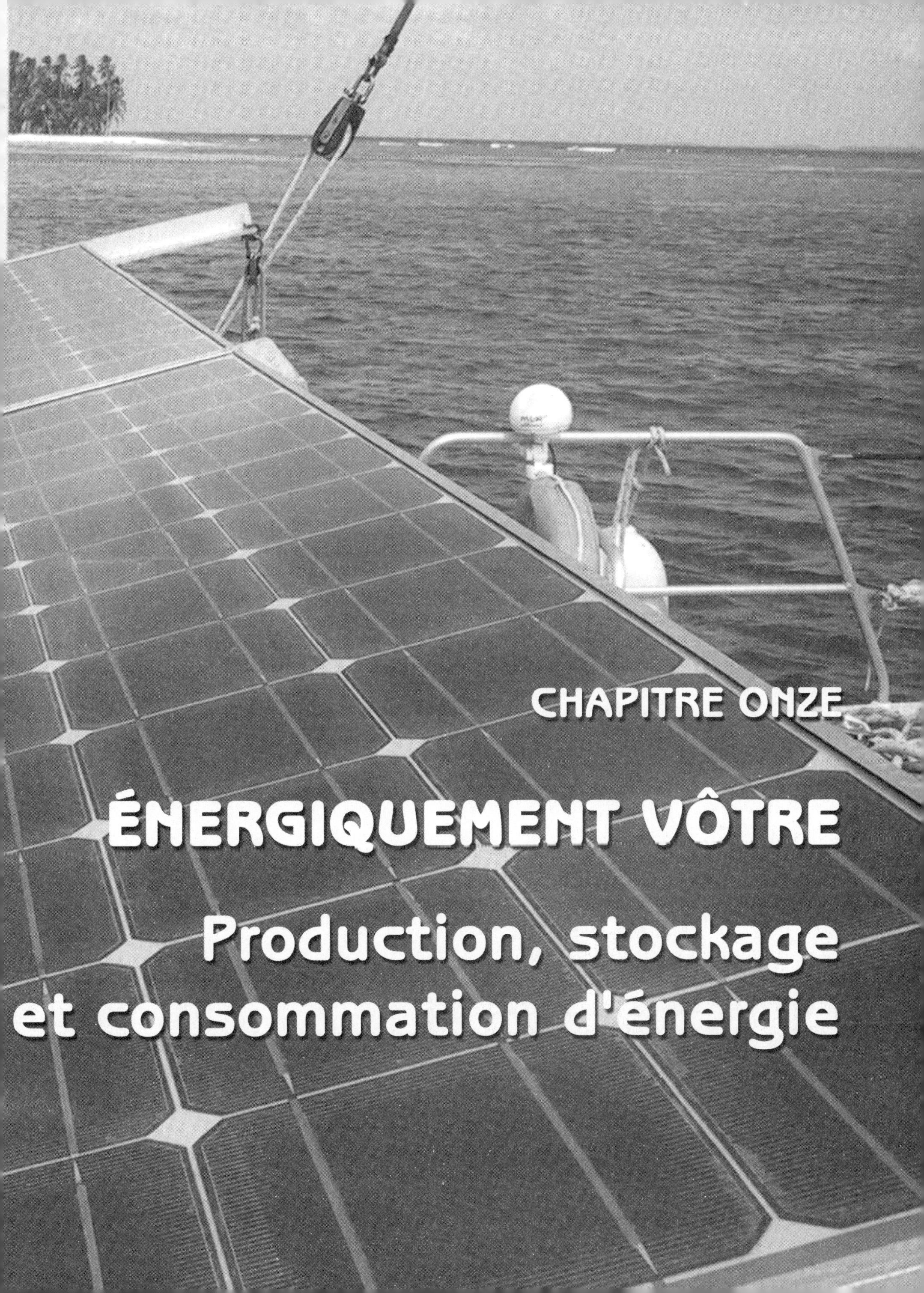

CHAPITRE ONZE

ÉNERGIQUEMENT VÔTRE

Production, stockage et consommation d'énergie

Batterie (n.f.). Objet d'artisanat local de la région d'Alençon. (Alençon vend de la batterie, le jour de gloire est arrivé !)

ÉNERGIES

Voici encore un domaine où tout est possible ; suivant la conception que vous avez (ou aurez) de la vie de croisière, vous pouvez choisir n'importe quel degré de complexité tout au long de l'échelle : à un bout, l'extrême simplicité, le bateau dépouillé de tout moyen de produire de l'énergie, n'en consommant donc pratiquement pas, un peu, tout au plus sous la forme de carburant pour lampes à pétrole ou pour la cuisine (bois, charbon ou, plus vraisemblablement, pétrole, alcool, gaz). À l'autre bout, la sophistication absolue, l'électricité appliquée à tous les appareils, du guindeau aux winches (et pourquoi pas des enrouleurs stockant automatiquement les écoutes au lieu de les laisser traîner sur le pont), de la cuisinière électrique consommant plusieurs kilowatts au WC broyeur à fonctionnement électrique, du navigateur satellite au mixer de cuisine, de la brosse à dents rotative au pilote automatique.

La solution optimale devrait se situer quelque part entre les deux, plutôt vers le bas. Comme partout, il vous faudra choisir un équilibre harmonieux entre les velléités de retour à la rude simplicité de la « nature » (ou plutôt de l'homme primitif) et les tentations du modernisme ; équilibre qui dépendra de vos moyens, de vos goûts personnels pour le confort... et pour le bricolage, car il faut bien vous dire que chaque progrès dissimulera quelque part dans l'émerveillement du confort qu'il vous apporte son talon d'Achille, son point faible qui vous conduira immanquablement, un jour ou l'autre, à devoir chercher à comprendre comment ça marche, et surtout pourquoi ça a cessé de marcher !

Mais, de toute façon, le choix final, dans chacune des options, dépendra surtout, à vrai dire, de jugements tout à fait irrationnels, de préférences instinctives, coïncidant rarement avec l'optimum sur le plan technique ou économique !

Pour illustrer ce point de vue, le choix de l'énergie de base de l'avance d'un bateau, en lui-même, est économiquement irrationnel : à vrai dire, pour un bateau de croisière moyen, avez-vous évalué le prix de revient du mât, du gréement, des voiles, des accessoires destinés à utiliser l'énergie dite « gratuite » du vent, et le prix de l'entretien de tout ce matériel ? S'il fallait le comparer au prix de revient des mêmes navigations (par exemple, un tour du monde étalé sur cinq ou six ans) effectués à l'aide d'un moteur Diesel, on constaterait vite qu'on est bien loin d'amortir les dépenses supplémentaires en question... Avec le prix de tout ce matériel supplémentaire, on pourrait en acheter, du fuel, de l'huile, des filtres !... De quoi faire plusieurs tours du monde... Pourtant notre bateau sera à voiles, même si nous utilisons son ou ses moteurs plus souvent qu'on ne le croit, on l'a vu au chapitre précédent.

J'explique par ailleurs pourquoi, à mon avis, nous sommes si fortement attirés par les énergies dites « gratuites », telles que le vent ou l'énergie solaire, même si leur captation nécessite des investissements initiaux élevés ! Comment cela procède du même genre de joie que celle de pêcher un poisson médiocre à l'aide d'un équipement qui coûtera au total infiniment plus cher que tous les poissons qu'il prendra jamais ! Mais nous ne discuterons pas cette attirance de base, il est bien évident que notre bateau sera à voiles, que 30 litres d'eau de pluie recueillis sous la bôme lors d'un grain ou puisés à la source d'une île déserte nous désaltéreront infiniment plus que 400 litres d'eau fournis par une conduite citadine, tarifée ou non, et qu'un poisson bizarre plein d'arêtes et à demi calciné sur un feu de bois nous satisfera quand un thon en boîte nous laisserait sur notre faim !

LE FUEL

L'énergie de base, celle qui fait avancer le bateau en règle générale, c'est donc le vent. Le dispositif technique destiné à la capter et à la transformer en propulsion, ce sont les voiles, le gréement, etc. Nous en parlons ailleurs. Un mot sur l'énergie qui propulse le système auxiliaire, le moteur : elle se stocke, sous forme liquide, dans les réservoirs. La capacité desdits réservoirs dépendra de votre manière de naviguer : si le moteur ne vous sert qu'à vous sortir des mouillages et reste au repos complet dès que vous avez passé les digues du port, un petit réservoir suffira. Pour un bateau de 10 à 14 mètres, 200 à 600 litres feront l'affaire si vous utilisez le moteur plus longtemps (pot-au-noir, Méditerranée et autres régions peu ventées). Avoir d'énormes réserves de fuel, de l'ordre de 1 000 litres, pourrait être utile si vous envisagez d'aller hiverner sur la banquise ou de remonter l'Amazone au moteur : Jérôme Poncet, sur *Damien*, avait inclus dans sa quille relevable un réservoir secondaire contenant 1 000 litres de fuel. On peut, pour certaines traversées, prévoir un dispositif qui augmente la réserve de fuel, à l'aide d'un réservoir souple facile à poser en quelques instants (à condition d'avoir prévu les vannes nécessaires dans le circuit permanent). Je ne sais pas si ces réservoirs souples sont homologués pour le fuel en France, mais s'ils sont conçus spécialement pour cela, ils sont autorisés dans beaucoup de pays). Plus simplement, on voit beaucoup de bateaux, au moment d'affronter l'anticyclone des Açores, par exemple, ficeler sur leur pont ou mieux à fond de cale une douzaine de jerrycans de 20 litres complémentaires ; ces jerrycans sont habituellement stockés vides à fond de cale et servent à refaire le plein dans les escales où il n'y a pas de pompe à quai, et où il faut s'adresser à une station-service terrestre.

À signaler aussi, les énormes différences de prix du fuel, de pays à pays : au Brésil, il coûtait plus cher qu'au Venezuela, et au cours des dernières étapes d'un tour du monde par la mer Rouge, des pays arabes à la France, *via* la Grèce et l'Italie, on voit le prix du gas-oil quadrupler, sextupler, décupler au fur et à mesure que l'on approche de la Côte d'Azur ! Une capacité plus grande vous permettra peut-être, donc, d'économiser sur ce poste en faisant le plein aux endroits intéressants, ou en profitant de l'éventuelle aubaine (qui se fait de plus en plus rare) : cargo ou navire de la marine nationale généreux, par exemple. Mais ne demandez pas au directeur de votre chantier de mettre des réservoirs de 1 000 litres dans votre bateau de 10 mètres ; ça poserait des problèmes à votre ligne de flottaison !

Les réservoirs devront être munis d'évents de mise à l'air libre débouchant à l'extérieur du bateau le plus haut possible, sur les parois du roof. Cela évitera que des gaz qui peuvent être explosifs se compriment au remplissage, que des poches d'air se forment ; ces évents serviront aussi de trop-plein au remplissage... Lorsqu'on fait le plein, c'est aux éructations de ces évents qu'on se rendra compte que les réservoirs sont bientôt pleins. Si le débit de la pompe est un peu fort, il sera bon de s'arrêter un instant, de laisser les poches d'air s'évacuer (surtout si le circuit, tuyaux et réservoirs, est un peu compliqué) avant de terminer le plein. Attention à l'orientation de ces évents, qui doivent ne laisser entrer ni la pluie ni les embruns : sur ma goélette à quille relevable, ils étaient à l'intérieur du puits de quille, et les bouillonnements de l'eau dans ce puits faisaient pénétrer l'eau de bas en haut par ces évents, avec des conséquences très fâcheuses !

Les jauges de réservoirs sont le plus souvent peu précises, surtout dans les réservoirs de formes irrégulières des voiliers ; elles ne vous indiqueront généralement rien de plus précis que « 1/4, 1/2 ou 3/4 restants », et d'ailleurs, toutes celles que j'ai essayées ont cessé de fonctionner au bout de quelques mois ; alors j'essaie de tenir le compte de ma consommation de fuel en notant le nombre d'heures, et en désespoir de cause, j'ouvre une trappe de visite et enfonce un bâton pour jauger la hauteur de fuel restant !

AUTRES CARBURANTS

Autre carburant stocké sous forme liquide : celui destiné à la cuisine et éventuellement aux lampes. Pour le pétrole comme pour le gaz, un dispositif de stockage prévu au départ est essentiel : endroit abrité où stocker la ou les bouteilles de gaz sur le pont et réservoir (incorporé si votre coque est métallique) de 50 litres pour le pétrole. Pour celui-ci, le problème de base sera d'en trouver un qui plaise à votre cuisinière, ne fera pas fumer vos lampes et cuisinière...

Vous trouverez partout l'énumération des précautions à prendre pour le stockage et la manipulation d'un autre carburant liquide, l'essence, qui sert à alimenter génératrices et moteurs hors-bord. En ce qui me concerne, je m'en méfie abondamment et stocke l'essence (en petite quantité, jamais plus de 10 litres), dans des réservoirs en plastique spécialement conçus pour l'essence

– de couleur rouge (ceux en métal sont peut-être plus fiables au début, mais la corrosion a vite fait de les rendre totalement dangereux) – et toujours dans un coffre extérieur, jamais à l'intérieur du bateau. Je n'envie absolument pas les grands bateaux américains, qui bien souvent font de fortes consommations d'essence pour alimenter un générateur qui alimentera une puissante cuisinière électrique !

L'ÉLECTRICITÉ

Et puisque nous parlons de puissance électrique, il est temps d'aborder la seule autre méthode permettant de stocker l'énergie tirée de carburants, du vent, de l'avance du bateau, du soleil, voire de la force humaine (on faisait bien fonctionner des émetteurs radio, autrefois, dans la brousse australienne... en pédalant !) afin de réutiliser cette énergie au moment choisi, pour tout un éventail de besognes : la force électrique, dont le stockage se fait par batteries.

Nous étudierons d'abord les besoins en électricité des différents types d'équipements dont vous aurez pu gréer votre bateau. Puis les moyens de produire l'énergie requise, enfin les moyens de la stocker, entre le moment de la production et celui de son utilisation.

Mais avant toute chose, pour avoir les idées claires sur les quantités d'électricité, les intensités et les puissances, il faut que je revienne un instant (j'en vois qui rigolent dans le fond, ils me connaissent et savent où je veux en venir !) sur les notions d'ampère et d'ampère-heure.

C'est un peu une obsession chez moi, mais elle me semble justifiée, tant je vois d'erreurs commises dans les brochures, articles de revues, catalogues vantant des appareils électriques... L'erreur en elle-même n'est pas grave, mais elle témoigne d'une absence de clarté dans les idées qui ne peut s'accompagner que d'une incompréhension du problème : combien de fois on voit écrire qu'un appareil électrique consomme « 2 ampères par heure », ou l'on entend parler d'« une batterie de 100 ampères » !

Un bateau qui marche à 5 nœuds parcourt en une heure 5 milles, et en une journée (vingt-quatre heures) 120 milles. Dire qu'un appareil électrique consomme 5 ampères par heure est aussi faux que de dire que le bateau va « à 5 nœuds à l'heure » ; ces 5 nœuds, c'est une mesure instantanée, une vitesse. Si cette vitesse est constante, on peut dire aussi bien que le bateau marchait à 5 nœuds pendant une seconde ou pendant toute la journée d'hier. Mais en une seconde il a parcouru 5/3 600 milles, et en vingt-quatre heures il a parcouru 120 milles.

Un dispositif de production d'électricité, un alternateur, par exemple, débitera 30 ampères et pas 30 ampères par heure ! Les ampères sont une unité de mesure de débit, de vitesse, équivalant à des nœuds ou à des mètres cubes par heure, une mesure instantanée, quoi ! S'il fonctionne par exemple cinq heures, il aura débité, pendant ce temps-là, 30 ampères en permanence, et, en cinq heures, 30 x 5 = 150 Ah en tout ! De même que notre bateau a marché, pendant la journée d'hier, à 5 nœuds et parcouru 5 x 24 = 120 milles.

Le débit des instruments de production d'électricité, les consommations instantanées des appareils électriques, se mesurent en ampères et pas en ampères par heure, *une unité qui n'existe pas* : l'ampère-heure (Ah) est une unité de quantité d'électricité, équivalente à une distance ou à un volume total d'eau débité : votre pilote automatique, si sa consommation est 0,5 ampère en permanence, consomme, en vingt-quatre heures : 0,5 x 24 = 12 Ah, pas le contraire. OK, c'est clair ?

Cela dit, ayant bien ramené ma fraise sur ce point de détail mais qu'il convenait de souligner, je n'en suis pas beaucoup plus avancé après plus d'un quart de siècle de vie quotidienne avec des dispositifs de production d'énergie, des matériels de stockage, et des appareils consommateurs... chaque jour m'apporte encore des surprises...

Voyons d'abord de quoi va être faite la consommation électrique quotidienne nécessaire à votre confort et à votre sécurité (tous les calculs ci-dessous sont fondés sur l'utilisation de courants et de batteries 12 volts ; ce n'est que pour de plus fortes consommations, pour diminuer les « pertes en ligne », par résistance dans les conducteurs, qu'on pourrait choisir le 24 volts).

Nous ne citons que pour mémoire les cuisinières électriques ; elles impliquent immédiatement la présence d'un groupe électrogène puissant dont nous évoquerons tout à l'heure les inconvénients.

ÉCLAIRAGE

Il comprend, en navigation (et au mouillage dans certains cas) l'usage des feux réglementaires, et l'utilisation des diverses lampes éclairant l'intérieur du bateau. Feux réglementaires : si votre bateau mesure moins de 12 mètres, vous êtes en règle en utilisant un seul feu tricolore en tête de mât. J'explique dans le chapitre « Sécurité » pourquoi je préfère un feu blanc sur 360 degrés. En règle générale, un feu de mât consomme environ 1,5 ampère ; les lampes portent l'indication de la puissance en watts, qu'il faut diviser par douze pour avoir l'intensité nécessaire, en courant continu 12 volts ; les pertes en ligne dans la grande longueur de fil (généralement prévu trop fin par les constructeurs) nécessaire pour arriver en tête de mât font légèrement descendre cette intensité. En une nuit d'usage continu, un feu utilisera donc 18 à 24 Ah, c'est-à-dire le cinquième de la capacité d'une grosse batterie de 108 Ah... On se rend compte qu'il ne faut pas plaisanter avec cet usage sous peine de voir la batterie vite à plat dans une traversée de durée moyenne...

Éclairage intérieur

Les lampes normales consomment, elles aussi, environ 2 ampères ; les néons la moitié. J'utilise des tubes d'un modèle particulier, des PL-S de 5 watts Philips qui éclairent autant qu'une lampe 25 watts ; ils ont du mal à démarrer si mes batteries sont un peu déchargées, mais éclairent vraiment bien, sans la

Pas faciles à trouver, les tubes PLS permettent d'économiser de l'énergie.

blancheur désagréable des tubes néon. Sur mon sloop de 10 mètres, seul ou à deux, j'estimais à trois ou quatre heures l'usage total de l'une ou l'autre lampe par soirée, soit environ 6 ou 8 Ah de plus quotidiennement. Et je réduisais cette consommation en éclairant généralement le carré (sauf pour les travaux de précision exigeant une lumière vive) à la lampe à pétrole, qui donne une lumière tellement plus jolie ! Sur *Banana Split*, grâce aux tubes PL-S, je ne consomme pas plus en m'éclairant quatre fois plus longtemps, ou en utilisant deux ou trois lampes au moment de faire la cuisine, par exemple.

Pilote électrique

Puisque c'est l'option que j'ai choisie : si vous êtes restés fidèles aux « régulateurs d'allure », c'est le cas de nombreux bateaux, près d'un tiers des circumnavigateurs, vous ne consommerez rien sous ce poste. Les plus petits pilotes électriques (genre Autohelm 3000) ne consomment qu'un demi-ampère ; les plus puissants (type Autohelm 7000) consomment 3 à 4 ampères en moyenne, exigeant des moyens de production d'énergie costauds : un 7000 fonctionnant 24 heures sur 24 en traversée pourra consommer 80 à 100 Ah par jour ! Il m'arrive donc de n'utiliser le 7000 que lorsque le vent est fort et la mer irrégulière, tandis que le petit (que j'ai de toutes façons en secours, en cas de défaillance du gros) barre très honnêtement dans les conditions de mer belle qui constituent tout de même souvent notre quotidien.

Pompes

Sauf voie d'eau, leur usage est limité à quelques dizaines de secondes par jour ; disons, pour être généreux, leur consommation étant de l'ordre de 2 ampères pour une petite, 8 ampères pour de plus grosses, environ 1 ampère-heure par vingt-quatre heures.

Stéréo et radio

Là, ça dépend de l'usage que vous en faites ; chez moi, c'est un usage quasi permanent, disons dix-huit heures par jour ! En comptant environ un courant de 0,7 ampère, ça donne à peu près 12 Ah par jour ! On aime la musique ou on ne l'aime pas !

Instruments de navigation

Un sondeur consomme peu, et on l'utilise rarement très longtemps. D'autres appareils consomment plus. Mon GPS consomme environ 1 ampère, soit 24 Ah par jour, mais on peut très bien, en grande traversée, ne l'allumer que quelques instants par jour. Il en existe qui, en position d'attente, consomment quinze fois moins. Un petit radar consomme près de 4 ampères lorsqu'il fonctionne, et si, comme moi, vous le faites marcher presque en permanence pour la grande sécurité qu'il apporte, il faudra compenser sa forte consommation électrique ; mais de nombreux appareils sont munis d'une position de veille qui « jette un coup d'œil » sur l'horizon à intervalles réguliers, et puis le radar se rendort si rien n'est signalé.

Un émetteur radio consomme beaucoup pendant l'émission, mais à moins d'être un cinglé des QSO et de passer jours et nuits à moduler des 73 très QRO et des 88 au milieu de tous les QRM, la consommation en ampères-heures sera assez faible.

À vous de voir, en fonction de l'électronique et des gadgets que vous jugerez indispensables, la consommation quotidienne résultante.

Outils

Si vous aimez bricoler, vous aurez parfois recours à une perceuse électrique, à une scie sauteuse ou à un fer à souder. À la cuisine, vous voudrez peut-être utiliser un mixer. Coudre les pavillons ou réparer des voiles sera plus facile avec une machine à coudre électrique. Ces divers appareils existent en 12 volts ou 24 volts continu, mais ils sont alors généralement coûteux et peu fiables. Il vaut mieux pouvoir utiliser les appareils du commerce, une perçeuse aspirateur, par exemple, en employant le 220 volts produit par un convertisseur. Je ne peux rien vous recommander officiellement dans ce domaine, j'ignore quelles sont les réglementations de sécurité concernant le 220 volts à bord ; mais j'utilise avec bonheur divers convertisseurs statiques Prowatt, qui ont un très bon rendement. Les plus petits (125 à 250 watts, soit 10 à 20 ampères en 12 volts quand même !) servent pour les ordinateurs, chargeurs de batteries de caméra, lecteur stéréo de CD ou de mp3 ; le plus gros (800 watts) peut propulser un aspirateur ou une perceuse puissante. Ces convertisseurs « statiques » sont beaucoup plus fiables et ont un bien meilleur rendement que le convertisseur « rotatif » de fabrication allemande que j'avais installé sur *Voyage*, et qui consommait déjà 8 ampères en 12 volts à vide.

Réfrigération

À elle seule, elle est responsable de la plupart des batteries vidées inopportunément… Le système le plus classique, un compresseur et un évaporateur, consomme dans les 4 ampères si le frigo n'est pas trop grand et, surtout, s'il est très bien isolé.

Les chauffages à air pulsé

Ils sont souvent gourmands en électricité !

Toutes ces consommations sont extrêmement variables au fil de vos navigations : vous ne bricolerez pas tellement en route, mais alors le pilote sera en train de consommer. À l'escale, sa consommation sera nulle, plus besoin de feux de mât, mais vous consommerez plus de lumière à l'intérieur, par exemple. En fait, suivant la façon dont vous envisagerez la navigation et le confort dont vous estimerez avoir besoin, votre consommation quotidienne pourra varier entre, disons, 30 Ah et 100 Ah. Il faut donc adapter sa production d'électricité à sa consommation. Des dispositifs électroniques sont prévus pour tenir le compte de ce qu'on produit et de ce qu'on consomme, mais il vaut mieux savoir comment ça se passe, pour ne pas se retrouver avec les batteries vides au moment où vous en aurez le plus besoin.

LA PRODUCTION D'ÉLECTRICITÉ

Il y a les énergies « dures » et les énergies « douces » ; les premières sont appelées ainsi parce qu'elles sont dures au portefeuille, exigent l'achat renouvelé de carburants pour faire fonctionner leurs moyens de production. Les « douces » sont considérées telles parce qu'elles sont apparemment gratuites... On a vu plus haut à quoi s'en tenir sur cette gratuité, mais à quel point le facteur irrationnel, affectif, est important dans ce domaine, et impossible à chiffrer en matière économique.

1. Les énergies dures

Alternateurs

Votre bateau étant équipé d'un moteur auxiliaire, probablement un diesel, il est parfaitement logique de lui faire actionner un alternateur qui pourra débiter 30, 60, 90 ampères, plus peut-être. À mon avis, il vaut mieux prévoir puissant. J'ai quatre batteries de servitudes pouvant accumuler chacune 108 Ah, soit 432 Ah en tout. Lorsque je les recharge avec un alternateur, il est recommandé de leur fournir une intensité d'un dixième de la capacité totale : un alternateur débitant 45 ampères devrait donc en principe suffire, mais je constate que très vite, pour des raisons qui m'échappent (le régulateur dont est équipé l'alternateur n'y est pas étranger), même si les batteries ne sont que peu chargées, au bout de quelques dizaines de minutes ce n'est plus 45 ampères qui se déversent dans chaque batterie, mais 10, puis 5, puis 3 ou 2 ampères... Ce sont les facéties des régulateurs. Il existe des « régulateurs manuels » qui consistent plus ou moins à bricoler le circuit de charge pour feinter le régulateur et pouvoir choisir avec un rhéostat de faire débiter à l'alternateur 32 ampères qui resteront 32 ampères tant qu'on le souhaitera...

C'est un dispositif qui exige de l'attention. Ceux qui l'ont choisi doivent veiller à ne pas faire débiter trop longtemps ces intensités relativement élevées dans des batteries chargées ; lorsqu'ils sont amenés à utiliser le moteur une heure, pour un court trajet ou seulement pour charger, ils branchent leur système, réglant la charge pour le dixième de la capacité de leurs batteries. Pour continuer à utiliser le moteur (calme qui s'éternise, parcours plus long), il faut alors remettre en service le régulateur, qui abaisse l'intensité de charge, chose nécessaire si, par exemple, on a l'intention de faire marcher le moteur une dizaine d'heures. De toute façon, comme faire tourner un alternateur plus puissant ne coûte pas plus cher en carburant, ce n'est pas forcément une mauvaise idée que de remplacer un alternateur de 30 ou 40 ampères par un de 60 ampères au moins.

L'alternateur devra être adapté à votre moteur pour que vous puissiez charger une intensité assez proche de l'intensité « nominale » lorsque le moteur tourne à un régime de « ralenti accéléré ». Le ralenti moyen de mes moteurs est de sept cents tours/minute ; lorsque je charge la batterie je tourne entre mille deux cents et mille cinq cents tours/minute. À ce propos, lors de mon stage chez Perkins, on m'avait expliqué que lorsqu'on fait tourner le moteur pour charger ainsi les batteries, il est préférable de faire tourner l'hélice, de donner du travail à faire au moteur, en quelque sorte… Ça m'intrigue un peu, ça me semble devoir faire travailler inutilement un tas de pièces de l'inverseur et de l'étambot, et devoir consommer plus que de tourner à vide ; de plus, à part à l'ancre dans un mouillage à fond d'excellente tenue, et sans voisins trop proches, je me vois assez mal faire tirer le bateau sur son ou sur ses amarres ! Je charge donc la batterie en débrayant le moteur !

Groupes électrogènes

Pour moi, je n'ai pratiqué que le petit chargeur fournissant 10 à 20 ampères en 12 volts, ou 500 watts en 220 volts (Honda, Mase, Minilux), et encore, en ne comptant pas trop sur eux ; ces appareils sont bruyants, fragiles – ils réclament un carburant dangereux et ne marchent bien que si on les utilise régulièrement. Les puissances au-dessus exigent des isolations phoniques et des aménagements importants. Même remarque sur les régulateurs lorsqu'on charge une batterie avec un de ces petits générateurs : l'intensité descend bêtement au bout d'un moment alors qu'on continue à consommer la même quantité de carburant et que les batteries ne sont pas vraiment chargées.

Pour moi, ces générateurs sont réservés à deux types d'usages : travail de longue haleine au 220 volts, ponçages de la coque à l'échouage sur une plage dépourvue de courant électrique (attention au 220 volts sur sable mouillé : porter des bottes et prendre de très grandes précautions d'isolement), ou recharger les batteries si vous les avez laissées se vider… mais généralement, comme, à cette dernière fin, vous sortirez le générateur du coffre qu'il n'a pas quitté depuis six mois, il ne voudra pas démarrer, et vous êtes ramené au problème précédent. Si ce n'est qu'avec un peu de connaissances, de flair et de chance, vous pourrez réparer un générateur défaillant, mais vous ne pouvez pas charger une batterie avec votre seule ingéniosité !

J'avais installé aux débuts de *Banana Split* un alternateur spécial censé produire du 12 volts et du 240 volts. Mais l'appareil était fort complexe, m'a trahi plusieurs fois avant même que je ne quitte les rivages de France, et avait l'inconvénient des appareils qui veulent faire Papa et Maman : ils font mal les deux, coûtent plus cher que les deux appareils faisant chacun un usage, sont plus encombrants et compliqués que les deux appareils spécialisés, et quand ils tombent en panne, les deux fonctions sont défaillantes… Après de nombreuses tentatives pour régler ses problèmes, j'ai fini par débarquer cette machine trop compliquée… et en même temps, je l'ai raconté plus haut, le four micro-ondes que j'avais un instant songé à faire marcher avec elle.

Si vous tenez vraiment à faire fonctionner un four électrique, voire un climatiseur ou d'autres appareils de grande puissance, vous pouvez aussi installer une génératrice de 240 V diesel ; c'est encore un appareil lourd et encombrant, bruyant (en général, on vous la vendra dans un coqueron d'insonorisation) et qui nécessite une installation complète, canalisations pour le carburant et refroidissement par eau de mer.

2. Les énergies douces

Ah ! Elles sont toutes bien tentantes !... Elles ont une allure de don du ciel, de richesse de la nature, éternellement à notre disposition, même lorsque la civilisation se sera écroulée et que l'on ne trouvera plus nulle part de carburants ni de prises de courant branchées... Voilà une raison suffisante pour être prêt à des investissements relativement élevés au départ, sans compter l'intérêt (impossible à évaluer) du silence, de la propreté, et la satisfaction qu'on ressent à faire, par exemple, du froid avec le soleil.

L'énergie photovoltaïque

L'énergie colère : « Le solaire, c'est moche, et ça ne marche pas »... C'était, au début des années 70, le titre d'un dessin de Reiser, grand fanatique de la première heure de l'énergie solaire... Le dessin représente une famille frigorifiée à l'intérieur d'une maison individuelle vraisemblablement glaciale malgré la présence sur le toit d'une hideuse, énorme structure noire destinée à capter la chaleur du soleil. La légende : « Vous êtes cons, fallait attendre que tout le monde soit équipé pour le dire ! »

Lorsque j'ai écrit la première version de ce livre, en 1983, les panneaux solaires en étaient un peu là : malgré tous les espoirs qu'ils nous inspiraient, des quantités de raisons s'additionnaient pour que l'énergie réellement produite soit largement inférieure aux valeurs promises, et j'étais mécontent des 6 panneaux solaires que j'avais fixés sur le pont de *Voyage.*

Un portique dressé à l'arrière permettra d'exposer au mieux - et de protéger des chocs - les panneaux solaires.

Dans les années qui ont suivi, la production d'énergie solaire a fait un bond en avant, et les espoirs ont repris de plus belle : vers 1985, le prix du watt produit avait été divisé par deux, et en prenant quelques précautions, on pouvait enfin en tirer des puissances intéressantes. Malheureusement, ce pas en avant a été le seul, et le prix et le rendement des panneaux solaires n'ont pas évolué depuis comme, par exemple, les processeurs, et mémoires des ordinateurs : si le rapport rendement/prix des panneaux solaires avait grimpé comme la capacité des disques durs aujourd'hui utilisés, nous aurions sur nos bateaux de quoi alimenter très largement tous nos besoins... On n'en est pas là, mais la production photovoltaïque est néanmoins une des méthodes les plus fiables de production d'une bonne partie de notre consommation quotidienne.

De nombreux navigateurs, ayant compris que tout obstacle à la lumière, ombre du mât, passage d'un cordage devant les cellules, mauvaise inclinaison

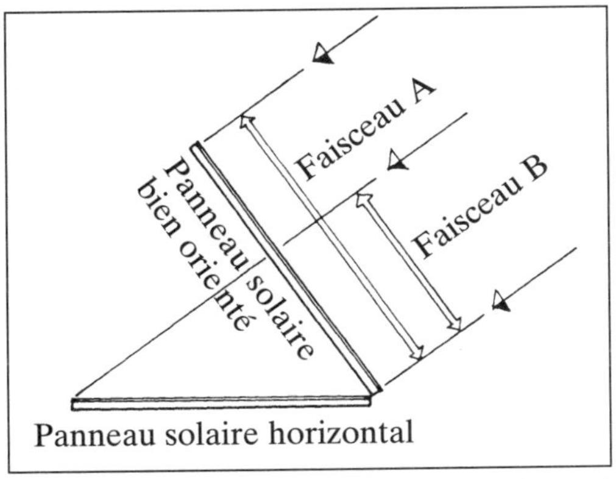

Figure 39. *Incidence des rayons solaires sur les panneaux.*

d'un panneau, diminuait tragiquement la puissance produite, ont aménagé à l'arrière de leur bateau un portique, emplacement idéal pour 2, 4 ou 6 panneaux solaires, que l'on peut même, pour améliorer le rendement, orienter au fur et à mesure de la progression du soleil dans le ciel : en effet la puissance reçue sur une surface donnée, disons 1 mètre carré, est plus forte si la surface est perpendiculaire aux rayons du soleil (fig. 39) ; et les panneaux, là-haut, sont raisonnablement à l'abri des chocs !

Résultat global, si vous naviguez dans des régions bien ensoleillées, où le soleil monte haut sur l'horizon – ce qui est le cas des tropiques, où la plupart des navigateurs ont envie de s'attarder, on peut avec 4 panneaux de 55 watts produire en six heures d'ensoleillement une cinquantaine d'ampères-heures : pas toujours de quoi satisfaire les besoins du bord, surtout si vous avez un réfrigérateur, mais de quoi en fournir une bonne partie ; et l'entretien des panneaux solaires est réduit à pratiquement zéro, si leur fiabilité est très grande ; la marque Siemens semble donner satisfaction à tous ses usagers et fournit 50, 70, 90 % des besoins de ceux qui les ont bien installés.

L'énergie éolienne

Votre bilan énergétique pourra être avantageusement complété par une éolienne… dans certains cas seulement, car l'énergie éolienne croît avec le cube de la vitesse du vent :

Il existe deux types d'éoliennes, certaines, comme l'*Ampair*, ont de petites pales… et de petites puissances : elles donnent en général 1 ampère ou 1,5 ampère avec dix nœuds de vent ; d'autres, plus encombrantes, munies de véritables hélices d'avion bi ou tri-pales, donnent 4 à 5 ampères avec 10 nœuds de vent, et si votre mouillage est bien exposé, avec 15 ou 20 nœuds de vent, vous en tirerez toute l'électricité dont vous aurez besoin ; seulement voilà, en général, les bons mouillages, bien protégés, n'ont pas 15 nœuds de vent, sauf s'il s'agit des mouillages sous le vent de récifs à fleur d'eau d'Union ou des Tobago Cays, aux Grenadines, ou des atolls des Tuamotu ; on voit ainsi souvent des bateaux pendant une période de vents prononcés, choisir de mouiller dans un endroit rendu inconfortable par les rafales, mais qui leur assure une bonne production d'électricité ; en mer, au vent arrière, vous aurez rarement plus de 10 nœuds de vent apparent.

Un modèle intermédiaire, l'*Air Marine*, ne semble donner qu'un peu plus de 2 ampères par 10 nœuds de vent, et surtout, est facilement bruyante : les bateaux qui en sont équipés s'entendent de loin sur les mouillages, et quand on boit un pot dans le cockpit de l'un d'eux, on a parfois l'impression qu'un hydravion décolle juste à côté.

Le fabricant semble avoir récemment amélioré ce problème en changeant de système de freinage automatique lorsque le vent forcit.

En résumé, les endroits où vous aimerez mouiller, les routes ou les régions que vous fréquenterez, l'éolienne pourra contribuer de façon importante à votre bilan énergétique ; attention cependant : l'hélice des éoliennes puissantes est extrêmement dangereuse, il faut la fixer, généralement sur un mât en inox amarré sur l'arrière du bateau, à une hauteur suffisante pour passer au-dessus de la tête d'un imprudent, même s'il monte debout sur le balcon : un choc serait certainement fatal.

Certains modèles d'éoliennes sont munis de systèmes de freinage automatique lorsque le vent monte excessivement ; d'autres nécessitent d'être orientées manuellement hors de la direction du vent si celui-ci force trop : n'ayant pas pu le faire à temps un jour sur *Voyage*, j'ai vu l'hélice de mon éolienne s'emballer comme un folle, et exploser en mille morceaux, tandis que je me planquais précipitamment dans la descente, les fragments d'hélice et de moyeux volant autour de moi…

L'énergie hydraulique

C'est-à-dire l'utilisation de la vitesse de déplacement du bateau pour actionner un alternateur monté à cet effet :

a) L'hélice est celle du bateau : on peut si l'on navigue vite arriver à des intensités assez élevées si l'alternateur est bien choisi, bien monté. Mais il y a usure des roulements de l'étambot (si le vôtre en a) ou du presse-étoupe, et ça ne commence à vraiment débiter qu'au-dessus de 6 ou 7 nœuds ; nos petits bateaux naviguent souvent en dessous de ces vitesses-là, et, pour ce qui est des escales, l'objet est totalement inutile, à moins d'être à l'ancre sur un fleuve aux courants extrêmes !

b) On peut également tirer une hélice plus petite, entraînant un alternateur mieux adapté à de faibles vitesses. J'en ai utilisé un fabriqué par Hamilton Ferris (le même générateur peut être actionné par une hélice éolienne) : à 6-7 nœuds, encore une fois, j'avais plus de puissance que je n'aurais pu en consommer ; mais si le bateau accélérait, il fallait ramener l'hélice à bord… et c'était loin d'être facile, le « poisson » tourbillonnant comme un malade et le cordage faisant des coques dont le cordage se « souviendrait » toujours.

Il existe également des articles qui s'accrochent au tableau arrière à la façon d'un moteur hors-bord, mais qui travaillent de manière inversée. Quel que soit le système choisi, il est souhaitable qu'il puisse débiter une intensité non négligeable à partir de 4 nœuds sinon, comme ces instruments sont de toute façon inutilisables au mouillage, ils sont plus adaptés aux problèmes des coureurs de haute mer pour leur fournir, aux vitesses qu'ils pratiquent, le courant nécessaire à leurs appareils, pour la durée de la course exclusivement… mais, là, ils se plaindront que ça les freine !

La conclusion de tout ça ? C'est qu'en souhaitant utiliser des appareils électriques – et ça commence à la première lampe, au plus simple sondeur – sur un bateau, on s'expose, ma bonne dame, à bien des tracas, et que chacun devra, en fonction de ce qu'il juge indispensable à son confort (l'eau fraîche, voire les glaçons pour le pastis ? la lumière au bout d'un doigt ? l'indication précise et permanente des fonds ou de la position du bateau ?), des inconvénients qu'il est prêt à supporter (une heure de « broumbroumbroum » du moteur chaque jour ; nécessité d'orienter des panneaux solaires ? hélice tournant en permanence ? attention constante pour moduler sa production d'électricité en fonction des sources disponibles à l'escale ou en navigation ?) chacun devra décider de son option, et, en conséquence, de ce qu'il réparera quand ça se détraquera, ou ne donnera qu'une faible part de ce que ça promettait.

COURANT ALTERNATIF DE TERRE

Reste à parler de la possibilité d'accumuler de l'énergie à bord à partir des éventuelles prises de courant 220 ou 110 volts que l'on trouve à l'escale… mais ces prises, déjà créatrices de bien des problèmes dans les marinas des pays « développés », sont en général inexistantes ailleurs. Pour le genre de navigation qui nous concerne, le chargeur automatique que nous utilisons dans les marinas européennes restera de longs mois ou de longues années inutilisé. Sur le continent américain, il y aura aussi à tenir compte du fait que le courant est en 110 volts (avec cependant parfois le 220 volts si le courant est triphasé) et 60 hertz : il serait bon que votre chargeur automatique accepte les deux courants.

Reste à voir le moyen de stocker l'énergie électrique à bord, et nous entrons là dans le « Grand Domaine Mystérieux et Approximatif des Batteries ».

BATTERIES, CAPACITÉ, CHARGE ET DÉCHARGE

L'électricité stockée dans une batterie est un peu comparable à l'eau retenue dans un barrage hydroélectrique : la batterie « contient » 108 Ah, mais il n'est pas conseillé de laisser le niveau descendre trop bas : ce ne sont que les couches supérieures de l'eau du barrage, que les derniers ampères-heures emmagasinés que l'on peut réutiliser, car une batterie trop déchargée souffre ; lorsqu'on a donc tiré 50 Ah d'une batterie de 108 Ah, il est temps de la recharger, si l'on ne dispose pas d'un système (photovoltaïque, par exemple, ou raccordement au courant alternatif terrestre par un chargeur) rechargeant en permanence (maintenant en permanence l'eau du barrage à niveau constant). D'où l'importance de savoir ce que l'on consomme quotidiennement, et plus qu'à peu près.

L'un des problèmes qui se posent pour le choix d'une batterie, c'est le double usage que nous en faisons : le gros de la consommation se fait petit à petit par les éclairages et accessoires ; elle dépasse rarement un dixième de la capacité de la batterie. Mais on demande aussi à la batterie de fournir, pour de très brèves durées, le temps qu'on sollicite le démarreur, jusqu'à la mise en rotation de la couronne d'entraînement du moteur, des intensités très fortes allant jusqu'à quatre ou cinq fois (en A) la valeur nominale (en Ah) de la capacité : au démarrage, c'est parfois un courant de 400 à 500 ampères qui passera dans les fils (qui doivent être calibrés en conséquence), heureusement seulement quelques secondes… sauf si le moteur est désamorcé, par exemple, d'où l'intérêt d'avoir des batteries bien chargées. En principe, donc, c'est deux types de batteries qui devraient être utilisés pour ces deux fonctions, mais je n'ai pratiquement jamais rencontré de bateau aussi parfaitement équipé. On considère que les batteries modernes peuvent de façon satisfaisante se prêter aux deux usages. Il est cependant indispensable d'avoir une batterie réservée pour le démarrage, que l'on gardera toujours pleine, même si l'on est amené à tirer un peu trop sur l'autre ou les autres, utilisées pour les accessoires ; mais il est nécessaire de prévoir la possibilité de recharger indifféremment l'une ou l'autre des batteries avec l'alternateur du moteur, ou toute autre source d'électricité dont on dispose, et de pouvoir mettre éventuellement en parallèle toutes les batteries pour faire démarrer le moteur si celle qui lui est réservée se trouve quand même un jour déchargée (quelques fausses manœuvres et hésitations au moment de relancer un moteur au circuit de fuel accidentellement désamorcé ont vite fait de vider une batterie même pleine). À signaler que lorsqu'on utilise deux batteries différemment chargées en parallèle il se passe sans doute toutes sortes de choses curieuses et inconnues, genre déchargement d'une batterie dans l'autre, etc. Il paraît même que dans certains cas ça peut être explosif.

Il existe trois types de batteries :

Batteries classiques au plomb

Elles contiennent un électrolyte, l'acide sulfurique. Il faut vérifier régulièrement le niveau de l'électrolyte, et l'ajuster si nécessaire en n'ajoutant que de l'eau distillée. L'acide sulfurique étant extrêmement corrosif, et ces batteries ayant un dégagement important d'hydrogène, gaz explosif en présence de l'oxygène de l'air, il faut soigner particulièrement l'étanchéité des bacs à batterie, et leur dégagement gazeux à l'extérieur du bateau (l'amarrage, de toute façon, est à surveiller spécialement, pour tous les types de batteries qui ont en commun un poids élevé). Les dégagements au niveau des bornes ont vite fait d'y déposer des sels qui diminuent la conduction : il faut régulièrement (au moins une ou deux fois par an) défaire les cosses, nettoyer soigneusement cosses, bornes et environs, passer les contacts métalliques au papier de verre, et les enduire de graisse après avoir reposé les cosses. Il existe des pastilles à poser sous la cosse et limitant ces dépôts de sels.

Un pèse-acide est un objet utile, permettant de mesurer la concentration en acide de chacun des éléments (une batterie 12 volts en comporte généralement 6). Le pèse-acide indique par des couleurs et par des degrés de concentration l'état de charge de chaque élément, ce qui permet de constater, entre autres, la destruction d'un élément. Cette mesure de concentration est souvent un meilleur indice de charge qu'une mesure de voltage aux bornes de la batterie à vide.

Pour contrôler avec un voltmètre la charge d'une batterie, il faut lui faire débiter un courant d'environ un dixième de la valeur de la capacité : pour une batterie de 108 Ah, il faudra mesurer la tension à ses bornes pendant qu'elle débitera 8 à 10 ampères. Les batteries classiques sont assez lourdes, leur électrolyte corrosif et leur dégagement gazeux posent quelques problèmes et elles se déchargent assez rapidement (quelques semaines ou quelques mois) quand on ne les recharge pas, même si elles ne débitent dans aucun circuit.

Batteries modernes, dites « sans entretien »

Plus légères, elles se déchargent (sans débiter) beaucoup plus lentement, et on est libéré du tracas de contrôler l'électrolyte. Le dégagement gazeux est réduit de 85 % et il se produira beaucoup moins de dépôts autour des bornes. Il est cependant aussi impératif que pour les batteries classiques de ne pas les laisser se décharger de plus de 80 % de leur capacité, elles pourraient être irrécupérables. La société AC Delco, par exemple, les baptise « Freedom », et les expose dans les salons nautiques, fonctionnant renversées et trempant dans un aquarium d'eau de mer (?) – sans apparemment en souffrir... On peut donc espérer qu'en cas d'immersion accidentelle elles continueraient à fonctionner plus longtemps que les classiques...

Batteries cadmium-nickel

Je sais peu de chose de ces batteries, utilisées comme batteries de traction, pour faire rouler des véhicules électriques par exemple ; elles sont assez peu répandues, mais semblent, malgré leur prix élevé, avoir des avantages certains : elles ne craignent pas d'être totalement déchargées et durent beaucoup plus longtemps (dix ans au lieu de trois à cinq ans pour une batterie classique bien soignée).

WARNING - WEAR SAFETY GOGGLES

CHAPITRE DOUZE

ENTRETIEN SUR LA PLURALITÉ DES CHOSES À ENTRETENIR

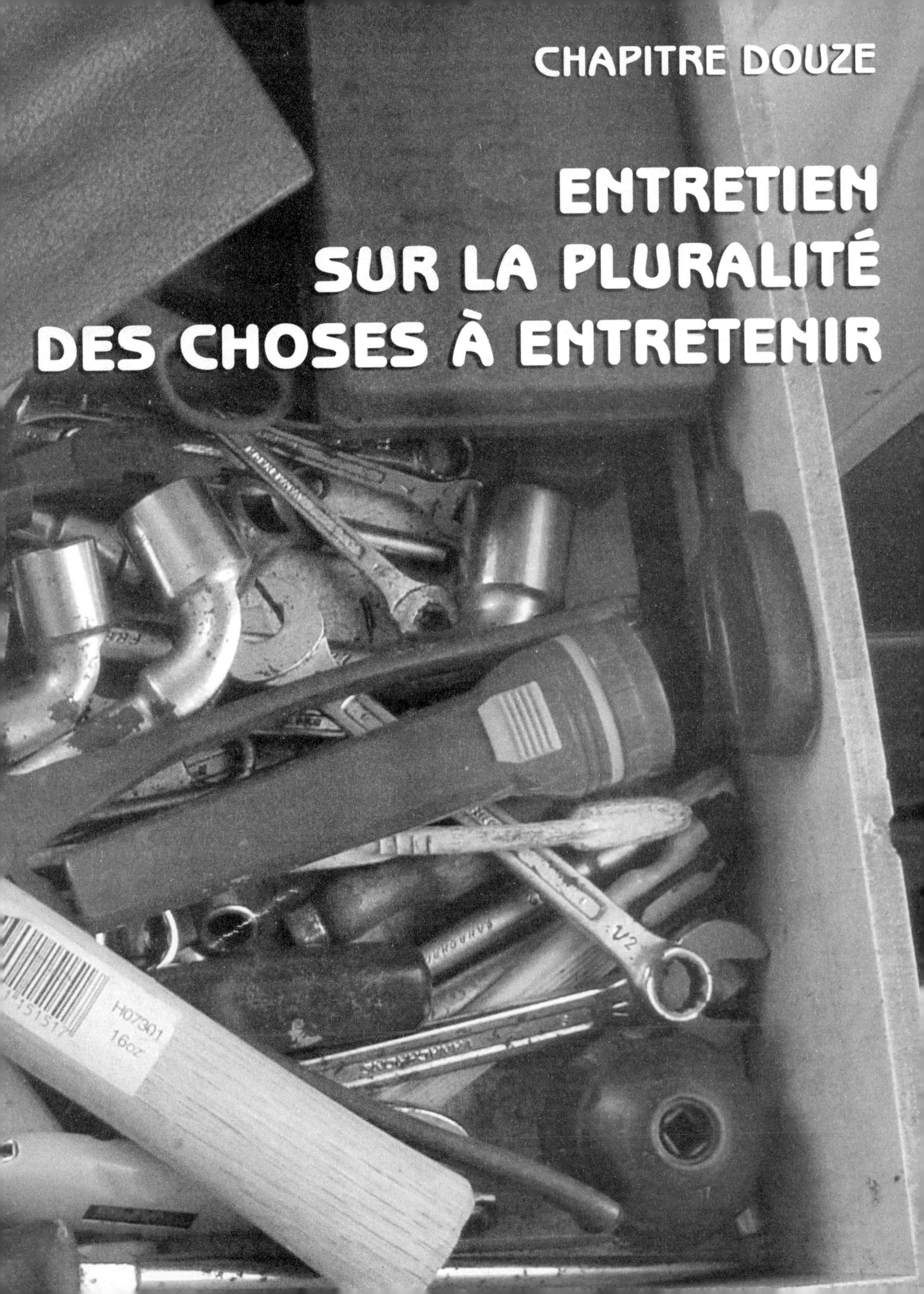

Ah ! pauvres de nous qui sommes victimes de l'oisiveté, traînant des journées entières, un verre de punch embué à la main, faisant mollement trempette dans 60 centimètres d'eau tiède d'un bleu turquoise à donner des complexes aux fabricants de peintures pour piscines. Pauvres de nous, aux prises chaque jour avec l'angoisse de devoir décider à quoi nous occuperons cette nouvelle, interminable journée qui s'offre à nous : étudier longuement les allées et venues des crabes de terre au bord de la plage, retrouver l'équipage du voilier qui vient de nous rejoindre dans le mouillage de cette petite île déserte pour, attablés dans un carré confortable, refaire le monde, qui en a bien besoin ; ou bien, baignés d'huile de monoï au frangipanier, soigner notre bronzage pile-face sur les coussins moelleux du cockpit…

Idéalement, c'est comme ça que cela devrait être ! Ça le serait si, dans nos bateaux, tout marchait comme cela doit marcher… Si tous les appareils, du plus simple au plus compliqué, tous les éléments mécaniques, électriques, même les choses apparemment les plus fiables, les moins aptes à susciter la méfiance, n'étaient pas irrémédiablement soumis à la redoutable « loi de Murphy », qui s'énonce, je vous le rappelle, ainsi :

« Si un appareil peut tomber en panne, si un objet peut trahir, un accessoire cesser de remplir sa fonction, il le fera, et de préférence au moment le plus ennuyeux. »

À ceci, j'ai ajouté depuis quelques années ce que je me suis permis d'appeler le

PRINCIPE D'ANTOINE

*Toute mécanique, particulièrement nautique, même la plus simple, connaît un état normal, naturel, stable, appelé « **état de panne** ». On peut dans certains cas, au prix d'efforts constants et pour une durée toujours limitée, la maintenir dans un état anormal et parfaitement instable, appelé « **état de marche** ».*

Exemple : à terre, en 2001, vous montez dans votre voiture, vous tournez la clef de contact, la voiture démarre, c'est normal, et vous vous y êtes habitués. En bateau, ce n'est **pas** comme ça que ça se passe, et dans l'univers marin, vous devrez sans doute oublier tout ce que vous considériez comme normal, acquis, fiable. Ce principe, avec de légères modifications, s'applique aussi à l'informatique et aux relations humaines en général, d'ailleurs, mais ce sont deux autres histoires.

D'où la nécessité pour le navigateur de consacrer une partie de son temps (d'importance variable, généralement proportionnelle au carré de la complexité de l'équipement de son bateau) à des manœuvres de réparation, modification, prévention, nettoyage, protection, montage, démontage, graissage, rectification, peinture, ponçage, pompage, débouchage ou rebouchage, perçage ou resserrage, levage ou aération, séchage ou ajustage, de chacun des éléments du bateau, de la quille à la pomme du mât (c'est vraiment le genre d'expression consacrée, je n'ai jamais vu un bateau avec une pomme en haut de son mât !) et de la roulette d'étrave au bord de fuite du safran !

J'estime vaguement (à titre absolument empirique) le temps qu'il est raisonnable de consacrer à l'entretien du bateau (habitation voyageuse qui occupe le plus clair du loisir de chacun d'entre nous) à deux heures de travail par jour, et s'ils n'y ont **rien** ajouté ! C'est assez raisonnable pour ne sembler ni trop paresseux ni trop perfectionniste. Ce chiffre de deux heures paraîtra excessif à certains, s'ils ont acheté un bateau parfaitement au point, le deux centième d'une série construite par un chantier tout à fait sérieux ayant eu le temps de rectifier tous les défauts de jeunesse de la série : options erronées, matériel qui ne correspond pas aux spécifications du constructeur, erreurs de dosage d'un produit, d'application d'une peinture, défaut mécanique ou autre. Ces deux heures, en revanche, seront un strict minimum lorsque, comme moi, on aura quitté le chantier avant d'avoir réellement achevé le bateau, ses aménagements et ses fonctions : tout boulot de finition ou de modification, qui n'aurait pris que quelques minutes au chantier où l'on avait tout sous la main, devient un travail épuisant dans une escale sous-équipée, où la recherche d'un tour, d'un poste à souder, ou plus simplement d'un boulon ou d'un pot de peinture, devient une quête hasardeuse qui occupe des journées entières.

Je ne vous conseillerai pas pour autant de fignoler, de parachever chaque détail de votre bateau ; j'ai trop vu de constructeurs perdant tout leur ressort au fil de longues années passées à faire de chaque détail d'aménagement, par exemple, une petite perfection… et ayant oublié, lorsque, enfin, le bateau semble prêt, le but initial de l'opération, soit partir vivre paisible sur les océans…

En fait, ça se passe généralement autrement : au lieu de répartir régulièrement ces deux heures quotidiennes, je fais alterner des périodes paresseuses, trois semaines ou un mois où je ne me livre pratiquement à aucun travail d'entretien sur le bateau (sauf si quelque chose risque immédiatement de me causer des ennuis), et des périodes laborieuses, où mes horaires de travail sont plus denses encore que celui des ouvriers d'un chantier lorsque celui-ci a promis son unité à un client avant la fermeture de l'usine pour l'été !

En gros, il y a deux sortes d'entretien : l'entretien permanent, qui se pratique normalement à bord (ou avec l'aide de petits ateliers voisins du port) et l'entretien exceptionnel, généralement annuel, et qui exige habituellement la mise en œuvre de moyens sophistiqués pour sortir le bateau de l'eau.

L'ENTRETIEN PERMANENT

Il se compose d'une bonne part de ces disciplines bien connues des maîtresses de maison : lavages en tous genres par exemple, qui, curieusement, sont, moins en mer qu'à terre le lot de l'élément féminin seul de l'équipage... Un mari qui ne passerait jamais un coup de balai dans son domicile terrestre maniera allègrement le faubert et le balai-brosse sur le pont de son navire ! Il y a aussi les travaux de peinture, graissage, qui exigent d'être pratiqués bien plus souvent qu'à terre, l'atmosphère marine étant évidemment beaucoup plus corrosive. Et puis il y a les travaux, permanents aussi, liés à l'utilisation d'accessoires mécaniques comme le moteur ou la barre à roue, le régulateur d'allure, d'appareils électriques comme lampes, pilotes automatiques ou sondeurs, et à l'usure des voiles, cordages, poulies, etc.

Ce sont ces derniers qui constitueront l'essentiel de la « liste des choses à faire » (j'appelle la mienne « Liste des chauds z'affaires », mais le côté souriant de cette appellation un peu créole ne masque qu'à peine la multiplicité des tâches, souvent ingrates, qui la composent). Une de ces listes traîne en permanence dans les parages de ma table à cartes ou de mon atelier ; elle s'augmente quotidiennement, au fil des pannes éventuelles, de quelques lignes ; quelques ratures viennent la soulager lorsque le travail considéré a été fait (ou que le travail est considéré comme fait) ; certaines lignes disparaissent vite, petits détails simples, d'autres y restent plusieurs mois, soit qu'elles nécessitent l'intervention d'un artisan spécialisé qui n'est pas à ma portée immédiate, soit que je remette chaque jour au lendemain un travail qui me rebute... Lorsque approche le moment de s'élancer pour une traversée, les listes prennent une sorte de caractère d'urgence... Des améliorations prévues qu'on pense pouvoir retarder filent en bas de la liste, d'autres choses plus urgentes se cristallisent en une dernière (petite) liste de choses indispensables, que je finirai par perdre plus ou moins volontairement pour appareiller (sans dépareiller) le cœur serein.

Dans ces listes de choses à faire constituant l'« entretien permanent », on trouve également :

– Les révisions périodiques du ou des moteurs.

– Les changements de membranes des pompes diverses.

– Le graissage de tout ce qui couine, serrures ou vit-de-mulet.

– La surveillance des câbles, poulies, crémaillères, chaînes, pignons, etc., de la barre à roue (même une barre franche, si elle y pense peut trouver à vous tracasser).

– La surveillance de l'état des drisses et écoutes, en les retournant ou en les raccourcissant un peu lorsqu'elles sont usées au point d'écoute de la voile.

– Le raccommodage des voiles usées ; ce sont généralement les coutures qui lâchent, une surveillance attentive permettra de réduire beaucoup le travail (« un point de couture fait à temps en économise dix plus tard »).

– Les nettoyages et récurages (voir plus loin la liste des produits d'entretien).

– L'entretien des lampes à pétrole, si vous en utilisez encore : il est bon d'avoir une réserve de mèches, et un verre de rechange. J'ai longtemps utilisé avec succès la lampe à pression Tilley (Dunmurry, Ireland). Je changeais une fois par mois au plus le manchon de cette lampe.

– L'entretien de la cuisinière : avoir deux ou trois brûleurs de rechange s'il s'agit d'une cuisinière à pétrole. Pour le gaz, surveiller et surveiller encore tuyaux, détendeurs, vannes, colliers, etc.

– Le transvasement de liquides… C'est dingue ce qu'on transvase comme liquides dans un petit bateau… Le pétrole du jerrican au réservoir de la cuisinière, l'alcool d'un bidon à la bouteille qui permet d'amorcer le réchaud si vous utilisez encore le pétrole, le détergent liquide du bidon de réserve à la bouteille de la cuisine, le désinfectant des WC chimiques (si le vôtre est de ce type), les huiles moteur, inverseur, deux temps, friture, cuisine et salades, rhum de la réserve dans la bouteille de consommation, eau de mer de seaux dans des bassines (ou des fonds dans la mer), eau douce de réservoirs à bouteilles, de bouteilles à casseroles, etc.

– Les petites réparations diverses : fusibles sautés, lampe grillée, connexions électriques oxydées, boulons desserrés, lampe torche qui n'éclaire plus (problème apparemment insoluble, trouver une lampe à piles qui résiste à plus de quelques mois d'utilisation sur un voilier a fini par trouver sa solution avec une lampe de plongée Technisub Seaquest Lumen, made in Italy, qui fonctionne chose inouïe, depuis 4 ou 5 ans !)

– Les lavages divers (voir le chapitre sur la vie à l'escale).

– Le rangement et les inventaires.

– Et, domaine illimité, celui des « améliorations et modifications » à apporter aux aménagements du bateau, à son gréement, à ses finitions… Ici, nettement favorisés sont les possesseurs de bateaux à l'unité, jamais terminés, toujours aptes à être améliorés, par rapport aux bateaux de série où tout est fini dès l'achat ; c'est un domaine illimité, donc, où l'on trouve pleinement à exprimer ses talents (!) refoulés de menuisier, charpentier, tapissier, gréeur, voilier, épisseur, bricoleur (éventuellement acrobate), chaudronnier, plastificateur, électricien, mécanicien, etc. Pour mon propre compte, j'aime bien m'attaquer, spécialement dans un petit mouillage tranquille, à toutes sortes de travaux : de la construction d'une nouvelle table de cockpit au branchement d'une nouvelle pompe, de la recherche d'un nouveau cheminement pour la balancine à l'étude d'une mise en œuvre plus simple des tangons de génois. J'ai même tendance à penser que si des gens s'ennuient parfois sur des bateaux, en escale spécialement, c'est qu'ils n'ont pas assez de bricolages à y faire !

Pour ne pas être pris au dépourvu, dans ces œuvres multiples, il s'agit d'être bien équipé dans les trois domaines suivants : pièces détachées, outillage et produits d'entretien. Le manque soudain d'un de ces éléments vous lancera dans une quête vaine ou en tout cas démoralisante d'un taraud de 8, d'un rotor de pompe à eau de mer ou d'un litre de diluant pour peinture vinylique, vous gâchant à coup sûr la moitié du plaisir !

Les pièces détachées

Si judicieusement qu'elle puisse être choisie, une pièce détachée ne vaudra que si vous savez la remplacer… Je vous conseille une fois encore d'exiger du commerçant qui vous vend tout appareil, même le plus simple, la documentation la plus complète possible, notice de montage, d'utilisation, d'entretien. Souvent, le commerçant n'a pas la moindre documentation et a depuis longtemps balancé la notice avec le carton qui l'encombrait. Il ne faut pas hésiter à insister, voire à redemander une notice au fabricant, complétée éventuellement (en particulier pour les moteurs et mécaniques un peu complexes – guindeaux, winches, etc.) par des listes de pièces détachées, des éclatés de l'objet, des notices plus détaillées habituellement réservées aux installateurs. Je conserve ainsi toute la documentation existante sur chacun des appareils embarqués dans de grands classeurs, suivant les rubriques : moteurs ; gréement et accessoires de pont ; électronique, informatique et navigation ; aménagements, accessoires intérieurs et peintures ; photo et plongée. Dorénavant, on peut scanner les documentations, et créer une grande base de données rassemblant toutes les informations sur les divers matériels embarqués : on pourra ainsi retrouver sans difficulté les spécifications de l'ampoule qui vient de griller ou comment démonter ou régler tel ou tel mécanisme. Évidemment, si vous avez fait le boulot de réaliser cette base de données sur votre ordinateur, faites en une sauvegarde… et une copie papier de l'essentiel en cas de panne… de l'ordinateur !

Pour le(s) moteur(s)

Il existe une liste minimum, exigée par les réglementations de sécurité. Il faut évidemment la compléter lorsqu'on part un peu loin. Voici ce que je transporte, et j'ai dû me limiter pour des questions de poids !

- courroie pour l'alternateur et la pompe à eau ;
- kit de pompe à eau de mer ;
- kit de pompe à eau douce (et même une pompe à eau douce de rechange) ;
- bouchon de réservoir d'eau douce ;
- un choix de durits et de colliers inox ;
- durit entre l'échappement et le pot Waterlock cartouches pour les deux filtres à fuel ;
- cartouches pour le filtre à huile ;
- silent blocks ;
- accouplement élastique de sortie moteur ;
- accouplement élastique de sortie inverseur ou cardans dans mon cas ;
- pièces pompe à injection (les plus prudents emportent une pompe à injection de rechange) ;
- un thermostat eau de refroidissement ;
- une tuyauterie rigide d'injecteur à courber à la forme souhaitée ;
- fusible ;
- pochette de joints et matériau pour en fabriquer ;
- un choix de boulonnerie métrique et « imperial » si votre moteur a ces mœurs-là ;
- tuyau souple pour faire des durits de fuel ;
- bloc prémonté de disques pour l'inverseur si ça existe pour le vôtre.

Électricité

- pour feux de navigation et éclairages intérieurs, ampoules, tubes, tubes PL-S ;
- jeux de cosses à sertir, avec la pince nécessaire ;
- quelques prises de courant mâles et femelles de divers types ;
- câbles électriques ;
- disjoncteurs de rechange ou fusibles ;
- sucres (dominos) pour connexions ;
- soudure (et fer à souder 12 volts, 220 volts et/ou à gaz) ;

– pinces crocodile ;
– cosses de batterie ;
– scotch isolant de diverses couleurs ;
– gaines thermorétractables pour isolation ;
– scotch autovulcanisant.

Joints et membranes diverses

– membranes et joints pompes à eau douce ;
– membranes pompes à eau de mer ;
– joints toriques, cylindriques ou plats divers ;
– joint cocotte-minute ;
– matériau pour faire soi-même des joints (en cas de besoin, on peut faire des joints « papier » avec de vieilles cartes marines).

Cordages

– écoutes, drisses, mouillages, amarres diverses.

Plomberie

– tuyaux divers (fin, armé ; morceaux courts de gros diamètre pour protéger les amarres) ;
– vannes de rechange et embouts divers (1/2 pouce et 3/4 de pouce et plus gros, mâles et femelles, pour s'adapter, par exemple, à tous les tuyaux d'eau que vous pourrez rencontrer).

Gréement

– réas, axes, goupilles, divers pour le gréement ;
– une cage de ridoir ;
– éventuellement de quoi changer un hauban défectueux ;
– manilles galva et inox ;
– quelques poulies.

Une hélice de rechange

… et un dispositif simple pour extraire la vieille ; étoupe pour étambot ou joints et roulement à billes et coniques pour étambot Meta.

Une trousse de voilier

– coulisseaux et mousquetons ;
– tissus de différents grammages pour pièces et placards ;
– fils, aiguilles (que vous graisserez avant de les envelopper de papier) ;
– des rouleaux de tissu à voile adhésif fin (genre toile à spi) sont trop faibles pour de vraies réparations, mais maintiendront les lèvres d'une déchirure en place le temps que vous répariez à la main ou à la machine (vous pouvez aussi utiliser de l'adhésif double face et des pièces de tissu à voiles) ;
– ayez également un jeu ou deux de lattes de rechange, ou plutôt un bon métrage de matériau pour les faire, si elles sont de longueurs différentes.

… et, en fait, le plus possible de pièces détachées pour les appareils que vous jugez utiles d'avoir à bord ; le magasin qui vous les vendra n'aura généralement pas ces pièces ; les commander lui prendra longtemps, alors autant s'y prendre à l'avance, les commander soi-même, peut-être. On sait bien que la pièce qui

défaillira, dans tout appareil, sera celle dont vous n'avez pas la rechange, mais, par conséquent, plus vous aurez de rechange, moins il y aura de pièces susceptibles de vous trahir !

L'outillage

Ici aussi, tout est possible, depuis l'optimiste qui envisage de se débrouiller « avec sa bitte et son couteau » jusqu'au bricoleur qui ne se sépare pas de son jeu de onze rabots à moulures... Ne vous limiteront que la place, le poids et le prix... Indispensables, en tout cas :

– marteau moyen (et une masse pour travaux de choc !) ;

– scies : petite scie à panneaux et grosse égoïne, scie à métaux et lames de rechange, petite scie dite « à guichet » ;

– tournevis : un choix, depuis le tout petit pour les minuscules vis des dominos électriques jusqu'aux gros pour desserrer un boulon de 8 ou 10 grippé dans l'aluminium ; à lame et cruciforme ; il existe des tournevis à boule et cliquet qui donnent une force incroyable pour serrer et desserrer toutes tailles de vis (à l'aide de lames interchangeables). Un adaptateur permet aussi d'utiliser en tournevis les clés à cliquet des boîtes de douilles ; pour les travaux importants de menuiserie vissée, rien ne fera gagner du temps comme les tournevis à pompe ou les visseuses-dévisseuses rechargeables ;

– pinces : un jeu complet comporte une pince plate, une à bouts fins, une pince ordinaire et coupante, une pince multiprise dite « Becro » ou « multiprises » (indispensable) et une pince-étau : le modèle de la maison Facom est aussi efficace qu'une troisième main ! Pour de plus gros efforts, si vous avez un grand bateau en acier par exemple, il faudra une clé à griffe, voire une clé à chaîne. Pour couper rapidement le gréement en cas de démâtage, il faut une pince coupe-câble de bonne dimension ;

– clés plates : un jeu (je préfère celles qui ont un œil fermé : douze pans à un bout et une clé plate ouverte à l'autre bout) dans les dimensions métriques, (et britanniques, si votre moteur est made in England) dans les diamètres de 6 à 24 millimètres, plus éventuellement la ou les tailles que nécessiteront un ou deux types de gros boulons qui se trouvent à votre bord, sur l'arbre moteur, par exemple. (Se contenter d'une clé à molette, c'est être sûr d'avoir de gros problèmes dans certains cas, et des conditions de travail déplaisantes en général. Il vous en faudra cependant une ou deux dans des gammes d'ouverture convenables.) ;

– clés à pipe : dans les mêmes diamètres que ci-dessus, les dimensions les plus utilisées sont 13 millimètres (pour boulons de 8 millimètres), 10 (pour boulons de 6 millimètres) et 8 (pour boulons de 5 millimètres) ; la clé à pipe se rencontre peu sur le continent américain, qui lui préfère la boîte de douilles.

– un jeu de clés Allen (métrique et G.B.) pour les vis six pans creux dites aussi « BTR » ;

– si vous bricolez beaucoup, vous utiliserez souvent une boîte de douilles avec montures variées, cliquets, prolongateurs, coudes, vilebrequin, etc. ; une ou deux clés à cliquet dans les diamètres des boulons les plus fréquents dans votre bateau vous faciliteront le travail. Si vous comptez travailler vous-même sur votre moteur, vous aurez parfois besoin d'une clé dynamométrique ; voyez aussi si le fabricant de votre moteur ne préconise pas également quelques outils (clé Allen prolongée, pièce de centrage, etc., propre à votre moteur) ;

– pour mesurer : un pied à coulisse et un mètre ruban, une règle rigide, une fausse équerre et une boîte à onglets si vous prévoyez de grands travaux d'aménagement ;

– outil pour desserrer les filtres à huile ou à fuel qui ont été trop serrés à la mise en service ; en désespoir de cause, on peut planter un tournevis dans le filtre, mais là, ça devient vraiment dégueulasse...

– pour percer : une perceuse à main et un choix de forets en acier rapide, mais aussi une perceuse électrique 220 volts à laquelle vous adapterez scie sauteuse et disques à poncer. Vous pouvez aussi vous équiper d'une petite perceuse rechargeable. C'est un outil très pratique pour les petits bricolages, que l'on peut faire ainsi sans fil à la patte ; c'est le seul qui vous permettra de percer des trous en tête de mât sans fatigue, par exemple. Avant de percer un trou dans du métal, faites l'effort d'aller chercher un pointeau pour marquer l'emplacement à percer, sinon la mèche dérape au démarrage ; on finit par perdre du temps et par percer le trou ailleurs qu'à l'endroit souhaité ; si vous bricolez les aménagements vous-même, vous aurez intérêt à avoir aussi une scie sauteuse solide ; pour décoller les revêtements de pont type TBS ou vieilles moquettes collées, etc., la maison Bosch a créé un outil très efficace, le couteau vibrant PSE 180^{E} ;

– pince à rivets pop (et choix de rivets en alliage alu ou, mieux, en inox et monel). Le petit modèle ne permet pas de poser les plus grands diamètres (6 millimètres et au-dessus) nécessaires pour fixer des platines de winches, par exemple, sur le mât ou la bôme ; le grand modèle est un peu encombrant, mais c'est un investissement valable ;

– éventuellement, si votre bateau est en acier, une petite disqueuse en 220 volts (vous ferez fonctionner ce matériel 220 volts à partir du courant de terre lorsqu'il est disponible, ou de votre petit chargeur à essence, ou d'un convertisseur – voir le chapitre sur les énergies) ;

– jeu de tarauds, au moins en 5, 6, 8 et 10 millimètres ; si vous pensez en avoir l'utilité, un jeu d'extracteurs de goujons pour tirer les boulons cassés de leur trou ;

– limes et râpes, depuis la petite queue-de-rat de 10 millimètres de diamètre jusqu'à la grosse râpe à bois ;

– agrafeuse et agrafes ;

– trois serre-joints petit modèle, un gros modèle ;

– ciseau à bois ;

– rabots : le Stanley n° 5 est le grand classique, mais vous pouvez aussi utiliser avec plaisir les petits rabots qui tiennent dans le creux de la main (marque Kid) ;

– cutter avec lames de rechange ;

– raclette à mastic et à caréner (si vous en trouvez de sérieuses en inox, prenez en plusieurs d'avance) ;

– pinceaux variés pour peinture ; rouleaux ; lorsque vous utilisez une peinture exigeant un diluant (laques, etc.), si vous cessez de peindre jusqu'au lendemain, faites sortir le plus possible de peinture du pinceau en peignant jusqu'à ce qu'il soit sec et laissez tremper le pinceau dans l'eau. Ce n'est que lorsque vous rangerez le pinceau pour longtemps qu'il faudra le nettoyer à fond au diluant, et le stocker, enveloppé d'un chiffon humide, jusqu'au prochain travail de peinture ;

- pompe à graisse ;

– fer à souder 12 volts (éventuellement coupe cordage, mais je n'en connais pas en 12 volts) ;

– rallonge électrique 20 mètres sur enrouleur ;

– tuyaux d'eau souples : les tuyaux « en cassette » sont tentants par leur simplicité de rangement, mais ils résistent mal à quelques heures de chaud soleil, et il faut les dérouler en entier même si l'on n'a besoin que de 5 mètres ! Ils fonctionnent mal à de faibles pressions d'eau. Personnellement, je préfère avoir un long tuyau (35 mètres) de faible diamètre pour limiter l'encombrement, et un jeu d'embouts pour l'adapter à toutes sortes de robinets ; emporter une variété de raccords, branchements dans les différents diamètres ; les raccords prévus pour le jardinage de la marque Gardena sont très utiles en bateau ;

– objets contondants variés : ciseau à froid, machette, râpe à coco, couteaux divers, et pierre pour les aiguiser ;

– si vous avez la place nécessaire, un étau vous facilitera tous les petits bricolages ;

– outillage de voilier : ciseaux inox, aiguilles, épissoir, éventuellement mandrins à sertir les œillets et emporte-pièce du diamètre correspondant ;

– pour les mesures électriques, un contrôleur à usage multiple ; l'appareil à affichage numérique que j'ai est à la fois voltmètre, ohmmètre et ampèremètre jusqu'à 10 ampères, avec le shunt en option ;

– si certaines de vos batteries ne sont pas du type « sans entretien », un pèse acide ;

– et, bien sûr, si vous êtes, comme moi, un fervent lecteur de Jacques Perret, ne vous embarquez jamais, au grand jamais, sans emporter au moins un vistemboire de bonne qualité !

Les produits d'entretien

Les deux articles les plus importants et qui devraient exalter nos tendances nationalistes : ce n'est qu'en France (et dans les pays à l'économie directement liée à la France) qu'on trouve les plus réussis, indispensables à la vie en mer, je veux dire

– la lessive Saint-Marc ;

– les éponges végétales connues sous le nom de Spontex (je ne sais si cette marque existe encore, dans le grand maelström des rachats d'entreprises et de la mondialisation !).

Tous les autres pays sans exception ignorent l'extraordinaire différence qu'il y a entre la lessive Saint-Marc et les détergents ordinaires (les droguistes lointains vous regardent d'un air hébété lorsque vous leur parlez de cristaux de soude caustique enveloppés de résine de pin !). La lessive Saint-Marc nettoie tout, même les traces de rouille, s'élimine facilement sans exiger de nombreux rinçages ; les peintures en bon état n'ont besoin que d'un lessivage à la lessive Saint-Marc avant de passer une nouvelle couche. On ne louera jamais assez son inventeur ! Que la société qui la produit soit bénie dans les siècles des siècles, et continue à la fabriquer ! Cela vaut vraiment la peine d'en emporter un bidon de 5 litres ou plus, bien hermétique ; vous n'en trouverez plus ailleurs !

Quant aux éponges !… Tant de pays du monde se contentent de ces ridicules morceaux de mousse plastique qui n'absorbent rien du tout. Assécher les recoins d'une cale à l'aide d'une Spontex est un plaisir, un enfer avec ces ridicules carrés bleuâtres ou rose bonbon. Si vous êtes loin de tout centre de commerce français, profitez de toute occasion pour vous faire apporter ou envoyer des Spontex, des vraies !

Donnez-moi une Spontex assez grande et un seau de lessive Saint-Marc assez vaste pour l'y plonger, et je vous lessiverai le monde de toute sa bêtise crasse !

En dehors de ces deux merveilles, voici ce qu'il faut prévoir :

– autres détergents : plutôt que de s'éparpiller, le mieux est d'acheter par 5 ou 10 litres le bon vieux Teepol ; on le trouve au détail dans certaines drogueries ou garages, un peu partout ;

– Scotch Brite : une autre invention grandiose. Évitez ceux du Brésil, qui sont aussi peu résistants qu'une vieille couverture en feutrine ; le vrai bon Scotch Brite vert nettoiera vos casseroles et votre coque, vos haubans et vos peintures… mais pas vos vitres en plexiglas (il les raie !). Voilà encore un article qui vous manquera désespérément le jour où vous n'en aurez plus. J'ai connu un navigateur qui les achetait par grands rouleaux, à usage industriel. Il en existe un gros, plus épais, plus grossier, pour les coques très sales ;

– liquide à vitres ;

– liquide désinfectant pour WC chimique ;

– torchons et serpillières. Le Sopalin revient cher, mais est bien pratique pour tous les boulots salissants ;

– carburants : alcool et pétrole éventuellement ; gas-oil ; essence pour horsbord et chargeur (les stocker à l'extérieur du bateau, dans un coffre dont les évents débouchent à l'extérieur aussi ; vous éviterez mauvaises odeurs et dangers d'explosion) ;

– suif en bombe et en barre : le suif est une graisse éminemment marine, pratiquement la seule qui ne se transforme pas en espèce de pâte savonneuse au contact de l'eau de mer. On en met dans tous les réas, aux points de frottements de tous les cordages, etc. ;

– huile au téflon pour poulies, rails de grand-voile, et toutes mécaniques qui couinent ;

– WD 40 : même usage, mais plus pénétrant, et protégeant de la rouille ; aucun grincement (vit-de-mulet, cardan de cuisinière, charnière) ne résistera à une giclée de WD 40 ; je me rappelle en avoir apporté une bombe pour faire cesser le grincement insupportable du fauteuil roulant d'un fonctionnaire de port d'une île du Pacifique, sous l'œil hagard de l'utilisateur ! Un boulon grippé cédera si vous lui passez un peu de WD 40, le tapotez légèrement sur les deux côtés, avec deux petits marteaux et laissez reposer pour faire pénétrer ;

– huile pour machine à coudre (idéale pour votre rail de grand-voile : instillez de bas en haut une demi-bouteille d'huile de vaseline dans votre rail, et la grand-voile descendra comme par enchantement) et vaseline ;

– graisse blanche au téflon ;

– graisse silicone pour améliorer les contacts d'antennes ; protections à pulvériser sur connexions électriques ;

– pour la peinture : diluants, rouleaux, pinceaux, boîtes, chiffons ; pour l'acier acide phosphorique, Rustol, chromate de zinc, bombe de galvanisation en aérosol ; papier de verre, abrasif à l'eau, en diverses grosseurs, brosse chiendent ;

– seaux et cuvettes ;

– colles et assimilés :

– colle Néoprène, la plus facile à utiliser sur un bateau, résiste bien, mais deux inconvénients : lorsqu'on place l'une contre l'autre les deux parts encollées quinze minutes plus tôt, on n'a aucun droit à l'erreur… Quand c'est appliqué, c'est collé ! et il faut prendre des précautions particulières, aération, pas de flamme !

– Araldite : indispensable pour petits collages, elle existe en version standard et rapide ; bien suivre les instructions ;

– colle cyanolite : immédiate, pour petits collages ; attention de ne pas s'en mettre sur les doigts… et surtout pas dans les yeux !

– joint silicone, genre Rubson, pour rendre étanches à peu près tous les genres de trous. Ne pas l'acheter trop à l'avance, il vieillit mal, même dans la cartouche ou le tube intact !

– mousse polyuréthane à expanser pour isoler thermiquement certaines parties de la coque ou du vaigrage ;

– rubans adhésifs variés, isolant électrique, ruban papier collant pour lignes de flottaison ;

– résine et catalyseur, « mats » et « rovings » de fibre de verre pour travaux de plastification ;

– huiles : moteur et inverseur (plus huile pour l'étambot dans le système Meta, SAE 90). Liquide de refroidissement pour le circuit d'eau douce, plus recommandable que l'eau ; eau distillée pour les batteries de type classique ; huile 2T pour moteur hors-bord ;

– produits domestiques : bombe déodorante, Baygon contre les insectes, acide borique pour cafards, raticide (anticoagulant) ;

– savons : il existe des savons spéciaux pour l'eau de mer. Les shampooings moussent en général à l'eau de mer, mais je préfère me laver avec très peu d'eau douce. Pour les douches des marinas, ou prises en ville ou sous les cascades, les savons liquides en bouteille sont infiniment plus pratiques que les savonnettes gluantes qu'on ne sait où fourrer.

L'ENTRETIEN EXCEPTIONNEL

Je désigne sous ce terme les travaux de carénage que l'on effectue périodiquement, généralement une fois par an, plus ou moins suivant la disponibilité des moyens de sortir le bateau de l'eau et la chance qu'on a eue avec les produits antifoulings utilisés au précédent carénage.

Les bateaux qui s'échouent facilement ont un avantage certain sur les autres, et le nettoyage et la peinture de la plus grande partie de leur coque pourrait se faire sans dépenser un sou, à condition que la zone fréquentée bénéficie de marées suffisantes. En choisissant bien son bateau et ses zones de navigation, on peut envisager de voyager de longues années sans dépenser un sou dans les chantiers.

L'atmosphère des chantiers, cales de halage, etc., est en principe si désagréable (climats étouffants, bruits, saleté, zone industrielle) que je préfère y avoir recours le moins possible. S'il n'y a vraiment pas de marées, je n'y stationne que le minimum de temps pour nettoyer et repeindre la partie immergée de la coque et peut-être aussi la coque elle-même (la peinture à partir d'un dinghy à flot est toujours possible, mais moins pratique qu'au sec), ou lorsqu'il faut faire un travail particulier : soudures sur la coque, travaux sur l'arbre d'hélice. Mais dès qu'il y a des marées on peut souvent faire ces travaux dans un petit coin tranquille à marée basse, posé sur une plage sous les cocotiers ; peinture, grattage, meulage, soudure même, y deviennent presque des parties de plaisir !

Si vous devez avoir recours à des moyens de levage, les possibilités sont les suivantes :

Travelift

N'existe que dans les zones où le yachting est développé ; le bateau s'avance dans une espèce de piscine ouverte sur la mer par un de ses côtés ; une sorte de cadre roulant vient l'entourer, et deux sangles passant sous le bateau le soulèvent hors de l'eau, pour aller le reposer sur un ber, sur des tréteaux ou sur des cales situés dans une aire de parking : le travelift n'est mobilisé pour la manœuvre que quelques minutes, et peut en effectuer un grand nombre dans la journée. Malheureusement pour les propriétaires de catamarans assez larges, le modèle le plus classique de travelift n'autorise que 6 mètres de largeur.

Slip (ou cale de halage)

Le bateau vient se reposer sur un berceau roulant sur des rails en pente (on s'assure en plongée du positionnement exact) et un treuil hisse le tout au sec. Un même slip pourra peut-être hisser deux bateaux l'un derrière l'autre, mais rarement plus : il faut donc en principe faire des réservations à l'avance.

Dry dock

Une sorte de grande bassine flottante est coulée (en remplissant d'eau ses ballasts) ; le bateau vient se mettre en position à sa verticale, et on chasse l'eau des ballasts : le tout remonte à la surface. Même nécessité de réservation que pour un slip.

Grue

C'est parfois le seul moyen disponible dans certains pays peu développés. Le levage avec une grue exigera peut-être des précautions supplémentaires (démâtage, par exemple). Les bateaux métalliques sont souvent équipés de trous bien placés dans le pavois, ou de cadènes soudées très résistantes où l'on manillera une « araignée » de quatre élingues. D'autres ont un crochet de levage à fond de cale, au point d'équilibre, et à la verticale d'un capot ou d'un orifice d'aération ouvert dans le pont, par lequel passera le câble de levage. En dernière ressource, on utilisera deux sangles prenant le bateau par en dessous.

Une grue est à certains endroits la seule solution pour sortir de l'eau un voilier, monocoque ou catamaran.

Un système devenu standard dans tous les chantiers de carénage des pays développés est le jet d'eau à forte pression qui nettoie en quelques minutes la coque de tous coquillages, algues, herbes, et décolle même la peinture qui s'écaille... Quand on a goûté à ce procédé magique, on se trouve tout con lorsqu'on doit caréner un grand bateau avec une petite raclette ! À ce sujet, on a parfois tendance à échouer ou à sortir le bateau de l'eau, et puis à aller boire un coup pour se remettre de sa fatigue avant d'attaquer le nettoyage... Erreur fatale ! En quelques minutes hors de l'eau, les coquillages sèchent et deviennent bien plus difficiles à décrocher ! Il faut nettoyer la coque immédiatement à la sortie dans un chantier (il peut même être utile de demander de ne sortir le bateau, si possible, que progressivement) et, petit à petit, au fur et à mesure que l'eau descend, lorsqu'on profite de la marée.

Le choix du système d'antifouling appliqué dépendra du matériau du bateau, de la zone où vous naviguez, des possibilités de nettoyer fréquemment dont vous disposez.

Les bateaux en bois ou en plastique peuvent sans problèmes utiliser des antifoulings classiques à base de sels de cuivre. Ceux construits en acier et surtout en alliages légers doivent les éviter (dommage, vous ne pourrez pas utiliser le pot d'antifouling dont l'équipage d'un cargo de rencontre vous aura fait cadeau !), et employer des composés comme le TBT (interdit maintenant, même pour les bateaux en alliage léger, dans la plus grande partie du monde).

Banana Split *échoué sur une plage d'Amérique centrale : bien pratique pour nettoyer la coque avant de s'élancer pour une longue traversée.*

Si vous avez un bateau que vous pouvez échouer facilement, il vous faudra un antifouling qui résiste à l'action de l'air : certains ne conviennent pas, il faut les remettre à l'eau quelques heures après avoir peint. D'autres, au contraire, exigent quarante-huit heures de séchage avant de pouvoir remettre le bateau à l'eau, d'où immobilisations plus longues dans les chantiers, et impossibilité de les passer lorsqu'on profite d'une marée pour caréner.

Si vous n'hésitez pas (surtout en eaux tropicales) à vous mettre à l'eau pour nettoyer de temps en temps votre coque, vous choisirez un antifouling que l'on peut frotter sans risquer de l'user trop vite. Un bon truc pour frotter en plongée une coque pas trop sale, ne nécessitant pas des efforts violents pour décrocher des huîtres géantes, est de se tenir en place à l'aide d'une... ventouse de cabinets ! On l'applique d'une main sur la coque, et on n'a plus besoin de s'évertuer pour se tenir en place ! Une pression latérale sur le caoutchouc, et c'est décollé. Si vous avez à bord ou si vous pouvez emprunter pour une heure une bouteille de plongée, le travail devient un vrai plaisir. J'utilise un petit narguilé en 12 volts, « Jack », vendu par Rio France, tuyau de 15 mètres envoyant de l'air à faible pression, juste de quoi nettoyer la coque ou aller décoincer une ancre pas trop profonde. En revanche, essayer de respirer à plus de 60 centimètres ou 1 mètre sous l'eau à l'aide d'un tuba prolongé par un tuyau est tout à fait désagréable !

Je n'utilise généralement comme antifouling que la peinture au zinc silicaté Metagrip que le constructeur de mon bateau recommande comme protection anticorrosion aussi bien pour les coques d'acier que pour celles d'aluminium. Cette peinture résiste à un brossage violent comme à l'abrasion sur les plages lors des échouages en eaux pas tout à fait calmes. Le zinc a un pouvoir antifouling modéré, il suffit de nettoyer légèrement la coque toutes les six semaines lors d'un échouage, éventuellement en plongée ; dans une région à marées comme le Brésil ou la côte Pacifique de Panama, on maintiendra sans aucun effort la coque tout à fait propre en permanence. Malheureusement, comme le Metagrip doit sécher 48 heures avant d'être mouillé, il faudra tout de même sortir le bateau de l'eau tous les deux ans à peu près.

Il existe des bateaux dont la coque est fabriquée dans un alliage cupro-nickel qui est un parfait antifouling. Les grands voiliers d'autrefois, dont le bois craignait particulièrement les tarets, sorte de vers qui creusent ce matériau, avaient souvent leur coque tapissée de plaques de cuivre.

J'ai testé un système appelé Cricket, composé de petits émetteurs collés à l'intérieur des coques, et produisant des vibrations qui empêchent le « fouling » de s'accrocher, à sa naissance, sur la coque ; ce système peut effectivement faire partie d'une campagne générale de lutte contre les salissures de coque, mais il a le désavantage d'être bruyant, émettant un grésillement continu ; on peut le débrancher pour dormir, par exemple, mais alors les berniques se rattrapent ; ce système est mieux adapté aux bateaux restant souvent inoccupés dans des marinas ou des mouillages où le fouling croît abondamment.

TRANSPORTS

J'ai mentionné grues et levage, ce qui me conduit à parler de transports ; il arrivera peut-être un jour où une obligation, professionnelle ou autre, vous empêchera de faire telle ou telle traversée, et ou vous souhaiterez faire transporter votre bateau (le faire convoyer par un skipper qualifié est une autre possibilité) ; les cargos de notre époque sont de moins en moins équipés pour transporter des voiliers, car ils ne chargent presque plus que des « containers » parallélépipédiques aux dimensions standard ; si votre bateau est tout petit et tient dans un container, vous pouvez le faire transporter au bout du monde pour pas cher ; mais pour un bateau plus grand, plus encore pour un catamaran, on vous facturera le nombre de containers correspondant à l'espace que le bateau occupe, et on atteint vite des sommes hallucinantes. On a vu récemment se développer un intéressant mode de transport pour yachts et voiliers, des sortes de barges qui s'immergent pour laisser rentrer les bateaux ; une fois ceux-ci calés, la barge remonte comme un dock flottant… et prend sa route jusqu'au port de destination ; les voiliers peuvent rester mâtés, et l'équipage peut même continuer à vivre à bord, en profiter pour caréner, etc. (Dockwise Yacht Transport, www.dytinc.com).

L'entretien est-il donc l'équivalent nautique du tonneau des Danaïdes ? Le navigateur doit-il reprendre le travail à un bout du bateau sitôt qu'il en a terminé avec l'autre extrémité ? Pas forcément, si l'on a su faire ce qu'il fallait, au bon moment, avant que les choses n'empirent !… J'ai même rencontré un skipper québécois, menant un superbe, luxueux voilier Hinckley de 16 mètres, et qui errait, désemparé, dans la marina : il avait fait montre d'une telle efficacité, au cours des quinze jours de travaux d'entretien auxquels il venait de se livrer, qu'il n'avait plus rien à faire sur le bateau… Il tournait en tous sens, une bouteille de produit à nettoyer la rouille superficielle à la main ; mais ne trouvait rien de rouillé… « Tabarnouche ! Ça n'a pas d'allure », m'a-t-il dit, « j'ai pu rien à faire ; y va fallouère que j'fasse une sortie en mer pour casser quèq' chose ! ».

Où laisser son bateau ?

Je parle ailleurs dans ce livre d'un rythme relativement récent de navigation consistant à passer six à huit mois sur son bateau au bout du monde, et à rentrer en Europe par exemple pour s'y adonner quelques mois à une activité lucrative (saison hôtelière ou comme moniteur, remplacements médicaux, activités artistiques, etc.) peut-être plus facile à trouver ici que dans les pays lointains où on fait escale ; cette nouvelle forme de nomadisme est grandement facilitée par la diminution des prix des voyages aériens ; reste tout de même à trouver des endroits sûrs où laisser son bateau ; certains sont évidents, d'autres inattendus, et dans tous les cas sujets à fluctuations, mais vous trouverez ci-dessous une liste de quelques endroits que j'ai fréquentés ou sur lesquels j'ai eu de bons renseignements ; les choses évoluant vite, à vous de vous renseigner pour décider où vous laisserez votre bateau en sécurité ; il s'agit le plus souvent de marinas payantes à des prix souvent raisonnables ; des mouillages forains, plus rares, existent, mais les risques de vols y sont forcément plus nombreux. Quel que soit votre choix, la décision finale vous incombe, un mouillage ou amarrage qui m'a paru sûr où dont j'ai entendu dire du bien ne vous satisfera peut-être pas.

Méditerranée : les ports et marinas ne manquent pas, en vous renseignant vous en trouverez sans difficulté, en **Espagne** comme en **Italie**, en **Grèce** ou en **Turquie** ; passé Gibraltar, vous pourrez laisser votre bateau quelque temps dans les marinas d'Espagne comme celles de Barbate, de Puerto Sherry, de Rota, ou du **Portugal** comme celles de Vilamoura ou de Lagos ; la plupart ont des tarifs beaucoup plus raisonnables en hiver qu'en été.

Il est peu probable que vous trouviez une place de longue durée dans la marina de Funchal, à Madère, quant au port de Porto Santo, il n'est pas assez abrité par vent fort du sud pour y laisser un bateau en toute sécurité.

Aux **Canaries**, vous trouverez de bons abris dans les marinas de Las Palmas, de Puerto de Mogan, dans une moindre mesure à Puerto Rico ; *Banana Split* m'a attendu sagement dans la marina de la belle île de la Gomera.

Il semble peu raisonnable de laisser un bateau sans surveillance aux **îles du Cap-Vert** ou au **Sénégal**, de même que dans la plupart des pays de la côte ouest de l'Afrique.

Brésil : les clubs nautiques de Recife et de la baie de Salvador (y en a-t-il encore un à Aratu ?) sont d'assez bonnes options, comme la marina de Fortaleza, en face d'un grand hôtel à l'ouest de la ville.

Guyane : l'ancrage sur le fleuve de Cayenne n'est pas terrible, la marina de Kourou, si vous y trouvez de la place, semble excellente.

Aux **Antilles**, les endroits les plus souvent utilisés sont le Marin en Martinique, la marina de Rodney Bay, au nord de Sainte-Lucie ; les marinas de Guadeloupe (Bas-du-Fort, Saint-François), ainsi que celles de Saint-Martin : Oyster Pond, Lonvilliers, Marigot, plus celles du côté hollandais ; si vous avez à laisser votre bateau ici pendant la saison des cyclones, plusieurs chantiers vous proposent de le tirer au sec et de lui faire passer la saison la plus risquée dans de grandes aires gardées ; *Banana Split* a ainsi affronté deux cyclones bien à plat dans un terrain vague près de Marigot. Quelques marinas assez coûteuses sont aussi disponibles aux île Vierges et à Puerto Rico ; aucun mouillage de Haïti ni de République Dominicaine ne semble satisfaisant pour un long séjour sans surveillance. À Cuba, à condition de bien mettre au clair les questions de réglementation, on pourrait sans doute laisser un bateau quelque temps à Cayo largo ou à la marina Hemingway, près de La Havane.

Aux **États-Unis**, bien sûr, les marinas sont en nombre infini, mais elles ne sont pas bon marché ; le meilleur parti serait de chercher une petite marina tranquille d'Intrcoastal Waterway, aussi loin que possible des marinas ruineuses de Floride.

Au sud et à l'ouest de la mer des Caraïbes, beaucoup de gens laissent leur bateau dans les nombreux chantiers et marinas de **Trinidad** ; il y a aussi Puerto la Cruz, au **Venezuela**, la Seru Boca Marina et *Sarifundy*, dans Spanish Waters, à **Curaçao** (stbarba@ibm.net).

Le club de Pesca de **Cartagena** (Colombie) est, dit-on, un endroit sûr.

À **Panama**, les yachts-clubs de Cristobal et surtout de Balboa ne me semblent pas adéquats, mais celui de Pedro Miguel (Pedro Miguel Boat Club, téléphone 232 45 09 / 232 41 84/252 86 54 Denise secrétaire, Craig Commodore), au milieu du canal, en aval de l'écluse du même nom, est excellent, bien gardé, dans un décor pittoresque en pleine forêt et à quelques minutes seulement de la grande ville de Panama. Il y a aussi pour les faibles tirants d'eau le sympathique lagon de Jose del Mar (anciennement Jose Pobre) où un Suisse-Allemand, Marcus, a créé un abri où des navigateurs laissent volontiers leur bateau ; non loin, dans le mouillage de l'île Linton, un bon nombre de bateaux, certains inhabités, semblent passer des séjours tranquilles sous la surveillance de collègues navigateurs. Une nouvelle marina très abritée a été créée à Bocas del Toro sur la côte **Caraïbe**, la ville est réputée très agréable et sûre, mais il y pleut beaucoup. Plus au nord, traditionnellement, multicoques et monos trouvent de bons abris dans les marinas du Golfo Dulce, mais la sécurité ne semble pas s'y être améliorée.

Un petit mouillage parfaitement abrité, quelques voyageurs installés à terre (ici à Jose del Mar, Panama), c'est parfois un abri aussi sûr pour y laisser son bateau qu'une marina.

Au **Honduras**, deux options semblent possibles, la nouvelle petite marina de La Ceiba sur la côte nord du continent (Lagoon Marina, lagoonma@tropicohn.com., en cas de cyclones, le personnel de la marina abrite les bateaux dans la mangrove proche), et celle de Brick Bay dans l'île de Roatan ; au Belize, la Maya Landings Yacht Marina, à Moho Cay, semble sûre hors saison des cyclones.

Pas question de laisser son bateau aux **Galápagos**, même si le mouillage de Puerto Baquerizo, à San Cristobal, pourrait s'y prêter en cas de besoin.

Peu de possibilités en **Polynésie** ; *Om* a passé des mois seul au quai de Papeete, *Banana Split* dans la marina saturée de Taina, à Punaauia, mais il manque clairement à Tahiti une bonne marina de niveau international avec de la place pour les bateaux de voyage. Il y a de bonnes possibilités au mouillage à port Phaéton, au sud-est de Tahiti. La marina récemment créée à Moorea est, bien sûr, saturée, comme celle d'Apooiti, à Raiatea ; une deuxième marina plus proche de la ville d'Uturoa semble une bonne option ; le yacht-club de Bora Bora, avec ses mouillages costauds, se prêterait à une escale assez longue. Pas mal de bateaux choisissent ici, spécialement en saison des cyclones, le séjour au sec au carénage de Raïatea ; côté règlements douaniers, aux dernières informations, un bateau non « papeetisé » peut rester un temps illimité en Polynésie s'il passe six mois par an au sec à Raiatea Carénage. Les baies découpées de Tahaa, Raiatea et Huahine sont trop profondes pour qu'on y laisse son bateau longtemps en toute sécurité

Le mouillage de Vava'u, aux **Tonga** est abrité de tous les vents, mais sans doute un peu trop visité. Les Fidji offrent de bonnes possibilités, tant à Suva, devant le Royal yacht-club, que du côté de Lautoka, ou à la Vunda Point Marina (tél. 668 215), où on creuse un trou pour y mettre la quille des voiliers à grand tirant d'eau mis au sec. Il y a aussi la marina et le mouillage de Malolo lai Lai dans les Mamanuthas.

Le mouillage de Port Vila au **Vanuatu** est excellent, mais pas très surveillé ; Nouméa a des marinas souvent saturées, et récemment il s'y est créé une zone technique où on devrait, je l'espère, pouvoir entreposer son bateau au sec.

Une des régions préférées des navigateurs est le nord de l'île Nord de **Nouvelle-Zélande** ; marinas et mouillages, en particulier sur les fleuves, sont très nombreux. L'Australie bien sûr, a des quantités de possibilités, marinas et mouillages, souvent sur les fleuves ; attention cependant à la saison des cyclones ; au nord, le mouillage de Gove est excellent, de même que la nouvelle Cullen Bay Marina, de Darwin, protégée par une écluse, un voleur a peu de chance de pouvoir la quitter inaperçu avec votre bateau. Attention, la porte est parfois condamnée quelques semaines pour entretien.

En se dirigeant vers l'océan Indien, quelques ressources : de **Singapour** à la **Thaïlande**, plusieurs choix s'offrent : Nongsa Point (Batam, Indonésie, 01°17.6'N, 104°05'E, fax 778761330), Sabana Cove Marina (01°22.8'N, 104°05.6'E, fax 07 825 24 13), le Changi Sailing Club et la marina Raffles à Singapour, A Malacca, l'Admiral Marina (02°28.5'N, 101°46.3'E, neilrowemy@yahoo.com ; A Langkawi, la marina Rebak 6°17.6'N, 99°41.8'E, fax 049669973), et en **Malaisie**, et en Thaïlande, à Phuket le Boat Lagoon et le Yacht Haven (8°10.2'N, 98°20.4'E, fax 667 620 60 26).

Ceylan : Galle, même sous la garde de la famille Windsor et du dynamique agent local (fax 949 34592), n'est pas un endroit où laisser un bateau longtemps ; les Maldives non plus, à moins de s'entendre avec la direction d'un hôtel possédant un lagon bien abrité de toutes les directions, comme celui du Club Med.

La Réunion et l'**île Maurice** ne sont pas des îles très tournées vers le nautisme ; si vous trouviez une place au port, ou à Saint-Pierre à La Réunion, vous pourriez peut-être y laisser votre bateau quelque temps ; guère de possibilités à Madagascar, sinon dans quelque baie sous la garde d'autre navigateurs.

Du côté de la **mer Rouge**, le seul endroit assez sûr dont j'aie entendu parler, c'est le yacht-club d'Aqaba, en Jordanie.

En **Méditerranée**, les marinas sont en nombre infini et souvent chères ; plusieurs navigateurs américains du SSCA vantent la marina de la ville de Gaeta, en Italie, à deux heures de bus ou de train de Rome.

Pour ceux qui font le tour du sud de l'**Afrique**, le mouillage de Dzaoudzi, à Mayotte, est assez sûr mais qu'en est-il des vols ? Au long des côtes d'Afrique, j'ai entendu parler en bien du mouillage de Kilifi. Bien des choses sont possibles dans les clubs nautiques de l'Afrique du Sud, de Richard's Bay à l'est à la baie de Saldanha, au nord-ouest de Cape-Town.

Pour l'anecdote, voici quelques-uns des endroits pittoresques où j'ai eu l'occasion de laisser l'un ou l'autre de mes voiliers successifs quelques semaines ou quelques mois, le temps d'aller faire chanteur, cinéaste, relations publiques ou autres couillonnades :

– Amarré par une chaîne à un corail tout rond (pas de dégâts au bateau ni au corail, mais je ne le ferais plus aujourd'hui !) dans un lagon des Maldives.

– Dans une baie ouverte au sud jusqu'à l'Antarctique de Mossel Bay, en Afrique du Sud, le vent y venant (en principe !) toujours des autres directions... enfin ça a marché !

– Dans un tout petit lagon de la côte caraïbe de Panama.

– Dans le port de Victoria, aux Seychelles (ma douleur, l'état de saleté de la chaîne et de l'ancre à mon retour !)

– Sous le vent de l'île Royale, aux îles du Salut, sous la surveillance du gardien de l'île et des hôteliers du Relais des Îles.

– Sur un parking à Saint-Martin ou en Floride.

– Amarré entre deux « piles » (poteaux) sur un fleuve d'Australie (attention, éviter la saison des cyclones).

– Dans un mouillage à échouage, au milieu des boutres de Djibouti.

– ... et toujours avec plaisir, chez mon cousin le Captain Oliver à Oyster Pond, Saint-Martin !

LIVRE CINQ

DONNEZ-NOUS AUJOURD'HUI NOTRE POINT QUOTIDIEN...

RIDES
IQUES
2000
SOUTH AMERICA PILOT
VOLUME IV
NORTH COAST OF SOUTH AMERICA
CABO ORANGE TO PUNTA TIRBI
TRINIDAD AND TOBAGO,
ACCEPTED BY THE U.S. COAST GUARD
REED'S
NAUTICAL ALMANAC
CARIBBEAN
2000

CHAPITRE TREIZE

CARTES ET DOCUMENTS NAUTIQUES CLIMATS ET COURANTS

Amer (n. m. et adj.). Objet reconnaissable du rivage qui laisse un goût désagréable dans la bouche du capitaine du navire naufragé, lorsqu'il ne l'a pas reconnu à temps

S'il y a un aspect de la croisière qui a été révolutionné en quelques années, ce sont bien les aides électroniques à la navigation ; le bouleversement a été tel qu'on pourrait se demander un instant s'il vaut la peine de mentionner encore ce dont nous nous servions pour naviguer jadis, sextant, tables, Éphémérides, compas de relèvement, sondeur, pifomètre.... Il y a quinze ans, la première mouture de ce livre ne comportait qu'un court appendice sur les aides électroniques, en complément à ce qui constituait l'essentiel du sujet : la navigation côtière, la navigation à l'estime, et surtout la navigation astronomique.

Dans les années 70, il existait des radars et quelques positionneurs, Loran C ou Omega, mais ces appareils étaient peu efficaces, et surtout, si coûteux qu'ils étaient réservés à la navigation commerciale, ou à une catégorie de « yachtsmen » cossus qui n'avaient pas de mal à faire de gros chèques à leur fournisseur de matériel électronique ; nous autres, navigateurs lambda, nous utilisions des appareils plus économiques, un petit sondeur à piles, un gonio à main, le minimorin, et, surtout, nos cinq sens, pour deviner la vague silhouette d'une terre dans la nuit noire, sentir un changement dans le rythme de la houle au voisinage d'une île, voire pour la déceler grâce à la présence d'oiseaux de mer, ou d'odeurs de coprah ou de thym suivant la région, Tuamotu ou Méditerranée ; et puis nous demandions au soleil, aux étoiles, à la lune et aux planètes de nous dire, par le langage du sextant, où nous nous trouvions...

Aujourd'hui, au moins deux appareils au pouvoir quasi magique ont progressé d'une façon inimaginable depuis quinze ans, et vu leur coût baisser de manière extraordinaire : il faudrait être vraiment un puriste à tout crin pour ne pas emporter à son bord au moins un GPS (dont les prix démarrent à moins de 1000 francs) ; quant au radar, jadis encombrant, pesant, fragile, hors de prix, il est aujourd'hui accessible sous la forme de petites merveilles légères et résistantes, équipées d'une minuscule soucoupe qui ne posera aucun problème dans vos barres de flèche, et dont le prix descend parfois à 7 000 francs. D'autres appareils électroniques ont fait aussi des progrès impressionnants, mais GPS et radar, à eux seuls, ont tout changé.

Faut-il donc jeter au feu nos règles cras, nos sextants, nos procédés à base de lignes de sonde, de méridiennes, de droites de hauteurs, de homing au gonio ou de positionnement par le relèvement de deux ou trois amers ? faut-il jeter aux alizés le fameux « chapeau du capitaine ? ».

Non, évidemment !

Lorsque vous voulez joindre quelqu'un au téléphone, vous tapez sur un petit clavier son numéro, et vous ne vous préoccupez pas de savoir par quel dédale de circuits passe votre appel, ce qu'il rencontre en chemin : ce qui compte c'est qu'il arrive... La navigation presse-bouton, exagérément assistée, voudrait que l'on entre ainsi dans une machine enchantée les coordonnées du point que l'on souhaite atteindre, que l'on pousse « GO » et qu'on laisse le bateau mettre le cap sur ce point, et l'atteindre sans coup férir... Mais la navigation, ce n'est pas comme un coup de téléphone : il peut s'en passer des choses, sur la route du point visé : il peut s'y trouver des obstacles, fixes ou animés, terre, rochers, hauts fonds ; on peut y souffrir de courants, de marées qui rendront l'itinéraire impassable à certains moments ; il faut tenir compte de rencontres éventuelles, des conditions météorologiques et de leurs possibilités de changement... l'électronique navigante n'est et ne sera jamais, Neptune merci, que ce qu'elle est, une aide à la navigation ; et si vous faites l'impasse sur tout ce qui faisait traditionnellement la navigation, l'estime par exemple, vous ne comprendrez rien à ce que vous faites, vous vous ennuierez sans doute prodigieusement...

Et vous aurez toutes les chances de vous planter, parce que vous aurez négligé une donnée que la machine sera toujours incapable de prendre en compte, ou encore parce que le principe déjà plusieurs fois cité aura frappé une fois de plus : la belle machine électronique aura atteint une fois encore, et sans doute au plus mauvais moment, son état stable et naturel, l'état de panne !

Entendons-nous... ceux qui me connaissent savent que je suis loin d'être réfractaire à l'informatique, à l'électronique ; j'ai dans ma vie un bon nombre de microprocesseurs et je ne me déplace pas sans emporter au moins 40 ou 80 giga de disque dur. Bien sûr, je laisse la puissance (souvent bancale) de Windows m'épauler dans beaucoup de choses de ma vie, puisque l'informatique me permet d'écrire, de travailler photos, films, musique, et tant de choses... J'écris ces lignes sur un ordinateur portable à bord de *Banana Split* ancré dans un lagon parfaitement bleu des îles San Blas, et je le transmettrai à l'éditeur par Internet... je suis donc intéressé, concerné à plus d'un titre par l'informatique embarquée...

Mais ce que je sais de l'informatique et ce que je sais de la navigation m'ont convaincu que là aussi, il y a un équilibre à trouver : se faire aider, d'accord, alleluia, profitons allègrement de tant de progrès... mais se faire remplacer, non, cent fois non, d'autant que la machine n'en est pas vraiment capable !

Nous passerons en revue dans ce Livre 5, dans un premier chapitre, les publications, cartes, documents, guides, qu'il faut avoir à bord pour être en règle et pour y puiser toute l'information dont nous aurons besoin au long de nos traversées et escales. Je serai le premier à être ravi lorsque cette information sera toute sous forme numérique, ou disponible « en ligne », accessible par des connexions Internet rapides encore à inventer... encore faudra-t-il là aussi prévoir la panne possible, voire certaine, du dispositif de lecture ou de la connexion, donc avoir à bord, ce qui est encore l'obligation légale, la version imprimée de la chose.

Puis nous aborderons le b.a.ba de la navigation : sa version côtière, avec quelques recettes personnelles pour vous aider à réussir votre croisière tant que vous restez en vue des terres, ou tout près d'elles ; nous étudierons alors quelles sont les aides électroniques qui pourront vous faciliter le travail... et c'est vrai qu'elles y arrivent bien !

Enfin nous traiterons de la navigation en haute mer, et nous commencerons par voir comment les appareils électroniques y ont révolutionné la navigation au point qu'on en oublie de regarder le compas, de relever soleil ou planètes, d'utiliser son sens marin pour savoir quel cap prendre... ces nouvelles technologies ont, elles aussi, un mode d'emploi, et il y a des découvertes à faire chaque jour dans l'usage des positionneurs par satellites ou par radar...

Enfin, parce que certains d'entre vous auront envie quand même de retrouver les plaisirs, les satisfactions et l'authenticité de la navigation astronomique, la magie mystérieuse qu'il y a à se laisser guider par les mêmes astres qui guidèrent il y a des siècles les navigateurs de l'Antiquité, ceux des Grands Découvertes ou ceux qui sillonnaient le Pacifique sur leurs grandes pirogues... pour ces raisons, ou plus prosaïquement, parce qu'un jour ou l'autre, même avec deux ou trois GPS à bord, vous serez forcément confronté à une panne, et obligé de revenir, pour atteindre la prochaine escale, à ces méthodes ancestrales, pour tout cela, vous trouverez dans le dernier chapitre la méthode de navigation astronomique que j'avais rédigée pour une personne qui ne savait pas faire une addition sans compter sur ses doigts... Le jour où vous en aurez besoin, peut-être découvrirez vous que vous avez omis (Je vous le déconseille vivement !) d'embarquer les éphémérides de l'année, indispensables pour faire le point : c'est pourquoi j'ai rajouté une méthode simple de calcul permettant de déterminer la déclinaison du soleil (suffisante pour en déduire votre latitude) et l'angle horaire du soleil à Greenwich (indispensable pour le tracé de la droite de hauteur), bref, de quoi vous dépanner quand l'électronique magique vous aura trahi... et le tout valable jusqu'en l'an 2016 !

L'histoire de l'astro

Ou bien il s'agissait de forbans, ou bien ils avaient été shangaïés (enrôlés de force)... En tout cas, la mutinerie ne leur faisait pas peur... ne leur aurait pas fait peur, plutôt, s'ils n'avaient pas craint de se retrouver, après avoir balancé le capitaine par-dessus bord, incapables de ramener le bateau vers la terre ferme, incapables de déterminer leur position géographique... Alors les capitaines, commandants, officiers de ces bagnes flottants qu'étaient souvent les navires d'autrefois avaient entrepris d'ériger en art extraordinairement complexe, accessible seulement après des années d'études mathématiques poussées et de pratique répétée, le simple exercice de « faire le point ». Et tous de se gargariser de formules, de Dieumegard et de Friocourt, de logarithmes et d'intercepts, d'angles horaires et de lieux géométriques. Du coup, la simple symbolique des cartes devenait alchimie insaisissable.
Il faut admettre, cependant, qu'il fallut attendre bien longtemps avant qu'arrive, comme le Messie, l'armée de l'air américaine, qui publia enfin les tables HO249, qui simplifiaient tout ! Et puis arriva à pas de loup la navigation par satellite ; le « Sat Nav » des années 80 donnait, dans le meilleur des cas, une position toutes les 90 minutes, restait désespérément muet cinq heures d'affilée, parfois, évidemment juste quand on approchait une région mal pavée ; et puis le GPS a déferlé, avec une précision « seulement » de quelques dizaines de mètres pour raisons militaires, de quelques mètres seulement depuis l'an 2000 ! Aujourd'hui, 99,99 % des bateaux ont un GPS... et comment leur en vouloir, quand on sait l'immense sécurité que cet appareil magique apporte... quand je pense aux nuits de frayeur et de fatigue où je craignais de m'être approché trop près d'une île ou d'un récif non éclairés... aux escales

auxquelles j'ai dû renoncer parce que le temps se couvrait alors que j'en approchais, et que la seule attitude prudente dans ces conditions était de reprendre le large... Alors, GPS, bien sûr, mais comment oublier les joies de la navigation astronomique, la sensation de comprendre les mouvements des astres dans le ciel, de faire partie de leur grande harmonie ; la satisfaction quand un astre apparaissait soudain au terme de quelques jours de positions imprécises ; les lunaisons qui nous dictaient les périodes où nous traverserions les océans, comptant sur la pleine lune les derniers jours au passage d'une zone encombrée où il serait important de connaître sa position jour et nuit... Alors, GPS, bien sûr, mais l'électronique tombe en panne ; il faut en avoir un deuxième au cas où, et moi, vous me connaissez, j'en prendrais bien un troisième, au cas où les deux premiers... et si les batteries, les piles ? En décembre 98, alors que je traversais l' Atlantique des îles du Cap vert à Saint-Martin, écoutant de temps en temps les conversations échangées par les bateaux qui traversaient comme moi, mais communiquaient eux, chaque jour, avec un des « réseaux » qui regroupent les voiliers navigants aimant garder le contact, j'entendis soudain plusieurs navigateurs se plaindre de la défaillance de leur GPS... renseignement pris, le mien aussi défaillait... nous avons réalisé quelques jours plus tard que c'était le moment où les opérations militaires américaines au Kosovo étaient en préparation, il est bien possible que la Navy US ait fait des bidouillages dans cette perspective... Ce qui m'a fait un peu réfléchir. Nous voici donc, tous tant que nous sommes, à la merci de la Défense américaine, qui nous donne notre position et peut, tout d'un coup, décider d'arrêter de le faire... sans être parano, sans refuser l'incroyable confort du GPS, vous ne pensez pas que ça vaut quand même la peine de garder un peu une idée de la façon dont on peut faire le point, connaître sa position, seulement en relevant la hauteur du soleil ou des étoiles sur l'horizon ?

Si la navigation à l'estime, côtière ou hauturière, n'a plus de secret pour vous, si vous avez déjà appris à tracer une droite de hauteur au moyen d'une des excellentes méthodes existantes (celle d'Olivier Stern-Veyrin, cf. *Navigation en haute mer,* Paris Arthaud, 1977, en particulier, a guidé mes premiers pas et ceux de beaucoup d'autres), vous pourrez passer les chapitres concernant ces problèmes, mais vous trouverez à la fin un certain nombre de trucs personnels allant de la manière de construire directement tous les tracés sur le même cahier où se font les calculs, quelle que soit la latitude, jusqu'aux méridiennes d'étoiles, simplification de la correction des hauteurs mesurées au sextant, moyens pratiques pour reconnaître les étoiles et les utiliser à toute heure de la nuit, orientation des droites de hauteur pour éviter un récif, vérification de la déviation du compas, etc., autant de méthodes fort utiles en navigation.

TABLE À CARTE ET ACCESSOIRES

Une table à cartes de bonnes dimensions est indispensable : le format grand aigle permettant de poser une carte entière à plat n'est toutefois pas forcément nécessaire. De toute façon, suivant l'endroit où se trouve votre position sur la cartc, vous la replierez... Alors, autant plier tout ! Un carré au côté égal à la plus petite dimension d'une carte grand aigle suffit, à mon avis. Et, pour dessiner dessus, des crayons, une gomme (munis d'une petite bague de Velcro pour les crayons, d'un petit rectangle pour l'étui de la gomme, vous aurez ainsi un peu moins tendance à les perdre), un compas à pointes sèches, et la fameuse règle Cras, bien sûr.

CARTES ET DOCUMENTS

Il faut d'abord que je vous avoue un vice : j'aime bien les cartes, j'aime bien tout ce qui représente le terrain sur un bout de papier ou un écran d'ordinateur. Circulant en voiture dans une grande ville, j'adore comparer mon parcours à sa représentation cartographique, chercher des nouveaux itinéraires, des routes plus courtes. Je me ferais volontiers chauffeur de taxi quelque temps, je m'éclaterais à trouver des astuces pour éviter les encombrements, déjouer les pièges des sens interdits. je frémis quand je vois des gens s'embarquer à la recherche d'une ruelle de grande banlieue sans être équipés d'un plan, comptant sur une vague description orale et sur les renseignements glanés de-ci de-là au hasard de requêtes auprès de gens qui justement ne sont pas du coin…

J'ai donc plutôt insisté sur le côté navigation, et cela ne me semble pas forcément un mal ! Bien sûr, il y a des gens qui arrivent aux Antilles et sillonnent l'archipel pendant des mois avec pour toute carte le vague graffiti que porte un timbre local, où figure sommairement l'éparpillement des Grenadines, par exemple. D'autres qui rentrent systématiquement dans des baies, des ports inconnus, en faisant une confiance aveugle à une carte postale représentant une vue aérienne de l'endroit, reçue d'un ami qui les y a précédés. Grand bien leur fasse, mais leurs bateaux finissent par servir de points de repère aux successeurs, juchés qu'ils sont sur le récif non porté sur le timbre ou échoués sur un îlot.

Les cartes marines sont bien faites. On en trouve d'excellentes en France, d'aussi excellentes en Angleterre ; elles y coûtaient nettement moins cher qu'en France il y a une vingtaine d'années, mais l'inflation gagnant partout, et la livre ayant pas mal grimpé, la différence de prix a disparu. Aux dernières nouvelles, cependant, les cartes américaines demeuraient moins chères. On en trouve aussi dans certains pays visités, et il peut être intéressant, même si l'on est bien équipé, de s'enquérir de la production locale, qui comprend parfois des cartes de détail que d'autres pays ne publient pas : c'est le cas des cartes du Brésil ou de Cuba. Outre les endroits du monde où l'on peut acheter des cartes des autres régions du monde, il est bon d'avoir un ou des fournisseurs attitrés dans son pays d'origine ou ailleurs, et de conserver à bord le catalogue des cartes disponibles :

Cartes françaises

Catalogue unique, SHOM 004-ZKA (plus un petit guide gratuit pour l'Europe 008-ZK1). Avant relevé les numéros des cartes désirées sur les catalogues, on peut les commander directement au SHOM, 13, rue du Chatellier,

B.P. 426, 29275 Brest Cedex (tél. 02 98 22 16 70), ou bien à l'une des librairies nautiques dont vous trouverez une liste non exhaustive à la fin de ce livre.

Cartes britanniques

Un seul catalogue : NP 131, *Catalogue of Admiralty Charts* ; superbe ouvrage sur lequel on peut rêver abondamment. On peut le commander aussi bien dans les librairies nautiques Anglaises qu'à celles de France ou des USA.

Cartes américaines

Nombreuses librairies comme *Anchorage Marine*, à Sausalito (Californie), *Armchair Sailor*, ou l'exraordinaire *Bluewater Books & Charts*, Ces librairies offrent le plus complet des catalogues de littérature nautique du monde, en particulier tous les guides de croisière existant sur les régions qui vous intéressent (voir leurs adresses en fin de volume), et bien sûr, les cartes éditées par toutes les marines du monde.

Les librairies américaines, comme les britanniques, acceptent en général une ou plusieurs cartes de crédit – il suffit de porter le numéro de la vôtre et sa date d'expiration sur votre lettre, de signer, ou de suivre les processus de paiement sécurisé sur leurs sites Internet, et le montant de votre commande sera débité directement sur votre compte. Certains commerçants qui travaillent par correspondance avec les cartes de crédit refusent d'envoyer les marchandises à une autre adresse que celle portée sur la carte ou dans les dossiers de la compagnie de crédit, mais c'est rarement le cas avec les fournisseurs de matériel nautique ou de cartes marines, habitués à envoyer à un bout du monde du matériel destiné à des navigateurs dont la banque est à l'autre bout de la planète ; et le règlement de cette manière simplifie infiniment les paiements !

Les *Instructions nautiques* viennent des mêmes sources. Même si le prix des *IN* britanniques a nettement augmenté ces dernières années, elles restent encore souvent bien plus intéressantes économiquement, mais aussi par leur contenu, bien plus abondant, bien mieux adapté à nos navigations, que les *IN.* françaises, de plus en plus destinées à des cargos qui restent au large ; il y a beaucoup plus de détails sur les côtes et les petits mouillages. Les américaines me semblent moins riches, elles ne couvrent pas avec autant de détails les régions lointaines du monde. Non, le catalogue britannique de *Pilot Books* est vraiment ce qui se fait de mieux ! Et comme, de toute façon, je ne saurais trop vous répéter qu'il faut apprendre l'anglais si vous voulez pouvoir communiquer avec les gens que vous rencontrerez dans les trois quarts des pays où vous ferez escale (et non pas faire comme certains, qui vont d'escale francophone en escale francophone et ne sympathisent qu'avec les bateaux français qu'ils rencontrent !), ce sera une bonne occasion d'exercer votre anglais ! Le SHOM a entrepris (avec la collaboration du journaliste Jean Louis Guery), d'éditer des versions « plaisance » des instructions nautiques françaises...Mais il faudra attendre un moment avant que tout le littoral français soit couvert, et rien en vue pour les rivages plus lointains.

Les plus débrouillards pourront récupérer sur des cargos des cartes périmées qu'on s'apprête à jeter à la mer ; d'autres échangent celles des régions qu'ils quittent contre celles des régions qu'ils comptent visiter, avec d'autres bateaux. Dans certains cas, si l'on a eu la bonne idée de se munir d'un rouleau de papier-calque, on peut recopier sur un autre bateau, sinon une carte entière, du moins les éléments nécessaires pour rentrer en sécurité. dans un port inconnu ou pour naviguer dans un archipel nouveau.

Usage imprévu des nouvelles petites caméras vidéo équipées d'un écran à cristaux liquides ou des appareils photo numériques, j'ai vu un jour un gars sortir sa caméra, et photographier sur ma table à cartes l'accès au mouillage de l'escale suivante, l'île de l'Ascension… et ça a très bien marché ! On arrivera à de meilleurs résultats si on a un appareil photo numérique à 2 ou 3 megapixels et un écran télé ou ordinateur pour les relire.

Les cartes américaines sont les seules à ma connaissance qui ne soient pas protégées par un copyright : on peut donc les reproduire en toute légalité ; certains bureaux de photocopie (par exemple à Puerto La Cruz, Venezuela) ne s'en privent pas – ils ne se privent pas de copier celles qui sont protégées aussi, d'ailleurs, mais ça, c'est illégal ! – ; sur www.sail-the-world.com comme sur www.bluewaterweb.com vous pouvez commander en toute légalité à des prix très intéressants toute une panoplie de cartes d'origine américaine

Avant l'arrivée de l'informatique individuelle, j'avais tenté, dans les années 80, de stocker sous forme de microfiches des centaines de cartes, sous un petit volume ; mais je n'étais pas arrivé à trouver un lecteur vraiment satisfaisant, et j'ai progressivement renoncé à ce procédé, d'autant que se profilaient petit à petit les cartes électroniques : depuis des années, à chacun de mes passages au Salon Nautique, je vais voir le stand de la société la plus en avance dans ce domaine en France, et je leur demande : « Je voudrais aller jeter l'ancre dans la merveilleuse baie de Girolata, en Corse ; la carte papier détaillée m'indique des tas de sondes, la position du ponton, la nature des fonds, herbes, sable ou roches… que pouvez-vous me proposer ? »… et année après année, je ne vois sur l'écran qu'une vague indentation dans le profil de la vaste baie de Porto, dans laquelle s'ouvre la baie de Girolata… et je repars dépité ; ce n'est que récemment, et pour certaines régions du monde surtout… devinez, celles où naviguent les Américains, bien sûr, USA, Canada, Caraïbes, Amérique centrale presque exclusivement,) que les catalogues se sont développés : en mer des Caraïbes, à Panama, j'utilise les CD-roms de Maptech (avec, par exemple le, logiciel « The Cap'n ») et, mon ordinateur portable étant relié au GPS, je vois la position précise de mon bateau tracée magiquement à tout instant sur la carte affichée ; mais je sais que sitôt que j'aurai quitté les côtes d'Amérique centrale, de nouveau je ne pourrai plus disposer que de cartes papier. Le SHOM s'est attelé à la lourde tache de vectoriser ses cartes, mais ce travail prendra du temps.

Les deux types de cartes « numérisées »

Américaines, françaises, anglaises ou italiennes, les cartes informatiques existent sous deux formes :

– Les cartes dites « raster » sont simplement des reproductions photographiques de cartes papier : relié au GPS, le programme pourra y tracer la position de votre bateau,

et les coordonnées du point où vous baladez votre curseur sont affichées ; mais ce qu'elles représentent est invariable, un détail ou un chiffre de sonde reste au même endroit, simplement visible de plus en plus gros lorsqu'on zoome sur la carte.
– Les cartes vectorielles sont tout à fait différentes : on a enregistré les coordonnées de milliers de points de chaque carte, et remplacé les traits de côte, par exemple, entre deux points successifs par un segment de droite défini par son équation ; chaque information (rivage, sonde, amer, nom), est donc enregistrée sous forme numérique : sur une carte vectorielle, vous pouvez faire apparaître ou non toute donnée, vous pouvez par exemple demander au programme de délimiter les zones où vous pouvez passer avec un tirant d'eau de 1,80 mètre quand il y a 1,20 mètre d'eau au-dessus du zéro des cartes. Les cartes vectorielles sont bien sûr l'avenir de la cartographie numérique, elles peuvent être infiniment plus pratiques, précises et juste que des reproductions photographiques, mais elles représentent une somme de travail infiniment plus grande de la part des offices hydrographiques.
Les cartes numériques sont disponibles soit sous forme de cartouches dans un format « propriétaire » (c'est-à-dire propre à une marque donnée d'appareils), ou sous forme de CD-roms que vous lirez sur votre ordinateur ; certains CD-roms sont copiables, ce qui peut vous dépanner un jour où vous avez besoin d'une carte et aucun moyen de l'acquérir ; on rappelle cependant que même si les cartes américaines peuvent être copiées librement, le travail des sociétés qui les ont numérisées est, lui, propriété privée ; formule sans doute d'avenir, certains programmes vous fournissent à bas prix des disques contenant des milliers de cartes... sous forme cryptée : vous ne pourrez déchiffrer celle qui vous est nécessaire que lorsque vous aurez acheté le droit de la lire en payant l'éditeur, même au large, par téléphone, fax ou, mieux, e-mail par satellite : depuis le temps que nous transportons des tonnes de cartes ruineuses et dont nous n'utilisons qu'une partie, ce serait bien de pouvoir accéder à celle dont on a besoin, quand on en a besoin !

Enfin, n'oubliez pas que la loi continue a vous obliger à avoir à bord des cartes papier, d'une part parce que les ordinateurs tombent en panne, et, dit le règlement, parce qu'on ne peut pas mettre à jour les cartes électroniques : il semble pourtant assez facile d'imaginer des envois de CD-roms régulièrement remis à jour, ce qui serait tout de même plus simple que les corrections que l'on est censé faire régulièrement à l'encre sur les cartes papier !)

AUTRES DOCUMENTS NÉCESSAIRES

Livres des feux concernant la région visitée ; c'est le seul livre qu'il soit vraiment utile de tenir à jour autant que possible, en ayant la plus récente édition ; il vous explique tout ce qu'il y a à savoir sur les phares, et je n'y reviendrai pas ici ; sachez cependant que, passé Gibraltar, il faut systématiquement NE PAS COMPTER sur les phares, s'en servir si on les voit apparaître et si leurs caractéristiques correspondent bien à celles portées dans les livres des feux, mais ne pas attendre de les voir pour faire demi-tour en vue d'une côte, par exemple : par principe, on admettra que tout phare, dans les mers lointaines, est, au moins cette nuit-là, éteint. C'est d'ailleurs triste pour la merveilleuse tradition de courage et de dévouement des constructeurs et gardiens de phares de France et du monde, mais avec le GPS, on s'intéresse de moins en moins aux phares, autrefois on les guettait, minuscules à l'horizon, aujourd'hui, on lève le nez en l'air, et on remarque « tiens, il y avait un phare ! »

Livre des radiophares (gonios) et livres des émissions météo du monde entier : publications françaises RNA numéros 911, 912 (radionavigation), 921, 922, 923 (radiocommunications maritimes), 961, 962 (météo) ; les émissions météo signalées sont aussi le genre de choses sur lesquelles on peut rarement compter ; parfois, cependant, dans certaines régions du monde, on arrive réellement à avoir une météo, et même sur les longueurs d'ondes signalées… plus rarement aux horaires indiqués ! Pour l'Atlantique et le Pacifique Nord, cartes météo sur le site http ://weather.noaa.gov/fax/marine.shtml.

Livre des marées : il en existe un, britannique, publié tous les ans. J'ai longtemps utilisé un petit livre français, publié en 1970, éternellement valable, permettant de déterminer avec une assez bonne précision les marées du monde entier ou à peu près, à partir des marées de Brest, données pour chaque jour de l'année par les éphémérides : c'était la publication n° 540 du SHOM, mais on ne la trouve plus. Pour certaines régions (Europe du Nord, côtes américaines, Caraïbes), les « Reeds » permettent de déterminer les marées de nombreux ports.

Éphémérides de l'année : les françaises sont les plus chères, mais il faut reconnaître qu'elles sont fort claires ;

Tables américaines HO249 : vol. 1 pour les étoiles seulement… Indispensable ! Vol. 2 et 3 pour tous les astres.

Lorsque j'ai quitté la France, ces trois volumes constituaient un investissement… c'est encore le cas, sauf si on découvre qu'on peut les télécharger gratuitement sur le site :

http ://pollux.nss.nima.mil/pubs/pubs_j_srta_list.html

Mieux vaut pour le faire avoir une connexion Internet rapide, ADSL ou câble sur le site Internet des service hydrographiques américains. Cà ne semble pas une mauvaise idée, si vous avez cette version numérique des tables américaines, mais n'avez pas d'ordinateur à bord ou craignez qu'il tombe en panne, d'imprimer les quelques pages correspondant aux latitudes sur lesquelles vous emmènera votre prochaine traversée.

Votre cours préféré de navigation astronomique : si vous en préférez un autre à celui-ci ! Celui d'Olivier Stern-Veyrin (cité plus haut), dont une partie a été reprise par A. Gliksman dans son excellent Au *large,* est parmi les plus classiques et les meilleurs. Bernard Moitessier donne aussi une méthode simple et fiable dans son livre « Voile, mers lointaines, îles et lagons (Arthaud).

Carte des étoiles : Sirius, éditions Hallwag, Berne, par exemple ; pour des croisières prolongées dans une région donnée ;

Guide de croisière locale : les régions du monde détaillées dans des guides écrits par des navigateurs de plaisance pour leurs confrères sont de plus en plus nombreuses ; vous en trouverez plus loin une liste aussi complète que possible à ce jour. D'autres régions sont totalement dépourvues de guides destinés aux petits bateaux en croisière, il faut donc se renseigner dans les *Pilot Books ou Instructions nautiques…* en lisant entre les lignes : un mouillage conseillé pour des cargos ne donnera que de piètres satisfactions à un petit bateau ballotté dans des creux de 2 mètres, et les zones interdites aux gros recèleront bien des possibilités pour les petits !

Pour les grandes traversées : comme pour la connaissance des conditions climatiques locales :

1. Le grand classique, jusqu'à une date récente, était *Ocean Passages for the World,* extraordinaire volume donnant des quantités de détails sur les routes à suivre à la voile, renseignements datant des grands voiliers : Routes recommandées, paragcs à éviter (cargos ou cyclones), courants, tout y est passé en revue. Aujourd'hui, on peut avantageusement remplacer cette publication officielle par le livre *World Cruising Routes* de Jimmy Cornell, qui a été récemment édité en français sous le titre *Routes de Grande Croisière* aux éditions Loisirs Nautiques ; il est aussi question de traduire son *World Cruising Handbook,* essentiel aussi : les règlements et les facilités de tous les pays du monde accessibles en bateau.

2. *Pilot Charts :* passionnants également, vous y passerez des journées entières, avant le départ comme après ! Les plus importants couvrent les régions suivantes :

Atlantique : un *Atlantic Pilot Atlas* très bien fait (James Clarke, Stanford Maritime, 1989) couvre tout l'Atlantique (y compris les Caraïbes) et la Méditerranée, remplaçant les atlas séparés de l'Atlantique Nord et celui des *Central American Waters and South Atlantic* ; Cet atlas indique aussi les routes des voiliers et celles des cargos, très utile pour savoir où redoubler sa veille.

Pacifique Nord : en 12 feuilles dans l'*Atlas of Pilot Charts of the Norh Pacific Ocean* ; 12 feuilles dans l'équivalent pour le Sud Pacifique

Océan Indien : 12 feuilles, indispensable pour s'y retrouver dans les régimes de mousson.

On peut aussi acheter l'ensemble des *Pilot-Charts* sous forme d'un unique CD-Rom, *Virtual Passage Planner* (*Digital Wave*).

Les renseignements donnés par les *Pilot Charts* sont incroyablement nombreux : déclinaison magnétique et sa variation au fil des ans ; température de la surface ; direction et vitesse des courants ; probabilités de rencontrer telle ou telle direction de vents dans chaque carré d'océan de 5 degrés (300 milles) de côté et leur force moyenne ; pourcentages de coups de vents ; pourcentages de calmes ; trajectoires des dépressions et des cyclones ; icebergs ; risques de brouillard ; température atmosphérique moyenne ; routes des cargos ; et j'en oublie sans doute. Si les conditions rencontrées quotidiennement au cours des traversées ne sont pas forcément exactement celles pronostiquées à la fin d'une traversée, il est rare que les valeurs moyennes des vents et courants rencontrés en diffèrent. Les *Pilot Charts* sont édités par l'Oceanographic Office du Department of the Navy (États-Unis) ; il en existe un équivalent britannique, nommé *Routeing Chart,* qui est à peu près aussi complet, plus encore au niveau des vents, puisqu'il décompose le pourcentage de vents de chaque direction en pourcentage de forces. Les Américains me semblent pourtant plus faciles à lire.

Et, puisque je viens de passer en revue la documentation nécessaire pour naviguer (J'oubliais le volume SH 1 du SHOM, obligatoire, avec plein d'informations sur un tas de branches de la navigation), voyons la liste du matériel nécessaire :

a. papier rayé (voir, plus loin, constructions des droites de hauteur), papier-calque, cahiers pour y faire ses calculs et tracés, livre de bord ;

b. une bonne montre à affichage digital, montrant en même temps heures, minutes et secondes, et puis une deuxième montre ; des piles de rechange ;

c. radio avec bonnes gammes d'ondes courtes pour recevoir le top horaire et d'éventuels bulletins météo

d. sextant ;

e. compas de relèvement : le type mini Morin est très pratique, mais Autohelm fabrique maintenant un petit appareil génial, que l'on braque dans la direction de l'amer ou de l'astre dont on veut relever l'azimut (la direction) ; on pousse un bouton, on recommence autant de fois qu'on veut avec le même amer ou un autre, et jusqu'à dix nombres s'enregistrent dans la mémoire de l'appareil ;

f. éventuellement, petite calculatrice à piles, avec, si vous voulez vous amuser, la possibilité de calculer en sexagésimal, et les fonctions trigonométriques ;

g. compas à pointes sèches, crayons, gommes ; pour tracer des points relevés au radar, nous verrons qu'il n'est pas idiot d'avoir un compas ordinaire d'écolier, avec mine traçant des beaux ronds.

h. baromètre enregistreur ;

i. loch enregistreur ;

j. sondeur et sonde à main (au cas où)

k. jumelles 7 X 50 de bonne qualité, très utiles en particulier pour voir la nuit ; certaines ont un compas de relèvement incorporé, mais l'usage n'en est pas très concluant quand ça bouge beaucoup).

l. nous parlerons plus loin du matériel électronique de navigation qui pourra varier à l'infini, si vous en avez l'envie et les moyens de compléter cet inventaire.

J'ai dit l'importance des cartes : qu'elles soient souvent mises a jour ne me paraît pas primordial : si elles doivent l'être régulièrement dans les eaux européennes, où le balisage, les phares sont nombreux, et sujets à des modifications répétées, passé une certaine latitude, on n'accorde de toute façon qu'une foi limitée aux cartes souvent imprécises, et on s'aide impérativement de la vue, d'une lumière favorable, quitte à attendre le jour pour pénétrer dans une zone peu sûre ou approcher d'une terre inconnue : la carte, de toutes façons rarement mise à jour dans ces régions n'est considérée que comme une aide à la navigation, une information qui vous laisse moins dépourvu qu'au temps où les voiliers qui traversaient les océans ne découvraient qu'à deux encablures qu'ils se dirigeaient droit sur un récif qu'aucune carte ne signalait.

Voici donc les deux commandements essentiels d'une navigation sûre, à mon avis :

1. Savoir toujours où l'on est : c'est (sauf erreur de la carte) le plus sûr moyen d'éviter les surprises, de parer à la panne soudaine (et inévitable) d'un instrument de navigation, ou à l'intervention soudaine d'un courant inattendu...

2. Et considérer qu'en mer c'est la terre qui est l'ennemi : aller droit sur elle pour où l'on est, c'est rarement prudent ! Mieux vaut autant que possible déterminer sa position et savoir ainsi ce qu'on va voir apparaître, et à quel moment. Sauf en cas de conditions excellentes – route parfaitement claire, côte sans difficultés et vent portant au large – c'est comme cela que je procède.

3. Si vous êtes en train d'approcher de terre avec l'aide d'un appareil électronique, demandez vous toujours ce que vous ferez à tout instant si l'appareil en question tombe en rade : dans quelle direction dépourvue de dangers vous pourrez vous écarter pour attendre le jour, etc.

CLIMATS

Sans vouloir faire double emploi avec les *Pilot Charts* et les *Instructions nautiques*, ainsi que l'indispensable *Ocean Passages for the World* (ou *Routes de grande croisière)*, sans lesquels il n'est pas question de préparer une longue traversée, voici un bref aperçu des climats des régions qui nous intéressent.

Les alizés

À tout seigneur, tout honneur : créés par la différence de température entre régions polaires et équatoriales, déviés vers l'ouest par la rotation de la Terre, ils soufflent, en gros, du nord-est en hémisphère Nord, du sud-est en hémisphère Sud, dans une zone océane qui peut être assez vaste, pouvant aller de 25 degrés nord à 25 degrés sud, en s'étendant par moments plus au nord ou au sud. Dans ces bandes, les vents sont généralement réguliers, force 3 ou 4 (quoique les calmes ne soient pas inconnus), le temps le plus souvent beau ; des passages de ciel couvert sont liés à un renforcement des vents à 5-6, accompagné parfois d'une rotation vers le nord en hémisphère Nord : le vent de nord-nord-est est souvent plus fort que le vent d'est, c'est plus net encore avec le vent de sud-sud-est en hémisphère Sud). Des grains, généralement de courte durée, font forcer le vent, puis la pluie arrive, et, derrière le grain, le vent tombe un moment ; on se retrouve ballotté sur la houle résiduelle, puis le vent revient vite. Ces alizés sont les plus agréables des vents pour naviguer (même s'ils sont souvent plus forts qu'une douce brise idyllique) tant qu'on les prend au portant ; tirer des bords dedans, en revanche, est toujours désagréable, car la mer y est hachée et l'avance hoquetante. C'est au moyen des alizés (en anglais : T*rade Winds,* vents du commerce »... ça manque un peu de poésie !) que se faisaient la plupart des grands voyages des voiliers d'autrefois.

Cyclones

Dans les zones tropicales baignées par les alizés, une chose à craindre, dans la partie ouest des trois grands océans : les cyclones qui, en principe, ne se manifestent que dans les limites de certaines saisons, généralement les plus chaudes (quoique les typhons de l'Extrême-orient puissent se produire en toutes saisons). *Ocean Passages for the World, Routes de Grande Croisière* et les *Pilot Charts* indiquent les périodes à éviter dans chacune des parties du monde sujettes à cyclone.

Ces cyclones sont en général bien repérés par les organisations météorologiques qui donnent, dès qu'ils sont signalés, leur position, leur déplacement, et la force des vents qu'ils engendrent. Dès que la *dépression tropicale* est matérialisée par une circulation fermée des vents, on lui donne un nom (jadis un prénom de femme, mais des dames s'étant plaintes, aujourd'hui c'est alternativement un prénom masculin et un prénom féminin). Dès que la vitesse des vents dépasse 40 nœuds, la dépression tropicale devient *tempête tropicale* ; plus fort, elle sera homologuée cyclone, avec des degrés pour en classer la violence.

Aux Antilles, la saison officielle des cyclones dure d'août à octobre avec de plus faibles risques en juillet et en novembre. Pas question de risquer d'être pris au large par un cyclone, donc de faire voile vers cet archipel en cette saison. En revanche, naviguer par petits bonds dans les Petites Antilles ne me semblait pas imprudent, à condition d'écouter très très régulièrement les bulletins météo et d'avoir la liste complète des (vrais) abris, nommés « trous à cyclones », qui sont peu nombreux, et vite saturés.

Quelques cyclones particulièrement violents ayant fait récemment des dégâts effroyables dans certaines îles de Antilles, on peut réfléchir à deux fois à l'idée de passer la saison des cyclones aux Petites Antilles… d'ailleurs les assureurs Américains exigent que leurs assurés soient sortis des latitudes à risque dès le début de la saison des cyclones : d'où le nombre de bateaux qui se pressent à Trinidad et au Venezuela !

Passer la saison des cyclones dans une région à risque est donc une question de choix personnel, dépendant de la proximité et de la qualité d'un l'abri ; *Banana Split* et *Voyage* ont passé aux Antilles des saisons d'été sans gros cyclones, à Oyster Pond, un des meilleurs abris de Saint-Martin ou à Antigua, prêt à se réfugier dans une mangrove ; *Banana Split* a parfaitement supporté deux très violents cyclones à Marigot, Saint-Martin… mais parce qu'il était tiré au sec et bien amarré au sol ! De nombreux bateaux ont été perdus dans le lagon : même si leurs mouillages ont tenu, il est arrivé souvent que d'autres bateaux plus gros dérapent et les entraînent ; d'autres s'en sont mieux tirés, abrités dans des mouillages plus étroits ; ne comptez pas trop pouvoir faire tirer votre bateau au sec au dernier moment, quand l'alerte cyclonique est déclenchée : ça se bouscule à la grue ! Une grande marina de Puerto Rico, dit-on, augmente ses tarifs de levage progressivement à mesure que se précise l'alerte, et réclame même dans les dernières heures des sommes représentant un bon pourcentage de la valeur du bateau, considérant qu'il s'agit là d'un sauvetage !

Les moussons

Parfois, une masse continentale importante (Afrique, Asie) échauffée par l'été, aspire en quelque sorte vers elle un alizé : l'alizé de sud-est devient mousson de sud-ouest au large de l'Afrique ou de l'Inde, en été, et dépasse allègrement l'équateur : dans le nord de l'océan Indien, le vent souffle du nord-est en hiver, du sud-ouest en été – c'est l'alternance des moussons, qui conduisait le commerce des boutres à travers l'océan Indien. La mousson de sud-ouest au large des côtes ouest d'Afrique est généralement modérée, mais celle de l'océan Indien atteint des forces redoutables…

Il vaut mieux, pour l'emprunter confortablement, attendre qu'elle ait un peu molli et naviguer à l'approche les périodes de transition, juste avant que la direction du vent ne s'inverse.

Le pot-au-noir

Dans une bande plus ou moins étroite voisine de l'équateur, les belles avances que nous donnent les alizés se détériorent : la rencontre de deux alizés produit une zone de calmes et de mauvais temps (grains plus ou moins intenses suivant que l'angle de rencontre des deux alizés est plus ou moins grand). Ces « pots-au-noir » sont généralement plus larges dans la partie est des océans, plus étroits du côté ouest. Le temps y est souvent calme et beau, entrecoupé de grains pouvant être violents qui vous envoient des vents imprévisibles, venant de toutes les directions. On en a déjà parlé plus haut, une journée ou deux de marche au moteur vous évitera de passer huit jours à des manœuvres désolantes vous obligeant à sortir envoyer de la toile juste quand il pleut ! Pratique, par contre, pour recueillir de l'eau douce !

Les cyclones naissent généralement dans une « onde tropicale », cette espèce de tentacule qu'émet à intervalles réguliers vers le nord ou le sud la « zone inter-tropicale de convergence » (c'est le nom scientifique du pot-au noir !) ; ces ondes tropicales se déplacent généralement d'est en ouest ; la plupart des ondes tropicales n'apportent qu'un peu de temps couvert, de pluie ou de renforcement des vents, mais il est bon de les tenir à l'œil en saison des cyclones.

Les variables

À l'extérieur de la ceinture des alizés, deux bandes de vents moins réguliers, souvent modérés et agréables, mais le risque de rencontrer un coup de vent (pratiquement nul, en dehors des cyclones, dans les régions d'alizés) est plus grand.

Les vents d'ouest

La circulation définie plus haut, vents alizés descendant du nord-est le long de la côte d'Afrique (pour prendre l'exemple de l'Atlantique nord), s'infléchissant pour venir de l'est puis du sud-est en arrivant de l'autre côté de l'océan, remontant vers le nord (donc à l'état de vents du sud ou de sud-ouest) le long de la côte des États-unis, forme une sorte de mouvement circulaire autour d'une zone de haute pression dite « anticyclone » ; bouclant ce mouvement circulaire, sur le versant nord de l'anticyclone, voici le domaine des vents d'ouest, ceux des quarantièmes degrés de latitude, les vents sont sud-ouest (en hémisphère Nord) avant l'arrivée d'une dépression, vireront au nor-ouest, avec refroidissement et dégagement du ciel (sauf si une autre dépression se pointe juste derrière) après le passage de la dépression ; là, le risque de rencontrer un coup de vent est nettement plus fort.

Plus au nord, plus au sud ?

Je n'en sais rien, je ne suis pas allé voir, et je n'ai pas l'intention de le faire, mais il paraît qu'il y a une ceinture de vents d'est, des icebergs, des tempêtes, des pingouins...

De toute façon, ces coins-là me tentent si peu qu'il faudra que vous demandiez à quelqu'un d'autre de vous dire ce qu'on y trouve !

COURANTS OCÉANIQUES

Les mouvements atmosphériques circulaires cités plus haut entraînent, à force de souffler sur la mer, des mouvements comparables à la surface des océans, donc des courants dont on essaie de tirer parti pour naviguer. Le mouvement autour des anticyclones se fait, en hémisphère Nord, dans le sens des aiguilles d'une montre, et, dans l'hémisphère Sud, dans le sens contraire. Ainsi, en Atlantique nord toujours, le courant des Canaries, froid, descend le long de la côte d'Afrique ; il s'infléchit ensuite vers l'ouest, remonte, réchauffé, le long des côtes des États-Unis : c'est le Gulf Stream, qui retraverse l'océan pour faire pousser, c'est bien connu, des palmiers et des fraisiers en Bretagne ! Au large du Canada, du Brésil ou du Japon, l'affaire se complique quand le courant chaud rencontre les courants froids du Labrador, des Falkland ou du Kamtchatcka.

Enfin, il existe à peu près dans tous les océans une étroite bande de contre-courant équatorial se dirigeant vers l'est ; sa position est variable avec la saison, et on a vivement intérêt à tenter d'en profiter si l'on veut se déplacer vers l'est en régions tropicales.

Les courants sont plus variables et moins sensibles que les vents, on doit s'attendre à les trouver parfois fort différents de la valeur annoncée par les *Instructions nautiques* et les *Pilot Charts* ; certains sont puissants et réguliers : le Gulf Stream, le courant équatorial longeant la côte nord-est du Brésil, ou le courant de Mozambique (ou courant des Aiguilles).

PLANIFICATION D'UNE TRAVERSÉE

À l'aide des *Pilot Charts,* des *Instructions nautiques,* des cartes et informations des *Ocean Passages*, il faut chercher à tirer parti des vents favorables, des courants, et éviter les zones dangereuses.

Europe-Antilles

La traversée la plus classique, archi-connue, de l'Europe vers les Antilles doit se faire :

– De façon tout d'abord à ne pas approcher les Antilles en saison de cyclones : la bonne période pour la traversée commence en novembre, se termine en mai.

– De façon à profiter le plus possible de l'alizé et du courant des Canaries et du courant nord-équatorial : plutôt que de gagner les Antilles en ligne droite depuis Gibraltar, on descendra par exemple vers les Canaries, un bon endroit pour faire une escale qui raccourcit le voyage, puis encore vers le sud-ouest (avec possibilité d'escale dans aux îles du Cap-Vert, éventuellement) pour trouver l'alizé le mieux établi et le courant le plus favorable aux alentours du 17° nord (mais il arrive que cette latitude favorable se déplace vers le nord ou le sud, et qu'on se retrouve encalminé alors que les copains qui ont pris une route plus au nord ont des vents plus réguliers).

– Quant à un retour vers l'Europe, il s'agit d'une autre histoire : pas question, là, d'aller en ligne droite vers les Canaries ou même vers l'Espagne : il faut contourner l'anticyclone par le nord, pour emprunter le « sens giratoire » : du nord de la chaîne des Petites Antilles, jusqu'aux parages des Bermudes, puis se diriger vers l'Europe en passant au nord de l'anticyclone, en utilisant les vents d'ouest et en faisant bien sûr escale aux Açores (voir le chapitre 6).

Europe-Brésil

Pour se diriger vers le Brésil, au départ des îles du Cap-Vert ou du Sénégal, il faudra tout d'abord éviter la période de la mousson de sud-ouest – fin été, automne – qu'on prendrait en plein dans la figure. Pour éviter d'avoir à trop serrer le près lorsqu'on aura rencontré les alizés de sud-est, après le pot-au-noir (où il faudra bien surveiller l'action des courants, qui pourraient vous dépaler excessivement vers l'ouest), on ne piquera pas droit vers les côtes du Brésil, mais on visera plus à gauche, ne commençant réellement à gagner vers l'ouest qu'au sud de l'équateur : ce faisant, on risque cependant de traverser une bande un peu plus large de pot-au-noir, mais on évitera de se retrouver au près contre le courant le long des côtes est du Brésil.

Aller des Antilles vers le Brésil est rudement plus compliqué. Mais si on repère sur les *Pilot Charts* qu'à certaines périodes de l'année le vent tourne au nord-est, donc n'est plus tout à fait contraire (c'est le cas lorsqu'il est sud-est), et qu'il existe même au long de la côte nord-est du Brésil, durant cette période, un contre-courant près de terre, on risque de faire une traversée moins désastreuse que si l'on veut « rentrer dans la plume » et affronter vents et courants contraires, ce qui n'est jamais ni rapide ni agréable. Attention aux risques récents d'agression trop près des côtes de Guyana et du Surinam !

Lorsque interviennent des moussons, l'étude de l'itinéraire à suivre et de la saison à choisir devient plus primordiale encore.

C'est là que les *Pilot Charts,* la carte multicolore n° 5308 qui est fournie avec les *Ocean Passages*, ou les schémas de Jimmy Cornell trouvent leur plein emploi, indiquant de mois en mois les routes établies autrefois par les grands voiliers. *Ocean Passages* précise que ces routes étaient établies pour des voiliers prêts à affronter les vents forts et les mers dangereuses de certaines régions, ce dont il faudra tenir compte en choisissant un itinéraire : nos voiliers remontant mieux et manœuvrant plus facilement que les anciens navires à phares carrés auront peut-être moins besoin d'aller chercher les vents forts, et on pourra se tenir en bordure des 40° au lieu d'aller au cœur de l'action ! Mais les routes les plus intéressantes, à mon goût du moins, celles des zones tropicales, sont étudiées mois par mois, mousson par mousson, dans les *Ocean Passages.*

Océan Pacifique

Les routes dans l'Océan Pacifique sont en général régies par l'alizé, du moins entre 20° nord et 20° sud ; les anglophones appellent la plus célèbre et la plus fréquentée « The Milk Run », ou la « Tournée du laitier » ; elle comprend les escales désormais classiques : Galapagos, Marquises, Tahiti, îles Cook, Samoa, Tonga, Fidji ; revenir d'ouest en est est une autre affaire : les bateaux qui veulent revenir de Nouvelle-Zélande vers Tahiti restent en bordure des quarantièmes et gagnent vers l'est jusqu'à la longitude des îles Australes avant d'obliquer vers Tahiti.

Une route peu connue peut rendre service aux bateaux désirant revenir de Tahiti vers Panama : elle consiste à faire route au nord et à prendre à droite lorsqu'on rencontre le flot (parfois deux nœuds vers l'est) du contre-courant équatorial. Les bateaux qui visent la côte ouest des États-Unis font en général route au nord jusqu'à Hawai'i et plus nord encore, jusqu'à ce qu'ils trouvent les vents d'ouest.

Plus à l'ouest

Dans les parages de la Nouvelle-Guinée et du Grand Archipel d'Asie, et plus encore dans l'océan Indien, le rythme des moussons alternées déterminera la saison à laquelle vous devrez faire votre traversée ; le retour vers l'Europe se fera soit *via* la mer Rouge (dont la moitié nord vous fera affronter en général 700 milles de forts vents contraires) soit *via* le cap de Bonne-Espérance, où il faudra surmonter les grosses mers engendrées par les coups de vent de sud-ouest contre le puissant courant des Aiguilles. Remonter ensuite du cap vers l'Atlantique nord ne devrait pas poser de problème ; il n'y a pas de cyclones dans l'Atlantique sud, et l'alizé y est toujours très fiable.

LE GUIDE DES GUIDES

Vous ne trouverez pas ci-dessous la liste des guides touristiques du monde entier, quoique l'on puisse certainement retirer d'un Guide Lonely Planet ou autre une mine d'informations sur les pays visités ; je ne vous citerai pas non plus la liste des guides nautiques que vous pouvez trouver en librairie, et qui concernent les côtes de France ou de Grande-Bretagne, par exemple ; sitôt que l'on s'éloigne de l'Europe, en revanche, on ne trouve plus beaucoup de guides sur les zones tropicales ; il faut alors faire confiance aux récits de voyage des illustres prédécesseurs, qui, forcément, connaissent moins chaque région visitée que le navigateur qui s'y est fixé et édite un petit guide de croisière locale. Voici quelques livres, revues, magazines où vous pourrez puiser des renseignements sur les zones que vous allez atteindre ; la plupart de ces guides, autant vous le dire tout de suite, sont en anglais : je vais donc vous répéter, une fois de plus,

que si vous ne parlez pas l'anglais vous allez perdre la moitié de l'intérêt du voyage ! D'abord parce que cette langue est devenue le langage international, et puis parce que vous perdrez la possibilité de retirer d'ouvrages écrits dans cette langue toutes sortes d'informations sur les pays, les mouillages, les climats, les formalités…

Instructions nautiques

Les *Instructions nautiques* britanniques *(Pilot Books)* ont beaucoup plus de détails intéressant les petits bateaux que les françaises. Les termes nautiques anglais qui y sont utilisés sont en général peu nombreux. Vous trouverez en fin de chapitre un bref lexique des plus répandus : on peut utiliser les *Instructions nautiques* britanniques même avec une connaissance restreinte de l'anglais.

SSCA

Une quantité d'informations sur toutes les régions du monde où s'aventurent les voiliers peut être obtenue également par le bulletin mensuel du *Seven Seas Cruising Association,* dont les adhérents écrivent régulièrement à leur revue, racontant en détail leurs voyages, citant les qualités et les défauts des mouillages, précisant les procédures d'immigration, etc. Croyez-moi, les gens du SSCA s'y connaissent pour savoir où sont les bons coins !

SSCA (*Seven Seas Cruising Association, Inc.* 1525 S. Andrews Avenue, Suite 217 Fort Lauderdale Florida 33316, http ://ssca.org ;

e-mail : office@ssca.org ; Fax 1 954 463 71 83 Pour recevoir le bulletin mensuel, il suffit de devenir « associate member ».

Magazines

Outre les trop rares articles relatant des croisières publiés par les revues françaises, le spécialiste incontesté de la croisière telle que nous la pratiquons, c'est le mensuel *Cruising World* ; vous trouverez leurs coordonnées et l'adresse de leur site Internet en fin de volume.

Guides

Je ne cite ci-dessous qu'une partie du catalogue des librairies spécialisées ; En France, vous trouverez votre bonheur dans un réseau de librairies dont les propriétaires ou gérants sont à la fois amoureux de la mer et des livres ; vous pourrez consulter en fin de livre une liste évidemment non limitative.

Aux États-Unis, une des plus fabuleuses de toutes, habituée à expédier manuels et cartes au bout du monde est **Bluewater Books & Charts**, Southport Center 1481 S.E. 17th Street, Fort Lauderdale, FL 33316 ; www.bluewaterweb.com

Il y a aussi l'excellent **Armchair Sailor Books & Charts,** 543 Thames Street, Newport RI 02840 (succursales en Floride, à Charleston, SC, et à Sausalito, Californie).

Différentes publications sont aussi disponibles par correspondance dans les librairies des revues nautiques, en particulier celles de la **Librairie de Loisirs Nautiques** et celle de la **Librairie de Voiles et Voiliers**, qui publient des « hors série » très riches d'informations.

En route donc pour notre tour du monde des guides.

Méditerranée, Europe

L'évangile est chez Imray, éditeur en langue anglaise. Parmi les ouvrages essentiels :

Général Méditerranée

Rod Heikell, *Mediterranean Cruising Handbook*, 98 ; *Mediterranean Almanac* Publié par Rod Heikell (tous les deux ans).

Péninsule Ibérique

Imray : en français, Espagne-Portugal (éditions Loisirs nautiques) ; en anglais : *Mediterranean Spain Pilot* : *Islas Baleares*, 97 ; *Costas del Sol y Blanca*, 98 ; *Costas del Ahazar, Dorada, Brava*, 99.

Il existe aussi un *Spain & Portugal Cruising Guide* (The Yachtsman Directory), 98.

France et Corse

Guides français : je vous citerai simplement les excellents « Pilotes Côtiers » de l'ami Alain Rondeau, une valeur sûre. Le SHOM a publié des Instructions Nautiques pour la plaisance très détaillées, mais qui ne concernent encore que les rivages atlantiques. Ah s'ils pouvaient en publier d'aussi adaptés à la plaisance pour le reste du monde !

Également chez Imray : K. Adlard Coles, *North Biscay, Biscay & Spain* et Rod Heikell : Mediterranean France and Corsica pilot (Imray) 07.

South France Pilots : 1. Introduction ; 2. The Riviera ; 3. Golfe du Lion ; 4. La Corse (Imray) 89 à 93.

Italie

Italian Waters Pilot par Rod Heikell (Imray), 98.

Adriatic Pilot par T. & D. Thompson (Imray), 2000.

À paraître en français, Imray/Loisirs nautiques : *Italie et Grèce*

Grèce

Greek Waters par Rod Heikell (Imray), 98.

Du même auteur : *Saronic, Ionian.*

Turquie

Turkish Waters & Cyprus Pilot par Rod Heikell (Imray), 97.

Le guide de Marcia Davock, comme celui qu'elle a publié sur la Polynésie, date de plus de 10 ans, mais il est très bien fait.

Atlantique

Atlantic Spain & Portugal par Oz Robinson et Mike Sadler (Imray), 95.

Atlantic Islands par Anne Hammick (Royal Cruising Club), 99.

The Atlantic Crossing Guide par Anne Hammick (Imray), 98.

Street's Transatlantic Crossing Guide, 89 : les ouvrages du vénérable gourou de l'Atlantique et des Caraïbes datent un peu, mais restent une mine d'informations.

Afrique

North Africa par Hanj Rijn (Imray), 99.

Cruising Guide to West Africa (de Dakar à la Guinée Bissau) R.C.C. Pilotage Foundation.

Amérique du Sud

Très peu de chose : les 195 pages de *Cruising Notes on the South Atlantic Coast of South America* par Pete et Annie Hill (R.C.C. Pilotage Foundation), 96.

Également par Annie Hill : *Brazil and beyond* (Thomas Reed).

Bermudes

Yachting Guide to Bermuda, excellent, détaillé (Edward Harris), 95.

Antilles

La bible pour les Français : le « *Patuelli* ». L'ouvrage de mon ami Jacques Patuelli, souvent remis à jour, est une inépuisable source d'informations sur la navigation entre Grenade et les îles Vierges. Ne songez même pas à naviguer aux Antilles sans le *Patuelli* ! *le Guide* de Françoise Virlogeux est aussi indispensable pour le sud, de La Martinique aux Grenadines.

Les guides de Donald Street sont intéressants, pleins d'anecdotes, surtout sur les îles anglophones comme Antigua, mais datent un peu.

Cartes Imray-Iolaire

Les **Antilles** sont très bien couvertes en cartes, en particulier les cartes en couleurs de Imray Iolaire (éditées par Donald Street), complétées de nombreux cartouches avec des détails d'îles et de mouillages.

Caraïbes

Chris Doyle publie une longue série de petits guides essentiels pour les Caraïbes : *Cruising Guide to :*

Leeward Islands (d'Anguilla à la Dominique), 99.
Windward Islands (de la Martinique à Grenade), 98.
Trinidad & Tobago, 96, mis à jour en 98.
Venezuela et Bonaire, 97.
Virgin Islands (par Nancy and Simon Scott), 98.

Îles Vierges

Également par Meredith Fields : *Yachtsman's Guide to the Virgin Islands.*

« Spanish Virgins » (à l'est de Porto Rico)

Pour les très agréables de Bruce Van Sant : *A Cruising and Watersports Guide*, 98. Le même Bruce Van Sant a publié un grand classique, pour les masochistes qui veulent aller de Floride aux Petites Antilles (contre l'alizé ; on appelle cette route le « Thorny Path », le « Chemin d'épines) : *A Gentleman's Guide to Passages South.*

Turks and Caicos

Par Stephen J Pavlidis, 98.

Cuba

Deux guides : *Cuba, a Cruising Guide*, par Nigel Calder (Imray), le meilleur, 99.

Et *Cruising Guide to Cuba* par Simon Charles, 97.

Il existe des *Chart Kits* de cartes de Cuba éditées par les services hydrographiques cubains, également disponibles en CD-rom, mais ils sont un peu hors de prix pour ce qu'ils représentent.

Bahamas

Yachtsman Guide to the Bahamas, par Meredith Fields 50e anniversaire de ce grand classique (tous les ans en décembre).

The Bahamas Cruising Guide par Matthew Wilson, 99.

Abaco par Steve Dodge ; *Exuma Guide* par Stephen J. Pavlidis, 97.

Sud des Bahamas : *The Central and Southern Bahamas Guide* par Stephen J. Pavlidis

Il existe un excellent *Chart Kit* des Bahamas (n° 9).

Une valeur sûre pour l'ensemble des Caraïbes : le « *Reed's* » *Caribbean Almanac* paraît chaque année en novembre.

Amérique du Nord

Reed's North American East Coast, almanach essentiel.

Chart Kits de Maptech : 6. : Norfolk to Jacksonville ; 4. : Chesapeake & Delaware Bays ; 3. : New York to Nantucket and to Cape May ; 2. : Canadian Border to Block Island

Intra Coastal Waterway (ICW : les extraordinaires voies d'eau intérieures qui permettent de remonter la côte est des États-Unis en restant à l'abri des coups de vent de l'océan) :

Waterway Guide, publié chaque année ; *Mid Atlantic Edition* ; *Northern Edition.*

Très documenté sous un volume réduit, un grand classique incontournable, le « *ICW, Norfolk to Miami* » de Jan et Bill Moeller, 96, incluant toutes les marinas… et tous les mouillages gratuits !

Si vous poussez plus au nord, vers le Maine, la Nouvelle-Ecosse ou Terre Neuve, vous trouverez tous les guides dont vous rêvez sur place.

Pour rejoindre Montréal *via* l'Hudson : *Cruising Guide to Lake Champlain, New York City to Montreal* par Alan et Susan McKibben, 97.

Ouest de la Mer des Caraïbes

Honduras and its Bay Islands par Rick Rhodes, 98.

Cruising Guide to Belize and Mexico's Caribbean Coast par Freya Rauscher, 96.

The Panama Guide par Nancy and Tom Zydler, excellent guide sur ce pays qui mérite qu'on s'y attarde ; inclut la procédure de transit par le canal de Panama.

Pacifique

Un classique, les *Charlie's Charts* de Charles E. Wood, décédé il y a quelques années : *Charlie's Charts, North to Alaska ; U.S. Pacific Coast, Charlie's Charts of the Western Coast of Mexico, of Costa Rica, of Polynesia :* nombreux schémas simples et infos parfois dépassées.

Imray a publié un guide des **côtes chiliennes**, *Du désert d'Arica à la terre de Feu*, par Ian & Maggie Staples, 98.

Pour les **canaux chiliens** *: Yachtsman's Navigator Guide to the Chilean Channels*, Alberto Mantellero, 99.

The Pacific Crossing Guide par Michael Pocock (R.C.C. Pilotage Foundation), avec les plans de 43 ports sur la route la plus fréquentée.

South Pacific Anchorages de Warwick Clay, excellent, des Galapagos à la Nouvelle-Zélande.

Landfalls of Paradise par Earl R. Hinz toutes les grandes escales, plus Bikini, Souvarof, etc., essentiel.

Polynésie française

Le Nouveau Guide de navigation et de tourisme de la Polynésie française, par mes amis Patrick Bonnette et Emmanuel Deschamps, est très documenté, superbe, mais ne vous dispense pas d'avoir aussi les cartes du service hydrographique ; si vous tombez sur un exemplaire du vieux guide (85) de Marcia Davock *Cruising Guide to Tahiti and the French Society Islands*, emparez-vous-en, même s'il ne concerne que les îles de la Société (de Tahiti à Bora Bora et Maupiti).

Pour le reste du Pacifique, un ouvrage de référence, pas un guide nautique, mais des infos détaillées sur chaque pays, le *South Pacific Handbook*, annuel.

Tonga

Un beau terrain de croisières pour les voiliers de charter de la compagnie Moorings, qui édite un *Cruising Guide to the Kingdom of Tonga : The Vava'u island Group*, 97.

Fidji

A yachtsman's Fiji par Michael Calder.

Vanuatu

Guide to Vanuatu par Nicola Rhind.

Salomon

Sail the Solomons par Dayle Smith.

Nouvelle-Calédonie

Excellent et en français (existe aussi en anglais) : *Croisière en Nouvelle-Calédonie*, de Joël Marc, Marc Rambeau et Ross Blackman (Éditions Savannah).

Nouvelle-Zélande

Destination N.Z. : Bluewater Cruiser's Guide to New Zealand's Northern Waters par Graham Brice et Christopher Carey, 98.

Australie

Le guru local s'appelle Alan Lucas ; ses ouvrages essentiels :
Australian Cruising Guide (toute l'Australie), 94.
Cruising the Coral Coast, 98.

Asie du Sud-Est

Cruising Guide to Southeast Asia par Stephen Davies et Eileen Morgan (Imray) : 1. *South China Sea, Philippines, Gulf of Thailand, Singapore*, 98.

2. : *Papua New Guinea, Indonesia and Malacca Strait*, 99.
Sail Thailand par Colin Piprell, 99.
Indian Ocean Cruising Guide (Imray) par Rod Heikell, 99.

Seychelles

Le guide d'Alain Rondeau, inspiré de ses remarquables *Où Naviguer.*

Côte Est de l'Afrique

East Africa Pilot par Delwyn McPhun : du Kenya à Durban, 98.

Mer Rouge

Red Sea Pilot par Stephen Davies et Elaine Morgan, *D'Oman à Israël et à Chypre*, 95, supplément 98.

En français : *Nord mer Rouge* et *Sud mer Rouge* par Félix Normen, Loisirs nautiques.

Et puis, pour rêver, mais aussi pour y puiser des informations précieuses, quelques ouvrages de nos illustres prédecesseurs... ou de ceux qui suivent leurs traces :

Livres anciens

James Cook : *Relations de voyages autour du monde.*
La mutinerie du *Bounty* romancée par Nordhoff & Hall.
J.F. de Lapérouse : *Voyage autour du monde sur l'Astrolabe et la Boussole*
Romancées aussi, les aventures d'Herman Melville : *Tai-Pi, Omoo*, et bien sûr *Moby Dick.*
Richard Henry Dana : *Deux ans sur le gaillard d'avant.*
R.L. Stevenson : *Dans les mers du sud.*
Jack London : *Histoires des îles.*

Les pionniers de la navigation sur de petits bateaux

Joshua Slocum : *Seul autour du monde sur un voilier de 11 mètres.*
John Voss : *Au détour du monde.*
Harry Pidgeon : *La Terre est une île.*
Alain Gerbault : *Seul à travers l'Atlantique, l'Évangile du soleil*
Louis Bernicot : *La Croisière de l'Anahita.*
Le Toumelin *: Kurun autour du monde.*
Marcel Bardiaux : *Aux quatre vents de l'aventure.*

La quasi totalité des livres de mer publiés par Jacques Arthaud

Jusqu'en 1977, une collection essentielle, qui n'a malheureusement pas été rééditée comme elle le méritait : Annie Van de Viele, Éric Tabarly, Alain Colas, Chichester, sir Alec Rose, Farley Mowat et tant d'autres...

Pour sourire

Les récits de Jacques Perret (*Rôle de plaisance*, etc.) de Gérard Borg (*Les Tétragonautes, La Ruée vers l'eau*...), de Jean-Michel Barrault (*Le Coup du Yacht*) ; le livre culte de Jean-François Deniau : *La mer est ronde*

Le livre qui m'a donné l'idée qu'il pouvait y avoir une vie pour moi sur la mer, voyageant et racontant mes voyages : René Corpel, *La Grande Bordée.* Le livre qui m'a donné l'idée que c'était en solitaire qu'il fallait que je parte : Robin Lee Graham, *The Dove.*

Évidemment essentiels, tous les livres de Bernard Moitessier

Qui a inspiré tant d'entre nous : *Un vagabond des mers du Sud, Cap Horn à la voile, La Longue Route, Tamata ou l'alliance*, et *Voiles, Mers lointaines, Îles et lagons.*

Une trilogie qui nous a inspirés aussi

Celle du Damien *: Du Spitzberg au cap Horn, Icebergs et Mers australes, l'Antarctique à la voile.*

Les récits des coureurs

Qui ont tous au fond du cœur des croiseurs... : Alain Colas, Philippe Poupon Loick Peyron, Philippe jeantot... et tant d'autres.

... et les moins connus

Qui adorent voyager, qui adorent le raconter, le font très bien, et ont choisi l'écriture pour alimenter la caisse du bord :

Daniel Drion

Latitudes vagabondes (c'est aussi le titre du film qu'il présente dans la série « Connaissances du Monde ».

Jean-François Diné

Trois places au soleil, Mon képi pour un océan, De l'Orénoque à l'Amazone sur un voilier de dix mètres (Éditions Eau d'automne) http ://members@aol.com/JFDine ; e-mail : JeanFrancoisDine@aol.com

Goudis

L'Enfant des sept mers

Bien sûr, si vous avez tous ces livres à bord de votre petit voilier, vous n'avez plus que douze centimètres de franc-bord ! Espérons que les éditeurs de ces ouvrages vont bientôt en éditer une partie sous forme de CD-rom, moins encombrant !

LEXIQUE DE QUELQUES TERMES NAUTIQUES ANGLAIS

Ces termes sont souvent employés dans les *Pilot Books* britanniques.

abreast (of) : par le travers de
anchorage : mouillage (prononcer *enk'réidj'*)
available : disponible
bank : banc (mais aussi une banque !)
beach : plage
between : entre
boat : **embarcation (et, par extension**, petit bateau de plaisance ; attention, un bateau de plaisance ne passe pas forcément par un « *boat channel* »)
bottom : le fond (mais aussi le derrière)
breakwater : brise-lames
cable : une encablure (180 mètres), mais aussi un cordage ou une chaîne d'ancre
causeway : une jetée, digue, avec une route dessus, généralement entre deux îles
chop : clapot
closer : plus près
conspicuous : remarquable
cove : anse
craft (small) : voir **boat**
current : courant (adjectif et nom)
depth : profondeur
east : est
ebb tide : jusant
fairway : partie navigable d'un chenal
farther (ou further) : plus loin
fathom : unité de profondeur (6 ft = environ 1,80 mètre)
flow : courant, flot
foot : un pied (= environ 30,5 centimètres)
(the) former : celui cité en premier (celui cité en dernier : **the latter)**
fog : brouillard
fringed (by rocks) : bordée de rochers (une côte)
gale : coup de vent
ground : le fond
head (of a cove) : le fond d'une anse (comme on dirait « le fond d'un couloir »)
inhabited (faux ami !) :habité («Inhabité » se dit **uninhabited)**
jetty : jetée
knowledge : voir **local knowledge**
landmark : objet reconnaissable à terre, amer
(the) latter : voir **(the) former**
leading lights : feux d'un alignement
(the) lee of : sous le vent de
(a) light is exhibited (from) : un phare se dresse sur...
local knowledge : connaissances locales. Tous les mouillages ou passages un peu difficiles sont réputés par les *Pilot Books* nécessiter de la *local knowledge*, un ingrédient qui ne s'achète malheureusement pas au poids. À vous d'évaluer... Parfois, cela veut dire qu'il n'est pas question d'y aller sans pilote, ou sans quelqu'un qui connaisse les lieux ; d'autres fois, qu'avec de bonnes conditions de temps, de visibilité, de lumière, un petit bateau qui manœuvre aisément peut tenter l'affaire !
low : dépression (**high** : haute pression)
mooring : mouillage, corps-mort, amarres
neap tides : marées de mortes-eaux
north : nord
onshore wind : vent de mer (vent de terre : **offshore wind)**
road, roadstead : rade
root : enracinement d'une jetée
reef : récif
shallow : peu profond
sheltered : abrité
shoal : peu profond, rocheux (également, écueil)
shore : rivage
(to) sight : apercevoir
(to) sound : sonder
south : sud
southernmost : le plus au sud
steep to : accore
swell : houle (mais aussi, adjectif «super»)

tidal range : amplitude de la marée
(to) trend : se diriger vers (pour une côte)
weather : le temps
(to) weather : passer au vent de, encaisser
weather report : bulletin météo
west : ouest
(to) windward of : au vent de
within : à l'intérieur de

Et quelques termes employés dans les bulletins météorologiques anglophones :

Area (é-rwi-è) : zone
Clearing (cli-rwinn'g) : s'éclaircissant
Cloudy (clawdi) : nuageux
Cold front (côld frwont') : front froid
Hurricane (Heure-ricane) : ouragan, cyclone
Deepen (diipeun) : se creuser
Depression (déprwécheun'), Low : dépression
Fine weather (faïn wézer) : beau temps
Gale warning (guéil' warning) : avis de coup de vent
High pressure, **high**, **anticyclone** : haute pression
Gusts (gueust's) : rafales
Increase (in'–criss') : augmenter
Knot (not) : nœud
Moving (mouvin'g) : se déplaçant
Settled (set-teuld) : établi
Squall (skwall) : grain
Storm warning : avis de tempête
Tropical Wave (wév') : onde tropicale
Warm : chaud ou tiède
Wind : Vent

DEPTH
WIND

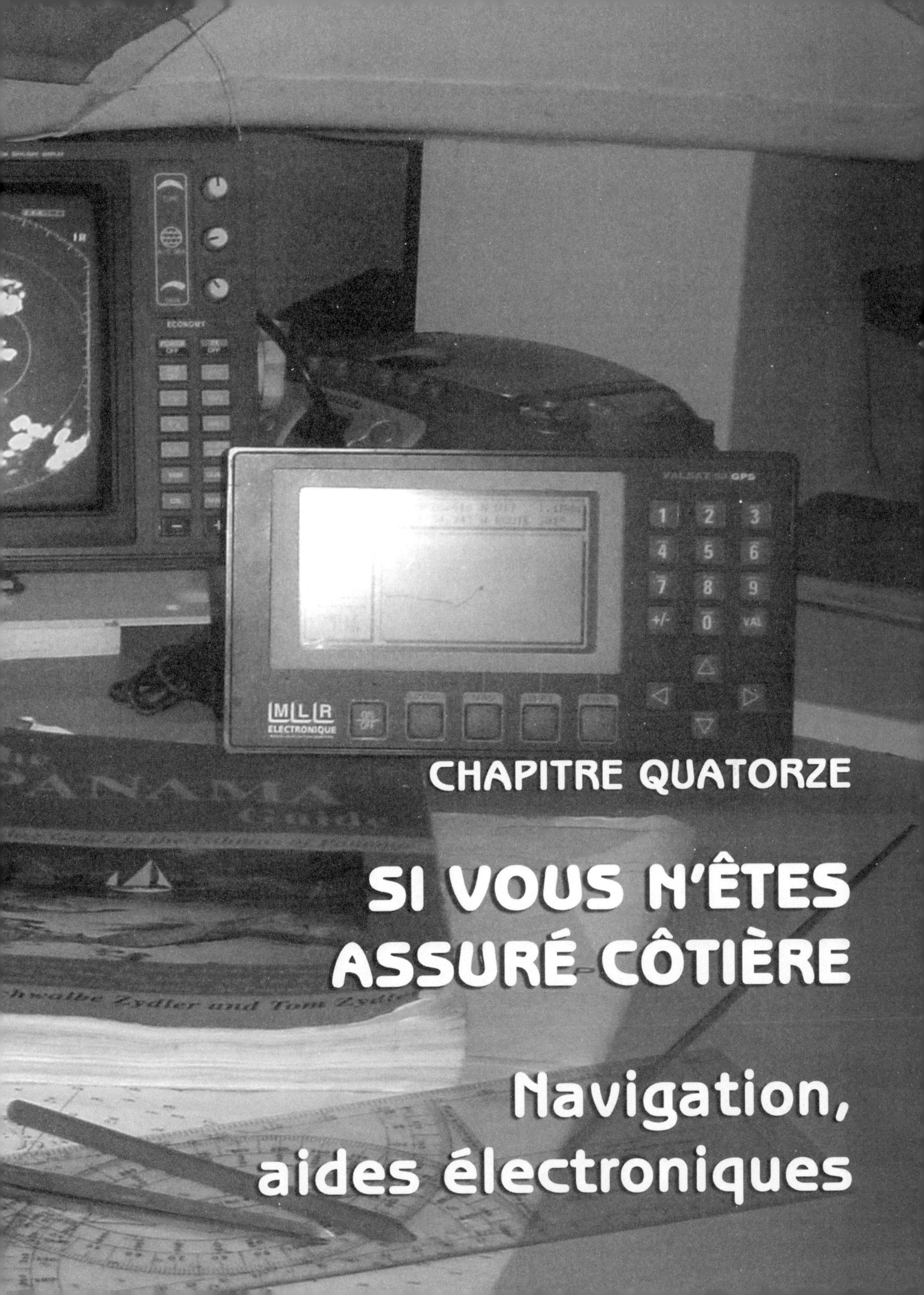

CHAPITRE QUATORZE

SI VOUS N'ÊTES ASSURÉ CÔTIÈRE

Navigation, aides électroniques

Échouer (v. tr. ou intr.). Consacrer trop de temps à naviguer (particulièrement en eaux peu profondes) pour pouvoir être reçu à ses examens.

LA NAVIGATION À L'ESTIME

C'est simple : vous étiez à Paris, vous avez roulé 200 kilomètres vers le nord, vous êtes du côté de Lille. Sur la route, c'est facile, vous voyez la pancarte. En mer, il n'y a pas de pancartes, mais vous pouvez tracer sur une carte un point situé à la distance correspondante, au nord de votre point de départ, et vous êtes là… sauf courants, erreurs de calcul, etc. Certains tiennent un livre de bord très précis, notant chaque heure la direction du vent, sa force, la vitesse et le cap du bateau. Moi, je tiens directement ce livre de bord sur la carte, traçant à chaque changement de cap le vecteur correspondant au chemin parcouru dans la période précédente. C'est ce serpent, zigzaguant lorsque les vents et les caps sont hésitants, rectiligne lorsque les conditions sont plaisantes, qui matérialise seul mon avance.

Il est inutile, voire dangereux, de vouloir trop préciser l'estime, ce qui peut donner une sensation de sécurité excessive : l'imprécision des mesures de vitesse, de tenue de cap, et de la connaissance des courants et dérives rend illusoire une estime trop fignolée. Au lieu d'un tracé du genre de la figure 40, où le barreur se serait évertué à savoir en permanence s'il ne va pas 3 degrés à gauche ou 2 degrés à droite de sa route (ici, au 90), il vaut mieux avoir une notion moyenne : de 10 heures à 11 h 30, on a parcouru 5 x 1 h 30 = 7,5 milles en moyenne au 90 (fig. 41). La précision sur le résultat ne sera pas plus mauvaise dans le deuxième cas que dans le premier.

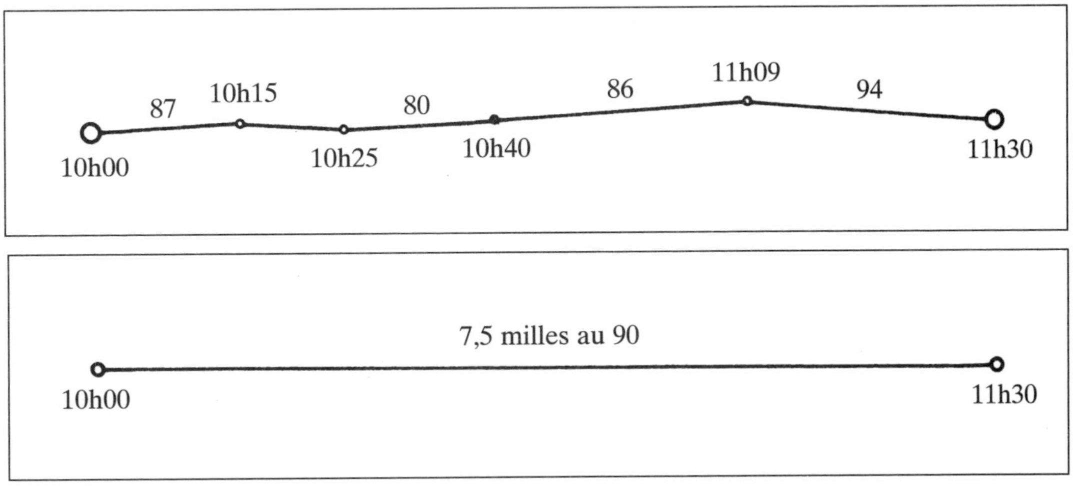

Figures 40 et 41. *La navigation à l'estime.*

COMPAS, CAP COMPAS, MAGNÉTIQUE ET VRAI

Compas

C'est le cousin de la boussole, sauf qu'au lieu de faire tourner une aiguille devant une rose graduée, c'est toute la rose qui est liée à l'aiguille aimantée, et qui défile devant un repère matérialisant l'axe du bateau : en face de ce repère, on lit sur la rose le « cap compas » que le bateau est en train de suivre.

Attention, certains compas vous montrent la face de la rose située le plus près de vous ; d'autres, la face opposée. Ainsi, sur les premiers, le 40 est à gauche du 30, et c'est le contraire sur les seconds. Mais, pour éviter toute confusion, il faut se dire, et seulement se dire, que les caps augmentent de gauche à droite : pour augmenter, par exemple, de 30 à 40 le cap qu'indique votre compas, c'est vers la droite qu'il faut aller ; **si vous faites face à un cap donné, il augmentera si vous vous tournez vers votre droite, diminuera si vous vous tournez vers votre gauche.**

Il est essentiel de savoir très vite les valeurs du cap correspondant au nord (000 ou 360°, c'est pareil), à l'est (90°), au sud (180°), à l'ouest (270°). Une valeur intermédiaire, par exemple 210, doit tout de suite signifier pour vous : 180° + 30°, soit 30° à droite du sud ; 80° sera 90° – 10°, soit 10° à gauche de l'est.

Il importe aussi de savoir trouver le cap réciproque d'un cap donné, c'est-à-dire celui qu'il faut faire afin d'effectuer un demi-tour (pour récupérer un objet ou quelqu'un tombé à la mer) ; il faut enlever ou ajouter 180° au cap originel.

EXEMPLE : cap réciproque de 45 : 45 + 180 = 225°
cap réciproque de 210° : 210 – 180 = 30°

(si l'on faisait 210 + 180, on trouverait 390°, c'est-à-dire 390 – 360 = 30°, car 360°, en matière de caps, c'est la même chose que zéro).

Cap compas

Ce que votre compas indique, ce n'est pas exactement la direction dans laquelle vous êtes tourné :

a) D'abord, tout compas, même parfait, indique non pas le nord géographique (ou « nord vrai »), mais la direction du nord magnétique, qui n'est pas exactement la même. La différence, qui s'appelle déclinaison (en anglais *variation*), peut être faible, ou monter jusqu'à 40 degrés et plus dans certains coins du monde. Grossièrement, dans l'Atlantique, elle est ouest (le pôle Nord magnétique est situé à gauche du pôle Nord géographique) ; dans l'océan Indien et le Pacifique, elle est généralement est.

Mnémotechniquement, pour suivre un cap donné mesuré sur votre carte, il faut se diriger vers un cap compas égal au cap vrai (lu sur la carte) augmenté de la déclinaison si elle est ouest, diminué si elle est est.

En Atlantique (jusqu'à Panama, ou jusqu'en Argentine), la déclinaison est ouest. Si l'on veut faire route au 100, on fait une route compas égale à 100 plus la déclinaison : on monte de la table vers le compas (même mouvement que pour monter de la table à cartes vers le cockpit où se trouve le compas).

À l'est de la Corse, dans une bonne partie de l'océan Indien et du Pacifique, on fait le contraire : quand on monte de la table à cartes vers le compas, on descend (on diminue) le cap vrai de la déclinaison.

Si vous allez d'Europe aux Antilles, ou au Brésil, vous *monterez* le chiffre lu sur la carte pour l'afficher au compas. Vous trouverez, pour chaque point des océans, la valeur de la déclinaison magnétique sur la plupart des cartes, en particulier sur les *Pilot Charts*.

b) En plus d'indiquer un cap magnétique différent du cap géographique, votre compas est affecté par les masses métalliques (moteur, etc.) que comporte votre bateau. Théoriquement, une petite carte doit lui être annexée, indiquant de combien il faut corriger le cap lu au compas, en fonction du cap en question, pour tenir compte de cette déviation. En pratique, sauf accident (et sauf dans le cas de coques en acier, qui posent parfois des problèmes insolubles), si cette correction ne dépasse pas 2 ou 3 degrés dans un sens ou dans l'autre, on n'en tiendra pas compte, sauf si l'on doit vraiment fignoler un cap au degré près ! Mais ce genre de précision, on l'a vu, est illusoire !

Pour une courbe du genre de celle de la figure 42, où la correction atteint rarement 3 degrés, je ne m'embêterais pas. Mais si les déviations étaient plus fortes, il faudrait compenser mieux le compas. C'est en principe le boulot de spécialistes qu'on trouve dans certains grands ports. L'un d'eux, à Marseille, avait si bien compensé le mien que, quoique la coque de mon premier bateau fût en acier, jusqu'à 35 degrés de latitude sud je n'ai pas eu de déviations sensibles. Plus souvent, des changements importants de latitude entraîneront peut-être l'obligation de compenser à nouveau votre compas. On peut faire soi-même certaines compensations simples à l'aide des aimants de réglage que comporte parfois le compas ; je n'ai jamais eu l'occasion de le faire personnellement.

Il importe, en revanche, de vérifier régulièrement que ces déviations n'empirent pas. Plutôt que de se lancer une fois par an dans des opérations compliquées, consistant à couper sous tous les angles un alignement connu pour vérifier sa courbe de déviation, je préfère, chaque fois que j'en ai l'occasion, profiter d'un alignement ou, plus généralement, du coucher du soleil (l'azimut du soleil à son lever ou à son coucher est donné chaque jour pour chaque latitude par les éphémérides), voire d'une étoile située assez bas sur l'horizon. Ainsi, en tournant un instant l'étrave du bateau vers l'astre en question, on peut comparer le cap qu'indique alors le compas avec l'azimut indiqué par les éphémérides. Lorsque je navigue vers l'ouest, par exemple, je vérifie ainsi, au coucher du soleil, que l'indication de mon compas (corrigée de la déclinaison) est juste, à 1 ou 2 degrés près. Davantage de précision ne m'intéresse pas.

EXEMPLE : le 19 novembre 2000, par 10° sud, avec une déclinaison magnétique locale de 7° ouest, alors qu'on fait route à peu près au sud-ouest, on constate qu'il faut faire route au 255 compas, c'est-à-dire 255 – 7 = 248 vrai, pour que le soleil se couche juste devant l'étrave. Or les éphémérides, page 19 novembre 2000, ligne 10° sud, indiquent que l'azimut Z du lever du soleil est en réalité 249 : les éphémérides donnent un jour sur deux alternativement l'azimut du coucher et du lever

Figure 42. *Courbe de déviation.*

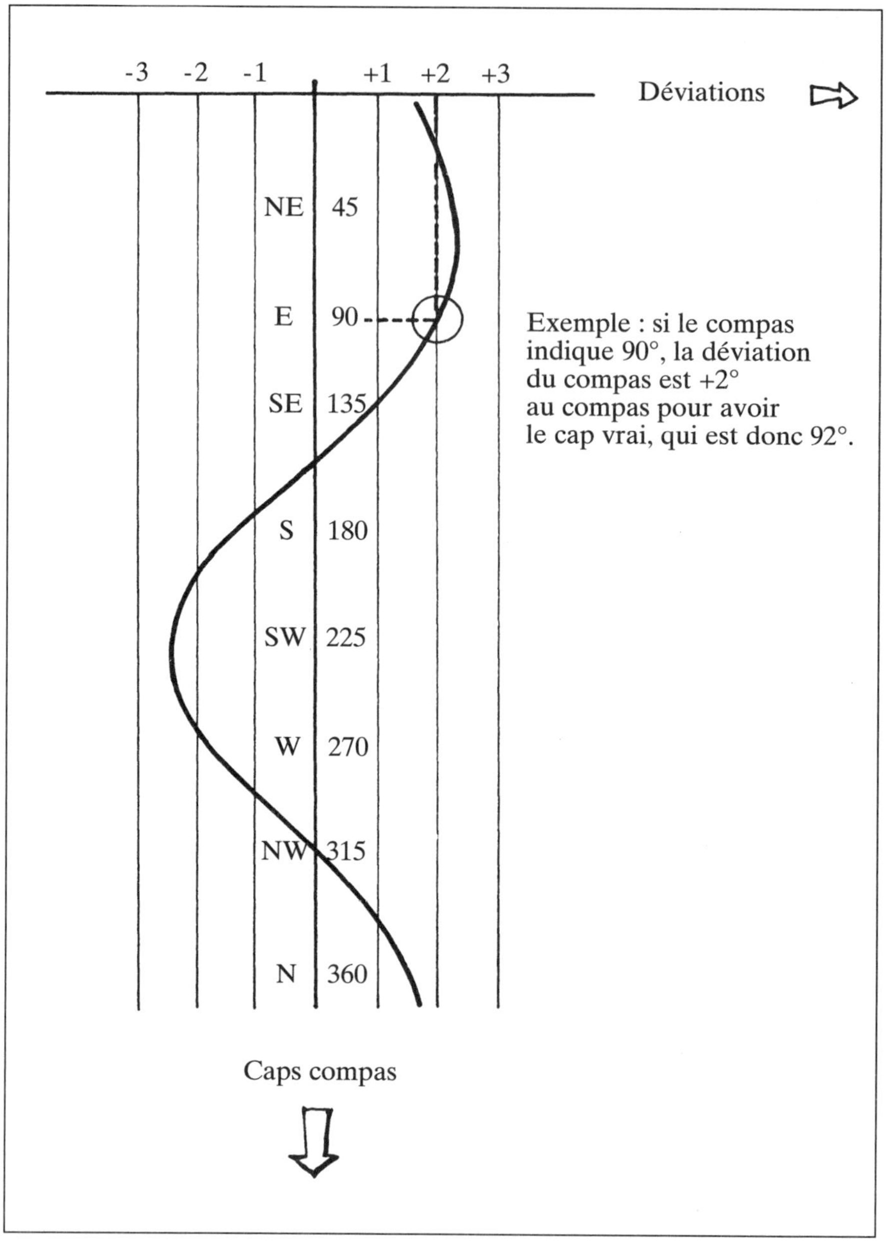

du soleil ; si nécessaire, prenez le chiffre de la veille ou du lendemain, ça ne change pas vite. On peut donc en déduire que tant qu'on fera route dans cette direction du 255 compas – et le sud-ouest (225°), la route que l'on doit suivre en est assez proche – , il faudra augmenter de 1 degré (249 moins 248) le cap lu au compas. Si cette différence est de l'ordre de 1 ou 2 degrés (et c'est généralement le cas), je ne m'en préoccupe plus.

c) Dérive due au courant : supposons que votre bateau ait en une heure parcouru 5 milles au nord-est du point A (fig. 43) ; il a atteint le point B. Mais supposons que pendant le même temps un courant ait déplacé toute la surface de l'eau, donc le bateau, de 2 milles vers l'ouest. En fait, le bateau aura parcouru le segment AC au lieu d'AB. L'angle BAC, c'est l'angle de la dérive due au cou-

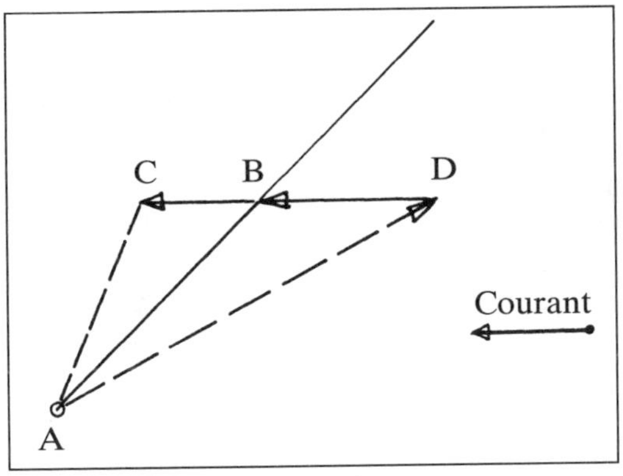

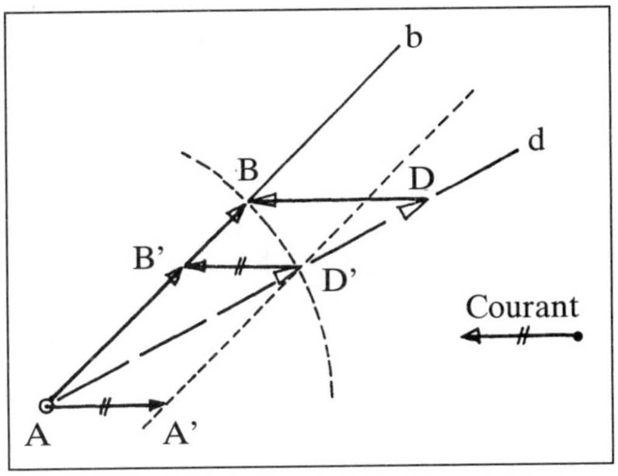

Figures 43 et 44. *Dérive due au courant.*

rant. Avec un peu de logique, connaissant par les cartes et *Pilot Charts* une valeur et une direction approximatives du courant, il vous est facile de voir si le courant va vous ralentir ou vous accélérer et de quel côté il va vous dévier de votre route. Si vous voulez réellement faire la route AB, il faut que vous fassiez en sorte de parcourir la route AD, et pendant ce temps-là le courant vous aura amené en B.

La construction exacte est celle de la figure 44 ; le point D', qui déterminera le cap AD à suivre, est obtenu par l'intersection de la droite pointillée (parallèle à AB menée par A' telle que A'A représente la vitesse et la direction du courant) avec le cercle de rayon 5 milles centré sur A : en une heure, si vous essayez de parcourir la route AD', le courant vous ramènera en B' (car D'B' = A'A), qui est bien dans la direction AB à suivre. Dans le cas présent, il faudra une heure et demie pour atteindre B (car AD = 7,5 milles).

d) Dérive due au vent : là, on en est réduit à des estimations pifométriques. On peut dire que si on navigue au vent portant ou de travers cette dérive est négligeable. Si, en revanche, on commence à serrer le près, le vent vous fait « perdre du cap », et il faut compter une dérive de 5 à 15 degrés, peut-être plus par certaines mers. Ici, un peu de logique vous montrera que si le vent vient de tribord vous ne ferez qu'un cap numériquement inférieur à celui lu au compas. Le cap que vous ferez sera supérieur si le vent vient de bâbord ; on pourra se faire une idée de la valeur de la dérive due au vent en estimant l'angle que fait le sillage que le bateau laisse derrière lui avec l'axe du bateau (fig. 45).

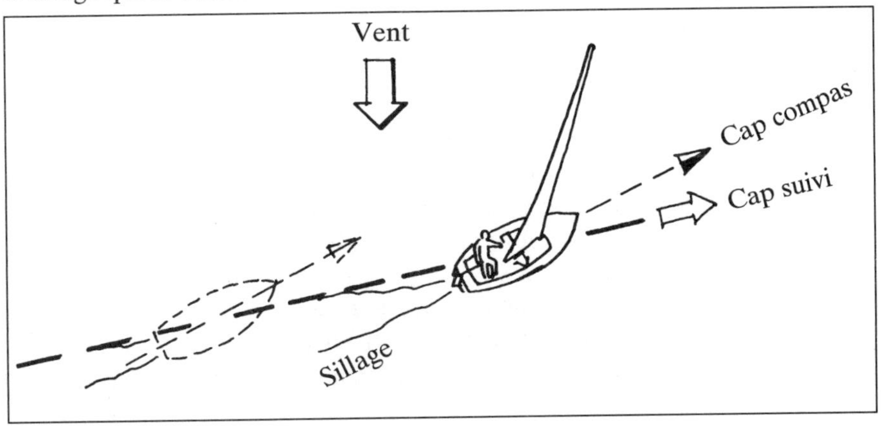

Figure 45. *Dérive par le vent.*

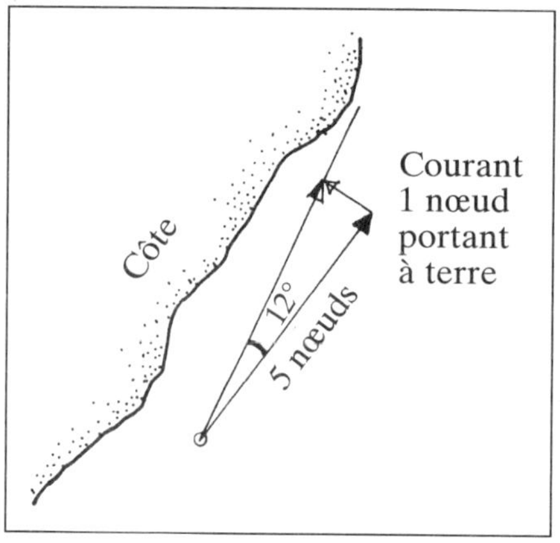

Figure 46. *Dérive par le courant.*

Vous voyez qu'à force de s'additionner les petites corrections peuvent sérieusement faire différer le cap affiché par votre compas de la route que vous suivez sur la carte (ou « route sur le fond »). Un bateau qui suit la côte est du Brésil vers le nord, aux alentours de Recife, devrait déduire du cap lu sur son compas, par exemple 60 degrés :

1. La déclinaison magnétique (puisqu'il descend du compas vers la table à carte, et qu'on est en déclinaison ouest, soit 60 – 23 = 37°

2. S'il marche à 5 nœuds et qu'un courant de 1 nœud porte à terre, ce qui arrive dans ces régions, il devra encore déduire 12° (voir fig. 46), soit : 37 – 12 = 25°

3. Et s'il est au près, tribord amures sur la mer un peu agitée de ce coin-là, la dérive due au vent sera bien de 10° vers la gauche : 25 – 10 = 15°

En résumé, au lieu de faire route au 60, toutes les causes s'additionnent pour qu'il ne marche qu'au 15… c'est-à-dire qu'il se rapproche dangereusement de la terre, et qu'il aura sans doute à tirer un bord au large !

Pour toutes ces influences exercées sur votre cap, mieux vaut un peu de logique, de réflexion, un petit dessin, que des formules rébarbatives à base de Cv, Cc, D, d et W des cours de navigation. Un peu de réflexion, et le moyen mnémotechnique que je vous rappelle :

En déclinaison ouest (par exemple, dans presque tout l'Atlantique) : on monte le cap de la valeur de la déclinaison quand on monte de la table à cartes vers le cockpit, où se trouve le compas. Quand on descend, on descend le cap lu au compas de la valeur de la déclinaison pour obtenir le cap à tracer sur la carte. En déclinaison est (océan Indien, disons), c'est le contraire.

RAPPEL DE DÉFINITIONS

Vous les connaissez sans doute déjà mais rappelons un instant quelques définitions, à l'échelle d'une carte locale plane : la latitude se mesure de bas en haut en hémisphère Nord, en minutes, une minute de latitude correspond à 1 mille nautique (1 850 mètres à peu près) les points ayant la même latitude sont sur un parallèle, qui apparaît horizontal sur la carte ; la longitude se mesure de droite à gauche du moins à l'ouest de Greenwich, et les points ayant la même longitude sont sur une ligne verticale qu'on appelle un méridien. Cela suffit pour l'instant, tout à l'heure nous verrons ce que cela donne en géométrie dans l'espace.

Usage de la règle Cras (fig. 47)

Soit à tracer par un point donné A l'azimut 40° :

1) Placer d'abord la règle sur la carte de façon que la flèche soit À PEU PRÈS TOURNÉE VERS LE 040 (on sait que 40, c'est à peu près nord-est – à mi chemin entre nord, 000 et est, 90° : on tourne donc la flèche à peu près vers le nord-est, c'est-à-dire vers le haut et la droite de la carte.) *Ce petit instant de réflexion est primordial, il fait gagner tout de suite beaucoup de temps et évite les erreurs grossières.*

2) En gardant la règle à peu près orientée de la même façon, faire balader le plus au sud des points C et C' (marqués d'un petit rond sur la règle) sur un méridien ou sur un parallèle jusqu'à amener le chiffre 040 des graduations, du moins celui lu droit pour l'œil (c'est-à-dire sans avoir besoin de se tordre le cou !) sur le même méridien ou sur le même parallèle que C (il y a deux chiffres, un qui vous servira si vous avez choisi un méridien, l'autre si vous avez choisi un parallèle ; de toute évidence un seul est satisfaisant).

3) Sans faire quitter à C ni à la graduation 40 le parallèle (ou le méridien) choisi, déplacer latéralement la règle, dont les côtés sont maintenant parallèles à l'azimut 40 degrés, jusqu'à ce qu'un de ses longs côtés passe par le point A, déterminant le cap 40 degrés, qu'on n'a plus qu'à tracer.

Mesure d'un cap tracé sur la carte

Poser la règle avec son bord le long de la droite tracée, la flèche tournée vers le bon sens, vers l'amer s'il s'agit d'un relèvement, ou dans le sens de la marche du bateau

Figure 47.
Tracé d'un cap par la règle Cras.

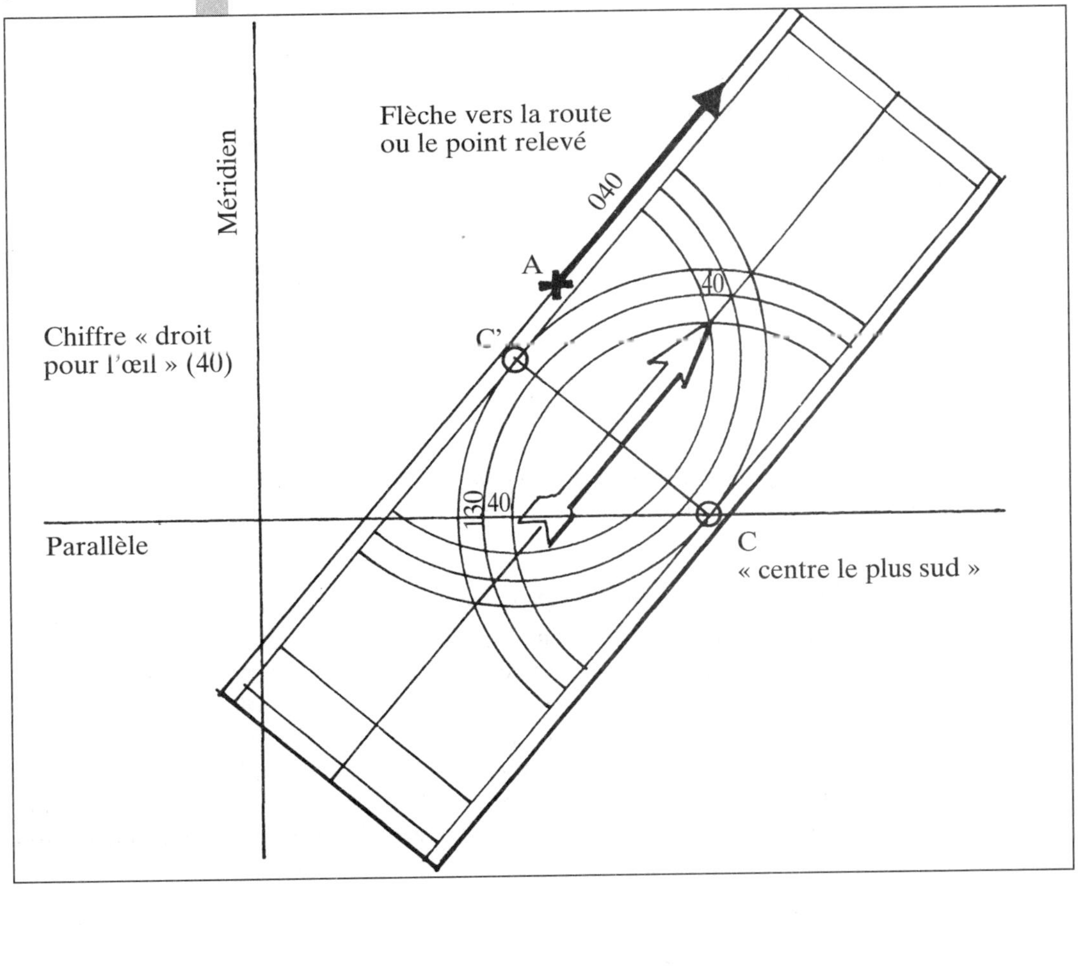

s'il s'agit d'une route. Déplacer la règle dans le sens longitudinal, sans perdre ce contact, jusqu'à ce que le plus sud des centres C arrive sur un méridien ou un parallèle ; lire sur ce même parallèle ou méridien le cap, sur la graduation en arc de cercle centrée sur le centre choisi : ici encore, c'est le chiffre « droit pour l'œil » qu'il faut choisir.

Pour éviter les erreurs, il est toujours conseillé d'avoir une idée de la grandeur de ce qu'on veut mesurer avant de s'adonner aux tracés ou aux mesures instrumentales : c'est d'ailleurs une recommandation tout à fait générale qui vous évitera en permanence des erreurs d'échelle sur un sondeur, des erreurs de cap sur un compas : une mesure ne doit jamais servir qu'à préciser une grandeur dont le simple bon sens vous avait donné une estimation.

RELÈVEMENTS

À l'aide d'un petit appareil appelé « Compas de relèvement », vous pouvez mesurer l'azimut d'un objet reconnaissable, ou « amer », phare ou bâtiment, cap ou bouée, par exemple, c'est-à-dire le cap qu'il faudrait faire pour vous diriger vers l'objet en question. Il faudra, bien sûr, avant tout tracé, remplacer les valeurs mesurées, qui sont des relèvements magnétiques, par les « relèvements vrais » obtenus en soustrayant la valeur de la déclinaison magnétique si elle est ouest, en l'ajoutant si elle est est (même règle mnémotechnique que ci-dessus : en Atlantique, en même temps que vous descendrez de votre cockpit vers votre carte, vous « descendrez » la valeur rclcvée).

Si vous voyez ainsi un objet « au 45 », c'est-à-dire (si la déclinaison locale est 7° W) au 45 – 7 = 38° vrais, vous pouvez en déduire que vous êtes sur la demi-droite tracée sur la carte arrivant à l'objet en question et orientée au 38 (fig. 48).

Figure 48. *Relèvement d'un amer.*

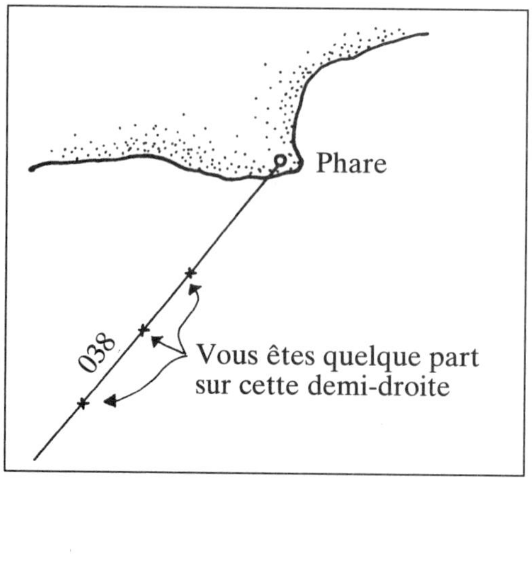

Si vous pouvez prendre le relèvement de deux amers suffisamment écartés l'un de l'autre, vous savez que vous êtes à l'intersection de deux droites, ce qui vous place exactement. Si vous pouvez en prendre trois, cela vous donne en plus un moyen de vérifier l'exactitude de ces mesures.

En général, ces trois droites ne se croisent pas exactement au même point, mais forment un petit triangle qu'on appelle le « chapeau du capitaine ». On admet qu'on est à proximité du centre de ce triangle. S'il est trop grand, c'est qu'on a fait une erreur quelque part (fig. 49).

Malheureusement, cette méthode ne donne que des résultats médiocres sur un bateau à coque en acier (on peut cependant les améliorer partiellement en essayant de s'écarter le plus possible, ce que permet le compas de relèvement tenu à la main, des masses métalliques : debout sur le roof, par exemple – attention, c'est un bon

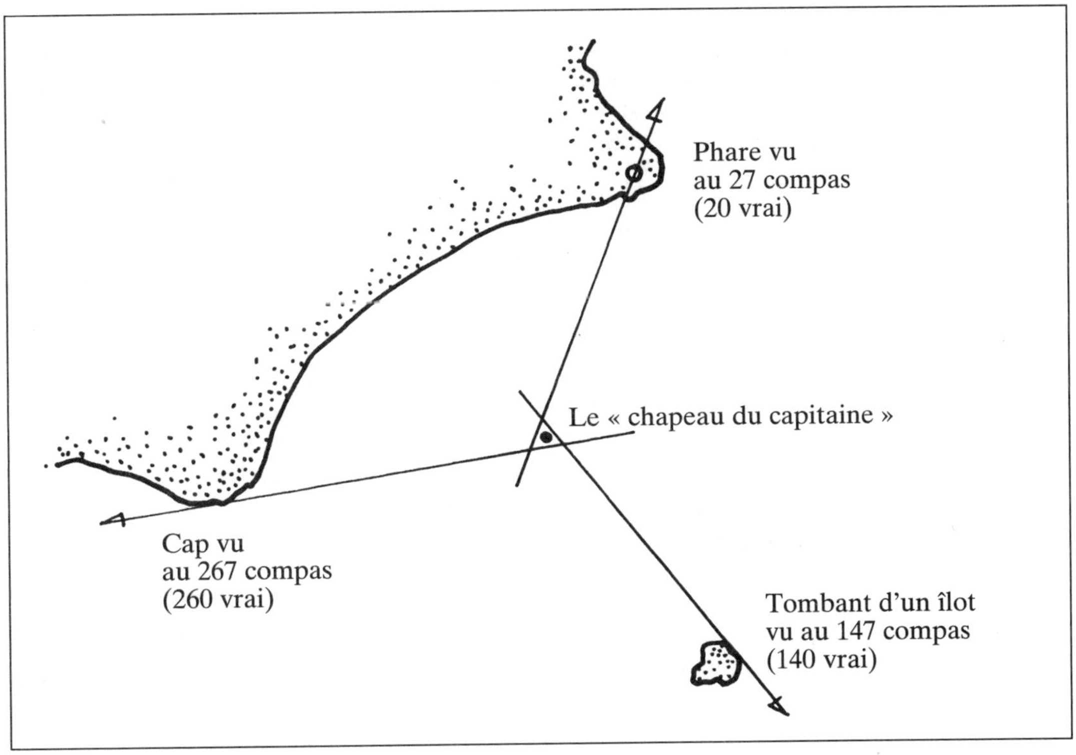

Figure 49. *Point par relèvement des trois amers.*

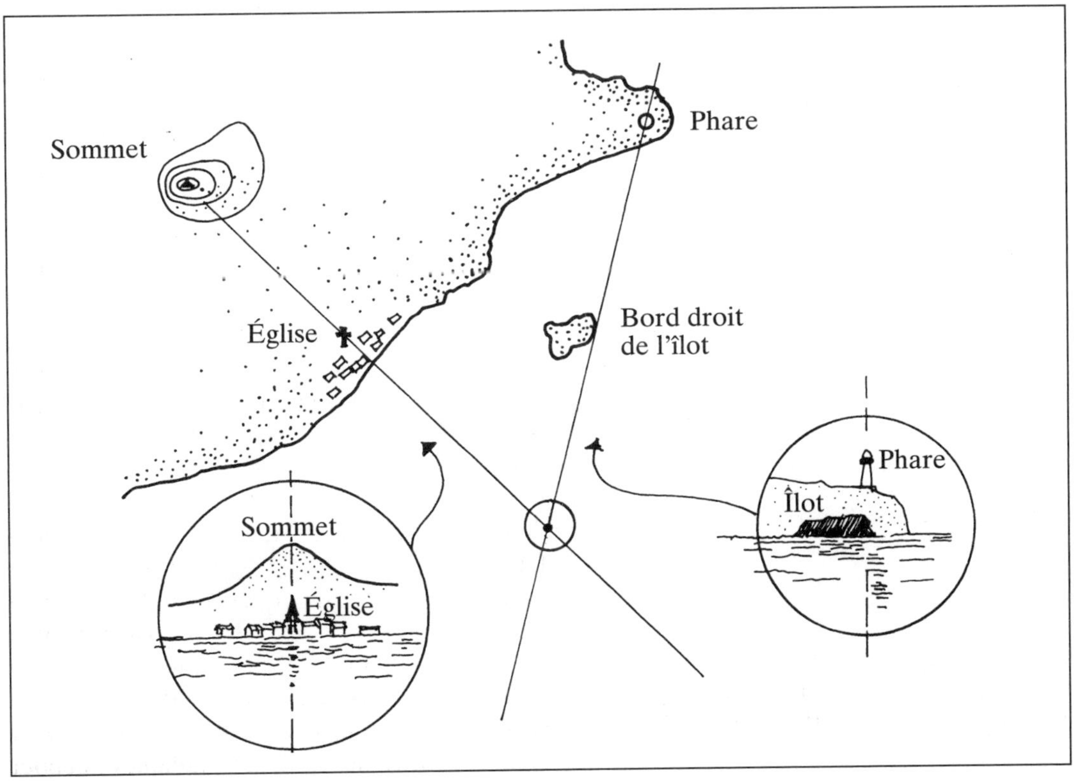

Figure 50. *Point par deux alignements.*

moyen de se casser la gueule !). Il vaut mieux alors, autant que possible, se fonder sur des alignements de deux objets remarquables.
Regardez la figure 50 : si l'on voit le phare pointer son nez à la verticale du bord droit de l'îlot, on sait qu'on est sur la demi-droite passant par les deux amers (et, bien sûr, pas entre les deux !).

Relèvements de protection

À l'approche d'un mouillage, par exemple, on peut se heurter à un problème du genre de celui de la figure 51 :

Le cap à suivre pour atteindre le mouillage que domine l'église A est le 122 vrai. Si l'on restait exactement sur cette droite, on serait sûr d'éviter les récifs H et R… mais, occupé aux manœuvres, on risque d'avoir du mal à rester exactement sur cette ligne. Si l'on manœuvre de façon à ce que le relèvement vrai de l'église ne croisse pas au-dessus de 133° et ne diminue pas en dessous de 107° (voir les deux droites de protection Am et An), on restera dans une zone de sécurité.

Si l'on peut matérialiser les droites Am et An par deux alignements, c'est infiniment plus simple : dans le cas de figure (rêvé), si l'on s'arrange pour que l'église apparaisse toujours entre la cheminée et la falaise, on est en sécurité… Si on la voit approcher de la cheminée, c'est qu'on est trop à droite, et si elle va se coller à la falaise, on est trop à gauche.

Figure 51. *Relèvement d'un amer.*

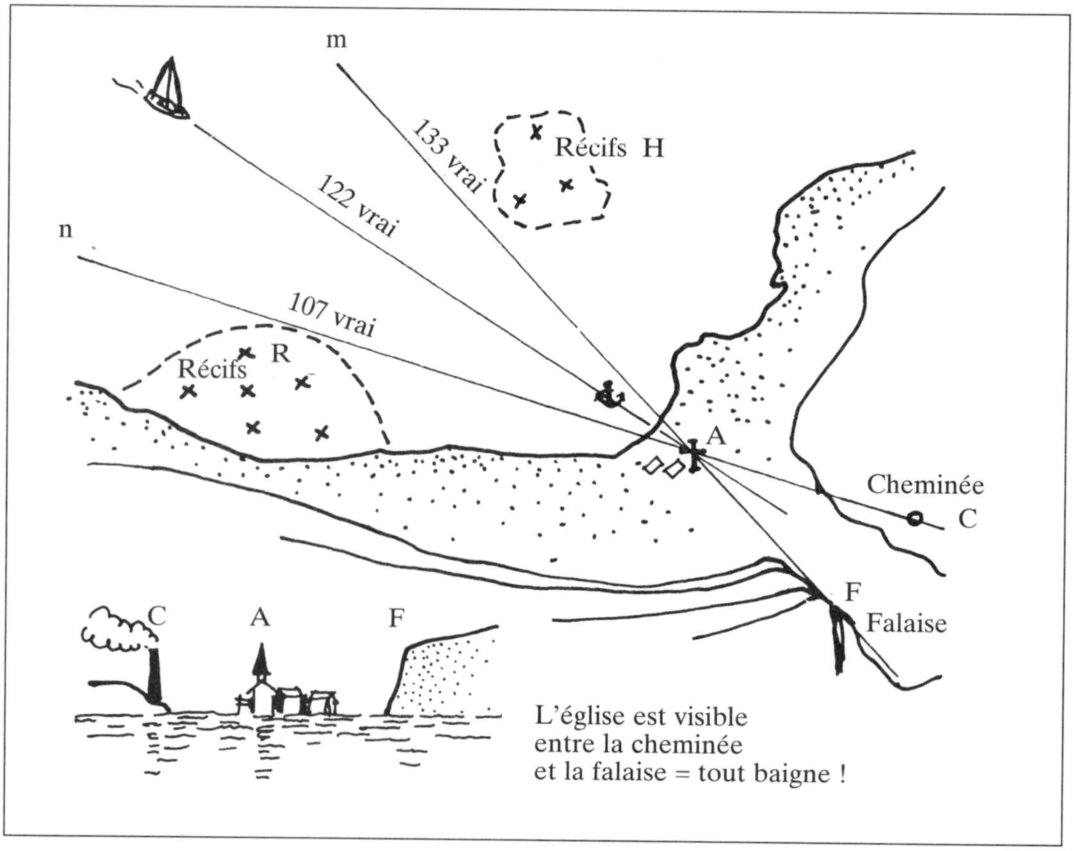

Répandue à peu près uniquement dans les eaux françaises (et des anciennes possessions françaises), la méthode des entrées de port et des passages étroits par alignement est fondée sur ce principe : deux tours ou deux panneaux (la nuit, parfois, deux phares) qui vous apparaîtront l'un au-dessus de l'autre si vous êtes sur la bonne route (fig. 52-1). Si celui du dessus (donc le plus éloigné) se déplace vers la droite (2) vous êtes trop à droite ; s'il se déplace vers la gauche, vous êtes trop à gauche (3).
Encore une fois, dans toutes ces histoires d'alignements, plutôt que de retenir bêtement des phrases, il vaut toujours mieux un peu de logique.

Contrôle de la dérive par les alignements

On utilisera très souvent le principe des alignements pour estimer le courant ou la dérive qui vous font aller ailleurs que là où vous pensez aller en regardant l'étrave de votre bateau.

Dans le cas de la figure 53, faisant route vers la passe, si vous voyez la passe et les rochers découvrants de la barrière de récifs se décaler vers la gauche par rapport à l'île que vous voyez derrière, c'est que le courant vous emmène vers la droite, et que vous devez aller un peu plus à gauche, sinon vous allez rater la passe !

Lorsque, au près, vous vous demandez si vous allez arriver à passer au vent d'une bouée vers laquelle le courant porte, si vous pouvez contrôler le défilement du paysage (îles ou nuages à peu près immobiles) derrière ladite bouée, vous repérerez vite s'il se fait dans le bon sens (vous avez l'impression de battre la bouée à la course), ou dans le mauvais (la bouée court plus vite que vous) : dans ce dernier cas, il faudra sans doute tirer un bord.

Souvent, au début d'une traversée dans une zone à courants mal déterminés, on contrôlera pendant les premières heures, tant que la terre restera visible, le décalage relatif de deux amers ou de deux plans différents du pay-

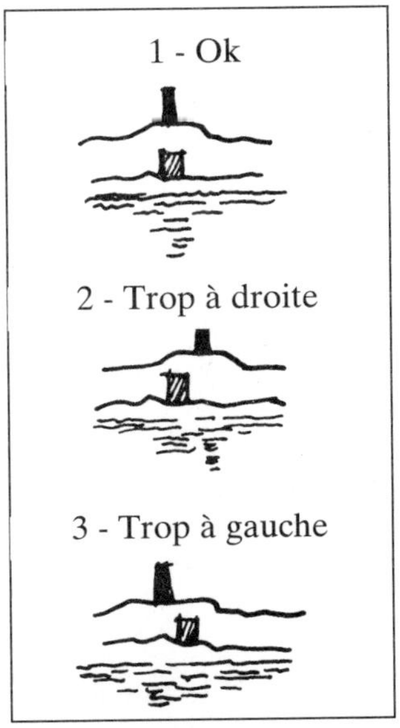

Figure 52. *Alignements d'entrée.*

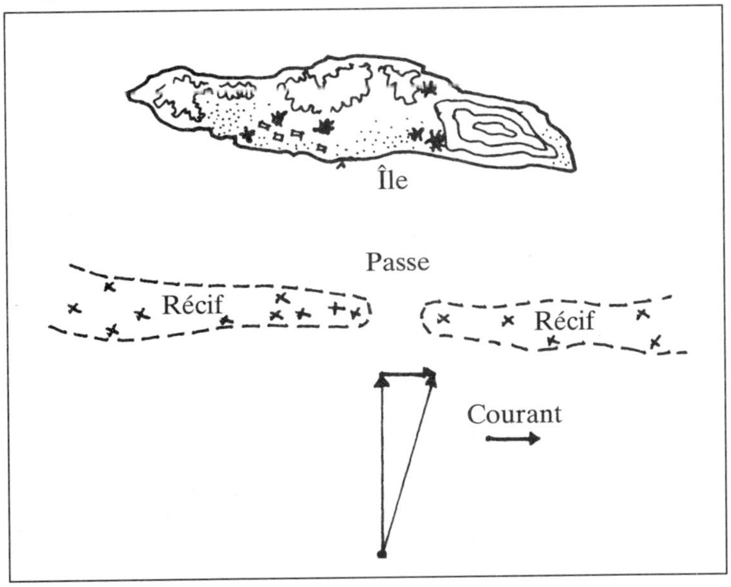

Figure 53. *Alignements pour contrôler la dérive.*

sage de la terre qu'on vient de quitter, pour s'assurer qu'on prend suffisamment en considération le courant. C'était une des méthodes de navigation des anciens Polynésiens, dépourvus de compas : ils plantaient sur la plage deux poteaux dont l'alignement donnait la direction qu'ils voulaient suivre ; ils s'arrangeaient pour rester sur l'alignement de ces deux poteaux tant qu'ils les voyaient, ce qui leur donnait un bon départ, leur permettait de voir dans quel sens venait la houle qui les guiderait par la suite, ou d'attendre la venue des étoiles pour garder leur cap.

TRANSPORT D'UNE LIGNE DE POSITION

Supposons qu'on ait déterminé qu'à l'instant T1 on est sur la droite D1, sans savoir plus précisément où sur cette droite, peut-être en A1, peut-être en BI, ou n'importe où ailleurs, mais SUR LA DROITE. (Exemple : relèvement d'un seul amer, ou « ligne de sonde ».) Si entre T1 et T2 on parcourt x milles à tel cap (disons au 70 sur notre figure) on déduit qu'à l'instant T2 on est quelque part sur la droite D2 obtenue en « transportant » la droite Dl de x milles dans la direction considérée. Cette droite D2 se construit en traçant la parallèle à D1 passant par le point « transporté » à partir de n'importe quel point de D1 (fig. 54).

Si, à ce moment T2, on peut obtenir une autre droite de position faisant un angle correct avec D2, l'intersection de D2 et de cette nouvelle ligne nous donnera notre position à l'instant T2, à condition que l'estime tenue entre D1 et D2 soit correcte.

EXEMPLE figure 55 : entre T1 et T2, on a parcouru 8 milles au 075 ; à l'instant T2, le sondeur nous indique qu'on coupe la ligne des fonds de 20 mètres. En T2, on est donc à l'intersection A2 de D2 et de la ligne des fonds de 20 mètres. On peut en déduire qu'à l'instant T1 on était en A1. On se servira de cette construction en particulier pour la navigation astronomique. À remarquer que le lieu transporté pourrait aussi bien être une courbe.

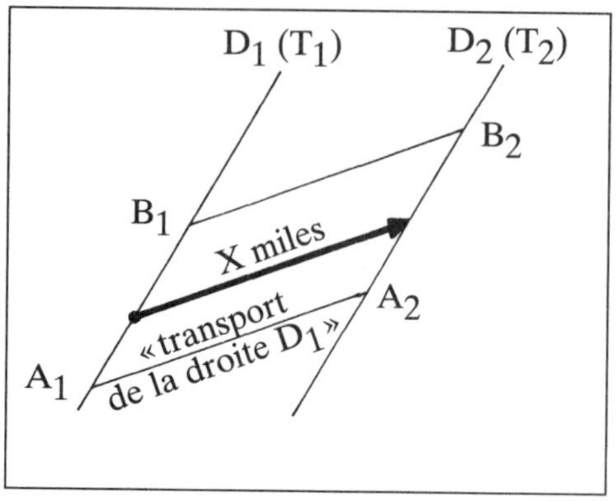

Figure 54. *Transport d'une droite de position.*

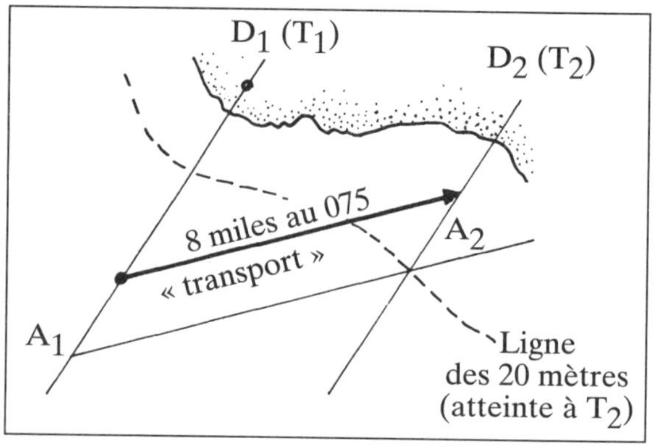

Figure 55. *Point par transport d'un relèvement et ligne de sonde.*

AIDES À LA NAVIGATION

Toutes ces opérations sont bien sûr grandement facilitées par les aides électroniques à la navigation ; le GPS vous permet de tracer la position de votre bateau sur votre carte, de l'y matérialiser directement si vous utilisez une cartographie informatique reliée à un GPS. Le radar, lui, non seulement voit la nuit et dans le brouillard, mais surtout, vous dit à quelle distance des choses vous vous trouvez. Le sondeur aussi a son utilité pour la navigation.

Le GPS

À tout seigneur, tout honneur : vous donnant en permanence votre position, le GPS vous dispenserait presque de toute autre pratique navigatoire... mais la plus élémentaire prudence exige **qu'on ne se contente pas d'une seule source d'information**, qu'on compare en permanence les renseignements donnés par le GPS à ce que l'on voit autour de soi ; pourtant quel confort. Quittant un mouillage dans une direction donnée, j'indique au GPS les coordonnées du point que je souhaite atteindre, et j'active le tracé de la route qui y mène : elle apparaît comme un segment sur le traceur de mon appareil ; je sais par exemple que je dois me diriger vers le nord-ouest en contournant au large le cap qui ferme la baie dans cette direction : je me dirige à vue dans la direction voulue ; j'enclenche le pilote automatique, et m'occupe d'éviter d'éventuels bateaux, récifs, orins de casiers de pêcheurs, etc. Lorsque je suis bien dégagé, je regarde sur le traceur du GPS si le tracé de la route que je suis coïncide bien avec la route à suivre ; si elle en diverge de, disons, 10° vers la gauche, j'entre « + 10 » dans la commande du pilote automatique, et je fignole ainsi de temps en temps... d'un bout à l'autre de cette manœuvre, je n'ai pas regardé le compas... J'ai peut-être eu tort, car si je me suis trompé en entrant les coordonnées du point à atteindre, par exemple en lui donnant une latitude sud au lieu d'une latitude nord, le compas m'aurait dit que je faisais fausse route !

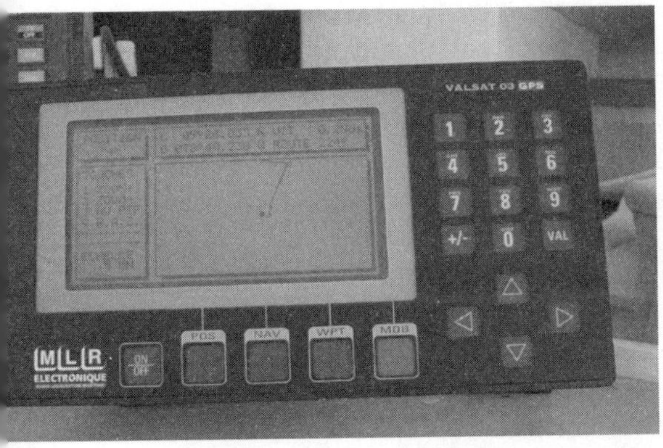

Un récepteur GPS fixe à l'affichage bien lisible rendra votre navigation bien plus confortable.

Dérive due aux courants ou aux marées, courants contraires ou favorables, rien ne trompe le GPS, qui vous donne votre déplacement réel sur la carte ou le fond. Le GPS remplace ainsi pratiquement le loch (j'explique ailleurs que je n'ai jamais eu de chance avec les loch, qu'en fait, je m'en suis pratiquement toujours très bien passé).

Dans les nombreux réglages optionnels de votre GPS, vous aurez à choisir la fréquence à laquelle il mettra en mémoire les points qu'il relève, gardant en mémoire pour quelques heures la route précise que vous venez de suivre : j'utilise cette astuce lorsque je gagne un mouillage aux abords encombrés de récifs, et qu'il serait difficile de quitter de nuit, en cas de rotation du vent par exemple ; si je suis vraiment obligé de le faire, je n'ai qu'à rallumer mon GPS (que j'ai pris la précaution d'éteindre dès mon arrivée, pour ne pas perdre ces points mis en mémoire et qui sont remplacés au fur et à mesure par des nouveaux), et suivre exactement mon tracé de la journée : là où je suis passé tout à l'heure, j'ai toutes les chances de repasser sans problème (tenir compte des problèmes de marées, bien sûr !).

Les guides de croisière récents donnent de plus en plus souvent les coordonnées des *waypoints*, poasses, mouillages, etc. On n'a plus qu'à les « entrer » dans le GPS. On commence même à trouver des CD-roms qui dispensent d'avoir à entrer ces chiffres à la main, diminuant les risques d'erreur... ce qui ne vous dispense pas de vérifier une fois de plus que l'éditeur n'a pas fait d'erreur. Comme disait je nc sais plus qui : je fais confiance, mais je vérifie.

Lorsque je n'ai pas entré en détail la route à suivre dans le GPS, je peux parer un récif invisible la nuit en allant au GPS me caler par exemple sur un parallèle ou un méridien qui passe suffisamment loin de la zone dangereuse, et en le suivant précisément jusqu'à ce que l'obstacle soit paré.

Si surgit un grain de pluie violent et réduisant la visibilité à zéro, le GPS vous dira en temps réel si le vent qui forcit vous fait soudain lofer irrésistiblement ; et si vous êtes en train de foncer vers une zone mal pavée, le GPS vous permettra d'appliquer avec précision le principe de la « route inverse » : là où vous êtes passés, vous pouvez repasser sans trop de craintes dans l'autre sens.

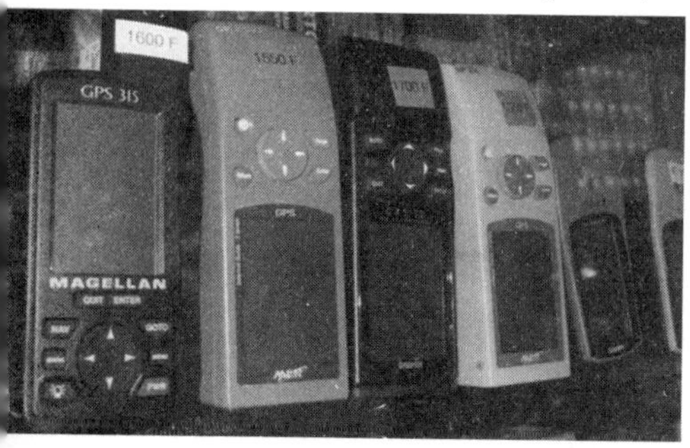

En plus de votre GPS fixe, il sera bon d'avoir en sécurité un (deux ?) GPS portables !

Le 1er mai 2000, la Défense américaine a décidé de mettre fin à une pratique fâcheuse : les performances du système étaient volontairement dégradées pour éviter qu'un éventuel ennemi puisse s'en servir. Depuis, la précision du GPS le plus économique est de l'ordre d'une dizaine de mètres ! Ce qui rend un peu inutile une génération d'appareils intermédiaires, les « GPS différentiels » qui recalaient les signaux reçus des satellites sur les signaux d'émetteurs radio régionaux.

Et pourtant vous risquez encore de vous planter en faisant des erreurs de l'ordre d'un demi-mille. Pourquoi ? Tout simplement parce que les cartes disponibles dans le commerce ont été relevées et tracées avec des appareils moins sophistiqués que le GPS, et avant son invention, et surtout, en utilisant des systèmes de repères variables : en quelques mots, la Terre n'est pas vraiment sphérique, les géographes l'ont à diverses époques, par besoin de simplification, remplacée par un volume approximatif ; en conséquence les positions des points ne sont pas exactement les mêmes dans les différents systèmes ; le GPS est en général fondé sur un système appelé WGS 84, si la carte que vous utilisez porte cette mention ou une mention du genre « les coordonnées GPS peuvent être utilisées sans correction sur cette carte », tout va bien ; mais si votre carte mentionne un autre système, comme par exemple WGS72, EUROPE50 (souvent utilisé pour les cartes européennes) ou IRELAND05, il faudra choisir ce système dans les « options » de votre GPS... si vous n'avez aucune information sur le système adopté pour votre carte, double méfiance (la simple méfiance c'est pour le cas général, quand tout est clair et que tout va bien : ce n'est pas une raison pour cesser de se méfier !). Ainsi, sur une des cartes – assez anciennes – que j'utilise quand je vais de Nouméa à la magnifique baie de Prosny, au sud de la Nouvelle-Calédonie, la position des récifs et des îles est fausse de près d'un demi-mille en longitude... de quoi se faire de belles surprises si on navigue les yeux fermés !

Réglages, pannes : un GPS est une machine magique, un système pratiquement fermé auquel vous ne pourrez vraisemblablement pas faire grand chose s'il reste soudain désespérément muet. Vérifiez cependant qu'il n'y a pas de problème entre le GPS et son antenne, si le câble coaxial qui les relie n'a pas été arraché… Vérifiez aussi si un collègue navigateur est à portée de communications, s'il ne s'agit pas simplement d'une interruption générale du système GPS pour travaux d'entretien… ou opérations militaires ; en dernière ressource, il ne vous restera plus qu'à sortir le GPS portable que vous gardez bien abrité dans un équiper, enfermé dans un sac plastique étanche avec un ou plusieurs jeux de piles adéquates, que bien sûr, vous changez régulièrement. Le petit GPS portable Garmin que j'utilise, l'antenne grande comme deux phalanges du petit doigt peut se détacher du corps de l'appareil (prise BNC) en tournant simplement : j'ai fait faire un câble coaxial d'une longueur convenable, et lorsque j'utilise ce petit GPS, seule l'antenne reste dehors, amarrée sur le roof.

De nombreux GPS modernes sont combinés à des traceurs de cartes ; une cartographie vectorielle, qui est encore loin de représenter la totalité des cartes disponibles sur papier, y est introduite généralement sous forme de cartouches : nettement plus coûteux, ils vous apportent un vrai confort supplémentaire, mais ne constituent pas à mon avis un pas de géant aussi essentiel que l'acquisition d'un GPS ; vous pouvez aussi relier votre GPS (votre revendeur ou le fabricant pourra vous fournir un câble, qui se branche généralement au port série ou au port USB) à votre ordinateur, et les différents programmes de navigation feront apparaître comme par magie votre bateau à sa position sur votre carte.

Le radar

Les petits radars modernes n'ont pratiquement aucun rapport avec les monstres peu lisibles qui encombraient autrefois les passerelles des cargos ou des yachts de luxe ; je ne percevais pas trop leur intérêt.. jusqu'au jour où j'en ai essayé un : Gérard Janichon, de Damien, qui n'est pourtant pas un fanatique du « high-tech », m'avait dit : « tu verras, le radar te changera la vie »… et il l'a changée : en bref, le radar, ce sont des yeux qui voient dans la nuit sous la pluie, dans le brouillard, et qui, même par bonne visibilité, te disent à quelle distance sont les choses ; cas classique, vous contournez un cap, et vous savez qu'il y a un haut fond dangereux à 300 mètres du rivage… comment savoir, à vue de nez, si vous êtes à 350 mètres, ou plus ou moins… le radar vous indique cette distance avec précision ; d'où une astuce pour se positionner à l'aide d'un radar, en vue de deux ou trois points remarquables, côtes, îlots, caps : vous notez la distance à chacun des points, et vous tracez sur la carte un cercle du rayon mesuré à partir de chacun des amers : c'est pour cela que je vous suggérais tout à l'heure d'acquérir en plus du compas à pointes sèches indispensable à bord, un compas d'écolier, faisant de beaux ronds au crayon.

Et les usages du radar sont innombrables et permanents.

Pour préciser votre position : vous avez devant vous une côte presque rectiligne ; seule une baie vous donnera un bon mouillage ; vu de la mer, tout ça a l'air bien plat, où est donc cette fichue baie… sur l'écran du radar, elle vous saute aux yeux !

Pour éviter les cargos : sachant à chaque instant à quelle distance et dans quel azimut se trouve le cargo qui croise votre route, vous pouvez beaucoup plus précisément savoir s'il y a risque de rencontre.

Un radar vous préviendra de l'approche d'un grain : la pluie dense dessine un écho bien visible sur l'écran : de jour comme de nuit, vous savez exactement si un grain s'approche, et à quel moment il vous atteindra : parfait pour savoir quand réduire la voilure.

À l'approche d'un mouillage, de nuit, vous verrez clairement s'il y a des bateaux, même s'ils ne portent pas le feu de mouillage réglementaire (c'est fréquent).

Naviguant de conserve avec un autre voilier, il est bien plus facile de se rendre compte si vous avez ou non la même vitesse.

Dans le brouillard, bien sûr, vous pourrez continuer là où les autres sont irrémédiablement plantés ; lorsque le brouillard devient si dense qu'on ne voit même plus bien les côtes au radar, il existe des RACON, espèces de balises radar qui dessinent sur votre écran un gros signal épais l'identifiant, et indiquent la direction dans laquelle il se trouve... quant aux autres bateaux, le radar vous permet de suivre attentivement leurs évolutions ; un cargo gigantesque qui surgit soudain dans le brouillard à 50 mètres de vous est tout de même moins angoissant quand vous savez exactement quelle route il suit !

Un conseil personnel, surtout si vous naviguez en équipage restreint : n'achetez qu'un radar sur lequel il est possible d'adapter une alarme très sonore. Les alarmes standard des radars du commerce sont de maigrelets petits « bip » qui ne parviennent pas à deux mètres de l'appareil et qui ne réveilleraient jamais un navigateur somnolent. L'alarme que j'ai fait gréer par un bricoleur hurle vraiment lorsque approche un obstacle, un navire ou un grain. Il a fallu pour l'installer ouvrir le boîtier : faites faire la modification par un atelier agréé par le fabricant ou le distributeur de l'appareil, en vous assurant que ça ne rend pas caduque la garantie.

En effet, une des fonctions essentielles du radar, c'est son alarme : vous pourrez la régler sur la distance que vous jugerez utile, et dès qu'un obstacle entre dans la zone « protégée », l'alarme résonne. En traversée océanique en solitaire, je laisse le radar branché avec son alarme en permanence, c'est une veille plus efficace que celle d'un homme de barre distrait. 3 ou 4 milles, c'est une bonne distance pour pouvoir agir si un cargo fait route convergente, ou pour réduire ou laisser porter si c'est un grain.

Enfin, le radar a un avantage certain sur les autres aides à la navigation, telles que GPS ou traceurs de cartes, il vous indiquera la présence d'obstacles non indiqués sur les cartes : navire ancré à un endroit inattendu, nouvelle digue ou jetée, plate-forme pétrolière non portée sur les cartes... mais il ne vous indiquera *pas* la présence d'obstacles immergés, comme les récifs de corail à fleur d'eau, par exemple.

Réglages du radar

Le radar est un appareil qui nécessite un certain apprentissage, et quelques réglages fins : le premier, « tuning » (« accord »), se règle une fois de temps en temps pour obtenir le meilleur signal, en général guidé par une barre indiquant la qualité de l'accord ; le plus souvent, il est réglé une fois pour toutes, mais il peut se dérégler : si un jour vous avez du mal à voir quoi que ce soit sur le radar, assurez-vous que le « tuning » n'a pas été déréglé.

« gain » et « vagues » : ce sont les réglages que l'on fignole en permanence : si le gain est réglé trop faible, vous ne verrez pas les obstacles lointains ; trop fort, toute l'étendue proche de votre bateau ne sera plus qu'un écho, engendré par les moindres vagues, et vous ne pourrez pas discerner les petits obstacles proches (voiliers et bateaux de pêche, par exemple). Pour voir plus près, vous devrez régler le bouton « vagues » : trop poussé vous ne verrez plus un bateau ou obstacle proche, trop faible vous ne verrez plus rien.
Des réglages accessoires vous permettront d'effacer les échos dus aux gouttes d'eau, permettant de mieux voir à travers la pluie.

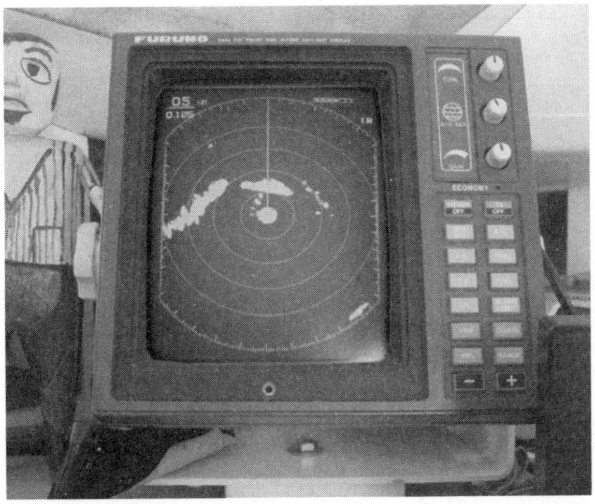

En attendant qu'on les équipe de bons écrans à cristaux liquides à matrice active, les radars sont plus lisibles si leur affichage est un tube cathodique.

Tube cathodique (CRT) ou cristaux liquides (LCD) ?

Bien que les ordinateurs voient petit à petit remplacer leurs écrans à tubes par de légers écrans LCD, j'ai encore une préférence pour le radar, pour le tube cathodique, beaucoup plus facile à lire de loin que les écrans LCD actuels – mon radar est à l'intérieur du bateau, c'est là que je m'en sers le plus souvent – et je le lis très bien à distance depuis la barre. Quand les prix des bons écrans LCD couleurs à matrice active auront baissé, et qu'on les appliquera aux petits radars, la question ne se posera plus.

Pannes

Le radar, malgré sa complexité, est un appareil robuste ; le mien a douze ans de bons et loyaux services, il a fallu changer une fois son magnétron, une pièce détachée coûteuse, et une autre fois le moteur entraînant l'antenne qui tourne à l'intérieur du radôme. Sur *Voyage* comme sur *Banana Split*, j'avais installé moi-même l'ensemble radôme/écran, le plus difficile a été de faire descendre le gros câble à l'intérieur du mât.

Le danger de confiance induite

Bernard Moitessier met fréquemment ses lecteurs en garde contre le danger, bien réel, de trop faire confiance à l'électronique, et de laisser s'endormir sa vigilance... C'est cette erreur qui m'a un jour fait passer au plus près d'une grosse sottise, et manquer de peu de mettre mon bateau sur un récif : un matin de 1993, je quitte Tahaa, aux îles Sous-le-Vent, à destination de Bora Bora ; nous sommes en plein tournage de mon film sur la Polynésie, les journées sont bien pleines et j'ai dû passer une partie de la nuit écoulée à aller rechercher ma petite équipe de cinéastes tahitiens... talentueux, mais assez fêtards. C'est passablement énervé et fatigué que je sors de la passe ouest de Tahaa, et mets le cap sur un point de l'horizon largement au sud du mont Otemanu, le sommet de Bora Bora, que je vois à l'horizon : c'est la route à suivre, car la magnifique barrière de récifs qui entoure l'île haute s'étend très loin au large ; j'ai mis le pilote automatique et le GPS (non reliés), mais j'ai baissé au maximum la sensibilité du radar, dont l'alerte sonnait sans cesse tant que j'étais à proximité de la passe de Tahaa ; le bateau suit bien son cap, apparemment, mais, distrait et somnolent, je ne me rends pas compte, alors que je me rapproche du récif de Bora Bora, qu'une grosse houle, inhabituelle, me dépale sournoisement vers le nord (je le constaterai en regardant, plus tard, le tracé de ma route mis en mémoire sur le GPS)... me suis-je endormi, ou rêvé-je éveillé, adossé sur la confortable banquette du carré... il fait jour, la mer est belle, à part cette houle curieuse... soudain je suis tiré de ma torpeur par le déferlement d'une demi-tonne d'eau dans le cockpit, tandis que le bateau gîte de 30 degrés, chose rare pour un catamaran... je bondis dans le cockpit, et je constate d'un seul coup deux choses : je suis presque monté sur le récif, l'eau est toute blanche autour de moi ; et deuxièmement, le bateau, sur le dos de la vague qui brise sur le récif, a de lui-même obliqué à gauche, vers la sécurité : le bateau s'est sauvé tout seul ! Le radar m'aurait prévenu, si je ne l'avais pas réglé au minimum à la sortie de la passe de Tahaa... et oublié de le remettre à une puissance normale quelques milles plus loin.

Le sondeur

Très simple, il est un excellent complément au GPS, il vous indiquera bien sûr si vous disposez de 2 mètres ou de 2,50 mètres, donc si votre bateau peut franchir ou non un passage peu profond, mais il confirmera aussi les indications de votre GPS, lorsque, à l'approche de la terre, vous voulez, sans trop savoir votre position, vous maintenir à une distance du rivage qui vous garantisse la sécurité : dans l'exemple de la figure 56, en restant par des profondeurs supérieures à 20 mètres (il faut tenir compte, éventuellement, de la marée), on sait qu'on évitera les récifs qui se dressent en eaux moins profondes ; on peut aussi, à l'approche d'une côte plate, peu visible du large (Maroc, Sénégal, Brésil) s'assurer en permanence d'un simple coup d'œil au sondeur que l'on reste à bonne distance de la terre... Mais il y a des régions où le sondeur ne sert pas à grand-chose, quand les fonds remontent tout d'un coup, presque verticalement, de très grandes profondeurs à des récifs à fleur d'eau (récifs coralliens, en particulier).

L'appareil le plus simple posera moins de problèmes, certainement, que les sondeurs trop sophistiqués, à enregistreur, par exemple. Ceux qui sont munis d'une alarme vous avertiront lorsque vous atteindrez la « ligne des fonds de *n* mètres » ; ceux qui sont équipés de deux alarmes, une haute et une basse, vous permettront de suivre avec précision une ligne de fonds constants (par exemple, celle des 20 mètres de la fig. 56). Au mouillage : si le sondeur peut rester en veilleuse avec ses deux alarmes réglées, disons sur 13 et 17 mètres lorsque vous êtes mouillé par 15 mètres de fond, vous serez averti immédiatement si le bateau chassait vers le large (alarme haute) ou vers le rivage (alarme basse) ; malheureusement, les sondeurs les plus simples ne sont pas capables d'éliminer les échos parasites créés par les mouvements du bateau et de l'eau, et, dans les conditions un peu agitées qui, vous inquiétant sur la tenue du mouillage, vous auront amené à brancher ces deux alarmes, elles auront tendance à tinter un peu à tout bout de champ. Les radars et certains GPS peuvent être utilisés de façon similaire si l'on peut fixer un périmètre d'alarme compatible avec les dimensions du mouillage.

Les sondeurs digitaux (ou plutôt les sondeurs à affichage numérique) sont plus coûteux, mais parfois équipés de ce système de suppression des échos parasites bien utile pour mesurer des grandes profondeurs.

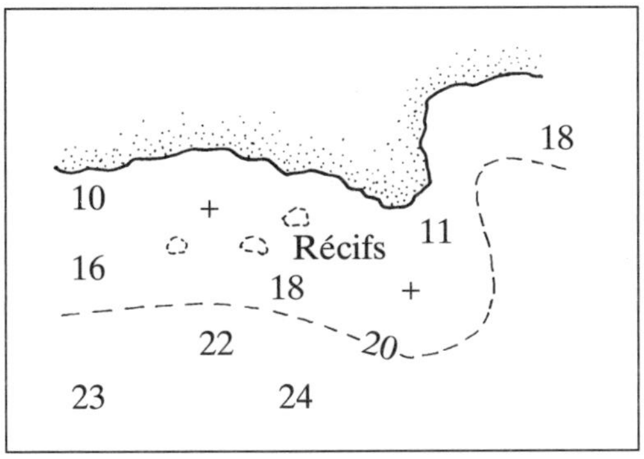

Figure 56.
Suivre une ligne de sonde.

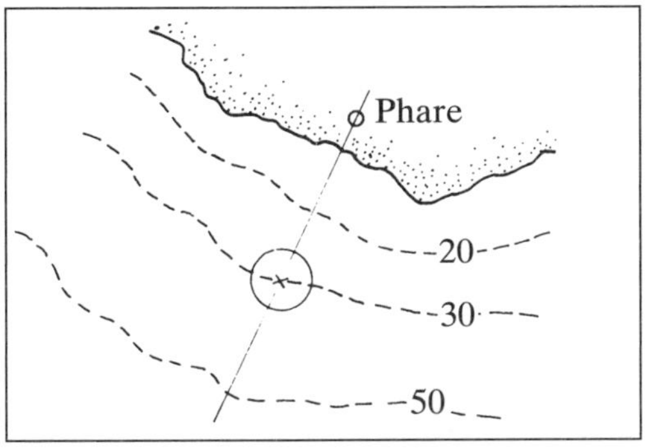

Figure 57.
Point par une sonde et un relèvement.

Point par sondeur : si vous disposez d'une indication de la profondeur (si celle-ci varie de façon sensible et régulière) et, au même moment, d'une ligne de position, relèvement d'un amer terrestre, par exemple, vous pourrez connaître avec une bonne précision la position du bateau (fig. 57).

Il existe des sondeurs (Interphase) dont le faisceau est dirigé non pas verticalement, mais à l'oblique, généralement vers l'avant : il devrait vous permettre de déceler un obstacle vers lequel vous vous dirigez ; j'ai souvent rêvé, dans les lagons des Tuamotu où il existe des « patates » de corail montant presque à la surface, et parfaitement invisibles si on a le soleil en face ou la nuit, de disposer ainsi d'yeux qui regardent vers l'avant sous l'eau ; bien sûr la portée ne sera pas suffisante pour avertir suffisamment à l'avance un bateau à moteur fonçant vers un obstacle, mais ce genre d'appareil devrait être salutaire dans le cas d'école suivant, que j'appelle de « dilemme du lagon » : les lagons des atolls comme les Tuamotu sont souvent très étendus (parfois plusieurs dizaines de milles). Lorsqu'on est ancré au sud est de l'atoll, par alizé de sud-est, on est en sécurité sous le vent de la barrière de corail ou des îlots bas, les motus. Mais il arrive couramment en Polynésie que le vent vienne à tourner, et que, le fetch atteignant une longueur suffisante pour rendre le mouillage inconfortable et bientôt dangereux, on n'ait pas d'autre ressource que de lever l'ancre, et de partir vers le nord-ouest du lagon, pour chercher la protection de l'autre extrémité de l'atoll. Ça va si c'est de jour, un observateur dans la mature guettera l'apparition d'éventuelles « patates » devant l'étrave ; mais la nuit ? Le radar n'indiquera rien ; les cartes dans ces régions indiquent rarement toutes les « patates ». Un sondeur traditionnel, vertical, ne décèlera rien, la remontée se fait trop vite, presque verticalement : la solution serait sans doute un sondeur oblique ; faisant route tout doucement dans l'obscurité, ne quittant pas le sondeur oblique des yeux, on verra apparaître à une centaine de mètres la paroi verticale de l'écueil qui vous guette, et que l'on cherchera à contourner par la droite ou la gauche.

La girouette-anémomètre

Un petit appareil simple indiquant la direction du vent apparent et sa force me suffit, je n'ai jamais ressenti le besoin de posséder une coûteuse « centrale » destinée à me faire tirer à chaque seconde le meilleur des voiles de mon bateau ; l'anémomètre est bien utile pour vous aider à décider quand réduire la voilure, ou, au mouillage, quand il faut commencer à s'inquiéter pour la tenue de l'ancre ; la girouette vous indique si vous pouvez pincer un peu plus le près, et, au vent arrière, si vous devez remonter un peu pour mieux marcher, ou s'il est temps d'empanner.

Le loch

Je n'ai jamais eu de veine avec ces appareils, celui de mon premier bateau est tombé en panne définitive dans l'Atlantique sud, et je m'en suis fort bien passé ensuite... je n'en ai jamais installé d'efficace dans les bateaux suivants, et je m'en passe toujours aussi bien : on arrive à des résultats corrects en estimant la vitesse du bateau. Dans certaines occasions (approches par temps couvert, régions encombrées d'îlots), j'aurais aimé disposer d'un « loch à poisson » (le type à hélice que l'on traîne derrière), que l'on ne met à l'eau que lorsqu'on en a besoin ; pour le reste, mon pifomètre aboutit à des résultats pas forcément ridicules, à 10 ou 20 % près. Pour le petit temps, il y a le chronométrage du temps que met un objet flottant, une peau d'orange par exemple, pour défiler le long du bord ; je vous renvoie à cet effet au principe et au mode d'emploi du « loch tricolore à oranges » cité dans mon livre *Bord à bord* (Paris, Arthaud, 1978, rééd. 1997) et que je continue à appliquer moi-même par petit temps.

Enfin, bien installé, et pas (encore) en panne, un loch moderne doit être assez pratique... sauf que bien sûr voilà encore un appareil qui a complètement perdu l'affaire devant le GPS : le loch n'indique que la vitesse sur l'eau, qu'il faut combiner avec le courant pour obtenir la vitesse sur le fond, la seule que l'on puisse porter sur une carte... le GPS, lui, indique à la perfection la vitesse sur le fond ; seul avantage à avoir un loch juste, dans ce cas-là, c'est, comparant la vitesse sur l'eau et la vitesse sur le fond, la possibilité de déceler la force et la direction du courant, pour s'appliquer à rester, par exemple, dans le contre-courant équatorial quand on veut faire route vers l'est, ou au contraire pour éviter les tourbillons contraires du Gulf Stream, ou sortir du flot du courant des Aiguilles quand arrive un coup de vent de sud-ouest.

Baromètre, weatherfax (récepteur de carte météo)

Le baromètre traditionnel peut aujourd'hui être remplacé par un appareil moderne à affichage à cristaux liquides.

Ils ont mis le temps, mais ils y sont arrivés : je me demandais depuis toujours pourquoi, à l'heure des instruments électroniques les plus « high tech » et « design », on continuait à ne trouver, pour mesurer les variations de la pression atmosphérique, que des objets d'antiquaire vernis ou laitonnés ; enfin, depuis quelques années, on trouve des petits baromètres à affichage numérique peu encombrants et moins obsolètes que le petit cylindre tournant dans sa cage en verre.

À vrai dire, la baromètre ne sert pas à grand-chose sous les tropiques, où on le voit monter et descendre de quelques *mb* au cours d'un cycle de 24 heures ; si un cyclone approche, vous suivrez son évolution au moyen d'autres signes que les variations de la pression atmosphérique ; sous les latitudes tempérées, bien sûr, le baromètre est essentiel.

Outre les nombreux bulletins météo locaux, et les bulletins météorologiques destinés aux navires en haute mer, il existe un appareil très utile, le décodeur de cartes météo. Si vous avez un ordinateur, vous pouvez faire l'économie de cet appareil coûteux et encombrant, et le remplacer par un logiciel et une interface faisant communiquer votre récepteur radio BLU avec votre ordinateur ; j'utilise le système Xaxero, d'origine, je crois, australienne, et des Antilles aux Bermudes, aux Açores et à Madère, où les indications sont assez claires et précises, c'était rassurant de savoir en permanence qu'aucune dépression ne se pointait dans mon dos, danger à redouter dans ces parages. Pour ces régions, les émissions venant de Marshfield, sur 6333.66, 9108.21 et 12748.24 (bande haute) étaient tout ce qu'il me fallait. Des publications comme le *Reed's* donnent en détail fréquences et horaires.

La tentation de la concentration

Encore une fois, on peut, aujourd'hui comme hier, se ruiner en équipant son bateau du matériel le plus récent, le plus sophistiqué ; mais on peut très bien naviguer en sécurité sans que les parages de la table à carte ne ressemblent au tableau de bord d'un 747 : mon matériel de navigation, entièrement visible sur la photo de la page 322 comprend en tout et pour tout un sondeur et une girouette-anémomètre Autohelm ST 50, un GPS MLR, un radar Furuno à tube cathodique et une petite VHF fixe (le tableau de commande du pilote automatique est à proximité de la porte du carré et j'y accède du cockpit comme du carré).

On pourrait être tenté (certains fabricants le sont) de regrouper tous les appareils, radar, GPS, anémomètre, etc., dans un seul appareil, un ordinateur qui serve aussi aux différentes fonctions du bord : communications, écriture, traitement des photos, vidéos, musique, etc.

Je pense que c'est une tendance à éviter, car lorsqu'une machine tombe en panne, tout est en panne à la fois !... Non, plutôt qu'une machine qui ait 36 fonctions, il vaut mieux avoir plusieurs appareils remplissant chacun la sienne... d'ailleurs, généralement, un appareil qui remplit plusieurs fonctions coûte nettement plus cher que plusieurs appareils indépendants : j'ai vu ainsi proposer à la vente un dôme de radar qu'il suffisait de connecter à votre ordinateur de bord... seulement le radôme seul coûtait deux fois plus cher qu'un radar complet !

La rubrique du cyber-navigateur

J'ai cité plus haut la liste des aides à la navigation essentielles, en conseillant de la limiter à ce qui apporte vraiment sécurité et confort. J'aimerais aborder un instant le domaine de l'ordinateur du bord : je ne veux pas dire particulièrement l'ordinateur qui sert à la navigation, mais celui qui à bord comme chez vous vous permettra des quantités de choses !

D'abord des utilisations nautiques telles que :

– recevoir cartes et informations météo ;

– obtenir les marées de n'importe quel point du monde, si vous avez le logiciel correspondant ;

– afficher les cartes marines de n'importe quelle région, et y faire apparaître votre bateau grâce à une connexion GPS-ordinateur (je conseille cependant, l'ordinateur étant un matériel fragile, de ne pas vous limiter à ce système pour naviguer).

Et puis des applications quotidiennes :

– communiquer *via* Internet si vous avez accès à une prise téléphonique dans une

marina, *via* votre téléphone cellulaire avec le câble adéquat (avec mon Nokia, il suffit d'un câble reliant le téléphone au port série de l'ordinateur), *via* les fréquences amateurs ou la BLU si vous avez le logiciel adéquat, ou *via* satellite si vous avez un téléphone Mini M ;
– jouer de la musique, copier en mp3 pour votre usage personnel vos disques et les disques de vos copains (ça doit être légal, maintenant, puisqu'on paye sur chaque disque vierge acheté une redevance pour « copie privée »). J'utilise Musicmatch (www.musicmatch.com) ;
– décharger les photos numériques venant de votre appareil photo ou de votre caméra numériques ; les corriger, les classer, les imprimer pour en donner une copie à l'Indienne Kuna qui a bien voulu que vous la photographiez. Le logiciel idéal pour cela s'appelle ACDSee (www.ACDSystems.com) ;
– imprimer des listes d'équipage, des recettes de cuisine, des copies de vos documents, *cruising permit*, *clearance*, etc. On trouve de petites imprimantes pas bien encombrantes à moins de 1000 francs ;
– scanner les documents, photos, articles, formulaires, certificats, clearances, etc., à l'aide d'un petit scanner : il en existe à moins de 800 francs, de très faible encombrement et alimentés par le port USB de l'ordinateur ;
– travailler, recadrer, corriger ces photos pour les cataloguer, les répertorier, les transformer pour les envoyer par Internet à vos amis, par exemple. (ACDSee ou Paint Shop Pro, ou alors, très professionnel, Adobe Photoshop) ;
– monter vos vidéos à partir de vos tournages avec une petite caméra numérique (toutes sortes de logiciels, généralement fournis avec votre carte d'acquisition, souvent U-Lead Media Studio ou Adobe Premiere light : en tirer de petites cartes postales vidéo très légères que vous pourrez aussi envoyer à vos amis par e-mail (aux escales, car les connexions sans fil ne sont pas assez rapides) ;
– regarder des DVD (avec le lecteur correspondant, qui remplace de plus en plus les lecteurs de CD), plusieurs petits logiciels sont disponibles, dont certains ignorent les problèmes de zone DVD ;

Mon inséparable ordinateur portable est mis sur Banana Split *à forte contribution : navigation, écriture, inventaires, courrier électronique, photos numériques, montage vidéo, etc.*

– jouer à toutes sortes de jeu, des inévitables « solitaire » ou « démineur » à Myst ou Tomb Raider ;
– trouver le sens d'un mot anglais avec le dictionnaire Collins ou autre ;
– construire votre propre site Internet, ou, plus simple, réaliser une lettre plus ou moins régulière que vous pourrez envoyer d'un seul clic à tous vos amis pour les tenir au courant de vos navigations (logiciel Webexpert ou Dreamweaver)...
... et tant d'autres activités si variées, si nombreuses que même les jours gris, vous ne risquerez plus de vous ennuyer !

Quel type d'ordinateur choisir : portable ou fixe ?

Pour moi qui me déplace très souvent, quitte souvent le bateau en emportant avec moi mon ordinateur, pas question d'avoir autre chose qu'un ordinateur portable ; si vous êtes pour longtemps sur votre bateau sans prévoir de le quitter, ce ne serait pas forcément une mauvaise idée que d'avoir un ordinateur fixe bien incorporé sous votre table à cartes, bien abrité, moins exposé ; il coûte beaucoup moins cher qu'un portable, même si vous remplacez l'encombrant moniteur à tube cathodique par une de ces merveilles d'écrans plats LCD de 15 pouces actuels. Les ordinateurs fixes sont beaucoup plus standardisés, les éléments en sont faciles à réparer ou à changer un peu partout dans le monde, alors que la plupart des ordinateurs portables, en cas de problème, doivent repartir au service après-vente du fabricant ; et qui vous garantira la réparation sur site aux Galápagos ou à Bora Bora ? En revanche, avec un fixe, vous aurez difficilement l'option de l'emporter à terre pour vous connecter à une prise téléphonique dans un pays à téléphone mais sans cyber-café.

Pour alimenter votre ordinateur

Le plus simple est un convertisseur qui fournit du 220 V au départ des batteries 12 V ; un petit modèle, 125 ou 250 W, devrait suffire. Il existe aussi pour certains portables des alimentations en courant continu qui évitent de passer par le courant alternatif.

À la date où j'écris ces lignes (mais cela sera terriblement obsolète dans quelques années ou quelques mois) vous devriez pouvoir acquérir pour moins de 10 000 F un ordinateur avec processeur à 600 ou 800 GHz, 128 Mo de Ram (un minimum pour travailler confortablement des photos), 20 Go de disque dur, avec un lecteur de CD-rom ou mieux, de DVD, et une imprimante jet d'encre couleur ; sans doute aussi un graveur de CD (ceux prévus pour les ordinateurs fixes sont beaucoup moins cher que ceux pour portables) et un petit scanner.

BALISAGE

Le balisage est abondamment expliqué dans les ouvrages comme le SH1, dans les différents « codes » préparant au permis bateau, dans les articles de revues nautiques, dans les *Pilot Books* britanniques pour certaines régions. Si vous naviguez souvent dans des régions où le balisage est sérieux, fréquent et varié, il est bon d'avoir à portée de votre cockpit un résumé des significations des principales bouées et balises, du balisage latéral et du balisage cardinal.

Dans les régions lointaines, si balisage il y a, il se limitera en général à la reconnaissance de bouées rouges que l'on laisse à gauche en entrant dans un port ou une baie, ou de bouées noires qu'on laisse à droite… ceci, du moins, en Europe, parce qu'aux États-Unis, au Brésil et dans toute la Caraïbe, par exemple, c'est le contraire : les Américains se rappellent la phrase mnémotechnique « *red, right, returning* » : on laisse les balises rouges (*red*) à droite (*right*) quand on rentre (*returning*).

Mais, dans les mers lointaines, c'est bien souvent sur de maigres perches sans couleur ni forme bien définie qu'il faudra se fonder… Ici, comme partout, la vue et la prudence seront vos meilleures aides à la navigation.

En Polynésie française, pour baliser les chenaux qui font le tour des îles hautes à l'intérieur des récifs de corail, il a fallu inventer un balisage particulier à base de balises coniques et de chapeaux de Napoléon, qui est en voie d'évolution, et sur lequel il faudra se renseigner en arrivant (sur le balisage, pas sur Napoléon !).

MARÉES

Particulièrement si votre bateau est un dériveur à fond plat, destiné à s'échouer facilement sur les plages des petites baies tranquilles, à passer là où les autres hésitent à s'aventurer, il vous faut garder à l'esprit, en navigation côtière, à chaque instant l'état de la marée dans la région où vous vous trouvez. Se rappeler :

Qu'un cycle de marée dure douze heures et demie ; si elle est haute (ou « pleine ») au début du cycle, six heures et quart après (à peu près), elle est tout à fait basse, et de nouveau haute à la fin du cycle. Si H est la hauteur totale séparant la marée haute de la marée basse, la marée descend, dans la première heure, de H/12 ; dans la seconde heure, de 2H/12 ; dans la troisième heure, de 3H/12, et d'autant dans la quatrième heure ; de 2H/ 12 dans la cinquième heure et de H/ 12 seulement dans la dernière heure.

Que deux à trois jours après la nouvelle lune et la pleine lune les marées ont leur plus grande amplitude (vives-eaux, en anglais *spring tides).* Une semaine plus tard, elles ont une amplitude beaucoup plus faible (deux à trois jours après les premier et dernier quartiers (mortes-eaux, en anglais *neap tides).* D'où l'importance de connaître l'évolution des marées dans les jours suivants pour ne pas se retrouver involontairement bloqué pour plusieurs jours par une amplitude décroissante. Attention, il arrive que les deux pleines mers d'un même jour aient des hauteurs nettement différentes ; vous flotterez à celle du matin et pas à celle du soir, ou le contraire.

Si vous voulez caréner votre bateau, il faut qu'il soit découvert le plus longtemps possible : vous vous échouerez donc assez près de la marée haute, un peu plus tard si la marée haute suivante est plus faible. Si vous voulez simplement vous échouer deux fois par jour parce que vous avez choisi un mouillage peu profond, c'est toujours à mi-marée que vous vous échouerez ou décollerez les jours suivants, donc le plus rapidement, avec le moins de risques de tosser.

EXEMPLE : on a déterminé, à partir des heures des marées de Brest et du volume 540 du SHOM, des tables annuelles éditées par les États-Unis ou la British Admiralty, en appliquant les corrections nécessaires aux heures et hauteurs des ports de référence les horaires et hauteurs des marées du jour. On a pu aussi les déterminer à partir de renseignements obtenus sur place : c'est un moyen simple et précis, surtout lorsqu'on reste quelque temps dans une région donnée ; on trouve les horaires des marées édités par les marines locales, affichés dans les capitaineries des ports et les clubs nautiques, ou bien on peut les emprunter à des navires de rencontre pour les recopier ou les photocopier ; on peut aussi les avoir obtenus à l'aide d'un logiciel comme par exemple le logiciel « tides » fourni avec les programmes comme *The Cap'n* qui calcule la marée à toute heure pour les régions dont vous avez acquis les cartes et données :

PM (marée haute) à	0600	3,20 m
BM (marée basse) à	1215	0,20 m
PM à	1830	3,00 m
BM à	0045	0,30 m

Pour avoir les idées claires, je fais en général un schéma comme celui de la figure 58 : la courbe que je trace, espèce de sinusoïde, est à peu près la seule un peu régulière qu'on puisse tracer en joignant les points portés représentant pleines et basses mers ; elle passe par un maximum et un minimum (elle devient donc tangente à l'horizontale) aux points représentant hautes et basses mers. Cette courbe indique à peu près la hauteur d'eau au zéro des cartes à chaque instant.

Si je veux m'échouer le plus longtemps possible pour caréner, et pourtant décoller le soir, je viens buter sur la plage à 7 h 30 : le bateau s'échoue tout de suite (point A) et flottera de nouveau (A') à 17 h 30 ; ayant 1 mètre de tirant d'eau, le bateau sera entièrement au sec entre 0900 et 1525 (voir la construction, pointillés longs).

Si je veux seulement m'échouer le plus tranquillement possible, je me poserai sur la plage à 0915 (point B) (c'est le moment où la marée descend le plus vite, vous vous échouerez le plus vite, ce qui peut être utile si un peu de ressac atteint votre point d'échouement) et je flotterai à nouveau à 1510 (point B'). On ne sera à sec complètement que de 1025 à 1350 : je peux aussi procéder différemment : à marée tout à fait haute, à 6 heures du matin, je viens mouiller à un

Figue 58.
Marées et échouages.

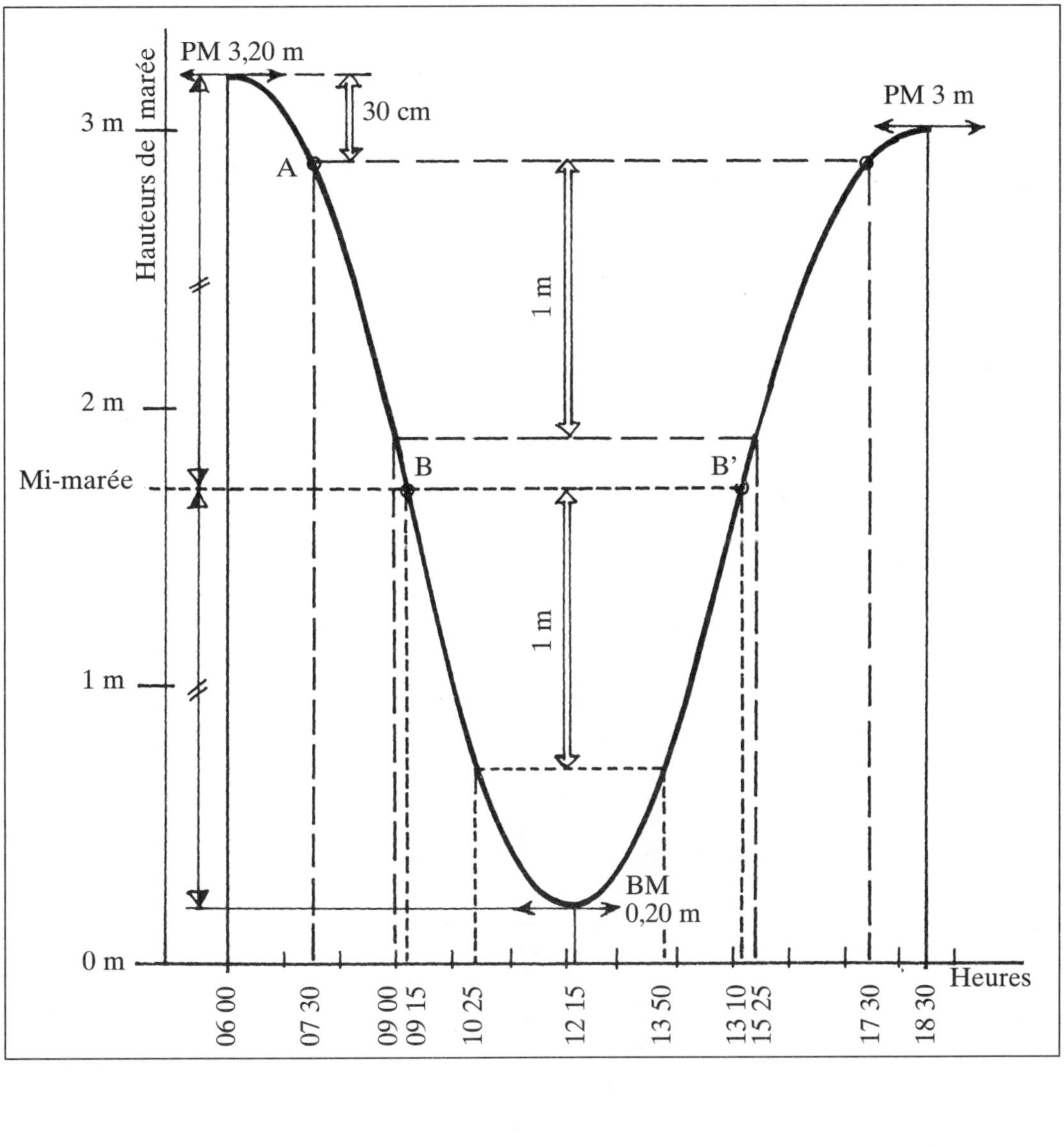

endroit où je dispose d'une hauteur d'eau égale à mon tirant d'eau plus la demi-amplitude de la marée : ici : 1 mètre + 1,50 mètre = 2,50 mètres ; si je mouille par 2,50 mètres d'eau (mon sondeur n'indiquera que 2 mètres, puisque sa sonde se trouve à 50 centimètres sous la flottaison), à la marée haute de 6 heures, je serai échoué de 9 h 15 à 15 h 10 (BB').

Si je voulais me retrouver dans la conjoncture AA', il faudrait que je mouille à la marée haute de 6 heures, dans un endroit où j'ai 1 mètre d'eau, plus la hauteur dont la mer descendra entre cette pleine mer et le point A, c'est-à-dire 30 centimètres. Ces hauteurs, bien sûr, sont tout à fait approximatives, il y a tant de raisons qui peuvent modifier la hauteur de la marée (vents continus, pression atmosphérique...), et les calculs sont approchés. On prendra toujours de bonnes marges de sécurité.

Lorsque je navigue dans une région peu profonde, mal cartographiée (embouchure d'un fleuve aux bancs de sable mobiles, par exemple), et si l'amplitude de la marée locale le permet, j'essaie de repérer l'aspect des lieux à marée basse, et je n'avance QUE PENDANT LES PREMIÈRES HEURES DE LA MARÉE MONTANTE : même si je m'échoue, je sais que plus tard, quand la marée aura monté de 1 mètre (mon tirant d'eau), je pourrai passer partout où c'était découvert quand il y avait 1 mètre d'eau de moins. Cela n'est praticable que par mers calmes, estuaires, côtes sous le vent, car de la houle rendrait périlleux un échouage !

Les marées sont aussi responsables de courants dont il faut tenir compte lors de l'approche de la terre, de la traversée de chenaux... Pour certaines régions comme la Manche ou la Nouvelle-Angleterre, il existe des études précises donnant heure par heure les courants en tout point de la zone ; on les trouve en particulier dans le *Reeds,* un almanach qui est une mine d'informations sur courants, balisages, phares, etc., et qui existe entre autres pour les côtes d'Europe et des États-Unis, et pour la mer de Caraïbes.

Plus loin, la lecture des *Instructions nautiques* et des calculs de marée vous mènera généralement à la conclusion que les mouvements de marée dans la région concernée (détroits d'Indonésie, par exemple) sont bien compliqués et imprévisibles ! En désespoir de cause, en l'absence de toute information sur l'heure de marée d'un endroit, on se rappellera que la marée est due principalement à l'attraction de la Lune : en l'absence d'influences de continents voisins, ainsi au centre de l'océan Pacifique, on pourra avoir une heure estimée de la marée haute en calculant l'heure du passage, au méridien local, de la Lune ; la marée basse, elle, a plutôt lieu lorsque la Lune est sur l'horizon ; la marée est haute à nouveau lorsque la lune est de l'autre côté de la Terre. Mais la présence de continents, de golfes, modifie de façon étonnante l'action de la Lune et du Soleil : c'est une surprise pour l'usager du canal de Panama de découvrir, alors que la mer des Antilles est pratiquement dépourvue de marées, que de l'autre côté de l'isthme, à quelques dizaines de kilomètres de là, l'amplitude des marées dans le golfe de Panama est considérable.

Navigation dans le corail

Si, comme je l'imagine, les images d'eau bleu turquoise et de coraux multicolores, de sable blanc et d'îles basses couvertes de cocotiers sont pour quelque chose dans votre envie de naviguer, je pense qu'il ne serait pas inutile de parler de la navigation dans les eaux coralliennes, en particulier à proximité ou à l'intérieur des atolls de Polynésie ou des Maldives, ou des récifs de mer Rouge.

Une condition primordiale : ne naviguer dans le corail qu'à vue, et seulement dans des conditions facilitant la vision : une bonne lumière bien orientée, le soleil assez haut derrière vous, montrera parfaitement les coraux à fleur d'eau ; des réflexions mal placées du soleil de face vous les cacheront totalement. Dans ces régions, il ne faut pas compter sur les alignements – les cartes sont rarement assez précises et justes – ni, bien sûr, sur le moindre balisage.

Un sondeur classique ne vous indiquera aucunement la présence d'une muraille sous-marine verticale montant jusqu'au ras de l'eau, à 100 mètres devant vous ! Le radar non plus, en général, n'indiquera rien, sauf si la houle brise violemment sur le récif. Le bruit de la houle vous avertira peut-être, la nuit, de la présence d'un récif, mais pas forcément : bien souvent, on n'entend rien. Un seul principe, donc : ne pas s'approcher du corail pendant la nuit ou par mauvaise visibilité, et savoir à chaque instant où l'on se trouve.

Les meilleures conditions de mer pour voir les récifs de corail ? Une petite brise qui ébouriffe la mer, fait découvrir par transparence les fonds proches de la surface. Au contraire, une mer calme comme de l'huile est tout à fait dangereuse à cet égard ; dans de telles conditions, si c'est possible, il vaut mieux essayer de mouiller en attendant que ça s'améliore. Si on risque d'être pris par la nuit, il faut impérativement, si c'est possible, s'éloigner en mer libre.

Pour chercher son chemin dans le corail il faut poster un observateur à l'étrave, ou, mieux, sur les barres de flèche.

Seul ou à plusieurs, il faudra passer le plus clair du temps dans les barres de flèche, à repérer le corail à distance (ou tout près : il est mieux visible d'en haut que du pont). C'est également des barres de flèche qu'on apercevra à 15 milles les cocotiers des îles basses des atolls, mais comme elles se ressemblent toutes elles ne vous seront pas d'un grand usage pour vous repérer. Et les courants sont tellement inattendus, la position des récifs si incomplète (ou même fausse) sur les cartes, qu'il ne faudra pas trop compter sur l'estime, mais seulement sur votre vue !

En résumé, le corail, qui est un parfait ami par conditions de bonne visibilité, car il vous garantit des eaux plates, des mouillages sans houle et des plongées fascinantes, est le pire des ennemis sitôt qu'on court le moindre risque de ne pas le voir ; les brisants sur une barrière de corail peuvent être visibles, en mer, à une distance de 2 ou 3 milles ou bien seulement quand on est juste dessus ! Il faut donc prévoir toutes ses traversées de façon à n'approcher le corail que de jour et par bonne visibilité. Si le ciel se couvre et que GPS ou sextant ne vous disent pas exactement où vous êtes, reprenez le large.

Pour remonter ou descendre la mer Rouge, par exemple, ou bien on naviguera jour et nuit, et on le fera au large, où il n'y a pas de récifs, ou on le fait en petits bonds, soit de jour, en s'arrangeant pour être au mouillage à 3 heures de l'après-midi au plus tard, ou bien alors on part au large pour la nuit, on revient à terre au matin, et le soleil dans le dos (cela est valable pour la côte ouest de la mer Rouge, plus accueillante, dans sa partie nord du moins, que la côte est) – on n'a pas de difficulté à approcher un mouillage tranquille où l'on attendra le lendemain pour continuer. **Attention :** si le GPS est excellent pour vous amener à l'entrée d'une passe ou d'une baie encombrée de récifs, l'approche réelle doit toujours se faire à vue : la position des récifs n'est jamais parfaitement exacte sur les cartes, et d'ailleurs le corail a très bien pu pousser depuis que la carte a été relevée ; il serait suicidaire de se balader dans une région encombrée de corail en faisant confiance aux seuls GPS ou radar.

CHAPITRE QUINZE

OUF !... MERCI ASTRO !

Cras (prononcer « crasse »). Composé d'encres diverses, de macules de ragoût et de traces d'huile moteur qui s'accumulent sur la règle de navigation au cours d'une croisière.

GPS OU ASTRO ?

Comme je l'ai annoncé plus haut, dans ce chapitre, j'aborderai d'abord la navigation hauturière au GPS, puis la navigation astronomique traditionnelle : cela pourra surprendre les puristes, mais il faut se faire une raison, je sais qu'en ce début de XXIe siècle, 99 % de ceux qui partiront naviguer ne prendront pas le temps d'apprendre la navigation astronomique ; c'est dommage, d'ailleurs, et dangereux, mais je suis lucide, le GPS est tellement plus simple et plus précis, donc généralement sûr, et la vie est courte ! Pourtant lorsque vous aurez assimilé les bases de la navigation hauturière aux instruments, il sera tout à fait prudent de vous plonger dans la navigation astronomique proprement dite.

LE GPS AU LARGE

Il y a peu de différences entre l'usage du GPS au large et en navigation côtière ; de la même façon, la méthode la plus simple est d'entrer dans le GPS les coordonnées du « *waypoint* ». Personne à ma connaissance n'a proposé de francisation de ce terme barbare : point de route ? point en chemin ? La langue anglaise a ceci de pratique qu'elle prend deux mots courts, *way* (route) et *point*, et en fait sans vergogne un nouveau substantif en collant les deux bout à bout : un « sac » plein d'« air », c'est un *airbag* ; en français, on invente des périphrases lourdingues genre « coussin gonflable de sécurité », résultat tout le monde n'utilise plus que le mot anglais. On entre donc les coordonnées du *waypoint*, et la machine vous annonce aussitôt que la destination n'est plus qu'à 2768.3 milles au 230… et peut-être même, en se fondant sur votre vitesse actuelle, que vous arriverez le 18 décembre à 16 h 43… date qui variera de plusieurs jours ou semaines suivant la vitesse de votre bateau dans les journées à venir.

Si votre route prévoit un détour, il faudra entrer un ou plusieurs *waypoints* de plus : si vous quittez les Canaries pour les Antilles sans prévoir de faire escale aux îles du Cap-Vert, il est quand même conseillé de descendre un peu vers le sud, pour trouver des alizés plus réguliers : vous créerez donc un *waypoint* virtuel vers lequel vous mettrez d'abord le cap.

Au large, j'utilise essentiellement l'écran « traceur » du GPS : il montre à chaque instant un segment de ligne droite, la route que je suis censé faire ; et en dessinant une succession de points, la route que je suis réellement : mon seul boulot est de faire en sorte que ces deux lignes coïncident en poussant de quelques degrés dans un sens ou dans l'autre la commande du pilote automatique. Si les conditions météo m'empêchent temporairement de faire mon cap (vent contraire, ou vent trop de l'arrière) le GPS m'indique exactement de combien je dévie, et s'il vaut la peine de prendre des dispositions, de virer de bord, tangonner, empanner, etc.

J'aime moins la vue « subjective » qui fait ressembler l'écran à une piste d'atterrissage vue du cockpit d'un avion, indiquant si on est à droite ou à gauche de la route souhaitée ; cela me semble beaucoup moins parlant que la position « carte ».

Filtre

Mon GPS appelle ainsi l'intervalle choisi entre deux mesures successives servant à déterminer la vitesse et le cap du bateau : l'appareil fait la moyenne entre ces deux mesures ; si elles sont rapprochées dans le temps (15 ou 30 secondes), la vitesse suivra plus précisément les accélérations et ralentissements du bateau, mais l'imprécision des points satellite aboutira à des valeurs irréalistes, votre bateau semblant marcher un instant à 7 nœuds, et quelques secondes après à 4 seulement alors que vous voyez bien qu'il n'a pas ralenti ; si vous choisissez un intervalle long (plusieurs minutes par exemple), la valeur de la vitesse indiquée restera bien plus constante, mais vous mettrez longtemps à constater que vous avez ralenti ou accéléré, ou dévié de votre route ; l'importance de ce choix est moins grande depuis que la précision du GPS a grandement augmenté.

Attention : votre GPS a certainement un symbole, parfois peu visible, signalant que le contact avec les satellites a été perdu, ou que la couverture satellite est devenue mauvaise ; vérifiez de temps en temps que ce symbole n'apparaît pas, en particulier lorsque les chiffres de l'affichage ne bougent plus du tout !

Si la traversée prévue est très longue, il faudra choisir entre route orthodromique et route loxodromique : vous trouverez un peu plus loin leur définition. Ceci dit, la navigation hauturière au GPS est tellement simple, vous laisse tellement de temps libre… que c'est le moment ou jamais d'apprendre la navigation astronomique, pour le jour où vous en aurez besoin ! Entre parenthèses, la loi française, à raison, nous oblige à avoir un sextant en navigation hauturière… il faut donc à apprendre à s'en servir !

NAVIGATION HAUTURIÈRE

Par définition, la navigation hauturière commence lorsque vous perdez de vue la terre… Ça inquiète tout de suite les âmes sensibles, les ignorants pour qui tous les coins de l'horizon ont à peu près la même allure et qui n'ont pas la moindre idée de la manière de se diriger vers le but souhaité. Recommander son âme à Dieu peut servir, chercher des auspices dans le vol des oiseaux de mer ou en éventrant quelque poulet… mais il vaut mieux faire en sorte de savoir en permanence où l'on se trouve, ce qui vous entoure, même un peu loin, et la direction à suivre !

Pour cela, même loin de terre, il est bon d'avoir présente à l'esprit la répartition des rivages, des continents, autour de vous, de savoir quels écueils risquent de présenter un danger pour votre navigation, quelles îles pourront éventuellement vous proposer une escale, s'il vous prenait le besoin de vous reposer quelques jours de la houle du large. La présence d'une terre, même invisible, à 100, 500 ou 1 000 milles pourra signifier un danger (si elle est relativement proche, exposée au vent ou à la houle, dépourvue d'abris, ou théâtre d'opérations militaires) ou au contraire une sécurité, si, en cas d'avarie de mâture, par exemple, un gréement de fortune pouvait vous permettre de vous y réfugier, ou s'il s'y trouve des centres où obtenir l'aide médicale dont vous pourriez avoir soudain besoin. Même invisible, une terre assez proche pourra faire sentir sa présence, par son plateau continental que vous découvrirez au sondeur (il en est qui s'étendent à 100 milles au large), par des lueurs lointaines (certaines grandes villes, par nuits sans lune, peuvent être vues à 80 milles !), par la présence de flottes de pêcheurs qui y sont basées, ou par le passage de cargos se dirigeant vers tel de ses ports, ou même par l'influence qu'elle pourra avoir sur la houle régulière du large, la détournant ou la réfléchissant, ou encore par l'effet des brises thermiques sur les vents. Tous ces témoignages de l'existence de la terre, plus d'autres encore – troncs flottant loin au large de l'embouchure des fleuves, vols d'oiseaux de terre (mais comment les reconnaître ?) – peuvent vous donner une idée de votre position.

Et puis viendra le moment où plus rien ne vous signalera la présence du moindre rivage… À vous donc de vous débrouiller pour savoir où vous êtes, pour vous diriger de façon à éviter les écueils du large et à atteindre le but. Et quand, volontairement par goût de l'authentique, ou involontairement par suite de la maudite panne, ultime et carabinée, de vos ou de votre GPS, quand vous ne pourrez plus compter que sur vous-même pour savoir où vous êtes et où vous devez aller, vousn'aurez plus, à votre disposition, que l'estime et la navigation astronomique.

L'ESTIME

En haute mer, loin de tout danger, elle aura moins besoin d'être précise qu'à proximité de la côte et de ses pièges. En navigation alizéenne, elle se réduira souvent à une multiplication quotidienne : « Vingt-quatre heures à 5 nœuds, soit 120 milles, en fin de nuit, on allait plutôt au 250, mais hier après-midi on faisait plutôt du 260… Allez, disons qu'on a fait du 255… » Lorsque les conditions sont plus régulières encore, et l'océan particulièrement vide, on peut même ramener cela à : « Ça fait trois jours qu'on marche à 5,5 nœuds, un peu à droite du sud, disons au 190 compas ; ça fait du 170 vrai, et, en trois jours, 3 x 24 x 5,5 = 396 milles, disons 400 milles », et on tracera un trait représentant 400 milles, au

170 : on sait qu'on est, disons, dans un cercle de 30 milles de rayon autour de cette position. Bien sûr, il faudra revenir à une estime plus soignée si l'on approche d'un point à éviter ou à atteindre.

Il y a même des gens qui font de longues traversées océaniques sans autre chose que l'estime ; ça, je ne le conseillerais à personne. Car si certaines côtes sont si franches qu'à moins de souffrir d'une très mauvaise visibilité on peut les approcher en confiance même si l'on se trompe de 100 milles sur sa position, la plupart des océans et des zones côtières surtout sont émaillés de récifs, d'îlots du large ou de tracas divers qu'il vaut mieux s'attendre à voir apparaître, en sachant où l'on se trouve.

Reste donc la navigation astronomique.

Parlons-en donc, du « point astro », cette pratique magique qui faisait sortir vers midi les capitaines des frégates des siècles passés, confirmant les mutins potentiels dans leur impuissance, classant les capitaines au rang de ces demi-dieux qui maîtrisent tel ou tel art inaccessible au commun des mortels.

Lorsque j'ai quitté les rivages de France, la totalité de mon expérience consistait en deux essais de visée au sextant depuis la terrasse de ma ferme d'Auvergne (mais l'horizon, remplacé par la chaîne des Puys, faussait nettement les résultats !) et une droite de hauteur calculée au large de l'île de Noirmoutier ; jusqu'à Gibraltar et Tanger, navigation en vue de terre. Mais lorsque j'ai quitté Tanger pour Casablanca, il n'était plus question de rester à proximité des côtes marocaines, basses, invisibles, battues par de fortes houles pouvant porter à terre : avant même que le cap Spartel ne disparaisse, j'avais déjà sorti mon sextant pour me rassurer sur les résultats obtenus en les comparant à des points connus... C'est ça le plus important : lorsqu'au port, ou plutôt dans un mouillage forain, vous aurez fait quelques points et constaté que dès le début ça vous place tout près de votre position connue, vous serez rassuré ! Au bout de quarante-huit heures de traversée, je savais me placer non seulement à l'aide du Soleil, mais aussi à l'aide des étoiles, qui me conduisirent tout droit, au demi-mille près, jusqu'aux bouées d'entrée du port de Casablanca !

À côté de ça, j'ai rencontré des gens qui, 15 000 milles après le départ, ne connaissaient pas encore l'immense facilité des points d'étoiles ; certains d'entre eux, d'ailleurs, allaient grossir le nombre des voiliers échoués sur les récifs bas des Tuamotu. Pour moi, sans GPS, naviguer en mer Rouge, aux Maldives, ou dans les archipels d'atolls du Pacifique sans faire de points d'étoiles me semble totalement imprudent !

Venons-en donc au fait ; la théorie qui suit a été établie pour apprendre la navigation astronomique à quelqu'un qui ne savait pas faire une addition sans compter sur ses doigts : vous constaterez qu'il n'y a d'ailleurs aucune autre opération que quelques petites additions et soustractions dans la totalité des calculs.

La seule chose qui vous sera réellement indispensable, c'est un peu de logique et de clarté d'esprit, pour surmonter la répulsion instinctive qu'inspirent la plupart des calculs et des raisonnements, en particulier lorsque les définitions sont un peu élaborées et qu'on utilise par exemple un même mot comme le mot « minute » pour désigner une durée (un soixantième d'heure), aussi bien qu'un angle (un soixantième de degré), et même une distance (lorsqu'on dit qu'une minute d'angle équivaut à un mille sur la surface terrestre).

DÉFINITIONS

Revenons d'abord un instant sur les notions de latitude et de longitude.

Latitude et longitude

Un point sur la Terre (qui est ronde, malgré ce que croient encore certains, persuadés que la courbure que montrent les photos prises par les satellites est une illusion d'optique) est défini par sa latitude et sa longitude, elles-mêmes définies comme suit :

Équateur

C'est la trace du plan perpendiculaire à l'axe des pôles (qui est l'axe autour duquel tourne la Terre) et coupant en deux parties égales la Terre (c'est la ligne suivant laquelle vous coupez votre pamplemousse avant d'y planter votre petite cuillère, le pôle Nord étant représenté par la cicatrice de la queue du pamplemousse).

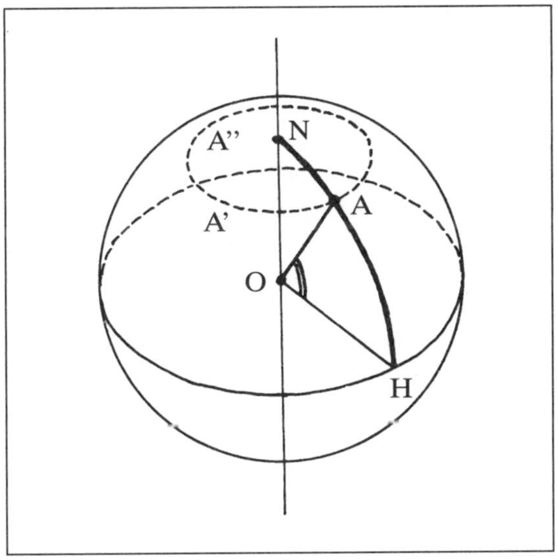

Figure 59. *Latitude et parallèles.*

Latitude

C'est la distance du point considéré à l'équateur, mesurée au plus court, et par l'angle au centre AOH.

La latitude d'un point varie donc entre 0 et 90° nord (si le point est au nord de l'équateur) et de 0 à 90° sud s'il est au sud de l'équateur.

Notez que, par définition, si l'angle AOH mesure *n* degrés (soit *n* x 60 minutes), la distance Ah mesurée sur la Terre est de *n* x 60 milles (fig. 59).

Parallèles

Tous les points situés à la même distance que A de l'équateur sont sur un cercle AA'A", plus petit que l'équateur (qui, lui, est un « grand cercle », obtenu en coupant la sphère par un plan qui passe par le centre). Ce cercle AA'A" s'appelle un « parallèle », qui apparaîtra sur une carte sous la forme d'une ligne horizontale.

Méridiens

Ce sont, comme l'équateur, de « grands cercles », mais obtenus en coupant la Terre par un plan méridien, c'est-à-dire un plan passant par l'axe des pôles (lorsque vous découpez une pomme en quartiers, vous la coupez suivant des

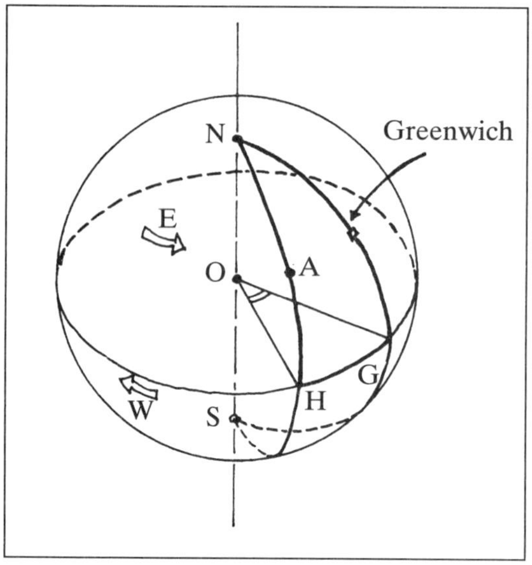

Figure 60. *Méridiens et longitudes.*

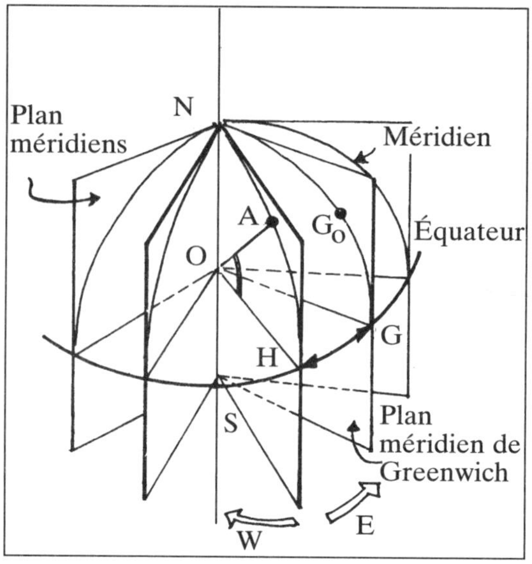

Figure 61. *Plans méridiens.*

plans méridiens). Les plans méridiens sont comme les pages d'un livre grand ouvert, dont la reliure est l'axe des pôles (fig. 60 et 61).

Longitude

C'est par définition l'angle séparant le plan méridien passant par le point donné et un plan méridien arbitrairement choisi comme origine, celui qui passe par la ville de Greenwich, en Angleterre : c'est l'angle HOG : l'arc NGS est le méridien de Greenwich, l'arc NAHS est le méridien du point A. La longitude d'un point varie entre 0 et 180° ouest (pour les points situés à l'ouest du méridien de Greenwich, c'est-à-dire la Bretagne, l'Amérique, qui comprend le Far West) et de 0 à 180° est pour les pays situés à l'est du méridien de Greenwich (par exemple l'ex-URSS et autres pays de l'est).

Route orthodromique et route loxodromique

Imaginons que vous ayiez à tracer la route la plus courte reliant deux points du globe très éloignés l'un de l'autre ; si vous disposez d'un globe terrestre, vous pouvez tendre une ficelle à sa surface entre les deux points correspondants ; la route obtenue, qui est une portion d'un « grand cercle terrestre » (cercle obtenu en coupant la terre par n'importe quel plan passant par le centre de la terre) s'appelle la route orthodromique ; malheureusement, vous ne disposez généralement que d'une carte, généralement obtenue par la projection dite « mercator », où tous les méridiens sont figurés parallèles (alors qu'en réalité, ils se rencontrent tous aux pôles) ; une ligne droite tracée sur ce type de carte vous donne la « route loxodromique », qui, sur une longue traversée, peut être plus longue de quelques centaines de milles. Les GPS vous donnent le choix, mais en général ils vous indiquent par défaut le cap à suivre pour prendre la route orthodromique, la plus courte.

Il nous reste maintenant à définir une grandeur au nom rébarbatif, mais qui est, à peu de chose près, simplement une longitude :

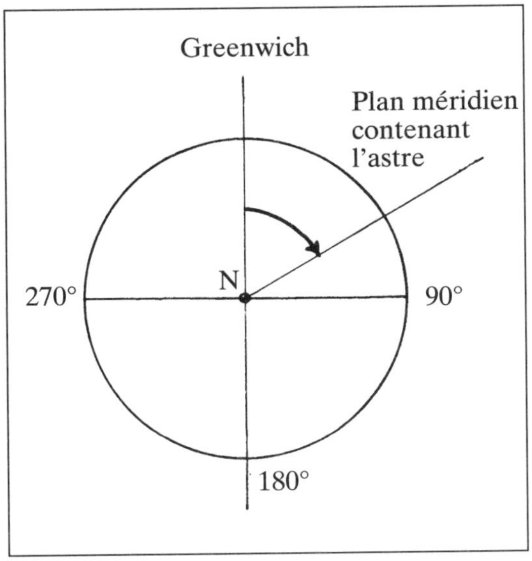

Figure 62. *Angle horaire à Greenwich.*

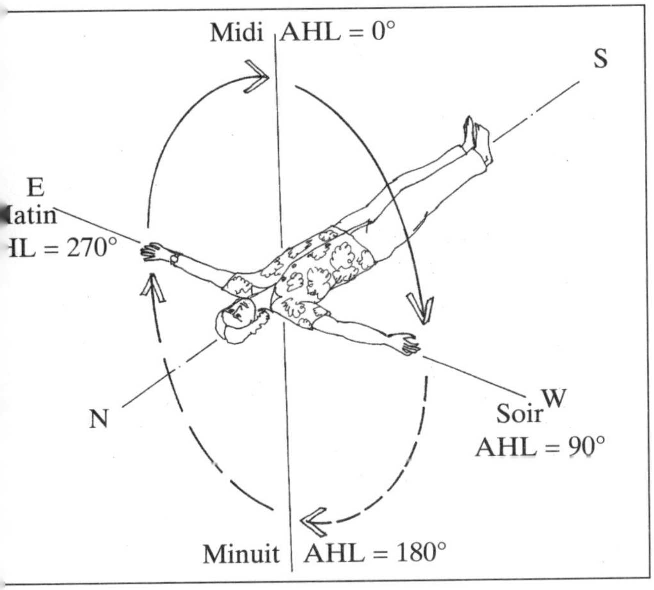

Figure 63. *Évolution de l'angle horaire local du Soleil de midi à midi le lendemain.*

Angle horaire à Greenwich

Au lieu de numéroter les pages du livre de la figure 61 de 0 à 180 vers l'ouest et de 0 à 180 vers l'est, on aurait pu commencer à 0 à Greenwich, aller de 0 à 180° vers l'ouest, et continuer ensuite, comme le tour d'un compas, de 180 à 360°, pour revenir par l'autre côté de la Terre au méridien de Greenwich, comme on le voit sur la figure 62 représentant la Terre vue de dessus.

Cet angle entre le plan méridien contenant le point donné A (qui peut être un astre), et le plan méridien passant par Greenwich, c'est-à-dire l'angle entre la page du livre contenant l'astre et la page du livre contenant Greenwich, s'appelle L'ANGLE HORAIRE À GREENWICH DE L'ASTRE.

L'angle horaire à Greenwich du Soleil à un instant donné est donc l'angle qui sépare le plan méridien contenant le Soleil et celui passant par Greenwich. Voyons un peu comment cet angle évolue au cours de la journée. Imaginons-nous à Greenwich, couché sur le sol, les pieds au sud, la tête au nord, c'est-à-dire parallèle à l'axe des pôles (fig. 63). À midi heure locale, le Soleil est quelque part au-dessus de nous, dans notre plan méridien (puisqu'à midi vrai on voit le Soleil plein sud). L'angle horaire du Soleil, à Greenwich, à cet instant, est nul ; puis le Soleil commence à descendre vers l'ouest, soit vers notre épaule droite : son angle horaire à Greenwich AHG croît de 0 à 90 degrés, qu'il atteint le soir, quand le Soleil se couche. Puis le Soleil passe derrière la Terre, son AHG croissant de 90 à 180 degrés (à minuit), puis à 270 degrés (au lever du soleil), à partir de là le Soleil s'élève sur notre gauche, son AHG passant de 270 à 360 au long de la matinée ; à midi, il est de nouveau à la verticale, et AHG = 360° = 0°.

Angle horaire local

Un observateur situé n'importe où ailleurs qu'à Greenwich ou sur son méridien pourrait définir de la même façon l'angle horaire local de l'astre, c'est-à-dire l'angle qui sépare le plan méridien où l'observateur se trouve du plan méridien où se situe le Soleil ; l'évolution de midi local à midi local le lendemain de l'angle horaire local (AHL) est la même que pour l'observateur placé à Greenwich. Sur les figures 64, on constate que :

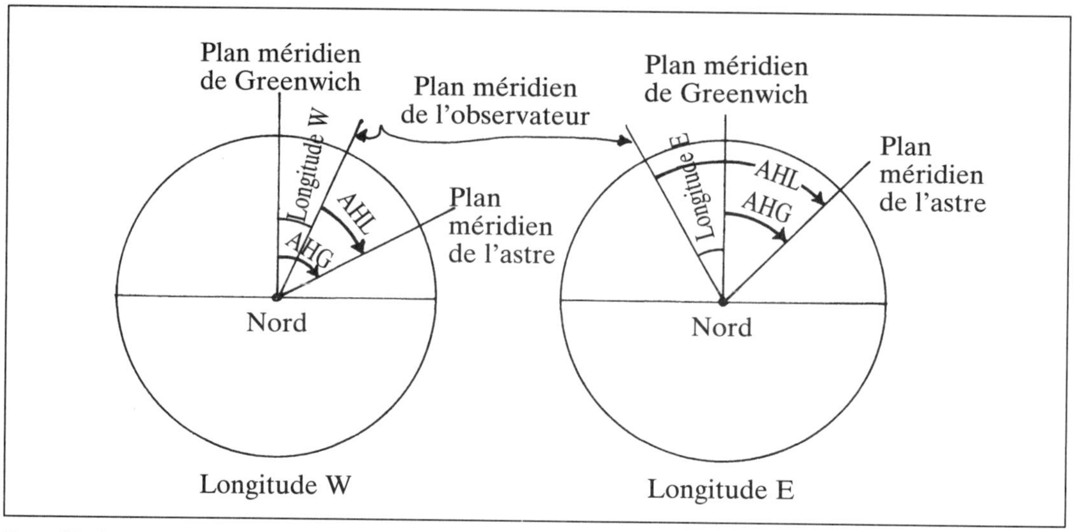

Figure 64. *Est-ce plus, ouest-ce moins ? Je me le demande bien...*

– si la longitude de l'observateur est ouest
AHL = AHG – long ouest
– si la longitude de l'observateur est est
AHL = AHG + long est

Ce que l'on retient par la formule mnémotechnique suivante, qui permet de connaître l'angle horaire local d'un astre connaissant son angle horaire à Greenwich et la longitude de l'observateur :

AHL = AHG ± longitude
Le signe étant donné par la phrase :
« EST-ce plus
OU EST-ce moins
je me le demande bien. »

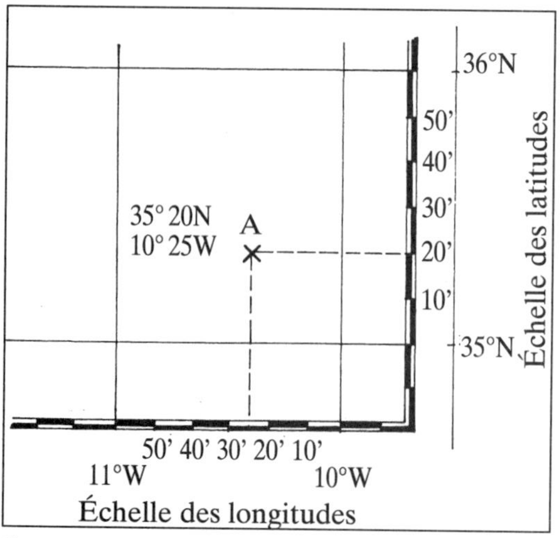

Figure 65. *Latitude et longitude d'un point lues sur une carte.*

Lecture des cartes

Sur votre carte, latitudes et longitudes apparaissent tout simplement, les parallèles sont représentés par des droites horizontales, les méridiens par des droites verticales. Vous pouvez lire la latitude et la longitude d'un point en le projetant horizontalement et verticalement sur les parallèles et méridiens tracés sur la carte (fig. 65).

Attention : sur une carte, il faut toujours avoir présent à l'esprit le sens dans lequel augmentent les latitudes ou les longitudes : dans le cas de la figure, latitude nord et longitude ouest, les latitudes croissent vers le nord (c'est-à-dire vers le haut de la carte ; ce serait le contraire dans l'hémisphère Sud, le parallèle 31° sud, par exemple, serait représenté en dessous du parallèle 30° sud) et la longitude croît vers l'ouest, soit vers la gauche de la carte (ce serait le contraire en longitude est : le méridien 95° est est représenté à droite du méridien 94° est).

PRINCIPE DE LA NAVIGATION ASTRONOMIQUE

Imaginez que vous soyez quelque part dans la région parisienne. En levant le nez, vous apercevez la tour Eiffel. Si elle vous semble très haute, c'est que vous êtes tout près d'elle. Si elle vous paraît toute petite, c'est que vous en êtes loin. Si votre pifomètre est très développé, vous pouvez dire que vous en êtes à une distance D ; sur une carte de la région parisienne, vous pouvez tracer un cercle de rayon D, centré sur la tour Eiffel, et vous savez que vous êtes sur ce cercle.

De tous les points du cercle C, par exemple, on verra la tour Eiffel grande comme l'ongle vu au bout du bras tendu (fig. 66).

Bon, on ne navigue pas toujours autour de Paris. Ailleurs ? C'est pareil : on utilisera, à la place de la tour, le Soleil ou un autre astre. Le Soleil et les astres, eux, ne sont pas fixes, mais des tables annuelles, appelées « éphémérides », nous disent gentiment où ils se trouvent à chaque instant ; pourvu que vous sachiez l'heure exacte, vous pourrez à tout instant tracer, par sa longitude et sa latitude, données par les tables, la position du « pied de l'astre » : c'est, comme le pied de la tour Eiffel, la projection de l'astre sur la Terre. Le monument constitué par l'astre et la verticale qui en descend jusqu'au « pied », et que vous voyez, vous, verticale, remplacera la tour Eiffel (fig. 67). Donc le pied du soleil, c'est le point où la droite joignant le centre du Soleil au centre de la Terre traverse la Terre (fig. 68).

Si vous voyez le Soleil haut sur l'horizon, c'est que vous êtes près de ce pied ; vous le voyez bas, vous en êtes loin. Le sextant, appareil plus précis que le pifomètre, sert uniquement à mesurer cette hauteur sur l'horizon, par la mesure de

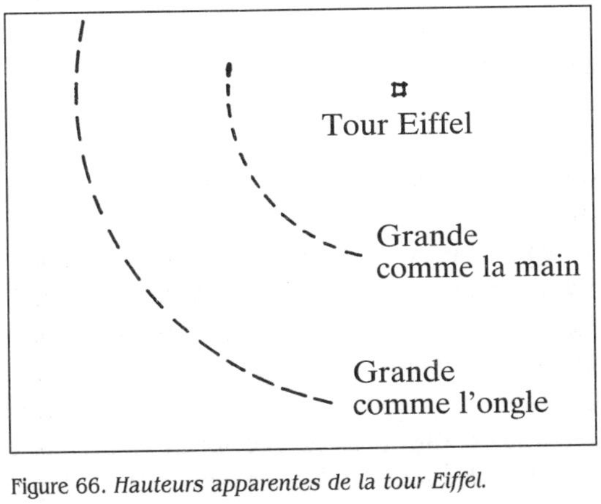

Figure 66. *Hauteurs apparentes de la tour Eiffel.*

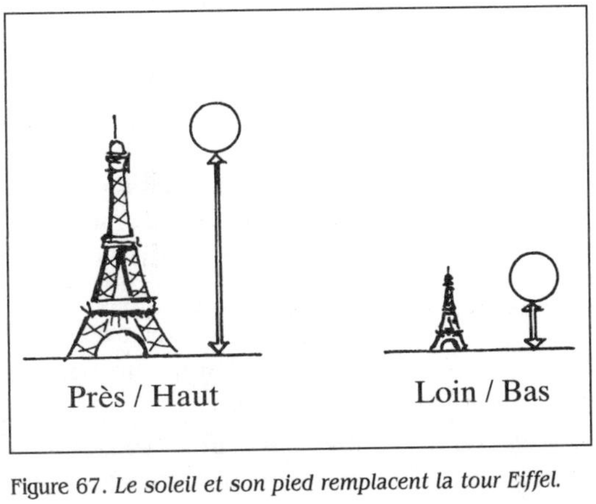

Figure 67. *Le soleil et son pied remplacent la tour Eiffel.*

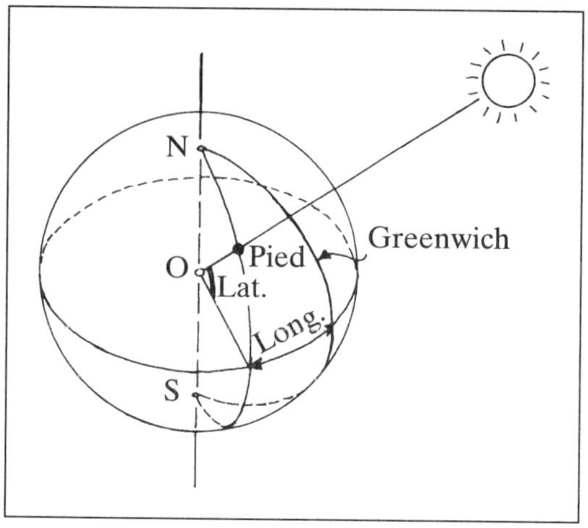

Figure 68. *« Pied » d'un astre, sa latitude et sa longitude.*

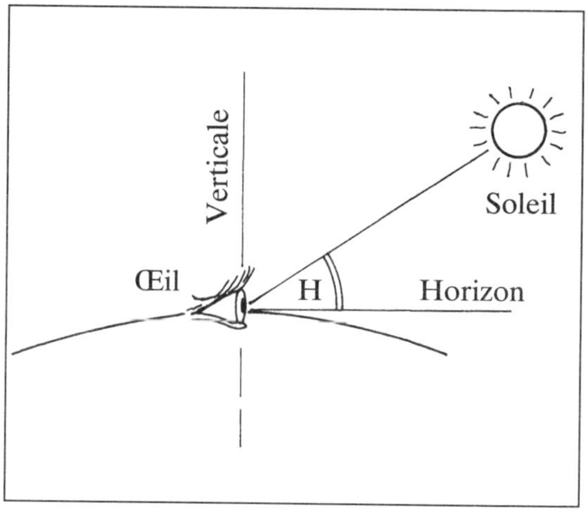

Figure 69. *Hauteur mesurée d'un astre.*

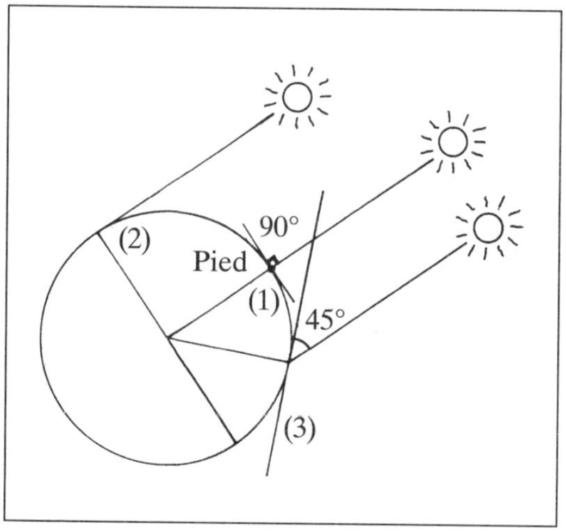

Figure 70. *Les rayons du soleil arrivent tous parallèles à la même direction (car le Soleil est très loin).*

l'angle H (fig. 69) ; dans votre sextant, à quelques poils près, c'est celui qui sépare le centre de l'astre de l'horizon visible.

Cet angle varie de 0 degré (Soleil sur l'horizon) à 90 degrés. S'il est de 90 degrés (1, fig. 70) vous êtes au pied même du Soleil. S'il est de 0 degré, vous êtes à un quart de tour de la Terre, soit à 90 x 60 = 5 400 milles du pied (2). Pour des mesures intermédiaires, 45 degrés par exemple, vous êtes à mi-chemin (3), 2 700 milles du pied de l'astre, et ainsi de suite. Une mesure de hauteur vous place sur un cercle centré sur le pied de l'astre, que vous avez positionné à l'aide des éphémérides...

Voilà, c'est tout simple... mais il y a un petit problème : il faudrait travailler sur un globe terrestre, avec un grand compas ; ce serait encombrant et peu précis, surtout si le Soleil est bas sur l'horizon, c'est-à-dire si le rayon du cercle à tracer est grand ! C'est là qu'intervient l'astuce dite de la « droite de hauteur » :

En mer, le plus souvent, on sait quand même un petit peu où l'on est : on a tracé sa route estimée à partir de la position de la veille, par exemple. *Notre boulot est, plutôt que de découvrir une position à partir de rien,* ce qui serait long mais faisable, *de rectifier notre position estimée.*

Le principe est le suivant : des tables américaines très bien faites, appelées « HO249 », vous permettent d'établir simplement à quelle hauteur, à telle heure, vous verriez tel astre si vous étiez au point où vous estimez être, et dans quelle direction vous devriez vous tourner pour le voir (cet angle, l'azimut de l'astre, n'a pas une grande précision, et reste valable dans la zone qui vous entoure, dans les limites de quelques dizaines de milles, par exemple).

Si votre sextant vous a donné une hauteur plus grande, vous voyez l'astre plus haut ; donc, vous êtes plus près de lui que vous ne l'estimiez ; s'il vous a donné une hauteur plus faible, vous êtes plus loin.

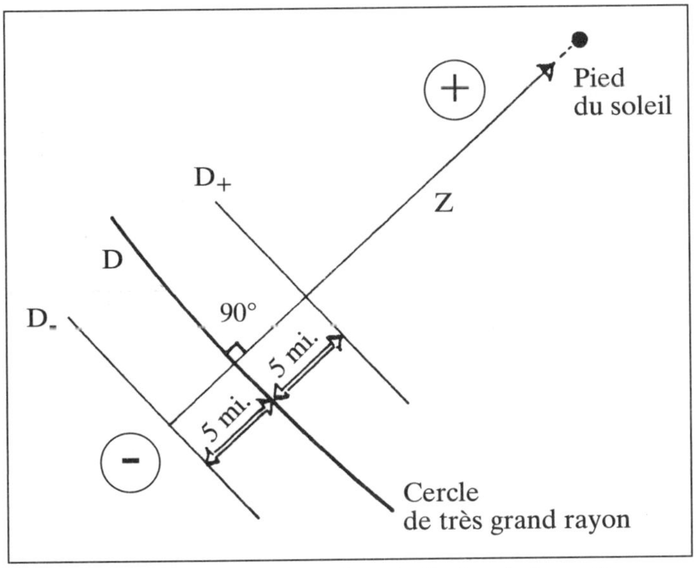

Figure 71.
Droite de hauteur.

Droite de hauteur

Tournez-vous vers le soleil ; vous comprenez bien que si vous avancez vers lui vous le verrez de plus en plus haut ; que si vous reculez vous le verrez de plus en plus bas. Mais que si vous vous déplacez vers votre droite ou vers votre gauche vous le verrez toujours à la même hauteur, si vous restez sur le même cercle centré sur le pied du soleil. Mais ce cercle a un si grand rayon, en général (sauf si, sous les tropiques, le Soleil vous passe presque à la verticale) qu'on peut, dans la limite de la petite zone d'incertitude où l'on se trouve, la confondre avec un bout de droite, qu'on appelle « droite de hauteur ».

Ainsi, les tables HO249 vous indiquent qu'à telle heure, précise à la seconde près, on voit l'astre à telle hauteur H, de tous les points du bout de droite. Cette droite est perpendiculaire à la direction Z, azimut donné par les tables, direction vers laquelle il faut se tourner pour voir le Soleil (fig. 71).

Résumé de la méthode

À une heure donnée, que l'on note à la seconde près, on mesure la hauteur HI du Soleil ; on calcule d'autre part, à l'aide de tables, l'azimut du Soleil, et à quelle hauteur on le verrait si l'on était au point estimé à la même heure. La mesure faite au sextant, comparée à celle calculée, nous indiquera si l'on est plus près ou plus loin.

Si l'on trouvait la même mesure du point estimé, on serait sur la droite tracée perpendiculairement à l'azimut. Si le sextant donne une mesure plus grande de 3 minutes par exemple, on est sur la droite D +, 3 milles plus près de l'astre ; si le sextant donne une hauteur plus faible, de 5 minutes disons, on est sur la droite D – , 5 milles plus loin de l'astre ; D + et D – , perpendiculaires à Z, sont toutes parallèles à D.

Déroulement des opérations

1. Vous mesurez la hauteur de l'astre sur l'horizon avec le sextant (nous parlerons plus loin de la méthode opératoire), à une heure précise que vous notez. Je conseille vivement une montre à quartz avec heures, minutes et secondes visibles en même temps par affichage numérique : on a moins de risques de se tromper ; il en existe d'excellentes, très bon marché et qui gardent vaillamment en mémoire heure et calendrier en ne variant pas de plus d'une ou deux secondes par semaine pour les moins performantes.

2. Vous corrigez immédiatement cette heure en y ajoutant, par exemple, 5 secondes si le top horaire de France Inter, de la radio locale (méfiez-vous, il y en a qui ont des tops horaires incertains !) ou de WWVH (heure à Greenwich, émise par les États-Unis ou par Hawaii sur 5 000, 10 000, 15 000 et 20 000 mégahertz, sous la forme d'un top toutes les secondes et d'une annonce parlée à chaque fin de minute) vous a indiqué que votre montre, aujourd'hui, était en retard de 5 secondes. Vous ramenez l'heure au fuseau horaire de Greenwich : s'il est 9 h 30 ici, il est 7 h 30 à Greenwich (nous écrirons dorénavant 0930, 0730, etc.). Pour simplifier, la montre que j'utilise pour faire le point est toujours à l'heure de Greenwich ; pour la commodité, j'ai une pendule que je mets à l'heure locale ; en mer, je la mets à l'heure de Greenwich diminuée de une heure pour 15 degrés de longitude ouest, augmentée d'autant en longitude est – si vous êtes à 47° ouest, par exemple, plus près de 45 que de 60° ouest, vous mettez votre montre à l'heure de Greenwich moins trois heures ; je note en gros, en permanence, à côté de la pendule « TU – 3 » (TU, temps universel, est un des nombreux noms de l'heure à Greenwich).

3. Vous tirez des éphémérides du jour, colonne D (déclinaison) de l'astre concerné, la première des « clés » du calcul, qui est la déclinaison de l'astre à l'instant donné, c'est tout simplement la latitude du pied de l'astre.

Ne vous occupez pas de ce qu'il y a après la virgule, sinon pour arrondir 23° 07,6' s'arrondit à 23° 08'.

4. Vous notez dans un coin la latitude (c'est la deuxième « clé ») et la longitude du point où vous estimez être (cette longitude, vous serez amené dans quelques instants à la trafiquer, c'est-à-dire à remplacer le point estimé par un point voisin qui vous arrangera pour le calcul, et que vous appellerez « point arbitraire »).

5. Les éphémérides, encore, vous donnent l'angle horaire à Greenwich de l'astre à l'heure indiquée ; première lecture dans la colonne AhVo (pour le Soleil) que l'on complétera, pour les minutes et les secondes, de la correction dite « interpolation » prise dans les pages jaunes des éphémérides.

6. Avec la règle « EST-ce plus, OU EST-ce moins », on choisit maintenant la nouvelle longitude (celle du point arbitraire) de façon que l'angle horaire local, que l'on écrit aussitôt (c'est la troisième « clé »), soit un nombre entier de degrés.

On disposera alors des trois « clés » :

1. déclinaison du soleil ;
2. latitude du point arbitraire ;
3. angle horaire local du soleil au point arbitraire.

7. C'est là seulement qu'interviennent enfin les fameuses tables HO249

a) Pour une latitude donnée (deuxième « clé »), elles comportent plusieurs pages ; on aura à choisir entre les pages « *Same* » et « *Contrary* » suivant que la déclinaison de l'astre et la latitude du point estimé sont de même signe (*same*, en anglais) ou de signe contraire (*contrary*, en anglais et en soi-même, car il parlait couramment les deux langues !).

Il faut aussi choisir entre les pages « déclinaison 0-14 » et « déclinaison 15-29 » suivant la valeur de cette déclinaison (première « clé »).

b) Sur la page choisie, on repère la ligne correspondant à l'angle horaire local (troisième « clé »), et on le suit jusqu'aux colonnes qui encadrent la valeur de la déclinaison (première « clé ») ; ici, il faudra faire une autre petite interpolation, qu'on verra plus clairement sur l'exemple, facile à appliquer tout bêtement à l'aide de la feuille volante incluse dans les HO249. Vous obtiendrez ainsi :

1. Z : c'est l'azimut de l'astre, c'est-à-dire la direction vers laquelle, du point arbitraire choisi, il faut se tourner pour voir l'astre, à l'instant de la visée.
2. H : c'est la hauteur à laquelle on verrait l'astre à l'instant choisi si l'on se trouvait au point arbitraire ou en un autre point de la « droite de hauteur » obtenue en traçant la perpendiculaire à l'azimut passant par le point arbitraire.

8. À ce moment-là, on comparera la hauteur ainsi calculée à la hauteur mesurée (au même instant, puisqu'on a astucieusement choisi, pour faire les calculs, l'instant de la visée), corrigée de quelques bricoles dont nous parlerons tout à l'heure. Et la différence vous dira si vous êtes plus près ou plus loin, vous permettra de tracer une droite, parallèle à la précédente, et, celle-là, vous saurez que vous êtes dessus.

Voilà, c'est tout ce que vous donnera un astre. Une droite. S'il y en a deux de visibles, vous obtiendrez en recommençant avec le second une deuxième droite, et vous êtes à l'intersection des deux. Sinon, il faudra attendre que l'astre visible se soit suffisamment déplacé dans le ciel pour qu'une nouvelle visée sur lui fournisse une nouvelle droite faisant un angle suffisant avec la première pour obtenir une bonne intersection de cette deuxième droite avec la première « transportée » de la distance parcourue entre les deux visées.

Voilà, tout ça exposé froidement sans illustration semble bien long et fastidieux ; nous allons le clarifier en raisonnant sur un exemple, puis le simplifier encore pour le présenter sous la forme concise que je pratique sur mon cahier de navigation, où je fais calculs et tracés, ne reportant sur la carte que la droite ou le point obtenus.

EXEMPLE *:*

Le 30 novembre 2000, à 9 h 31 mn 45 s (heure locale).
Vous avez relevé le soleil à la hauteur HI = 20° 02'
Alors que votre estime vous place à 35° 10 nord
38° 25 ouest
que votre montre retarde de deux secondes
et que l'heure de votre bord est TU – 2 heures.

Nous allons passer en revue de détail, point par point, le calcul complet de la droite de hauteur que l'on peut tirer de ces données, mais pour vous montrer comme, une fois assimilée la mécanique du raisonnement, ça se fait simplement, je ne résiste pas au plaisir de vous exposer d'abord, sans vous demander de comprendre encore, la résolution TOTALE du problème telle qu'elle se présente dans mon cahier (GHA veut dire en anglais : AHG)

09 31 45	GHA = 347° 48,3	D =21° 44' S	
11 31 47	+ 7° 56,8	Z = 138	HI = 20° 02'
	355° 45,1		+ 11'
			20° 13'
		Hc =20° 43'	
A 35°N		- 35'	
38° 45' W **317**		= 20° 08'	

C'est tout ! Ça m'a pris trois additions, trois soustractions et six lectures de tables simples... Mais décomposons d'abord, lentement, cette opération qui me prend moins d'une minute en temps normal.

1 et 2. Correction de l'heure

– la pendule était en retard de deux secondes ;

– et quand il était 9 h 31 mn 45 s au point où je me trouve, il était deux heures de plus à Greenwich.

Le temps corrigé à prendre en considération pour les calculs est donc

9 h 31 mn 45 s
+2 s (correction retard montre)
+ 2 h 00 mn 00 s (correction temps TU)
= 11 h 31 mn 47 s

3. La déclinaison du Soleil

À l'instant de la visée est donnée par les éphémérides (pl. 1) en fin d'ouvrage :

Page 30 novembre 2000
Soleil, colonne D (déclinaison)
à 11 h TU D = 21° 43,7' sud
à 12 h TU D = 21° 44,1' sud

On prendra comme valeur à 11 h 31 mn : D = 21° 44' sud.
C'est la première clé.

4. Latitude du point arbitraire

Il faut choisir pour nos calculs et nos tracés un point aussi proche que possible de notre point estimé, mais SA LATITUDE DOIT ÊTRE UN NOMBRE ENTIER DE DEGRÉS, car les HO249 ne marchent que pour des latitudes égales à des nombres entiers de degrés (deuxième « clé ») ; ici, la latitude estimée étant 35° 10' N, on prendra pour latitude du point arbitraire

Lat. : 35° nord (deuxième « clé »)

La longitude : celle du point estimé est 38° 25' W ; on va voir dans un moment quelle valeur proche de celle-ci on va choisir comme longitude du point arbitraire.

5. Angle horaire à Greenwich

Angle horaire à Greenwich donné par les éphémérides (page 30 novembre 2000) (pl. 1). À 11 heures TU, colonne AhVo (c'est ce que j'appelle AHG) l'angle horaire du soleil à Greenwich à 11 heures était........	347° 48,3'
Dans les 31 mn 47 s qui ont suivi, il a grandi (l'angle horaire grandit toujours, car la Terre tourne toujours dans le même sens) d'une quantité donnée par les pages interpolation des éphémérides (pl. 2) : page et colonne 31 mn, ligne 47 s, colonne soleil : page et colonne 31 mn, ligne 47 s, colonne soleil	7° 56,8'
En faisant cette addition, on obtient l'angle horaire du Soleil à Greenwich à 11 h 31 mn 47 s	354° 105,1
	355° 45'1
Arrondi à	355° 45

Méthode du temps orbital

La détermination, faite ci-dessus, de la déclinaison et de l'angle horaire à Greenwich du Soleil nécessite d'avoir à bord les éphémérides nautiques ou un de leurs équivalents... et si vous ne les avez pas ? Merci Antoine (et merci la Défense américaine), voici une méthode assez simple pour les déterminer gracieusement... jusqu'en 2016 ! Elle fait intervenir une grandeur bizarre nommée « Orbit Time » que je traduis par temps orbital, qui s'obtient comme suit :
Noter dans l'ordre la date du jour (année, mois jour) et l'heure TU arrondie à l'heure la plus proche : ici 2000 NOV 30 11h

Table a :
Correction à l'heure TU

Année	Corr.
2000	– 8
2000 apr. 29 fev	+16
2001	+10
2002	+ 5
2003	– 1
2004	– 7
2004 apr. 29 fév	+17
2005	+11
2006	+6
2007	0
2008	– 6
2008 apr. 29 fév	+18
2009	+12
2010	+ 6
2011	+ 1
2012	– 5
2012 apr 29 fév	+ 19
2013	+ 13
2014	+ 7
2015	+ 1
2016	– 5
2016 apr 29 fév	+ 19

TABLE 4.—GHA and Declination of the Sun for the Years 1981–2016 — Argument “Orbit Time”

OT 00ʰ	JAN E	JAN Dec.		FEB E	FEB Dec.		MAR E	MAR Dec.		APR E	APR Dec.	
d	° ′	° ′		° ′	° ′		° ′	° ′		° ′	° ′	
1	4 12	S 23 03	5	1 38	S 17 16	17	1 52	S 7 49	23	3 58	N 4 19	23
2	4 05	22 58	5	1 36	16 59	18	1 55	7 26	23	4 02	4 42	23
3	3 58	22 53	6	1 34	16 41	17	1 58	7 03	23	4 07	5 05	23
4	3 51	22 47	7	1 32	16 24	18	2 01	6 40	23	4 11	5 28	23
5	3 44	22 40	6	1 31	16 06	18	2 05	6 17	23	4 16	5 51	23
6	3 37	S 22 34	7	1 30	S 15 48	19	2 08	S 5 54	24	4 20	N 6 14	22
7	3 31	22 27	8	1 29	15 29	18	2 11	5 30	23	4 24	6 36	23
8	3 24	22 19	8	1 28	15 11	19	2 15	5 07	23	4 29	6 59	22
9	3 18	22 11	9	1 27	14 52	20	2 19	4 44	24	4 33	7 21	23
10	3 12	22 02	8	1 27	14 32	19	2 22	4 20	23	4 37	7 44	22
11	3 06	S 21 54	10	1 26	S 14 13	20	2 26	S 3 57	24	4 41	N 8 06	22
12	3 00	21 44	10	1 26	13 53	20	2 30	3 33	23	4 45	8 28	22
13	2 54	21 34	10	1 27	13 33	20	2 34	3 10	24	4 49	8 50	22
14	2 48	21 24	10	1 27	13 13	20	2 38	2 46	24	4 53	9 12	21
15	2 43	21 14	11	1 28	12 53	21	2 43	2 22	23	4 56	9 33	22
16	2 38	S 21 03	12	1 28	S 12 32	21	2 47	S 1 59	24	5 00	N 9 55	21
17	2 32	20 51	12	1 29	12 11	21	2 51	1 35	24	5 04	10 16	21
18	2 28	20 39	12	1 30	11 50	21	2 55	1 11	24	5 07	10 37	21
19	2 23	20 27	12	1 31	11 29	21	3 00	0 47	23	5 10	10 58	21
20	2 18	20 15	13	1 33	11 08	22	3 04	S 0 24	24	5 14	11 19	20
21	2 14	S 20 02	14	1 34	S 10 46	21	3 09	N 0 00	24	5 17	N 11 39	21
22	2 09	19 48	13	1 36	10 25	22	3 13	0 24	23	5 20	12 00	20
23	2 05	19 35	14	1 38	10 03	22	3 17	0 47	24	5 23	12 20	20
24	2 02	19 21	15	1 40	9 41	22	3 22	1 11	24	5 26	12 40	20
25	1 58	19 06	15	1 42	9 19	23	3 26	1 35	23	5 28	13 00	19
26	1 54	S 18 51	15	1 45	S 8 56	22	3 31	N 1 58	24	5 31	N 13 19	20
27	1 51	18 36	15	1 47	8 34	23	3 36	2 22	23	5 33	13 39	19
28	1 48	18 21	16	1 50	8 11	22	3 40	2 45	24	5 36	13 58	19
29	1 45	18 05	16	1 52	7 49	23	3 45	3 09	23	5 38	14 17	18
30	1 42	17 49	16				3 49	3 32	23	5 40	14 35	19
31	1 40	S 17 33	17				3 54	N 3 55	24			

OT 00ʰ	MAY E	MAY Dec.		JUN E	JUN Dec.		JUL E	JUL Dec.		AUG E	AUG Dec.	
d	° ′	° ′		° ′	° ′		° ′	° ′		° ′	° ′	
1	5 42	N 14 54	18	5 35	N 21 58	8	4 05	N 23 09	4	3 24	N 18 10	15
2	5 44	15 12	18	5 32	22 06	8	4 02	23 05	5	3 25	17 55	16
3	5 46	15 30	18	5 30	22 14	8	3 59	23 00	5	3 26	17 39	15
4	5 47	15 48	17	5 28	22 22	7	3 56	22 55	5	3 28	17 24	16
5	5 49	16 05	17	5 25	22 29	6	3 54	22 50	5	3 29	17 08	17
6	5 50	N 16 22	17	5 22	N 22 35	6	3 51	N 22 45	6	3 31	N 16 51	16
7	5 51	16 39	17	5 20	22 41	6	3 48	22 39	7	3 32	16 35	17
8	5 52	16 56	16	5 17	22 47	6	3 46	22 32	7	3 34	16 18	17
9	5 53	17 12	16	5 14	22 53	5	3 44	22 25	7	3 36	16 01	17
10	5 54	17 28	16	5 11	22 58	4	3 42	22 18	7	3 38	15 44	17
11	5 54	N 17 44	15	5 08	N 23 02	5	3 39	N 22 11	8	3 40	N 15 27	18
12	5 55	17 59	15	5 05	23 07	3	3 37	22 03	8	3 43	15 09	18
13	5 55	18 14	15	5 02	23 10	4	3 36	21 55	9	3 45	14 51	19
14	5 55	18 29	14	4 59	23 14	3	3 34	21 46	9	3 48	14 32	18
15	5 55	18 43	15	4 56	23 17	2	3 32	21 37	10	3 51	14 14	19
16	5 55	N 18 58	13	4 53	N 23 19	3	3 31	N 21 27	9	3 54	N 13 55	19
17	5 55	19 11	14	4 50	23 22	1	3 29	21 18	11	3 57	13 36	19
18	5 54	19 25	13	4 46	23 23	2	3 28	21 07	10	4 00	13 17	19
19	5 54	19 38	13	4 43	23 25	1	3 27	20 57	11	4 03	12 58	20
20	5 53	19 51	13	4 40	23 26	0	3 26	20 46	11	4 07	12 38	19
21	5 52	N 20 04	12	4 36	N 23 26	0	3 25	N 20 35	12	4 10	N 12 19	20
22	5 51	20 16	12	4 33	23 26	0	3 24	20 23	12	4 14	11 59	21
23	5 50	20 28	11	4 30	23 26	1	3 23	20 11	12	4 18	11 38	20
24	5 49	20 39	11	4 27	23 25	1	3 23	19 59	12	4 21	11 18	20
25	5 48	20 50	11	4 23	23 24	1	3 23	19 47	13	4 25	10 58	21
26	5 46	N 21 01	11	4 20	N 23 23	2	3 22	N 19 34	13	4 29	N 10 37	21
27	5 44	21 12	10	4 17	23 21	3	3 22	19 21	14	4 34	10 16	21
28	5 43	21 22	9	4 14	23 18	3	3 22	19 07	14	4 38	9 55	21
29	5 41	21 31	10	4 11	23 15	3	3 23	18 53	14	4 42	9 34	21
30	5 39	21 41	9	4 08	23 12	3	3 23	18 39	15	4 47	9 13	22
31	5 37	N 21 50	8				3 24	N 18 24	14	4 51	N 8 51	21

OT 00ʰ	SEP E	SEP Dec.		OCT E	OCT Dec.		NOV E	NOV Dec.		DEC E	DEC Dec.		OT 00ʰ
d	° ′	° ′		° ′	° ′		° ′	° ′		° ′	° ′		d
1	4 56	N 8 30	22	7 31	S 2 57	24	9 06	S 14 14	19	7 49	S 21 42	10	1
2	5 01	8 08	22	7 36	3 21	23	9 06	14 33	19	7 44	21 52	9	2
3	5 06	7 46	22	7 41	3 44	23	9 06	14 52	19	7 38	22 01	8	3
4	5 11	7 24	22	7 45	4 07	23	9 06	15 11	19	7 32	22 09	8	4
5	5 16	7 02	22	7 50	4 30	23	9 06	15 30	18	7 26	22 17	8	5
6	5 21	N 6 40	23	7 55	S 4 53	23	9 06	S 15 48	18	7 20	S 22 25	7	6
7	5 26	6 17	22	7 59	5 16	23	9 05	16 06	18	7 14	22 32	7	7
8	5 31	5 55	23	8 03	5 39	23	9 05	16 24	17	7 07	22 39	6	8
9	5 36	5 32	22	8 08	6 02	23	9 04	16 41	17	7 01	22 45	6	9
10	5 41	5 10	23	8 12	6 25	23	9 02	16 58	17	6 54	22 51	6	10
11	5 46	N 4 47	23	8 16	S 6 48	22	9 01	S 17 15	17	6 47	S 22 57	5	11
12	5 52	4 24	23	8 20	7 10	23	8 59	17 32	16	6 40	23 02	4	12
13	5 57	4 01	23	8 23	7 33	22	8 58	17 48	16	6 33	23 06	4	13
14	6 02	3 38	23	8 27	7 55	23	8 55	18 04	16	6 26	23 10	4	14
15	6 08	3 15	23	8 31	8 18	22	8 53	18 20	15	6 19	23 14	3	15
16	6 13	N 2 52	23	8 34	S 8 40	22	8 51	S 18 35	15	6 12	S 23 17	3	16
17	6 18	2 29	23	8 37	9 02	22	8 48	18 50	15	6 05	23 20	2	17
18	6 24	2 06	23	8 40	9 24	22	8 45	19 05	14	5 57	23 22	2	18
19	6 29	1 43	24	8 43	9 46	21	8 42	19 19	14	5 50	23 24	1	19
20	6 34	1 19	23	8 46	10 07	22	8 39	19 33	14	5 42	23 25	1	20
21	6 40	N 0 56	23	8 48	S 10 29	21	8 35	S 19 47	13	5 35	S 23 26	0	21
22	6 45	0 33	24	8 51	10 50	22	8 31	20 00	13	5 28	23 26	0	22
23	6 50	N 0 09	23	8 53	11 12	21	8 27	20 13	12	5 20	23 26	0	23
24	6 55	S 0 14	23	8 55	11 33	20	8 23	20 25	13	5 13	23 26	2	24
25	7 01	0 37	24	8 57	11 53	21	8 19	20 38	11	5 05	23 24	1	25
26	7 06	S 1 01	23	8 59	S 12 14	21	8 14	S 20 49	12	4 58	S 23 23	2	26
27	7 11	1 24	23	9 01	12 35	20	8 10	21 01	11	4 50	23 21	3	27
28	7 16	1 47	24	9 02	12 55	20	8 05	21 12	10	4 43	23 18	2	28
29	7 21	2 11	23	9 03	13 15	20	8 00	21 22	11	4 36	23 16	4	29
30	7 26	2 34	23	9 04	13 35	20	7 55	21 33	9	4 28	23 12	4	30
31				9 05	S 13 55	19				4 21	S 23 08	4	31

a. Corr. to GMT

Year	Corr.	Year	Corr.	Year	Corr.
	h		h		h
1981	+ 7	1993	+ 9	2005	+11
1982	+ 1	1994	+ 4	2006	+ 6
1983	- 5	1995	- 2	2007	0
1984	-10	1996	- 8	2008	- 6
1984	+14 *	1996	+16 *	2008	+18 *
1985	+ 8	1997	+10	2009	+12
1986	+ 2	1998	+ 4	2010	+ 6
1987	- 4	1999	- 2	2011	+ 1
1988	-10	2000	- 8	2012	- 5
1988	+14 *	2000	+16 *	2012	+19 *
1989	+ 9	2001	+10	2013	+13
1990	+ 3	2002	+ 5	2014	+ 7
1991	- 3	2003	- 1	2015	+ 1
1992	- 9	2004	- 7	2016	- 5
1992	+15 *	2004	+17 *	2016	+19 *

* After Feb. 29

b. Interpolation for Hours of OT

Diff.	1	2	3	4	5	6	7	8	9	10	11	12	13	14	15	16	17	18	19	20	21	22	23	24
h	′	′	′	′	′	′	′	′	′	′	′	′	′	′	′	′	′	′	′	′	′	′	′	′
0	0	0	0	0	0	0	0	0	0	0	0	0	0	0	0	0	0	0	0	0	0	0	0	0
1	0	0	0	0	0	0	0	0	0	0	0	1	1	1	1	1	1	1	1	1	1	1	1	1
2	0	0	0	0	0	1	1	1	1	1	1	1	1	1	1	1	1	2	2	2	2	2	2	2
3	0	0	0	1	1	1	1	1	1	1	1	2	2	2	2	2	2	2	2	3	3	3	3	3
4	0	0	1	1	1	1	1	1	2	2	2	2	2	2	3	3	3	3	3	3	4	4	4	4
5	0	0	1	1	1	1	1	2	2	2	2	3	3	3	3	3	4	4	4	4	4	5	5	5
6	0	1	1	1	1	2	2	2	2	3	3	3	3	4	4	4	4	5	5	5	5	6	6	6
7	0	1	1	1	1	2	2	2	3	3	3	4	4	4	4	5	5	5	6	6	6	6	7	7
8	0	1	1	1	2	2	2	3	3	3	4	4	4	5	5	5	6	6	6	7	7	7	8	8
9	0	1	1	2	2	2	3	3	3	4	4	5	5	5	6	6	6	7	7	8	8	8	9	9
10	0	1	1	2	2	3	3	3	4	4	5	5	5	6	6	7	7	8	8	8	9	9	10	10
11	0	1	1	2	2	3	3	4	4	5	5	6	6	6	7	7	8	8	9	9	10	10	11	11

Diff.	1	2	3	4	5	6	7	8	9	10	11	12	13	14	15	16	17	18	19	20	21	22	23	24
h	′	′	′	′	′	′	′	′	′	′	′	′	′	′	′	′	′	′	′	′	′	′	′	′
12	1	1	2	2	3	3	4	4	5	5	6	6	7	7	8	8	9	9	10	10	11	11	12	12
13	1	1	2	2	3	3	4	4	5	5	6	7	7	8	8	9	9	10	10	11	11	12	12	13
14	1	1	2	2	3	4	4	5	5	6	6	7	8	8	9	9	10	11	11	12	12	13	13	14
15	1	1	2	3	3	4	4	5	6	6	7	8	8	9	9	10	11	11	12	13	13	14	14	15
16	1	1	2	3	3	4	5	5	6	7	7	8	9	9	10	11	11	12	13	13	14	15	15	16
17	1	1	2	3	4	4	5	6	6	7	8	9	9	10	11	11	12	13	13	14	15	16	16	17
18	1	2	2	3	4	5	5	6	7	8	8	9	10	11	11	12	13	14	14	15	16	17	17	18
19	1	2	2	3	4	5	6	6	7	8	9	10	10	11	12	13	13	14	15	16	17	17	18	19
20	1	2	3	3	4	5	6	7	8	8	9	10	11	12	13	13	14	15	16	17	18	18	19	20
21	1	2	3	4	4	5	6	7	8	9	10	11	11	12	13	14	15	16	17	18	18	19	20	21
22	1	2	3	4	5	6	6	7	8	9	10	11	12	13	14	15	16	17	17	18	19	20	21	22
23	1	2	3	4	5	6	7	8	9	10	11	12	12	13	14	15	16	17	18	19	20	21	22	23

TABLE 4.—GHA and Declination of the Sun for the Years 1981–2016 — Argument "Orbit Time" — Continued

c. Hours and Tens of Minutes of GMT

h	00m °	00m ′	10m °	10m ′	20m °	20m ′	30m °	30m ′	40m °	40m ′	50m °	50m ′
00	175	00	177	30	180	00	182	30	185	00	187	30
01	190	00	192	30	195	00	197	30	200	00	202	30
02	205	00	207	30	210	00	212	30	215	00	217	30
03	220	00	222	30	225	00	227	30	230	00	232	30
04	235	00	237	30	240	00	242	30	245	00	247	30
05	250	00	252	30	255	00	257	30	260	00	262	30
06	265	00	267	30	270	00	272	30	275	00	277	30
07	280	00	282	30	285	00	287	30	290	00	292	30
08	295	00	297	30	300	00	302	30	305	00	307	30
09	310	00	312	30	315	00	317	30	320	00	322	30
10	325	00	327	30	330	00	332	30	335	00	337	30
11	340	00	342	30	345	00	347	30	350	00	352	30
12	355	00	357	30	0	00	2	30	5	00	7	30
13	10	00	12	30	15	00	17	30	20	00	22	30
14	25	00	27	30	30	00	32	30	35	00	37	30
15	40	00	42	30	45	00	47	30	50	00	52	30
16	55	00	57	30	60	00	62	30	65	00	67	30
17	70	00	72	30	75	00	77	30	80	00	82	30
18	85	00	87	30	90	00	92	30	95	00	97	30
19	100	00	102	30	105	00	107	30	110	00	112	30
20	115	00	117	30	120	00	122	30	125	00	127	30
21	130	00	132	30	135	00	137	30	140	00	142	30
22	145	00	147	30	150	00	152	30	155	00	157	30
23	160	00	162	30	165	00	167	30	170	00	172	30

d. Minutes and Seconds of GMT (in critical cases ascend)

m s	° ′	m s	° ′	m s	° ′	m s	° ′	m s	° ′	m s	° ′
00 00	0 00	01 37	0 25	03 17	0 50	04 57	1 15	06 37	1 40	08 17	2 05
01	0 01	41	0 26	21	0 51	05 01	1 16	41	1 41	21	2 06
05	0 02	45	0 27	25	0 52	05	1 17	45	1 42	25	2 07
09	0 03	49	0 28	29	0 53	09	1 18	49	1 43	29	2 08
13	0 04	53	0 29	33	0 54	13	1 19	53	1 44	33	2 09
17	0 05	01 57	0 30	37	0 55	17	1 20	06 57	1 45	37	2 10
21	0 06	02 01	0 31	41	0 56	21	1 21	07 01	1 46	41	2 11
25	0 07	05	0 32	45	0 57	25	1 22	05	1 47	45	2 12
29	0 08	09	0 33	49	0 58	29	1 23	09	1 48	49	2 13
33	0 09	13	0 34	53	0 59	33	1 24	13	1 49	53	2 14
37	0 10	17	0 35	03 57	1 00	37	1 25	17	1 50	08 57	2 15
41	0 11	21	0 36	04 01	1 01	41	1 26	21	1 51	09 01	2 16
45	0 12	25	0 37	05	1 02	45	1 27	25	1 52	05	2 17
49	0 13	29	0 38	09	1 03	49	1 28	29	1 53	09	2 18
53	0 14	33	0 39	13	1 04	53	1 29	33	1 54	13	2 19
00 57	0 15	37	0 40	17	1 05	05 57	1 30	37	1 55	17	2 20
01 01	0 16	41	0 41	21	1 06	06 01	1 31	41	1 56	21	2 21
05	0 17	45	0 42	25	1 07	05	1 32	45	1 57	25	2 22
09	0 18	49	0 43	29	1 08	09	1 33	49	1 58	29	2 23
13	0 19	53	0 44	33	1 09	13	1 34	53	1 59	33	2 24
17	0 20	02 57	0 45	37	1 10	17	1 35	07 57	2 00	37	2 25
21	0 21	03 01	0 46	41	1 11	21	1 36	08 01	2 01	41	2 26
25	0 22	05	0 47	45	1 12	25	1 37	05	2 02	45	2 27
29	0 23	09	0 48	49	1 13	29	1 38	09	2 03	49	2 28
33	0 24	13	0 49	53	1 14	33	1 39	13	2 04	53	2 29
37	0 25	17	0 50	04 57	1 15	37	1 40	17	2 05	09 57	2 30
01 41		03 21		05 01		06 41		08 21		10 00	

TABLE 5.—Correction to Tabulated Altitude for Minutes of Declination

d / ′	1	2	3	4	5	6	7	8	9	10	11	12	13	14	15	16	17	18	19	20	21	22	23	24	25	26	27	28	29	30	31	32	33	34	35	36	37	38	39	40	41	42	43	44	45	46	47	48	49	50	51	52	53	54	55	56	57	58	59	60	d / ′
0	0	0	0	0	0	0	0	0	0	0	0	0	0	0	0	0	0	0	0	0	0	0	0	0	0	0	0	0	0	0	0	0	0	0	0	0	0	0	0	0	0	0	0	0	0	0	0	0	0	0	0	0	0	0	0	0	0	0	0	0	0
1	0	0	0	0	0	0	0	0	0	0	0	0	0	0	0	0	0	0	0	0	0	0	0	0	0	0	0	0	0	0	1	1	1	1	1	1	1	1	1	1	1	1	1	1	1	1	1	1	1	1	1	1	1	1	1	1	1	1	1	1	1
2	0	0	0	0	0	0	0	0	0	0	0	0	0	0	0	1	1	1	1	1	1	1	1	1	1	1	1	1	1	1	1	1	1	1	1	1	1	1	1	1	1	1	1	1	2	2	2	2	2	2	2	2	2	2	2	2	2	2	2	2	2
3	0	0	0	0	0	0	0	0	0	0	1	1	1	1	1	1	1	1	1	1	1	1	1	1	1	1	1	1	1	2	2	2	2	2	2	2	2	2	2	2	2	2	2	2	2	2	2	2	2	2	3	3	3	3	3	3	3	3	3	3	3
4	0	0	0	0	0	0	0	1	1	1	1	1	1	1	1	1	1	1	1	1	1	1	2	2	2	2	2	2	2	2	2	2	2	2	2	2	2	3	3	3	3	3	3	3	3	3	3	3	3	3	3	3	4	4	4	4	4	4	4	4	4
5	0	0	0	0	0	0	1	1	1	1	1	1	1	1	1	1	1	2	2	2	2	2	2	2	2	2	2	2	2	2	3	3	3	3	3	3	3	3	3	3	3	4	4	4	4	4	4	4	4	4	4	4	4	4	5	5	5	5	5	5	5
6	0	0	0	0	0	1	1	1	1	1	1	1	1	1	2	2	2	2	2	2	2	2	2	2	2	3	3	3	3	3	3	3	3	3	4	4	4	4	4	4	4	4	4	4	4	5	5	5	5	5	5	5	5	5	6	6	6	6	6	6	6
7	0	0	0	0	1	1	1	1	1	1	1	1	2	2	2	2	2	2	2	2	2	3	3	3	3	3	3	3	3	4	4	4	4	4	4	4	4	4	5	5	5	5	5	5	5	5	5	6	6	6	6	6	6	6	6	7	7	7	7	7	7
8	0	0	0	1	1	1	1	1	1	1	1	2	2	2	2	2	2	2	3	3	3	3	3	3	3	3	4	4	4	4	4	4	4	5	5	5	5	5	5	5	5	6	6	6	6	6	6	6	7	7	7	7	7	7	7	7	8	8	8	8	8
9	0	0	0	1	1	1	1	1	1	2	2	2	2	2	2	2	3	3	3	3	3	3	3	4	4	4	4	4	4	4	5	5	5	5	5	5	6	6	6	6	6	6	6	7	7	7	7	7	7	8	8	8	8	8	8	8	9	9	9	9	9
10	0	0	0	1	1	1	1	1	2	2	2	2	2	2	2	3	3	3	3	3	4	4	4	4	4	4	4	5	5	5	5	5	6	6	6	6	6	6	6	7	7	7	7	7	8	8	8	8	8	8	8	9	9	9	9	9	10	10	10	10	10
11	0	0	1	1	1	1	1	1	2	2	2	2	2	3	3	3	3	3	3	4	4	4	4	4	5	5	5	5	5	6	6	6	6	6	6	7	7	7	7	7	8	8	8	8	8	8	9	9	9	9	9	10	10	10	10	10	10	11	11	11	11
12	0	0	1	1	1	1	1	2	2	2	2	2	3	3	3	3	3	4	4	4	4	4	5	5	5	5	5	6	6	6	6	6	7	7	7	7	7	8	8	8	8	8	9	9	9	9	9	10	10	10	10	10	11	11	11	11	11	12	12	12	12
13	0	0	1	1	1	1	2	2	2	2	2	3	3	3	3	3	4	4	4	4	5	5	5	5	5	6	6	6	6	6	7	7	7	7	8	8	8	8	8	9	9	9	9	10	10	10	10	10	11	11	11	11	11	12	12	12	12	13	13	13	13
14	0	0	1	1	1	1	2	2	2	2	3	3	3	3	4	4	4	4	4	5	5	5	5	6	6	6	6	7	7	7	7	7	8	8	8	8	9	9	9	9	10	10	10	10	10	11	11	11	11	12	12	12	12	13	13	13	13	14	14	14	14
15	0	0	1	1	1	2	2	2	2	2	3	3	3	4	4	4	4	4	5	5	5	6	6	6	6	6	7	7	7	8	8	8	8	8	9	9	9	10	10	10	10	10	11	11	11	12	12	12	12	12	13	13	13	14	14	14	14	14	15	15	15
16	0	1	1	1	1	2	2	2	2	3	3	3	3	4	4	4	5	5	5	5	6	6	6	6	7	7	7	7	8	8	8	9	9	9	9	10	10	10	10	11	11	11	11	12	12	12	13	13	13	13	14	14	14	14	15	15	15	15	16	16	16
17	0	1	1	1	1	2	2	2	3	3	3	3	4	4	4	5	5	5	5	6	6	6	7	7	7	7	8	8	8	8	9	9	9	10	10	10	10	11	11	11	12	12	12	12	13	13	13	14	14	14	14	15	15	15	16	16	16	16	17	17	17
18	0	1	1	1	2	2	2	2	3	3	3	4	4	4	4	5	5	5	6	6	6	7	7	7	8	8	8	8	9	9	9	10	10	10	10	11	11	11	12	12	12	13	13	13	14	14	14	14	15	15	15	16	16	16	16	17	17	17	18	18	18
19	0	1	1	1	2	2	2	3	3	3	3	4	4	4	5	5	5	6	6	6	7	7	7	8	8	8	9	9	9	10	10	10	10	11	11	11	12	12	12	13	13	13	14	14	14	15	15	15	16	16	16	16	17	17	17	18	18	18	19	19	19
20	0	1	1	1	2	2	2	3	3	3	4	4	4	5	5	5	6	6	6	7	7	7	8	8	8	9	9	9	10	10	10	11	11	11	12	12	12	13	13	13	14	14	14	15	15	15	16	16	16	17	17	17	18	18	18	19	19	19	20	20	20
21	0	1	1	1	2	2	2	3	3	4	4	4	5	5	5	6	6	6	7	7	7	8	8	8	9	9	9	10	10	10	11	11	12	12	12	13	13	13	14	14	14	15	15	15	16	16	16	17	17	18	18	18	19	19	19	20	20	20	21	21	21
22	0	1	1	1	2	2	3	3	3	4	4	4	5	5	6	6	6	7	7	7	8	8	8	9	9	10	10	10	11	11	11	12	12	12	13	13	14	14	14	15	15	15	16	16	16	17	17	18	18	18	19	19	19	20	20	21	21	21	22	22	22
23	0	1	1	2	2	2	3	3	3	4	4	5	5	5	6	6	7	7	7	8	8	8	9	9	10	10	10	11	11	12	12	12	13	13	13	14	14	15	15	15	16	16	16	17	17	18	18	18	19	19	20	20	20	21	21	21	22	22	23	23	23
24	0	1	1	2	2	2	3	3	4	4	4	5	5	6	6	6	7	7	8	8	8	9	9	10	10	10	11	11	12	12	12	13	13	14	14	14	15	15	16	16	16	17	17	18	18	18	19	19	20	20	20	21	21	22	22	22	23	23	24	24	24
25	0	1	1	2	2	2	3	3	4	4	5	5	5	6	6	7	7	8	8	8	9	9	10	10	10	11	11	12	12	12	13	13	14	14	15	15	15	16	16	17	17	18	18	18	19	19	20	20	20	21	21	22	22	22	23	23	24	24	25	25	25
26	0	1	1	2	2	3	3	3	4	4	5	5	6	6	6	7	7	8	8	9	9	10	10	10	11	11	12	12	13	13	13	14	14	15	15	16	16	16	17	17	18	18	19	19	20	20	20	21	21	22	22	23	23	23	24	24	25	25	26	26	26
27	0	1	1	2	2	3	3	4	4	4	5	5	6	6	7	7	8	8	9	9	9	10	10	11	11	12	12	13	13	14	14	14	15	15	16	16	17	17	18	18	18	19	19	20	20	21	21	22	22	22	23	23	24	24	25	25	26	26	27	27	27
28	0	1	1	2	2	3	3	4	4	5	5	6	6	7	7	7	8	8	9	9	10	10	11	11	12	12	13	13	14	14	14	15	15	16	16	17	17	18	18	19	19	20	20	21	21	21	22	22	23	23	24	24	25	25	26	26	27	27	28	28	28
29	0	1	1	2	2	3	3	4	4	5	5	6	6	7	7	8	8	9	9	10	10	11	11	12	12	13	13	14	14	14	15	15	16	16	17	17	18	18	19	19	20	20	21	21	22	22	23	23	24	24	25	25	26	26	27	27	28	28	29	29	29
30	0	1	2	2	2	3	4	4	4	5	6	6	6	7	8	8	8	9	10	10	10	11	12	12	12	13	14	14	14	15	16	16	16	17	18	18	18	19	20	20	20	21	22	22	22	23	24	24	24	25	26	26	26	27	28	28	28	29	30	30	30
31	1	1	2	2	3	3	4	4	5	5	6	6	7	7	8	8	9	9	10	10	11	11	12	12	13	13	14	14	15	16	16	17	17	18	18	19	19	20	20	21	21	22	22	23	23	24	24	25	25	26	26	27	27	28	28	29	29	30	30	31	31
32	1	1	2	2	3	3	4	4	5	5	6	6	7	7	8	9	9	10	10	11	11	12	12	13	13	14	14	15	15	16	17	17	18	18	19	19	20	20	21	21	22	22	23	23	24	25	25	26	26	27	27	28	28	29	29	30	30	31	31	32	32
33	1	1	2	2	3	3	4	4	5	6	6	7	7	8	8	9	9	10	10	11	12	12	13	13	14	14	15	15	16	16	17	18	18	19	19	20	20	21	21	22	23	23	24	24	25	25	26	26	27	28	28	29	29	30	30	31	31	32	32	33	33
34	1	1	2	2	3	3	4	5	5	6	6	7	7	8	8	9	10	10	11	11	12	12	13	14	14	15	15	16	16	17	18	18	19	19	20	20	21	22	22	23	23	24	24	25	26	26	27	27	28	28	29	29	30	31	31	32	32	33	33	34	34
35	1	1	2	2	3	4	4	5	5	6	6	7	8	8	9	9	10	10	11	12	12	13	13	14	15	15	16	16	17	18	18	19	19	20	20	21	22	22	23	23	24	24	25	26	26	27	27	28	29	29	30	30	31	32	32	33	33	34	34	35	35
36	1	1	2	2	3	4	4	5	5	6	7	7	8	8	9	10	10	11	11	12	13	13	14	14	15	16	16	17	17	18	19	19	20	20	21	22	22	23	23	24	25	25	26	26	27	28	28	29	29	30	31	31	32	32	33	34	34	35	35	36	36
37	1	1	2	2	3	4	4	5	6	6	7	7	8	9	9	10	10	11	12	12	13	14	14	15	15	16	17	17	18	18	19	20	20	21	22	22	23	23	24	25	25	26	27	27	28	28	29	30	30	31	31	32	33	33	34	35	35	36	36	37	37
38	1	1	2	3	3	4	4	5	6	6	7	8	8	9	10	10	11	11	12	13	13	14	15	15	16	16	17	18	18	19	20	20	21	22	22	23	23	24	25	25	26	27	27	28	28	29	30	30	31	32	32	33	34	34	35	35	36	37	37	38	38
39	1	1	2	3	3	4	5	5	6	6	7	8	8	9	10	10	11	12	12	13	14	14	15	16	16	17	18	18	19	20	20	21	21	22	23	23	24	25	25	26	27	27	28	29	29	30	31	31	32	32	33	34	34	35	36	36	37	38	38	39	39
40	1	1	2	3	3	4	5	5	6	7	7	8	9	9	10	11	11	12	13	13	14	15	15	16	17	17	18	19	19	20	21	21	22	23	23	24	25	25	26	27	27	28	29	29	30	31	31	32	33	33	34	35	35	36	37	37	38	39	39	40	40
41	1	1	2	3	3	4	5	5	6	7	8	8	9	10	10	11	12	12	13	14	14	15	16	16	17	18	18	19	20	20	21	22	23	23	24	25	25	26	27	27	28	29	29	30	31	31	32	33	33	34	35	36	36	37	38	38	39	40	40	41	41
42	1	1	2	3	4	4	5	6	6	7	8	8	9	10	10	11	12	13	13	14	15	15	16	17	18	18	19	20	20	21	22	22	23	24	24	25	26	27	27	28	29	29	30	31	32	32	33	34	34	35	36	36	37	38	38	39	40	41	41	42	42
43	1	1	2	3	4	4	5	6	6	7	8	9	9	10	11	11	12	13	14	14	15	16	16	17	18	19	19	20	21	22	22	23	24	24	25	26	27	27	28	29	29	30	31	32	32	33	34	34	35	36	37	37	38	39	39	40	41	42	42	43	43
44	1	1	2	3	4	4	5	6	7	7	8	9	10	10	11	12	12	13	14	15	15	16	17	18	18	19	20	21	21	22	23	23	24	25	26	26	27	28	29	29	30	31	32	32	33	34	34	35	36	37	37	38	39	40	40	41	42	43	43	44	44
45	1	2	2	3	4	4	5	6	7	8	8	9	10	10	11	12	13	14	14	15	16	16	17	18	19	20	20	21	22	22	23	24	25	26	26	27	28	28	29	30	31	32	32	33	34	34	35	36	37	38	38	39	40	40	41	42	43	44	44	45	45
46	1	2	2	3	4	5	5	6	7	8	8	9	10	11	12	12	13	14	15	15	16	17	18	18	19	20	21	21	22	23	24	25	25	26	27	28	28	29	30	31	31	32	33	34	34	35	36	37	38	38	39	40	41	41	42	43	44	44	45	46	46
47	1	2	2	3	4	5	5	6	7	8	9	9	10	11	12	13	13	14	15	16	16	17	18	19	20	20	21	22	23	24	24	25	26	27	27	28	29	30	31	31	32	33	34	34	35	36	37	38	38	39	40	41	42	42	43	44	45	45	46	47	47
48	1	2	2	3	4	5	6	6	7	8	9	10	10	11	12	13	14	14	15	16	17	18	18	19	20	21	22	22	23	24	25	26	26	27	28	29	30	30	31	32	33	34	34	35	36	37	38	38	39	40	41	42	42	43	44	45	46	46	47	48	48
49	1	2	2	3	4	5	6	7	7	8	9	10	11	11	12	13	14	15	16	16	17	18	19	20	20	21	22	23	24	24	25	26	27	28	29	29	30	31	32	33	33	34	35	36	37	38	38	39	40	41	42	42	43	44	45	46	47	47	48	49	49
50	1	2	2	3	4	5	6	7	8	8	9	10	11	12	12	13	14	15	16	17	18	18	19	20	21	22	22	23	24	25	26	27	28	28	29	30	31	32	32	33	34	35	36	37	38	38	39	40	41	42	42	43	44	45	46	47	48	48	49	50	50
51	1	2	3	3	4	5	6	7	8	8	9	10	11	12	13	14	14	15	16	17	18	19	20	20	21	22	23	24	25	26	26	27	28	29	30	31	31	32	33	34	35	36	37	37	38	39	40	41	42	42	43	44	45	46	47	48	48	49	50	51	51
52	1	2	3	3	4	5	6	7	8	9	10	10	11	12	13	14	15	16	16	17	18	19	20	21	22	23	23	24	25	26	27	28	29	29	30	31	32	33	34	35	36	36	37	38	39	40	41	42	42	43	44	45	46	47	48	49	49	50	51	52	52
53	1	2	3	4	4	5	6	7	8	9	10	11	11	12	13	14	15	16	17	18	19	19	20	21	22	23	24	25	26	26	27	28	29	30	31	32	33	34	34	35	36	37	38	39	40	41	42	42	43	44	45	46	47	48	49	49	50	51	52	53	53
54	1	2	3	4	4	5	6	7	8	9	10	11	12	13	14	14	15	16	17	18	19	20	21	22	22	23	24	25	26	27	28	29	30	31	32	32	33	34	35	36	37	38	39	40	40	41	42	43	44	45	46	47	48	49	50	50	51	52	53	54	54
55	1	2	3	4	5	6	6	7	8	9	10	11	12	13	14	15	16	16	17	18	19	20	21	22	23	24	25	26	27	28	28	29	30	31	32	33	34	35	36	37	38	38	39	40	41	42	43	44	45	46	47	48	49	50	50	51	52	53	54	55	55
56	1	2	3	4	5	6	7	7	8	9	10	11	12	13	14	15	16	17	18	19	20	21	21	22	23	24	25	26	27	28	29	30	31	32	33	34	35	35	36	37	38	39	40	41	42	43	44	45	46	47	48	49	49	50	51	52	53	54	55	56	56
57	1	2	3	4	5	6	7	8	9	10	10	11	12	13	14	15	16	17	18	19	20	21	22	23	24	25	26	27	28	28	29	30	31	32	33	34	35	36	37	38	39	40	41	42	43	44	45	46	47	48	48	49	50	51	52	53	54	55	56	57	57
58	1	2	3	4	5	6	7	8	9	10	11	12	13	14	14	15	16	17	18	19	20	21	22	23	24	25	26	27	28	29	30	31	32	33	34	35	36	37	38	39	40	41	42	43	44	44	45	46	47	48	49	50	51	52	53	54	55	56	57	58	58
59	1	2	3	4	5	6	7	8	9	10	11	12	13	14	15	16	17	18	19	20	21	22	23	24	25	26	27	28	29	30	30	31	32	33	34	35	36	37	38	39	40	41	42	43	44	45	46	47	48	49	50	51	52	53	54	55	56	57	58	59	59

Lire dans la petite table a sur la ligne de l'année **2000** (attention prendre la **2e** ligne de cette année, puisque nous sommes après le **29 février**), la correction (ici + **16h**) et l'ajouter aux jour et heure arrondie ci-dessus : 16 heures après le 30 nov. à 11 h ce sera le **1er déc. à 3 h**. C'est le **temps orbital**.
Sur la table principale, colonne **Dec** (décembre), ligne jour **1** (celui du temps orbital), on lit : E = 7°49 *(et ça diminue de 5 jusqu'à la ligne suivante : on note –5)*
et S = 21°42 pour la déclinaison, *qui augmente de 10 jusqu'à la minute suivante.*
Calcul de la déclinaison :
le 29, **table principale**, dec. 1 . . . . 21°42 S
corrigée **pour le temps orbital** : 3h différence + 10, **table d'interpolation b** + 1 mn
Soit la déclinaison : . . . . 21°43 S
Calcul de l'angle horaire
Lecture **table principale**, dec. 1 . . . . E 7°49
Interpolation **table b**,
différence –5, pour OT 3h : . . . . – 1
Ajouter pour 11 h (ATTENTION : on ne prend plus le temps orbital, mais la vraie heure) **tableau c**, 11 h 30 . . . . 347°30
Et pour 1 minute 47, **tableau d** . . . . 0°27
Angle horaire calculé . . . . 355°45
Résultat : Angle horaire à Greenwich . . . . 355°45
Déclinaison . . . . 21°43 S
On a trouvé (à une minute près) les mêmes valeurs données par les éphémérides, et la méthode, je vous le rappelle, est valable jusqu'en 2016 !

6. Angle horaire local

Pour obtenir la troisième « clé », qui est l'angle horaire local du Soleil à l'instant de la visée, on utilisera la formule

AHL = AHG ± longitude

en se rappelant la phrase « EST-ce plus, OU EST-ce moins... ».

Ici, la longitude du point estimé est ouest ; c'est donc une soustraction qu'on devra faire ; or le but de la manipulation que nous allons faire est d'OBTENIR UN AHL ÉGAL À UN NOMBRE ENTIER DE DEGRÉS (c'est une condition indispensable pour pouvoir utiliser les HO249).

Il est bien évident que si l'on prend pour longitude du point arbitraire 38° 45', qui est assez proche de 38° 25', en faisant la soustraction, les minutes disparaîtront :

AHL = 355° 45' – 38° 45' = 317° 00'

C'est l'angle horaire local du Soleil à l'instant de la visée pour un observateur situé au point arbitraire :

latitude 35° 00' nord
longitude 38° 45' ouest

Nous disposons maintenant des trois « clés » :

1. déclinaison du soleil : 21° 44' sud
2. latitude du point arbitraire 35° nord
3. angle horaire local du Soleil 317°

7. Utilisation des tables HO249

Parmi les pages intitulées « latitude 35° », on prendra les pages « contrary », parce que la latitude est nord et la déclinaison du Soleil sud, et la page « DECLI-

NATION (15°-29°) CONTRARY», parce que c'est entre 15 et 29° qu'est comprise la déclinaison du soleil (21° 44') (voir pl. 3 à la fin du livre).

Sur cette page, on repère la ligne 317 (LHA veut dire, en anglais : AHL). On la suit (pour la commodité, on place sous cette ligne le bord supérieur de la feuille cartonnée incluse dans les HO249, et qui va bientôt nous servir) jusqu'à son intersection avec les deux colonnes qui encadrent la valeur de la déclinaison, soit 21 et 22°. On va y lire l'azimut et la hauteur que l'on cherche :

Azimut : si la déclinaison valait 21°, il serait 137° ; si elle valait 22°, 138 ; comme 21° 44' est un poil plus près de 22 que de 21, on prendra Z = 138.

Attention : il faut à ce moment appliquer une petite règle qui est écrite en haut à gauche de la page (en latitude N) et en bas à gauche (en latitude sud) : la grandeur Zn indiquée est l'azimut que l'on cherche. Ici, comme l'AHL est 317, plus grand que (*greater than*) 180°, on a Zn = Z = 138. Si l'on calculait une hauteur de l'après-midi, LHA serait inférieur à 90°, donc à 180° et il faudrait, pour obtenir l'azimut cherché, appliquer la petite règle Zn = 360 – Z ; et si notre point arbitraire avait une latitude sud, on appliquerait la petite règle en bas à gauche de la page.

Hauteur : si la déclinaison était 21°, la hauteur à laquelle on aurait vu le Soleil du point arbitraire à l'instant de la visée serait 20° 43'. Si la déclinaison était 22°, la hauteur serait 19° 55', soit 48' plus faible, c'est ce qu'indique le petit chiffre d = – 48 : le signe - n'a pas été porté sur toutes les lignes, mais il est valable pour toute la colonne : la déclinaison passant de 21° à 22°, la hauteur diminuerait (signe -) de 20° 43' à 19° 55'. La déclinaison étant en réalité de 20° 44', il faudra enlever à 20° 43', non pas 48', mais à peu près les 3/4, 44/60 exactement : cette correction, appelée « interpolation », se fait tout bêtement en utilisant la feuille volante cartonnée incluse dans les HO249, face « table 5 » : la valeur de la correction (à soustraire, ici ; il faudrait l'additionner si c'était un signe + qui apparaissait dans la colonne « d ») est donnée en lisant, dans la colonne « d » = 48, la ligne 44' : ici 35' (pl. 4)

donc H calculée	20° 43'
	– 35'
	20° 08'

Arrêtons-nous un instant pour réfléchir un peu à tout ce que ça veut dire. On est le matin, en hémisphère Nord, alors que le Soleil est en hémisphère Sud ; donc, comme il s'est levé à l'est (il se lève toujours à l'est !), il est quelque part au sud-est, c'est-à-dire que son azimut devra être de l'ordre de 135 (sud-est) : on a bien trouvé, par calcul, qu'il est de 138°. Si l'on constatait une différence énorme : 300 ou 070 par exemple, c'est qu'on s'est trompé lourdement quelque part dans les calculs. D'autre part, la hauteur calculée doit être suffisamment voisine de la hauteur mesurée (ici 20° 02') sinon on se retrouve soit avec une erreur dans la mesure, soit avec une erreur dans le calcul !

On peut aussi vérifier que l'angle horaire local vaut 317, ce qui correspond bien à la situation matinale (fig. 65), où l'angle horaire local du Soleil est compris entre 270 et 360°. Il est bon, d'ailleurs, devant tout astre quel qu'il soit, de pouvoir évaluer grossièrement et immédiatement, son azimut, sa hauteur et son angle horaire local.

Je réécris donc ci-dessous la totalité des calculs faits ci-dessus, en les disposant à nouveau comme sur mon cahier :

09 31 45	GHA = 347° 48,3	D = 21° 44' S	
2 00 02	+ 7° 56,8	Z = 138	
11 31 47	354° 105,1		HI = 20° 02'
	ou 355° 45		+ 11'
			20° 13'
		Hc = 20° 43'	
A { 35°N		- 35'	
38° 45' W	→ 317	= 20° 08'	

Voici venu le moment de comparer cette hauteur calculée Hc avec la hauteur mesurée HI. Mais il faudra auparavant corriger légèrement ladite hauteur mesurée au sextant : en effet, on a mesuré la hauteur sur l'horizon du bord inférieur du Soleil au lieu de celle du centre, moins facile à déterminer – de plus, la réfraction fausse le résultat, et la hauteur de l'observateur au-dessus de l'eau (que nous estimerons à 2 mètres en permanence pour nos petits bateaux) fausse encore légèrement les hauteurs mesurées. On doit donc corriger la hauteur mesurée à l'aide des corrections des tables des pages suivant les pages jaunes dans les éphémérides : pour le Soleil, il s'agit d'une seule correction – la petite du bas est totalement négligeable – si, par contre, on avait dû prendre la hauteur sur l'horizon du bord supérieur du Soleil au lieu du bord inférieur, on devrait simplement enlever encore 32' à la hauteur mesurée (en plus de la première correction).

Pour simplifier les corrections, et sans faire d'erreur supérieure à la demi-minute, j'ai remplacé depuis longtemps les tables concernant le Soleil et les étoiles par la petite table de la figure 73, baptisée « jolie petite table » (voir page 377), parce qu'elle est effectivement plus agréable à l'œil que les grands tableaux rébarbatifs et inutilement précis des éphémérides. Je vous conseille de reproduire cette petite table et de l'afficher au-dessus de votre table à cartes ; ça vous évitera bien des manœuvres d'éphémérides.

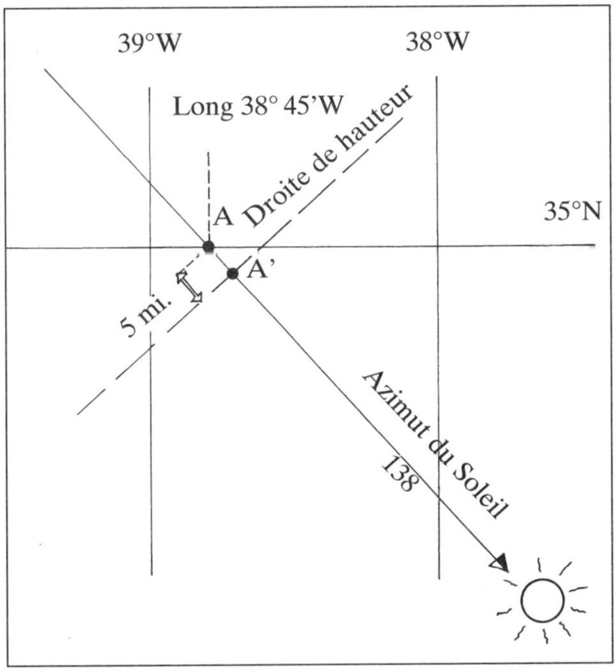

Figure 72. Tracé de la droite de hauteur.

Dans le cas de notre exemple, la correction à faire est de + 11' (puisque la hauteur mesurée, 20° 02, est comprise entre 27° et 18°).

Comparons donc la hauteur calculée (20°08') et la hauteur mesurée (20° 02 + 0° 11 = 20° 13) la hauteur mesurée étant plus grande de 20° 13' – 20° 08' = 05' que la hauteur calculée, cela signifie qu'on est 5 milles PLUS PRÈS du pied du Soleil que le point arbitraire.

Tracé (fig. 72).

– On porte le point arbitraire, défini par sa latitude (35° nord) et sa longitude (38° 45' ouest).

Par ce point, on trace l'azimut 138, et on le marque d'une flèche, indiquant la direction du pied du Soleil.

– On trace le point A' situé 5 milles PLUS PRÈS du pied du Soleil (donc vers la flèche, à 5 milles de A).

– Par A', on trace la perpendiculaire à l'azimut, et l'on sait que l'on se trouvait, à l'instant de la visée, sur cette droite.

Fin du coup !

Et comment faire le point si vous n'avez

– **Rien :** ni sextant, ni tables : il vous reste la polaire (voir chapitre suivant) qui vous donne votre latitude à moins d'un degré près... et votre main qui, tendue bien écartée à bout de bras (c'est « l'empan »), donne un angle de 17 à 18 ° : si vous êtes en train de traverser l'Atlantique, arrangez-vous pour que la polaire reste sensiblement plus bas que la hauteur de votre empan : votre latitude sera moins de 17 ° nord, et vous ne manquerez pas l'arc des Petites Antilles, comme Colomb l'a fait à son premier voyage : plus au nord, il faudrait attendre les Bahamas, quelques centaines de milles plus loin, pour trouver une terre. Un peu plus précis, vous pourriez vous amuser, si vous avez une carte et un double-décimètre (celui de la règle Cras par exemple), à fabriquer, comme les anciens navigateurs de l'océan Indien, une plaquette de bois ou de carton attachée à une ficelle de 60 cm, et sur laquelle vous porterez des marques correspondant à la hauteur apparente de l'étoile polaire vue de chaque île, par exemple de l'arc des Petites Antilles, vue au bout de la ficelle lorsque vous tenez l'autre bout entre vos dents !

– **Qu'un sextant et ce livre :** les tables de la méthode « temps orbital » vous permettront de déterminer d'abord la déclinaison du Soleil (vous pourrez donc faire une méridienne – voir chapitre 17), et, comme dans le cas ci-dessus mais avec une bonne précision, faire route à latitude constante jusqu'à atteindre l'île choisie). Vous pourrez obtenir aussi l'angle horaire du Soleil à Greenwich, mais si vous n'avez pas les tables HO249, vous ne pourrez pas faire une droite de hauteur ; à la rigueur, en tâtonnant dans les tables « temps orbital » pour trouver l'heure du passage du soleil au méridien de Greenwich (c'est-à-dire l'instant où son angle horaire à Greenwich est nul), vous pourrez appliquer la méthode des hauteurs égales : relever une hauteur (et l'heure de la visée) environ deux heures avant la méridienne, et noter à quelle heure exacte le Soleil repasse à la même hauteur l'après-midi lorsqu'il redescend... l'heure de la culmination du Soleil à votre position est la moyenne des deux heures relevées, et la différence entre cette moyenne et l'heure du passage du Soleil à Greenwich est votre longitude, sachant qu'une heure correspond à 15 degrés de longitude.

– **Qu'un sextant, et les tables HO249** (ou les pages desdites tables copiées sur Internet et judicieusement imprimées avant la traversée si votre ordinateur aussi est en panne) : vous pourrez sans problème tracer toutes les droites de hauteurs que vous voudrez... Si vous avez le livre Selected Stars, vous pourrez aussi faire des points d'étoiles...

– **Et si vous avez tout cela plus les éphémérides de l'année**, alors profitez de cette panne pour vous perfectionner et vous régaler avec cet art qui apporte bien des satisfactions : la navigation astronomique.

« JOLIE PETITE TABLE »

Découpez ou recopiez et collez au-dessus de votre table à carte...
vous économiserez des efforts pour corriger la hauteur lue au sextant.

Correction hauteurs

Hauteur lue	Soleil	★
90° à 45°	+ 13	- 3
45° à 27°	+ 12	-4
27° à 18°	+ 11	-5
18° à 13°	+ 10	-6
13° à 11°	+ 9	-7
11° à 9°	+ 8	-8
9° à 7° 30	+ 7	-9

Au-dessous = méfiance !!!

Donne le nombre en minutes d'arc à ajouter à la hauteur lue au sextant (à retrancher pour les étoiles).

Les chiffres des étoiles concernent aussi les planètes. Cette table ne vaut rien pour les observations de Lune

Figure 73. *La jolie petite table.*

CHAPITRE SEIZE

ÉTOILES, LUNE, PLANÈTES

Méridiens (n.m.pl.) : Édifices remarquables situés en des endroits stratégiques du monde (côte brésilienne, Antilles françaises ou porte Maillot) et permettant de déterminer la longitude du bateau.

ET PUIS VIENT LE TEMPS, INFINI, DES ÉTOILES...

Le point astronomique à l'aide des étoiles, à l'aide de la table HO249, vol. 1, *Selected Stars*, est tellement plus simple que le point par le Soleil que je me surprenais bien souvent à passer des jours et des jours sans faire d'autre relevé que des points étoiles, et que je me demandais comment on pouvait ne pas en faire ! Nous raisonnerons directement sur un exemple :

Le 30 novembre 2000, par 33° 10' nord (position estimée)
39° 25' ouest

On relève à 17 h 05 mn 20 s locales (19 h 05 mn 20 s TU) l'étoile Véga à 58° 44' vers l'ouest.

On ne s'occupera, grâce au vol. 1 des HO249, ni des déclinaisons ni de l'angle horaire de l'étoile, mais seulement de l'angle horaire d'un point précis du ciel qui se trouve, je crois, quelque part dans la constellation des poissons (pourquoi les Américains l'appellent-ils *Aries*, je ne sais pas) ; on le nomme aussi le « point vernal » ; moi, je l'appelle « Gamma » mais je ne sais pas si c'est le même point gamma qui a donné son nom au bal annuel de l'Ecole Polytechnique. Cet angle horaire est donné par les éphémérides de la même façon que pour le soleil ; imaginons que notre montre avance de cinq secondes ; on corrige d'abord le temps :

Heure de la visée : 19 h 05 mn 20 s TU
– 5 s
19 h 05 mn 15 s TU

Les éphémérides, page 30 novembre 2000, colonne « point vernal »,
donnent (pl. 1) : AHG à 19 h 00 TU .... 354° 57,0'
et dans les 5 mn 15 s suivantes cet angle horaire augmente de (pages d'interpolation, page et colonne 5 mn, colonne point vernal, ligne 15 s) (pl.5) .... 1° 19,0'
355° 76,0'
c'est-à-dire .... 356° 16'

C'est l'angle horaire à Greenwich du point vernal à l'instant de la visée.

Il ne nous reste qu'à choisir le point arbitraire, aussi près que possible du point estimé : Latitude : 33° nord
Longitude : 39° 16' ouest

(ainsi, en faisant la différence, les minutes disparaîtront, car on est encore en longitude ouest, et AHL = AHG – longitude ouest).

Si l'on était en longitude est, au lieu de choisir pour le point arbitraire une longitude dont le chiffre des minutes soit le même que le chiffre des minutes de l'angle horaire – ce qu'on a fait ici – on prendrait comme chiffre des minutes le COMPLÉMENT à 60 de celui de l'AHG, parce que c'est une ADDITION qu'on aurait à faire, et par exemple 38 + 22 = 60' ou 1°, qu'on reporterait.

EXEMPLE :	Longitude		15° 12' est
	et AHG		<u>315° 48'</u>
	donnerait : AHL	=	330° 60'
	ou		331°

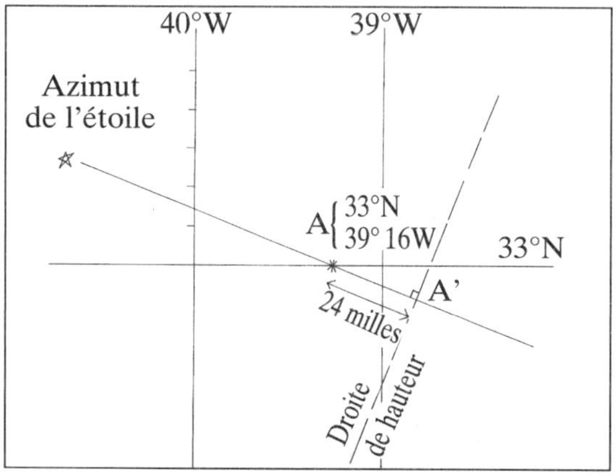

Figure 74.
Droite de hauteur d'étoile.

Dans notre cas, en longitude ouest :
AHL = 356° 16' – 39° 16' = 317°
C'est tout ce qu'on a à faire comme calcul, car le vol. 1 donne directement, page 33° nord (latitude du point arbitraire), ligne AHL = 317, colonne « Vega »
Hc = 59°05 (pl. 6)
et Z = 292
et c'est à peu près tout !

D'où la construction (fig. 74) : on a porté le point arbitraire A (latitude 33° nord, longitude 39° 16 ouest), tracé par lui l'azimut 292, marqué d'une flèche indiquant la direction du pied de l'étoile ; on a comparé la hauteur calculée, 59°05', à la hauteur mesurée, corrigée de la « jolie petite table » ; correction – 3' soit HI = 58° 44 – 3' = 58° 41'.

Comme la hauteur mesurée est inférieure de vingt-quatre minutes à la hauteur calculée, on est plus loin de 24 milles du pied de l'étoile : la droite de hauteur s'obtient en traçant la perpendiculaire en A' à l'azimut (AA' = 24 milles), en s'éloignant de l'étoile.

Attention ! Le vol. 1, *Selected Stars*, doit être changé tous les dix ans et nécessite une petite correction s'il n'est pas utilisé pendant l'année qui constitue le milieu à peu près de cette période ; cette correction est indiquée aux pages 322-323 : il faut déplacer les droites de hauteur obtenues par cette table de quelques milles dans la direction indiquée par cette table de correction ; dans notre exemple (an 2000) il n'y a pas de correction, mais si nous étions en 2004 avec la même latitude de 33°nord et le même AHL de 317°, on trouverait la correction dans le tableau 2004, la colonne latitude nord 40° (la plus proche de 33° nord) et dans la ligne LHA 330 (le plus proche de 317) : 2 milles au 060 : il faudra déplacer les droites et points - obtenus uniquement avec les étoiles - de 2 milles vers le 060. C'est une toute petite correction, elle atteindra dans certains cas 4 mille. (fig. 75).

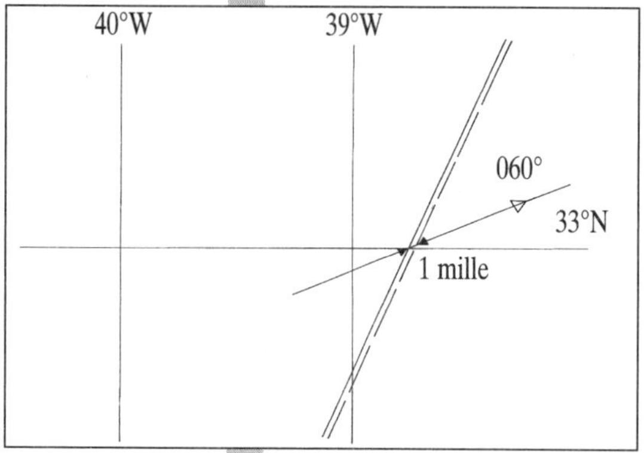

Figure 75.
Transport de la droite de hauteur de 1 mille au 060 (correction).

Vous voyez que c'est tout simple… Mais voilà, vous ne savez pas reconnaître Véga ni aucune de ces étoiles dont vous voyez la liste sur les HO249…

Pas d'inquiétude : ces tables sont si bien faites que vous n'avez même pas, à la limite, à connaître les étoiles !

Voici comment je procède, du début à la fin, avec le calcul complet du point par trois étoiles (ce qui me prend environ dix minutes en tout).

« Graduation » de la page des HO249 vol. 1

Reprenons un exemple voisin du précédent. La nuit va tomber, le 30 novembre 2000, et je sais que je suis à peu près par 35° nord et 39° 25 ouest. La meilleure heure pour observer les étoiles, et souvent la seule, c'est le crépuscule, quand on voit déjà les étoiles et que l'horizon est encore visible. Je sais, pour l'avoir repéré la veille, que le crépuscule a lieu, disons, vers 17 heures locales (si je me trompe grossièrement, ça n'a aucune importance). je vais calculer l'angle horaire local du point vernal à 17 h 00 locales, soit 19 h 00 TU Les éphémérides me le donnent : page 30 novembre 2000, colonne AHG point vernal, ligne 19 heures :
AHG à 19 h 00 = 354° 57 (pl. 1).

Disons que nous sommes près d'un point arbitraire :

> Lat. : 35° nord (entier)
> Long. : 38° 57 ouest
> (même chiffre des unités que AHG, du moins tant qu'on est en longitude ouest, ou complément à 60 si on était en longitude est)
> donc AHL = 354° 57' – 38° 57' = 316°

J'ouvre alors le vol. 1 *(Selected Stars)* à la page 35° nord, et j'écris au crayon dans la marge, en face de la ligne 316 : « 19 h 00 TU » (ou 17 loc.). je sais qu'à 17 heures locales les étoiles dont je dispose seront les sept étoiles portées sur cette ligne. Si je veux en relever une, Diphda par exemple, je règle mon sextant sur 15° 43, je me tourne vers le 126 (36° à droite de l'est, presque sud-est) et je regarde l'horizon : merveille, l'étoile apparaît toute seule dans mon sextant !… je n'ai plus qu'à la faire monter ou descendre un peu pour la poser sur l'horizon (voir plus loin, méthode opératoire) et noter sa hauteur en même temps que l'heure !

Mais si j'ai dû attendre un peu (crépuscule venant plus tard, ou nuage cachant Diphda quelque temps ? C'est tout simple, sachez que chaque fois qu'il passe quatre minutes de temps vous devez passer une ligne des HO249 : quatre minutes après 17 heures locales, vous devez lire la ligne 317 ; vingt minutes après, la ligne 316 + 5 = 321 ; une heure après, vous devez sauter quinze lignes, c'est-à-dire un bloc entier sur les tables : si en face de 316 vous avez marqué 17 h 00 loc, vous écrirez 18 h 00 loc. en face de 331, et 19 h 00 loc. en face de 346, et ainsi de suite, jusqu'à écrire 05 h 00 loc. en face de 136.

Et vous saurez à chaque instant du crépuscule, de l'aube et même de la nuit si la Lune vous fait voir l'horizon, immédiatement quelles sont les sept étoiles qu'on vous offre toutes calculées, sept étoiles toujours bien choisies, pas trop hautes ni trop basses sur l'horizon (généralement entre 20 et 60 degrés) et aussi régulièrement réparties que possible tout autour de vous (merci, U.S. Department of Defense !).

Imaginez donc que la nuit ait passé, et qu'à 6 heures du matin (ligne 151) le 1° décembre, l'aube me fasse voir l'horizon sous un ciel clair ; je règle mon sextant sur les hauteurs successives de trois étoiles, et je les vois apparaître dans mon oculaire en regardant l'horizon dans la direction indiquée par l'azimut.

Les étoiles au nom écrit en majuscules sont en général des étoiles de forte brillance, souvent visibles quand le ciel est encore – ou déjà – clair, ce sont celles-là qu'on relèvera en premier le soir, en dernier à l'aube ; mais les moins brillantes sont généralement bien reconnaissables, la plupart du temps seules dans leur coin du ciel. Enfin, chaque groupe de sept étoiles en compte trois marquées d'un petit losange : il s'agit de trois étoiles bien réparties autour de l'horizon, à peu près de 120 degrés en 120 degrés pour que les droites de hauteur que vous en tirerez se coupent sous un angle optimum, et qu'une erreur systématique de visée (sextant un peu faux) soit annulée par la méthode du « chapeau du capitaine ». Vous, qui connaissez l'erreur de votre sextant (on en parlera dans le chapitre, Méthode opératoire », et dont une partie de l'horizon est bouchée par le mât et les voiles, vous pouvez faire comme moi, prendre plutôt trois étoiles bien placées en fonction de votre cockpit, de la descente, des voiles (surtout par temps agité, où l'on n'a pas envie de se balader sur le pont avec le sextant), par exemple trois étoiles orientées dans des azimuts variant de 60 degrés en 60 degrés.

Ce matin-là, en me levant, je n'avais pas mal aux dents, et j'en ai profité pour relever les trois étoiles suivantes :

ARCTURUS	à 06 h 12 mn 17 s loc	à 35° 20'
ALPHARD	à 06 h 13 mn 31 s loc	à 44° 38'
CAPELLA	à 06 h 14 mn 42 s loc	à 33° 54'

Voici les calculs, étoile par étoile, la montre retardant de 5' (pl. 8 et 9).

ARCTURUS (le 1° décembre)		
06 h12 mn 17 s	190° 29,0	page 35° nord, ligne 154
+ 02 h 00 mn 05 s	+ 3° 06,0	colonne ARCTURUS
08 h 12 mn 22 s	193° 35,0	H = 35° 11
A 35° nord		
39° 35' ouest	– 39°35,0	
	AHL = 154°00,0	Z = 090
ALPHARD		
06 h 13 mn 31 s	190° 29,0	page 35°, ligne 155
+ 02 h 00 mn 05 s	+ 3° 24,6	colonne ALPHARD
08 h 13 mn 36 s	193° 53,6	H = 44° 37'
A 35° nord	ou 193° 53',0	
38° 53' ouest	– 38° 53',0	
	AHL = 155°00,0	Z = 198
CAPELLA		
06 h 14 mn 42 s	190°29,0	page 35° nord, ligne 155
+ 02 h 00 mn 05 s	+ 3° 42,4	colonne CAPELLA
08 h 14 mn 47 s	193° 71,4	H = 33°30'
A 35° nord	ou 194° 11,0	
39°11' ouest	– 39° 11,0	
	AHL = 155°00,0	Z = 306

Il nous reste, avant de faire les tracés, à corriger les hauteurs mesurées à l'aide de la « jolie petite table » ; elles deviennent :

HI ARCTURUS	35° 20' – 4' = 35° 16'
HI ALPHARD	44° 38' – 4' = 44° 34'
HI CAPELLA	33° 54' – 4' = 33° 50'

Voici (fig. 76 A, B, C et D) les tracés faits pour chaque étoile séparément, puis les trois tracés sur le même dessin.

ARCTURUS : la hauteur mesurée (et corrigée) est supérieure de 5 minutes

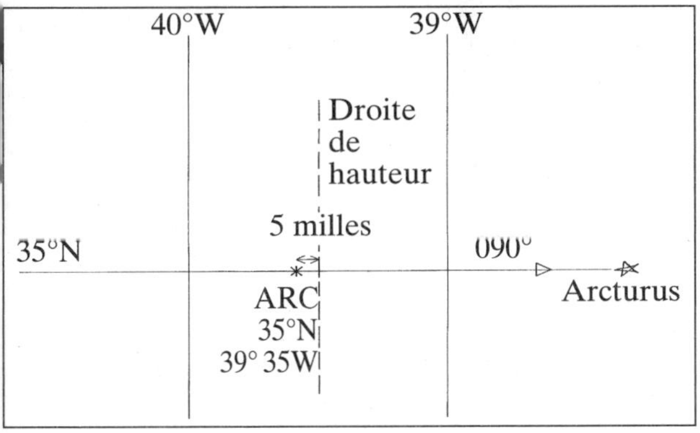

Figure 76 A. *Droite de hauteur sur Arcturus.*

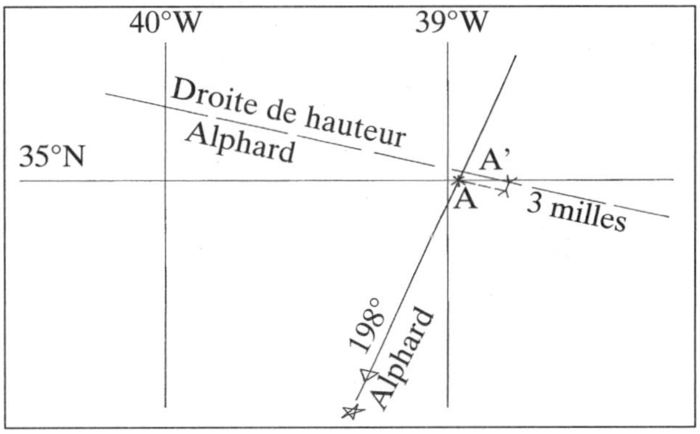

Figure 76 B. *Droite de hauteur sur Alphard.*

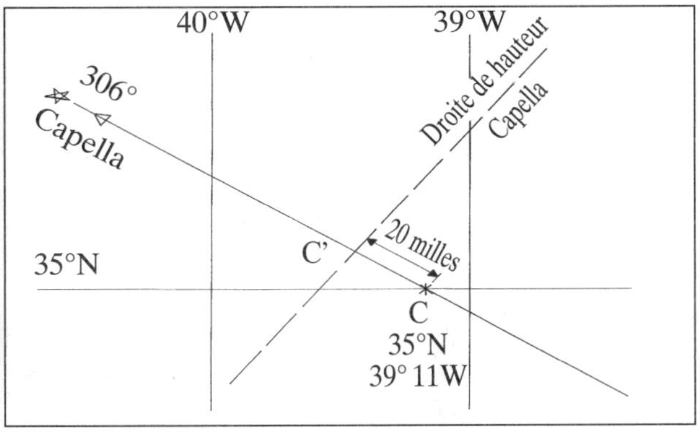

Figure 76 C. *Droite de hauteur sur Capella.*

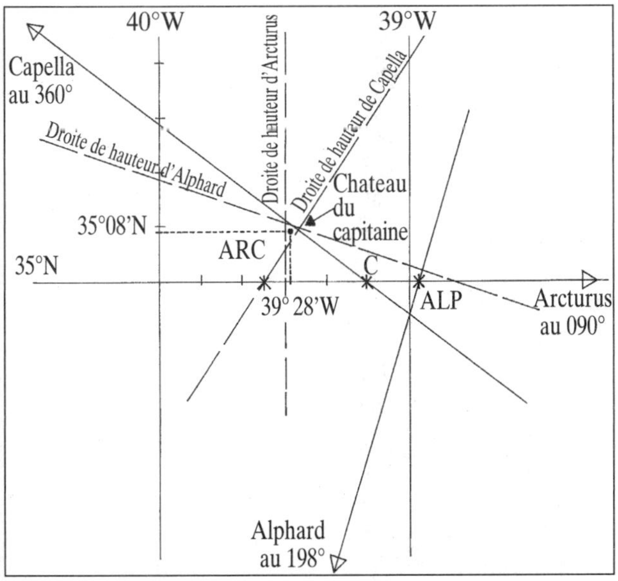

Figure 76 D. *Point par trois étoiles (reste à faire la dernière petite corrrection).*

(35° 16-35° 11') à la hauteur calculée : donc, on est en avant de 5 milles.

ALPHARD HI : Hc = 44° 37' – 44° 34'= 03' : ici on est en arrière de 3 milles.

CAPELLA HI : Hc = 33° 50' – 33° 30' = 20' ; ici, la hauteur mesurée étant supérieure à la hauteur calculée, c'est qu'on est plus près du pied de l'étoile, c'est-à-dire en avant, de 20 milles.

Sur la figure 76 D, où sont réunis les trois tracés, on peut suivre la méthode

– d'abord placer sur le parallèle 35° nord les trois points arbitraires, les marquer de l'abréviation de leur nom ;

– par ces points « A », tracer les trois demi-droites orientées menant au pied de chaque étoile, définies par leur azimut calculé (on constate qu'on a ici, cas particulier, un azimut, celui d'Arcturus, orienté à 090°, c'est-à-dire qu'Arcturus était plein est à l'instant de la visée, donc qu'elle vous donne une droite de hauteur (perpendiculaire à l'azimut) orientée nord-sud, soit un méridien : un astre situé à l'est (ou à l'ouest) de l'observateur lui donne sa longitude) ;

– sur chacun de ces azimuts, on porte la différence (appelée « *intercept* ») entre la hauteur lue (et corrigée) et la hauteur calculée, dans le bon sens : rappelez-vous que si la hauteur mesurée est supérieure à la hauteur calculée, on est plus près de l'astre que le point arbitraire ;

– l'intersection de ces trois droites de hauteur donne, si tout va bien, un petit triangle, et on décide qu'on est à proximité du centre de ce triangle.

Si nous n'étions pas en 2000, nous aurions encore à faire la petite correction pour « Precession et Nutation » des pages 322-323 (table 5) ; pour cette correction, on constate que pour les latitudes raisonnables –moins de 50° en tout cas- la direction dans laquelle se fait la correction est assez proche de l'est (60 à 120) : on ne se trompera pas de plus d'une fraction de mille en faisant le déplacement du nombre de milles indiqué vers la droite tout simplement.

Les coordonnées du point trouvé sont :
35°08' nord
39° 28' ouest

La dimension du « chapeau du capitaine » vous donnera une idée de la précision de votre point ; si le triangle est énorme, il y a vraisemblablement une erreur dans le calcul ou la visée, ou le temps noté... Souvent, en remontant les calculs, on s'aperçoit d'une simple erreur d'addition, par exemple... Si on ne la retrouve pas, on ne sait pas laquelle de trois droites est fausse ; en ce qui me concerne, lorsque les conditions navigatoires sont bonnes, je prends une, deux ou trois étoiles de plus, et j'obtiens ainsi (avec quelques minutes à peine de calculs de plus) quatre, cinq ou six droites ; dès que j'en ai trois qui se coupent bien, je sais que c'est la bonne position, et même si une d'elles est fausse, à cause manifestement d'une erreur d'étoile, de lecture du sextant ou de la montre, ou plus généralement d'une erreur d'addition ou de ligne dans les tables, je ne m'en préoccupe plus.

Attention : La dernière correction, celle pour l'année, ne doit s'appliquer qu'aux droites de hauteur et points calculés uniquement à partir d'étoiles à l'aide du vol. 1 des HO249 ; si vous avez obtenu votre point par l'intersection de droites de hauteur d'étoiles ainsi obtenues et de droites obtenues autrement (droite de soleil transportée, droites de lune ou de planètes, lignes de sondes ou relèvement d'un amer), vous ne devez, bien sûr, appliquer la correction qu'aux premières !

RECONNAÎTRE LES ÉTOILES

Vous pouvez vous dispenser de savoir reconnaître les étoiles... Mais vous avez quand même l'occasion d'apprendre un peu à connaître le ciel étoilé, qui est tout de même une sacrée compagnie pour les longues nuits de navigation...

Alors, autant apprendre un peu à s'y retrouver dans quelques constellations. Pour cela, les tables des pages 430 à 433 (pour l'an 2000 ; ça change de temps en temps) des éphémérides françaises peuvent être complétées d'une petite carte du ciel du genre de la « Carte céleste Sirius » éditée par la Société astronomique de Berne (éditions Hallwag, Berne, Suisse) ; les objets nommés « Starfinder » m'ont toujours paru trop compliqués et inutiles, faisant double emploi avec le vol. 1 des HO249. Prévoyez, en tout cas, d'avoir aussi une carte de l'hémisphère Sud du ciel... Vous y arriverez un jour !

Constellations autour du pôle Nord

La plus remarquable de toutes, la **Grande Ourse** ; ou, plutôt, la « grande casserole » : le bec verseur de la casserole, c'est *Dubhé*, on l'utilisera souvent pour le point, ainsi qu'*Alkaid*, l'extrémité de la queue (fig. 77).

Le lait de la Grande Ourse a coulé, du bec verseur, casserole renversée ; il a dégringolé d'une distance égale à cinq fois la hauteur de la casserole : on y trouve l'étoile polaire, pas très brillante, extrémité de la queue de la **Petite Ourse**, petite casserole pas très brillante non plus. Le bec verseur de la petite casserole, c'est *Kochab*.

Vous venez de repérer (vous êtes donc dans l'hémisphère Nord) l'*étoile polaire* ; retenez bien que tout au long de la nuit le spectacle étoilé que vous admirez va décrire une rotation dans le sens contraire des aiguilles d'une montre, avec pour centre de rotation cette étoile polaire : si la Grande Ourse se trouve queue en bas à droite de la polaire en début de nuit, elle sera horizontale, à l'envers, au-dessus de la polaire, vers minuit, et verticale la queue en haut à gauche de la polaire en fin de nuit. Toutes les autres constellations tournent de la même manière autour de la polaire.

À l'opposé de la Grande Ourse par rapport à la polaire, à peu près à la même distance, il y a un grand W (ou un M suivant le sens dans lequel vous le voyez) : c'est **Cassiopée**, dont une étoile est *Schedir*.

Si la Grande Ourse est une casserole, il faut un réchaud pour la faire chauffer… Le réchaud est un peu loin, mais il en a vaguement la forme : les Anciens y ont vu un **Lion** couché, sa queue tournée du même côté que la queue de la Grande Ourse. On y trouve *Denebola* (à la queue du lion) et *Regulus* (dans les pattes avant, sous la tête, parce que la tête du lion est « Royale », *Regulus* (fig. 78).

Autre merveille du ciel, spécialement en hémisphère Nord, un très grand triangle formé par trois grosses étoiles très visibles, *Vega*, *Deneb* et *Altair* ; sitôt que vous en aurez repéré une, à l'aide des HO249, vol. 1, vous reconnaîtrez les

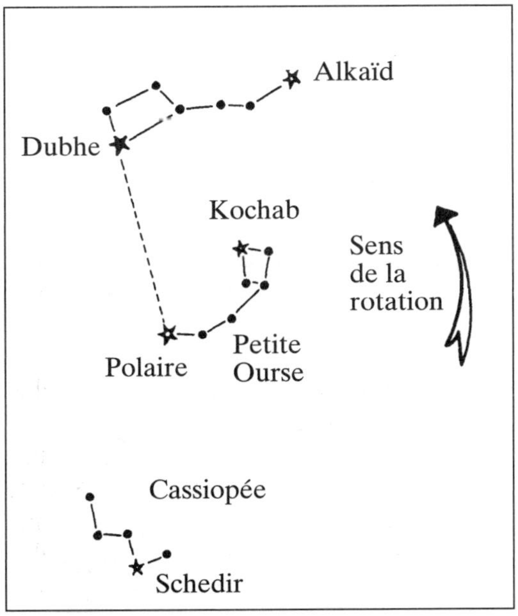

Figure 77. *Étoiles voisines du pôle Nord.*

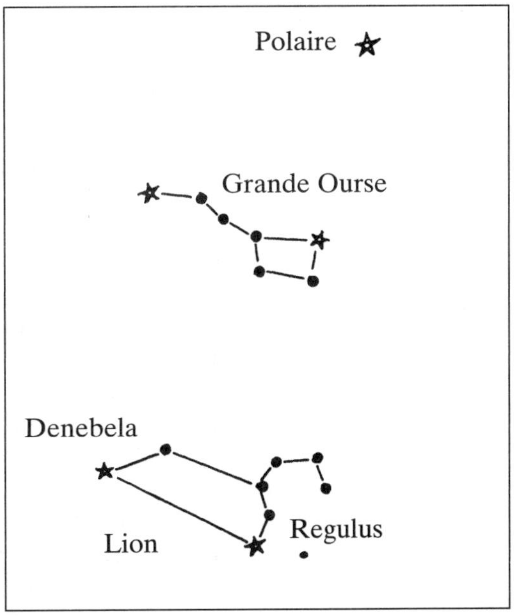

Figure 78. *La Grande Ourse et le Lion.*

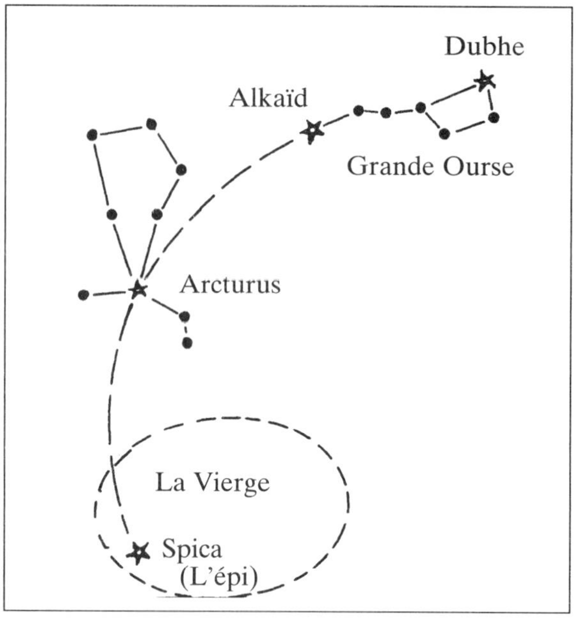

Figure 79. *Arcturus et Spica à partir de la Grande Ourse.*

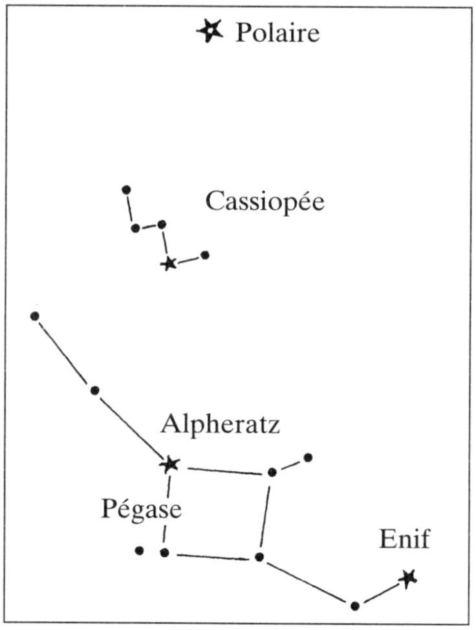

Figure 80. *Pégase.*

trois autres, et ne pourrez plus l'oublier. *Vega* appartient à une petite constellation appelée la **Lyre**, *Deneb* est l'avant d'un grand avion nommé le **Cygne** et *Altaïr* appartient à une constellation plus petite nommée l'**Aigle**.

Deux étoiles souvent utilisées pour le point, *Arcturus* et *Spica*, sont faciles à reconnaître en prolongeant la queue de la Grande Ourse, en en accentuant un peu la courbure (fig. 79).

En prolongeant le rayon polaire-Cassiopée, on trouvera un très grand carré, nommé **grand carré de Pégase**, dont on utilisera souvent *Alpheratz* et parfois *Enif* (fig. 80). Sur cette figure, pour des raisons de projections, les angles ne sont pas respectés ; en réalité, les deux côtés apparaissant verticaux sur la figure, si on les prolongeait, convergeraient vers l'étoile polaire.

Constellations équatoriales

La plus évidente du ciel ; elle ressemble à un énorme papillon : c'est **Orion**. Le corps du papillon, trois étoiles proches, alignées, de grosseur semblable (« les trois Maries »), et, au bout des ailes, d'un côté, *Rigel*, qui est bleutée, et *Bételgeuse*, qui est rouge… Soyez sympa, j'ai bien dit « Bé - tel - jeu - se », et pas, comme on l'entend parfois, « Bel - té - gueuse », ce qui serait erroné et laid !

Un moyen pour se rappeler laquelle est *Rigel*, laquelle *Bételgeuse* : *Rigel*, commençant par R, est bleue ; *Bételgeuse*, qui commence par B, est rouge (inversion de l'initiale).

En prolongeant le corps du papillon (en trichant un poil sur les angles, mais pas d'erreur possible), vous obtenez d'un coté *Sirius*, l'étoile la plus brillante du ciel (avec le **Grand Chien** à côté) et de l'autre *Aldébaran*, dans le **Taureau**.

Le joyau de cette région du ciel, c'est le diamant formé par sept étoiles très brillantes : *Aldébaran*, *Rigel*, *Sirius*, *Procyon*, le duo *Castor* et *Pollux*, enfin

Capella (la Chèvre). *Capella* est reconnaissable à ses trois chevreaux, un joli triangle fin, peu brillant mais bien caractéristique, juste à côté. *Castor* et *Pollux* sont deux étoiles voisines de brillance égale, extrémité d'une sorte de rectangle, les **Gémeaux**, et, à partir des Gémeaux, on repère *Procyon* (fig. 81).

En approchant de l'hémisphère Sud

Vous verrez alors petit à petit disparaître les constellations les plus au nord ; l'étoile polaire sera de plus en plus basse sur l'horizon, elle disparaîtra tout à fait à l'équateur ; au pôle Sud, il n'y a malheureusement pas d'étoile polaire pour indiquer le sud et permettre de déterminer immédiatement le pôle (ce que fait, à 1 degré près, la polaire pour le nord). Mais quelques constellations très intéressantes en tiendront lieu.

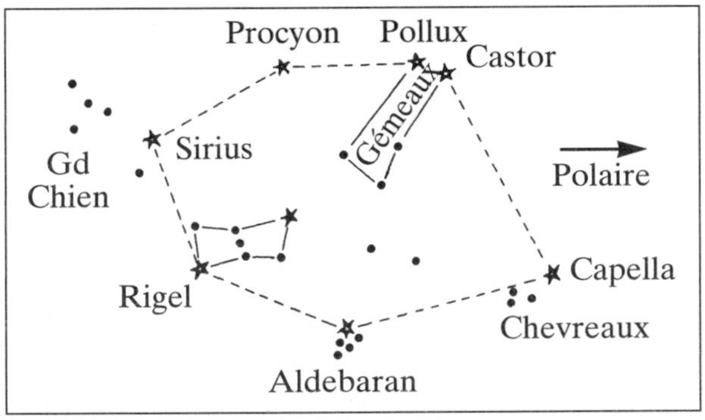

Figure 81. *Orion et le « Diamant ».*

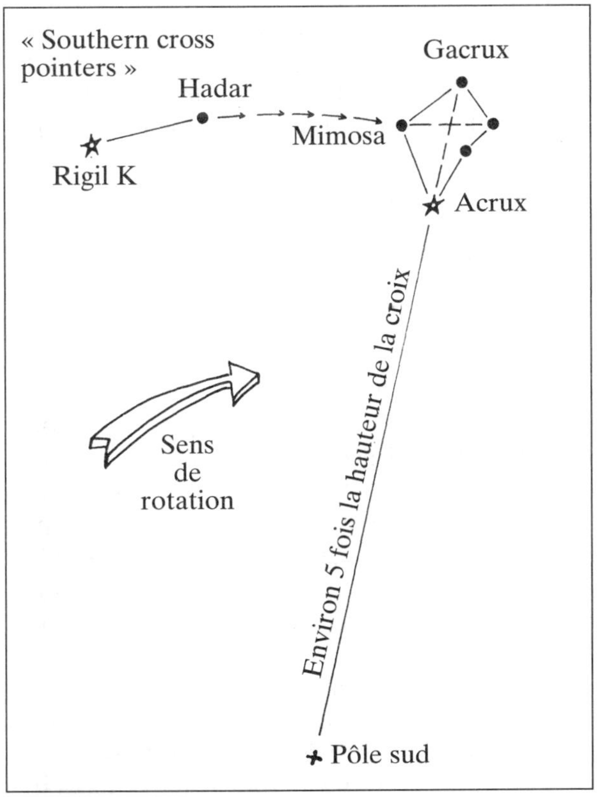

Figure 82. *La Croix du Sud et ses « pointers ».*

La reine de toutes, la **Croix du Sud** ; lorsqu'on la verra surgir, au début, elle ne paraîtra pas bien brillante ; plus tard, elle ne rivalisera jamais avec Orion mais elle sera cependant extrêmement visible dans une zone du ciel somme toute dépourvue de beaucoup d'étoiles brillantes. C'est quand même une sacrée émotion qui prendra le navigateur quand, vers 15° nord, il la verra pour la première fois s'élever à l'horizon ; comme toutes les constellations de l'hémisphère Sud, elle tourne dans le sens des aiguilles d'une montre, cette fois-ci, autour d'un point que définit la figure 82. Plus qu'une croix, la Croix du Sud est une sorte de cerf-volant pas tout à fait symétrique. Les pieds du Christ sur la croix, c'est *Acrux*, très souvent utilisée pour le point ; la tête, *Gacrux* ; la main droite s'appelle… *Mimosa* (joli, non ?). Un peu avant que ne se lève la Croix du Sud, on peut parfois se tromper et prendre pour elle une **fausse Croix du Sud** moins brillante et moins régulière qui appartient à la constellation du **Navire**, grand ensemble mal défini à cheval sur la voie lactée. Aucune confusion n'est possible si l'on repère sur la gauche de la Croix du Sud, très remarquables, les *Southern Cross Pointers*, deux étoiles très brillantes (fig. 82). Celle de gauche est, pour l'anecdote, l'étoile la plus proche de la Terre (la

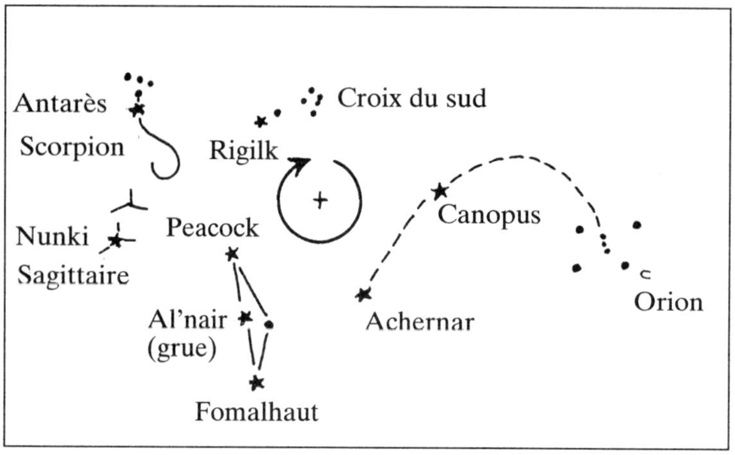

Figure 83. *Localisation des principales constellations entourant le pôle Nord.*

lumière qui nous parvient d'elle ne l'a quittée que quatre ans avant), elle s'appelle *Alpha* du **Centaure**, mais on l'appelle, en navigation, « *Rigel Kentaurus* » ou « *Rigil K* ».

Très remarquable par sa forme, le **Scorpion** se lève un peu après la Croix du Sud ; il comporte *Antarès*, étoile rougeoyante (fig. 83).

Reprenant la ligne Corps d'Orion – Sirius, en accentuant la courbure, on trouvera *Canopus*, et, plus loin sur le même arc, *Achernar*, toutes deux brillantes et solitaires.

Prenant la place du Scorpion lorsqu'il aura un peu tourné, vous reconnaîtrez facilement le **Sagittaire**, deux tétraèdres égaux, le centre du second est *Nunki*.

Souvent utilisées, mais pas évidentes à reconnaître, brillantes et solitaires dans le ciel du sud sans grand-chose pour les singulariser, il y a *Fomalhaut* (**Poisson austral**), *Al'nair* dans la **Grue** et *Peacock* dans le **Paon** ; elles forment une espèce d'immense oiseau centré sur la Grue.

Enfin, certains soirs à la température particulièrement clémente, bien installé au fond de votre cockpit en compagnie de quelques amis navigateurs novices en ce qui concerne la science des étoiles, vous pourrez leur faire découvrir, après ingestion de quelques p'tits punchs, par exemple, dans un coin du ciel qu'il vous appartiendra de déterminer, les quatre étoiles préférées du navigateur facétieux : *Syré*, *Amatla*, *Assak*, *Dénej*... Comment ça, vous ne connaissez pas l'étoile *Syré* ?...

Voilà, avec les constellations que je vous ai citées, plus les cartes des éphémérides, et la méthode du sextant - trouveur- d'étoiles (grâce aux HO249 vol. 1), vous avez des chances de vous y retrouver, nuit après nuit, ça ne change pas beaucoup, le ciel ne se décale qu'un petit peu chaque nuit : si telle étoile était à tel endroit au coucher du soleil, par exemple, hier, elle n'en sera pas bien loin aujourd'hui, et pourtant, tous les méridiens du ciel, donc toutes les constellations visibles à sa latitude, défileront au-dessus d'un observateur fixe en un an. Il vous arrivera parfois, enfin, de constater, au milieu d'une constellation, une « étoile » aussi brillante peut-être que les autres mais qui ne figure pas sur les cartes... Si ça bouge, c'est un avion ou un satellite artificiel, mais ce sera plus généralement une planète, astre nettement plus baladeur que les étoiles.

Les planètes

La brise souffle fort, en hiver, dans le mouillage de Mindelo, aux îles du Cap-Vert, mais le fond est de bonne tenue... Pourtant, un vent d'inquiétude (force 7 au moins !) se mit soudain à parcourir la baie, quand on annonça qu'un cyclone en provenance de Dakar était attendu dans les vingt-quatre ou quarante-huit heures... Un cyclone venant de Dakar ? A-t-on jamais entendu parler de cyclones dans l'est de l'Atlantique !... Enfin, la rumeur semblait fondée, et justement le vent redoublait, atteignait aisément 50 nœuds dans les rafales... et tout le monde de commencer à envisager des mesures défensives, de porter des ancres supplémentaires, d'en préparer d'autres encore sur le pont, de dépouiller les gréements de tout ce qui aurait pu y donner trop de prise au vent, et de guetter le ciel, l'arrivée des cumulus révélateurs, les vents qui grimperaient l'échelle de Beaufort...

Les deux journées suivantes furent les deux journées les plus calmes que nous ayons eues à ce mouillage, et ce n'est qu'au bout de trois jours d'attente angoissée que nous réalisâmes que l'annonce de cyclone n'était que la déformation d'une nouvelle diffusée effectivement par Radio Dakar, comme quoi cinq planètes, deux jours plus tard, devaient se retrouver alignées dans le ciel, ce qui ne se produit que tous les je ne sais combien de siècles...

De là à transformer cette prévision en promesse de désastre, cataclysme, il n'y avait qu'un pas... et nous ne vîmes jamais, Dieu merci, le cyclone ainsi spontanément engendré !

J'aurais dû m'en douter, d'ailleurs, puisque je savais, suivant à peu près les mouvements des planètes au fil des mois, qu'il allait ce produire ce jour-là une conjonction remarquable !

Car si les étoiles, quoiqu'elles tournent, comme indiqué, autour de la ligne des pôles (en fait, c'est nous qui tournons, bien sûr), restent en revanche fixes les unes par rapport aux autres, sinon les constellations se déformeraient rapidement, la position des planètes (astres morts tournant autour du Soleil et n'éclairant que parce qu'ils sont éclairés par celui-ci) par rapport aux étoiles change rapidement.

Pour les repérer, sachez seulement qu'elles occupent chaque soir un point assez voisin de celui qu'elles occupaient la veille au soir ; à la page 48 des *Éphémérides Nautiques,* vous trouverez, de mois en mois, la position approchée (repérée par la constellation la plus voisine) des quatre planètes utilisables pour le point : Vénus, Mars, Jupiter et Saturne, et les moments (crépuscule, début ou fin de nuit, aube) auxquelles elles sont utilisables. Vous les repérerez ainsi une nuit, et saurez que le lendemain elles sont encore dans le même coin.

C'est d'ailleurs un conseil général, pour les points d'étoiles, de planètes et de lune : même lorsque, en haute mer, un point soleil vous a suffi à vous placer, il est utile de savoir où en sont les étoiles, les planètes et la Lune, sur lesquelles on peut compter si, d'ici quelques jours, à l'approche de la Terre, on a besoin de connaître sa position de nuit ou bien au cas où le Soleil se cacherait ; il est beaucoup plus facile de s'y retrouver dans un ciel partiellement bouché si l'on sait comment il se présentait les jours précédents.

Pour les points par relèvement de hauteur de planètes, une fois qu'on les a reconnues, il n'y a qu'une petite complication de plus dans le calcul de l'angle horaire à Greenwich et dans celui de la déclinaison.

EXEMPLE : le 1er décembre 2000, on a observé Vénus à 05 h 45 mn 38 s (montre supposée à l'heure) ; calculer l'angle horaire à Greenwich et la déclinaison de Vénus au moment de la visée.

Angle horaire à Greenwich
À 05 h 45 mn 38 s (heure locale)
soit 07 h 45 mn 38 s à Greenwich (TU)
On obtient l'angle horaire à Greenwich de Vénus à cet instant en additionnant :
1. L'angle horaire à Greenwich à 0700 TU (page 1er décembre, colonne AhVo Vénus) (pl. 8) .... 241° 36,2
2.Les pages interpolation pour 45 mn 38 s (page 45 mn, colonne soleil/planètes, ligne 38 s) (pl. 10) .... +11° 24,5
3. On note en bas de la colonne AhVo (soit AIIG) de Vénus, page du 1° décembre, la quantité v = 0,7' ; elle va servir pour calculer une petite correction, lue page 45 mn colonne « correction », en face de v = 0,7 (c'est-à-dire, ici, entre v = 0,6 et v = 0, 9) (pl. 10) Ici : (pour l'angle horaire, cette correction est toujours additive)........... + 0,6
d'où l'angle horaire cherché : .... 253° 01,4

Déclinaison

On aura, de la même façon, à faire une correction, très souvent négligeable, rarement supérieure à une minute (alors que la correction vue ci-dessus pour l'angle horaire peut être plus forte) à la déclinaison. On établira la déclinaison de Vénus à l'instant de la visée de la façon suivante :
D à 0700 TU 24° 01,5 Sud (page du jour, colonne D Vénus)
et on notera d au bas de la colonne en question ici d = 0,5', d'où la correction, lue page 45 mn (pl. 10) colonne correction, en face de d = 0,5'

Rappel	24° 01,5 sud
Correction	– 0,4
	24° 01,1 sud

Cette correction, ici est négative, car on voit que de 0700 TU à 0800 TU la déclinaison diminuait ; la correction à la déclinaison s'additionnerait si la déclinaison était croissante. Pour le reste, détermination du point arbitraire, calcul de l'angle horaire local et lecture sur les tables HO249 (vol. 2 ou 3, suivant votre latitude), tout se passe exactement comme pour le Soleil ; on utilise, pour corriger la hauteur mesurée, la « jolie petite table ».

LA LUNE

Il y a maintenant, outre les deux mêmes complications que pour les planètes (même utilisation du z, et du d, dont les valeurs sont bien plus grandes que pour les planètes – il faudra aussi faire attention au sens dans lequel évolue la déclinaison pour savoir s'il faut additionner ou soustraire la petite correction issue de d : on l'ajoute si la déclinaison est croissante en fonction du temps, on la retranche dans le cas contraire), il y a maintenant, donc, une correction plus complexe des hauteurs mesurées au sextant : la « jolie petite table » ici, est inutile, il faudra ouvrir les *Éphémérides* à la page de la table IX ; « correction

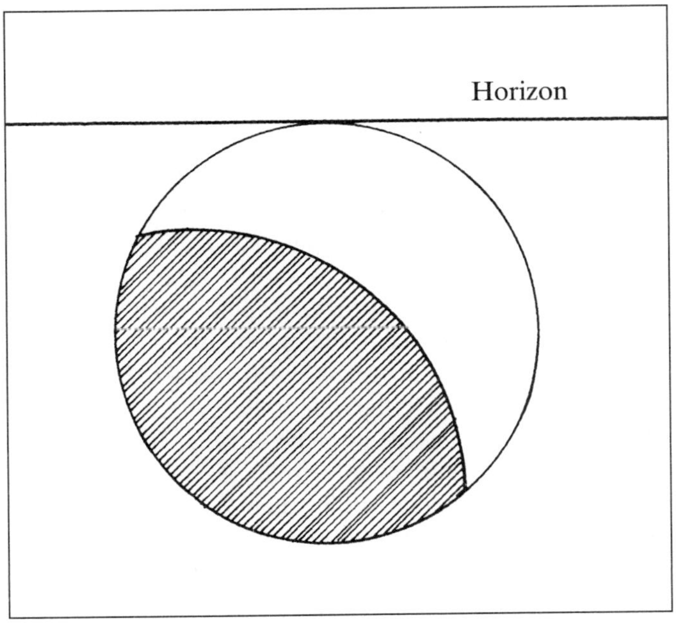

Figure 84.
Mesure de la hauteur du bord supérieur de la Llune.

des hauteurs observées de la Lune » (pages 470 et 471 en 1982). Il y aura trois corrections à faire à la hauteur de la Lune mesurée au sextant :

1. Soustraire 2,5' parce qu'on est à 2 mètres au-dessus de l'eau.

2. Ajouter la correction donnée par le grand tableau des pages 450-451 (pl. IX) ; on lit cette correction à l'intersection de la ligne correspondant à la valeur d'une grandeur nommée « parallaxe », variant de 54' à 61' et donnée pour chaque heure dans la colonne marquée π de la page éphéméride du jour, rectangle concernant la Lune ;

3. Si l'on avait dû utiliser le bord supérieur de la Lune, ce qui peut être rendu nécessaire par sa forme (fig. 84) lorsqu'elle est à l'état de croissant, il faut retrancher du résultat ci-dessus le demi-diamètre de la Lune, relevé pages 470-471 au bas de la colonne correspondant à la parallaxe du moment.

EXEMPLE : corriger une hauteur relevée de 27° 35' du bord supérieur de la Lune à 07 h 30 mn 17 s TU le 1er décembre 1982.

La correction vaut :
1. correction pour la hauteur de l'œil . . . . – 2,5'
2. Comme π = 54,1 (relevé page du Ier décembre (pl. 8), rectangle lune, colonne π ligne 0700 TU ou 0800 TU (π varie lentement), la deuxième correction vaut donc (pages « table IX » ; colonne TE = 54 [près de 54,1], ligne 27°, sans trop se préoccuper du dixième de minute [pl. 11]) . . . . + 61'
3. Et comme on a pris le bord supérieur de la Lune, on retranche le demi-diamètre pris au bas de la colonne π = 54 . . . . 29,4'
La correction totale est donc : 61' – 31,9' = + 29,1
qu'on arrondit à + 29'.
Et la hauteur corrigée est 27° 35'
\+ 29'
28° 04'

C'est effectivement un peu plus long que le Soleil, disons trois additions et trois lectures de tables de plus, mais parfois on n'a vraiment que ça en vue… et on doit faire avec !

Quelques remarques sur les phases de la Lune

La nouvelle lune (c'est-à-dire pas de lune, on se fait peur dans la nuit noire !) est censée amener un changement dans le temps, difficilement explicable, mais

souvent vérifié ! Le lendemain, un minuscule croissant est présent, très bas à l'ouest, au crépuscule, et se couche une heure plus tard ; au cours des jours suivants, la Lune est au crépuscule environ 15 degrés plus haut et un peu plus pleine chaque jour, restant présente de plus en plus longtemps dans le ciel. À son premier quartier (demi-lune), elle est au zénith au crépuscule et se couche à minuit... et ainsi de suite. Au bout de deux semaines, elle est pleine, se lève quand le Soleil se couche, et réciproquement. Dans les deux semaines suivantes, elle diminue progressivement en se levant chaque jour une heure plus tard ; au dernier quartier, elle ne se lève qu'à minuit, est au zénith à l'aube ; dans sa dernière phase, elle est de plus en plus mince et se lève de plus en plus tard, donnant parfois des frayeurs soudaines à des navigateurs somnolents qui ont tout d'un coup l'impression de voir un cargo tout proche là où la Lune se lève ; enfin, quand revient la nouvelle lune, elle ne se lève pas du tout.

Les éclipses de lune ne se produisent qu'en pleine lune, et les éclipses de soleil qu'aux nouvelles lunes. Lorsque la Lune est absente du ciel nocturne, elle est présente, avec la même taille, dans le ciel diurne pour les périodes complémentaires : ainsi, quand la Lune, au premier quartier, se couche à minuit, c'est qu'elle s'est levée à midi, et qu'avec un peu de chance on l'aura, visible tout l'après-midi, dans le ciel diurne. On obtient ainsi parfois un point intéressant par l'intersection (sans avoir besoin d'attendre pour transporter des droites) d'une droite de hauteur du Soleil et d'une droite de hauteur de Lune visible de jour, spécialement aux alentours des premier et dernier quartiers.

316704
120
110
100
90
80

CHAPITRE DIX-SEPT

PRATIQUE DU SEXTANT ET COMPLÉMENTS DE NAVIGATION

Sextant (n. m.). Appareil permettant de déterminer à partir du soleil la position du navire, aptitude constituant une marque de virilité chez le navigateur.

LA PRATIQUE DU SEXTANT

Au début, vous ferez peut-être quelques erreurs… d'où l'intérêt de commencer par s'exercer depuis un endroit connu, d'une plage par exemple, ou sur une plate-forme stable. Ensuite, ça s'améliorera, mais, bien que toutes les opérations ne soient que des additions et soustractions, il vous arrivera encore, après des années de pratique, de commettre quelques erreurs idiotes. Vous pourrez les éviter au maximum en prenant l'habitude, par exemple, de mesurer trois hauteurs de l'astre successivement, en les calculant jusqu'au bout ; trouver trois droites parallèles pratiquement confondues vous confirmera que vos mesures et calculs sont vraisemblablement corrects. C'est comme ça que je procède en temps normal pour le soleil, prenant trois hauteurs à 1 ou 1 minute et demie d'intervalle et en les calculant toutes les trois (j'essaie alors de choisir mes trois points arbitraires, qui ont la même latitude, avec des longitudes telles que mon angle horaire local soit le même pour les trois, ce qui ne m'oblige qu'à une lecture avec interpolation sur les HO249, et assurant aux trois résultats un azimut commun, me donnera trois droites parallèles presque confondues si la mer n'était pas trop agitée). Quand les conditions sont vraiment limites, et que je me demande bien où est l'horizon derrière toutes ces vagues, il m'arrive de prendre un nombre nettement plus élevé de hauteurs, six ou dix, de les calculer toutes, et d'en tirer quand même une valeur correcte).

Ce qui sera le plus souvent cause de résultats aberrants, ce sera la difficulté de relever la hauteur d'un astre depuis un petit bateau, spécialement lorsqu'il fait mauvais, lorsqu'on peut confondre l'horizon avec le sommet d'une vague, ou lorsqu'on est préoccupé de ne pas mouiller le sextant ni perdre l'équilibre, donc moins attentif à la précision des mesures.

Mode opératoire

Soleil

Les verres colorés placés sur le dessus du sextant servent à ne pas être ébloui par les rayons directs du soleil ; n'en interposer entre l'œil et le soleil, au début, qu'une partie, disons le jaune ; tourné vers le soleil, la lunette braquée sur l'horizon, on fait courir, en maintenant la pince de blocage pressée, donc décoincée, le curseur le long de la graduation ; à un certain moment, on en prend plein les yeux (ne regardez pas le soleil en face !), on arrête approximativement les miroirs dans cette position, et on rajoute aussitôt assez de filtres pour que le soleil n'éblouisse plus, devienne un joli rond bien net qui apparaîtra voisin de l'horizon ; à ce moment-là, à l'aide du curseur à pince, puis du vernier à vis, on amène le bord inférieur du soleil exactement sur l'horizon, en balançant légè-

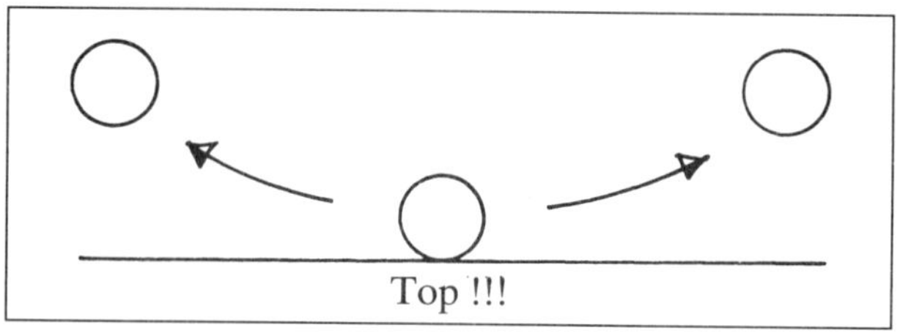

Figure 85. *Pratique du sextant.*

rement le sextant (là, il y a un coup à prendre) (fig. 85) de façon à faire décrire au soleil un arc de cercle – comme celui d'un pendule – tangent tout en bas à la ligne d'horizon. Quand on est sûr que le bord inférieur du soleil vient effleurer tangentiellement l'horizon, sans mordre dessus, ni laisser de vide, on note l'heure de la visée tout en s'assurant que ce n'est pas le sommet d'une vague que l'on a pris pour l'horizon ; il vaut mieux autant que possible, pour cette opération, être assis de façon stable, le torse libre de compenser les mouvements du bateau ; seul, je note l'heure lue sur ma montre, puis la hauteur lue au sextant, sur un bloc que je m'attache autour de la cuisse avec un élastique ou du Velcro ; ou bien je compte par exemple jusqu'à quinze secondes, le temps d'arriver à la table à cartes, et c'est là seulement que je note l'heure à la montre que j'y ai laissée, et je déduirai ces quinze secondes de l'heure lue avant de faire les calculs… Si je suis extrêmement rusé, ma montre retarde juste du temps qui m'est nécessaire pour rejoindre ma table à cartes depuis le cockpit, et lorsque j'arrive (si je ne me suis pas cassé la figure entre-temps : attention, le sextant est un petit être fragile qui craint beaucoup les chocs, alors, quand ça secoue… deux mains pour le sextant, deux mains pour soi, il faut être quadrumane !) l'heure que je note est directement la bonne ! À deux, l'autre note l'heure quand je crie « top », et je lui crie ensuite la hauteur que je lis sur le sextant.

Suivant la qualité de votre sextant (un bon sextant ne coûte pas une fortune extraordinaire, et c'est un objet auquel on s'attache, mais je comprendrais très bien, si votre intention est de n'utiliser le sextant qu'en toute dernière ressource, que vous préfériez n'acheter qu'un petit sextant plastique… attention cependant qu'au bout de mois ou d'années dans votre bateau, il ne soit pas irrécupérablement déformé par la chaleur), il faudra plus ou moins souvent (à chaque mesure impérativement pour les petits sextants en plastique) vérifier que lorsqu'on amène l'une sur l'autre les deux images de l'horizon vues dans le sextant réglé sur zéro – verres colorés enlevés – le vernier est sur zéro ; s'il ne l'est pas, il y aura une correction systématique à faire : si votre sextant indique + 4' quand les deux horizons sont superposés, il faudra enlever 4' de toutes les hauteurs mesurées avant de faire les calculs, et en ajouter si le sextant indique un chiffre négatif lorsque vous superposez les deux images de l'horizon.

Étoiles

Plus de verres colorés. Deux possibilités :

– ou bien vous avez préréglé le sextant sur la hauteur approximative de l'étoile, et elle vous apparaîtra directement dans la lunette *via* les miroirs sitôt que vous vous tournerez vers elle en gardant la lunette braquée sur l'horizon. Il ne reste plus qu'à fignoler ;

– ou bien vous voulez relever directement la hauteur d'une étoile pas encore reconnue ou d'une planète : réglez le sextant sur 0, et levez la lunette pour regarder l'étoile ; si votre sextant est juste, vous voyez deux étoiles a peu près confondues ; en procédant doucement, pincez le système du curseur, et faites-le coulisser en inclinant lentement la lunette vers l'horizon, compensant les deux mouvements de façon à garder l'image dans le viseur… c'est un peu acrobatique, surtout par mer agitée, mais très vite vous aurez pris le coup de main ; sitôt que l'horizon apparaît dans votre viseur, vous relâchez tout de suite la pince, et vous n'avez plus qu'à fignoler.

Une autre méthode consiste à retourner le sextant, bas pour haut, et à faire monter l'horizon jusqu'à ce qu'il atteigne l'étoile ; on retourne alors le sextant, et on est ramené au premier cas.

Quand faire des points d'étoiles (ou de planètes) ?

Quand les étoiles et l'horizon sont visibles. Cela se produit :

– À l'aube et au crépuscule : c'est le moment où l'on peut obtenir rapidement et simplement ses points les plus précis, sans avoir à faire de transports de lignes de position. Les brumes du réveil en sont-elles la seule cause ? J'obtiens toujours des résultats moins précis le matin que le soir ! Au crépuscule, on voit apparaître les premières étoiles, les plus brillantes comme Sirius ou Canopus, alors que l'horizon est encore très visible, et les résultats obtenus sont très précis par mer honnête.

– Une grande partie de la nuit s'il y a suffisamment de lune. On répète souvent de se méfier des horizons éclairés par la lune ; je n'ai presque jamais eu de problèmes avec eux : la zone éblouissante, juste à la verticale de la lune, est trompeuse, mais le reste de l'horizon, pourvu qu'il soit assez éclairé pour être visible à travers la lunette, vous pouvez y aller. Bernard Moitessier préconise d'enlever la lunette et de viser à deux yeux ouverts. Je n'ai utilisé cette méthode que lorsque j'avais vraiment besoin d'une position, même fausse, de 5 à 10 milles, alors qu'il n'y avait pratiquement pas de lune ; habituellement, avec une bonne optique, on peut faire des points la moitié de la nuit aux premier et dernier quartiers, et presque toute la nuit par pleine lune. Il peut être très utile de bien nettoyer les lentilles de l'optique, des verres même peu sales cachent beaucoup de choses !

Personnellement, j'essaie de planifier mes traversées en combinant (ce n'est pas toujours réalisable) les deux buts suivants : avoir le plus possible de nuits « enlunées » en mer, c'est tellement plus agréable d'y voir clair pour manœuvrer sur le pont, c'est tellement plus rassurant de voir autour de soi – mais les feux de mâts sont moins visibles par fort clair de lune –, et, surtout si la destination est un atoll ou une zone infestée de récifs et de terres basses, essayer d'arriver aux alentours de la pleine lune, c'est plus sûr (si je vise la pleine lune et que j'ai un peu traîné, j'aurai encore le dernier quartier ; si je suis allé plus vite que prévu, j'ai le premier quartier). Je ne m'approcherais jamais, en tout cas, même par très beau temps, d'une barrière d'atolls sans aucune possibilité de faire des points étoiles au cours de la nuit, et même avec un GPS je ne m'en approcherais qu'avec précaution… et de jour.

MÉRIDIENNE

La méridienne, seule méthode de navigation astronomique pratiquée pendant des siècles, est un cas particulier de droite de hauteur : lorsque le soleil passe au nord (ou au sud) de l'observateur, la droite de hauteur est orientée est-ouest, c'est un parallèle, elle vous donne la latitude. Longtemps on n'a su faire que ça, c'était la seule méthode de navigation disponible quand on n'avait pas de moyen d'avoir à bord l'heure exacte.

Technique

1. On doit d'abord établir à quelle heure le soleil va culminer : on le sait par les *Éphémérides*, qui vous donnent pour chaque jour, pages 42 à 47 (pour l'édition 2000) l'heure du passage au méridien de Greenwich de plein d'astres, dont le soleil. Sachant que le soleil met une heure à parcourir 15° de longitude (puisqu'il fait le tour de la Terre, 360° en vingt-quatre heures, donc 15° à l'heure) vous pouvez savoir à quelle heure il arrivera sur votre méridien : il y arrivera avant son passage à Greenwich si vous êtes en longitude est (le soleil se lève sur le Japon avant de se lever sur l'Europe), et après son passage à Greenwich si vous êtes en longitude ouest.

Reprenons notre exemple. Point estimé :

Latitude : 35° N
Longitude : 38° 30 W
le 30 novembre 2000, vers midi vrai.

- Ce jour-là, le soleil passe à Greenwich à : (page 41,« passage au méridien de Greenwich ») (pl. 12) . . . . 11 h 48 mn 48 s TU
- Comme le soleil parcourt 15° en une heure, soit 1° en quatre minutes, il mettra, pour passer à notre méridien : 38 1/2 X 4 soit 154 mn ou . . . . . . 2 h 34 mn
d'où l'heure du passage au méridien 38°30 W . . . . 14 h 22 mn 48 s TU
Si notre heure locale est T.U. -2, il faut s'attendre à voir le soleil passer plein sud à nous à . . . . 4 h 22mn – 2 h = 12 h 22 locales.

3. Dix minutes avant cette heure, un peu plus tôt peut-être si l'on a des doutes sur sa longitude, on s'installe sur le pont, on amène dans le sextant le soleil à tangenter l'horizon, et on rectifie au fur et à mesure qu'il monte encore ; on sera amené à se tourner progressivement vers le sud (dans d'autres cas, ce sera vers le nord). À un moment, le soleil cesse de monter ; on vérifie qu'un peu plus tard il se met bien à descendre, et on note la valeur la plus haute atteinte, c'est la hauteur mesurée H, que l'on corrigera, avant toute chose, à l'aide de la « jolie petite table », colonne « soleil ».

4. Supposons que la hauteur lue soit — 33° 44′
correction « jolie petite table » — + 12′
= 33° 56′

5. Pour nous rendre mieux compte de la situation au moment où le soleil culmine, on fait le petit dessin de la figure 86, 1, obtenue en coupant la Terre par le plan méridien qui comprend la ligne des pôles, la position de l'observateur et le soleil ; celui-ci étant très loin, on considère que tous les rayons qui arrivent de lui à la Terre sont

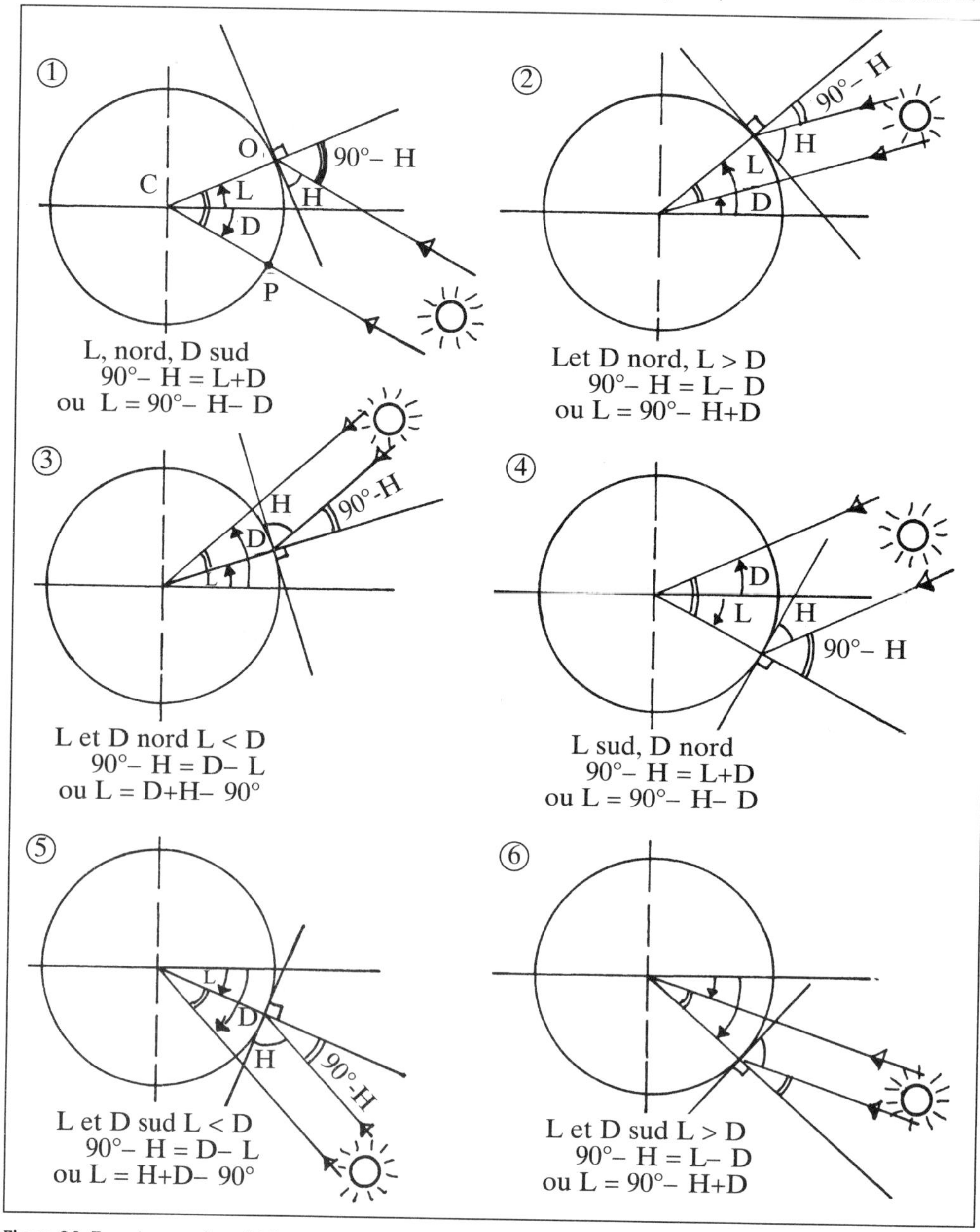

Figure 86. *Tous les cas de méridiennes, suivant L et D.*

parallèles, en particulier celui qui arrive en C au centre de la Terre, après avoir traversé la Terre en P, pied du soleil, et celui qui arrive à l'observateur en O. La hauteur lue au sextant est l'angle que fait ce dernier rayon avec l'horizontale en O, c'est-à-dire la tangente en O au cercle ; le complément 90-H de cette hauteur est égal, comme angle à côtés parallèles (mais si, rappelez-vous, programme de quatrième !) à l'angle POC, qui, dans ce cas de figure, est égal à L+D, somme de la déclinaison du soleil et de la latitude de l'observateur à l'instant de la mesure :

$$90° - H = L + D$$

$$\text{d'où } L = 90 - H - D = 90° - (H + D)$$

Dans notre exemple, on lit *Ephémérides*, page du 30 novembre, colonne D du soleil (pl. 1). Déclinaison du soleil à 12 loc ou 14 TU : 21°45′ S (et elle change assez lentement pour rester à peu près la même vingt-deux minutes plus tard).

La hauteur mesurée et corrigée étant 33° 56′, on a :

$$L = 90° - (H + D)$$

$$90° - (33° 56' + 21° 45')$$

$$90° - 54°101' \text{ ou } 55°41'$$

Pour faciliter cette soustraction, on remplace 90° par 89° 60′ :

$$L = 89°60' - 55°41' = 34°18'$$

C'est la latitude cherchée : <u>L = 34°18′ Nord</u>

(On l'a trouvée plus au sud de 42 milles que l'estime... C'est peut-être bien un courant favorable ?...)

J'ai rencontré pas mal de navigateurs désemparés lorsqu'ils avaient assez gagné vers le sud pour que le soleil passe à leur nord à la méridienne, ou lorsqu'ils passaient en latitude sud ; pour comprendre exactement ce qui se passe dans les six cas de figure, il suffit de refaire à chaque fois l'un des tracés de la figure 86, suivant les valeurs de la déclinaison du soleil et de la latitude estimée. On peut d'ailleurs en tirer les formules valables dans chaque cas :

– Si L et D sont contraires (observateur et soleil dans deux hémisphères différents) : $L = 90° - (H + D)$.

– S'ils sont dans le même hémisphère :

si $L > D$, $L = 90° - H + D$

si $L < D$, $L = H + D - 90°$

Cas particulier : méridienne impossible

Cela se produira lorsque, à midi (heure locale), le soleil passera pratiquement au-dessus de votre tête, c'est-à-dire lorsque votre latitude sera voisine de la déclinaison du soleil (et toutes deux sud ou nord, bien sûr). Le soleil restera dans l'est toute la matinée, et, tout d'un coup, en quelques instants, il passera au-dessus de votre tête pour rester à l'ouest tout l'après-midi.

Lorsque la différence entre latitude et déclinaison est de l'ordre de 1 ou 2 degrés, on peut pratiquer la méthode suivante :

Le pied du soleil, dans le voisinage de notre position, décrit une trajectoire pratiquement confondue avec un parallèle, car la déclinaison donnée par la colonne du soleil varie très peu en quelques minutes. Les éphémérides donnant l'angle horaire à Greenwich du soleil à chaque instant, on peut en déduire la position P1 et P2 du pied du soleil aux instants de deux visées faites par exemple quatre ou huit minutes avant et après l'heure de la méridienne déterminée comme ci-dessus. (La longitude du pied du soleil est égale à l'angle horaire à Greenwich si la longitude est Ouest, et égale à 360°–AHG si la longitude est Est.)

EXEMPLE : le 30 novembre 2000, à 14 h 22 mn 36 s TU, soit 12 h 22 mn 36 s heure locale (voir exemple précédent), le soleil passe sur notre méridien estimé, soit 38° 30′ W, mais on se trouve aux alentours de 20° Sud (du courage, Rio de Janeiro n'est plus qu'à 300 milles !).

– On fait une première visée environ six minutes avant, soit à

14 h 16 mn 42 s TU hauteur lue 87° 27′

– et une deuxième visée six minutes après, soit à

14 h 28 mn 42 s TU hauteur lue 88° 04′.

On calcule l'angle horaire à Greenwich du soleil dans les deux cas :

1re Visée, éphémérides, page 30 novembre	
colonne AHG « soleil » ligne 14 h GHA	32°47,6
+ pages interpolation pour 16 mn 42 s colonne soleil	+ 4°10,5
(non reproduite ici)	36°58'
2e Visée, éphémérides, page 30 novembre	
colonne AHG « soleil » ligne 14 h GHA	32°47,6
+ pages interpolation 28 mn 42 s soleil	+ 7° 10,5
(non reproduite ici)	39° 58'

Ces deux valeurs, puisqu'on est en longitude ouest, sont les longitudes des deux positions P1 et P2 du soleil aux deux instants des visées ; leur latitude commune est la déclinaison à cette heure-là, soit 21° 45' S. On peut tracer P1 et P2 sur la figure 87.

La figure 88 montre que si à l'instant de la première visée on voyait le soleil sous l'angle H, c'est qu'on se trouvait à la distance (90° – H) X 60 milles du pied du soleil. Les deux hauteurs mesurées, corrigées de la « jolie petite table » (ajouter 13' à chacune) étant 87° 27' + 13' = 87° 40' et 88° 04 + 13' = 88° 17', c'est qu'on se trouvait :

– dans le premier cas : à 2°20 x 60 = 140 milles de P1, car 90° – H = 2° 20 ;

– dans le deuxième cas : à 1° 43' x 60 = 103 milles de P2, car 90° – H = 1°43'

(2° 20 et 1° 43 sont les compléments à 90° des hauteurs corrigées).

La position du bateau (que l'on considère avoir très peu bougé en douze minutes !) est le point P, intersection des deux cercles de rayons respectifs 140 et 103 milles tracés autour de P1 et P2 (il y aurait une autre position P', intersection des deux mêmes cercles au sud du soleil, mais alors on aurait vu passer le soleil au nord du bateau).

Cette méthode, en principe, donne non seulement la latitude, mais aussi la longitude sous réserve que votre montre soit à l'heure ; mais les hauteurs mesurées sont si proches de 90 degrés qu'il est difficile, sauf par mer très plate, très beau temps, d'obtenir une bonne précision. Pour que les deux cercles (qui sont en réalité les « cercles de hauteur » que nous avons assimilés, au début de nos raisonnements, à des bouts de droite quand leurs rayons étaient beaucoup plus grands) se coupent correctement, il faut que la distance P1 P2 soit de l'ordre du double de la différence de la latitude et de la déclinaison. Si la différence de la latitude et de la déclinaison n'est plus que du demi-degré, il faut P1 P2 = à peu près 1 degré, c'est-à-dire prendre les mesures à quatre minutes d'intervalle (deux minutes avant, deux minutes après la méridienne), et les résultats seront moins bons encore car les hauteurs seront encore plus proches de 90 degrés.

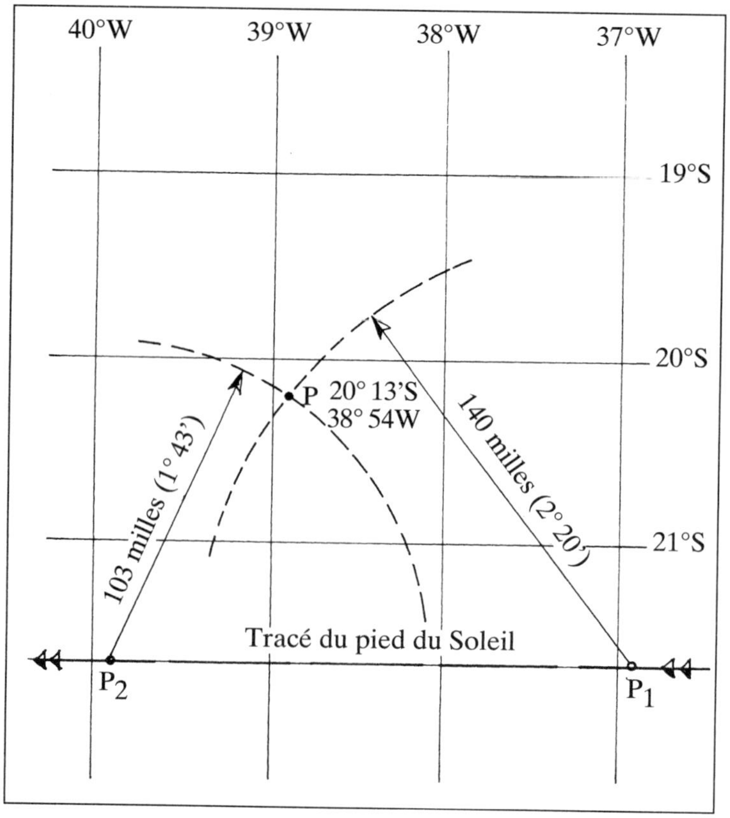

Figure 87. *Soleil près de la verticale.*

À un certain stade, on verra peut-être à la méridienne le soleil frôler l'horizon tout autour de l'observateur (dans le sextant) sans arriver à le tangenter ; ici, on admettra que la déclinaison du soleil est une valeur grossière de la latitude, à préciser autrement ; les étoiles, dans quelques heures, seront à votre service, et ne vous poseront jamais de problèmes de cet ordre !

Et si ce jour-là le soleil se cache dans les nuages juste au bref instant où vous avez besoin de lui, le point est remplacé par un coup de sifflet bref : les droites de hauteur que vous pourrez faire l'après-midi ne vous donneront que des longitudes !

Orientation des droites de hauteur

Si vous avez bien à l'esprit l'évolution du soleil au cours de la journée ; du lever à l'est-sud-est au passage au sud à midi, jusqu'au coucher à l'ouest-sud-ouest. Le soir (c'est différent lorsque le soleil passe au nord de vous, bien sûr), vous pouvez choisir un moment favorable pour que la droite de hauteur que le soleil vous donne vous place par exemple en vous disant à quelle distance vous êtes d'une côte, ou bien en vous fournissant au contraire une droite perpendiculaire à cette côte si vous disposez d'une ligne de sonde pour vous positionner par intersection des deux.

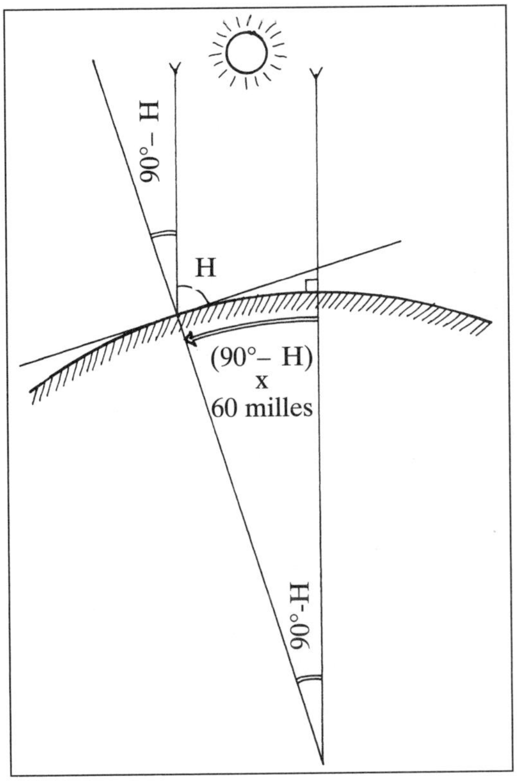

Figure 88. *Soleil près de la verticale (bis).*

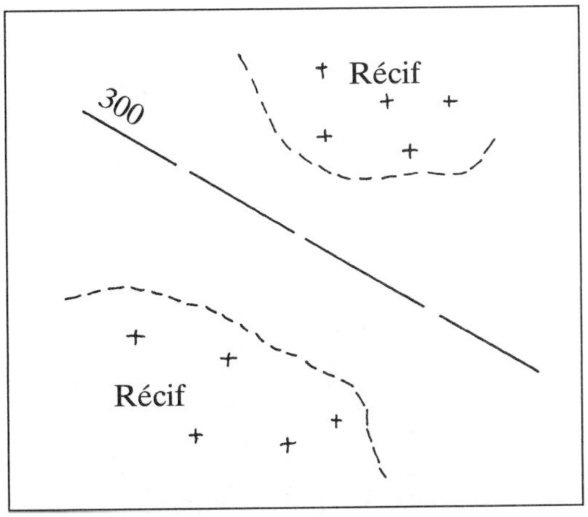

Figure 89. *Orientation des droites de la hauteur.*

EXEMPLE (fig. 89) : vous voulez passer entre les deux récifs du large de la carte, et vous assurer, cap au 300 vrai, que vous êtes bien au milieu du chenal.

La droite de soleil que vous devez obtenir sera orientée au 300, donc l'azimut du soleil devra être (300 – 90) soit 210, ce qui se produira l'après-midi si le soleil, à midi, passe à votre sud (ou 030 le matin s'il passait à votre nord). Pour déterminer l'heure favorable, on peut attendre le moment où le soleil est à peu près au 210 (on suit facilement sa rotation au fil de l'après-midi) ou bien calculer, à partir de la position estimée, à quelle heure l'azimut du soleil sera le bon.

EXEMPLE : on est le 30 novembre 2000 après-midi, point estimé 35′ S et 38′ 30 W ; à quelle heure aura-t-on le soleil dans l'azimut 210° (pour obtenir une droite orientée au 300) ?

En début d'après-midi, la déclinaison du soleil vaudra environ 21° 45′ S (éphémérides, page du jour, colonne D « soleil »). Sur les 110249 (pl. 13), pages latitude 35, CONTRARY (parce que la déclinaison est sud et la latitude nord) et page Decl 15-29 parce qu'elle vaut 21° 45, colonne Decl 22°, on lit que l'azimut du soleil sera 360 – 150 = 210 (car on est en latitude N et que l'AHL, l'après-midi, croît de 0 à 90°) lorsque LHA vaudra 29. Comme l'angle horaire du soleil croît de 1° toutes les quatre minutes, et de 15° par heure, il faudra attendre, pour qu'il passe de 0° (midi vrai), à 29° :

29 x 4 = 116 mn ou 1 h 56 mn

Le soleil passant à la méridienne à :	11 h 48 mn 48 s
+ 38,5 x 4 = 154 mn = 2 h 34mn	+ 02 h 34 mn
	14 h 22 mn 48 s TU

Il faudra donc prendre la hauteur du soleil 1 h 56 mn plus tard, soit à : 14 h 22 mn 48 s + 1 h 56 mn = 16 h 18 mn 48 s soit environ à : 14 h 18 mn (heure locale) si votre montre est réglée sur TU – 2.

Méridiennes d'étoiles, de planètes, de lune

On peut appliquer la même méthode utilisée pour le soleil à tous les autres astres, leur heure de passage à Greenwich est donnée aux pages 36 à 41 des éphémérides, leurs déclinaisons à la page de chaque jour pour lune et planètes, aux pages des étoiles (422 à 425) des éphémérides.

Pour les étoiles, on y arrive plus simplement encore à l'aide du vol. 1 des HO249 : l'heure de culmination d'une étoile figurant sur la page que vous avez « graduée » pour la nuit est celle où l'azimut de l'étoile vaut 180 ou 360 degrés. La hauteur indiquée sur la page de la latitude entière la plus proche vous dira, suivant que la hauteur mesurée – et corrigée de « la jolie petite table » – est plus grande ou plus petite, si vous êtes en avant ou en arrière de ce parallèle.

EXEMPLE : vous estimez être à 37° 50 nord. À la culmination d'Antarès, vous l'avez relevée à 25° 42'
– corrigez cette hauteur 25°42' – 4' = 25° 38'
– si vous étiez sur le 38° N, vous verriez, à la culmination d'Antarès (page 38° N du vol. 1), Antarès à 25° 34' (pl. 14 : chercher le chiffre le plus élevé pour Antarès) :
25° 38 – 25° 34 = 4'

Comme la hauteur mesurée et corrigée est supérieure de quatre minutes à la hauteur calculée, vous êtes donc 4 milles plus près du pied de l'étoile, et comme celle-ci passe au sud (son azimut à la culmination est 180°) c'est que vous êtes 4 milles plus au sud, d'où votre latitude : 37°56' N.

Tracé des constructions sur papier rayé

On peut, bien sûr, faire toutes les constructions sur les cartes : mais on peut être amené à faire des erreurs, parce que les échelles changent de carte à carte ou à croire à une trop grande précision (que ne nous donnent pas nos mesures) parce qu'un mille est représenté par une trop grande longueur sur la carte ; on se retrouve vite devant un embrouillamini de traits et d'angles lorsque on est conduit à faire plusieurs points dans un temps restreint ; ça fait sale sur les cartes ; enfin, en traversée océanique, on ne dispose pas forcément d'une carte représentant tout l'océan dans lequel on se balade, mais une du continent qu'on quitte et une de détail de l'île qu'on vise, par exemple.

D'où l'intérêt de pouvoir faire ses tracés sur une feuille à part, pour ne reporter sur la carte que le point établi ou la droite de hauteur construite. Il existe dans le commerce des feuilles réservées à cet usage, où ne sont portées que des parallèles et des méridiens, mais il faut en avoir pour chacune des latitudes où l'on se promène, puisque l'échelle des longitudes change avec la latitude...

Moi, j'ai complètement simplifié la chose en mettant au point une méthode qui me permet de faire tous les tracés DIRECTEMENT SUR LE MÊME CAHIER SUR LEQUEL JE FAIS MES CALCULS, ce qui me permet de retrouver quelques jours plus tard une construction si je le souhaite, de faire autant de droites d'astres que je le souhaite, et de ne porter, bien proprement, que le point ou la droite trouvé sur ma carte (Pilot Chart pour les traversées océaniques, jusqu'au moment où je peux porter ma position dans la carte de détail de la région que j'atteins).

Le plus pratique est d'utiliser ces cahiers format écolier ou un poil plus petit ou plus grand, ne portant que des lignes horizontales espacées de 8 millimètres environ ; on ne trouve que ça pratiquement partout dans le monde, du Maroc au Brésil, des États-Unis à l'Australie, on les trouve moins en France mais vous pouvez éventuellement utiliser les petits carreaux de 5 millimètres ou les carreaux écolier en oubliant l'un des réseaux de lignes, horizontales ou verticales ; je vous indique la méthode à suivre pour les blocs rayés ; je vous recommande d'éviter les cahiers à spirale, qui posent des problèmes pour l'usage de la règle Cras, ainsi que les blocs brochés (genre papier à lettres) si les feuilles s'en détachent spontanément : c'est quand même plus propre d'avoir tous ses calculs et tracés, jour après jour, sur le même cahier, que des poignées de feuilles volant à la brise !

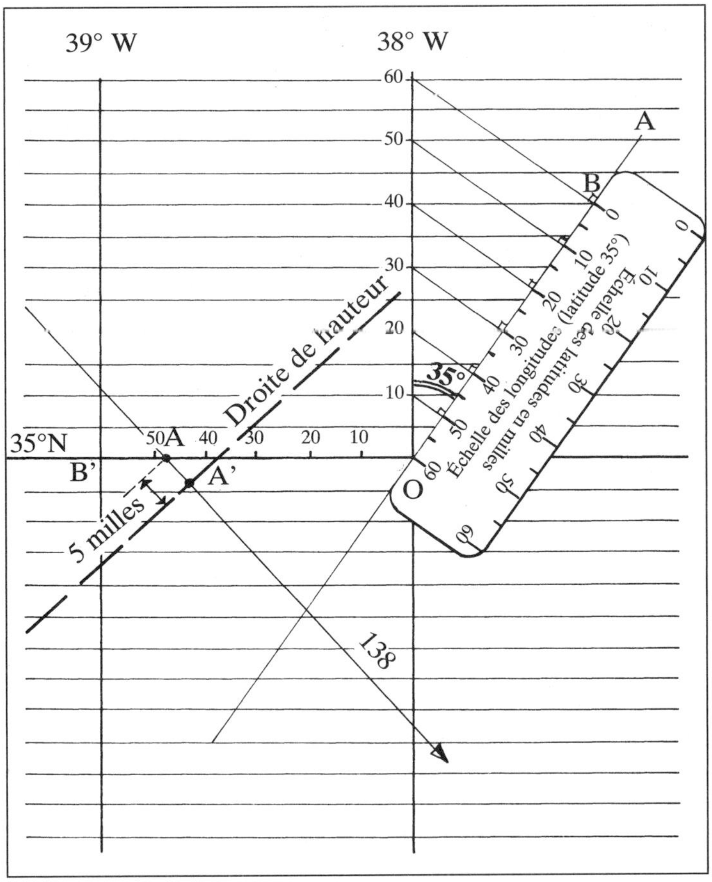

Figure 90. *Tracé des constructions de droite sur un cahier.*

Tracé des échelles

On prendra une fois pour toutes comme échelle des latitudes, donc des milles, un espace interligne = 5 milles ou minutes de latitude (fig. 90). On trace le parallèle correspondant à la latitude entière la plus proche du point estimé (ici, parallèle 35° nord, et, perpendiculairement, le méridien 38° si notre longitude estimée est entre 38 et 39°, par exemple ; sur ce méridien, les lignes du papier déterminent l'échelle des latitudes : deux espaces valent 10 milles ou minutes de latitude, etc.

L'échelle des longitudes, par contre, ne sera la même que si l'on est près de l'équateur ; plus au nord ou au sud, on l'obtient en faisant le tracé de. la fig. 90 : par O, on trace la droite OA inclinée de 35° (notre latitude) sur la verticale ; sur OA, on projette perpendiculairement les graduations, de 5 en 5 minutes, de l'échelle des latitudes : on obtient l'échelle des longitudes ; on reporte OB en OB', déterminant la position du méridien 39° W ; on peut faire ses tracés en prenant au compas à pointes sèches les latitudes et longitudes, ainsi que les distances (pour l'intercept) sur la bonne échelle à chaque fois, mais je préfère, si je vais naviguer deux ou trois jours dans une zone où la latitude varie lentement (ce qui est à peu près toujours le cas, l'échelle tracée pour 35° de latitude convenant, à une faible erreur près, pour des latitudes comprises, disons, entre 32° 30 et 37° 30) ; je préfère, donc, sur une petite bande de papier, porter d'un côté l'échelle des latitudes (toujours la même) et de l'autre l'échelle des longitudes (que je change tous les 5° à peu près, du moins entre 35° nord et sud) : une petite règle ainsi fabriquée me dure deux ou trois jours si je fonce vers le sud ou le nord, et parfois une traversée entière si je vais vers l'ouest.

Autres usages des tables

On a parlé de la possibilité de vérifier la déviation du compas en orientant un instant l'étrave du bateau vers le soleil s'il se couche dans un azimut proche du cap suivi, ou vers une étoile bien choisie, à l'azimut convenable et à la hauteur assez faible, 30 degrés par exemple ; hauteurs et azimuts nous sont donnés par les HO249, vol. 1 *Book of stars* (il faudra, bien sûr, tenir compte de la déclinaison magnétique du lieu).

On ne pense pas, souvent, que les éphémérides donnent aussi chaque année les marées de Brest (p. 436 à 439) pour chaque jour de l'année, ce qui permet de déterminer les marées des endroits où l'on se trouve. Et pour votre plaisir, les éphémérides donnent les dates, heures et régions de visibilité des éclipses de soleil ou de lune ; l'almanach anglais, plus détaillé encore, donne la carte des zones d'ombre, de pénombre, d'éclipse totale ou partielle de chaque phénomène.

EN CONCLUSION

LE PLUS BEAU PAYS DU MONDE

« Et le plus chouette coin que vous ayez rencontré ? » C'est ce que les gens finissent toujours par demander à un navigateur… Pour eux, un voyage est par essence fait pour finir par arriver quelque part, ça doit se terminer dans l'endroit idéal que l'on finira bien par découvrir…

Pour moi ? L'endroit idéal ? Je pourrais m'en tirer par une pirouette, vous répondre que si je l'avais trouvé je ne vous le dévoilerais pas.

Mais, à vrai dire, pour qu'un endroit me semble idéal, il faudrait qu'on y trouve :

– les eaux cristallines des Maldives et les boucles paisibles des fleuves lourds de l'Afrique ;

– les poissons multicolores des lagons de Micronésie et les petits piments verts des Antilles ;

– les pélicans des îlots du large, au Venezuela, et les petits oiseaux de l'océan qui viennent se reposer sur votre balcon arrière ;

– l'accueil chaleureux des insulaires de Sainte-Hélène et la solitude des Khors de la mer Rouge ;

– la beauté intime des petits ports grecs et la mégalomanie des baies grandioses, Hong Kong ou Rio de Janeiro ;

– l'accent des éclusières sur les bords du canal de la Robine, près de Narbonne, et celui des rastas blonds de Terre-de-Haut, aux Saintes ;

– les dunes de sable d'or, à perte de vue, de Fuerteventura, aux Canaries, et les forêts dégoulinantes de la baie de Cook, à Mooréa ;

– les vins du Sauternes et les pains frais du petit marché de Mindelo, îles du Cap-Vert ;

– la chaleur écrasante de la mer de Corail et les sommets enneigés de la Gaspésie ;

– les filles aux yeux clairs de Houadou Atoll, et les taches de rousseur de celles de Nouvelle-Zélande ;

– l'imagination des sculpteurs de Bali et la naïveté des peintres haïtiens ;

– les nuits endiablées du carnaval de Salvador et la douceur des nuits solitaires sous le vent des îles de la grande barrière de corail ;

– le fromage de brebis des bergers de Sardaigne et les pamplemousses géants de Polynésie ;

– la musique magique de la *Bahia* et le tonnerre de la houle de l'océan explosant sur le récif, au vent de l'atoll des Cocos Keeling ;

À cette liste, quelques années plus tard, je pourrais ajouter un nombre presque infini de lieux et de bonheurs, comme :

– les îlots aux formes parfaites des San Blas et les montagnes abruptes des « Sounds » de Nouvelle-Zélande ;

– les blocs de granit qui jaillissent des plages des Seychelles ou des îles Vierges britanniques, et les coraux multicolores des Maldives ou de l'île de Roatan au Honduras ;

– les pins colonnaires du sud de la Nouvelle-Calédonie et les arbres couchés par le vent de Saint-Pierre-et-Miquelon ou des îles de la Madeleine ;

– le « M'bula » sonore des Fidjiens qui partagent le *kava*, et les cris de joie presque inaudibles des dauphins venus jouer à l'étrave...

... et tant d'autres merveilles que je ne connais pas encore.

Alors, ne vous étonnez pas si, n'ayant pas trouvé l'endroit qui réunisse toutes ces douceurs (je doute d'ailleurs qu'il existe réellement !), eh bien, lorsque l'envie de l'une ou l'autre de ces richesses du monde le prend, le navigateur, logiquement, applique la méthode la plus satisfaisante, la seule qui lui permette de pouvoir considérer le monde comme son jardin, les habitants de la Terre entière comme ses voisins, souvent ses amis, et de faire tour à tour de chaque île, chaque ville, chaque mouillage son domicile...

... continuer à naviguer !
Alors... bons vents !

Mooréa, Polynésie française, 1980 ; Combronde, Puy-de-Dôme, 1981 ; Maria Farinha, Brésil, 1982 ; Petite-Terre ; Guadeloupe, 1982-1983 ; Îles San Blas, Panama, 2000-2001.

PLANCHES

Heure U.T.	SOLEIL AHvo	SOLEIL D	LUNE AHao	LUNE v	LUNE D	LUNE d	LUNE π
h	° ′	° ′	° ′	′	° ′	′	′
00	182 50,8	S 21 39,3	134 20,1	*11,5*	S 22 07,2	*2,4*	54,2
01	197 50,6	21 39,7	148 50,6	*11,6*	22 04,8	*2,4*	54,2
02	212 50,4	21 40,1	163 21,2	*11,6*	22 02,4	*2,6*	54,2
03	227 50,1	21 40,5	177 51,8	*11,6*	21 59,8	*2,7*	54,2
04	242 49,9	21 40,9	192 22,4	*11,7*	21 57,1	*2,7*	54,2
05	257 49,7	21 41,3	206 53,1	*11,7*	21 54,4	*2,9*	54,1
06	272 49,4	S 21 41,7	221 23,8	*11,7*	S 21 51,5	*2,9*	54,1
07	287 49,2	21 42,1	235 54,5	*11,7*	21 48,6	*3,1*	54,1
08	302 49,0	21 42,5	250 25,2	*11,8*	21 45,5	*3,2*	54,1
09	317 48,8	21 42,9	264 56,0	*11,8*	21 42,3	*3,2*	54,1
10	332 48,5	21 43,3	279 26,8	*11,9*	21 39,1	*3,4*	54,1
11	347 48,3	21 43,7	293 57,7	*11,8*	21 35,7	*3,4*	54,1
12	2 48,1	S 21 44,1	308 28,5	*11,9*	S 21 32,3	*3,6*	54,1
13	17 47,8	21 44,5	322 59,4	*12,0*	21 28,7	*3,7*	54,1
14	32 47,6	21 44,9	337 30,4	*11,9*	21 25,0	*3,7*	54,1
15	47 47,4	21 45,3	352 01,3	*12,0*	21 21,3	*3,9*	54,1
16	62 47,1	21 45,7	6 32,3	*12,1*	21 17,4	*3,9*	54,1
17	77 46,9	21 46,1	21 03,4	*12,0*	21 13,5	*4,0*	54,1
18	92 46,7	S 21 46,5	35 34,4	*12,1*	S 21 09,5	*4,2*	54,1
19	107 46,4	21 46,9	50 05,5	*12,2*	21 05,3	*4,2*	54,1
20	122 46,2	21 47,3	64 36,7	*12,1*	21 01,1	*4,3*	54,1
21	137 46,0	21 47,6	79 07,8	*12,2*	20 56,8	*4,5*	54,1
22	152 45,8	21 48,0	93 39,0	*12,3*	20 52,3	*4,5*	54,1
23	167 45,5	21 48,4	108 10,3	*12,2*	20 47,8	*4,6*	54,1
24	182 45,3	S 21 48,8	122 41,5	*12,3*	S 20 43,2	*4,7*	54,1
	½ Diam. = 16′,2	*d* = 0′,4	½ Diam. = 14′,8		Age = 4j,0		NL

Lever du Soleil: début de l'aube	Lever du Soleil: lever	Lever du Soleil: Z	LATITUDE	Lune: lever	Var p. 10° G	Lune: coucher	Var p. 10° G
h m	h m	°	°	h m	m	h m	m
9 08	S.S.H.	-	**70 N**	L.S.H.	-	L.S.H.	-
8 42	10 32	162	**68**	14 38	*0,4*	16 34	*3,2*
8 21	9 44	151	**66**	13 39	*0,2*	17 33	*2,5*
8 05	9 14	144	**64**	13 05	*0,5*	18 07	*2,2*
7 51	8 52	139	**62 N**	12 40	*0,6*	18 31	*2,1*
7 39	8 33	135	**60 N**	12 20	*0,7*	18 51	*2,0*
7 29	8 18	132	**58**	12 04	*0,8*	19 07	*1,9*
7 20	8 06	130	**56**	11 50	*0,9*	19 20	*1,8*
7 12	7 54	127	**54**	11 38	*0,9*	19 32	*1,8*
7 05	7 45	125	**52 N**	11 27	*1,0*	19 42	*1,7*
6 58	7 36	124	**50 N**	11 18	*1,0*	19 52	*1,7*
6 44	7 17	120	**45**	10 58	*1,1*	20 11	*1,6*
6 32	7 02	118	**40**	10 42	*1,1*	20 27	*1,6*
6 21	6 49	116	**35**	10 28	*1,1*	20 40	*1,5*
6 12	6 38	114	**30 N**	10 16	*1,2*	20 52	*1,5*
5 54	6 18	112	**20 N**	9 56	*1,2*	21 11	*1,4*
5 39	6 01	111	**10 N**	9 38	*1,3*	21 29	*1,4*
5 23	5 45	111	**0**	9 21	*1,3*	21 45	*1,3*
5 06	5 29	112	**10 S**	9 05	*1,4*	22 00	*1,2*
4 47	5 12	113	**20 S**	8 47	*1,4*	22 17	*1,2*
4 24	4 51	115	**30 S**	8 26	*1,5*	22 37	*1,1*
4 10	4 39	117	**35**	8 14	*1,5*	22 48	*1,1*
3 54	4 26	119	**40**	8 01	*1,5*	23 01	*1,0*
3 33	4 09	122	**45**	7 44	*1,6*	23 16	*1,0*
3 07	3 49	126	**50 S**	7 24	*1,6*	23 35	-
2 54	3 39	128	**52 S**	7 14	*1,7*	23 44	-
2 38	3 29	130	**54**	7 04	*1,7*	23 54	-
2 20	3 16	132	**56 S**	6 51	*1,7*	24 05	-

Heure U.T.	Point vernal AHso	VÉNUS AHao	VÉNUS D	MARS AHao	MARS D	JUPITER AHao	JUPITER D	SATURNE AHao	SATURNE D	Heure U.T.
h	° ′	° ′	° ′	° ′	° ′	° ′	° ′	° ′	° ′	h
00	69 10,2	136 58,9	S 24 15,5	234 03,8	S 5 01,9	5 00,1	N 20 23,5	14 16,2	N 17 10,0	**00**
01	84 12,6	151 58,2	24 15,0	249 04,9	5 02,4	20 02,9	20 23,4	29 18,8	17 10,0	**01**
02	99 15,1	166 57,4	24 14,6	264 05,9	5 03,0	35 05,7	20 23,3	44 21,5	17 09,9	**02**
03	114 17,6	181 56,7	24 14,2	279 07,0	5 03,6	50 08,6	20 23,3	59 24,2	17 09,9	**03**
04	129 20,0	196 55,9	24 13,7	294 08,1	5 04,2	65 11,4	20 23,2	74 26,8	17 09,9	**04**
05	144 22,5	211 55,2	24 13,3	309 09,1	5 04,8	80 14,2	20 23,2	89 29,5	17 09,8	**05**
06	159 25,0	226 54,5	S 24 12,9	324 10,2	S 5 05,4	95 17,0	N 20 23,1	104 32,2	N 17 09,8	**06**
07	174 27,4	241 53,7	24 12,4	339 11,2	5 05,9	110 19,9	20 23,1	119 34,8	17 09,7	**07**
08	189 29,9	256 53,0	24 12,0	354 12,3	5 06,5	125 22,7	20 23,0	134 37,5	17 09,7	**08**
09	204 32,4	271 52,3	24 11,5	9 13,4	5 07,1	140 25,5	20 23,0	149 40,2	17 09,7	**09**
10	219 34,8	286 51,5	24 11,1	24 14,4	5 07,7	155 28,3	20 22,9	164 42,8	17 09,6	**10**
11	234 37,3	301 50,8	24 10,7	39 15,5	5 08,3	170 31,2	20 22,9	179 45,5	17 09,6	**11**
12	249 39,7	316 50,0	S 24 10,2	54 16,5	S 5 08,8	185 34,0	N 20 22,8	194 48,2	N 17 09,5	**12**
13	264 42,2	331 49,3	24 09,8	69 17,6	5 09,4	200 36,8	20 22,8	209 50,8	17 09,5	**13**
14	279 44,7	346 48,6	24 09,3	84 18,7	5 10,0	215 39,6	20 22,7	224 53,5	17 09,5	**14**
15	294 47,1	1 47,8	24 08,9	99 19,7	5 10,6	230 42,4	20 22,7	239 56,2	17 09,4	**15**
16	309 49,6	16 47,1	24 08,4	114 20,8	5 11,2	245 45,3	20 22,6	254 58,8	17 09,4	**16**
17	324 52,1	31 46,4	24 08,0	129 21,8	5 11,8	260 48,1	20 22,5	270 01,5	17 09,3	**17**
18	339 54,5	46 45,6	S 24 07,5	144 22,9	S 5 12,3	275 50,9	N 20 22,5	285 04,2	N 17 09,3	**18**
19	354 57,0	61 44,9	24 07,1	159 24,0	5 12,9	290 53,7	20 22,4	300 06,8	17 09,3	**19**
20	9 59,5	76 44,2	24 06,6	174 25,0	5 13,5	305 56,6	20 22,4	315 09,5	17 09,2	**20**
21	25 01,9	91 43,4	24 06,1	189 26,1	5 14,1	320 59,4	20 22,3	330 12,2	17 09,2	**21**
22	40 04,4	106 42,7	24 05,7	204 27,1	5 14,7	336 02,2	20 22,3	345 14,8	17 09,1	**22**
23	55 06,9	121 42,0	24 05,2	219 28,2	5 15,2	351 05,0	20 22,2	0 17,5	17 09,1	**23**
24	70 09,3	136 41,3	S 24 04,8	234 29,3	S 5 15,8	6 07,8	N 20 22,2	15 20,1	N 17 09,1	**24**
		v = 0′,7	*d* = 0′,4	*v* = 1′,1	*d* = 0′,6	*v* = 2′,8	*d* = 0′,1	*v* = 2′,7	*d* = 0′,0	
		mag. = −4,0	π = 0′,1	mag. = +1,6	π = 0′,1	mag. = −2,7	π = 0′,0	mag. = −0,3	π = 0′,0	

PLANCHE 1. ÉPHÉMÉRIDES DU 30 NOVEMBRE 2000.

30m	Correction moyenne à l'angle horaire			v ou d	Correction
	Soleil Planètes	Point vernal	Lune		
s	° ′	° ′	° ′	′	′
00	7 30,0	7 31,2	7 09,5	0,0	0,0
01	7 30,3	7 31,5	7 09,7	0,3	0,2
02	7 30,5	7 31,7	7 10,0	0,6	0,3
03	7 30,8	7 32,0	7 10,2	0,9	0,5
04	7 31,0	7 32,2	7 10,5	1,2	0,6
05	7 31,3	7 32,5	7 10,7	1,5	0,8
06	7 31,5	7 32,7	7 10,9	1,8	0,9
07	7 31,8	7 33,0	7 11,2	2,1	1,1
08	7 32,0	7 33,2	7 11,4	2,4	1,2
09	7 32,3	7 33,5	7 11,6	2,7	1,4
10	7 32,5	7 33,7	7 11,9	3,0	1,5
11	7 32,8	7 34,0	7 12,1	3,3	1,7
12	7 33,0	7 34,2	7 12,4	3,6	1,8
13	7 33,3	7 34,5	7 12,6	3,9	2,0
14	7 33,5	7 34,7	7 12,8	4,2	2,1
15	7 33,8	7 35,0	7 13,1	4,5	2,3
16	7 34,0	7 35,2	7 13,3	4,8	2,4
17	7 34,3	7 35,5	7 13,6	5,1	2,6
18	7 34,5	7 35,7	7 13,8	5,4	2,7
19	7 34,8	7 36,0	7 14,0	5,7	2,9
20	7 35,0	7 36,2	7 14,3	6,0	3,1
21	7 35,3	7 36,5	7 14,5	6,3	3,2
22	7 35,5	7 36,7	7 14,7	6,6	3,4
23	7 35,8	7 37,0	7 15,0	6,9	3,5
24	7 36,0	7 37,2	7 15,2	7,2	3,7
25	7 36,3	7 37,5	7 15,5	7,5	3,8
26	7 36,5	7 37,7	7 15,7	7,8	4,0
27	7 36,8	7 38,0	7 15,9	8,1	4,1
28	7 37,0	7 38,3	7 16,2	8,4	4,3
29	7 37,3	7 38,5	7 16,4	8,7	4,4
30	7 37,5	7 38,8	7 16,7	9,0	4,6
31	7 37,8	7 39,0	7 16,9	9,3	4,7
32	7 38,0	7 39,3	7 17,1	9,6	4,9
33	7 38,3	7 39,5	7 17,4	9,9	5,0
34	7 38,5	7 39,8	7 17,6	10,2	5,2
35	7 38,8	7 40,0	7 17,9	10,5	5,3
36	7 39,0	7 40,3	7 18,1	10,8	5,5
37	7 39,3	7 40,5	7 18,3	11,1	5,6
38	7 39,5	7 40,8	7 18,6	11,4	5,8
39	7 39,8	7 41,0	7 18,8	11,7	5,9
40	7 40,0	7 41,3	7 19,0	12,0	6,1
41	7 40,3	7 41,5	7 19,3	12,3	6,3
42	7 40,5	7 41,8	7 19,5	12,6	6,4
43	7 40,8	7 42,0	7 19,8	12,9	6,6
44	7 41,0	7 42,3	7 20,0	13,2	6,7
45	7 41,3	7 42,5	7 20,2	13,5	6,9
46	7 41,5	7 42,8	7 20,5	13,8	7,0
47	7 41,8	7 43,0	7 20,7	14,1	7,2
48	7 42,0	7 43,3	7 21,0	14,4	7,3
49	7 42,3	7 43,5	7 21,2	14,7	7,5
50	7 42,5	7 43,8	7 21,4	15,0	7,6
51	7 42,8	7 44,0	7 21,7	15,3	7,8
52	7 43,0	7 44,3	7 21,9	15,6	7,9
53	7 43,3	7 44,5	7 22,1	15,9	8,1
54	7 43,5	7 44,8	7 22,4	16,2	8,2
55	7 43,8	7 45,0	7 22,6	16,5	8,4
56	7 44,0	7 45,3	7 22,9	16,8	8,5
57	7 44,3	7 45,5	7 23,1	17,1	8,7
58	7 44,5	7 45,8	7 23,3	17,4	8,8
59	7 44,8	7 46,0	7 23,6	17,7	9,0
60	7 45,0	7 46,3	7 23,8	18,0	9,2

31m	Correction moyenne à l'angle horaire			v ou d	Correction
	Soleil Planètes	Point vernal	Lune		
s	° ′	° ′	° ′	′	′
00	7 45,0	7 46,3	7 23,8	0,0	0,0
01	7 45,3	7 46,5	7 24,1	0,3	0,2
02	7 45,5	7 46,8	7 24,3	0,6	0,3
03	7 45,8	7 47,0	7 24,5	0,9	0,5
04	7 46,0	7 47,3	7 24,8	1,2	0,6
05	7 46,3	7 47,5	7 25,0	1,5	0,8
06	7 46,5	7 47,8	7 25,2	1,8	0,9
07	7 46,8	7 48,0	7 25,5	2,1	1,1
08	7 47,0	7 48,3	7 25,7	2,4	1,3
09	7 47,3	7 48,5	7 26,0	2,7	1,4
10	7 47,5	7 48,8	7 26,2	3,0	1,6
11	7 47,8	7 49,0	7 26,4	3,3	1,7
12	7 48,0	7 49,3	7 26,7	3,6	1,9
13	7 48,3	7 49,5	7 26,9	3,9	2,0
14	7 48,5	7 49,8	7 27,2	4,2	2,2
15	7 48,8	7 50,0	7 27,4	4,5	2,4
16	7 49,0	7 50,3	7 27,6	4,8	2,5
17	7 49,3	7 50,5	7 27,9	5,1	2,7
18	7 49,5	7 50,8	7 28,1	5,4	2,8
19	7 49,8	7 51,0	7 28,4	5,7	3,0
20	7 50,0	7 51,3	7 28,6	6,0	3,2
21	7 50,3	7 51,5	7 28,8	6,3	3,3
22	7 50,5	7 51,8	7 29,1	6,6	3,5
23	7 50,8	7 52,0	7 29,3	6,9	3,6
24	7 51,0	7 52,3	7 29,5	7,2	3,8
25	7 51,3	7 52,5	7 29,8	7,5	3,9
26	7 51,5	7 52,8	7 30,0	7,8	4,1
27	7 51,8	7 53,0	7 30,3	8,1	4,3
28	7 52,0	7 53,3	7 30,5	8,4	4,4
29	7 52,3	7 53,5	7 30,7	8,7	4,6
30	7 52,5	7 53,8	7 31,0	9,0	4,7
31	7 52,8	7 54,0	7 31,2	9,3	4,9
32	7 53,0	7 54,3	7 31,5	9,6	5,0
33	7 53,3	7 54,5	7 31,7	9,9	5,2
34	7 53,5	7 54,8	7 31,9	10,2	5,4
35	7 53,8	7 55,0	7 32,2	10,5	5,5
36	7 54,0	7 55,3	7 32,4	10,8	5,7
37	7 54,3	7 55,5	7 32,6	11,1	5,8
38	7 54,5	7 55,8	7 32,9	11,4	6,0
39	7 54,8	7 56,0	7 33,1	11,7	6,1
40	7 55,0	7 56,3	7 33,4	12,0	6,3
41	7 55,3	7 56,6	7 33,6	12,3	6,5
42	7 55,5	7 56,8	7 33,8	12,6	6,6
43	7 55,8	7 57,1	7 34,1	12,9	6,8
44	7 56,0	7 57,3	7 34,3	13,2	6,9
45	7 56,3	7 57,6	7 34,6	13,5	7,1
46	7 56,5	7 57,8	7 34,8	13,8	7,2
47	7 56,8	7 58,1	7 35,0	14,1	7,4
48	7 57,0	7 58,3	7 35,3	14,4	7,6
49	7 57,3	7 58,6	7 35,5	14,7	7,7
50	7 57,5	7 58,8	7 35,7	15,0	7,9
51	7 57,8	7 59,1	7 36,0	15,3	8,0
52	7 58,0	7 59,3	7 36,2	15,6	8,2
53	7 58,3	7 59,6	7 36,5	15,9	8,3
54	7 58,5	7 59,8	7 36,7	16,2	8,5
55	7 58,8	8 00,1	7 36,9	16,5	8,7
56	7 59,0	8 00,3	7 37,2	16,8	8,8
57	7 59,3	8 00,6	7 37,4	17,1	9,0
58	7 59,5	8 00,8	7 37,7	17,4	9,1
59	7 59,8	8 01,1	7 37,9	17,7	9,3
60	8 00,0	8 01,3	7 38,1	18,0	9,5

PLANCHE 2. TABLES D'INTERPOLATION GÉNÉRALES, page 31.

N. Lat. {LHA greater than 180°........ Zn=Z
LHA less than 180°............ Zn=360−Z

DECLINATION (15°-29°) CONTRARY NAME TO LATITUDE

LHA	15° Hc	15° d	15° Z	16° Hc	16° d	16° Z	17° Hc	17° d	17° Z	18° Hc	18° d	18° Z	19° Hc	19° d	19° Z
	° ′	′	°	° ′	′	°	° ′	′	°	° ′	′	°	° ′	′	°
69	07 46	38	115	07 08	39	115	06 29	38	116	05 51	38	117	05 13	39	118
68	08 31	39	115	07 52	38	116	07 14	39	117	06 35	39	117	05 56	39	118
67	09 15	39	116	08 36	39	117	07 57	39	117	07 18	39	118	06 39	39	119
66	09 59	39	116	09 20	39	117	08 41	39	118	08 02	40	119	07 22	39	119
65	10 43	−39	117	10 04	−40	118	09 24	−39	119	08 45	−40	119	08 05	−40	120
64	11 27	40	118	10 47	40	118	10 07	40	119	09 27	40	120	08 47	40	121
63	12 10	40	118	11 30	40	119	10 50	40	120	10 10	41	121	09 29	40	121
62	12 53	40	119	12 13	40	120	11 33	41	121	10 52	41	121	10 11	40	122
61	13 36	41	120	12 55	40	120	12 15	41	121	11 34	41	122	10 53	41	123
60	14 19	−41	120	13 38	−41	121	12 57	−42	122	12 15	−41	123	11 34	−41	123
59	15 01	41	121	14 20	42	122	13 38	41	123	12 57	42	123	12 15	42	124
58	15 43	42	122	15 01	41	122	14 20	42	123	13 38	42	124	12 56	43	125
57	16 25	42	122	15 43	42	123	15 01	43	124	14 18	42	125	13 36	43	125
56	17 06	42	123	16 24	43	124	15 41	42	125	14 59	43	125	14 16	43	126
55	17 47	−43	124	17 04	−43	125	16 21	−43	125	15 38	−43	126	14 55	−43	127
54	18 28	43	125	17 45	44	125	17 01	43	126	16 18	43	127	15 35	44	127
53	19 08	43	125	18 25	44	126	17 41	44	127	16 57	44	127	16 13	44	128
52	19 48	44	126	19 04	44	127	18 20	44	127	17 36	44	128	16 52	44	129
51	20 27	44	127	19 43	44	128	18 59	44	128	18 15	45	129	17 30	45	130
50	21 07	−45	128	20 22	−45	128	19 37	−44	129	18 53	−45	130	18 08	−45	130
49	21 45	44	128	21 01	46	129	20 15	45	130	19 30	45	130	18 45	46	131
48	22 24	45	129	21 39	46	130	20 53	46	131	20 07	45	131	19 22	46	132
47	23 02	46	130	22 16	46	131	21 30	46	131	20 44	46	132	19 58	46	133
46	23 39	46	131	22 53	46	131	22 07	46	132	21 21	47	133	20 34	47	133
45	24 16	−46	132	23 30	−47	132	22 43	−47	133	21 56	−47	134	21 09	−47	134
44	24 53	47	132	24 06	47	133	23 19	47	134	22 32	48	134	21 44	47	135
43	25 29	47	133	24 42	48	134	23 54	47	135	23 07	48	135	22 19	48	136
42	26 05	48	134	25 17	48	135	24 29	48	135	23 41	48	136	22 53	48	137
41	26 40	48	135	25 52	49	136	25 03	48	136	24 15	48	137	23 27	49	138
40	27 14	−48	136	26 26	−49	136	25 37	−49	137	24 48	−49	138	23 59	−49	138
39	27 48	49	137	26 59	49	137	26 10	49	138	25 21	49	139	24 32	50	139
38	28 22	49	138	27 33	50	138	26 43	49	139	25 54	50	139	25 04	50	140
37	28 55	50	138	28 05	50	139	27 15	50	140	26 25	50	140	25 35	50	141
36	29 27	50	139	28 37	50	140	27 47	51	141	26 56	50	141	26 06	51	142
35	29 59	−51	140	29 08	−50	141	28 18	−51	142	27 27	−51	142	26 36	−51	143
34	30 30	51	141	29 39	51	142	28 48	51	142	27 57	52	143	27 05	51	144
33	31 00	51	142	30 09	51	143	29 18	52	143	28 26	52	144	27 34	52	145
32	31 30	51	143	30 39	52	144	29 47	52	144	28 55	53	145	28 02	52	145
31	31 59	52	144	31 07	52	145	30 15	52	145	29 23	53	146	28 30	53	146
30	32 28	−53	145	31 35	−52	146	30 43	−53	146	29 50	−53	147	28 57	−53	147
29	32 56	53	146	32 03	53	147	31 10	54	147	30 16	53	148	29 23	53	148
28	33 23	54	147	32 29	53	148	31 36	54	148	30 42	53	149	29 49	54	149
27	33 49	54	148	32 55	53	149	32 02	54	149	31 08	55	150	30 13	54	150
26	34 15	54	149	33 21	55	150	32 26	54	150	31 32	55	151	30 37	54	151
25	34 39	−54	150	33 45	−55	151	32 50	−54	151	31 56	−55	152	31 01	−55	152
24	35 03	54	151	34 09	55	152	33 14	56	152	32 18	55	153	31 23	55	153
23	35 27	56	152	34 31	55	153	33 36	55	153	32 41	56	154	31 45	56	154
22	35 49	56	154	34 53	55	154	33 58	56	154	33 02	56	155	32 06	56	155
21	36 10	55	155	35 15	57	155	34 18	56	156	33 22	56	156	32 26	56	156
20	36 31	−56	156	35 35	−57	156	34 38	−56	157	33 42	−57	157	32 45	−56	157
19	36 51	57	157	35 54	56	157	34 58	57	158	34 01	57	158	33 04	57	158
18	37 10	57	158	36 13	57	158	35 16	57	159	34 19	57	159	33 22	58	160
17	37 28	58	159	36 30	57	160	35 33	57	160	34 36	58	160	33 38	57	161
16	37 45	58	160	36 47	57	161	35 50	58	161	34 52	58	161	33 54	58	162
15	38 01	−58	162	37 03	−58	162	36 05	−58	162	35 07	−58	163	34 09	−58	163
14	38 16	58	163	37 18	58	163	36 20	59	163	35 21	58	164	34 23	58	164
13	38 30	58	164	37 32	59	164	36 33	58	165	35 35	59	165	34 36	58	165
12	38 43	58	165	37 45	59	165	36 46	59	166	35 47	58	166	34 49	59	166
11	38 55	58	166	37 57	59	167	36 58	59	167	35 59	59	167	35 00	59	167
10	39 06	−59	168	38 07	−59	168	37 08	−59	168	36 09	−59	168	35 10	−59	168
9	39 17	60	169	38 17	59	169	37 18	59	169	36 19	59	169	35 20	60	170
8	39 26	60	170	38 26	59	170	37 27	59	170	36 28	60	171	35 28	59	171
7	39 34	60	171	38 34	59	171	37 35	60	172	36 35	59	172	35 36	60	172
6	39 41	60	173	38 41	60	173	37 41	59	173	36 42	60	173	35 42	60	173
5	39 47	−60	174	38 47	−60	174	37 47	−60	174	36 47	−59	174	35 48	−60	174
4	39 51	59	175	38 52	60	175	37 52	60	175	36 52	60	175	35 52	60	175
3	39 55	60	176	38 55	60	176	37 55	60	176	36 55	59	176	35 56	60	177
2	39 58	60	178	38 58	60	178	37 58	60	178	36 58	60	178	35 58	60	178
1	40 00	60	179	39 00	60	179	38 00	60	179	37 00	60	179	36 00	60	179
0	40 00	−60	180	39 00	−60	180	38 00	−60	180	37 00	−60	180	36 00	−60	180

LHA	20° Hc	20° d	20° Z	21° Hc	21° d	21° Z	22° Hc	22° d	22° Z	23° Hc	23° d	23° Z	24° Hc	24° d	24° Z
	° ′	′	°	° ′	′	°	° ′	′	°	° ′	′	°	° ′	′	°
69	04 34	38	118	03 56	39	119	03 17	38	120	02 39	39	121	02 00	39	121
68	05 17	38	119	04 39	39	120	04 00	39	120	03 21	39	121	02 42	39	122
67	06 00	39	120	05 21	39	120	04 42	39	121	04 03	40	122	03 23	39	123
66	06 43	40	120	06 03	39	121	05 24	40	122	04 44	39	122	04 05	40	123
65	07 25	−40	121	06 45	−39	122	06 06	−40	122	05 26	−40	123	04 46	−41	124
64	08 07	40	121	07 27	40	122	06 47	40	123	06 07	41	124	05 26	40	124
63	08 49	40	122	08 09	41	123	07 28	41	124	06 47	40	124	06 07	41	125
62	09 31	41	123	08 50	41	124	08 09	41	124	07 28	41	125	06 47	41	126
61	10 12	41	123	09 31	42	124	08 49	41	125	08 08	41	126	07 27	42	126
60	10 53	−42	124	10 11	−42	125	09 29	−41	126	08 48	−42	126	08 06	−42	127
59	11 33	42	125	10 51	42	125	10 09	42	126	09 27	42	127	08 45	42	128
58	12 13	42	125	11 31	42	126	10 49	43	127	10 06	42	128	09 24	43	128
57	12 53	42	126	12 11	43	127	11 28	43	128	10 45	43	128	10 02	43	129
56	13 33	43	127	12 50	43	128	12 07	43	128	11 24	44	129	10 40	43	130
55	14 12	−43	127	13 29	−44	128	12 45	−43	129	12 02	−44	130	11 18	−44	130
54	14 51	44	128	14 07	44	129	13 23	44	130	12 39	44	130	11 55	44	131
53	15 29	44	129	14 45	44	130	14 01	44	130	13 17	45	131	12 32	44	132
52	16 08	45	130	15 23	45	130	14 38	44	131	13 54	45	132	13 09	45	132
51	16 45	45	130	16 00	45	131	15 15	45	132	14 30	45	132	13 45	45	133
50	17 23	−46	131	16 37	−45	132	15 52	−46	132	15 06	−45	133	14 21	−46	134
49	17 59	45	132	17 14	46	133	16 28	46	133	15 42	46	134	14 56	46	135
48	18 36	46	133	17 50	46	133	17 04	47	134	16 17	46	135	15 31	47	135
47	19 12	47	133	18 25	46	134	17 39	47	135	16 52	47	135	16 05	47	136
46	19 47	47	134	19 00	47	135	18 13	47	135	17 26	47	136	16 39	47	137
45	20 22	−47	135	19 35	−47	136	18 48	−48	136	18 00	−47	137	17 13	−48	137
44	20 57	48	136	20 09	47	136	19 22	48	137	18 34	48	138	17 46	49	138
43	21 31	48	137	20 43	48	137	19 55	48	138	19 07	49	138	18 18	48	139
42	22 05	49	137	21 16	48	138	20 28	49	139	19 39	49	139	18 50	49	140
41	22 38	49	138	21 49	49	139	21 00	49	139	20 11	49	140	19 22	50	141
40	23 10	−49	139	22 21	−49	140	21 32	−50	140	20 42	−49	141	19 53	−50	141
39	23 42	49	140	22 53	50	140	22 03	50	141	21 13	50	142	20 23	50	142
38	24 14	50	141	23 24	50	141	22 34	51	142	21 43	50	142	20 53	51	143
37	24 45	51	142	23 54	50	142	23 04	51	143	22 13	51	143	21 22	51	144
36	25 15	51	142	24 24	51	143	23 33	51	144	22 42	51	144	21 51	52	145
35	25 45	−52	143	24 53	−51	144	24 02	−51	144	23 11	−52	145	22 19	−52	146
34	26 14	52	144	25 22	52	145	24 30	51	145	23 39	52	146	22 47	53	146
33	26 42	52	145	25 50	52	146	24 58	52	146	24 06	53	147	23 13	52	147
32	27 10	52	146	26 18	53	147	25 25	52	147	24 33	53	148	23 40	53	148
31	27 37	52	147	26 45	53	147	25 52	53	148	24 59	54	149	24 05	53	149
30	28 04	−53	148	27 11	−54	148	26 17	−53	149	25 24	−54	149	24 30	−53	150
29	28 30	54	149	27 36	54	149	26 42	53	150	25 49	54	150	24 55	54	151
28	28 55	54	150	28 01	54	150	27 07	54	151	26 13	55	151	25 18	54	152
27	29 19	54	151	28 25	55	151	27 30	54	152	26 36	55	152	25 41	54	153
26	29 43	55	152	28 48	55	152	27 53	54	153	26 59	55	153	26 04	55	154
25	30 06	−55	153	29 11	−55	153	28 16	−56	154	27 20	−55	154	26 25	−55	155
24	30 28	55	154	29 33	56	154	28 37	55	155	27 42	56	155	26 46	56	155
23	30 49	55	155	29 54	56	155	28 58	56	156	28 02	56	156	27 06	56	156
22	31 10	56	156	30 14	56	156	29 18	56	157	28 22	57	157	27 25	56	157
21	31 30	57	157	30 33	56	157	29 37	56	158	28 41	57	158	27 44	57	158
20	31 49	−57	158	30 52	−57	158	29 55	−56	159	28 59	−57	159	28 02	−57	159
19	32 07	57	159	31 10	57	159	30 13	57	160	29 16	57	160	28 19	57	160
18	32 24	57	160	31 27	57	160	30 30	58	161	29 32	57	161	28 35	58	161
17	32 41	58	161	31 43	57	161	30 46	58	162	29 48	58	162	28 50	57	162
16	32 56	57	162	31 59	58	162	31 01	58	163	30 03	58	163	29 05	58	163
15	33 11	−58	163	32 13	−58	163	31 15	−58	164	30 17	−58	164	29 19	−59	164
14	33 25	58	164	32 27	59	165	31 28	58	165	30 30	58	165	29 32	59	165
13	33 38	59	165	32 39	58	166	31 41	59	166	30 42	58	166	29 44	59	166
12	33 50	59	166	32 51	59	167	31 52	58	167	30 54	59	167	29 55	59	167
11	34 01	59	168	33 02	59	168	32 03	59	168	31 04	59	168	30 05	59	168
10	34 11	−59	169	33 12	−59	169	32 13	−59	169	31 14	−59	169	30 15	−60	169
9	34 20	59	170	33 21	59	170	32 22	59	170	31 23	60	170	30 23	59	171
8	34 29	60	171	33 29	59	171	32 30	60	171	31 30	59	171	30 31	60	172
7	34 36	60	172	33 36	59	172	32 37	60	172	31 37	59	172	30 38	60	173
6	34 42	59	173	33 43	60	173	32 43	60	173	31 43	59	174	30 44	60	174
5	34 48	−60	174	33 48	−60	174	32 48	−60	175	31 48	−59	175	30 49	−60	175
4	34 52	60	175	33 52	60	176	32 52	59	176	31 53	60	176	30 53	60	176
3	34 56	60	177	33 56	60	177	32 56	60	177	31 56	60	177	30 56	60	177
2	34 58	60	178	33 58	60	178	32 58	60	178	31 58	60	178	30 58	60	178
1	35 00	60	179	34 00	60	179	33 00	60	179	32 00	60	179	31 00	60	179
0	35 00	−60	180	34 00	−60	180	33 00	−60	180	32 00	−60	180	31 00	−60	180

LHA	25° Hc	25° d	25° Z	26° Hc	26° d	26° Z	27° Hc	27° d	27° Z	28° Hc	28° d	28° Z	29° Hc	29° d	29° Z	LHA
	° ′	′	°	° ′	′	°	° ′	′	°	° ′	′	°	° ′	′	°	
69	01 21	38	122	00 43	39	123	00 04	39	124	−0 35	38	124	−1 13	[illegible]	125	291
68	02 03	39	123	01 24	39	124	00 45	39	124	00 06	39	125	−0 33	[illegible]	126	292
67	02 44	39	123	02 05	40	124	01 25	39	125	00 46	40	126	00 06	[illegible]	126	293
66	03 25	40	124	02 45	40	125	02 05	39	125	01 26	40	126	[illegible]	[illegible]	127	294
65	04 05	−40	125	03 25	−40	125	02 45	−40	126	02 05	−40	127	[illegible]	[illegible]	128	295
64	04 46	41	125	04 05	40	126	03 25	41	127	02 44	40	127	[illegible]	[illegible]	[illegible]	[illegible]
63	05 26	41	126	04 45	41	127	04 04	41	127	03 23	41	128	02 42	[illegible]	[illegible]	[illegible]
62	06 06	42	126	05 24	41	127	04 43	41	128	04 02	42	129	03 20	41	[illegible]	[illegible]
61	06 45	42	127	06 03	41	128	05 22	42	129	04 40	42	129	03 58	41	[illegible]	299
60	07 24	−42	128	06 42	−42	128	06 00	−42	129	05 18	−42	130	04 36	−42	131	300
59	08 03	43	128	07 20	42	129	06 38	42	130	05 56	43	131	05 13	43	131	301
58	08 41	43	129	07 58	42	130	07 16	43	130	06 33	43	131	05 50	43	132	302
57	09 19	43	130	08 36	43	130	07 53	43	131	07 10	44	132	06 26	43	[illegible]	303
56	09 57	44	130	09 13	43	131	08 30	44	132	07 46	44	132	07 02	43	133	304
55	10 34	−44	131	09 50	−44	132	09 06	−44	132	08 22	−44	133	07 38	[illegible]	[illegible]	305
54	11 11	44	132	10 27	45	132	09 42	44	133	08 58	45	134	08 13	[illegible]	[illegible]	[illegible]
53	11 48	45	132	11 03	45	133	10 18	45	134	09 33	45	134	08 48	45	[illegible]	307
52	12 24	45	133	11 39	45	134	10 54	46	134	10 08	45	135	09 23	45	136	308
51	13 00	46	134	12 14	46	134	11 28	45	135	10 43	46	136	09 57	46	136	[illegible]
50	13 35	−46	134	12 49	−46	135	12 03	−46	136	11 17	−46	136	10 31	−46	137	[illegible]
49	14 10	47	135	13 23	46	136	12 37	46	136	11 51	47	137	11 04	47	138	311
48	14 44	46	136	13 58	47	137	13 11	47	137	12 24	47	138	11 37	47	138	312
47	15 18	47	137	14 31	47	137	13 44	47	138	12 57	48	139	12 09	47	139	313
46	15 52	48	137	15 04	47	138	14 17	48	139	13 29	48	139	12 41	48	140	314
45	16 25	−48	138	15 37	−48	139	14 49	−48	139	14 01	−48	140	13 13	−49	141	315
44	16 57	48	139	16 09	48	140	15 21	49	140	14 32	48	141	13 44	49	141	316
43	17 30	49	140	16 41	49	140	15 52	49	141	15 03	49	141	14 14	49	142	317
42	18 01	49	140	17 12	49	141	16 23	49	142	15 34	50	142	14 44	49	143	318
41	18 32	49	141	17 43	50	142	16 53	50	142	16 03	49	143	15 14	50	144	319
40	19 03	−50	142	18 13	−50	143	17 23	−50	143	16 33	−50	144	15 43	−51	144	320
39	19 33	51	143	18 42	50	143	17 52	50	144	17 02	51	145	16 11	51	145	321
38	20 02	50	144	19 12	51	144	18 21	51	145	17 30	51	145	16 39	51	146	322
37	20 31	51	144	19 40	51	145	18 49	51	146	17 58	52	146	17 06	51	147	323
36	20 59	51	145	20 08	52	146	19 16	51	146	18 25	52	147	17 33	52	147	324
35	21 27	−52	146	20 35	−52	147	19 43	−52	147	18 51	−52	148	17 59	−52	148	325
34	21 54	52	147	21 02	52	147	20 10	53	148	19 17	52	149	18 25	53	149	326
33	22 21	53	148	21 28	52	148	20 36	53	149	19 43	53	149	18 50	53	150	327
32	22 47	53	149	21 54	53	149	21 01	53	150	20 08	54	150	19 14	53	151	328
31	23 12	53	150	22 19	54	150	21 25	53	151	20 32	54	151	19 38	53	151	329
30	23 37	−54	150	22 43	−54	151	21 49	−54	151	20 55	−54	152	20 01	−54	152	330
29	24 01	54	151	23 07	55	152	22 12	54	152	21 18	54	153	20 24	54	153	331
28	24 24	54	152	23 30	55	153	22 35	54	153	21 41	55	154	20 46	55	154	332
27	24 47	55	153	23 52	55	154	22 57	55	154	22 02	55	154	21 07	55	155	333
26	25 09	56	154	24 13	55	154	23 18	55	155	22 23	55	155	21 28	56	156	334
25	25 30	−56	155	24 34	−55	155	23 39	−56	156	22 43	−55	156	21 48	−56	157	335
24	25 50	55	156	24 55	56	156	23 59	56	157	23 03	56	157	22 07	56	157	336
23	26 10	56	157	25 14	56	157	24 18	56	158	23 22	57	158	22 25	56	158	337
22	26 29	56	158	25 33	57	158	24 36	56	159	23 40	57	159	22 43	56	159	338
21	26 47	56	159	25 51	57	159	24 54	57	159	23 57	57	160	23 00	57	160	339
20	27 05	−57	160	26 08	−57	160	25 11	−57	160	24 14	−57	161	23 17	−58	161	340
19	27 22	58	161	26 24	57	161	25 27	57	161	24 30	58	162	23 32	57	162	341
18	27 37	57	162	26 40	58	162	25 42	57	162	24 45	58	163	23 47	58	163	342
17	27 53	58	163	26 55	58	163	25 57	58	163	24 59	58	164	24 01	58	164	343
16	28 07	58	164	27 09	58	164	26 11	58	164	25 13	58	164	24 15	58	165	344
15	28 20	−58	165	27 22	−58	165	26 24	−58	165	25 26	−59	165	24 27	−58	166	345
14	28 33	58	166	27 35	59	166	26 36	58	166	25 38	59	166	24 39	58	167	346
13	28 45	59	167	27 46	58	167	26 48	59	167	25 49	59	167	24 50	59	168	347
12	28 56	59	168	27 57	59	168	26 58	59	168	25 59	59	168	25 00	59	168	348
11	29 06	59	169	28 07	59	169	27 08	59	169	26 09	59	169	25 10	59	169	349
10	29 15	−59	170	28 16	−59	170	27 17	−59	170	26 18	−59	170	25 19	−60	170	350
9	29 24	59	171	28 25	60	171	27 25	59	171	26 26	60	171	25 26	59	171	351
8	29 31	59	172	28 32	60	172	27 32	59	172	26 33	60	172	25 33	59	172	352
7	29 38	59	173	28 39	60	173	27 39	60	173	26 39	59	173	25 40	60	173	353
6	29 44	60	174	28 44	59	174	27 45	60	174	26 45	60	174	25 45	60	174	354
5	29 49	−60	175	28 49	−60	175	27 49	−60	175	26 49	−59	175	25 50	−60	175	355
4	29 53	60	176	28 53	60	176	27 53	60	176	26 53	60	176	25 53	60	176	356
3	29 56	60	177	28 56	60	177	27 56	60	177	26 56	60	177	25 56	60	177	357
2	29 58	60	178	28 58	60	178	27 58	60	178	26 58	60	178	25 58	60	178	358
1	30 00	60	179	29 00	60	179	28 00	60	179	27 00	60	179	26 00	60	179	359
0	30 00	−60	180	29 00	−60	180	28 00	−60	180	27 00	−60	180	26 00	−60	180	360

S. Lat. {LHA greater than 180°........ Zn=180−Z
LHA less than 180°............ Zn=180+Z

DECLINATION (15°-29°) CONTRARY NAME TO LATITUDE

LAT 35°

PLANCHE 3. TABLES HO249, LAT. 35°, DÉCL. 15 À 29°, SIGNE CONTRAIRE À LA LAT.

d / '	1	2	3	4	5	6	7	8	9	10	11	12	13	14	15	16	17	18	19	20	21	22	23	24	25	26	27	28	29	30	31	32	33	34	35	36	37	38	39	40	41	42	43	44	45	46	47	48	49	50	51	52	53	54	55	56	57	58	59	60	d / '
0	0	0	0	0	0	0	0	0	0	0	0	0	0	0	0	0	0	0	0	0	0	0	0	0	0	0	0	0	0	0	0	0	0	0	0	0	0	0	0	0	0	0	0	0	0	0	0	0	0	0	0	0	0	0	0	0	0	0	0	0	0
1	0	0	0	0	0	0	0	0	0	0	0	0	0	0	0	0	0	0	0	0	0	0	0	0	0	0	0	0	0	0	1	1	1	1	1	1	1	1	1	1	1	1	1	1	1	1	1	1	1	1	1	1	1	1	1	1	1	1	1	1	1
2	0	0	0	0	0	0	0	0	0	0	0	0	0	0	0	1	1	1	1	1	1	1	1	1	1	1	1	1	1	1	1	1	1	1	1	1	1	1	1	1	1	1	1	1	2	2	2	2	2	2	2	2	2	2	2	2	2	2	2	2	2
3	0	0	0	0	0	0	0	0	0	0	1	1	1	1	1	1	1	1	1	1	1	1	1	1	1	1	1	1	1	2	2	2	2	2	2	2	2	2	2	2	2	2	2	2	2	2	2	2	2	2	3	3	3	3	3	3	3	3	3	3	3
4	0	0	0	0	0	0	0	1	1	1	1	1	1	1	1	1	1	1	1	1	1	1	2	2	2	2	2	2	2	2	2	2	2	2	2	2	2	3	3	3	3	3	3	3	3	3	3	3	3	3	3	3	4	4	4	4	4	4	4	4	4
5	0	0	0	0	0	0	1	1	1	1	1	1	1	1	1	1	1	2	2	2	2	2	2	2	2	2	2	2	2	2	3	3	3	3	3	3	3	3	3	3	3	4	4	4	4	4	4	4	4	4	4	4	4	4	5	5	5	5	5	5	5
6	0	0	0	0	0	1	1	1	1	1	1	1	1	1	2	2	2	2	2	2	2	2	2	2	2	3	3	3	3	3	3	3	3	3	4	4	4	4	4	4	4	4	4	4	4	5	5	5	5	5	5	5	5	5	6	6	6	6	6	6	6
7	0	0	0	0	1	1	1	1	1	1	1	1	2	2	2	2	2	2	2	2	2	3	3	3	3	3	3	3	3	4	4	4	4	4	4	4	4	4	5	5	5	5	5	5	5	5	5	6	6	6	6	6	6	6	6	7	7	7	7	7	7
8	0	0	0	1	1	1	1	1	1	1	1	2	2	2	2	2	2	2	3	3	3	3	3	3	3	3	4	4	4	4	4	4	4	5	5	5	5	5	5	5	5	6	6	6	6	6	6	6	7	7	7	7	7	7	7	7	8	8	8	8	8
9	0	0	0	1	1	1	1	1	1	2	2	2	2	2	2	2	3	3	3	3	3	3	3	4	4	4	4	4	4	4	5	5	5	5	5	5	6	6	6	6	6	6	6	7	7	7	7	7	7	8	8	8	8	8	8	8	9	9	9	9	9
10	0	0	0	1	1	1	1	1	2	2	2	2	2	2	2	3	3	3	3	3	4	4	4	4	4	4	4	5	5	5	5	5	6	6	6	6	6	6	6	7	7	7	7	7	8	8	8	8	8	8	8	9	9	9	9	9	10	10	10	10	10
11	0	0	1	1	1	1	1	1	2	2	2	2	2	3	3	3	3	3	3	4	4	4	4	4	5	5	5	5	5	6	6	6	6	6	6	7	7	7	7	7	8	8	8	8	8	8	9	9	9	9	9	10	10	10	10	10	10	11	11	11	11
12	0	0	1	1	1	1	1	2	2	2	2	2	3	3	3	3	3	4	4	4	4	4	5	5	5	5	5	6	6	6	6	6	7	7	7	7	7	8	8	8	8	8	9	9	9	9	9	10	10	10	10	10	11	11	11	11	11	12	12	12	12
13	0	0	1	1	1	1	2	2	2	2	2	3	3	3	3	3	4	4	4	4	5	5	5	5	5	6	6	6	6	6	7	7	7	7	8	8	8	8	8	9	9	9	9	10	10	10	10	10	11	11	11	11	11	12	12	12	12	13	13	13	13
14	0	0	1	1	1	1	2	2	2	2	3	3	3	3	4	4	4	4	4	5	5	5	5	6	6	6	6	7	7	7	7	7	8	8	8	8	9	9	9	9	10	10	10	10	10	11	11	11	11	12	12	12	12	13	13	13	13	14	14	14	14
15	0	0	1	1	1	2	2	2	2	2	3	3	3	4	4	4	4	4	5	5	5	6	6	6	6	6	7	7	7	8	8	8	8	8	9	9	9	10	10	10	10	10	11	11	11	12	12	12	12	12	13	13	13	14	14	14	14	14	15	15	15
16	0	1	1	1	1	2	2	2	2	3	3	3	3	4	4	4	5	5	5	5	6	6	6	6	7	7	7	7	8	8	8	9	9	9	9	10	10	10	10	11	11	11	11	12	12	12	13	13	13	13	14	14	14	14	15	15	15	15	16	16	16
17	0	1	1	1	1	2	2	2	3	3	3	3	4	4	4	5	5	5	5	6	6	6	7	7	7	7	8	8	8	8	9	9	9	10	10	10	10	11	11	11	12	12	12	12	13	13	13	14	14	14	14	15	15	15	16	16	16	16	17	17	17
18	0	1	1	1	2	2	2	2	3	3	3	4	4	4	4	5	5	5	6	6	6	7	7	7	8	8	8	8	9	9	9	10	10	10	10	11	11	11	12	12	12	13	13	13	14	14	14	14	15	15	15	16	16	16	16	17	17	17	18	18	18
19	0	1	1	1	2	2	2	3	3	3	3	4	4	4	5	5	5	6	6	6	7	7	7	8	8	8	9	9	9	10	10	10	10	11	11	11	12	12	12	13	13	13	14	14	14	15	15	15	16	16	16	16	17	17	17	18	18	18	19	19	19
20	0	1	1	1	2	2	2	3	3	3	4	4	4	5	5	5	6	6	6	7	7	7	8	8	8	9	9	9	10	10	10	11	11	11	12	12	12	13	13	13	14	14	14	15	15	15	16	16	16	17	17	17	18	18	18	19	19	19	20	20	20
21	0	1	1	1	2	2	2	3	3	4	4	4	5	5	5	6	6	6	7	7	7	8	8	8	9	9	9	10	10	10	11	11	12	12	12	13	13	13	14	14	14	15	15	15	16	16	16	17	17	18	18	18	19	19	19	20	20	20	21	21	21
22	0	1	1	1	2	2	3	3	3	4	4	4	5	5	6	6	6	7	7	7	8	8	8	9	9	10	10	10	11	11	11	12	12	12	13	13	14	14	14	15	15	15	16	16	16	17	17	18	18	18	19	19	19	20	20	21	21	21	22	22	22
23	0	1	1	2	2	2	3	3	3	4	4	5	5	5	6	6	7	7	7	8	8	8	9	9	10	10	10	11	11	12	12	12	13	13	13	14	14	15	15	15	16	16	16	17	17	18	18	18	19	19	20	20	20	21	21	21	22	22	23	23	23
24	0	1	1	2	2	2	3	3	4	4	4	5	5	6	6	6	7	7	8	8	8	9	9	10	10	10	11	11	12	12	12	13	13	14	14	14	15	15	16	16	16	17	17	18	18	18	19	19	20	20	20	21	21	22	22	22	23	23	24	24	24
25	0	1	1	2	2	2	3	3	4	4	5	5	5	6	6	7	7	8	8	8	9	9	10	10	10	11	11	12	12	12	13	13	14	14	15	15	15	16	16	17	17	18	18	18	19	19	20	20	20	21	21	22	22	22	23	23	24	24	25	25	25
26	0	1	1	2	2	3	3	3	4	4	5	5	6	6	6	7	7	8	8	9	9	10	10	10	11	11	12	12	13	13	13	14	14	15	15	16	16	16	17	17	18	18	19	19	20	20	20	21	21	22	22	23	23	23	24	24	25	25	26	26	26
27	0	1	1	2	2	3	3	4	4	4	5	5	6	6	7	7	8	8	9	9	9	10	10	11	11	12	12	13	13	14	14	14	15	15	16	16	17	17	18	18	18	19	19	20	20	21	21	22	22	22	23	23	24	24	25	25	26	26	27	27	27
28	0	1	1	2	2	3	3	4	4	5	5	6	6	7	7	7	8	8	9	9	10	10	11	11	12	12	13	13	14	14	14	15	15	16	16	17	17	18	18	19	19	20	20	21	21	21	22	22	23	23	24	24	25	25	26	26	27	27	28	28	28
29	0	1	1	2	2	3	3	4	4	5	5	6	6	7	7	8	8	9	9	10	10	11	11	12	12	13	13	14	14	14	15	15	16	16	17	17	18	18	19	19	20	20	21	21	22	22	23	23	24	24	25	25	26	26	27	27	28	28	29	29	29
30	0	1	2	2	2	3	4	4	4	5	6	6	6	7	8	8	8	9	10	10	10	11	12	12	12	13	14	14	14	15	16	16	16	17	18	18	18	19	20	20	20	21	22	22	22	23	24	24	24	25	26	26	26	27	28	28	28	29	30	30	30
31	1	1	2	2	3	3	4	4	5	5	6	6	7	7	8	8	9	9	10	10	11	11	12	12	13	13	14	14	15	16	16	17	17	18	18	19	19	20	20	21	21	22	22	23	23	24	24	25	25	26	26	27	27	28	28	29	29	30	30	31	31
32	1	1	2	2	3	3	4	4	5	5	6	6	7	7	8	9	9	10	10	11	11	12	12	13	13	14	14	15	15	16	17	17	18	18	19	19	20	20	21	21	22	22	23	23	24	25	25	26	26	27	27	28	28	29	29	30	30	31	31	32	32
33	1	1	2	2	3	3	4	4	5	6	6	7	7	8	8	9	9	10	10	11	12	12	13	13	14	14	15	15	16	16	17	18	18	19	19	20	20	21	21	22	23	23	24	24	25	25	26	26	27	28	28	29	29	30	30	31	31	32	32	33	33
34	1	1	2	2	3	3	4	5	5	6	6	7	7	8	8	9	10	10	11	11	12	12	13	14	14	15	15	16	16	17	18	18	19	19	20	20	21	22	22	23	23	24	24	25	26	26	27	27	28	28	29	29	30	31	31	32	32	33	33	34	34
35	1	1	2	2	3	4	4	5	5	6	6	7	8	8	9	9	10	10	11	12	12	13	13	14	15	15	16	16	17	18	18	19	19	20	20	21	22	22	23	23	24	24	25	26	26	27	27	28	29	29	30	30	31	32	32	33	33	34	34	35	35
36	1	1	2	2	3	4	4	5	5	6	7	7	8	8	9	10	10	11	11	12	13	13	14	14	15	16	16	17	17	18	19	19	20	20	21	22	22	23	23	24	25	25	26	26	27	28	28	29	29	30	31	31	32	32	33	34	34	35	35	36	36
37	1	1	2	2	3	4	4	5	6	6	7	7	8	9	9	10	10	11	12	12	13	14	14	15	15	16	17	17	18	18	19	20	20	21	22	22	23	23	24	25	25	26	27	27	28	28	29	30	30	31	31	32	33	33	34	35	35	36	36	37	37
38	1	1	2	3	3	4	4	5	6	6	7	8	8	9	10	10	11	11	12	13	13	14	15	15	16	16	17	18	18	19	20	20	21	22	22	23	23	24	25	25	26	27	27	28	28	29	30	30	31	32	32	33	34	34	35	35	36	37	37	38	38
39	1	1	2	3	3	4	5	5	6	6	7	8	8	9	10	10	11	12	12	13	14	14	15	16	16	17	18	18	19	20	20	21	21	22	23	23	24	25	25	26	27	27	28	29	29	30	31	31	32	32	33	34	34	35	36	36	37	38	38	39	39
40	1	1	2	3	3	4	5	5	6	7	7	8	9	9	10	11	11	12	13	13	14	15	15	16	17	17	18	19	19	20	21	21	22	23	23	24	25	25	26	27	27	28	29	29	30	31	31	32	33	33	34	35	35	36	37	37	38	39	39	40	40
41	1	1	2	3	3	4	5	5	6	7	8	8	9	10	10	11	12	12	13	14	14	15	16	16	17	18	18	19	20	20	21	22	23	23	24	25	25	26	27	27	28	29	29	30	31	31	32	33	33	34	35	36	36	37	38	38	39	40	40	41	41
42	1	1	2	3	4	4	5	6	6	7	8	8	9	10	10	11	12	13	13	14	15	15	16	17	18	18	19	20	20	21	22	22	23	24	24	25	26	27	27	28	29	29	30	31	32	32	33	34	34	35	36	36	37	38	38	39	40	41	41	42	42
43	1	1	2	3	4	4	5	6	6	7	8	9	9	10	11	11	12	13	14	14	15	16	16	17	18	19	19	20	21	22	22	23	24	24	25	26	27	27	28	29	29	30	31	32	32	33	34	34	35	36	37	37	38	39	39	40	41	42	42	43	43
44	1	1	2	3	4	4	5	6	7	7	8	9	10	10	11	12	12	13	14	15	15	16	17	18	18	19	20	21	21	22	23	23	24	25	26	26	27	28	29	29	30	31	32	32	33	34	34	35	36	37	37	38	39	40	40	41	42	43	43	44	44
45	1	2	2	3	4	4	5	6	7	8	8	9	10	10	11	12	13	14	14	15	16	16	17	18	19	20	20	21	22	22	23	24	25	26	26	27	28	28	29	30	31	32	32	33	34	34	35	36	37	38	38	39	40	40	41	42	43	44	44	45	45
46	1	2	2	3	4	5	5	6	7	8	8	9	10	11	12	12	13	14	15	15	16	17	18	18	19	20	21	21	22	23	24	25	25	26	27	28	28	29	30	31	31	32	33	34	34	35	36	37	38	38	39	40	41	41	42	43	44	44	45	46	46
47	1	2	2	3	4	5	5	6	7	8	9	9	10	11	12	13	13	14	15	16	16	17	18	19	20	20	21	22	23	24	24	25	26	27	27	28	29	30	31	31	32	33	34	34	35	36	37	38	38	39	40	41	42	42	43	44	45	45	46	47	47
48	1	2	2	3	4	5	6	6	7	8	9	10	10	11	12	13	14	14	15	16	17	18	18	19	20	21	22	22	23	24	25	26	26	27	28	29	30	30	31	32	33	34	34	35	36	37	38	38	39	40	41	42	42	43	44	45	46	46	47	48	48
49	1	2	2	3	4	5	6	7	7	8	9	10	11	11	12	13	14	15	16	16	17	18	19	20	20	21	22	23	24	24	25	26	27	28	29	29	30	31	32	33	33	34	35	36	37	38	38	39	40	41	42	42	43	44	45	46	47	47	48	49	49
50	1	2	2	3	4	5	6	7	8	8	9	10	11	12	12	13	14	15	16	17	18	18	19	20	21	22	22	23	24	25	26	27	28	28	29	30	31	32	32	33	34	35	36	37	38	38	39	40	41	42	42	43	44	45	46	47	48	48	49	50	50
51	1	2	3	3	4	5	6	7	8	8	9	10	11	12	13	14	14	15	16	17	18	19	20	20	21	22	23	24	25	26	26	27	28	29	30	31	31	32	33	34	35	36	37	37	38	39	40	41	42	42	43	44	45	46	47	48	48	49	50	51	51
52	1	2	3	3	4	5	6	7	8	9	10	10	11	12	13	14	15	16	16	17	18	19	20	21	22	23	23	24	25	26	27	28	29	29	30	31	32	33	34	35	36	36	37	38	39	40	41	42	42	43	44	45	46	47	48	49	49	50	51	52	52
53	1	2	3	4	4	5	6	7	8	9	10	11	11	12	13	14	15	16	17	18	19	19	20	21	22	23	24	25	26	26	27	28	29	30	31	32	33	34	34	35	36	37	38	39	40	41	42	42	43	44	45	46	47	48	49	49	50	51	52	53	53
54	1	2	3	4	4	5	6	7	8	9	10	11	12	13	14	14	15	16	17	18	19	20	21	22	22	23	24	25	26	27	28	29	30	31	32	32	33	34	35	36	37	38	39	40	40	41	42	43	44	45	46	47	48	49	50	50	51	52	53	54	54
55	1	2	3	4	5	6	6	7	8	9	10	11	12	13	14	15	16	16	17	18	19	20	21	22	23	24	25	26	27	28	28	29	30	31	32	33	34	35	36	37	38	38	39	40	41	42	43	44	45	46	47	48	49	50	50	51	52	53	54	55	55
56	1	2	3	4	5	6	7	7	8	9	10	11	12	13	14	15	16	17	18	19	20	21	21	22	23	24	25	26	27	28	29	30	31	32	33	34	35	35	36	37	38	39	40	41	42	43	44	45	46	47	48	49	49	50	51	52	53	54	55	56	56
57	1	2	3	4	5	6	7	8	9	10	10	11	12	13	14	15	16	17	18	19	20	21	22	23	24	25	26	27	28	28	29	30	31	32	33	34	35	36	37	38	39	40	41	42	43	44	45	46	47	48	48	49	50	51	52	53	54	55	56	57	57
58	1	2	3	4	5	6	7	8	9	10	11	12	13	14	14	15	16	17	18	19	20	21	22	23	24	25	26	27	28	29	30	31	32	33	34	35	36	37	38	39	40	41	42	43	44	44	45	46	47	48	49	50	51	52	53	54	55	56	57	58	58
59	1	2	3	4	5	6	7	8	9	10	11	12	13	14	15	16	17	18	19	20	21	22	23	24	25	26	27	28	29	30	30	31	32	33	34	35	36	37	38	39	40	41	42	43	44	45	46	47	48	49	50	51	52	53	54	55	56	57	58	59	59

PLANCHE 4. TABLES HO249, FEUILLE VOLANTE D'INTERPOLATION.

	4m				
	Correction moyenne à l'angle horaire			v ou d	Correction
	Soleil Planètes	Point vernal	Lune		
s	° ′	° ′	° ′	′	′
00	1 00,0	1 00,2	0 57,3	**0,0**	0,0
01	1 00,3	1 00,4	0 57,5	**0,3**	0,0
02	1 00,5	1 00,7	0 57,7	**0,6**	0,0
03	1 00,8	1 00,9	0 58,0	**0,9**	0,1
04	1 01,0	1 01,2	0 58,2	**1,2**	0,1
05	1 01,3	1 01,4	0 58,5	**1,5**	0,1
06	1 01,5	1 01,7	0 58,7	**1,8**	0,1
07	1 01,8	1 01,9	0 58,9	**2,1**	0,2
08	1 02,0	1 02,2	0 59,2	**2,4**	0,2
09	1 02,3	1 02,4	0 59,4	**2,7**	0,2
10	1 02,5	1 02,7	0 59,7	**3,0**	0,2
11	1 02,8	1 02,9	0 59,9	**3,3**	0,2
12	1 03,0	1 03,2	1 00,1	**3,6**	0,3
13	1 03,3	1 03,4	1 00,4	**3,9**	0,3
14	1 03,5	1 03,7	1 00,6	**4,2**	0,3
15	1 03,8	1 03,9	1 00,8	**4,5**	0,3
16	1 04,0	1 04,2	1 01,1	**4,8**	0,4
17	1 04,3	1 04,4	1 01,3	**5,1**	0,4
18	1 04,5	1 04,7	1 01,6	**5,4**	0,4
19	1 04,8	1 04,9	1 01,8	**5,7**	0,4
20	1 05,0	1 05,2	1 02,0	**6,0**	0,5
21	1 05,3	1 05,4	1 02,3	**6,3**	0,5
22	1 05,5	1 05,7	1 02,5	**6,6**	0,5
23	1 05,8	1 05,9	1 02,8	**6,9**	0,5
24	1 06,0	1 06,2	1 03,0	**7,2**	0,5
25	1 06,3	1 06,4	1 03,2	**7,5**	0,6
26	1 06,5	1 06,7	1 03,5	**7,8**	0,6
27	1 06,8	1 06,9	1 03,7	**8,1**	0,6
28	1 07,0	1 07,2	1 03,9	**8,4**	0,6
29	1 07,3	1 07,4	1 04,2	**8,7**	0,7
30	1 07,5	1 07,7	1 04,4	**9,0**	0,7
31	1 07,8	1 07,9	1 04,7	**9,3**	0,7
32	1 08,0	1 08,2	1 04,9	**9,6**	0,7
33	1 08,3	1 08,4	1 05,1	**9,9**	0,7
34	1 08,5	1 08,7	1 05,4	**10,2**	0,8
35	1 08,8	1 08,9	1 05,6	**10,5**	0,8
36	1 09,0	1 09,2	1 05,9	**10,8**	0,8
37	1 09,3	1 09,4	1 06,1	**11,1**	0,8
38	1 09,5	1 09,7	1 06,3	**11,4**	0,9
39	1 09,8	1 09,9	1 06,6	**11,7**	0,9
40	1 10,0	1 10,2	1 06,8	**12,0**	0,9
41	1 10,3	1 10,4	1 07,0	**12,3**	0,9
42	1 10,5	1 10,7	1 07,3	**12,6**	0,9
43	1 10,8	1 10,9	1 07,5	**12,9**	1,0
44	1 11,0	1 11,2	1 07,8	**13,2**	1,0
45	1 11,3	1 11,4	1 08,0	**13,5**	1,0
46	1 11,5	1 11,7	1 08,2	**13,8**	1,0
47	1 11,8	1 11,9	1 08,5	**14,1**	1,1
48	1 12,0	1 12,2	1 08,7	**14,4**	1,1
49	1 12,3	1 12,4	1 09,0	**14,7**	1,1
50	1 12,5	1 12,7	1 09,2	**15,0**	1,1
51	1 12,8	1 12,9	1 09,4	**15,3**	1,1
52	1 13,0	1 13,2	1 09,7	**15,6**	1,2
53	1 13,3	1 13,5	1 09,9	**15,9**	1,2
54	1 13,5	1 13,7	1 10,2	**16,2**	1,2
55	1 13,8	1 14,0	1 10,4	**16,5**	1,2
56	1 14,0	1 14,2	1 10,6	**16,8**	1,3
57	1 14,3	1 14,5	1 10,9	**17,1**	1,3
58	1 14,5	1 14,7	1 11,1	**17,4**	1,3
59	1 14,8	1 15,0	1 11,3	**17,7**	1,3
60	1 15,0	1 15,2	1 11,6	**18,0**	1,4

	5m				
	Correction moyenne à l'angle horaire			v ou d	Correction
	Soleil Planètes	Point vernal	Lune		
s	° ′	° ′	° ′	′	′
00	1 15,0	1 15,2	1 11,6	**0,0**	0,0
01	1 15,3	1 15,5	1 11,8	**0,3**	0,0
02	1 15,5	1 15,7	1 12,1	**0,6**	0,1
03	1 15,8	1 16,0	1 12,3	**0,9**	0,1
04	1 16,0	1 16,2	1 12,5	**1,2**	0,1
05	1 16,3	1 16,5	1 12,8	**1,5**	0,1
06	1 16,5	1 16,7	1 13,0	**1,8**	0,2
07	1 16,8	1 17,0	1 13,3	**2,1**	0,2
08	1 17,0	1 17,2	1 13,5	**2,4**	0,2
09	1 17,3	1 17,5	1 13,7	**2,7**	0,2
10	1 17,5	1 17,7	1 14,0	**3,0**	0,3
11	1 17,8	1 18,0	1 14,2	**3,3**	0,3
12	1 18,0	1 18,2	1 14,4	**3,6**	0,3
13	1 18,3	1 18,5	1 14,7	**3,9**	0,4
14	1 18,5	1 18,7	1 14,9	**4,2**	0,4
15	1 18,8	1 19,0	1 15,2	**4,5**	0,4
16	1 19,0	1 19,2	1 15,4	**4,8**	0,4
17	1 19,3	1 19,5	1 15,6	**5,1**	0,5
18	1 19,5	1 19,7	1 15,9	**5,4**	0,5
19	1 19,8	1 20,0	1 16,1	**5,7**	0,5
20	1 20,0	1 20,2	1 16,4	**6,0**	0,6
21	1 20,3	1 20,5	1 16,6	**6,3**	0,6
22	1 20,5	1 20,7	1 16,8	**6,6**	0,6
23	1 20,8	1 21,0	1 17,1	**6,9**	0,6
24	1 21,0	1 21,2	1 17,3	**7,2**	0,7
25	1 21,3	1 21,5	1 17,5	**7,5**	0,7
26	1 21,5	1 21,7	1 17,8	**7,8**	0,7
27	1 21,8	1 22,0	1 18,0	**8,1**	0,7
28	1 22,0	1 22,2	1 18,3	**8,4**	0,8
29	1 22,3	1 22,5	1 18,5	**8,7**	0,8
30	1 22,5	1 22,7	1 18,7	**9,0**	0,8
31	1 22,8	1 23,0	1 19,0	**9,3**	0,9
32	1 23,0	1 23,2	1 19,2	**9,6**	0,9
33	1 23,3	1 23,5	1 19,5	**9,9**	0,9
34	1 23,5	1 23,7	1 19,7	**10,2**	0,9
35	1 23,8	1 24,0	1 19,9	**10,5**	1,0
36	1 24,0	1 24,2	1 20,2	**10,8**	1,0
37	1 24,3	1 24,5	1 20,4	**11,1**	1,0
38	1 24,5	1 24,7	1 20,7	**11,4**	1,0
39	1 24,8	1 25,0	1 20,9	**11,7**	1,1
40	1 25,0	1 25,2	1 21,1	**12,0**	1,1
41	1 25,3	1 25,5	1 21,4	**12,3**	1,1
42	1 25,5	1 25,7	1 21,6	**12,6**	1,2
43	1 25,8	1 26,0	1 21,8	**12,9**	1,2
44	1 26,0	1 26,2	1 22,1	**13,2**	1,2
45	1 26,3	1 26,5	1 22,3	**13,5**	1,2
46	1 26,5	1 26,7	1 22,6	**13,8**	1,3
47	1 26,8	1 27,0	1 22,8	**14,1**	1,3
48	1 27,0	1 27,2	1 23,0	**14,4**	1,3
49	1 27,3	1 27,5	1 23,3	**14,7**	1,3
50	1 27,5	1 27,7	1 23,5	**15,0**	1,4
51	1 27,8	1 28,0	1 23,8	**15,3**	1,4
52	1 28,0	1 28,2	1 24,0	**15,6**	1,4
53	1 28,3	1 28,5	1 24,2	**15,9**	1,5
54	1 28,5	1 28,7	1 24,5	**16,2**	1,5
55	1 28,8	1 29,0	1 24,7	**16,5**	1,5
56	1 29,0	1 29,2	1 24,9	**16,8**	1,5
57	1 29,3	1 29,5	1 25,2	**17,1**	1,6
58	1 29,5	1 29,7	1 25,4	**17,4**	1,6
59	1 29,8	1 30,0	1 25,7	**17,7**	1,6
60	1 30,0	1 30,2	1 25,9	**18,0**	1,7

PLANCHE 5. TABLES D'INTERPOLATION GÉNÉRALE, PAGE 5 MINUTES.

LAT 33°N

LHA ♈	Hc	Zn	Hc	Zn	Hc	Zn	Hc	Zn	Hc	Zn	Hc	Zn	Hc	Zn
	◆VEGA		Alphecca		ARCTURUS		◆SPICA		REGULUS		◆POLLUX		Dubhe	
180	13 40	052	43 31	083	56 45	106	41 23	152	56 56	237	35 45	283	59 52	347
181	14 20	053	44 21	083	57 33	107	41 47	153	56 13	238	34 56	283	59 40	346
182	15 00	053	45 11	084	58 21	108	42 09	154	55 30	239	34 07	284	59 27	345
183	15 40	054	46 01	084	59 09	109	42 31	155	54 46	241	33 18	284	59 14	344
184	16 21	054	46 51	085	59 57	110	42 51	157	54 02	242	32 30	285	59 00	343
185	17 02	054	47 42	085	60 44	111	43 11	158	53 18	243	31 41	285	58 45	343
186	17 43	055	48 32	086	61 31	112	43 29	159	52 33	244	30 52	285	58 30	342
187	18 24	055	49 22	086	62 17	113	43 47	160	51 47	245	30 04	286	58 14	341
188	19 05	056	50 12	087	63 03	114	44 03	162	51 02	246	29 15	286	57 57	340
189	19 47	056	51 02	087	63 49	116	44 18	163	50 16	247	28 27	287	57 40	340
190	20 29	056	51 53	088	64 34	117	44 33	164	49 29	248	27 39	287	57 22	339
191	21 11	057	52 43	088	65 18	118	44 46	166	48 43	249	26 51	287	57 04	338
192	21 53	057	53 33	089	66 02	120	44 57	167	47 56	249	26 03	288	56 45	338
193	22 35	057	54 24	089	66 46	121	45 08	168	47 08	250	25 15	288	56 26	337
194	23 18	058	55 14	090	67 28	123	45 18	170	46 21	251	24 27	289	56 06	336
	◆Kochab		VEGA		Rasalhague		◆ANTARES		SPICA		◆REGULUS		Dubhe	
195	46 37	011	24 00	058	24 32	091	12 29	133	45 26	171	45 33	252	55 46	336
196	46 46	010	24 43	058	25 23	091	13 06	134	45 33	173	44 45	253	55 25	335
197	46 55	010	25 26	059	26 13	092	13 42	135	45 39	174	43 57	254	55 04	335
198	47 03	010	26 09	059	27 03	092	14 17	135	45 44	175	43 09	254	54 42	334
199	47 12	009	26 52	059	27 54	093	14 52	136	45 47	177	42 20	255	54 20	334
200	47 20	009	27 36	060	28 44	093	15 27	137	45 49	178	41 31	256	53 58	333
201	47 27	009	28 19	060	29 34	094	16 01	138	45 50	180	40 42	257	53 35	333
202	47 35	008	29 03	060	30 24	095	16 35	138	45 50	181	39 53	257	53 11	332
203	47 42	008	29 47	061	31 14	095	17 08	139	45 49	182	39 04	258	52 48	332
204	47 48	007	30 31	061	32 05	096	17 41	140	45 46	184	38 15	259	52 24	331
205	47 55	007	31 15	061	32 55	096	18 13	141	45 42	185	37 26	259	52 00	331
206	48 01	007	31 59	062	33 45	097	18 45	141	45 37	187	36 36	260	51 35	331
207	48 07	006	32 44	062	34 34	098	19 16	142	45 30	188	35 47	261	51 10	330
208	48 12	006	33 28	062	35 24	098	19 46	143	45 23	189	34 57	261	50 45	330
209	48 17	006	34 13	063	36 14	099	20 16	144	45 14	191	34 07	262	50 20	330
	◆Kochab		VEGA		Rasalhague		◆ANTARES		SPICA		◆REGULUS		Dubhe	
210	48 22	005	34 57	063	37 04	100	20 46	144	45 04	192	33 17	262	49 54	329
211	48 26	005	35 42	063	37 53	100	21 15	145	44 53	193	32 27	263	49 28	329
212	48 30	004	36 27	063	38 43	101	21 43	146	44 40	195	31 37	264	49 02	329
213	48 34	004	37 12	064	39 32	102	22 11	147	44 27	196	30 47	264	48 36	328
214	48 37	004	37 57	064	40 21	102	22 38	148	44 12	198	29 57	265	48 10	328
215	48 40	003	38 42	064	41 10	103	23 05	149	43 57	199	29 07	265	47 43	328
216	48 43	003	39 28	064	41 59	104	23 31	149	43 40	200	28 17	266	47 16	328
217	48 45	002	40 13	065	42 48	104	23 56	150	43 22	201	27 27	267	46 49	327
218	48 47	002	40 59	065	43 37	105	24 20	151	43 03	203	26 36	267	46 22	327
219	48 48	002	41 44	065	44 25	106	24 44	152	42 43	204	25 46	268	45 55	327
220	48 49	001	42 30	065	45 14	107	25 08	153	42 22	205	24 56	268	45 27	327
221	48 50	001	43 16	066	46 02	107	25 30	154	42 00	206	24 05	269	45 00	327
222	48 51	000	44 01	066	46 50	108	25 52	155	41 38	208	23 15	269	44 32	327
223	48 51	000	44 47	066	47 37	109	26 13	156	41 14	209	22 25	270	44 04	326
224	48 50	359	45 33	066	48 25	110	26 33	157	40 49	210	21 35	271	43 36	326
	DENEB		VEGA		◆ALTAIR		ANTARES		◆SPICA		Denebola		◆Dubhe	
225	25 46	051	46 19	066	19 18	092	26 53	158	40 23	211	43 04	259	43 09	326
226	26 25	051	47 06	067	20 08	092	27 12	158	39 57	212	42 15	259	42 40	326
227	27 05	052	47 52	067	20 58	093	27 30	159	39 30	213	41 26	260	42 12	326
228	27 44	052	48 38	067	21 49	094	27 47	160	39 01	215	40 36	261	41 44	326
229	28 24	052	49 24	067	22 39	094	28 03	161	38 32	216	39 46	261	41 16	326
230	29 04	053	50 11	067	23 29	095	28 19	162	38 03	217	38 56	262	40 48	326
231	29 44	053	50 57	067	24 19	095	28 34	163	37 32	218	38 07	263	40 19	326
232	30 24	053	51 44	067	25 09	096	28 48	164	37 01	219	37 17	263	39 51	326
233	31 04	053	52 30	068	25 59	096	29 01	165	36 29	220	36 27	264	39 23	326
234	31 45	054	53 17	068	26 49	097	29 14	166	35 57	221	35 37	264	38 54	326
235	32 25	054	54 03	068	27 39	098	29 25	167	35 23	222	34 46	265	38 26	326
236	33 06	054	54 50	068	28 29	098	29 36	168	34 49	223	33 56	266	37 58	326
237	33 47	054	55 36	068	29 19	099	29 45	169	34 15	224	33 06	266	37 29	326
238	34 28	054	56 23	068	30 08	099	29 54	170	33 40	225	32 16	267	37 01	326
239	35 09	055	57 10	068	30 58	100	30 02	171	33 04	226	31 26	267	36 32	326
	◆DENEB		ALTAIR		Nunki		◆ANTARES		SPICA		ARCTURUS		◆Alkaid	
240	35 50	055	31 47	101	17 32	139	30 09	172	32 28	227	62 55	246	60 34	314
241	36 31	055	32 37	101	18 04	140	30 16	173	31 51	228	62 09	247	59 57	313
242	37 12	055	33 26	102	18 36	141	30 21	174	31 13	228	61 23	248	59 21	313
243	37 54	055	34 15	103	19 08	142	30 25	175	30 35	229	60 36	249	58 43	312
244	38 35	056	35 04	103	19 39	142	30 29	177	29 57	230	59 49	250	58 06	312
245	39 17	056	35 53	104	20 09	143	30 32	178	29 18	231	59 01	251	57 29	312
246	39 58	056	36 42	105	20 39	144	30 33	179	28 39	232	58 13	252	56 51	311
247	40 40	056	37 30	105	21 08	145	30 34	180	27 59	233	57 25	253	56 13	311
248	41 22	056	38 19	106	21 37	146	30 34	181	27 19	233	56 37	254	55 35	311
249	42 03	056	39 07	107	22 05	146	30 33	182	26 38	234	55 48	255	54 57	310
250	42 45	056	39 55	108	22 33	147	30 31	183	25 57	235	55 00	256	54 18	310
251	43 27	057	40 43	108	23 00	148	30 28	184	25 16	236	54 11	257	53 40	310
252	44 09	057	41 31	109	23 26	149	30 24	185	24 34	237	53 22	257	53 01	310
253	44 51	057	42 18	110	23 51	150	30 20	186	23 52	237	52 33	258	52 22	310
254	45 33	057	43 05	111	24 16	151	30 14	187	23 09	238	51 43	259	51 44	310
	◆DENEB		ALTAIR		Nunki		◆ANTARES		ARCTURUS		◆Alkaid		Kochab	
255	46 15	057	43 52	112	24 41	152	30 07	188	50 54	260	51 05	309	45 51	348
256	46 58	057	44 39	113	25 04	152	30 00	189	50 04	260	50 26	309	45 40	348
257	47 40	057	45 25	113	25 27	153	29 52	190	49 14	261	49 47	309	45 29	347
258	48 22	057	46 11	114	25 49	154	29 43	191	48 25	262	49 08	309	45 18	347
259	49 04	057	46 57	115	26 11	155	29 33	192	47 35	263	48 29	309	45 06	347
260	49 46	057	47 42	116	26 31	156	29 22	193	46 45	263	47 50	309	44 55	346
261	50 29	057	48 27	117	26 51	157	29 10	194	45 55	264	47 11	309	44 43	346
262	51 11	057	49 12	118	27 11	158	28 57	195	45 05	264	46 32	309	44 31	346
263	51 53	057	49 56	119	27 29	159	28 44	196	44 15	265	45 52	309	44 19	346
264	52 35	057	50 40	120	27 47	160	28 30	197	43 25	266	45 13	309	44 06	345
265	53 17	057	51 23	121	28 04	161	28 15	198	42 34	266	44 34	309	43 53	345
266	53 59	057	52 06	122	28 20	162	27 59	199	41 44	267	43 55	309	43 40	345
267	54 42	057	52 48	123	28 35	163	27 42	200	40 54	267	43 16	309	43 27	345
268	55 24	057	53 30	125	28 49	164	27 24	201	40 04	268	42 37	309	43 14	345
269	56 06	056	54 11	126	29 03	165	27 06	202	39 13	269	41 58	309	43 00	344

LAT 33°N

LHA ♈	Hc	Zn	Hc	Zn	Hc	Zn	Hc	Zn	Hc	Zn	Hc	Zn	Hc	Zn
	◆DENEB		ALTAIR		◆Nunki		ANTARES		ARCTURUS		◆Alkaid		Kochab	
270	56 47	056	54 51	127	29 16	166	26 47	203	38 23	269	41 19	309	42 47	344
271	57 29	056	55 31	128	29 28	167	26 27	204	37 33	270	40 40	309	42 33	344
272	58 11	056	56 10	130	29 39	168	26 07	205	36 42	270	40 01	309	42 19	344
273	58 53	056	56 48	131	29 49	169	25 45	205	35 52	271	39 22	310	42 05	344
274	59 34	055	57 26	132	29 58	170	25 23	206	35 02	271	38 44	310	41 50	343
275	60 16	055	58 03	134	30 07	171	25 01	207	34 11	272	38 05	310	41 36	343
276	60 57	055	58 38	135	30 14	172	24 37	208	33 21	272	37 26	310	41 21	343
277	61 38	055	59 13	137	30 21	173	24 13	209	32 31	273	36 48	310	41 07	343
278	62 19	054	59 47	139	30 27	174	23 48	210	31 41	273	36 09	310	40 52	343
279	62 59	054	60 20	140	30 32	175	23 23	211	30 50	274	35 31	310	40 37	343
280	63 40	053	60 51	142	30 36	176	22 57	212	30 00	274	34 53	311	40 22	342
281	64 20	053	61 22	144	30 39	177	22 30	212	29 10	275	34 14	311	40 06	342
282	65 00	052	61 51	145	30 41	178	22 03	213	28 20	275	33 36	311	39 51	342
283	65 40	052	62 19	147	30 42	179	21 35	214	27 30	276	32 58	311	39 36	342
284	66 19	051	62 45	149	30 42	180	21 06	215	26 40	276	32 20	311	39 20	342
	◆Alpheratz		Enif		ALTAIR		◆ANTARES		ARCTURUS		◆Alkaid		Kochab	
285	25 22	071	45 46	112	63 10	151	20 37	216	25 50	277	31 42	311	39 04	342
286	26 10	071	46 33	113	63 34	153	20 08	217	25 00	277	31 05	312	38 49	342
287	26 57	071	47 19	114	63 55	155	19 37	217	24 10	278	30 27	312	38 33	342
288	27 45	072	48 05	115	64 16	157	19 07	218	23 20	278	29 50	312	38 17	342
289	28 33	072	48 50	116	64 34	160	18 35	219	22 31	279	29 13	312	38 01	341
290	29 21	073	49 36	117	64 51	162	18 03	220	21 41	279	28 35	313	37 45	341
291	30 09	073	50 20	118	65 05	164	17 31	220	20 51	280	27 58	313	37 29	341
292	30 57	073	51 05	119	65 18	166	16 58	221	20 02	280	27 21	313	37 13	341
293	31 45	074	51 49	120	65 29	169	16 25	222	19 12	281	26 45	313	36 57	341
294	32 34	074	52 32	121	65 38	171	15 51	223	18 23	281	26 08	314	36 40	341
295	33 22	075	53 15	122	65 44	174	15 17	223	17 34	282	25 32	314	36 24	341
296	34 11	075	53 58	123	65 49	176	14 42	224	16 44	282	24 56	314	36 08	341
297	34 59	075	54 40	124	65 52	178	14 07	225	15 55	283	24 19	314	35 52	341
298	35 48	076	55 21	125	65 52	181	13 31	225	15 06	283	23 44	315	35 35	341
299	36 37	076	56 02	127	65 50	183	12 55	226	14 17	284	23 08	315	35 19	341
	◆Mirfak		Alpheratz		◆FOMALHAUT		ALTAIR		Rasalhague		◆Alphecca		Kochab	
300	12 49	038	37 26	077	14 34	141	65 46	186	51 07	247	33 04	283	35 03	341
301	13 20	038	38 15	077	15 06	142	65 41	188	50 21	248	32 15	283	34 46	341
302	13 52	039	39 04	077	15 37	142	65 33	190	49 34	249	31 26	283	34 30	341
303	14 24	039	39 53	078	16 07	143	65 23	193	48 47	250	30 37	284	34 13	341
304	14 56	040	40 42	078	16 37	144	65 11	195	48 00	251	29 48	284	33 57	341
305	15 28	040	41 31	079	17 06	145	64 57	197	47 12	251	28 59	285	33 41	341
306	16 00	040	42 21	079	17 35	145	64 41	199	46 24	252	28 11	285	33 24	341
307	16 33	041	43 10	079	18 03	146	64 23	202	45 36	253	27 22	286	33 08	341
308	17 06	041	44 00	080	18 31	147	64 04	204	44 48	254	26 34	286	32 52	341
309	17 39	041	44 49	080	18 58	148	63 42	206	44 00	255	25 46	286	32 35	341
310	18 12	042	45 39	081	19 24	149	63 20	208	43 11	255	24 57	287	32 19	341
311	18 46	042	46 28	081	19 50	149	62 55	210	42 22	256	24 09	287	32 03	341
312	19 20	042	47 18	081	20 16	150	62 29	212	41 33	257	23 21	288	31 47	341
313	19 54	043	48 08	082	20 40	151	62 02	214	40 44	257	22 33	288	31 31	341
314	20 28	043	48 58	082	21 04	152	61 33	216	39 55	258	21 46	289	31 15	341
	◆Mirfak		Hamal		Diphda		◆FOMALHAUT		ALTAIR		◆VEGA		Kochab	
315	21 03	043	23 07	076	16 12	125	21 28	153	61 03	217	60 39	292	30 58	341
316	21 37	044	23 56	077	16 53	126	21 50	154	60 32	219	59 52	292	30 43	342
317	22 12	044	24 45	077	17 34	126	22 13	154	60 00	22[illegible]	59 05	292	30 27	342
318	22 47	044	25 34	078	18 14	127	22 34	155	59 27	222	58 19	292	30 11	342
319	23 22	045	26 23	078	18 54	128	22 55	156	58 52	224	57 32	292	29 55	342
320	23 58	045	27 12	078	19 34	128	23 15	157	58 17	225	56 45	292	29 39	342
321	24 33	045	28 02	079	20 13	129	23 34	158	57 40	227	55 58	292	29 24	342
322	25 09	045	28 51	079	20 52	130	23 53	159	57 03	228	55 12	292	29 08	342
323	25 45	046	29 41	080	21 30	131	24 11	160	56 25	230	54 25	292	28 53	342
324	26 21	046	30 30	080	22 08	131	24 28	161	55 46	231	53 38	292	28 37	342
325	26 57	046	31 20	081	22 46	132	24 44	161	55 07	232	52 52	292	28 22	342
326	27 34	046	32 10	081	23 23	133	25 00	162	54 27	234	52 05	292	28 07	342
327	28 10	047	32 59	082	24 00	134	25 15	163	53 46	235	51 19	293	27 52	343
328	28 47	047	33 49	082	24 36	135	25 29	164	53 04	236	50 32	293	27 37	343
329	29 24	047	34 39	083	25 11	135	25 42	165	52 22	237	49 46	293	27 22	343
	◆Mirfak		Hamal		Diphda		◆FOMALHAUT		ALTAIR		◆VEGA		Kochab	
330	30 01	047	35 29	083	25 46	136	25 54	166	51 40	238	49 00	293	27 07	343
331	30 38	048	36 19	084	26 21	137	26 06	167	50 57	239	48 13	293	26 52	343
332	31 15	048	37 09	084	26 55	138	26 17	168	50 13	240	47 27	293	26 38	343
333	31 52	048	37 59	085	27 28	139	26 27	169	49 29	242	46 41	294	26 23	343
334	32 30	048	38 49	085	28 01	140	26 36	170	48 45	243	45 55	294	26 09	344
335	33 07	048	39 39	086	28 33	141	26 45	171	48 00	243	45 09	294	25 55	344
336	33 45	049	40 30	086	29 05	141	26 52	172	47 15	244	44 23	294	25 41	344
337	34 23	049	41 20	086	29 36	142	26 59	173	46 29	245	43 37	294	25 27	344
338	35 01	049	42 10	087	30 06	143	27 05	174	45 43	246	42 51	295	25 13	344
339	35 38	049	43 00	088	30 36	144	27 10	175	44 57	247	42 06	295	24 59	344
340	36 17	049	43 51	088	31 05	145	27 14	176	44 10	248	41 20	295	24 46	345
341	36 55	049	44 41	089	31 33	146	27 18	177	43 24	249	40 34	295	24 32	345
342	37 33	049	45 31	089	32 01	147	27 20	178	42 36	250	39 49	296	24 19	345
343	38 11	050	46 21	090	32 28	148	27 22	179	41 49	250	39 04	296	24 06	345
344	38 49	050	47 12	090	32 54	149	27 23	180	41 02	251	38 18	296	23 53	345
	◆CAPELLA		ALDEBARAN		Diphda		◆FOMALHAUT		ALTAIR		◆VEGA		Kochab	
345	20 27	048	13 50	079	33 20	150	27 23	181	40 14	252	37 33	296	23 40	345
346	21 04	048	14 39	080	33 44	151	27 22	182	39 26	253	36 48	297	23 28	346
347	21 42	048	15 29	080	34 08	152	27 20	183	38 38	254	36 03	297	23 15	346
348	22 19	049	16 19	081	34 31	153	27 17	184	37 49	254	35 18	297	23 03	346
349	22 57	049	17 08	081	34 53	154	27 14	184	37 01	255	34 34	297	22 51	346
350	23 35	049	17 58	082	35 15	155	27 09	185	36 12	256	33 49	298	22 39	346
351	24 14	050	18 48	082	35 35	157	27 04	186	35 23	256	33 04	298	22 27	347
352	24 52	050	19 38	083	35 55	158	26 58	187	34 34	257	32 20	298	22 16	347
353	25 31	050	20 28	083	36 13	159	26 51	188	33 45	258	31 36	299	22 04	347
354	26 09	050	21 18	084	36 31	160	26 43	189	32 56	258	30 52	299	21 53	347
355	26 48	051	22 08	084	36 48	161	26 35	190	32 07	259	30 08	299	21 42	347
356	27 27	051	22 58	085	37 04	162	26 25	191	31 17	260	29 24	299	21 31	348
357	28 06	051	23 48	085	37 19	163	26 15	192	30 28	260	28 40	300	21 21	348
358	28 46	052	24 38	086	37 33	164	26 04	193	29 38	261	27 56	300	21 10	348
359	29 25	052	25 28	086	37 46	166	25 52	194	28 48	262	27 13	300	21 00	348

PLANCHE 6. HO249 *BOOK OF STARS*, PAGE 33°N.

TABLE 5 — CORRECTION FOR PRECESSION AND NUTATION

LHA ♈	North latitudes								South latitudes							LHA ♈
	N 89°	N 80°	N 70°	N 60°	N 50°	N 40°	N 20°	0°	S 20°	S 40°	S 50°	S 60°	S 70°	S 80°	S 89°	
								2001								
°	′ °	′ °	′ °	′ °	′ °	′ °	′ °	′ °	′ °	′ °	′ °	′ °	′ °	′ °	′ °	°
0	0 —	0 —	1 040	1 050	1 060	1 060	1 070	1 070	1 060	1 060	1 060	1 050	0 —	0 —	0 —	0
30	0 —	0 —	1 060	1 060	1 070	1 070	1 070	1 070	1 070	1 060	1 050	0 —	0 —	0 —	0 —	30
60	0 —	1 070	1 070	1 080	1 080	1 080	1 080	1 080	1 080	0 —	0 —	0 —	0 —	0 —	0 —	60
90	0 —	1 090	1 090	1 090	1 090	1 090	1 090	1 090	1 090	0 —	0 —	0 —	0 —	0 —	0 —	90
120	0 —	1 110	1 110	1 110	1 100	1 100	1 100	1 100	1 110	1 110	0 —	0 —	0 —	0 —	0 —	120
150	0 —	0 —	1 130	1 120	1 120	1 110	1 110	1 110	1 110	1 120	1 130	0 —	0 —	0 —	0 —	150
180	0 —	0 —	0 —	1 130	1 120	1 120	1 120	1 110	1 110	1 120	1 120	1 130	1 140	0 —	0 —	180
210	0 —	0 —	0 —	0 —	1 130	1 120	1 110	1 110	1 110	1 110	1 110	1 120	1 120	0 —	0 —	210
240	0 —	0 —	0 —	0 —	0 —	0 —	1 100	1 100	1 100	1 100	1 100	1 100	1 110	1 110	0 —	240
270	0 —	0 —	0 —	0 —	0 —	0 —	1 090	1 090	1 090	1 090	1 090	1 090	1 090	1 090	0 —	270
300	0 —	0 —	0 —	0 —	0 —	1 070	1 070	1 080	1 080	1 080	1 080	1 070	1 070	1 070	0 —	300
330	0 —	0 —	0 —	0 —	1 050	1 060	1 070	1 070	1 070	1 070	1 060	1 060	1 050	0 —	0 —	330
360	0 —	0 —	1 040	1 050	1 060	1 060	1 070	1 070	1 060	1 060	1 060	1 050	0 —	0 —	0 —	360
								2002								
0	1 000	1 020	1 040	1 050	1 060	1 060	2 070	2 070	2 070	1 060	1 060	1 050	1 040	1 020	1 000	0
30	1 030	1 040	1 050	1 060	1 060	2 070	2 070	2 070	2 070	1 060	1 050	1 040	1 020	1 000	1 330	30
60	1 060	1 070	1 070	1 070	2 080	2 080	2 080	2 080	1 070	1 070	1 060	0 —	0 —	1 320	1 300	60
90	1 090	1 090	1 090	1 090	2 090	2 090	2 090	2 090	1 090	1 090	1 090	0 —	0 —	0 —	1 270	90
120	1 120	1 110	1 110	1 100	2 100	2 100	2 100	2 100	1 100	1 110	1 120	0 —	0 —	0 —	1 240	120
150	1 150	1 130	1 120	1 120	2 110	2 110	2 110	2 110	2 110	1 120	1 130	1 140	1 160	1 190	1 210	150
180	1 180	1 160	1 140	1 130	1 120	1 120	2 110	2 110	2 110	1 120	1 120	1 130	1 140	1 160	1 180	180
210	1 210	1 180	1 160	1 140	1 130	1 120	2 110	2 110	2 110	2 110	1 120	1 120	1 130	1 140	1 150	210
240	1 240	1 220	0 —	0 —	1 120	1 110	1 110	2 100	2 100	2 100	2 100	1 110	1 110	1 110	1 120	240
270	1 270	0 —	0 —	0 —	1 090	1 090	1 090	2 090	2 090	2 090	2 090	1 090	1 090	1 090	1 090	270
300	1 300	0 —	0 —	0 —	1 060	1 070	1 080	2 080	2 080	2 080	2 080	1 080	1 070	1 070	1 060	300
330	1 330	1 350	1 020	1 040	1 050	1 060	2 070	2 070	2 070	2 070	2 070	1 060	1 060	1 050	1 030	330
360	1 000	1 020	1 040	1 050	1 060	1 060	2 070	2 070	2 070	1 060	1 060	1 050	1 040	1 020	1 000	360

PLANCHE 7. HO249 *BOOK OF STARS*, TABLE 5 : CORRECTION FINALE POUR ANNÉES SUIVANTES.

VENDREDI 1 DÉCEMBRE 2000

Heure U.T.	SOLEIL AHvo		SOLEIL D	LUNE AHao	LUNE v		LUNE D	LUNE d	LUNE π
h	° ′		° ′	° ′	′		° ′	′	′
00	182 45,3	S	21 48,8	122 41,5	*12,3*	S	20 43,2	*4,7*	54,1
01	197 45,0		21 49,2	137 12,8	*12,4*		20 38,5	*4,8*	54,1
02	212 44,8		21 49,6	151 44,2	*12,3*		20 33,7	*4,9*	54,1
03	227 44,6		21 50,0	166 15,5	*12,4*		20 28,8	*5,0*	54,1
04	242 44,3		21 50,4	180 46,9	*12,5*		20 23,8	*5,0*	54,1
05	257 44,1		21 50,7	195 18,4	*12,5*		20 18,8	*5,2*	54,1
06	272 43,9	S	21 51,1	209 49,9	*12,5*	S	20 13,6	*5,2*	54,1
07	287 43,6		21 51,5	224 21,4	*12,5*		20 08,4	*5,4*	54,1
08	302 43,4		21 51,9	238 52,9	*12,6*		20 03,0	*5,4*	54,1
09	317 43,2		21 52,3	253 24,5	*12,6*		19 57,6	*5,5*	54,1
10	332 42,9		21 52,6	267 56,1	*12,7*		19 52,1	*5,6*	54,1
11	347 42,7		21 53,0	282 27,8	*12,7*		19 46,5	*5,7*	54,1
12	2 42,5	S	21 53,4	296 59,5	*12,7*	S	19 40,8	*5,8*	54,1
13	17 42,2		21 53,8	311 31,2	*12,7*		19 35,0	*5,9*	54,1
14	32 42,0		21 54,2	326 02,9	*12,8*		19 29,1	*5,9*	54,1
15	47 41,7		21 54,5	340 34,7	*12,9*		19 23,2	*6,1*	54,1
16	62 41,5		21 54,9	355 06,6	*12,8*		19 17,1	*6,1*	54,1
17	77 41,3		21 55,3	9 38,4	*12,9*		19 11,0	*6,2*	54,1
18	92 41,0	S	21 55,7	24 10,3	*13,0*	S	19 04,8	*6,3*	54,2
19	107 40,8		21 56,0	38 42,3	*12,9*		18 58,5	*6,4*	54,2
20	122 40,6		21 56,4	53 14,2	*13,0*		18 52,1	*6,5*	54,2
21	137 40,3		21 56,8	67 46,2	*13,1*		18 45,6	*6,5*	54,2
22	152 40,1		21 57,2	82 18,3	*13,1*		18 39,1	*6,6*	54,2
23	167 39,8		21 57,5	96 50,4	*13,1*		18 32,5	*6,7*	54,2
24	182 39,6	S	21 57,9	111 22,5	*13,1*	S	18 25,8	*6,8*	54,2
	½ Diam. = 16,′2		*d* = 0,′4	½ Diam. = 14,′7			Age = 5,j0		PQ

Coucher du Soleil: coucher	Z	fin du crépus.	LATITUDE	Lever et coucher de la Lune: lever	Var p. 10° G	coucher	Var p. 10° G
h m	°	h m	°	h m	m	h m	m
S.S.H.	-	14 26	**70 N**	15 22	*1,0*	17 29	*3,7*
13 00	196	14 53	**68**	14 22	*0,2*	18 28	*2,9*
13 50	208	15 14	**66**	13 48	*0,1*	19 02	*2,5*
14 21	215	15 31	**64**	13 23	*0,3*	19 26	*2,3*
14 44	220	15 45	**62 N**	13 03	*0,4*	19 45	*2,2*
15 02	224	15 57	**60 N**	12 47	*0,5*	20 01	*2,1*
15 18	227	16 07	**58**	12 33	*0,6*	20 14	*2,0*
15 31	229	16 16	**56**	12 21	*0,7*	20 26	*1,9*
15 42	232	16 24	**54**	12 11	*0,7*	20 36	*1,9*
15 52	234	16 32	**52 N**	12 02	*0,8*	20 44	*1,8*
16 01	235	16 38	**50 N**	11 53	*0,8*	20 52	*1,8*
16 20	239	16 53	**45**	11 36	*0,9*	21 09	*1,7*
16 35	241	17 05	**40**	11 21	*1,0*	21 23	*1,6*
16 48	243	17 16	**35**	11 09	*1,0*	21 35	*1,5*
17 00	245	17 26	**30 N**	10 58	*1,1*	21 45	*1,5*
17 19	247	17 43	**20 N**	10 40	*1,2*	22 02	*1,4*
17 37	247	17 59	**10 N**	10 24	*1,2*	22 17	*1,3*
17 53	248	18 15	**0**	10 09	*1,3*	22 31	*1,3*
18 09	247	18 32	**10 S**	9 54	*1,3*	22 45	*1,2*
18 27	246	18 51	**20 S**	9 38	*1,4*	23 00	*1,1*
18 47	243	19 14	**30 S**	9 19	*1,5*	23 17	*1,0*
18 59	242	19 29	**35**	9 08	*1,5*	23 27	-
19 13	239	19 45	**40**	8 56	*1,6*	23 38	-
19 30	236	20 06	**45**	8 41	*1,7*	23 52	-
19 50	233	20 33	**50 S**	8 23	*1,7*	24 08	-
20 00	231	20 47	**52 S**	8 14	*1,8*	24 15	-
20 11	228	21 02	**54**	8 05	*1,8*	24 23	-
20 24	226	21 21	**56 S**	7 54	*1,9*	0 05	*0,8*

Heure U.T.	Point vernal AHso	VÉNUS AHao		VÉNUS D	MARS AHao		MARS D	JUPITER AHao		JUPITER D	SATURNE AHao		SATURNE D	Heure U.T.
h	° ′	° ′		° ′	° ′		° ′	° ′		° ′	° ′		° ′	h
00	70 09,3	136 41,3	S	24 04,8	234 29,3	S	5 15,8	6 07,8	N	20 22,2	15 20,1	N	17 09,1	**00**
01	85 11,8	151 40,5		24 04,3	249 30,3		5 16,4	21 10,7		20 22,1	30 22,8		17 09,0	**01**
02	100 14,2	166 39,8		24 03,8	264 31,4		5 17,0	36 13,5		20 22,1	45 25,5		17 09,0	**02**
03	115 16,7	181 39,1		24 03,4	279 32,5		5 17,6	51 16,3		20 22,0	60 28,1		17 08,9	**03**
04	130 19,2	196 38,3		24 02,9	294 33,5		5 18,1	66 19,1		20 22,0	75 30,8		17 08,9	**04**
05	145 21,6	211 37,6		24 02,5	309 34,6		5 18,7	81 22,0		20 21,9	90 33,5		17 08,9	**05**
06	160 24,1	226 36,9	S	24 02,0	324 35,6	S	5 19,3	96 24,8	N	20 21,8	105 36,1	N	17 08,8	**06**
07	175 26,6	241 36,2		24 01,5	339 36,7		5 19,9	111 27,6		20 21,8	120 38,8		17 08,8	**07**
08	190 29,0	256 35,4		24 01,1	354 37,8		5 20,5	126 30,4		20 21,7	135 41,5		17 08,7	**08**
09	205 31,5	271 34,7		24 00,6	9 38,8		5 21,0	141 33,2		20 21,7	150 44,1		17 08,7	**09**
10	220 34,0	286 34,0		24 00,1	24 39,9		5 21,6	156 36,1		20 21,6	165 46,8		17 08,7	**10**
11	235 36,4	301 33,3		23 59,6	39 40,9		5 22,2	171 38,9		20 21,6	180 49,5		17 08,6	**11**
12	250 38,9	316 32,6	S	23 59,2	54 42,0	S	5 22,8	186 41,7	N	20 21,5	195 52,1	N	17 08,6	**12**
13	265 41,3	331 31,8		23 58,7	69 43,1		5 23,4	201 44,5		20 21,5	210 54,8		17 08,5	**13**
14	280 43,8	346 31,1		23 58,2	84 44,1		5 23,9	216 47,4		20 21,4	225 57,5		17 08,5	**14**
15	295 46,3	1 30,4		23 57,7	99 45,2		5 24,5	231 50,2		20 21,4	241 00,1		17 08,5	**15**
16	310 48,7	16 29,7		23 57,3	114 46,2		5 25,1	246 53,0		20 21,3	256 02,8		17 08,4	**16**
17	325 51,2	31 28,9		23 56,8	129 47,3		5 25,7	261 55,8		20 21,3	271 05,5		17 08,4	**17**
18	340 53,7	46 28,2	S	23 56,3	144 48,4	S	5 26,3	276 58,6	N	20 21,2	286 08,1	N	17 08,3	**18**
19	355 56,1	61 27,5		23 55,8	159 49,4		5 26,8	292 01,5		20 21,2	301 10,8		17 08,3	**19**
20	10 58,6	76 26,8		23 55,3	174 50,5		5 27,4	307 04,3		20 21,1	316 13,4		17 08,3	**20**
21	26 01,1	91 26,1		23 54,9	189 51,6		5 28,0	322 07,1		20 21,0	331 16,1		17 08,2	**21**
22	41 03,5	106 25,4		23 54,4	204 52,6		5 28,6	337 09,9		20 21,0	346 18,8		17 08,2	**22**
23	56 06,0	121 24,6		23 53,9	219 53,7		5 29,2	352 12,7		20 20,9	1 21,4		17 08,2	**23**
24	71 08,5	136 23,9	S	23 53,4	234 54,7	S	5 29,7	7 15,6	N	20 20,9	16 24,1	N	17 08,1	**24**
		v = 0,′7		*d* = 0,′5	*v* = 1,′1		*d* = 0,′6	*v* = 2,′8		*d* = 0,′1	*v* = 2,′7		*d* = 0,′0	
		mag. = −4,0		π = 0,′1	mag. = +1,6		π = 0,′1	mag. = −2,7		π = 0,′0	mag. = −0,3		π = 0,′0	

PLANCHE 8. ÉPHÉMÉRIDES DU 1ER DÉCEMBRE 2000.

LAT 35°N

Zn	LHA ♈	Hc	Zn	Hc	Zn	Hc	Zn	Hc	Zn	Hc	Zn	Hc	Zn	Hc	Zn
chab		◆ Dubhe		REGULUS		PROCYON		◆ SIRIUS		RIGEL		ALDEBARAN		◆ Mirfak	
7 348	90	36 50	035	29 36	096	52 26	137	37 11	166	45 29	196	63 39	231	58 08	310
8 349	91	37 18	035	30 25	097	52 59	138	37 22	168	45 15	198	63 01	232	57 31	310
8 349	92	37 47	035	31 14	097	53 31	139	37 32	169	44 59	199	62 21	234	56 53	309
9 349	93	38 15	035	32 03	098	54 03	141	37 41	170	44 43	200	61 41	235	56 15	309
0 349	94	38 43	035	32 51	099	54 33	142	37 49	171	44 25	202	61 00	237	55 36	309
1 350	95	39 12	035	33 40	099	55 03	144	37 56	172	44 07	203	60 19	238	54 58	309
2 350	96	39 40	035	34 28	100	55 31	145	38 02	174	43 47	204	59 37	239	54 20	309
3 350	97	40 08	035	35 16	101	55 59	147	38 07	175	43 27	205	58 54	241	53 42	309
5 350	98	40 37	035	36 05	101	56 25	149	38 11	176	43 05	207	58 11	242	53 03	308
7 351	99	41 05	035	36 53	102	56 50	150	38 14	177	42 43	208	57 28	243	52 25	308
9 351	100	41 33	035	37 41	103	57 14	152	38 16	178	42 19	209	56 44	244	51 46	308
1 351	101	42 02	035	38 29	103	57 36	154	38 17	180	41 55	210	55 59	245	51 07	308
4 351	102	42 30	035	39 16	104	57 57	155	38 17	181	41 29	212	55 14	246	50 29	308
7 352	103	42 59	035	40 04	105	58 17	157	38 15	182	41 03	213	54 29	247	49 50	308
0 352	104	43 27	035	40 51	106	58 35	159	38 13	183	40 36	214	53 43	248	49 11	308
chab		◆ Alkaid		REGULUS		Alphard		◆ SIRIUS		RIGEL		ALDEBARAN		◆ CAPELLA	
3 352	105	18 58	042	41 39	106	34 09	134	38 10	185	40 08	215	52 58	249	67 38	307
6 352	106	19 31	043	42 26	107	34 44	135	38 05	186	39 40	216	52 11	250	66 59	307
0 353	107	20 05	043	43 12	108	35 18	136	38 00	187	39 10	217	51 25	251	66 19	306
4 353	108	20 38	043	43 59	109	35 52	137	37 54	188	38 40	218	50 38	252	65 40	306
8 353	109	21 12	044	44 45	110	36 25	138	37 46	189	38 09	220	49 52	253	65 00	305
2 354	110	21 46	044	45 32	111	36 57	139	37 38	191	37 37	221	49 04	254	64 19	305
7 354	111	22 21	045	46 17	111	37 29	140	37 28	192	37 05	222	48 17	255	63 39	304
2 354	112	22 55	045	47 03	112	38 00	141	37 18	193	36 32	223	47 30	255	62 58	304
7 354	113	23 30	045	47 48	113	38 31	142	37 06	194	35 58	224	46 42	256	62 17	304
2 355	114	24 05	045	48 33	114	39 00	143	36 54	195	35 24	225	45 54	257	61 36	303
8 355	115	24 40	046	49 18	115	39 29	145	36 40	196	34 49	226	45 06	258	60 55	303
4 355	116	25 15	046	50 02	116	39 57	146	36 26	198	34 14	227	44 18	259	60 14	303
0 356	117	25 51	046	50 46	117	40 24	147	36 10	199	33 38	228	43 30	259	59 33	303
6 356	118	26 27	047	51 30	118	40 51	148	35 54	200	33 01	228	42 41	260	58 52	303
2 356	119	27 03	047	52 13	119	41 16	149	35 37	201	32 24	229	41 53	261	58 10	302
chab		◆ Alkaid		REGULUS		◆ Alphard		SIRIUS		RIGEL		ALDEBARAN		◆ CAPELLA	
9 356	120	27 39	047	52 55	120	41 41	150	35 19	202	31 47	230	41 04	261	57 29	302
6 357	121	28 15	048	53 37	122	42 05	152	35 00	203	31 09	231	40 16	262	56 47	302
3 357	122	28 51	048	54 19	123	42 28	153	34 40	204	30 30	232	39 27	263	56 05	302
1 357	123	29 28	048	55 00	124	42 50	154	34 20	205	29 51	233	38 38	263	55 24	302
9 357	124	30 04	048	55 41	125	43 11	155	33 58	206	29 12	234	37 49	264	54 42	302
7 358	125	30 41	049	56 20	127	43 31	157	33 36	208	28 32	235	37 01	265	54 01	302
5 358	126	31 18	049	57 00	128	43 50	158	33 13	209	27 52	235	36 12	265	53 19	302
3 358	127	31 55	049	57 38	129	44 08	159	32 49	210	27 11	236	35 23	266	52 37	302
2 359	128	32 32	049	58 16	131	44 24	161	32 24	211	26 30	237	34 34	266	51 55	302
1 359	129	33 10	050	58 53	132	44 40	162	31 59	212	25 48	238	33 44	267	51 14	302
0 359	130	33 47	050	59 29	134	44 55	163	31 32	213	25 07	239	32 55	268	50 32	302
0 000	131	34 25	050	60 04	135	45 09	165	31 05	214	24 25	239	32 06	268	49 51	302
9 000	132	35 03	050	60 38	137	45 21	166	30 38	215	23 42	240	31 17	269	49 09	302
9 000	133	35 40	050	61 11	138	45 32	167	30 10	216	22 59	241	30 28	269	48 27	302
0 000	134	36 18	051	61 43	140	45 42	169	29 41	217	22 16	242	29 39	270	47 46	302
hedar		◆ Alkaid		ARCTURUS		SPICA		◆ Alphard		SIRIUS		BETELGEUSE		◆ CAPELLA	
7 323	135	36 56	051	19 42	080	12 14	113	45 51	170	29 11	218	39 30	248	47 04	302
7 323	136	37 35	051	20 31	080	13 00	114	45 59	172	28 41	218	38 44	249	46 23	303
7 322	137	38 13	051	21 19	081	13 44	114	46 06	173	28 10	219	37 58	250	45 41	303
7 322	138	38 51	051	22 08	081	14 29	115	46 11	174	27 38	220	37 12	250	45 00	303
7 322	139	39 30	052	22 57	082	15 13	116	46 15	176	27 06	221	36 26	251	44 19	303
6 321	140	40 08	052	23 45	083	15 57	116	46 18	177	26 34	222	35 39	252	43 38	303
5 321	141	40 47	052	24 34	083	16 41	117	46 20	179	26 01	223	34 52	253	42 56	303
4 321	142	41 25	052	25 23	084	17 25	118	46 20	180	25 27	224	34 05	254	42 15	303
3 320	143	42 04	052	26 12	084	18 08	119	46 20	182	24 53	225	33 18	254	41 34	304
1 320	144	42 43	052	27 01	085	18 51	119	46 18	183	24 18	225	32 31	255	40 53	304
0 320	145	43 22	052	27 50	085	19 34	120	46 15	184	23 43	226	31 43	256	40 13	304
8 319	146	44 01	052	28 39	086	20 16	121	46 10	186	23 07	227	30 55	256	39 32	304
6 319	147	44 39	052	29 28	086	20 58	121	46 05	187	22 31	228	30 08	257	38 51	304
4 319	148	45 18	053	30 17	087	21 40	122	45 58	189	21 54	229	29 20	258	38 11	305
1 319	149	45 57	053	31 06	087	22 22	123	45 50	190	21 17	229	28 32	258	37 30	305
hedar		Alkaid		◆ ARCTURUS		SPICA		◆ Alphard		PROCYON		BETELGEUSE		◆ CAPELLA	
9 319	150	46 37	053	31 55	088	23 03	124	45 40	192	45 58	236	27 43	259	36 50	305
7 319	151	47 16	053	32 44	088	23 43	124	45 30	193	45 18	237	26 55	260	36 10	305
4 318	152	47 55	053	33 33	089	24 24	125	45 19	194	44 36	238	26 07	260	35 30	305
1 318	153	48 34	053	34 22	090	25 04	126	45 06	196	43 55	239	25 18	261	34 50	306
9 318	154	49 13	053	35 11	090	25 43	127	44 52	197	43 12	240	24 30	262	34 10	306
6 318	155	49 52	053	36 01	091	26 22	128	44 37	198	42 30	241	23 41	262	33 30	306
3 318	156	50 31	053	36 50	091	27 01	128	44 21	200	41 47	242	22 52	263	32 50	306
0 318	157	51 10	053	37 39	092	27 39	129	44 04	201	41 03	242	22 03	263	32 11	307
7 318	158	51 49	053	38 28	093	28 17	130	43 46	202	40 20	243	21 15	264	31 31	307
4 318	159	52 28	053	39 17	093	28 54	131	43 27	204	39 35	244	20 26	265	30 52	307
1 318	160	53 07	052	40 06	094	29 31	132	43 06	205	38 51	245	19 37	265	30 13	307
8 318	161	53 46	052	40 55	094	30 08	133	42 45	206	38 06	246	18 48	266	29 34	308
5 318	162	54 25	052	41 44	095	30 43	134	42 23	207	37 21	247	17 59	266	28 55	308
2 318	163	55 04	052	42 33	096	31 19	135	42 00	209	36 36	248	17 10	267	28 17	308
8 318	164	55 43	052	43 22	096	31 53	136	41 36	210	35 50	248	16 20	268	27 38	309
rfak		◆ Dubhe		Alkaid		◆ ARCTURUS		SPICA		REGULUS		◆ PROCYON		CAPELLA	
6 318	165	63 15	001	56 21	052	44 11	097	32 27	137	64 10	210	35 05	249	27 00	309
3 317	166	63 15	000	57 00	052	44 59	098	33 01	137	63 44	212	34 19	250	26 22	309
9 316	167	63 14	359	57 38	051	45 48	098	33 34	138	63 18	214	33 32	251	25 44	310
5 315	168	63 13	358	58 17	051	46 37	099	34 06	139	62 49	216	32 46	251	25 06	310
0 315	169	63 11	357	58 55	051	47 25	100	34 38	140	62 20	218	31 59	252	24 28	310
5 314	170	63 08	356	59 33	051	48 14	100	35 09	141	61 49	220	31 12	253	23 51	311
0 314	171	63 03	355	60 11	050	49 02	101	35 39	142	61 17	221	30 25	254	23 14	311
4 313	172	62 58	354	60 49	050	49 50	102	36 09	144	60 44	223	29 38	254	22 37	311
8 313	173	62 53	353	61 26	049	50 38	103	36 38	145	60 10	225	28 51	255	22 00	312
1 312	174	62 46	352	62 03	049	51 26	104	37 06	146	59 35	226	28 03	256	21 23	312
5 312	175	62 38	351	62 40	049	52 14	104	37 33	147	58 59	228	27 15	256	20 47	312
8 311	176	62 30	350	63 17	048	53 01	105	38 00	148	58 23	229	26 27	257	20 11	313
1 311	177	62 21	349	63 53	048	53 48	106	38 25	149	57 45	231	25 40	258	19 35	313
3 310	178	62 11	348	64 29	047	54 36	107	38 50	150	57 07	232	24 51	258	18 59	313
6 310	179	62 00	347	65 05	046	55 22	108	39 14	151	56 28	233	24 03	259	18 23	314

PLANCHE 9. HO249 *BOOK OF STARS*, PAGE 35°N.

44m					
	Correction moyenne à l'angle horaire			v ou d	Correction
	Soleil Planètes	Point vernal	Lune		
s	° ′	° ′	° ′	′	′
00	11 00,0	11 01,8	10 29,9	**0,0**	0,0
01	11 00,3	11 02,1	10 30,2	**0,3**	0,2
02	11 00,5	11 02,3	10 30,4	**0,6**	0,4
03	11 00,8	11 02,6	10 30,6	**0,9**	0,7
04	11 01,0	11 02,8	10 30,9	**1,2**	0,9
05	11 01,3	11 03,1	10 31,1	**1,5**	1,1
06	11 01,5	11 03,3	10 31,4	**1,8**	1,3
07	11 01,8	11 03,6	10 31,6	**2,1**	1,6
08	11 02,0	11 03,8	10 31,8	**2,4**	1,8
09	11 02,3	11 04,1	10 32,1	**2,7**	2,0
10	11 02,5	11 04,3	10 32,3	**3,0**	2,2
11	11 02,8	11 04,6	10 32,6	**3,3**	2,4
12	11 03,0	11 04,8	10 32,8	**3,6**	2,7
13	11 03,3	11 05,1	10 33,0	**3,9**	2,9
14	11 03,5	11 05,3	10 33,3	**4,2**	3,1
15	11 03,8	11 05,6	10 33,5	**4,5**	3,3
16	11 04,0	11 05,8	10 33,8	**4,8**	3,6
17	11 04,3	11 06,1	10 34,0	**5,1**	3,8
18	11 04,5	11 06,3	10 34,2	**5,4**	4,0
19	11 04,8	11 06,6	10 34,5	**5,7**	4,2
20	11 05,0	11 06,8	10 34,7	**6,0**	4,5
21	11 05,3	11 07,1	10 34,9	**6,3**	4,7
22	11 05,5	11 07,3	10 35,2	**6,6**	4,9
23	11 05,8	11 07,6	10 35,4	**6,9**	5,1
24	11 06,0	11 07,8	10 35,7	**7,2**	5,3
25	11 06,3	11 08,1	10 35,9	**7,5**	5,6
26	11 06,5	11 08,3	10 36,1	**7,8**	5,8
27	11 06,8	11 08,6	10 36,4	**8,1**	6,0
28	11 07,0	11 08,8	10 36,6	**8,4**	6,2
29	11 07,3	11 09,1	10 36,9	**8,7**	6,5
30	11 07,5	11 09,3	10 37,1	**9,0**	6,7
31	11 07,8	11 09,6	10 37,3	**9,3**	6,9
32	11 08,0	11 09,8	10 37,6	**9,6**	7,1
33	11 08,3	11 10,1	10 37,8	**9,9**	7,3
34	11 08,5	11 10,3	10 38,0	**10,2**	7,6
35	11 08,8	11 10,6	10 38,3	**10,5**	7,8
36	11 09,0	11 10,8	10 38,5	**10,8**	8,0
37	11 09,3	11 11,1	10 38,8	**11,1**	8,2
38	11 09,5	11 11,3	10 39,0	**11,4**	8,5
39	11 09,8	11 11,6	10 39,2	**11,7**	8,7
40	11 10,0	11 11,8	10 39,5	**12,0**	8,9
41	11 10,3	11 12,1	10 39,7	**12,3**	9,1
42	11 10,5	11 12,3	10 40,0	**12,6**	9,3
43	11 10,8	11 12,6	10 40,2	**12,9**	9,6
44	11 11,0	11 12,8	10 40,4	**13,2**	9,8
45	11 11,3	11 13,1	10 40,7	**13,5**	10,0
46	11 11,5	11 13,3	10 40,9	**13,8**	10,2
47	11 11,8	11 13,6	10 41,1	**14,1**	10,5
48	11 12,0	11 13,8	10 41,4	**14,4**	10,7
49	11 12,3	11 14,1	10 41,6	**14,7**	10,9
50	11 12,5	11 14,3	10 41,9	**15,0**	11,1
51	11 12,8	11 14,6	10 42,1	**15,3**	11,3
52	11 13,0	11 14,8	10 42,3	**15,6**	11,6
53	11 13,3	11 15,1	10 42,6	**15,9**	11,8
54	11 13,5	11 15,3	10 42,8	**16,2**	12,0
55	11 13,8	11 15,6	10 43,1	**16,5**	12,2
56	11 14,0	11 15,8	10 43,3	**16,8**	12,5
57	11 14,3	11 16,1	10 43,5	**17,1**	12,7
58	11 14,5	11 16,3	10 43,8	**17,4**	12,9
59	11 14,8	11 16,6	10 44,0	**17,7**	13,1
60	11 15,0	11 16,8	10 44,3	**18,0**	13,4

45m					
	Correction moyenne à l'angle horaire			v ou d	Correction
	Soleil Planètes	Point vernal	Lune		
s	° ′	° ′	° ′	′	′
00	11 15,0	11 16,8	10 44,3	**0,0**	0,0
01	11 15,3	11 17,1	10 44,5	**0,3**	0,2
02	11 15,5	11 17,3	10 44,7	**0,6**	0,5
03	11 15,8	11 17,6	10 45,0	**0,9**	0,7
04	11 16,0	11 17,9	10 45,2	**1,2**	0,9
05	11 16,3	11 18,1	10 45,4	**1,5**	1,1
06	11 16,5	11 18,4	10 45,7	**1,8**	1,4
07	11 16,8	11 18,6	10 45,9	**2,1**	1,6
08	11 17,0	11 18,9	10 46,2	**2,4**	1,8
09	11 17,3	11 19,1	10 46,4	**2,7**	2,0
10	11 17,5	11 19,4	10 46,6	**3,0**	2,3
11	11 17,8	11 19,6	10 46,9	**3,3**	2,5
12	11 18,0	11 19,9	10 47,1	**3,6**	2,7
13	11 18,3	11 20,1	10 47,4	**3,9**	3,0
14	11 18,5	11 20,4	10 47,6	**4,2**	3,2
15	11 18,8	11 20,6	10 47,8	**4,5**	3,4
16	11 19,0	11 20,9	10 48,1	**4,8**	3,6
17	11 19,3	11 21,1	10 48,3	**5,1**	3,9
18	11 19,5	11 21,4	10 48,5	**5,4**	4,1
19	11 19,8	11 21,6	10 48,8	**5,7**	4,3
20	11 20,0	11 21,9	10 49,0	**6,0**	4,6
21	11 20,3	11 22,1	10 49,3	**6,3**	4,8
22	11 20,5	11 22,4	10 49,5	**6,6**	5,0
23	11 20,8	11 22,6	10 49,7	**6,9**	5,2
24	11 21,0	11 22,9	10 50,0	**7,2**	5,5
25	11 21,3	11 23,1	10 50,2	**7,5**	5,7
26	11 21,5	11 23,4	10 50,5	**7,8**	5,9
27	11 21,8	11 23,6	10 50,7	**8,1**	6,1
28	11 22,0	11 23,9	10 50,9	**8,4**	6,4
29	11 22,3	11 24,1	10 51,2	**8,7**	6,6
30	11 22,5	11 24,4	10 51,4	**9,0**	6,8
31	11 22,8	11 24,6	10 51,6	**9,3**	7,1
32	11 23,0	11 24,9	10 51,9	**9,6**	7,3
33	11 23,3	11 25,1	10 52,1	**9,9**	7,5
34	11 23,5	11 25,4	10 52,4	**10,2**	7,7
35	11 23,8	11 25,6	10 52,6	**10,5**	8,0
36	11 24,0	11 25,9	10 52,8	**10,8**	8,2
37	11 24,3	11 26,1	10 53,1	**11,1**	8,4
38	11 24,5	11 26,4	10 53,3	**11,4**	8,6
39	11 24,8	11 26,6	10 53,6	**11,7**	8,9
40	11 25,0	11 26,9	10 53,8	**12,0**	9,1
41	11 25,3	11 27,1	10 54,0	**12,3**	9,3
42	11 25,5	11 27,4	10 54,3	**12,6**	9,6
43	11 25,8	11 27,6	10 54,5	**12,9**	9,8
44	11 26,0	11 27,9	10 54,7	**13,2**	10,0
45	11 26,3	11 28,1	10 55,0	**13,5**	10,2
46	11 26,5	11 28,4	10 55,2	**13,8**	10,5
47	11 26,8	11 28,6	10 55,5	**14,1**	10,7
48	11 27,0	11 28,9	10 55,7	**14,4**	10,9
49	11 27,3	11 29,1	10 55,9	**14,7**	11,1
50	11 27,5	11 29,4	10 56,2	**15,0**	11,4
51	11 27,8	11 29,6	10 56,4	**15,3**	11,6
52	11 28,0	11 29,9	10 56,7	**15,6**	11,8
53	11 28,3	11 30,1	10 56,9	**15,9**	12,1
54	11 28,5	11 30,4	10 57,1	**16,2**	12,3
55	11 28,8	11 30,6	10 57,4	**16,5**	12,5
56	11 29,0	11 30,9	10 57,6	**16,8**	12,7
57	11 29,3	11 31,1	10 57,9	**17,1**	13,0
58	11 29,5	11 31,4	10 58,1	**17,4**	13,2
59	11 29,8	11 31,6	10 58,3	**17,7**	13,4
60	11 30,0	11 31,9	10 58,6	**18,0**	13,7

PLANCHE 10. TABLES D'INTERPOLATION GÉNÉRALE, PAGE 45 MINUTES.

IX

Corrections des hauteurs observées de la Lune.

PREMIÈRE CORRECTION (négative)

Dépression apparente de l'horizon.

Élévation de l'œil (m)	0	2	4	6	8	10	12	14	16	18	20	22	24
Dépression	0′,0	−2′,5	−3′,5	−4′,3	−5′,0	−5′,6	−6′,1	−6′,6	−7′,1	−7′,5	−7′,9	−8′,3	−8′,7

DEUXIÈME CORRECTION. – Bord inférieur (additive)

(– Réfraction moyenne + parallaxe + demi-diamètre)

Hauteur apparente	PARALLAXE HORIZONTALE												
	54′	55′	55′,5	56′	56′,5	57′	57′,5	58′	58′,5	59′	59′,5	60′	61′
5°		59′,9	60′,6	61′,2	61′,8	62′,4	63′,1	63′,7	64′,4	65′,0	65′,6	66′,2	67′,4
5 30′	59′,6	60,9	61,5	62,1	62,8	63,4	64,1	64,7	65,4	66,0	66,7	67,3	68,5
6	60,2	61,4	62,1	62,7	63,4	64,0	64,7	65,3	65,9	66,5	67,2	67,8	69,1
6 30	60,7	61,9	62,5	63,2	63,8	64,5	65,1	65,8	66,4	67,0	67,6	68,3	69,6
7	61,1	62,4	63,0	63,6	64,2	64,9	65,5	66,2	66,8	67,4	68,0	68,7	70,0
7 30	61,5	62,8	63,4	64,0	64,6	65,3	65,9	66,5	67,1	67,8	68,4	69,1	70,4
8	61,8	63,1	63,7	64,3	64,9	65,6	66,2	66,8	67,5	68,1	68,7	69,4	70,7
8 30	62,1	63,3	63,9	64,6	65,2	65,9	66,5	67,1	67,8	68,4	69,0	69,7	70,9
9	62,3	63,6	64,2	64,8	65,4	66,1	66,7	67,4	68,0	68,6	69,2	69,9	71,1
10	62,7	64,0	64,6	65,2	65,8	66,5	67,1	67,7	68,3	69,0	69,6	70,3	71,5
11	63,0	64,2	64,8	65,5	66,1	66,7	67,3	68,0	68,6	69,3	69,9	70,5	71,8
12	63,2	64,4	65,0	65,7	66,3	66,9	67,5	68,2	68,8	69,5	70,1	70,7	72,0
13	63,3	64,6	65,2	65,8	66,4	67,0	67,6	68,3	68,9	69,6	70,2	70,8	72,1
14	63,4	64,6	65,2	65,9	66,5	67,1	67,7	68,4	69,0	69,6	70,2	70,9	72,1
15	63,4	64,6	65,2	65,9	66,5	67,1	67,7	68,4	69,0	69,6	70,2	70,9	72,1
16	63,4	64,6	65,2	65,8	66,5	67,1	67,7	68,3	68,9	69,6	70,2	70,8	72,0
17	63,3	64,5	65,2	65,8	66,4	67,0	67,6	68,2	68,8	69,5	70,1	70,7	71,9
18	63,2	64,4	65,0	65,6	66,2	66,9	67,5	68,1	68,7	69,3	69,9	70,6	71,8
19	63,1	64,3	64,9	65,5	66,1	66,7	67,3	67,9	68,5	69,2	69,8	70,4	71,6
20	62,9	64,1	64,7	65,3	65,9	66,5	67,1	67,7	68,3	69,0	69,6	70,2	71,4
21	62,7	63,9	64,5	65,1	65,7	66,3	66,9	67,5	68,1	68,7	69,3	70,0	71,2
22	62,5	63,7	64,3	64,9	65,5	66,1	66,7	67,3	67,9	68,5	69,1	69,7	70,9
23	62,2	63,4	64,0	64,6	65,2	65,9	66,5	67,0	67,6	68,2	68,8	69,4	70,6
24	62,0	63,1	63,7	64,3	64,9	65,5	66,1	66,7	67,3	67,9	68,5	69,1	70,3
25	61,7	62,8	63,4	64,0	64,6	65,2	65,8	66,4	67,0	67,6	68,2	68,8	69,9
26	61,3	62,5	63,1	63,7	64,3	64,9	65,5	66,0	66,6	67,2	67,8	68,4	69,6
27	61,0	62,2	62,8	63,3	63,9	64,5	65,1	65,7	66,3	66,8	67,4	68,0	69,2
28	60,7	61,8	62,4	63,0	63,6	64,1	64,7	65,3	65,9	66,4	67,0	67,6	68,8
29	60,3	61,4	62,0	62,6	63,2	63,7	64,3	64,9	65,5	66,0	66,6	67,2	68,4
30	59,9	61,0	61,6	62,2	62,8	63,3	63,9	64,4	65,0	65,6	66,2	66,7	67,9
31	59,5	60,6	61,2	61,7	62,3	62,9	63,5	64,0	64,6	65,1	65,7	66,3	67,4
32	59,0	60,2	60,8	61,3	61,9	62,4	63,0	63,5	64,1	64,7	65,3	65,8	66,9
33	58,6	59,7	60,3	60,8	61,4	61,9	62,5	63,1	63,6	64,2	64,8	65,3	66,4
34	58,1	59,2	59,8	60,3	60,9	61,4	62,0	62,5	63,1	63,6	64,2	64,8	65,9
35	57,7	58,7	59,3	59,8	60,4	60,9	61,5	62,0	62,6	63,1	63,7	64,2	65,3
36	57,2	58,2	58,8	59,3	59,9	60,4	61,0	61,5	62,1	62,6	63,2	63,7	64,7
37	56,7	57,7	58,3	58,8	59,4	59,9	60,4	60,9	61,5	62,0	62,6	63,1	64,2
38	56,1	57,2	57,8	58,2	58,8	59,3	59,9	60,4	61,0	61,4	62,0	62,5	63,6
39	55,6	56,6	57,2	57,7	58,3	58,7	59,3	59,8	60,4	60,8	61,4	61,9	62,9
40	55,0	56,1	56,7	57,1	57,7	58,1	58,7	59,2	59,8	60,2	60,8	61,3	62,3
41	54,4	55,5	56,1	56,5	57,1	57,5	58,1	58,6	59,2	59,6	60,1	60,6	61,6
42	53,9	54,9	55,5	55,9	56,5	56,9	57,5	57,9	58,5	59,0	59,5	60,0	61,0
43	53,3	54,3	54,9	55,3	55,9	56,3	56,8	57,3	57,8	58,3	58,8	59,3	60,3
44	52,7	53,7	54,3	54,7	55,2	55,6	56,1	56,6	57,1	57,6	58,1	58,6	59,6
45	52,0	53,0	53,5	54,0	54,5	55,0	55,5	56,0	56,4	56,9	57,4	57,9	58,9
Diamètre de la Lune	29′,4	30′,0	30′,3	30′,6	30′,8	31′,1	31′,4	31′,7	32′,0	32′,2	32′,5	32′,8	33′,3

Pour le bord supérieur, retrancher le diamètre de la correction précédente.

PLANCHE 11. ÉPHÉMÉRIDES, CORRECTIONS DES HAUTEURS OBSERVÉES DE LA LUNE.

Date	Point vernal		Lune		Vénus	Mars	Jupiter	Saturne	Date
			Heure du passage	V.P. 10°G					
	h m	h m s	h m	m	h m	h m	h m	h m	
Nov. 1	21 14	11 43 35	16 02,5	1,4	14 14,4	9 12,1	1 49,3	1 06,5	1 Nov.
2	21 10	11 43 34	16 51,5	1,3	14 15,7	9 10,4	1 45,0	1 02,3	2
3	21 06	11 43 34	17 39,5	1,3	14 17,1	9 08,8	1 40,6	0 58,0	3
4	21 02	11 43 35	18 26,3	1,3	14 18,4	9 07,1	1 36,2	0 53,8	4
5	20 58	11 43 37	19 12,0	1,2	14 19,7	9 05,4	1 31,8	0 49,6	5
6	20 55	11 43 39	19 57,0	1,2	14 21,1	9 03,7	1 27,4	0 45,3	6
7	20 51	11 43 42	20 41,8	1,3	14 22,5	9 02,0	1 23,0	0 41,1	7
8	20 47	11 43 47	21 27,1	1,3	14 23,8	9 00,4	1 18,6	0 36,8	8
9	20 43	11 43 51	22 13,8	1,4	14 25,2	8 58,7	1 14,2	0 32,6	9
10	20 39	11 43 57	23 02,7	1,4	14 26,6	8 57,0	1 09,7	0 28,3	10
11	20 35	11 44 04	23 54,6	-	14 27,9	8 55,3	1 05,3	0 24,1	11
12	20 31	11 44 11	-	-	14 29,3	8 53,6	1 00,9	0 19,8	12
13	20 27	11 44 20	0 50,0	1,6	14 30,7	8 51,9	0 56,4	0 15,5	13
14	20 23	11 44 29	1 48,6	1,7	14 32,1	8 50,2	0 51,9	0 11,3	14
15	20 19	11 44 39	2 49,3	1,7	14 33,4	8 48,6	0 47,5	0 07,0	15
16	20 15	11 44 50	3 50,5	1,7	14 34,8	8 46,9	0 43,0	{0 02,8 / 23 58,5}	16
17	20 11	11 45 01	4 50,2	1,6	14 36,2	8 45,2	0 38,5	23 54,2	17
18	20 07	11 45 14	5 47,0	1,5	14 37,5	8 43,5	0 34,0	23 50,0	18
19	20 03	11 45 28	6 40,5	1,4	14 38,8	8 41,8	0 29,6	23 45,7	19
20	19 59	11 45 42	7 31,1	1,3	14 40,2	8 40,1	0 25,1	23 41,4	20
21	19 56	11 45 57	8 19,4	1,3	14 41,5	8 38,4	0 20,6	23 37,2	21
22	19 52	11 46 13	9 06,3	1,3	14 42,8	8 36,7	0 16,1	23 32,9	22
23	19 48	11 46 30	9 52,8	1,3	14 44,1	8 35,0	0 11,6	23 28,7	23
24	19 44	11 46 47	10 39,5	1,3	14 45,4	8 33,3	0 07,1	23 24,4	24
25	19 40	11 47 05	11 27,1	1,3	14 46,7	8 31,6	{0 02,6 / 23 58,1}	23 20,1	25
26	19 36	11 47 24	12 15,7	1,4	14 48,0	8 29,9	23 53,6	23 15,9	26
27	19 32	11 47 44	13 05,1	1,4	14 49,2	8 28,2	23 49,1	23 11,6	27
28	19 28	11 48 05	13 54,9	1,4	14 50,4	8 26,6	23 44,6	23 07,4	28
29	19 24	11 48 26	14 44,4	1,3	14 51,6	8 24,9	23 40,1	23 03,1	29
30	19 20	11 48 48	15 33,0	1,3	14 52,8	8 23,2	23 35,6	22 58,8	30
Déc. 1	19 16	11 49 10	16 20,2	1,3	14 54,0	8 21,5	23 31,1	22 54,6	1 Déc.
2	19 12	11 49 33	17 06,0	1,2	14 55,1	8 19,8	23 26,6	22 50,3	2
3	19 08	11 49 57	17 50,5	1,2	14 56,2	8 18,1	23 22,1	22 46,1	3
4	19 04	11 50 21	18 34,3	1,2	14 57,3	8 16,4	23 17,6	22 41,9	4
5	19 00	11 50 46	19 18,2	1,2	14 58,4	8 14,7	23 13,1	22 37,6	5
6	18 57	11 51 11	20 03,0	1,3	14 59,5	8 13,0	23 08,6	22 33,4	6
7	18 53	11 51 37	20 49,8	1,4	15 00,5	8 11,3	23 04,1	22 29,1	7
8	18 49	11 52 03	21 39,6	1,5	15 01,5	8 09,6	22 59,6	22 24,9	8
9	18 45	11 52 30	22 33,2	1,6	15 02,4	8 07,9	22 55,2	22 20,7	9
10	18 41	11 52 57	23 31,1	-	15 03,4	8 06,2	22 50,7	22 16,5	10
11	18 37	11 53 24	-	-	15 04,3	8 04,5	22 46,2	22 12,2	11
12	18 33	11 53 52	0 32,5	1,8	15 05,2	8 02,8	22 41,8	22 08,0	12
13	18 29	11 54 21	1 36,0	1,7	15 06,0	8 01,1	22 37,3	22 03,8	13
14	18 25	11 54 49	2 39,0	1,7	15 06,8	7 59,4	22 32,9	21 59,6	14
15	18 21	11 55 18	3 39,3	1,6	15 07,6	7 57,7	22 28,5	21 55,4	15
16	18 17	11 55 47	4 35,8	1,5	15 08,4	7 56,0	22 24,0	21 51,2	16
17	18 13	11 56 16	5 28,5	1,4	15 09,1	7 54,3	22 19,6	21 47,0	17
18	18 09	11 56 46	6 17,9	1,3	15 09,8	7 52,7	22 15,2	21 42,8	18
19	18 05	11 57 16	7 05,2	1,3	15 10,5	7 51,0	22 10,8	21 38,6	19
20	18 02	11 57 45	7 51,3	1,3	15 11,1	7 49,3	22 06,4	21 34,5	20
21	17 58	11 58 15	8 37,2	1,3	15 11,7	7 47,6	22 02,0	21 30,3	21
22	17 54	11 58 45	9 23,7	1,3	15 12,3	7 45,9	21 57,6	21 26,1	22
23	17 50	11 59 15	10 11,2	1,3	15 12,8	7 44,2	21 53,3	21 22,0	23
24	17 46	11 59 45	10 59,7	1,4	15 13,3	7 42,5	21 48,9	21 17,8	24
25	17 42	12 00 15	11 49,1	1,4	15 13,8	7 40,8	21 44,6	21 13,7	25
26	17 38	12 00 45	12 38,7	1,4	15 14,2	7 39,1	21 40,2	21 09,5	26
27	17 34	12 01 14	13 27,8	1,3	15 14,6	7 37,4	21 35,9	21 05,4	27
28	17 30	12 01 44	14 15,6	1,3	15 15,0	7 35,8	21 31,6	21 01,2	28
29	17 26	12 02 13	15 01,9	1,2	15 15,3	7 34,1	21 27,3	20 57,1	29
30	17 22	12 02 42	15 46,6	1,2	15 15,7	7 32,4	21 23,0	20 53,0	30
31	17 18	12 03 11	16 30,1	1,2	15 15,9	7 30,7	21 18,7	20 48,9	31

PLANCHE 12. ÉPHÉMÉRIDES, PASSAGE DES ASTRES AU MÉRIDIEN DE GREENWICH, NOV.-DÉC. 2000.

CARNET D'ADRESSES

Vous trouverez ci-dessous un certain nombres d'adresses qui pourraient vous être utiles, dans toutes les branches du nautisme. Je ne connais pas par expérience personnelle tous ces fournisseurs, mais je n'en ai entendu dire que du bien. Lorsque c'est possible, je ne cite que l'adresse de leur site internet : vous y trouverez beaucoup plus facilement et plus rapidement des informations qu'en envoyant lettre ou fax ou encore en téléphonant. Si vous êtes encore réfractaires à internet, c'est le moment d'y venir : naviguer sur internet est devenu incontournable et vous rendra infiniment service en permanence, où que vous soyez...

CONSTRUCTEURS À L'UNITÉ OU EN PETITE SÉRIE, ARCHITECTES

Voici quelques adresses de chantiers ou d'architectes qui pourront vous aider si vous souhaitez un bateau construit à l'unité ou en petite série, et dont vous voulez acquérir la coque nue où dans un état d'avancement partiel pour l'achever vous-même – ce qui est généralement impossible avec les bateaux de grande série. Suivent quelques adresses utiles, que vous pourrez compléter vous-même.

Prometa (Saint-Raphaël), constructeur de *Voyage* et de *Banana Split*, 04 94 19 24 24, fax 04 94 19 23 54
Meta (Tarare), constructeur de *Joshua*, de *Damien II* et d'*Om*, 04 74 63 13 58, fax 04 74 05 08 65

Chantiers Allais, 02 32 90 53 30, fax 02 32 90 53 33
Garcia, Garcia.bateaux@wanadoo.fr
Technimar (Saint-Malo), 02 99 40 15 15, fax 02 99 40 08 07
Yapluka (catamarans aluminium, La Rochelle), 05 46 077 077, fax 05 46 077 086
MCM, www.cata-mcm.com
Sudcomposites (Balaruc-les-Bains), sudcomposites@wanadoo.fr
Claude Philippe (Lorient), 02 97 21 77 12, fax 02 97 64 50 98
Gilles Voisin (Bretteville/Ay), 02 33 07 16 23, fax 02 33 46 84 77
Profluid (monocoques aluminum,Aix-les-Bains), 04 79 88 73 30, fax 04 79 88 73 38
Multicap Caraïbes (Martinique), multicapcaraibes@cgit.com
Nauticomposites (dériveurs intégraux polyester, Cerny), 01 69 23 10 20, fax 01 69 23 10 21
Mercator (Saint-Jean-Brevelay), 02 97 60 44 69 fax 02 97 60 44 75
G & J Fillon (aluminim, 13 à 30 mètres), uyf@wanadoo.fr
Dujardin (aluminium, inox, acier), dujardin.icofrance@wanadoo.fr
Outremer (architecture et construction, La-Grande-Motte), www.catamaran-outremer.com *(site en construction)*
Alliage (dériveurs aluminium de 38 à 50 pieds), 01 34 97 00 96
Catana et **Fountaine-Pajot** peuvent s'intéresser à un aménagement spécialisé dans le cas d'un programme exceptionnel
Etap (voiliers insubmersibles), www.etapyachting.com

CONSTRUCTEURS ÉTRANGERS DE MULTICOQUES

Comme on le voit ci-dessus, les Français sont de façon assez évidente en tête des constructeurs de multicoques, en particulier de catamarans, Mais il se construit aussi des catamarans intéressants dans beaucoup d'autres pays : en voici quelques-uns dans les tailles qui nous intéressent (10 à 16 mètres).

ROYAUME-UNI
Prout Catamarans, www.multisailing.com
James Wharram designs, http ://www.wharram.com/
Heavenly Cruising Yachts
Multimarine Composites, www.multimarine.co.uk

ITALIE
Mattia & Cecco, www.mattia.it

NORVÈGE
TRT Multihulls

DANEMARK
Quorning Boats (Trimaran Dragonfly)

PORTUGAL
Fast Boats 38, Sesimbra

ALLEMAGNE
Burkhard Bader Catamarane Advantage 44, www.bader-boote.de

AUTRICHE
KKG (Novara 44R)

PAYS-BAS
Woestenburg Boatbuilding

AUSTRALIE
Seawind Catamarans (Seawind 1000)
Lizard yachts

ÉTATS-UNIS

Performance Cruising (Gemini 105M) www.GeminiCatamarans.com

Wormwood Performance (Gulfstream 35)

Victory Catamarans (Victory 35)

Endeavour Cat (36), www.endeavourcats.com

Farrier Marine F-41, www.farriermarine.com

Island Packet yachts (Packet Cat 35), isldpckty@aol.com

Horizon Boats

Kurt Hugues Sailing Designs www.multihulldesigns.com

Corsair Marine (trimaran F-31), www.corsairmarine.com

Solaris Marine Ltd (Sunstar 32)

AFRIQUE DU SUD

Fortuna Catamarans (Island Spirit 37) www.steerage.co.za/fortuna/

Voyage Catamarans (Voyage 370)

St Francis marine 44

Robertson & Caine

ÎLES VIERGES AMÉRICAINES

Gold Coast Yachts 44C

CHILI

Alwoplast 45, www.telsur.cl/alwoplast/alwo.htm

TRINIDAD

Aikane (Chaguaramas)

CATAMARANS À MOTEUR

Il y a longtemps que je me demande pourquoi les propriétaires de yachts à moteurs acceptent de rouler comme des barriques au cours de leurs traversées ou dans les mouillages un peu agités... quand les catamarans sont tellement plus stables ; une première génération, comme les *Euphorie* de Jeantot, étaient des engins rapides mais consommant beaucoup trop pour qu'on envisage de traverser un océan avec. Les constructeurs de certains modèles plus récents semblent petit à petit comprendre l'intérêt de catamarans paisibles, naviguant à la même moyenne qu'un voilier (5 à 7 nœuds) et capables de marcher ainsi alternativement sur un moteur, pendant 1 000, 2 000, 3 000 milles : frimer à 10 ou 15 nœuds, pourquoi pas là où le ravitaillement est possible, mais accepter d'aller à 6 nœuds permet d'aller loin ! Quelques modèles récents qui semblent explorer la bonne direction : **Prometa** (Trawler Cat 42) ; **Fountaine-Pajot** (Maryland) ; **Alliaura Marine** (Transcat 42, 48) ; **Lagoon** (Power 43).

ARCHITECTES NAVALS AYANT PARTICIPÉ À DES PROJETS DE VOILIERS DESTINÉS AU GRAND VOYAGE

Michel Joubert a dessiné *Om*, **Bernard Nivelt** et **Michel Joubert** *Voyage* et *Banana Split*, joubertnivelt@wanadoo.fr

Gilbert Caroff (architecte naval, Paris), 01 48 78 23 43, fax 01 48 78 23 63

Dominique Provin (architecte,Vannes), 02 97 40 12 56

Bernard Veys (architecte), www.enthousiaste.com

Jean Michel Nalpowik, lacarene@aol.com

Marc Lombard

Jean François André (La Barbatre), j-fran.andre@wanadoo.fr

Philippe Cabon, www.yacht-designer.com

J.-P. Villenave (contreplaqué, bois moulé), 05 46 45 22 10, fax 05 46 45 23 44

Peter A.Ibold, pai@worldnet.fr

Jacques et Nicolas Fauroux, jnfauroux @aol.com

Erik Lerouge international, www.lerouge-yachts.com

Chris White Designs (catamarans Atlantic 42), www.chriswhitedesigns.com

REVUES NAUTIQUES

Bateaux, abonnements : 01 64 81 20 23

Voiles et Voiliers, Service commandes : BP 70, 77932 Perthes, 01 44 87 87 03, fax 01 44 87 87 09

Voile magazine, voilemag@editions-lariviere.fr, fax 01 41 40 34 14

Loisirs Nautiques, Centre Émeraude, BP 140, 33151 Cenon Cedex, www.LoisirsNautiques.com, 05 57 80 91 91, fax 05 57 80 91 90

Multicoque Mag, http ://www.multihulls-world.com/

Moteur Boat

Cruising World, www.cruisingworld.com

Latitude 38, n'est consacré qu'à la plaisance sur la côte ouest des États-Unis, mais constitue une mine d'informations, www.latitude38.com

MATÉRIEL DIVERS

Meta-services : 04 74 63 13 58, fax : 04 74 05 08 65

Discount marine, Boulogne Billancourt 01 46 20 42 42 www.discount-marine.com

West Marine, très grande chaîne de magasins nautiques américains, vente par correspondance : www.westmarine.com

Boat US, association de *boaters* américains pour défendre les intérêts des plaisanciers ; également chaîne de magasins nautiques et vente par correspondance, www.boatus.com

Les puces de mer, 2, place B. Moitessier, 17000 La Rochelle, 05 46 41 44 80, fax 46 44 85 45

Goiot, www.goiot.com

Ancre Spade, www.spade-anchor.com

Profurl (enrouleurs, chaussette à spi), www.profurl.com

Sailrite (machines à coudre), www.sailrite.com

Bluewater insurance inc. est un assureur très utilisé par les américains du SSCA et habitué à couvrir les destinations lointaines : www.blueh2oins.com (numéro d'appel gratuit mondial : appeller l'opérateur AT&T et demander 888 866 7277)

Boat US (location de balise satellite 406 (EPIRB) aux États-Unis, 45 dollars américains par semaine en 2000), www.boatus.com

Spécialistes américains en éoliennes et autres dispositifs de production d'électricité : www.hamiltonferris.com, www.jackrabbitmarine.com, www.svhotwire.com

Régulateurs d'allure, www.sailomat.com, www.caphorn.com, www.flemingselfsteering.com ; un spécialiste américains des régulateurs : www.selfsteer.com

Connexions Internet en bateau :

PocketMail (petit organiseur de poche permettant de recevoir et envoyer des e-mails avec tout téléphone terrestre), www.pocketmail.com

MarineNet (30 dollars par mois, contacter john@marinenet.net, (561) 747-5686)

STAGES SUR MOTEURS MARINS

Volvo, Perkins, Yanmar, Vetus 3 jours et demi/3 175 francs : GSAA Boucher SA, 94550 Chevilly-la-Rue, 01 41 73 23 23, fax 01 46 86 35 04

AGENTS POUR LE CANAL DE PANAMA

Pete Stevens (Delfino Maritime), 261 19 31, cell. : 613 11 34 ou contactez-le par radio sur le 16 ou via Intelmar, la station de radio côtière ; **Hugo**, basé au **Pedro Miguel Boat Club**, 232 45 09/232 41 84/252 86 54, Denise, secrétaire, Craig Commodore ; toutes les informations concernant le Canal de Panama et les yachts-clubs des deux extrémités doivent être vérifiées, la situation évoluant depuis que le canal est passé sous administration panaméenne.

AGENTS POUR OBTENIR LE CAIT (permis de croisière indonésien)

1) Wayan Kotha,Pt Citrakarsa Inti Samudra, Jalan Dermaga I Pos Kamia, Benoa Harbor, Bali Indonesia tél. & fax : 62 361 772-535, cell., (081) 130-44831
2) Bali International Marina (www.balimarina.com, fax 62 361 723 604)

SITES NAUTIQUES DIVERS

www.loisirsnautiques.com
www.sail-the-world.com
www.seamply.com
www.seayou.com
www.sail-online.fr
www.boatdoc.net

FINANCEMENT BATEAUX

CGMer, 1, rue Célestin Freinet, BP 50102, 44201 Nantes Cedex 2

Point Skipper (Crédit Maritime), 0 800 427 427

LES TRANSATS EN GROUPE

Pour les passionnés, www.transcaraibes.com

Rallye des îles du soleil, www.ilesdusoleil.com

Union des Constructeurs Amateurs de Provence, 04 90 08 33 54 fax 04 90 08 34 16

LOUEURS DE BATEAUX

Vous trouverez ci-dessous une liste (incomplète, bien sûr) de loueurs de bateaux qui vous permettront d'essayer pour une ou deux semaines la vie qui vous fait envie, et même tester le bateau que vous envisagez d'acheter si c'est un bateau de série.

VPM Yacht Charters (branche charter de Nouvelles Frontières), www.vpm.fr

Apaca (location et vente catamarans toutes marques, Hyères), www.apaca.fr

Stardust Yacht Charters

Calvi Marine

AVP, location@avpyacht.com
Sport Away (la société de Nathalie Simon), www.sport-away.com
Sunsail, 01 55 07 15 72 ou 73, www.sunsail.com
Chimère Yachting, 01 39 50 02 85
Vent Portant (location au Brésil), www.ventportant.com/
Nouvelles croisières, www.nouvelles-croisieres.com
Catana (catamarans en Méditerranée et aux Antilles), www.catanalocation.com
Petit Breton Antilles, pba@outremer.com
Croisières Australes (hors des sentiers battus, incluant San Blas), www.nature-sailing.com
Moorings, www.moorings.com
Sun Yacht Charters, www.sunyachts.com
CYOA (Îles Vierges américaines), www.cyoacharters.com
The Catamaran Company, www.catamaranco.com
TMM (catamarans aux British Virgins, Belize, Grenadines), www.SAILTMM.com
GoCats (location de catamarans toutes zones), www.gocats1.com
Trade Wind Yachts, www.tradewindyachts.com
San Blas Sailing, www.sanblassailing.com

ÉCOLES DE CROISIÈRE

Quelques-unes parmi un nombre immense :
Les guides de haute mer, www.ecole-voile-francaise.com
www.captains.fr

DES LIBRAIRES AMOUREUX DE LA MER...

Le Yacht (librairie maritime), 55, av. de la Grande-Armée, 75016 Paris, www.librairie-leyacht.com
Pages Océanes, 40, av. de la Grande-Armée, 75017 Paris, 01 43 80 28 28
Outremer (librairie maritime), 17, rue Jacob 75006 Paris, fax 01 43 29 96 77
IGN, 107, rue de la Boétie, 75008 Paris
Librairie Ulysse 26, rue Saint-Louis-en-L'île, Paris, www.ulysse.fr
La Zigzagodromie 29, quai Saint-Antoine, 69002 Lyon, www.lazigzagodromie.fr
Latitude 45, 91, quai Henri IV, 76200 Dieppe
Accastillage Diffusion, Port de Plaisance, BP 20 et **Localain Marine**, BP 102, 14150 Ouistreham
L'Ancre de Marine, 4, rue Porcon, 35400 Saint-Malo
Sumalo Marine, RN 137, 35430 Saint-Jouan-des-Guérêts
Hugot, 1, place Saint-Thomas, 29570 Camaret-sur-Mer
Voilerie Le Rose, 19, av. du Dr-Pierre-Nicolas, 29110 Concarneau
Gloaguen, 3, rue des Senneurs, BP 619, 29186 Concarneau Cedex
Océan Diffusion, ZA de Creac'h Gwen, 29000 Quimper
Comptoir maritime du Finistère, 494, route de Rosforden, BP 669, 29552 Quimper Cedex 9
Coopérative maritime, Terre plein du port, BP 6, 29750 Loctudy
Accastillage Diffusion (Armorique), ZAC de Kerfontaine, Pluneret, 56400 Auray
Nautiloc, Port du Crouesty. 56640 Arzon
Ariane (libraire du voyage), 20, rue du Capt.-Dreyfus, 35000 Rennes
Entre terre et mer, 2, av. des Platanes, 44500 La Baule, terremer@libertysurf.fr
La Corderie Royale, Rochefort, 05 46 87 81 45
Librairie du Musée maritime, La Rochelle, 05 46 28 03 03
Librairie St-Nicolas, 31, rue Saint-Nicolas, 17000 La Rochelle
Atlantic Loisirs, ZA Port des Minimes, BP 258, 17012 La Rochelle Cedex
Corderie-Voilerie de l'Atlantique, bd Alfred Daney, 33000 Bordeaux
Anglet Nautique, 110 bis, av de l'Adour, 64600 Anglet
Nautifrance, 21, av du Lycée, 66000 Perpignan
L'Eau Bleue, 34280 La Grande-Motte, www.eaubleue.com
Électronique Service Montariol, Zone Technique, 1, Le Grau du Roi, 30240 Port-Camargue
S.P.I., Zone Technique n° 1, 30240 Port-Camargue
Technic Marine, Port à sec ZI, 9, rue Frédéric- Sauvage, 13500 Martigues
Librairie Maritime de Marseille, 26, quai de Rive-Neuve, 04 91 54 79 26 fax 79 49
Serviplaisance, Quai d'Honneur, 83980 Le Lavandou
Coopérative Maritime Turbalaise, 2, quai St Jacques, 44420 La Turballe

Mille excuses aux libraires nautiques que j'ai oubliés, qu'ils aient la gentillesse de me le signaler pour les mises à jour sur notre site www.antoineweb.com.

CARACTÉRISTIQUES D'OM, DE *VOYAGE* ET DE *BANANA SPLIT*

Om

Goélette *Damien II* dessinée par Michel Joubert sur des spécifications de Jérôme Poncet et Gérard Janichon, du *Damien* – qui revenaient de leur tour du monde. Je cherchais une coque acier de 10 à 11 mètres, mais le *Damien II* étant à l'époque le seul bateau du marché à appendice relevable, les Damien m'ont convaincu de me faire construire un *Damien II*, malgré ses dimensions bien supérieures à ce que je cherchais.

Om a été construit entre janvier et juillet 1974 à Tarare, dans le Rhône.

Coque en forme en acier bordée avec recouvrements, protégée par sablage triple zéro et peinture Metagrip (Dox-Anode).

Déplacement en charge : environ 22 tonnes.

Longueur : 14,14 mètres ; largeur : 4,40 mètres.

Quille relevable contenant 4,2 tonnes de plomb, actionnée par un treuil de dépanneuse fonctionnant en 12 volts. Le treuil ne m'a causé absolument aucun problème ; il fallait prendre garde à ce que le câble acier s'enroule régulièrement autour du treuil, pour éviter qu'il ne s'écrase et se détruise contre le bâti où était fixé le treuil. Une seule fois la broche bloquant la quille en position basse s'est tordue, empêchant de remonter : il a fallu scier la broche (barre en acier doux de 40 millimètres de diamètre facilement remplaçable).

Gouvernail relevable verticalement.

Tirant d'eau : 90 cm quille haute, 3,30 mètres quille basse !

Gréement de goélette, haubans inox SARMA, mâts alu Nirvana, voiles Jean-Claude Loize (grand-voile à trois bandes de ris, génois medium – sans enrouleur – , génois léger, génois médium à bandes de ris, foc, tourmentin, trinquette génoise, petite trinquette, petit fisherman, grand fisherman, grande misaine – 80 mètres carrés – , plus une grand-voile suédoise).

Moteur diesel Renault Couach 80 CV.

Accastillage de pont Goiot, Barient.

Régulateur d'allure Aries Vane Gear (+ Autohelm 2000 de Djibouti à la France).

Aménagé par parties successives à Tarare, L'Estaque (74), Dakar (75), Abidjan (75), Kourou (76), Cairns (Australie, 78), Diego-Suarez (Madagascar, 79)…

Éclairage au pétrole sauf une lampe sur la table à carte (cadeau du regretté Jean Castel).

WC chimique Porta Potti. Réservoirs eau douce acier galvanisé, réservoirs fuel en acier.

Itinéraire parcouru : Rhône, Languedoc, Espagne, Gibraltar, Maroc, Grande Canarie, Mauritanie, Saint-Louis (Fleuve Sénégal), Dakar, Casamance, Abidjan, Île du Prince et Sao Tome, Gabon, Ogooué, Sainte-Hélène, Rio de Janeiro, Ilha Grande, Tristan Da Cunha, Bahia, Fortaleza, Îles du Salut, Grenadines, Saint-Vincent, Sainte-Lucie, Martinique, Dominique, Saintes, Testigos, Roques (Venezuela), Curaçao, Panama, Galápagos, Gambier, Tahiti, Îles Sous-le-Vent, Suvarov, Samoa U.S. Marshall, Kusaie, Ponape, Kapingamarangi, Papua Nouvelle-Guinée, Cairns, grande barrière (Australie), Bali, Christmas Island, Cocos Keeling, Chagos, Maldives, Madagascar, Glorieuses, Comores, Kenya, Djibouti, mer Rouge (Soudan, Égypte), canal de Suez, Rhodes, Cyclades, canal de Corinthe, Îles Ioniennes, Sicile, Italie, Corse, côte d'Azur, Rhône.

Om, rebaptisé Mazeppa est reparti, aux mains de Yannick Trancart (que j'avais connu à Bora Bora en 1977 quand il était équipier d'Éric Tabarly avec Titouan Lamazou, Philippe Poupon et Jean-Louis Étienne) faire un tour du monde tumultueux avec échouage en mer Rouge, typhon en Asie du Sud-Est, *knock-downs* entre le Horn et l'Antarctique… Puis il est revenu à Tarare, où il a séjourné longtemps au bord de la nationale, avant d'être racheté par un Belge, je crois, je n'ai pas de nouvelles depuis.

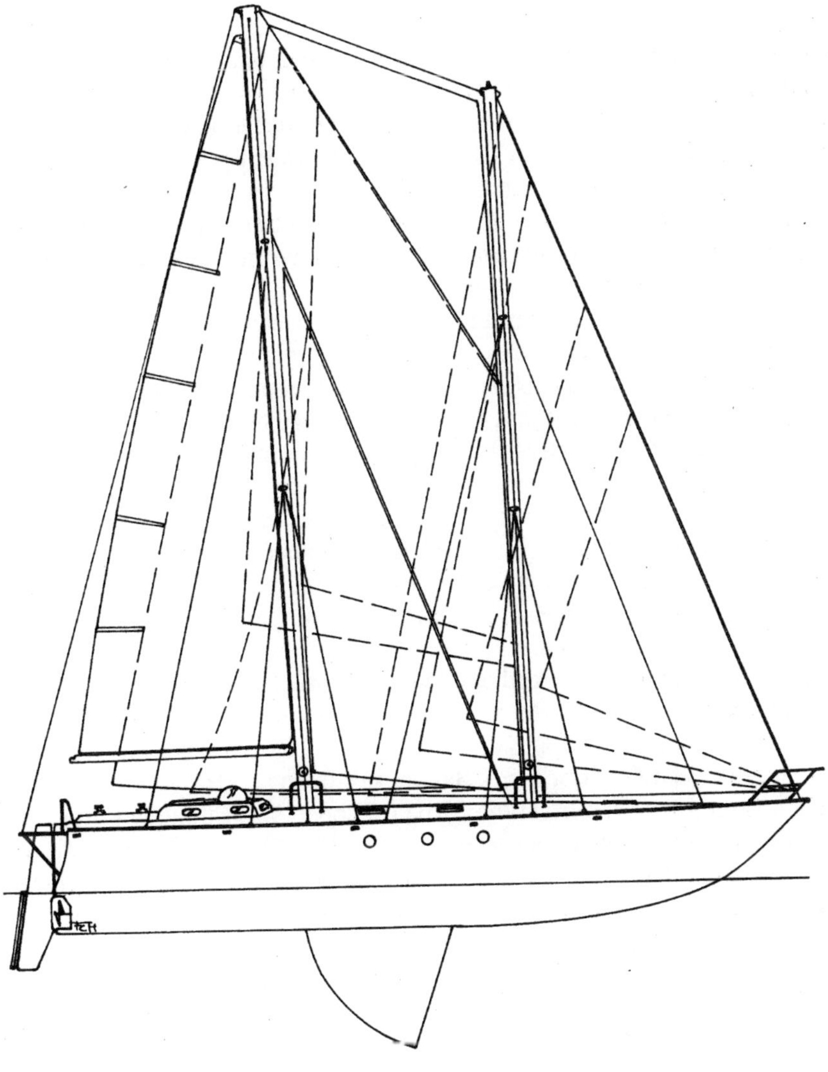

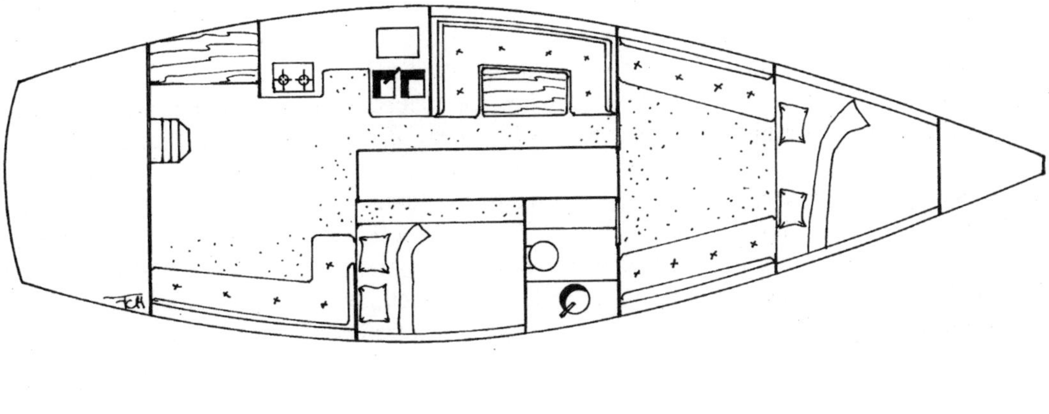

Voyage

Sloop en aluminium épais (procédé Strongall) dessiné par Michel Joubert.

Longueur 10,05 mètres.

Après en avoir pas mal vu pendant 6 ans avec les dimensions trop grandes d'*Om*, je rêvais devant tous les petits voiliers de 8 à 10 mètres qui ancraient près de moi ! Jo Fricaud, de Meta, m'avait adressé un courrier plein de mystère, me demandant si je serais prêt à tester pour le chantier un nouveau procédé de construction d'une solidité à toute épreuve et à l'abri de toute corrosion. Intrigué, j'étais allé à Tarare et Jo m'avait fait découvrir ce nouveau procédé, le Strongall, que Meta avait mis au point avec Michel Joubert. Il m'a fait rencontrer François Fèvre qui dirigeait la filiale, Prometa, qui se lançait dans cette aventure, et qui a construit *Voyage* puis *Banana Split*.

Dériveur à deux dérives relevables : la principale, en aluminium, profilée, remonte par rotation à l'aide d'un winch et d'un câble textile ; la seconde, en contre-plaqué plastifié, juste devant le gouvernail, descend verticalement en poussant une tige métallique, remonte seule par flottabilité ; elle sert surtout pour stabiliser le bateau au vent arrière (il est alors comme sur des rails) mais aussi lorsque le bateau est ardent au près. Bien sûr la géométrie de ces dérives était partiellement inspirée des recherches faites par Patrick Van God pour les *Trismus*, qui ont inspiré beaucoup de constructeurs de dériveurs français, comme les excellents *OVNI*.

Tirant d'eau : 80 centimètres dérives hautes ; 2,20 mètres dérive centrale basse.

Aluminium épais, œuvres vives protégées également par peinture Métagrip (Dox anode).

Mât Nirvana, gréement Sarma.

Peinture de coque : peinture acrylique (à l'eau !) brillante.

Voiles Jean-Claude Loize /TDM.

Moteur diesel Perkins 4108 (40 CV).

Accastillage de pont Goiot, winches Barient self-tailing.

Cuisinière à pétrole Sey, réfrigération type frigoboat, WC chimique Porta Potti.

Radar Raytheon, Sat Nav Shipmate.

Éolienne Hamilton Ferries, panneaux solaires Siemens.

Grand-voile à trois ris (plus voile de cape), génois sur enrouleur Proengin, foc Solent (self tacking), tourmentin, reacher puis spi léger avec chaussette.

Itinéraire parcouru : Roanne, canaux de France, Normandie, Bretagne, Charentes, canal du Midi, Languedoc, Espagne, Gibraltar, Maroc, Canaries, Îles du Cap vert ; Brésil : Recife, Bahia, Rio ; San Francisco do Norte, Îles du Salut, Petites Antilles, Îles Vierges, Puerto Rico, Rép. Dominicaine, Haïti, Bahamas, États-Unis, Québec (Saint-Laurent), États-Unis, Cuba, Îles Cayman, Panama, Costa Rica, Île Coco, Galápagos, Henderson, Pitcairn, Gambier, Tuamotu, Tahiti, Îles Sous-le-Vent, Mopelia, Tahiti.

Voyage a été vendu à Tahiti en 1987 à un ingénieur chimiste qui prenait une retraite anticipée, et qui treize ans plus tard navigue encore paisiblement entre la Polynésie, la Nouvelle-Zélande et Hawaii.

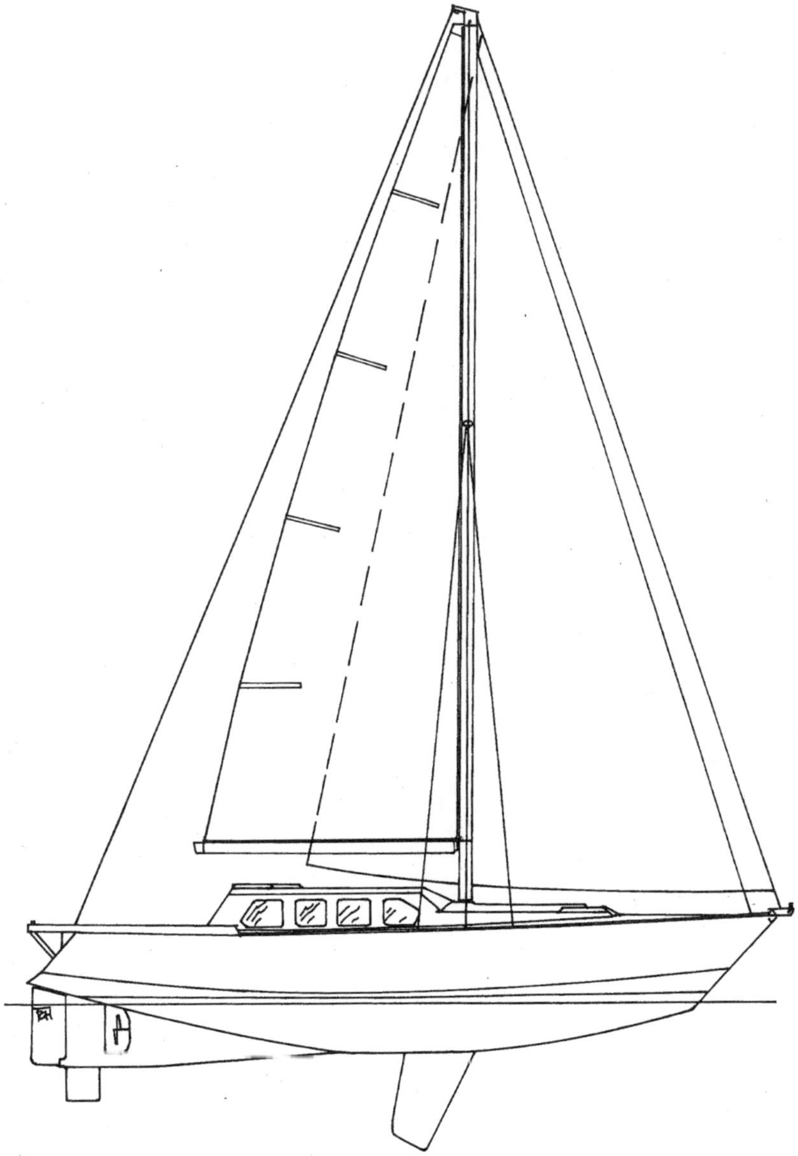

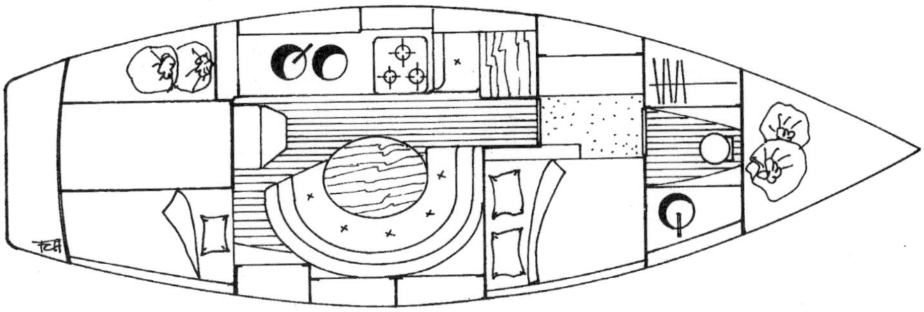

Banana Split

Catamaran en aluminium épais (procédé Strongall) dessiné par Michel Joubert et construit par Prometa (alors à 69170 Tarare, aujourd'hui à Saint-Raphaël)

J'ai raconté ailleurs comment la rencontre d'une famille heureuse sur un petit catamaran m'avait convaincu... Prometa se lançait justement dans cette aventure pour deux de ses clients.

Longueur : 12,43 mètres ; largeur : 6,48 mètres

Déplacement en pleine charge : environ 12 tonnes.

Deux dérives en rotation sur les flancs extérieurs des coques, actionnées par des bouts textiles et les mêmes winches qui servent aux écoutes.

Tirant d'eau dérives relevées : 0,90 mètre ; dérives basses : 2,10 mètres.

Coques en aluminium épais (fond 12 millimètres, côtés 10 millimètres) ; œuvres vives protégées par Métagrip (Dox Anode) ; œuvres mortes peintes à la peinture acrylique brillante à l'eau : j'avais choisi la couleur jaune bien avant d'avoir trouvé le nom du bateau, c'est la couleur qui me l'a suggéré.

Accastillage de pont Goiot, winches Barient, guindeau électrique Goiot.

Mât autoporteur à un étage de barres de flèche laqué des entreprises Maréchal. Gréement dormant Sarma.

Voilure TDM d'origine : grand-voile entièrement lattée à trois ris ; génois sur enrouleur Goiot ; foc self-tacking sur bas étai largable ; tourmentin ; spi avec chaussette. En 1999, nouveau génois sur enrouleur et spi UKSails.

Radar Furuno, GPS MLR ; pilotes automatique Autohelm (6000 puis 7000 principal, 3000 pour les belles journées) ; six panneaux solaires Siemens 55 watts.

Deux moteurs Perkins 30 CV remplacés au bout de 10 ans par deux moteurs Volvo MD2B 50 X2.

Cuisinière à gaz Force 10 ; deux WC Lavak ; convertisseurs 220 volts Prowatt ; réfrigération Frigoboat.

Itinéraire parcouru : Rhône, Languedoc, Espagne, Gibraltar, Portugal, Madère, Îles Selvagens, Canaries, Îles du Cap-Vert, Petites Antilles, Venezuela, Curaçao, Îles San Blas, Panama, Galápagos, Marquises, Tuamotu, Tahiti, Îles Sous-le-Vent ; Mopelia, Aitutaki, *Niue (en italique les trajets que Banana Split a faits sans moi, pendant que j'étais en tournage de l'autre côté du monde)*, Tonga, Fidji, Nouvelle Calédonic, *Vanuatu,* Îles Chesterfield, Australie : Cairns, grande barrière, Gove, Darwin, Ashmore Reef, Christmas Island, Cocos Keeling, Maldives, Seychelles, *Madagascar, Durban, Port Elizabeth,* Mossel Bay, Cap de Bonne-Espérance, Cape Town, Namibie, Sainte-Hélène, Ascension, Brésil : Fernando de Noronha et Fortaleza, Îles du Salut, Petites Antilles, Bermudes, Açores, Madère, Canaries (Grande Canarie, Tenerife, Gomera), Îles du Cap-Vert, Petites Antilles, Culebra, Puerto Rico, Rép. Dominicaine, Haïti, Cuba, Îles Cayman, Providencia, San Andrès, Îles San Blas, Panama, Galápagos (San Cristobal, Floreana, Isabela), Panama, Îles San Blas...

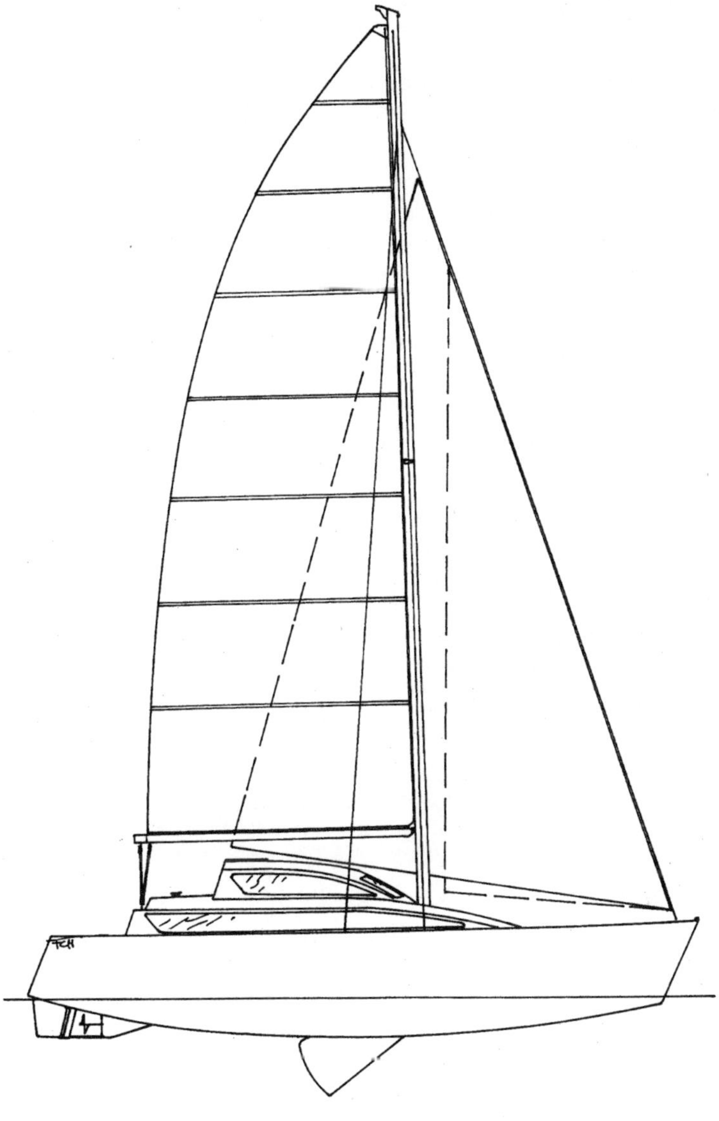

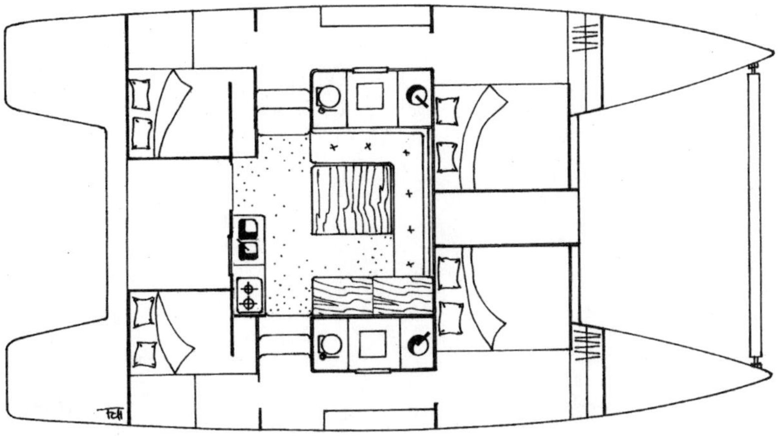

ESCALES

Juste pour le plaisir d'écouter chanter les noms des îles et autres lieux où j'ai eu le bonheur de faire escale un jour ou l'autre...

1. sur la goélette *Om*

1974

En Europe (départ)

Lyon, port de commerce
Collonges au Mont-d'Or, Paul Bocuse
Quai des Célestins, Lyon
Valence
Avignon
Port-Saint-Louis du Rhône
Marseille (Société nautique)
Carro
Croisière d'essais avec Michel Joubert et Marc Pajot :
Calanque de Sormiou
L'Estaque
Porquerolles, côtes N, S et port
Camarat
Saint-Tropez (Sénéquier et quai du Nord)
La Madrague (oui oui, chez Brigitte Bardot)
Île du Levant
Port-Grimaud
Cavalaire
La Girolata
Calvi
Cassis
Départ en solitaire :
Le Cap-d'Agde
Le Barcarès
Port-Vendres
Port-Lligat
San Feliu de Guixols
Barcelone
Tarragone
Vinaroz
Castellon de la Plana
Candia
Altea
Torrevieja
Carbonaras
Adra
Malaga
Puerto Jose Banus
Gibraltar

En Afrique

Tanger
Casablanca
Las Palmas
Puerto Rico, Grande-Canarie
La Guerra
Nouadhibou
Baie du Repos

1975

Phare de Gandiole
Saint-Louis
Passe du Sénégal
Dakar, baie de Hahn
Bassin des Torpilleurs
Gorée
Ndjolé
Elinkine
Carabane
Abidjan
Principe
Sao-Tomé
Cap Lopez
Fleuve Ogooué (trois escales)
Lambaréné
Port-Gentil
Sainte-Hélène

En Amérique du Sud

Rio yacht-club
Buzios, Ossos
Buzios, La Posada
Buzios, abri des chalutiers
Buzios, baie du Belge Tombé
Paqueta
Urca
Saco do Ceu
Macacos
Parati
Paratimirim
Île Déserte, baie d'Ilha Grande
Port d'Angra
Yacht-club d'Angra
Angra chantier
Jaguanum
Vigia Pequena

1976

Blacksand Beach (Tristan da Cunha)
Edinburgh (Tristan da Cunha)
Salvador Y.-C.
Mercado Modelo
Aratu
N.S. de Guadalupe
Itaparica, le port
Itaparica, établissement thermal
Cascade
Fleuve Désert
Cachoeira
Maragogipe
Coroa
Ilha do Frade
Unimar
Loreto
Fortaleza
île Royale (Guyane)
Kourou
Île Saint-Joseph
Île du Diable

Caraïbes

King's Bay, Tobago
Scarborough, port
Scarborough, rade
Hillsborough, Carriacou
Tyrell's Bay, Carriacou
Clifton, Union Island
Mayero
Tobago cays
Cannouan
Admiralty, Bequia
Wallilabou, Saint-Vincent
Petit Bordel, Saint-Vincent
Castries, Sainte-Lucie
Marigot Bay
Fort-de-France
Grande anse d'Arlet
Club. Méd. Boucaniers
Jumbo
Terre de Haut

1977

Petit Nevis
Les Deux Pitons
Mustique
Cumberland
Anse Mitan, Martinique
Anse à l'Âne, Martinique
Anse du Four, Martinique
Village d'Arlet
Testigos (Iguana)
El Roque (aéroport)
El Roque, village
Roques, île déserte
Curaçao
Cristobal, the flats
Cristobal Y.-C.

Océan Pacifique

Flamengo Island
Taboguilla
Plage de Taboga
Stephens Bay (Galapagos)
Wreck Bay (Galapagos)
Gardner Island (Galapagos)
Punta Suarez, île Hood (Galapagos)
Post Office Bay, Floréana (Galapagos)
Mangareva, Gambier
Totegegie, Gambier
Tautiraa, Tahiti
Quai de la ville, Papeete
Chantier Ellacott
Cale de Halage
Auberge du Pacifique, Punaauia
Avec Titou :
Port Phaeton
Tahaa, Baie Hurepiti, fare Morillot
Tahaa, Baie Hurepiti, le dragon
Tahaa, Baie Hurepiti, coin abrité
Motu desert Tahaa
Bora Bora, Vaitape
Bora Bora, île du S.W.
Bora Bora, motu de l'est
Bora Bora, hôtel Bora Bora
Bora Bora, Club Méditerranée
Bora Bora, c Piscine >
Bora Bora, passage
Bora Bora, mouillage Pen Duick
Suvarov, sept îles
Suvarov, Anchorage Island
Pago-Pago, port
Pago-Pago, barges
Pago-Pago, baie
Majuro, Eastern Gateway
Majuro, Marina

1978

Jaluit, Jabor
Kusaie, Lélé Harbor
Pompe, barge coulée
Kapingamarangi, Souhou
Kapingamarangi, Île longue
Kapingamarangi, Île tranquille
Kapingamarangi, passe
Kapingamarangi, Ueru Island
Kapingamarangi, épave du cargo
Port-Breton, Nouvelle-Guinée
Rabaul Y.-C.
Kerawara
De nouveau en solitaire :
Rabaul, baie sud
Misima
Bagaman, Louisiade
Australie
Cairns, quai
Cairns, Cruising Yacht squadron
Cairns, piles
Cairns, hard standing area
Port Douglas
Port Douglas slipway
Broomfield river, barre
Broomfield river, intérieur
Hope Is.
Cape Flattery
Lizard Island
Bewick I.
Flinders I.
Hannah I.
Night I.
Portland Road
Shelburne Bay
Shelburne Beach
Escape River
Adolphus I.
Thursday Island
Booby Islet

Océan Indien

Lombok

Bali, Benoa
Bali, banc de sable
Xmas Island
Cocos Keeling, passe
Cocos Keeling, Direction Island
Diego Garcia, Éclipse Bay
Diego Garcia, Rambler Bay
Diego Garcia, East Point
Male Harbour, Maldives
Farukolufushi, Club Méditerranée

1979

Furanafushi
Hembadu
Avec Titou :
Khanifinolu
Asdou
Difuri
Mamadu
Île Sans Nom
Khanifuri (Fadiffolu atoll)
Nord Fadiffolu atoll
Ma faro (Miladoumadoulou), village
Ma faro (Miladoumadoulou), passe
Ga faro
Tulagiri
Récif près de Furana
Vadu
« Titou Island »
Maldivian Hongkong
Amburi
Nord Mulaku atoll
Munafuri
Kedere (Huadou atoll)
Havaru (Huadou atoll)
Tinadu (Huadou atoll)
Mainadu (1 et 2)
Abuhera, près ponton (Addu atoll)
Abuhera, plage
Firhidu hera
Firhidu plage
Hittadu
îlot vers Fedu
Hittadu, ponton
Huludu
Gan Abuhera sud
Fedu
De nouveau solitaire :
Diego Garcia Y.-C.
Egmont Islands
Diego Suarez, Madagascar, capitainerie
Diego Suarez, Ramena
Diego Suarez, plage
Diego Suarez, CMDM
Diego Suarez, baie du Jasmine
Île des Lépreux, Diego
Nosy-Hao, Madagascar
Ampasindava
Île aux 4 Filaos
Nosy-Lava
Port-Saint-Louis
Le Yéti o
Hellville, port
Baie du Cratère
Tsarabajina
Grande Mitsio
Glorieuse, rade
Glorieuse, lagon
Glorieuse, Birds Island
Glorieuse, grand lagon
Mayotte
Mayotte, jules Verne
Mutsamudu
Mombasa, fleuve
Mombasa, plage
Mombasa, carburants
Mombasa, jetée
Djibouti, club nautique
Mouillage des boutres, golfe de Tadjura
Baie de l'Étoile
Grande île du Diable
Île Musha, plage
Île Musha, baie de la Charente
Île Musha, lagon
Musha, banc des PD
Musha, Air France
Musha, échouage du banc des PD

1980

Mer rouge avec Titou :
Grande Hanish
Djebel-Zuqar
Djebel-Zubayr
Khor Nowarat
Khor Nowarat, baie du NW
Tella Tella Kebir
Tella Tella Seghir
Two Islets
Suakin, vieille ville
Suakin, quarantaine
Marsa Ata
Port Sudan
Sanghaneb
Marsa Fijab
Marsa Salak
Khor Shin'ab
Ras Honkorab
Récif au large Marsa Alam
Safaga
Hurghada
Magawish
Récif entre Shaker et Tawila
North Queisum
South Queisum
Oum el Kiaman
Suez
Ismaïlia
Canal

Méditerranée (au retour)

Port-Saïd
Rhodes
Symi
Kos
Kalymnos
Amorgos
Mykonos
Delos
Siros
Cap Sounion
Vouliagmeni
De nouveau seul :
Kalamati (entrée canal de Corinthe)
N. golfe de Corinthe
Patras
Zakynthos
Cephalonie
Syracuse (quai)
Syracuse (canal)
Vibo Valentia Marina
Cetraro
Ischia
Ventotene
Fiumicino
Elbe, Marina di Campo
Macinaggio
San Remo
Saint-Tropez
Pointe de Bonne-Terrasse
Saint-Mandrier
Rade de Toulon
Frioul
Marseille, Nautique
Marseille, vieux plongeur
Ecluse Port-Saint-Louis
Arles
La Courtine
Saint-Étienne-des-Sorts
L'Épervière
Écluse de l'Île-Barbe
Port Edouard-Herriot

... et retour à Tarare.

2. sur *Voyage*

Avec Titou :
Roanne
Digoin
Impossible de se rappeller autre chose que quelques escales sur les voies d'eau intérieures, d'autant que par souci de tranquillité, on s'amarre souvent en pleine nature, dans des endroits qui n'ont pas de nom connu.
Decize
Étang de Baye
Clamecy
Auxerre
Boissise
Paris Austerlitz
Paris Quai de Grenelle
Maisons-Laffitte
Mantes-la-Jolie
Île de la Madeleine (île Maîtresse)
Les Andelys
Rouen
Honfleur
Le Havre
Ouistreham
Îles Saint-Marcouf
Barfleur
Cherbourg
Aurigny : Sainte-Anne
Aurigny Baie du Sud
Jersey Saint-Hélier
Sark
Le Havre de Rothéneuf
Les Minquiers
Saint-Malo
Estuaire de la Rance
Dinan
Saint-Quay Portrieux
Aber Wrach intérieur
Abec Wrach mouillage extérieur
Camaret
Audierne
Rivière de Pont l' Abbé
Île Tudy
Port La Forêt
Groix Port Lay
Lorient
Noirmoutiers l'Herbaudière (Janichon)
Saint-Gilles-Croix-de-Vie
Fier d'Ars
La Rochelle
Les Minimes (Grand pavois 81)
Île d'Aix
Port Bloc
Royan
La Coubre
Bonne Anse
Bordeaux
Cadillac
Nombreuses escales sur le canal du Midi, (même remarque que pour les canaux du centre, nivernais et latéral à la loire), dont :
Saint-Jory
Toulouse écluse Bayard
Ecluse de l'Océan (bief de partage)
Villepinte (pour cassoulet à Castelnaudary)
Carcassonne
Canal de l'Orviel
Écluse de Raonel
Sallèles bassin de radoub
Narbonne
Port la Nouvelle
Cadaques
Estartit
Palamos
Ibiza
Espalmador
Altea marina
Cabo Roig
Mar Menor
Baie de la Subida (Yasettance)
Almeria
Almerimar
Motril
Fuengirola
Cabo Pino
Gibraltar
Ceuta
Tanger
Casablanca
Al Jadida
Jorf Lasfar
Safi
Agadir
Arrecife
Playa Papagayo
Playa Blanca
Île Lobos
Gran Tajaral
Jandia
Pasito Blanco,Gran Canaria
Gran Canaria Passito Blanco
Santa Maria, Ilha do Sal
Baie de Mordeira
Tarrafal de Sao Nicolau
Santa Lucia

Mindelo
Recife yacht-club
Recife Cabanga
Baie au sud de Récif
Îlot São Aleixo
Salvador Mercado Modelo
Itaparica
Îlot sans non
Tororo
Cascade sur rio Cachoeira
Cachoeira
Escales vers Nazaré
Nazaré
De nouveau seul :
Rio San Francisco do norte, entrée
Penedo
Autre mouillage Rio
Maceio
Cabanga Recif
Cabanga Maria Farinha
Banc de sable entrée
Île Saint-Joseph
Île Royale
Île du Diable
Guadeloupe Petite Terre
Guadeloupe Saint-François
Avec Titou :
Marie Galante Saint-louis
Marie Galante Baie des Irois
Les Saintes, Terre de Haut
Les Saintes Îles Cabrit
Les Saintes Pompierre
Les Saintes Pain de sucre
Guadeloupe Basse Terre
Guadeloupe Îlet Pigeon
Guadeloupe baie club med plongée
Guadeloupe Deshaies
Antigua English Harbour
Green Island
Great Bird Islet extérieur
Great Bird intérieur
Marina Crabbs
Abri mangrove Parham harbour
Antigua Saint-John
Five island harbour
Mouillage récif nord
Long Island
Barbuda Spanish Point
Redonda
Montserrat, Plymouth
Montserrat Old Road bay
Nevis, Charles Town
Saint-Kitts Basse Terre
Saint-Kitts Shitten bay, Salt Pond
Saint-Barth baie du Colombier
Exterieur port
Intérieur port
Anse de Marigot
Fourchue
Anse Marcel
Grand Case
Marigot
Tintamarre
Simpson Bay
Anguilla Road Bay
Anguilla Island Harbour
Anguilla Crocus bay
Anguilla Sandy Island
Virgin Gorda Marina
The Baths
Us Virgins Saint-Thomas, Saint-James Bay
Puerto rico :San Juan
Rep. Dominicaine : Puerto Plata
Haïti : Cap Haïtien
Labadie
Ibo beach
De nouveau seul :
Gonave
Môle Saint-Nicolas
Bahamas : Great Inagua
Atwood Harbour
Id interieur
Portland Harbour
Little Harbour
Clarence Hr
Strachan Cay
Baie sud Clarence
Conception I.
Red Shank Cay
Georgetown
Stocking I.
Children's Bay C.
Exumas 2
Exumas 3
Staniel C.
Pipe Creek
Warderick Wells
Hawksbill C.
Club Med Nassau
Chub Cay
Gun Cay
U.S.A. Miami douane
Miami Marina
Fort Lauderdale
ICW 2
Fort Pierce
ICW 3
Port Canaveral
Cocoa river
N 30° parallèle
ICW
ICW
Savannah
32°08
Charleston
20 Mi avant Morehead City
Cedar Creek
ICW
Great Bridge
Chesapeake 1
Solomons
Oxford (choptank river)
Annapolis
Entrée canal C &D
Delaware Bay
Cape May
Atlantic city
ICW
Sandy Hook
New York 119th street
East Hampton
Newport, R.I.
Plymouth
Jewell I., Maine
Tennant Hr, Maine
Donald Head, Nova Scotia
Shelburne
Brooklyn
Liverpool
Halifax
Canso
Lacs Bras d'Or 1
Lacs Bras d'Or 2
North Sydney
Saint-Pierre-et-Miquelon
Miquelon
Canada : Terre Neuve : Port aux Basques
Québec : Cap aux Meules
Havre-Aubert
Cloridorme
Sainte-Anne-des-Monts
Les Méchins
Île du Bic
30 Mi en aval de Saint-Roch
Saint-Roch des Aulnaies
Diverses escales Saint-Laurent
Marine de Montréal
Île sur le fleuve avec vaches
Hostellerie des trois tilleuls
Rivière Richelieu
Saint-Paul de l'île aux Noix

1985

U.S.A.Rouses Point Lac Champlain
Lac Champlain 1
Lac Champlain 2
Lac Champlain 3
Charlotte
Parc Public
Port Henry
Ticonderonga
Première écluse
Dernière écluse
Castleton on Hudson
Hudson avant NY
Barnegat Inlet
The Still Pond
Baltimore
Mayo
Little Choptank
Crissfield
Norfolk
ICW
Beaufort
85 Mi plus au sud
Marais sur l'ICW
Kilkenny
Marina sur l'ICW
S. Augustine
ICW
Hobe Sound
Indian river
W. Palm Bch
Ft Lauderdale
Bahamas : West End
Double Breasted C. int
Double Breasted C. ext
Grand Cay
Mangrove Island
Abacos 2
Abacos 3
Abacos 3
Green Turtle Cay
No Name Cay
Elbow Cay
avant Lynyard
Lynyard Cay
Royale Island
Harbour Island
Harbour I. Lagon
Man-o-war
Gt Guana
U.S.A.W. Palm Beach
Fort Lauderdale Citrus road
Avec Titou :
Miami sud
Barnes Sound

Autres mouillages dans les Keys

Key Largo
Key West
Marquesas Keys
Cuba Marina Hemingway
Ouest Île Juventud
Cayo Rosario
Cayo Largo, Marina
Cayo Largo, Sirena
Ponton Sirena
Echouage Sirena
Grand Cayman, South Sound
Baie côte sud
Panama : Cristobal,the Flats
Panama Canal yacht Club
Balboa
Bahia Honda
Isla Gamez
Île rocheuse sud Gamez
Cocos Wafer Bay
Chatham bay
Galapagos : Tower Island
Plaza Islets
Academy Bay
Elisabeth Bay
Henderson I.
Pitcairn, the Rope
Pitcairn, Bounty Bay
Polynésie française : Gambier, Rikitea
Gambier, Taravai
Gambier, Akamaru
Gambier, Aukena
Gambier, Totegegie
Hao (accès interdit !)
Makemo
Tahanea
Faaite
Puunui Marina
Tahiti Quai Papeete
De nouveau seul :
Tahiti, Baie de Port Phaeton
Tahiti Jardin Botanique
Tahiti baie sud
Tahiti passe Taapuna
Tahiti mouillage Maeva
Marina de Mataiea
Les Pirates
Maeva Beach
Moorea : Vaiare
Moorea Baie de Cook chez JM Dallet
Huahine passe SE
Huahine long motu est
Huahine Fare
Huahine Baie d'Avea (Relais Mahana)
Raiatea Uturoa
Raiatea Apooiti
Raiatea Faaroa
Raiatea chez Henriette Winckler

Raiatea Motu nao Nao
Raiatea Motu rond Henriette Winckler
Tahaa Marina Iti
Tahaa baie Hurepiti (Vanilla Tours)
Tahaa village
Tahaa Motu ouest
Tahaa Motu NW
Tahaa, motu du nord
Tahaa, motu Vahiné
Tahaa, motu passe est
Bora Bora yacht-club
Bora Bora bassin des sous-marins
Bora Bora Motu Paul Emile Victor
Bora lagon est Ioane de Kat
Bora Bora autre motu PEV
Bora Bora lagon sud
Bora Bora Vaitape
Bora Bora, Baie Sud
Bora Bora, Oasis du Lagon
Bora Bora future Méridien
Bora Bora ilot Toopua
Maupiti est passe
Maupiti lagon nord
Maupiti village
Mopelia Îles oiseaux
Mopelia sud
Mopelia face passe.

3. sur *Banana Split*

1989

Villefranche
Les Roches de Condrieu
Avec Titou :
Valence
Viviers
Avignon
Arles
Aigues-Mortes
Le Grau du Roi

1990

Port-Camargue
Le Cap d'Agde
Canet Plage
Baie au nord du cap Creux
San Feliù de Guixols
Diverses escales Espagne
Andraitx, Majorque, Baléares
Espalmador
Formentera
Autres escales Espagne
Mar Menor
Malaga
Almerimar
Gibraltar
De nouveau seul :
Algesiras
Barbate de Franco, Espagne
Puerto Sherry
Guadalquivir
Séville, club nautique Gelves
Coto de Doñana
Vilamoura Marina, Portugal
Porto Santo
Madère, Ensa da Abra
Madere, Funchal
Ilha Selvagem grande
Santa Cruz de Tenerife
Puerto Mogan Grande Canarie
Mindelo Îles du Cap-Vert
Antigua English Harbour
En famille :
Green Island
Quai Macy's
Long Island

1991

Petite Terre
Saint-François
Marie Galante
Saintes
Dominique
Martinique
(Diverses escales jusqu'à Grenade, dont :)
Bequia
Salt Whistle Bay, Mayereau
Tobago Cays
Union
PSV
Île Ronde
Grenade Carénage
Grenade Secret Harbour
Autres mouillages Grenade
(Diverses escales lors du retour vers le nord)
Marina Bas du Fort, Guadeloupe
English Harbour
Great Bird Islet
Crabbs marina
Barbuda Spanish Point
Barbuda côte ouest
Statia (Tournage Thalassa)
Saint-Barth
Colombier
Fourchue
Saint-Martin, oyster Pond

1992

(Tournage film Caraïbes)
Saint-Martin Oyster Pond
Fourchue
Saint-Barth
Nevis
Deshaies
Guadeloupe Îlet Pigeon
Guadeloupe Basse terre
Les Saintes Terre de haut
Les Saintes Pain de sucre
Dominique Portsmouth
Martinique : Saint-Pierre
Fort de France
Anse Mitan
Anse noire
Anse du four
Petite Anse d'Arlet
Grande Anse d'Arlet
Village d'Arlet
Sainte-Lucie Marigot Bay
Deux Pitons
Bequia, Admiralty Bay
Petit Nevis
Mustique
Mayereau, baie sud
Tobago cays
Union, baie ouest
Union Island Clifton Harbour
De nouveau seul :
Los Testigos
Margarita
Puerto La Cruz

1993

La Herradura
Los Roques, Gran Roque
Los Roques Noronqui de Ariba
Los Roques Cayo Carenero
Aves de Barlovento, Mangrove
Aves de Sotavento, récif
Id Long Island
Id Round island
Curaçao Spanish Waaters
San Blas :
Cayo Olandes
Coco Bandero
Farewell Islands
Tigre
Azucar
Rio Sidra
(et autres mouillages)
Panama : Playa Blanca
Panama Canal yacht-club
Balboa yacht-club
Perlas Contadora
Perlas San Jose
Galapagos Santa Cruz
Polynésie française
Marquises : Fatu Hiva Baie des Vierges
(tournage Polynésie)
Fatu Hiva Baie d'Omoa
Hiva Oa Atuona
Tahuata
Hiva Oa baie Nicolas
Nuku Hiva Taipi vai
Nuku Hiva Taio Hae
Marquises (Ua Pou)
Tuamotu : Rangiroa Kia Ora
(Makatea) (passé devant)
Tahiti Papeete
Tahiti Marina Taina
Moorea Vaiare
Huahine Fare
Huahina Relais Mahana
Huahine Hana Iti
Raiatea Uturoa
Tahaa Marina Iti
Tahaa Baie Hurepiti
Bora Bora yacht-club
Bora Bora Lagon est
Raiatea Marina Apooiti

1994

Bora Bora yacht-club
Avec famille et Philippe, équipier (le capitaine venant de se casser la jambe au Vietnam) :
Mopelia
Îles Cook : Aitutaki
(sans moi, Philippe seul : Niue)
avec Philippe :
Tonga, Neiafu
Divers mouillages Vava'u
Tonga, Haapai
Fiji, Suva
Fiji, Récif Astrolabe
Fiji, Malolo Lai Lai
Fiji, Lautoka
Fiji, Navandra
Fiji, Malakati
Diverses autres Fidji
Seul à nouveau :
Nouvelle Calédonie, Nouméa
Port Koubé
Baie Ire
Île Ouen, anse du Pilote
Baie de Prony, divers, dont :
Bonne Anse
Baie du Carénage
Îlet Casy
Îlot Montravel
Nombreuses escales en route vers l'île des Pins, dont
Îlot Mato
Îlot kouaré
Îlot Ndié
Île des Pins, Kuto
Kanumera
Îlot Brosse
Îlot Moro
Baie de Uamaeo
Baie de Gadgi, extérieur
Id, intérieur
Lagon à l'ouest
Baie d'Oro extérieur
Îlot dans baie d'Oro
Îlot Uage
Fond baie d'Oro
Port Vao
Baie d'Upi extérieur
Baie d'Upi, intérieur
Sortie lagon sud
Nokanoui
Devant Nouméa :
Îlot Bailly
Îlot uéré
Îlot rond lagon sud

1997

Îles Chesterfield
Australie :
Fitzroy Island
Mission Bay
Cairns, Trinity Inlet
Cairns, Commercial Dock
Cairns, Smiths Creek
Bloomfield River
Diverses escales Grande Barrière, dont :
Morris Islet
Flinders
Lizard
Margaret Bay
Shelburne Bay
Cape York
Red Island
Gove
Mouillage Hole in the wall
Darwin Cullen marina
Ashmore reef
Île Christmas
Îles Cocos(Keeling), Direction Island
(traversée Cocos-Maldives :

Philippe sans moi)
Seul ou avec Mohammed Ali :
Maldives, Malé
Farukolufushi, Club Med
Difushi
Asdu
Récif passe nord
Île nord mohammed Ali
Guraidu
Rihiveli extérieur
Rihiveli intérieur
(sans moi, traversée Maldives Seychelles)
Seul à nouveau :
Seychelles, Île Mahé, Victoria
Île Mahé, Anse Beauvallon
Île Mahé, Parc Sainte-Anne
Île Mahé, anse Lauzier
Île Mahé, anse du riz
Île Mahé, autre anse au sud ouest
Îlet Cousin
Praslin, anse Lazio
Praslin, anse Côte d'Or
Praslin, anse Marie Thérèse
Île la Digue
Îlet Coco
Grande sœur
Petite Sœur
Îlets Saint-Pierre
Amirantes, Desroches
(escales à Madagascar et de Durban à Mossel Bay : Philippe sans moi)

1998

Seul à nouveau :
Mossel Bay
Capetown yacht-club
Lüderitz, Namibie
Sainte Hélène
Ascension Island
Fernando de Noronha
Fortaleza, Hôtel
Îles du Salut, île Royale
Antilles :
La Barbade, port en eau profonde
La Barbade, Clarence Bay
Martinique, le Marin
Martinique, Anse à l'Âne
Les Saintes
Antigua, Mosquito Cove
Jolly Harbour, marina
Pelican Island
Barbuda, Spanish Point
Saint-Barth, Gustavia
Saint-Martin, Oyster Pond
Bermudes : Saint-Georges, Hen Island
Saint-Georges, quai
Ports Island
Hamilton
Açores : Florès, Lajes
Horta, Faial
Pico : Cala do Pico
Terceira : Angra do Eroismo
San Miguel : Punta Delgada
Madère : Porto Santo
Baia de Abra
Funchal
Ilha selvagem Paqueña
Canaries : Tenerife, ensa de Antequera
Gran Canaria : Puerto de Mogan
Tenerife : Los Cristianos
La Gomera
Îles du Cap-Vert : Ilha do Sal, Baia da Palmeira
Sao Nicolau, Tarrafal
Santo Antao, Porto Novo
Sao Vicente : Mindelo, Porto grande
Antilles : Saint-Barth, Baie de Colombier
Saint-Martin, Oyster Pond
Marigot

2000

Saint-Martin, Oyster Pond
Tintamarre
Porto Rico : Culebra, Baia Honda
Culebra, Baie Almodovar
Culebrita
Culebra, Baie Flamencos
Luis Peña
Culebra côte W
Culebra, Ouest de Dewey
Vieques, baie Icacos
Marina de Puerto el Rey
Île des singes
Ponce
Récif de la baie de Parguera
Boqueron
Mayagüez
Mona Island
République Dominicaine : La Romana
Boca Chica, D.R.
Isla Beata, D.R.
Haïti, Île à Vache
Cuba Cayo Caguama
Cayo Cachiboca
Cayo Anclitas
Cienfuegos
Ensenada Caballones
Cayo Blanco de Zaza
Cayo Algodon Grande
Megano de Bergantines
Cayo Caballones
Cayo Rosario au vent
Cayo Rosario sous le vent
Cayo Cantiles
Cayo Rosario, passe
Los Ballenatos
Cayo Largo, marina
CayoLargo, Playa Sirena
Grand Cayman port
Colombie : Providencia
San Andrès, yacht-club
Cayo de l'Este
Panama : San Blas, Porvenir
San Blas, Cayos Limon
San Blas, Salar
San Blas, Tuborgana
San Blas, Kuanidup
San Blas, Orduptarboat
San Blas, Green Island
San Blas, Kuadule
San Blas, East Coco Bandero
San Blas, West Holandes
San Blas, Nuinudup (6 cocotiers)
Portobelo
Cristobal yacht-club
Pedro Miguel yacht-club
Balboa yacht-club
Galápagos : Baie Stephens, Leon Dormido, San Cristobal
Puerto Baquerizo Moreno, San Cristobal
Post Office Bay, Floréana
Villamil, Isabela
Santa Cruz
Panama :Puerto Armuelles
Isla Gamez panama
Isla Coiba
Isla Gobernadora
Playa Benao
Isla Pedro Gonzales, Don Bernardo, Perlas
Pedro Gonzales, Ensenada Honda
Isla La Vientana, Perlas
Isla Flamengo, Panama
Balboa yacht-club
Pedro Miguel Boat Club
Panama Canal yacht-club
Islas Naranjo
Playa Blanca
Isla Linton
Isla Grande, chenal
Isla Grande, baie SW
Ensenada Indio
Jose Pobre

2001

Jose Pobre
Isla Grande
San Blas : Coco bandero est
Orduptarboat
Mouillage des gros poisssons
Nargana
West Coco
Tuborgana
Kuanidup
Rio Sidra
Yansaladup
Chichimé
Piscine est Yansaladup
Mauqui famille Robinson
Banerdup
Etc.

4. sur d'autres bateaux ou autrement

À trois ans, rentrant de Madagascar :
Tamatave
Suez
Marseille (je ne me rappelle pas les autres escales !)

Enfant sur le *De Grasse*, l'*Île-de-France*, le *Liberté* :
Le Havre,
Southampton,
New York

Sur bateaux locaux :
North Sydney (Nouvelle-Écosse)
Saint-Pierre
Miquelon
Langlade
Terre Neuve : Fortune

De 10 à 15 ans sur paquebots ligne Afrique Occidentale :
Palma de Majorque
Alger
Casablanca
Dakar
Conakry
Abidjan
Lomé
Cotonou
Douala

Sur un yacht à moteur de 30 mètres, *Crin Bleu*, que mon « manager » m'avait fait louer pour une tournée l'été des « Élucubrations », et qui est resté dans mes souvenirs comme le « bateau de la haine » : c'était du show business, et tout le monde se détestait !
Cannes
Saint-Tropez
Le Grau du Roi
Je ne me souviens de rien d'autre !

Sur le *France*, pour un reportage, en 1972
Le Havre
Southampton
New York

Sur mon premier voilier, un dériveur en contreplaqué prenant l'eau, nommé Kiva, 1969
Boulouris
Port Saint-Raphaël
Saint-Tropez

Sur le Raph (skipper Régis Théolier)
Saint-Raphaël
Bouée quelque part entre la Corse et le continent

Sur mon premier croiseur de location (un Estuaire Grande Croisière loué à Golfe-Juan, été 1970)
Entre autres escales :
Golfe-Juan
Calvi
Girolata
Lavezzi
Sardaigne Liscia di Vacca
Cala du Volpe

Sur un beau yawl en bois loué pour une croisière en Grèce (Été 1971)
Patras
Canal de Corinthe
Hydra
Mykonos
Delos
Santorin
Cythère

Messine (là, j'avais abandonné à jamais la navigation à voile !)

Sur mon premier voilier de location en solitaire (août 1973) :
Golfe-Juan
Île Sainte-Marguerite
Saint-Tropez

Sur mon premier voilier de location en solitaire en Atlantique, un *Brise de Mer*, Octobre 1973 :
La Vilaine : Tréhiguier
Île Dumet
Houat
Belle Île, le Palais
Île d'Yeu : Port-Joinville
Les Sables d'Olonne
Le fier d'Ars
Les Minimes
Noirmoutier

Sur le catamaran d'Yves Pajot (été 1977) :
Le Croisic
Auray
Houat (le temps d'un kouign aman matinal)
Pornic

Sur un Évasion 32 prêté par Annette Roux, Bénéteau, vers 1978 :
Saint-Gilles-Croix-de-Vie
Île d'Yeu, Port-Joinville
Île d'Yeu, La Meule

Sur *Club Med One*, 1992
Jost van Dyke, Virgin Islands

Tournage Océan Indien, 1992 : catamaran Privilège, cata *Océan Indien*, etc.
Mahé, Seychelles
Praslin, Plage Côte d'Or
Praslin, le Port
Îlot Chauve-Souris
Île Coco
Grande sœur
Petite Sœur
Île Saint-Pierre
Îlet Cousin
Île la Digue
Île Denis (en avion)
Desroches
Îlot Bijoutier
Fraquhar, passe
Id ; Lagon
Nossy bé, Hellville
Nosy Komba
Tanykely
Ankarea
Grande Mitsio
Nosy lava
Nosy Hao
Nosy Hara
Grande Glorieuse
Mayotte : Dzaoudzi
Anjouan : Mutsamudu (en avion)

Tournage Polynésie : sur le bateau du fils de Serge Arnoux
Rangiroa, Lagon Bleu
Rangiroa, baie des sables
Rangiroa Kia Ora sauvage

Phuket avec *Simpatico* et Jonque (Tournage Indochine, 1995)
Baie Sud Phuket
Ko Phi Phi Don
Maya Bay
Ko Hong
Krabi
James Bond's Island
Phang Nga
Fleuve baie Phang Nga

En bateau local (même tournage)
Ko Samui
Ang Tong Park
En Jonque : Vietnam, îles de la Baie d'Ha Long

Sur *Club Med II* au Vanuatu, Tournage Océanie 1995
Port Vila
Mallicolo SW Bay
Santo
Ureparapara (Banks Islands)
Tanna

Sur *Diabolo Citron*, Cat Flotteur de Monique et Roger Baltzer, 1996
Cannes
Île Saint-Honorat
Île Sainte-Marguerite
Saint-Tropez
Île du Levant
Port Man
Port Cros
Porquerolles
Calanque de Sormiou
Les Embiez
Bendor
Calanque de Figuerolles
Îles du Frioul
Château d'If

Sur un catamaran Calvi Marine, tournage *Îles de France*, 1996
Calvi
Marina d'Elbo
Gargalu
Girolata
Cargese
Ajaccio
Bonifacio
Île Cavallo, le port
Baie est
Îles Lavezzi
Île Rousse
Plage de Saleccia

Charentes, Vendée, Bretagne avec catamaran Fountaine Pajot, 1996
Les Minimes
Île d'Oléron, port côte est
Saint-Martin- de-Ré
Fier d'Ars
Ars en Ré
Île d'Yeu Port-Joinville
Anse de la Meule
Le Vieux Château
Mouillage côte sud
Belle Île : l'Apothicairerie
Ster Vraz
Ster Wenn
Le Palais
Goulphar
Port Coton
Groix : Port Tudy
Les Glénans : Grande île
Bananec
Concarneau
Île de Sein
Houat
Hoëdic
Port-Navalo

Sur la *Granvillaise* tournage Îles de France, 1996
Granville
Chausey

Îles Vierges sur *Patouche 2* : (tournage Grandes Antilles, 1996)
Îlot Stevenson

En petit avion Cessna à deux : tournage Grandes Antilles (1996) :
Turks & Caicos :Providenciales
Grand Turk
Tortola
Saint-Thomas, Charlotte Amalie

Sur un petit voilier Moorings, aux Baléares (tournage 1998)
Ibiza : Ibiza
Baie au nord d'Espalmador
Espalmador
Formentera
Palma
Porto Cristo
Minorque : Ciudadela

Corse Italie Grèce sur Cat Trawler « Maryland » Calvi marine (tournage Méditerranée 1999)
Calvi
Île d'Elbe PortoFerraio
Diverses baies île d'Elbe
Île de Montecristo
Giglio
Giannutri
Palmarola
Ventotene
Ponza
Procida
Ischia
Capri
Stromboli
Basiluzzo (ou fut tourné « *l'Avventura* »)
Salina
Lipari
Vulcano
Messine
Corfou, marina Gouvia
Leucate Cap Doukakis
Ithaque, Port Vathi
Cephalonie, marina
Cephalonie port de Fiskardo
Céphalonie, Assos
Canal de Corinthe
Egine
Hydra
Spetsai

En petit avion Cessna venu de Bastia :
Mykonos
Delos
Milos
Santorin (spectaculaire)
Crète, Heraklion

Autres îles visitées

En ferry
Bréhat
Batz
Molène
Ouessant

À pied :
Île Madame

En petit avion Cessna à deux, tournage *Grand Pacifique*, 1999
Hawai'i Big island
Maui Lahaina
Molokai
Lana'i
Oahu
Kaua'I

En avion de ligne :

Samoa Us
Wallis
Île de Pâques
Îles loyauté : Mare
Lifou
Ouvéa
Bornéo : Sarawak
Bornéo : Brunei
Philippines : Manille
Banaue
Palawan, El Nido
Panay, Kalibo
Boracay
Japon
Singapour
Langkawi
Penang
Java

La Réunion
Île Maurice
Rodrigues
Ceylan
Malte, Gozo

INDEX